Gerenciamento de Marketing Verde

Dados Internacionais de Catalogação na Publicação (CIP)
(Câmara Brasileira do Livro, SP, Brasil)

Dahlstrom, Robert
Gerenciamento de Marketing Verde / Robert Dahlstrom ; tradução EZ2 Translate ; revisão técnica Valéria Neder Lopes. -- São Paulo : Cengage Learning, 2011.

Título original: Green MKT manegement
Bibliogragia
ISBN 978-85-221-1138-1

1. Empresas - Responsabilidade social 2. Marketing - Aspectos ambientais 3. Marketing verde I. Lopes, Valéria Neder. II. Título.

11-10455 CDD-658.8

Índice para catálogo sistemático:

1. Marketing ambiental : Administração de empresas 658.8

Gerenciamento de Marketing Verde

Robert Dahlstrom
Universidade de Kentucky

Tradução: EZ2Translate
Revisão técnica: Valéria Neder Lopes
Mestre em Administração pela Universidade Estadual de Londrina – UEL
Professora da Universidade Norte do Paraná – Londrina

CENGAGE Learning™

Austrália Brasil Canadá Cingapura Espanha Estados Unidos México Reino Unido

CENGAGE Learning™

Gerenciamento de Marketing Verde
Robert Dahlstrom

Gerente editorial: Patricia La Rosa

Supervisora editorial: Noelma Brocanelli

Supervisora de produção gráfica: Fabiana Alencar Albuquerque

Editora de desenvolvimento: Gisela Carnicelli

Título Original: Título Original: Green Marketing Management (ISBN:978-1-111-53037-2)

Revisão Técnica: Valéria Neder Lopes

Copidesque: Daniele Fátima Oliveira

Revisão: Henrique Z. de Sá, Cristiane M. Morinaga, Olívia F. Zambone e Maria Dolores S. Mata

Composição: Triall Composição Editorial

Capa: MSDE/Manu Santos Design

Pesquisa iconográfica: Josiane Camacho Laurentino

Imagens de Abertura das Partes: © Bhamms/ Dreamstime; © Stephen Bures / Dreamstime

Para informações sobre nossos produtos, entre em contato pelo telefone **0800 11 19 39**

Para permissão de uso de material desta obra, envie seu pedido para **direitosautorais@cengage.com**

ISBN-13: 978-85-221-1138-1
ISBN-10: 85-221-1138-3

Cengage Learning
Condomínio E-Business Park
Rua Werner Siemens, 111 – Prédio 20 – Espaço 04
Lapa de Baixo – CEP 05069-900 – São Paulo –SP
Tel.: (11) 3665-9900 – Fax: 3665-9901
SAC: 0800 11 19 39

Para suas soluções de curso e aprendizado, visite **www.cengage.com.br**

Impresso no Brasil
Printed in Brazil
1 2 3 4 15 14 13 12

sumário

Glossário: disponível para download na página do livro no site da Cengage Learning.

prefácio

Bem-vindo à primeira edição de *Gestão de Marketing Verde*. Espero que este ensaio seja o primeiro de muitas edições de um livro oferecendo uma nova perspectiva sobre a relação entre o meio ambiente e o comércio.

Meu interesse em escrever este livro surgiu durante a minha licença sabática de 2005, em Oslo. Quando participei de uma reunião de bolsistas da Fulbright norueguesa, em Trondheim, ouvi alguns argumentos convincentes sobre a utilidade da energia eólica e outras fontes de energia alternativas. Esta experiência me levou a começar a investigar as influências do comércio sobre as emissões de gases do efeito estufa, a conservação dos recursos naturais e a biodiversidade. Comecei a buscar uma abordagem abrangente de marketing e sustentabilidade que abordasse essas questões. Apesar de ter lido trabalhos intrigantes sobre estratégia e economia, estes estudos não capturaram o conjunto de questões de sustentabilidade mais pertinentes à gestão de marketing. Conforme o meu interesse crescia, comecei a desenvolver ideias relacionadas a uma série de aspectos divergentes da gestão de marketing e suas interações com o meio ambiente.

Com o tempo, comecei a reconhecer que os mercados operam dentro de ecossistemas. Apesar de essa constatação parecer óbvia, ela não tem sido historicamente incorporada em muitas decisões gerenciais. Por muitos anos, comerciantes – aqueles envolvidos na compra, venda e consumo – têm sido capazes de assumir o meio ambiente como um dado adquirido. Cada vez mais, no entanto, a escassez de recursos exige consideração dos antecedentes ambientais e consequências de ações de marketing. Assim, o profissional deve considerar como o consumo influencia a produção de gases do efeito estufa, o consumo de energia, a qualidade da água, da terra e do ar, e a biodiversidade.

Filosofia

Meu objetivo ao escrever este livro foi desenvolver uma perspectiva teórica e administrativamente relevante na gestão de marketing verde. Dada a forte necessidade de treinar o consumo dentro do ecossistema, o livro investiga uma série de abordagens teóricas que não são normalmente incorporadas em livros de marketing. O tratamento da interface comércio-meio ambiente, por exemplo, baseia-se fortemente nas perspectivas ambientais acumuladas pelas Nações Unidas. A ONU serve como uma central de investigação nesse sentido, e fornece uma oportunidade para reunir a lógica desenvolvida no âmbito das ciências naturais, ciências sociais e prática industrial. Espero que essa perspectiva seja interessante e esclarecedora para o leitor.

A fim de tornar este livro significativo para os atuais e futuros gerentes de marketing, tenho simultaneamente me esforçado para incorporar exemplos atuais de práticas de negócios. Em cada capítulo, tenho buscado cenários e exemplos de questões ambientais que gestores enfrentam hoje. Cada capítulo começa com uma curta vinheta concebida para ilustrar os esforços atuais para interagir com sucesso com o meio ambiente. Nada funciona tão bem quanto uma boa teoria, e sua aplicação fornece um grande *insight* para os gestores. Os exemplos são projetados para ilustrar a teoria e despertar o interesse do leitor sobre o tema.

Estrutura do livro

No desenvolvimento deste livro, tentei organizar as ideias de uma maneira que fosse consistente com os livros de gestão de marketing. O livro tem cinco partes. Na primeira, defino o tema do marketing verde e ilustro como ele pode ser incorporado ao planejamento estratégico. A segunda parte do livro aborda a interação entre o meio ambiente e o consumo. O Capítulo 3 examina os efeitos do consumo sobre o meio ambiente, enquanto o Capítulo 4 examina os esforços para restringir as influências do consumo sobre o meio ambiente.

A Parte III examina os esforços da empresa em oferecer valor superior aos consumidores através de práticas sustentáveis de marketing orientado. O Capítulo 5 trata da descoberta de valor através do mercado-alvo e segmentação, e o Capítulo 6 aborda a comunicação de valor através de estratégias promocionais. O Capítulo 7 examina estratégias de novos produtos que agregam valor aos consumidores. Nos Capítulos 8 e 9, examino a entrega de valor nas cadeias produtivas e varejo. O Capítulo 10 discute a declaração de valor associado a estratégias de preços sustentáveis. Estes capítulos podem ser utilizados em um curso autônomo de marketing verde, e podem incrementar outras aulas de gestão de marketing examinando o mix de marketing.

A Parte IV deste livro é diferente da maioria dos livros de marketing. Uma vez que quatro setores da economia estão associados a mais de 95% das emissões de gases do efeito estufa, é pertinente tratar de questões endêmicas de cada um destes setores macroeconômicos. Assim, os capítulos fornecem uma base sobre o consumo doméstico, serviços, transporte e setores industriais da economia. A apresentação desses capítulos após a discussão de práticas de marketing sustentável discretas facilita a compreensão dos alunos sobre a inter-relação entre os elementos do mix de marketing.

A parte final do livro aborda os esforços da empresa de informar sobre a sustentabilidade. Apresento os princípios essenciais dos relatórios de sustentabilidade e as iniciativas de relatar referências utilizadas em todos os setores da economia global. Esse capítulo enfatiza a relação entre a ação de marketing e a contabilidade. Além disso, a compreensão desses procedimentos de informações fornece uma introspecção aos mercados financeiros.

Incorporei uma série de elementos para melhorar a pedagogia. Além das vinhetas apresentadas no início de cada capítulo, ofereço inúmeros exemplos destinados a ilustrar a relevância do tema para a prática de negócios. Palavras-chave são fornecidas no início de cada capítulo, e estes termos são destacados no texto. Cada capítulo oferece uma breve sinopse concebida para complementar as linhas gerais do capítulo. Além disso, inseri dez perguntas no final de cada capítulo. Estas perguntas podem ser utilizadas para estimular a compreensão do assunto dentro e fora da sala de aula.

Agradecimentos

Gostaria de agradecer a várias pessoas que tiveram uma influência sobre o desenvolvimento deste livro. Em primeiro lugar, gostaria de agradecer às pessoas em minha vida doméstica que me ajudaram a ganhar uma compreensão mais ampla do papel da sustentabilidade. Agradeço a Susan, minha esposa, Meredith, minha filha, e Patrick, meu filho, por me ajudarem a perceber como podemos incorporar a sustentabilidade em nossas vidas diárias.

Agradeço imensamente o incentivo dos meus colegas da University of Kentucky. Sou muito grato a Douglas J. Von Allmen pela generosa doação que me permitiu estabelecer o Centro Von Allmen de Marketing Verde. Dentro da Gatton College of Business and Economics, sou particularmente grato a Jim Donnely e Steve Skinner por sua orientação e aconselhamento ao longo do desenvolvimento deste projeto. Agradeço, também, o conselho de Glen Blomquists sobre o papel da economia ambiental no que se refere ao marketing verde. Além da escola de negócios, reconheço o conselho da Faculdade Ambiental do Reino Unido. Particularmente, gostaria de agradecer a Ernest Yanarella, Richard Levine e Paul Bertsch por compartilharem suas perspectivas sobre sustentabilidade e as práticas de negócios sustentáveis.

Gostaria também de agradecer aos meus colegas na BI-The Norwegian School of Management pelos seus conselhos ao longo do desenvolvimento deste trabalho. Arne Nygaard, meu coautor por mais de 20 anos, ofereceu grande inspiração em questões de sustentabilidade no varejo.

A equipe editorial, produção e marketing da Cengage merece grandes elogios por todo o trabalho que fizeram para tornar este livro uma possibilidade. Gostaria especialmente de agradecer a Mike Roche, meu editor na Cengage, por sua orientação. Além disso, reconheço e aprecio muito os esforços de Daniel Nogueira em gerenciar o processo de desenvolvimento para este livro.

Por último, gostaria de agradecer aos leitores desta obra. Quando comecei a escrever este livro, um amigo me disse que não fazia sentido colocar essas ideias no papel, porque estariam obsoletas no momento em que a tinta secasse! O *Gestão de Marketing Verde* se esforça para ser uma abordagem global para a sustentabilidade em marketing. Reconheço, no entanto, que estamos em um estágio inicial no que diz respeito ao conhecimento nesse campo. Um livro sobre este assunto deve se esforçar para identificar onde estamos e como estamos progredindo em direção a práticas orientadas mais sustentáveis. À medida que desenvolvemos esta área, nos tornamos conscientes das questões que complementam os temas abordados nesta primeira edição. Convido o leitor a me ajudar a tornar este livro mais perspicaz através da inclusão de outras perspectivas teóricas e gerenciais. Por favor, envie essas informações para:

Robert Dahlstrom
425L B&E Building
Gatton College of Business and Economics
University of Kentucky
Lexington, KY 40506-0034 U.S.A.
Bob.Dahlstrom@uky.edu

Sobre o autor

Robert Dahlstrom é o Professor Bloomfield de Marketing na Gatton College of Business and Economics da University of Kentucky. É também o diretor fundador do Centro Von Allmen de Marketing Verde na Gatton College of Business and Economics na University of Kentucky. O Centro visa desenvolver um currículo de marketing verde, conduzir pesquisas de mercado ecologicamente orientadas e hospedar esforços de sustentabilidade na comunidade.

Antes de obter um doutorado em marketing na University of Cincinnati, o dr. Dahlstrom trabalhou em vendas, marketing e análise de sistemas na indústria de computadores. Esta experiência e seu interesse nas dimensões comportamentais das relações interfirmas forneceram o pano de fundo para uma corrente de pesquisa que analisa as inter-relações entre canais de distribuição e o meio ambiente. Tem artigos publicados no *Journal of Marketing Research, Journal of Marketing, Journal of Retailing, Journal of the Academy of Marketing Science*, entre outros.

Ao longo de sua carreira, o dr. Dahlstrom trabalhou extensivamente com os colegas na Noruega. Conseguiu uma bolsa de estudos na Norwegian Marshal Fund Fellowship e duas bolsas de pesquisa de Fulbright-Hays para sua pesquisa nórdica. Também trabalhou para o BI-The Norwegian School of Management, onde se envolve ativamente em pesquisas realizadas com alunos de mestrado e pós-graduação. A colaboração com os estudiosos da Escandinávia alimentou o interesse contínuo na relação entre a empresa e o meio ambiente.

A paixão pela sala de aula complementa seu interesse em pesquisa. Em uma carreira que abrange mais de 20 anos de instrução, já lecionou marketing *business-to-business*, gestão de vendas, venda pessoal, marketing internacional, gestão de marketing, estratégia de marketing e gestão de marketing verde. Além de seu trabalho em Lexington, no Kentucky, também lecionou na Áustria, Noruega e Grécia. O reconhecimento da necessidade de programas de instrução em sustentabilidade levou-o a desenvolver cursos em gestão de marketing verde para graduação e mestrado.

Gerenciamento de Marketing Verde

Nota da Editora

Até o fechamento desta edição, todos os sites contidos neste livro estavam no ar com funcionamento normal. A Editora Cengage Learning não se responsabiliza caso ocorra suspensão dos mesmos.

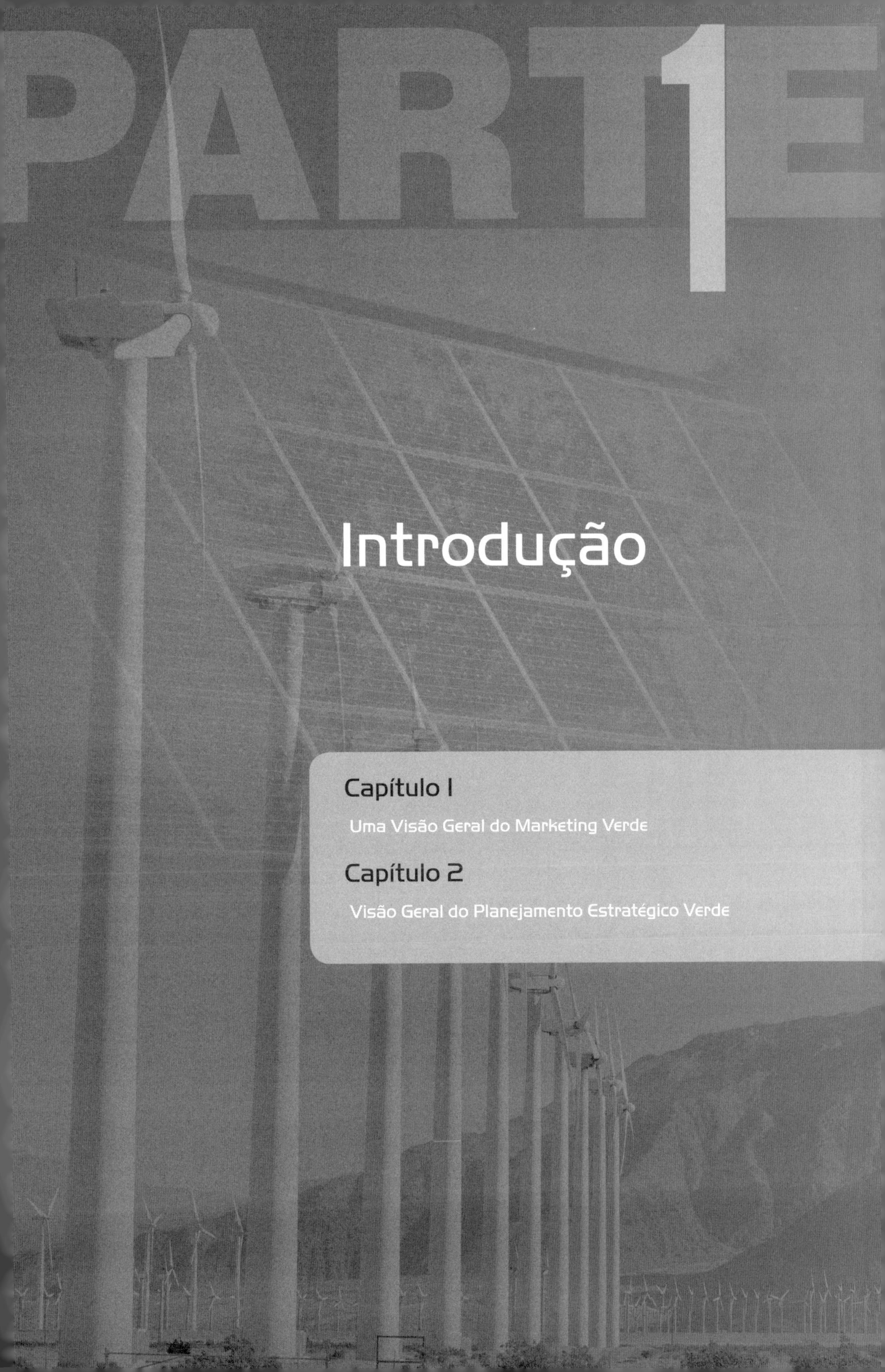

PARTE 1

Introdução

capítulo 1

Uma Visão Geral do Marketing Verde

OBJETIVOS DO CAPÍTULO

- **A** Introdução ao marketing verde
- **B** Por que estudar marketing verde?
- **C** Grupos que precisam entender o marketing verde

PALAVRAS-CHAVE

gestão de marketing verde, 6
marketing, 5
marketing verde, 5
sustentabilidade, 7
tripé da sustentabilidade, 7

A Introdução ao marketing verde

EnXco

Nossa jornada através do marketing verde começa em Lakefield, Minnesota, onde as negociações entre a EnXco e 140 proprietários de terra foram finalizadas.[1] O projeto tem grande potencial para ser bem-sucedido em várias frentes. Os novos postos de trabalho trarão *renovações* para a economia. A EnXco indica que o parque eólico abrirá 200 postos de trabalho na construção e acrescentará de 8 a 12 postos de trabalho em tempo integral para a economia local.

O projeto também exige um relacionamento de trabalho de longo prazo entre a EnXco e os latifundiários em Minnesota. A produção real de energia será composta por 134 turbinas, que serão arrendadas nas propriedades. Essas turbinas serão instaladas em lotes de meio a um acre de terra e serão arrendadas por 30 anos. Provisões também foram criadas para reciclar as turbinas no final do período de arrendamento.

A área também será beneficiada pela produção de 201 megawatts de *energia renovável,* que substituirá o uso de combustíveis fósseis, tais como carvão, petróleo e gás natural. O interessante é que a energia será produzida em Minnesota, mas será transmitida para Indiana.

As necessidades energéticas estão sendo cada vez mais atendidas por meio da energia eólica, uma das fontes que mais crescem em todo o mundo.[2] Ela abastece muitas comunidades locais com fonte limpa de eletricidade, e os moradores não precisam depender de combustíveis fósseis importados. Os Estados Unidos recentemente ultrapassaram a Alemanha como o país que produz a maior quantidade de energia eólica. O Departamento de Energia dos Estados Unidos estima que a energia renovável gerada será responsável por 15,8% do total de geração de eletricidade do país em 2030, e a energia eólica será parte importante desse dinamismo.[3]

Apesar do potencial da energia eólica, ela agora corresponde a apenas 1% do uso elétrico nos Estados Unidos. Um problema do vento é o fato de que ele não sopra o tempo todo. Por conseguinte, usinas reservas são necessárias, para serem ligadas caso o vento fique fraco. Outra questão é que o vento sopra, ocasionalmente, mais forte em planícies remotas, longe de cidades que precisam de energia. Os estados que lideram a produção de energia eólica são Texas, Iowa e Califórnia. No Texas, o vento é mais forte nas mesas e nos planaltos do oeste, a centenas de quilômetros de Dallas e Houston. O custo logístico da instalação das turbinas é significativo, e o custo das linhas de transmissão para essas cidades é considerável.[4]

FIGURA 1.1

Parques eólicos da EnXco em Solano County, Califórnia.

Fonte: iStockphoto.com/Terrance Emerson

Além do desenvolvimento dos lotes de terra para turbinas, parques eólicos além-mar também estão ganhando força. A instalação de turbinas na água é cara, mas o vento sopra muito mais forte ao longo do litoral. Ao contrário dos ventos do continente, que sopram mais forte à noite, a brisa marítima pode ser forte na parte da tarde, no momento em que as pessoas estão usando mais energia.

A empresa que está trazendo a energia eólica para Lakefield, Minnesota, é a EnXco. Fundada em 1987, a EnXco é uma empresa líder no desenvolvimento de projetos eólicos e uma das principais provedoras de operações e manutenção de projetos de energia eólica na América do Norte. A missão da empresa é transformar ideias inovadoras e relacionamentos em longo prazo em negócios sustentáveis de grande valor.[5] O foco da empresa em energias renováveis permitiu a construção de uma organização especializada nessa área. A experiência e os conhecimentos desses especialistas permitem a geração de valor e produção de resultados para os parceiros e desenvolvedores da cadeia de suprimento.

A história de EnXco no desenvolvimento de energias renováveis é um exemplo de marketing verde. Na economia atual, cada um de nós tem a oportunidade de fazer parte dessa divisão do marketing. Estamos engajados quando reciclamos latas de alumínio. Da mesma forma, quando compramos um automóvel híbrido, estamos agindo sob uma abordagem verde de marketing. Quando a General Electric investe em energia eólica, e quando a General Motors investe em pesquisa de tecnologias ambientalmente sustentáveis para o mercado chinês, elas estão envolvidas em marketing verde.

Cada um desses exemplos ilustra condições em que pessoas ou instituições decidiram agir de maneira ecologicamente correta. No entanto, todos podemos pensar em situações nas quais pessoas não se envolvem em marketing verde. Muitos de nós produzimos lixo em excesso, e a maioria algumas vezes não compra produtos ecologicamente corretos, mesmo estando disponíveis. Da mesma forma, estamos cientes de situações nas quais empresas de energia não agem de acordo com os interesses ambientais.

Devido à extensão e à importância do desafio do marketing verde, devemos estudar esse assunto. Na verdade, o propósito deste livro é informar as pessoas sobre como suas escolhas influenciam o meio ambiente. À medida que avançamos, porém, veremos que muitas decisões verdes são mais complicadas que parecem. Além disso, a decisão de utilizar uma abordagem ecológica em um estágio de uma cadeia de suprimentos tem implicações ambientais em outros. Por exemplo, lâmpadas fluorescentes compactas usam 25% menos de energia e duram dez vezes mais que as lâmpadas convencionais, mas o mercúrio dessas lâmpadas complica seu descarte.[6]

Para poder entender o marketing verde, primeiro é importante ter uma ideia do que é marketing. A American Marketing Association define **marketing** como "atividade, conjunto de ferramentas e processos para criar, comunicar, entregar e trocar ofertas que têm valor para clientes, para parceiros e para a sociedade em geral."[7] Essa definição reconhece que o marketing é uma função organizacional e um conjunto de atividades visando a favorecer o intercâmbio de bens, serviços ou ideias entre as pessoas. Ela reconhece que o marketing é uma orientação filosófica para a prática de negócios, orientação esta que destaca a satisfação e o valor que os clientes, os parceiros e a sociedade percebem devido à ação de marketing.

Com a evolução do marketing, pessoas de diversos campos adotaram definições alternativas de marketing verde. Pesquisadores que estudam o comportamento do consumidor abordam o marketing verde como uma condição que aumenta o potencial para que consumidores de forma ecologicamente responsável ajam[8] e reconhecem a existência de variedades marcantes entre as interpretações dos consumidores sobre essa responsabilidade.

Varejistas e fabricantes de produtos verdes enfatizam a oferta de produtos amigos do meio ambiente.[9] Assim, produtos como legumes orgânicos, papel reciclado e detergentes sem fosfato são vendidos como produtos verdes. Essa definição de marketing verde destaca a oferta de produtos que não sejam prejudiciais ao meio ambiente, mas não aborda os processos de produção utilizados em sua elaboração.

O marketing social adota um ponto de vista diferente e define o **marketing verde** como o desenvolvimento e a comercialização de produtos destinados a minimizar os efeitos negativos sobre o meio ambiente. Em contraste com a perspectiva do comércio, a orientação social reconhece os custos do pré e pós-consumo para o meio ambiente. Assim, os fabricantes de automóveis tentam aumentar a eficiência da produção ao mesmo tempo em que tentam reduzir os custos associados à desmontagem e ao reaproveitamento após o consumo.[10]

Se considerarmos a amplitude das questões associadas à abordagem de marketing com base ambiental, é essencial termos uma definição que incorpore a lógica de cada uma das orientações para o marketing verde.

Portanto, definimos marketing verde como o estudo de todos os esforços para consumir, produzir, distribuir, promover, embalar e recuperar o produto de forma que seja sensível às preocupações ecológicas. A inclusão "de todos os esforços para consumir" reconhece que muitas entidades estão envolvidas no marketing verde, o qual não se limita a organizações governamentais ou não governamentais, nem é apenas uma atividade empreendida pelos consumidores. Produtores, atacadistas, varejistas e empresas de serviços têm a oportunidade de contribuir para o marketing verde. Essa definição também reconhece a necessidade de considerar produção, distribuição e recuperação de produtos como componentes integrados do esforço de marketing. A eficiência em uma etapa desse processo (por exemplo, a distribuição) pode oferecer vantagens no canal, mas o objetivo dos esforços verdes é diminuir o impacto ecológico total associado ao consumo. Por fim, o marketing verde deve considerar os esforços promocionais utilizados para obter o apoio dos consumidores de produtos ecologicamente corretos.

Definimos a **gestão de marketing verde** como o processo de planejamento e execução do mix de marketing para facilitar consumo, produção, distribuição, promoção, embalagem e recuperação do produto de uma forma que seja sensível às preocupações ecológicas. A gestão da atividade de marketing verde continua a evoluir à medida que as empresas incorporam um novo pensamento sobre a mudança climática em suas organizações. Esforços iniciais de marketing verde focaram a reciclagem de produtos, tais como latas de alumínio e cartuchos de *toner* de fotocopiadora. Com o tempo, as empresas passaram a considerar maneiras de *modificar insumos* de produção que diminuem o impacto dos produtos sobre o meio ambiente. Por exemplo, a Staples reduziu a sobrecarga operacional de suas lojas por meio de controles centralizados para iluminação, aquecimento e resfriamento de suas 1.500 unidades. A empresa economizou 6 milhões de dólares em dois anos ao controlar esse insumo de produção em sua cadeia de valor.[11] Como esse exemplo ilustra, o desenvolvimento está no centro de uma abordagem de marketing verde. Seu estudo reflete um interesse em se tornar mais consciente das questões ecológicas e de sustentabilidade, trabalhando constantemente para alcançar maiores níveis de sustentabilidade.

Cada vez mais, as empresas estão reconhecendo que as saídas dos processos de produção também devem ser vistas sob a ótica das mudanças climáticas. A gestão inteligente reconhece que tudo que sai de uma instalação de produção é *produto, subproduto* ou *resíduo*.[12] Produtos verdes são reconhecidos nacional ou internacionalmente por meio da certificação e rotulagem ecológica. Por exemplo, a Agência de Proteção Ambiental Americana (EPA) oferece selos Energy Star para produtos eletrônicos e eletrodomésticos ecologicamente corretos. Nos Estados Unidos, os computadores pessoais são responsáveis por 2% do consumo anual de eletricidade. A EPA exige que computadores que possuam o selo Energy Star sejam 65% mais eficientes que os produtos convencionais. A adoção desses novos computadores pessoais irá permitir que a indústria economize 1,2 bilhão de dólares ao longo da vida útil do produto.[13]

As empresas também estão vendo os subprodutos da produção de novas maneiras. A Shell Oil está bombeando dióxido de carbono, um subproduto da refinaria, para 500 estufas holandesas. Essa ação reduz a emissão de poluentes em 325 mil toneladas por ano e salva as estufas de ter de queimar milhões de metros cúbicos de gás, necessários para produzir o dióxido de carbono.[14]

A busca pela redução de resíduos é o terceiro aspecto no processo de produção que está passando por uma transformação verde. Empresas reconhecem que os esforços para diminuir os resíduos influenciam a rentabilidade. Por exemplo, a Vinícola Fetzer adotou uma abordagem agressiva quando estabeleceu uma meta de desperdício zero.[15] A Fetzer tem um programa de redução de resíduos que envolve toda a empresa na reciclagem de garrafas, papelão, plástico, alumínio, papel, anticongelante, óleos usados, lâmpadas fluorescentes e vidro. A empresa reduziu a quantidade de resíduos destinados aos aterros em 96% desde 1990.

Cada uma dessas atividades mencionadas anteriormente representa uma forma de marketing verde utilizada em vários pontos da cadeia de suprimentos. Cada vez mais, no entanto, as organizações reconhecem a interdependência operacional na economia. Os esforços para controlar custos e aumentar a produtividade em um estágio não podem ocorrer à custa dos outros estágios.

A Organização das Nações Unidas (ONU) lidera o caminho no reconhecimento das múltiplas interdependências entre natureza, economia e sociedade. Em dezembro de 1983, a ONU encomendou estudos sobre desenvolvimento e meio ambiente. O relatório de 1987 resume essa pesquisa definindo **sustentabilidade** como o desenvolvimento que "satisfaz as necessidades do presente sem comprometer a capacidade das gerações futuras de satisfazer suas próprias necessidades".[16] É importante notar que esse edital reconhece que existem limites na capacidade da biosfera de absorver a atividade humana. Há também os limites impostos pela condição tecnológica e organizações sociais, mas esses dois fatores podem ser gerenciados e aperfeiçoados para promover o crescimento econômico.

Desde a publicação desse relatório pela ONU, as práticas da indústria adotaram a noção de que a sustentabilidade é derivada do foco no *Triple Bottom Line* ou **tripé da sustentabilidade**.[17] A Figura 1.2 descreve a busca da sustentabilidade. A organização

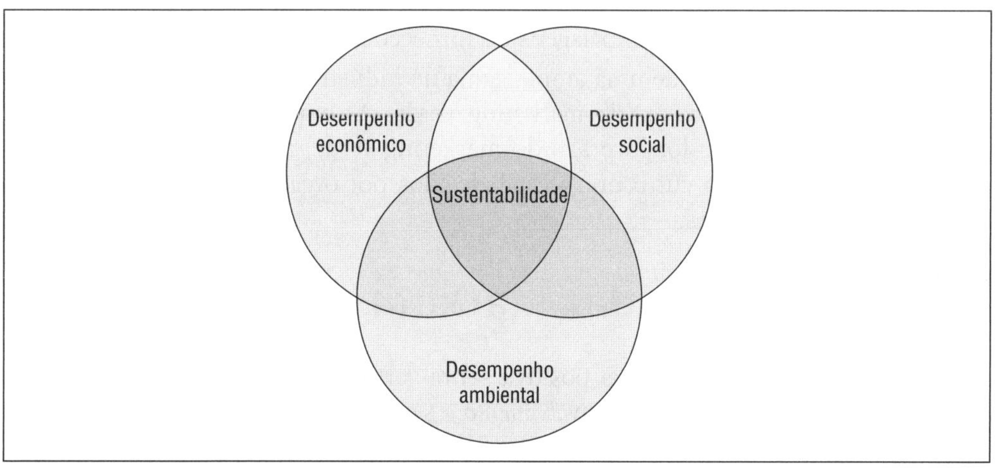

FIGURA 1.2

Sustentabilidade e o tripé da sustentabilidade.

Fonte: Craig R. Carter e Dale S. Rogers, "A Framework of Sustainable Supply Chain Management: Moving Toward New Theory," International Journal of Physical Distribution & Logistics Management *38 (5, 2008): 360-387. Copyright 2008 pela EMERALD GROUP PUBLISHING LIMITED. Reproduzido com permissão do EMERALD GROUP PUBLISHING LIMITED no formato de livro didático através do Copyright Clearance Center.*

sustentável deve gerar níveis aceitáveis de desempenho econômico ou não sobreviverá. Deve também estimular o desempenho social em sua interação com clientes, fornecedores, consumidores e outros grupos de interesse. A sobrevivência das empresas também dependente da capacidade de atingir níveis aceitáveis de desempenho ambiental ao longo da cadeia de suprimentos, desde a obtenção de matéria-prima até o descarte pós-consumo. A Figura 1.2 ilustra que as alternativas do tripé da sustentabilidade nem sempre são compatíveis. Por exemplo, a empresa pode aumentar seu desempenho financeiro em curto prazo, ignorando os custos dos resíduos produzidos em suas fábricas. No entanto, a organização sustentável trabalha ao mesmo tempo para alcançar um desempenho elevado nas esferas econômica, social e ambiental.

A EnXco e suas operações em Minnesota ilustram um esforço de desenvolvimento para alcançar a sustentabilidade por meio do desempenho do tripé da sustentabilidade. A EnXco e os proprietários de terra se beneficiam financeiramente dos parques eólicos e precisam desenvolver e manter relações de trabalho para assegurar o desempenho financeiro. Enquanto nutrem essas relações financeiramente compensadoras, também estão contribuindo significativamente para o ambiente por intermédio de fontes renováveis de energia.

As iniciativas de sustentabilidade são desenvolvidas para lidar com uma série de situações nas quais os esforços estão focados no desenvolvimento atual sem repercussões para as gerações futuras. Os setores agrícola, manufatureiro e varejista são diferentes exemplos de sustentabilidade. No setor agrícola, a Costa Rica está fazendo progresso com a produção sustentável de bananas. Os pequenos produtores cultivam bananas sem o uso de agrotóxicos pesados. Esses sistemas agrícolas controlados localmente têm o apoio das populações, economias e culturas locais.[18] No setor manufatureiro, a Secretaria de Tecnologias Industriais e a Associação de Alumínio do Departamento de Energia dos Estados Unidos formaram uma parceria para melhorar a competitividade por meio da tecnologia, do planejamento colaborativo e da pesquisa. Essa parceria público-privada visa a tornar a indústria rentável e ecologicamente sustentável. No setor varejista, o Walmart está publicamente comprometido com a redução de embalagens em sua cadeia de abastecimento global em 5% até 2013.[19] Como parte de seu esforço para obter sustentabilidade logística, a empresa desenvolveu um cartão de pontos para monitorar o desempenho das embalagens do fornecedor.

Juntos, esses exemplos de uma ampla gama de indústrias destacam o interesse comum na criação de iniciativas de marketing verde. As empresas podem hesitar em reconhecer os méritos no longo prazo do marketing verde, mas não podem negar os incentivos financeiros no curto prazo estabelecidos por órgãos reguladores, parceiros comerciais e consumidores.

B Por que estudar marketing verde?

O marketing verde tem influência positiva sobre vários participantes da economia. O *meio ambiente*, as *economias em desenvolvimento*, os *consumidores*, a *estratégia corporativa*, o *produto*, os *processos de produção* e a *cadeia de suprimentos* são beneficiados com o marketing verde. Primeiro, considere os benefícios ambientais do marketing verde.

Benefícios ambientais O beneficiado óbvio do marketing verde é o meio ambiente. O Capítulo 3 deste livro caracteriza as condições atuais e as tendências das alterações no clima, no ar, na água e na conservação do solo. O marketing verde pode ter uma influência sobre as alterações climáticas de várias maneiras importantes. O consumo de combustíveis fósseis é uma importante fonte de gases do efeito estufa associados à mudança climática. Duas das principais fontes de mudanças climáticas são a queima de carvão para eletricidade e a queima de gasolina para o transporte automotivo. Iniciativas de marketing verde focadas em estratégias de desenvolvimento de produto reduzem a necessidade de recorrer a essas formas de energia. Por exemplo, aparelhos novos são concebidos para utilização eficiente de combustível, reduzindo sensivelmente o consumo de energia.

É importante reconhecer que o consumidor deve incorporar a preocupação ambiental a várias outras considerações. Por exemplo, consumidores em potencial do novo Chevrolet Volt devem conciliar o consumo zero de combustível fóssil com o diferencial de preço para esse carro, comparado com carros menos caros que produzem mais dióxido de carbono. Iniciativas de marketing verde contribuem para o meio ambiente por meio da incorporação de estratégias que agregam valor aos produtos oferecidos aos consumidores.

O marketing verde reduz a *poluição do ar* de várias maneiras. Por exemplo, Michael Bloomberg, prefeito de Nova York, pediu a substituição completa dos táxis por veículos híbridos até 2012. Esses híbridos reduzirão em 215 mil toneladas as emissões de dióxido de carbono na cidade, enquanto dobrarão a milhagem de táxis a gás. Essa eficiência resulta em menos emissões e menor poluição do ar. Da mesma forma, o escoamento agrícola de fertilizantes é uma fonte significativa de *poluição da água*, mas os métodos que eliminam a fertilização inorgânica reduzem a quantidade de nutrientes em excesso, contaminando a água subterrânea.[20] A poluição do solo é uma preocupação crescente, em parte devido a contaminantes descartados em componentes tecnológicos de uso pessoal. A necessidade de diminuir a poluição sem a remoção de solo é uma questão cada vez mais importante na indústria.[21]

Uma consequência relacionada às alterações ambientais é o número de *espécies ameaçadas*. Hoje existem mais de 16 mil espécies animais e vegetais ameaçadas de extinção.[22] Esses números aumentam a cada ano devido a desmatamento, desenvolvimento e alterações climáticas. Os esforços de desenvolvimento e consumo de produtos ecologicamente corretos, no entanto, oferecem a possibilidade de reduzir o número de espécies ameaçadas de extinção.

Economias em desenvolvimento O termo *economias em desenvolvimento* se refere a nações que têm um produto interno bruto (PIB) *per capita* relativamente baixo. Baixa renda, ativos subdesenvolvidos e vulnerabilidade econômica inerentes a essas economias resultam em forte dependência do setor agrícola. Habitantes desses mercados, no entanto, enfrentam o aumento da exposição às secas, as tempestades intensas, as inundações e o estresse ambiental, limitando a capacidade de melhorar a qualidade de vida. Uma pesquisa realizada pela ONU indica que habitantes desses países são muito mais suscetíveis a catástrofes naturais que habitantes de alta renda em países desenvolvidos.[23] Mudanças climáticas reduzem a produtividade agrícola, aumentam o estresse hídrico, elevam os níveis do mar, transformam negativamente os ecossistemas e frustram a saúde humana. Esses fatores não operam isoladamente. De forma interativa, contribuem para a fome e a pobreza nos mercados em desenvolvimento. Marketing e produção verde estão reduzindo as alterações climáticas e, consequentemente, a fome e a pobreza.

Conforme essas economias em desenvolvimento progridem, há um aumento de ocupação em áreas urbanas. Mais da metade da população mundial vive em áreas urbanas, e o número tende a aumentar ao longo das próximas décadas. Por exemplo, as estimativas atuais preveem que cerca de 300 milhões de pessoas migrarão para as cidades chinesas nos próximos 20 anos.[24] Como o consumo de recursos é uma questão global, à medida que consumidores e indústrias adotam práticas de marketing verde, influenciam o ambiente global. O marketing de tecnologias verdes permite que as empresas que operam nesses países mudem suas operações antiquadas para projetos eficientes e ambientalmente corretos. Por exemplo, Cuba está trocando produtos de telecomunicações analógicos por sistemas de telefone sem fio e tecnologias de fibra ótica.[25] Novas tecnologias verdes permitem que tais economias não utilizem mais as tecnologias ultrapassadas que eram anteriormente empregadas em economias de mercado maduro.

Benefícios para os consumidores Os consumidores se beneficiam de várias maneiras importantes por meio do marketing verde. Esses benefícios, muitas vezes, influenciam a decisão do consumidor, e estes irão variar, na medida em que valorizam esses benefícios. Inicialmente, os consumidores se beneficiam do conhecimento de que estão fazendo sua parte em diminuir as mudanças climáticas. Estes provavelmente serão a favor de empresas que priorizam a redução da poluição em vez do aumento de rentabilidade.[26] Uma nova indústria deve ser desenvolvida para permitir que os consumidores compensem os efeitos negativos de suas ações. Por exemplo, a Terrapass permite que consumidores comprem créditos de carbono para compensar as emissões de seu automóvel, ar ou lar.[27]

Os consumidores também valorizam a oportunidade de estarem associados a produtos e organizações ecologicamente corretos.[28] Por exemplo, as lojas de varejo da rede Body Shop levam seus clientes a associar seu consumo a uma organização ecologicamente correta.[29]

Embora as iniciativas de produtos verdes possam, de maneira independente, convencer alguns consumidores a comprar, evidências sugerem que os produtos de cunho ecológico por si só não serão motivadores substanciais de vendas. Os consumidores querem produtos ecologicamente corretos sem precisar sacrificar outros recursos valiosos. Os esforços de marketing atual, no entanto, permitem que algumas empresas ofereçam produtos verdes que proporcionam economias iniciais no produto, menores custos de energia e acesso a novas tecnologias.[30] Por exemplo, monitores LCD comercializados pela Dell oferecem economia substancial de energia em comparação com monitores CRT, que já estão sendo retirados de linha. Esses novos monitores são menos onerosos e empregam a mais recente tecnologia de exibição de imagens. Os monitores LCD também são mais eficientes em termos de energia ao longo do tempo. Embora produtos verdes em todos os setores não usufruam de benefícios tecnológicos semelhantes aos dos monitores de computadores, as vantagens ecológicas de produtos irão aumentar ou complementar outros recursos valorizados pelos consumidores.

Benefícios estratégicos Gestores de estratégia corporativa percebem múltiplos benefícios em uma abordagem de marketing verde. As empresas que incorporam a consciência ecológica em suas declarações de missão e estratégias reforçam sua imagem entre consumidores, colaboradores, investidores, seguradoras e o público em geral. Como já mencionado, alguns *consumidores* têm forte afinidade com produtos ecológicos, e abordar o mercado com um enfoque ecológico reforça a imagem da marca entre essas pessoas.

Iniciativas corporativas que enfatizam a orientação verde para os mercados têm diversas implicações para a *força de trabalho.*[31] Colaboradores potenciais podem decidir comparecer a uma entrevista em uma empresa com base em sua imagem ambiental. Quando a British Petroleum (BP) lançou uma campanha intitulada *Beyond Petroleum* (Além do petróleo), a empresa recebeu fortes críticas inicialmente, com base na pequena porcentagem das receitas provenientes de produtos que não fossem derivados do gás e do petróleo. Com o tempo, no entanto, a BP foi muito bem-sucedida em estabelecer sua posição como uma empresa ambientalmente consciente. Um resultado notável desse posicionamento é que a BP reconheceu que atrair engenheiros potenciais para a empresa não é mais um problema.

A imagem influencia ainda mais as ações do colaborador após sua contratação. A General Electric, por exemplo, envolve empregados no desenvolvimento de soluções inovadoras para o meio ambiente. As soluções incluem equipamentos energeticamente eficientes, lâmpadas fluorescentes compactas e turbinas de vento. A Genzyme, uma empresa de biotecnologia, mudou-se recentemente para um moderno prédio verde completo, com todas as fachadas de vidro, 18 jardins e áreas de convivência. Depois disso, os funcionários relataram níveis mais altos de satisfação no trabalho. Ainda, os colaboradores relataram que sua maior sensação de orgulho é o compromisso da Genzyme com o meio ambiente e que essa foi a razão número 1 por trás do novo sentido de produtividade. Assim, o reforço da imagem corporativa aumenta o engajamento dos colaboradores em atividades da empresa e, consequentemente, a produtividade.

O marketing verde também tem implicações para o *mercado financeiro.* À medida que sobem os custos de combustíveis e as emissões de gases do efeito estufa aumentam, investidores estão migrando para empresas que podem ajudar a aliviar esses problemas.[32] Investidores são atraídos para fundos verdes especializados que apresentam carteiras de ações de empresas ecologicamente conscientes. Como alternativa, alguns participantes do mercado estão investindo em empresas envolvidas no desenvolvimento de formas alternativas de energia.

Estratégias de marketing verde permitem que empresas visualizem uma melhoria contínua em desempenho ambiental. A revista *Fortune* tem parceria com a empresa Account-Ability de Londres e a CSR Network, classificando as cem maiores corporações globais pela qualidade de seu empenho em metas sociais e ambientais.[33] As pontuações são baseadas no número de controvérsias que envolvam a empresa, progresso em diminuir a emissão de carbono e o envolvimento das partes interessadas. As empresas que fazem uma abordagem agressiva com o marketing verde e o acompanhamento desse esforço podem notar a melhoria contínua do desempenho ambiental.

Esforços corporativos para mapear o desempenho ambiental permitem que as empresas compreendam como afetam o meio ambiente, além de como o ambiente as afeta.[34] O risco associado a estratégias, finanças e operações é afetado pelos esforços das empresas em minimizar sua influência sobre o meio ambiente. Vários acompanhamentos de desempenho ecológico proporcionam a oportunidade de gerenciar o risco de negócio proveniente de problemas ambientais.

Embora as empresas geralmente não sejam obrigadas a comunicar a avaliação de atividades de marketing verde, relatar essas informações ao público oferece três vantagens.[35] Em primeiro lugar, esses relatórios tornam as empresas mais disciplinadas sobre relatar e, com isso, reduzir o risco ambiental. Em segundo lugar, esse relatório coloca todas as práticas de negócio em análise e, portanto, ajuda a identificar oportunidades de redução de custos e novos negócios. Por fim, o relatório público dos esforços de marketing verde esclarece a atividade empresarial, para que os interessados comecem a ver a empresa como um parceiro no caminho para o desenvolvimento sustentável. Consumidores, colaboradores, acionistas, seguradoras e o público em geral se tornam mais bem informados sobre os esforços ambientais da empresa quando ela relata seus esforços de marketing verde.

O marketing verde também fornece uma avenida estratégica que permite às empresas desenvolver alianças com grupos de interesse fora da organização. Empresas de marketing verde estabelecem alianças com governos, comunidades locais, organizações não governamentais (ONGs), especialistas da indústria e concorrentes.[36] A DuPont estabeleceu uma aliança com o governo canadense na qual a empresa se compromete a colaborar com as partes interessadas, construir comunidades sustentáveis, eliminar desperdícios e desenvolver tecnologias mais limpas.[37] O governo canadense está tomando medidas para reconhecer as empresas que demonstram altos níveis de desempenho e aderência aos requisitos de conformidade. Além disso, o governo oferece incentivos para o avanço da responsabilidade social nas empresas e visa a racionalizar os requisitos legislativos para inovações. Da mesma forma, a sueca Lundin Mining está trabalhando com comunidades locais no Congo para aumentar a capacidade local e melhorar as condições de vida para as comunidades.[38] A perfuração de dez poços de água doce é um dos aspectos do compromisso da Lundin com as comunidades locais. As ações tomadas em nível federal pela DuPont e em nível local pela Lundin proporcionam oportunidade para ambas as empresas desenvolverem uma produção sustentável nos mercados em que atuam.

As ONGs são organizações privadas, autorreguladas e sem fins lucrativos destinadas a melhorar a qualidade de vida das pessoas menos favorecidas.[39] Embora as interações de negócios das empresas com essas entidades tenham sido historicamente controversas, atividades recentes com ONGs indicam oportunidades para estabelecer fortes relações de trabalho. A ação do McDonalds ilustra como as empresas podem trabalhar com as ONGs. O McDonalds colaborou com o *Environmental Defense Fund* (Fundo de Defesa Ambiental) para retirar do mercado as caixas de isopor, pois seu processo de fabricação utilizava clorofluorcarbonos (CFCs), que destroem a camada de ozônio.[40] Esforços como esse estabelecem percepções da ação da empresa e permitem que ela assuma compromissos contínuos com o meio ambiente. A aliança entre o McDonalds e o Fundo de Defesa Ambiental resultou na compra pelo restaurante de mais de 1 bilhão de dólares em materiais reciclados entre 1990 e 1995, cinco anos antes do programado.

O caso do McDonalds ressalta dois outros benefícios estratégicos do marketing verde. Os esforços para se envolver em atividades ambientalmente conscientes permitem às empresas melhorar sua posição competitiva e redefinir mercados. A posição competitiva no mercado muda devido à percepção dos consumidores e ao reconhecimento das atividades de marketing verde, tais como a reciclagem do McDonalds. Além disso, alguns segmentos da comunidade de investidores evitam investir em empresas associadas a danos ambientais.[41] Portanto, a reputação em mercados consumidores e financeiros é beneficiada por atividades de marketing verde.

O marketing verde também permite que as empresas redefinam mercados. A General Electric se comprometeu com a necessidade de fontes de energia mais limpas e eficientes, com a redução de emissões e com fontes abundantes de água limpa. Esse compromisso ressoa por toda a linha de produtos da General Eletric e permite que parceiros de negócio refinem os mercados. A Boeing, comprador de motores a jato GEnx, da General Eletric, vende seus aviões comerciais como os mais silenciosos, mais econômicos em combustível e menos emissores de poluentes que seu principal concorrente, a Airbus.[42]

Benefícios de produto Nesta seção faremos a distinção entre benefícios de produto e benefícios de processo. Benefícios de produto se referem aos componentes introduzidos nas matérias-primas de produção ou serviços destinados a beneficiar o consumidor, enquanto os benefícios de processo se referem a instrumentos, dispositivos e conhecimento em tecnologia de processos para facilitar fabricação e logística.[43] Por exemplo, um motor híbrido é uma inovação de produto, enquanto um sistema de inventário *just-in-time* (JIT) é uma inovação de processo.

É fundamental reconhecer que a incorporação de benefícios de produto deve refletir o valor real para o público consumidor relevante.[44] Assim, produtos verdes devem melhorar a qualidade ambiental e a satisfação do cliente, pois poucos mercados irão valorizar somente as melhorias da qualidade do produto. Por exemplo, a Westinghouse desenvolveu, em 1994, uma geladeira que era 30% mais eficiente energeticamente que os padrões do Departamento de Energia norte-americano. Apesar de ter recebido um prêmio de 30 milhões de dólares do governo devido à economia feita pelos consumidores, a liberação de CFC no sistema de refrigeração não compensou o desconto de 100-150 dólares associado ao novo produto.[45]

No entanto, produtos verdes têm maior probabilidade de êxito quando os benefícios ambientais aumentam a percepção de valor para o consumidor. A maioria das avaliações de valor, independentemente do produto ser verde, concentra-se em preço, qualidade e desempenho. Atributos verdes raramente estão sozinhos e devem complementar outros benefícios para aumentar o valor ao consumidor e, finalmente, o consumo.[46] Baterias recarregáveis oferecem benefícios de conveniência que as tornam mais atraentes que as versões de uso único. O benefício na redução de consumo aumenta o benefício da conveniência para os consumidores. Embora o preço inicial de baterias recarregáveis exceda o custo das unidades descartáveis, muitos consumidores entendem o valor total oferecido pelas baterias de uso múltiplo.

O exemplo da bateria ressalta outro benefício para o marketing verde, e esse benefício se encontra na consideração do valor do produto ao longo de seu ciclo de vida em contraste com o custo total inicial. Compradores de carros que consideram os custos operacionais líquidos durante a vida útil de um motor de combustão híbrido em comparação com o de combustão interna percebem disparidades significativas entre as marcas. Para o condutor médio, que registra 15 mil milhas por ano e gasta 2,87 dólares por galão de gasolina, levará mais de nove anos para igualar o capital investido em um Honda Accord híbrido em comparação com um Accord semelhante movido apenas a gasolina. Em contrapartida, dirigindo a mesma quilometragem e assumindo os custos da gasolina a 4 dólares o galão, o híbrido Lexus GS450h sedã de quatro portas iguala o investimento imediatamente quando comparado com o Lexus GS430 movido a gasolina.[47] O aumento dos preços dos combustíveis, as maiores distâncias percorridas e as reduzidas diferenças de custo em comparação a modelos com motores convencionais provavelmente serão levados em consideração quando o comprador avaliar o custo de vida útil do automóvel híbrido.

Produtos mais ecológicos em muitos casos são um diferencial para os fabricantes e, ao mesmo tempo, permitem que consumidores aproveitem os desenvolvimentos tecnológicos mais recentes. O Mini Cooper D, por exemplo, distingue-se de outros produtos em sua classe pela incrível eficiência energética de 60 mpg.[48] O desempenho de combustível desse automóvel complementa os recursos de estilo e desempenho que atraem consumidores ao Cooper.

Além disso, o marketing verde pede que fabricantes reavaliem a embalagem do produto. A embalagem protege produtos durante o transporte, aumenta sua conveniência e oferece comodidade em seu manuseio. Os comerciantes estão buscando formas de alcançar esses objetivos com uma menor utilização de plásticos e outros produtos petroquímicos. A Procter & Gamble, por exemplo, retirou a embalagem exterior de seu desodorante Sure and Secret. A eliminação da embalagem diminui a quantidade de resíduos sólidos produzidos pelos consumidores.[49] Um fator importante relacionado à embalagem é o custo de descarte do produto após o consumo. No mercado de computadores pessoais, a Dell desenvolveu um programa que permite aos clientes reciclar qualquer computador pessoal (PC) por meio da Dell. A empresa recolhe o item sem qualquer custo para o consumidor e, em seguida, reutiliza-o por intermédio de seus parceiros de caridade, como a Goodwill Industries, Inc., ou recicla-o por meio de sua rede de reciclagem de eletrônicos.[50]

Benefícios do processo de produção Os processos de produção focam em esforços organizacionais para fabricar produtos da mais alta qualidade ao menor custo possível. Benefícios desse processo resultam da manipulação de produtos, subprodutos e resíduos. Os custos materiais associados a técnicas de produção sustentáveis podem ser reduzidos de várias maneiras. A Mercer Color, por exemplo, começou a usar tintas à base de vegetais em 1990. Com o tempo, a empresa experimentou uma redução de 25% nos custos de tinta, bem como uma redução de mais de 50% nos custos de lavagem da prensa.[51] Os custos dos materiais também podem ser reduzidos através de procedimentos de estocagem JIT.[52] O JIT permite que as empresas tenham níveis otimizados de estoques, economizando tanto espaço quanto energia.

Os subprodutos também devem ser considerados incentivos ao engajamento na produção verde. A indústria do carvão desenvolveu procedimentos que modificam a saída de vapor das usinas. Esse subproduto é, então, enviado para uma usina de etanol. O resultado dessa utilização de subproduto é a redução das emissões dos gases do efeito estufa, juntamente a reduções de emissões de mercúrio e de óxido nitroso. Os custos de combustível são reduzidos, e as usinas obtêm receitas da venda de ácido clorídrico e de vapor de baixa pressão para a usina de etanol.[53]

Os avanços na indústria farmacêutica ilustram os esforços para reduzir o desperdício. Químicos da Universidade Brock desenvolveram estratégias de modificação de resíduos que permitem às empresas transformar resíduos anteriormente perigosos em produtos químicos benignos que podem ser descartados nos sistemas de esgoto.[54] Essa equipe também transformou subprodutos farmacêuticos em analgésicos, anestésicos e medicamentos antitumorais que tratam câncer, infecções e diabetes.

Benefícios da cadeia de suprimentos O marketing verde influencia os relacionamentos entre as empresas que compõem o canal desde a extração das matérias-primas até o consumo. Estratégias verdes que procuram eliminar o desperdício na cadeia de suprimentos resultam em empresas que analisam o carregamento e o planejamento de rota de caminhões no processo de entrega.[55] Rotas que buscam reduzir os custos com combustível podem maximizar a capacidade de utilização do caminhão e melhorar o atendimento ao cliente.

Cada vez mais, os parceiros na cadeia de suprimentos buscam a capacidade de rastrear produtos em toda a cadeia. Uma lei da União Europeia se refere à rastreabilidade como "a capacidade de rastrear e acompanhar os alimentos, animais ou substâncias que produzem alimentos destinados a serem incorporados na alimentação humana ou animal por meio de todas as fases da produção, transformação e distribuição".[56] Empresas que adotam estratégias sustentáveis ou verdes para a produção e distribuição de produtos alimentares garantem um nível de segurança na qualidade do produto. A capacidade de rastrear os componentes durante o processo de distribuição não se limita aos alimentos, pois as indústrias automotiva e de informática também adotaram formas de rastreabilidade.

C Grupos que precisam entender o marketing verde

O marketing verde é uma questão cada vez mais importante para a maioria das instituições envolvidas em marketing, sejam elas compradoras, vendedoras ou reguladoras de uma indústria.[57] Considere, a seguir, como os participantes do mercado podem se beneficiar da compreensão de mercados verdes:

- **Consumidores.** Os consumidores que entendem o marketing verde têm a oportunidade de reduzir sua influência pessoal sobre o meio ambiente. Um número crescente de consumidores está particularmente interessado em maneiras de reduzir sua influência negativa sobre o meio ambiente, e os esforços de marketing verde estão focados nessa atividade. Além disso, os consumidores, muitas vezes, colhem benefícios financeiros extras nas compras de produtos ambientalmente corretos. Por exemplo, o consumidor que adquire um automóvel híbrido tem uma confiança elevada que seu meio de transporte oferece menor influência sobre o meio ambiente em relação aos demais veículos. Além disso, os motores híbridos são duas vezes mais eficientes que os modelos equivalentes convencionais, obtendo uma razão de 30% a 60% de melhor quilometragem.[58]
- **Governos.** Governos federais, estaduais e locais se beneficiam de diversas formas devido ao marketing verde. Assim como os consumidores, por vezes, podem reduzir os custos e as despesas e minimizar as influências sobre o meio ambiente, os governos da mesma forma se beneficiam de programas de compras sustentáveis. Por exemplo, a cidade de Amsterdã utiliza água fria do lago para condicionar o ar nas casas de mais de 700 mil habitantes. O programa economiza cerca de 300 mil dólares por ano em custos de eletricidade e usa apenas um décimo do poder de um sistema de resfriamento convencional.[59] Além disso, os governos que compreendem o potencial de mercado e os limites das iniciativas de marketing verde estão em melhores posições para desenvolver estratégias de regulamentação para atender às necessidades da sociedade e da indústria.
- **Empresas com reputação ambiental estabelecidas.** Empresas que têm sido apontadas como porta-estandartes do marketing verde esperam que haja controle significativo sobre a publicidade de atividades ambientalmente questionáveis. Por exemplo, a Body Shop tem um selo de empresa ambientalmente orientada, mas pode antecipar que sofrerá grandes críticas caso não consiga manter essa orientação em todos os mercados em que atua. Em contrapartida,

empresas como a Exxon, apontada por atos abomináveis contra o meio ambiente, devem abordar questões de marketing verde se quiserem tentar mudar sua reputação.

- **Empresas altamente dependentes de capital humano escasso.** Os *serviços* se referem aos bens intangíveis que organizações oferecem aos consumidores. Nos Estados Unidos, os serviços representam mais de 84% do emprego na economia.[60] Eles são fornecidos por meio de capital humano, e as empresas que operam nesse setor da economia devem incorporar cada vez mais o marketing verde em suas ofertas de produtos. Em Las Vegas, por exemplo, dentistas estão prestando serviço para os funcionários de hotéis e cassinos por meio de vans estacionadas perto do distrito de entretenimento.[61] A proximidade dessas instalações reduz as emissões de combustível, eliminando a necessidade dos funcionários de viajar até o dentista. A higiene dental do consumidor e a produtividade do colaborador se beneficiam dessa concepção de serviços ecoconscientes.
- **Empresas com alta exposição de marca.** Em seus relatórios anuais sobre as cem melhores marcas globais, a *Business Week* e a Interbrands fornecem uma estimativa anual das receitas atribuíveis à marca.[62] Conforme a marca cresce em apelo, aumenta a quantidade de análises em que elas podem incorrer. Em contraste com relatos de marcas que têm pouco capital, histórias indicam que a atividade das marcas com maior valor tendem a ser vistas como mais dignas de interesse pela mídia. Por exemplo, artigos de jornais relacionados ao processamento de frangos serão de maior interesse para o público quando se referirem à marca KFC que em qualquer outra marca nesse setor. Empresas com forte marca devem abordar o marketing verde para diminuir o controle que vivenciam.
- **Empresas com baixo poder de mercado.** Empresas que dependem de outras para quantidades substanciais de sua produção devem atender às restrições de marketing verde niveladas pelo fornecedor. A General Mills, uma das maiores empresas no ramo de alimentos embalados para supermercados, recentemente modificou a forma do produto Hamburger Helper a pedido do Walmart.[63] O varejista sugeriu que o macarrão dessa marca, que anteriormente era enroladinho, deveria ser reto. Essa modificação por orientação ecológica reduziu em milhares de quilos as embalagens e baixou o preço dos produtos. Como os compradores estão cada vez mais sintonizados com a sustentabilidade, fornecedores que dependem desses compradores devem também aumentar sua compreensão do marketing verde.
- **Empresas que operam em setores altamente regulamentados.** O governo implementa regras para controlar a maneira como a indústria funciona. Indústrias que utilizam materiais perigosos (por exemplo, a indústria química) estão sujeitas a mais regulamentações, e o aumento do interesse em marketing verde acende a necessidade de normas industriais. Da mesma forma, utilitários, produtores de automóveis e companhias aéreas devem atender a várias regulamentações rigorosas. As indústrias de eletrônicos enfrentam maior controle na União Europeia devido às leis de retorno que exigem que os fabricantes lidem com o descarte dos produtos após o uso pelo consumidor. Em cada um desses setores, as empresas que adotam uma postura proativa em relação à regulação ambiental podem aplicar os regulamentos antes que a aderência seja requisitada.[64]

- **Empresas que dependem de recursos naturais.** As indústrias que são altamente dependentes de recursos naturais reconhecem os limites absolutos da disponibilidade desses recursos. Essas indústrias incluem a de petróleo, peixes e florestas. Os limites de produção natural exigem que as empresas incorporem atividades de ecomarketing que possam conservar os recursos escassos.

RESUMO

Introdução ao marketing verde

O objetivo deste capítulo foi introduzir o estudo do marketing verde. Definimos marketing verde como o estudo de todos os esforços para consumir, produzir, distribuir, promover, embalar e recuperar produtos de uma forma que seja sensível às preocupações ecológicas. Descrevemos os processos desenvolvidos por empresas que evoluem em seus esforços para buscar o marketing verde e posteriormente definimos sustentabilidade como o desenvolvimento que supre as necessidades do presente sem comprometer a capacidade das gerações futuras de satisfazer suas próprias necessidades. Empresas buscam a sustentabilidade por meio da perspectiva do tripé da sustentabilidade com foco na obtenção de resultados econômicos, sociais e ecológicos.

Por que estudar marketing verde?

Além dos benefícios ambientais que podem advir do marketing verde, diversos setores da economia mundial se beneficiam dessa prática. As economias emergentes têm potencial para reduzir a fome e a pobreza ao praticar o marketing verde. O bem-estar do consumidor pode ser beneficiado e, da mesma maneira, a estratégia corporativa pode ser melhorada por meio da incorporação de práticas de marketing verde. O desenvolvimento de produtos, produção e cadeia de suprimentos tem potencial para atingir níveis mais elevados de desempenho do tripé da sustentabilidade por meio do marketing verde.

Grupos que precisam entender o marketing verde

Além da necessidade dos consumidores e do governo de compreender o marketing verde, caracterizamos vários tipos de empresas que precisam entender esse coneito. Empresas com reputações ambientais estabelecidas e de grande exposição de marca precisam entender o tema para manter suas reputações e identidades de marca. As empresas que são altamente dependentes de escasso capital humano e as que dependem de recursos naturais acompanham as questões de marketing verde para assegurar o uso produtivo desses ativos. Empresas com baixo poder de mercado podem desenvolver vantagens competitivas, enquanto empresas em setores altamente regulamentados, que são proativas em iniciativas de marketing verde, podem aplicar os regulamentos e normas antes de serem obrigadas a fazer isso.

PERGUNTAS

1. Marketing verde é algo feito exclusivamente por empresas ou qualquer um pode se envolver nessa causa?
2. Pense em uma mercearia local operando em sua comunidade. Quanto ela consome, produz, distribui, promove, embala e recupera

produtos de forma sensível ou responsável às preocupações ecológicas?

3. Um empresário afirma que não tem foco na sustentabilidade, pois a atenção para esses assuntos resulta em desempenho financeiro mais fraco. Como podemos responder a tal afirmação?
4. Forneça alguns exemplos de como consumidores poderiam agir de forma sustentável para atender às necessidades do presente sem comprometer a capacidade das gerações futuras de atenderem suas necessidades. Como essa perspectiva influencia a maneira como pessoas compram, consomem e descartam os produtos?
5. Forneça alguns exemplos de empresas que agem de forma sustentável para atender às necessidades do presente sem comprometer a capacidade das gerações futuras de atenderem suas necessidades.
6. Como os indivíduos e empresas sediadas em economias emergentes podem se beneficiar do estudo do marketing verde?
7. Como o estudo de estratégias corporativas se beneficia da incorporação de uma perspectiva de marketing verde?
8. Se o marketing verde chama a atenção para a maneira como as coisas são consumidas, como seu estudo é relevante para as cadeias de produção e de suprimento?
9. Por que uma empresa como o McDonalds se preocuparia com o marketing verde?
10. Algumas empresas têm a reputação bem estabelecida sobre suas preocupações com o meio ambiente. Por que tais empresas se preocupariam com questões de marketing verde?

NF

NOTAS FINAIS

[1] Ryan Brinks. Lakefield Wind Project Detailed. Disponível em: <http://www. lakefieldstandard.com/Stories/Story.cfm?SID=22 843>. Acesso em: 28 abr. 2010.

[2] Wind Power. *The New York Times*. Disponível em: <http://topics.nytimes. com/top/news/business/energy-environment/wind-power/index.html>.

[3] U.S. Energy Information Administration. *How Much Renewable Energy Do We Use?* Disponível em: <http://tonto.eia.doe.gov/energy_in_brief/renewable_energy.cfm>. Acesso em: 28 abr. 2010.

[4] Kate Galbraith. Slow, Costly and Often Dangerous Road to Wind Power, *The New York Times*, 23 jul. 2009, p.18.

[5] EnXco. About EnXco. Disponível em: <http://www.enxco.com/company_profile.php>. Acesso em: 28 abr. 2010.

[6] Jim Carlton et al. Nine Cities, Nine Ideas, *Wall Street Journal*, p.R1, R4.

[7] American Marketing Association. Dictionary. Disponível em: <http://www.marketingpower.com/_layouts/Dictionary.aspx?dLetter=M>. Acesso em: 28 abr. 2010.

[8] Johanna Moisander. Motivational Complexity of Green Consumerism. *International Journal of Consumer Studies* 31, n.4 (2007): 404409.

[9] Tim Craig. Green is the New Black, *Retailing Today* 46, n.1 (2007): 8.

[10] M. R. Johnson; M. H. Wang. Economical Evaluation of Disassembly Operations for Recycling, Remanufacturing and Reuse, *International Journal of Production Research* 36, n.12 (1998): 32273252.

[11] Nicholas Varachaver. How to Kick the Oil Habit, *Fortune*, 23 ago. 2004, 100114.

[12] Daniel C. Esty; Andrew S. Winston. *Green to Gold*. New Haven, CT: Yale University Press, 2006; Robert A. Frosch. Toward the End of Waste: Reflections on a New Ecology of Industry, *Daedalus* 125, n.3 (1996): 199212.

[13] Colleen Taylor. EPA Revises Energy Star, *Electronic News* 52, n.44 (2006): 21.

[14] Stafford, Ned. Gas for the Greenhouse, *Nature* 442, n.7102 (2006): 499.

[15] Chrissy Kadleck. Calif. Vineyard Cuts Environmental Impact, *Waste News*, 6 ago. 2007, 12.

[16] Gro Brundtland. *Our Common Future: The World Commission on Environment and Development*. Nova York, NY: Oxford University Press, 1987, 24.

[17] Sandra A. Waddock; Charles Bodwell; Samuel B. Graves. The New Business Imperative, *Academy of Management Executive* 16, n.2 (2002): 132148.

[18] Carrie McCracken. Sustainable Banana Project, 1 set. 2009. Disponível em: <www.awish.net/NA/banana_project.htm>.

[19] Mary Ann Falkman. Sustainability: The Walmart Way, *Packaging Digest* 44, n.20 (2007): 12.

[20] Abigail A. Maynard. Reducing Fertilizer Requirements in Cut Flower Production, *BioCycle* 44, n.3 (2003): 43.

[21] Mark Vigneri; Ron Adams; Ron Scrudato. Remediation for Those Hard-to-Reach Places, *Pollution Engineering* 39, n.6 (2007): 3640.

[22] Saheli Datta; Todd Woody. 8 Technologies for a Green Future, *Business 2.0* 8, n.1 (2007): 8188.

[23] Kevin Watkins. Human Development Report 2007/2008, *United Nations Development Programme*, Genebra, Suíça, 31.

[24] Stuart L. Hart; Mark B. Milstein. Global Sustainability and the Creative Destruction of Industries, *Sloan Management Review* 41, n.1 (1999): 2333.

[25] Timothy Ashby. Silicon Island Cubas Digital Revolution, *Harvard International Review* 23, n.3 (2001): 1418.

[26] Clare D'Souza; Mehdi Taghian; Rajiv Khosla. Examination of Environmental Beliefs and Its Impact on the Influence of Price, Quality and Demographic Characteristics with Respect to Green Purchase Intention, *Journal of Targeting, Measurement and Analysis for Marketing* 15, n.2 (2007): 6978.

[27] James Salzman; David Hunter. Negligence in the Air: The Duty of Care in Climate Change Litigation. Trabalho acadêmico, série n.95, Duke University Law School, 2007.

[28] Gert Cornelissen et al. Positive Cueing: Promoting Sustainable Consumer Behavior by Cueing Common Environmental Behaviors as Environmental, *International Journal of Research in Marketing* 25, n.1 (2008): 4655.

[29] Tony Kent; Dominic Stone. The Body Shop and the Role of Design in Retail Branding, *International Journal of Retail and Distribution Management* 35, n.7 (2007): 531543.

[30] The Editors of Consumer, *Reports Consumer Reports Buying Guide 2008*. 360.

[31] Adrienne Fox. Corporate Social Responsibility Pays Off, *HR Magazine*, ago. 2007, 2.

[32] Jeffrey R. Kosnett. Green is the Next Big Thing, *Kiplinger's Personal Finance*, out. 2007, 3234.

[33] Telis Demos. Accounting for Accountability, *Fortune*, 1 nov. 2007, 5256.

[34] Ver nota 12.

[35] Ans Kolk. Green Reporting, *Harvard Business Review* (jan./fev. 2000): 1516.

[36] Ver nota 12.

[35] Chad Holliday. Sustainable Growth, the DuPont Way, *Harvard Business Review 79*, n.8 (2001): 129132.

[38] Lundin for Africa, Pact Congo: Community Water Wells. Disponível em: <http://www.lundinforafrica.org/s/Community_Water_Wells_DRC.asp>. Acesso em: 28 abr. 2010.

[39] Anna C. Vakli. Confronting the Classification Problem: Toward a Taxonomy of NGOs, *World Development* 25, n.12 (1997): 20572070.

[40] Edwin R. Stafford; Cathy L. Hartman. Green Alliances: Strategic Relations Between Businesses and Environmental Groups, *Business Horizons* 2 (mar./abr. 1996): 5059.

[41] Barry H. Spicer. Investors, Social Corporate Performance and Information Disclosure: An Empirical Study, *The Accounting Review 55*, n.1 (1978): 94111.

[42] Carol Matlack. Cleaning up with Next-Gen Jets, *Business Week*, 25 jun. 2007. Disponível em: <http://www.businessweek.com/globalbiz/content/jun2007/gb20070622_950776.htm>.

[43] S. Gopalakrishnan; F. Damanpour. A Review of Innovation Research in Economics, Sociology, and Technology Management, *Omega* 25, n.1 (fev. 1997): 1528.

[44] Jacquelyn Ottman; Edwin R. Stafford; Cathy L. Hartman. Avoiding Green Marketing Myopia, *Environment* 48, n.5 (2006): 2236.

[45] Allen D. Lee; R. Conger. Market Transformation: Does It Work? The Super Energy Efficient Refrigerator Program, *Proceedings of the 1996 ACEEE Summer Study*, (1996): 3.693.80.

[46] Ver nota 12.

[47] Andrea Coombes. Deals Speed Up Hybrid Savings, *Wall Street Journal*, 2 maio 2007.

[48] Richard Truett. Mini Cooper D(iesel) Delivers, But Not Here Yet, *Automotive News*, 18 ago. 2008.

[49] Jennifer Lawrence et al. Toiletries to Strip Excess Packaging, *Advertising Age* 62, n.20 (13 maio 1991): 3, 50.

[50] Joe Truini. Dell Takes A Big Step Forward with Free E-recycling, *Waste News*, 4 dez. 2006, 13.

[51] Lisa Cross. How Print Got Green, *Graphic Arts Online*, mar. 2007, 1014.

[52] *Food Logistics, Technology Fuels Green Efforts*, jun. 2007, 38.

[53] Bob McIlvaine. Byproducts can Make Coal Plants Green, *Power Engineering*, jul. 2007, 3842.

[54] Kaylynn Chiarello. Industry Takes Steps toward Greener API Manufacturing, *Pharmaceutical Technology* 29, n.11 (2005): 4451.

[55] Ver nota 54.

[56] The European Parliament and the Council of the European Union, EC Regulation No. 178/2002, *Official Journal of European Communities* L 31/1, (2002). Disponível em: <http://eur-lex.europa.eu/LexUriServ/LexUriServ.do?uri=OJ:L:2002:031:0001:0001:EN:PDF>. Acesso em: 28 abr. 2010.

[57] Ver nota 12.

[58] Norma Carr-Rufino; John Acheson. The Hybrid Phenomenon, *The Futurist*, jul./ago. 2007, 1625.

[59] Ver nota 6.

[60] Monthly Labor Review, Industry Employment, *Occupational Outlook Quarterly Online* 53, n.4 (inverno de 2009-2010). Disponível em: <http://www.bls.gov/opub/ooq/2009/winter/art04.pdf>. Acesso em: 28 abr. 2010.

[61] James Flanigan. Parking-Lot Dentistry Is Finding Its Niche, *New York Times*, 17 ago. 2006, 1.

[62] The Top 100 Brands, *Business Week*, 6 ago. 2007, 5964.

[63] Jack Neff. Eco Wal-Mart Costs Marketers Green, *Advertising Age* 78, n.39 (2007): 3, 42.

[64] Michael W. Toffel. The Growing Strategic Importance of End-of-Life Product Management, *California Management Review* 45, n.3 (2003): 102129.

capítulo 2

Visão Geral do Planejamento Estratégico Verde

OBJETIVOS DO CAPÍTULO

A Planejamento de marketing verde
B Incorporando a perspectiva verde na declaração de missão
C Integrando uma missão verde nos objetivos, na estratégia e nas táticas de marketing
D A interação entre estratégia e meio ambiente
E Proporcionando valor a todos os *stakeholders*
F Como este texto está organizado para ajudar você a entender o marketing verde

PALAVRAS-CHAVE

ação de marketing, 31
declaração de missão, 24
greenwashing, 25
objetivos organizacionais, 26
planejamento de marketing verde, 23
plano de marketing, 23
stakeholders, 29
valor, 32

A Planejamento de marketing verde

TIMBERLAND INC.

No outono de 2009, a Timberland começou a incorporar borracha reciclada nas solas externas dos modelos Mountain Athletics e Earthkeepers em sua linha de calçados.[1] A empresa planeja fabricar mais de 200 mil pares de sapatos usando borracha reciclada. Embora a maioria dos calçados ainda sejam feitos de borracha virgem, materiais reciclados a preços competitivos estão entrando cada vez mais significativamente no mercado. A Timberland espera aumentar a participação de mercado desses produtos verdes por meio da introdução de borracha reciclada em seus calçados.

A decisão de incorporar materiais reciclados na linha de produtos faz parte do compromisso duradouro da Timberland com o meio ambiente. A estratégia corporativa tem base em uma perspectiva de sustentabilidade que permeia tudo o que a Timberland faz. Em nível corporativo, a empresa tem um compromisso com a responsabilidade social empresarial, que se concentra em quatro temas. Primeiro, a empresa pretendia se tornar neutra em carbono em 2010. Ela se aproximou desse objetivo por meio da compra de energia renovável sempre que possível, e da geração de sua própria energia renovável quando não há energia limpa disponível.

O segundo tema de sustentabilidade da empresa é a concepção de produtos recicláveis. Reconhecendo que a meia-vida de um sapato é bastante curta, a empresa está se esforçando para criar produtos de baixo custo que não sejam apenas menos prejudiciais ao meio ambiente, mas que também possam gerar receitas após a vida produtiva do calçado. Três anos atrás, a Timberland começou a inserir em seus rótulos o montante geral de energia e de quantidade de energia proveniente de fontes renováveis associadas à produção e à cadeia de suprimentos. Além disso, cada produto é acompanhado de um rótulo, indicando o impacto no clima, o uso de produtos químicos e o consumo de recursos para sua produção.[2] Os produtos também possuem cartões de Índice Verde, que oferecem uma maneira fácil de se comparar a "pegada ecológica" do calçado no meio ambiente.[3]

O terceiro tema da sustentabilidade que permeia a organização diz respeito ao meio ambiente e aos arredores das comunidades e locais de trabalho em que ela opera. A Timberland patrocina eventos de serviço nos quais trabalha para fortalecer as comunidades, melhorando os espaços verdes e o acesso ao ar livre. Além disso, incentiva seus funcionários a participar de serviços comunitários em suas comunidades.

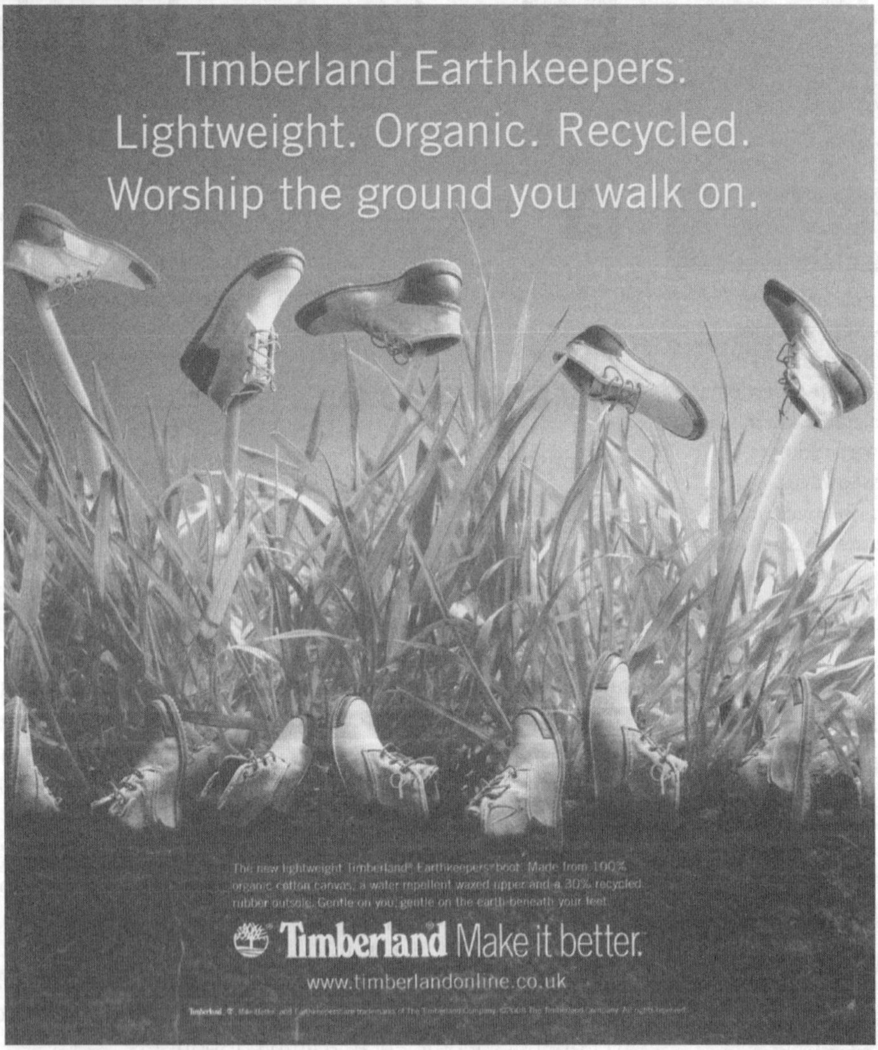

FIGURA 2.1

Anúncio da Timberland para os calçados Mountain Athletics.

Fonte: *Cortesia de The Advertising Archives*

TRADUÇÃO DA IMAGEM: Timberland Earthkeepers. Leve. Orgânico. Reciclado. Adore o chão que você pisa.

A nova bota leve Timberland® Earthkeepers™. Feita com 100% de lona de algodão orgânico, a parte superior é encerada e à prova de água, e a sola é feita de 30% de borracha reciclada. Delicado com você, delicado com a terra sob seus pés.

Timberland® faz melhor.

O tema final da missão de sustentabilidade da Timberland envolve o ambiente de trabalho. Como a empresa percebe que o produto acabado Timberland é o resultado de esforços ao longo da cadeia de suprimentos, ela monitora toda a cadeia de suprimentos para questões de direitos humanos e práticas de negócios sustentáveis. Quando a empresa começou a avaliar o conteúdo energético de seu calçado, ficou surpresa ao descobrir que mais da metade da energia usada para fazer um par de sapatos vem do processamento e produção de matérias-primas.[4] O segundo maior uso de energia está no varejo, seguido pelas operações de fábrica. O transporte, fator que a empresa acreditava ser o maior produtor de gases do efeito estufa na cadeia de suprimentos, acabou sendo o menor contribuinte no uso de energia e emissões de carbono.

O exemplo da Timberland ilustra como uma empresa pode ter uma estratégia de sustentabilidade e incorporá-la ao longo de sua estratégia de marketing. Para fazer essa transição do plano para sua implementação, toda a organização precisa de um roteiro definindo a direção para a qual a empresa está seguindo. Conforme as organizações crescem, cada funcionário deve ter uma compreensão dos mercados que a empresa atende, dos clientes em cada mercado e das ofertas de produtos projetados para atender a essas necessidades dos consumidores. O planejamento estratégico de mercado é o processo que descreve a maneira pela qual uma unidade de negócios compete nos mercados a que serve.[5] Decisões estratégicas de mercado se baseiam em avaliações feitas nos mercados do produto e fornecem a base para vantagens competitivas. O plano desenvolvido por esse processo fornece um modelo para o desenvolvimento das competências e recursos de uma unidade de negócios e determina os resultados a serem esperados.

O processo de planejamento envolve antecipar condições futuras e estabelecer estratégias para atingir os objetivos. Curiosamente, esse processo envolve necessariamente relacionar os objetivos de marketing da empresa com o meio ambiente.[6] Embora estrategistas reconheçam há muito tempo a interação entre a empresa e seu ambiente, muito do processo de pesquisa e planejamento foca na tomada de decisão corporativa e as influências do ambiente sobre ela. As empresas que incorporam a questão da sustentabilidade em seu planejamento estratégico reconhecem que as atividades e programas desenvolvidos influenciam simultaneamente o meio ambiente. Por exemplo, a Toyota reconhece que o preço da gasolina representa uma faceta do ambiente que influencia as decisões de compra dos consumidores. Além disso, a empresa considera as influências da produção e operação de automóveis sobre o meio ambiente.

O processo de planejamento verde deve explicitamente examinar a interação do meio ambiente com a estratégia corporativa. Portanto, definimos **planejamento de marketing verde** como o processo de criação e manutenção de um ajuste entre o ambiente, os objetivos e os recursos da empresa. *Ajuste* refere-se ao esforço para compreender como o meio ambiente influencia *e é influenciado* pelos mercados. No Capítulo 3, analisaremos a interação de empresas, consumidores e pessoas com o meio ambiente. O processo de planejamento começa com uma análise aprofundada dos ambientes interno e externo da empresa. Com base nessa análise situacional, ela estabelece sua missão, objetivos, estratégia, implantação e avaliação. Conforme descrito na Figura 2.2, o processo de planejamento é um processo dinâmico que depende fortemente da interação com o ambiente.

O planejamento estratégico de marketing deve acompanhar o planejamento em todas as áreas funcionais da empresa, tais como planejamento financeiro, produção, pesquisa e desenvolvimento.[7] O resultado do processo de planejamento é um **plano de**

FIGURA 2.2

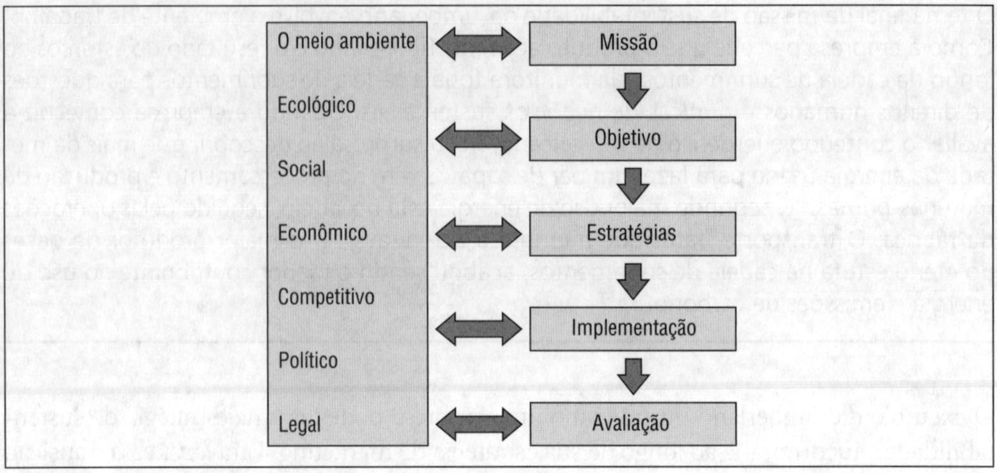

O processo de planejamento estratégico.

marketing que fornece uma análise da atual situação do mercado, das oportunidades e ameaças, dos objetivos de marketing, da estratégia de marketing, dos programas de ação e da declaração de renda projetada.[8] Esse plano serve como modelo para definir de que modo a organização irá atingir seus objetivos. Além disso, informa os colaboradores sobre suas funções e papéis na implementação do plano, que também fornece *insights* sobre a alocação de recursos e a especificação de tarefas, as responsabilidades e a hora certa para as ações de marketing.[9]

A declaração de missão deve ser formulada e articulada pela alta gerência dentro da empresa, uma vez que seu processo de desenvolvimento exige que assim seja feito. Além disso, a articulação do plano por altos executivos mostra aos colaboradores, clientes e partes interessadas que o processo de planejamento é de importância crucial para a atividade da empresa.

B Incorporando a perspectiva verde na declaração de missão

A **declaração de missão** descreve o objetivo fundamental e único de uma organização, indicando o que ela pretende realizar, os mercados em que opera e as premissas filosóficas que orientam suas ações.[10] A declaração de missão é uma ferramenta de inspiração que fornece motivação, direção e prospecção no caráter de uma empresa. Por exemplo, a Figura 2.3 fornece a declaração de missão e os valores da Duke Energy.

É importante notar que a missão da empresa deve considerar a história da organização, suas competências distintivas e seu ambiente.[11] Empresas de energia, como a Duke Energy, são alvos de processos pela Agência de Proteção Ambiental dos Estados Unidos.[12] A inclusão explícita da sustentabilidade na missão, entretanto, sugere que a empresa pretende se separar dessa história. Além disso, o tratamento dado à sustentabilidade reforça o reconhecimento da empresa da intensa interação de suas operações com o meio ambiente. Finalmente, a missão indica as competências distintivas da empresa, incluindo diversos talentos, paixão e um diálogo aberto com as partes interessadas.

Nossa missão

Na Duke Energy, tornamos a vida das pessoas melhor, fornecendo serviços de gás e de eletricidade de forma sustentável. Isso nos obriga a constantemente procurar formas de melhorar, crescer e reduzir nosso impacto sobre o meio ambiente.

Nossos valores

Cuidado – Cuidamos um do outro. Esforçamo-nos para tornar o meio ambiente e as comunidades em torno de nós lugares melhores para se viver.

Integridade – Fazemos o que é certo. Honramos nossos compromissos. Admitimos quando estamos errados.

Abertura – Estamos abertos a mudanças e novas ideias de nossos colaboradores, clientes e de outras partes interessadas. Exploramos formas de aumentar nosso negócio e torná-lo melhor.

Paixão – Somos apaixonados pelo que fazemos. Buscamos a excelência. Consideramos que somos pessoalmente responsáveis por nossas ações.

Respeito – Valorizamos talentos, perspectivas e experiências diferentes. Tratamos os outros como queremos ser tratados.

Segurança – Colocamos a segurança em primeiro lugar em tudo o que fazemos.

FIGURA 2.3

Missão e valores da Duke Energy.

A declaração da Duke Energy abrange muitos traços associados a outras declarações de missão eficazes.[13] A missão é claramente articulada, relevante e duradoura. Ao estabelecer a missão, a alta administração proporciona uma sensação de direção para a organização. Os colaboradores e parceiros de negócios são inspirados a buscar uma ação específica, porque a ação é coerente com a mensagem descrita na missão. Perceba que o contrário também é verdadeiro: colaboradores não são suscetíveis a executar atividades que não reflitam os valores expressos na declaração de missão.

Se a empresa precisa ter uma estratégia que incorpore de maneira significativa o marketing verde e a sustentabilidade, isso deve ser incorporado na declaração de missão. Por exemplo, a P&G (Procter and Gamble) incorpora um foco externo em seus princípios fundamentais para operações.[14] A empresa reconhece que essa orientação externa exige que a companhia incorpore a sustentabilidade em seus produtos, operações e embalagens. A empresa segue esse compromisso de várias maneiras. Primeiro, a P&G adotou uma perspectiva de sustentabilidade focada em melhorar a qualidade de vida para os próximos anos. Segundo, a empresa tem uma iniciativa de segurança destinada a melhorar a qualidade ambiental de produtos, embalagens e operações em todo o mundo. Terceiro, a P&G implementou um compromisso com o meio ambiente. Como detergentes e outros produtos que a empresa fabrica podem ter uma influência significativa na água e nas estações de tratamento, a P&G exige que todos os ingredientes passem por uma avaliação de riscos ambientais antes que possam ser integrados aos produtos. Esses compromissos ambientais fluem a partir de uma missão empresarial que enfatiza o meio ambiente e a sustentabilidade.

Embora a declaração de missão deva ressaltar o compromisso da empresa com a sustentabilidade, é fundamental que essa declaração seja coerente com o nível de sustentabilidade atualmente exercido pela empresa. Por exemplo, em 2000, a BP (British Petroleum) desenvolveu um novo símbolo, juntamente de uma mensagem de mídia, alegando que a empresa estava indo além do petróleo.[15] Ela traçou uma estratégia identificando os esforços para desenvolver a energia em fontes que não fossem de combustíveis fósseis, mas o petróleo e o gás representam cerca de 98% da receita da empresa. O efeito ***greenwashing*** se refere a situações em que há uma diferença significativa entre os compromissos assumidos e genuínos para a sustentabilidade. Os ambientalistas acusam as empresas de petróleo de *greenwashing* quando seus investimentos em energias renováveis são pequenos comparados com o dinheiro que entra em suas divisões de gás e petróleo.[16]

No clima de negócios e de regulamentação atual, as empresas devem também reconhecer que as declarações públicas sobre os esforços para se tornarem sustentáveis sujeitam as empresas a maior controle. Em uma empresa global, essas declarações abrem-na a críticas de consumidores e organizações governamentais. Por exemplo, a Coca-Cola e a Pepsi são duas empresas de produtos de consumo global que desenvolveram compromissos com a sustentabilidade.[17] Essas empresas e seus engarrafadores afiliados necessariamente têm de explicar a maneira pela qual a água é tratada no processo de produção. Cada manifestação de comprometimento com a sustentabilidade dessas empresas é acompanhada de críticas em alguns mercados sobre a filtragem e a manipulação da água.

A sustentabilidade deve ser incorporada na missão da empresa, mas esse foco deve aumentar outras forças motrizes dentro dela. Por exemplo, a Adidas reconhece explicitamente que é uma empresa inovadora, focada no consumidor, que administra um portfólio de marcas que consistentemente entrega resultados financeiros excelentes.[18] A empresa também afirma seu desejo de ser uma organização global social e ambientalmente responsável. Os valores da Adidas refletem a crescente evidência do papel do marketing verde dentro da empresa, o qual aumenta seus outros valores e suas ofertas de produtos, mas raramente é a principal motivação para o consumo. A empresa precisa incorporar o desenvolvimento de uma estratégia verde como uma faceta da proposição de valor.[19]

C Integrando uma missão verde nos objetivos, estratégias e táticas de marketing

Se a declaração da missão inclui a discussão da sustentabilidade, existe uma probabilidade muito maior de que os objetivos e estratégias estejam preparados para considerar a interação da empresa com seu meio ambiente. A Figura 2.4 usa a empresa de vestuário Timberland para ilustrar o processo de planejamento. A missão da empresa é equipar pessoas para fazer a diferença em seu mundo.[20] A Timberland busca essa missão criando excelentes produtos e tentando fazer a diferença nas comunidades onde seus funcionários vivem e trabalham. É importante notar que a empresa vê o voluntariado nas comunidades e o projeto de produtos ecologicamente corretos como formas de diminuir sua influência sobre o meio ambiente.

Objetivos organizacionais são resultados desejados ou necessários a serem alcançados em um tempo determinado[21] e emergem do desenvolvimento da declaração de missão. Para a Timberland, um objetivo é a gestão ambiental por meio da qual a empresa estava empenhada em se tornar neutra em carbono até o ano 2010. Essa meta incorpora três elementos essenciais dos objetivos.[22] Em primeiro lugar, o objetivo especifica precisamente as metas da organização. Se o objetivo não é preciso e claro, os colaboradores terão menos probabilidade de alcançar o resultado desejado. Em segundo lugar, o objetivo é mensurável e, neste caso, leva a mecanismos exatos para avaliar

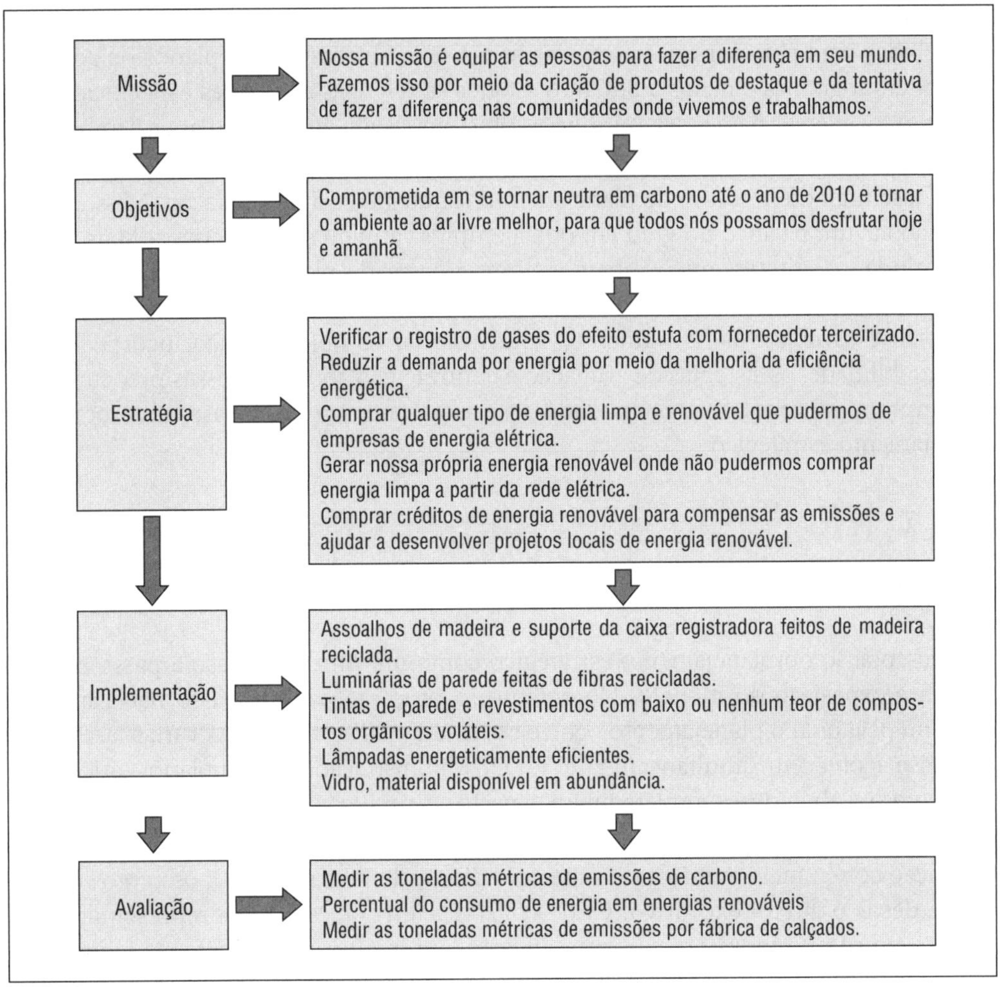

FIGURA 2.4 O processo de planejamento da Timberland.

a busca desse objetivo. Os objetivos devem ser mensuráveis se a empresa quiser avaliar o nível de sucesso de uma forma significativa. Terceiro, o objetivo deve implicar compromissos de ação que especifiquem os comportamentos associados à realização do objetivo. Se a ação relevante é compreendida, a administração pode converter o objetivo em ações específicas associadas ao plano de marketing e à estratégia.

A estratégia corporativa define a direção que a empresa prosseguirá dentro de seu ambiente escolhido e orienta a alocação de recursos e esforços.[23] Para a Timberland, a estratégia destaca a verificação por terceiros do uso de energia, operações eficientes, uso de energia limpa e renovável e a compra de créditos de energia para compensar as emissões.

Estratégias claramente articuladas com base em objetivos mensuráveis permitem que a gestão desenvolva planos específicos de implementação. O processo de implementação se refere à fase em que a empresa direciona esforços específicos para a realização dos objetivos. Apesar da alta administração estabelecer os objetivos e a estratégia, ela raramente está envolvida no processo de implementação. Dessa forma, é essencial que a gestão transmita uma mensagem de sustentabilidade ao longo do processo de planejamento estratégico.

A implementação inclui a determinação de planos de ação e táticas relacionadas concebidas para permitir que a empresa atinja seus objetivos.[24] Os planos de ação fornecem cronogramas e metas, enquanto a tática se refere às atividades específicas que a empresa irá exercer para assegurar que os objetivos sejam atingidos. Para a Timberland, algumas dessas táticas incluem os tipos de acessórios instalados em locais de varejo.

A fase final do processo de planejamento estratégico é a de avaliação. Nesse ponto, a gestão faz um balanço do grau em que a empresa atingiu seus objetivos. Mais importante ainda, os critérios que venham a surgir a partir do plano são os fatores incorporados na avaliação. Esses critérios de avaliação deverão, logicamente, complementar a missão e os objetivos. Novamente, se a missão e os objetivos não incorporarem a sustentabilidade, os sistemas de avaliação e controle não abordarão essas preocupações. O compromisso com a sustentabilidade deve acompanhar todas as fases do processo de planejamento estratégico.

D A interação entre estratégia e meio ambiente

A apresentação do planejamento estratégico como um processo passo a passo estático facilita a exposição do modelo. No entanto, o processo passo a passo não captura a maneira pela qual o planejamento ocorre em muitas organizações. As várias fases desse processo acontecem simultaneamente. A alta administração reavalia planos táticos, enquanto os colaboradores implementam aspectos específicos do plano.

A necessidade primária de constante reavaliação do planejamento estratégico é a interação com o meio ambiente. Como será discutido no Capítulo 3, os cargos na empresa, desde o diretor executivo (CEO – *chief executive officer*) até os representantes de vendas em campo monitoram as mudanças no ambiente e modificam seu comportamento para acomodar essa ação. Por exemplo, conforme os preços da energia sobem, a alta administração deve considerar os custos de reembolso aos representantes de vendas, enquanto os representantes de vendas provavelmente estão reavaliando sua agenda e rota de visitas. Devido ao fato de o ambiente estar sujeito a mudanças que têm influência significativa na atividade de marketing, é essencial que a organização de marketing monitore o meio ambiente. Assim, os comerciantes avaliam os ambientes ecológicos, competitivos, econômicos, sociais, políticos e jurídicos.

Uma crescente conscientização da sociedade é o reconhecimento de que o marketing influencia o meio ambiente. Os profissionais de marketing estão monitorando cada vez mais suas influências sobre o meio ambiente. Por exemplo, o McDonald's historicamente utilizava um recipiente de isopor conhecido como *clamshell* para embalar hambúrgueres e outros sanduíches.[25] Esses *clamshells* criaram um tipo difícil de resíduo sólido, eram economicamente inviáveis para reciclagem e produziam clorofluorcarbonetos (CFC), prejudiciais à camada de ozônio.[26] Em 1989, o McDonald's começou a colaborar com o Environmental Defense Fund (EDF) para tratar da gestão de resíduos. Na época, rede de *fast-food* contratava 500 mil pessoas em 11 mil lojas servindo 22 milhões de clientes por dia. A aliança fez que, em 1990, o McDonald's substituísse o isopor por embalagens acolchoadas feitas de polietileno e papel. A nova embalagem era menos volumosa, mais barata, exigia menos energia para produzir e ocasionava menos poluição.

A aliança EDF-McDonald's mostra como a atividade de marketing tem influência dinâmica sobre o meio ambiente. O McDonald's, seus franqueados e seus clientes desempenham um papel significativo na gestão de resíduos para o acondicionamento de produtos alimentícios. A colaboração com a EDF permitiu à empresa alcançar uma estratégia na qual todos ganham, reduzindo o desperdício e a poluição, ao mesmo tempo em que reduz os custos de produção do McDonald's.

Embora haja um crescente interesse em analisar como indivíduos e empresas afetam o meio ambiente, há pouco consenso sobre como avaliar essas influências. Nos capítulos 11 e 14, discutiremos os mecanismos que permitem aos consumidores e fabricantes avaliar suas influências sobre o meio ambiente.

E Proporcionando valor a todos os *stakeholders*

Os ***stakeholders*** são indivíduos, organizações e grupos que têm interesse na ação de uma organização e a capacidade de fazer que ela seja influenciada.[27] O desenvolvimento da estratégia corporativa exige consideração sobre o número de entidades que são influenciadas pela ação da empresa. Os principais *stakeholders* incluem:[28]

a) **Consumidores**. Os compradores e usuários de produtos de uma empresa são atores importantes que influenciam a empresa de muitas maneiras. Consumidores influenciam a ação de uma empresa quando optam por comprar o produto ou as ofertas da organização ou escolhem comprar os produtos dos concorrentes. Os indivíduos que fazem parte do mercado são importantes fontes de novas oportunidades de produtos para a empresa.[29] Além disso, os consumidores fornecem respostas sobre suas experiências com os produtos das empresas, e esses comentários influenciam outros consumidores, bem como as decisões de produto da empresa.

b) **Fornecedores**. As empresas estão descobrindo cada vez mais que seus fornecedores influenciam os esforços para alcançar a sustentabilidade. Uma vez que os insumos da produção influenciam a capacidade das organizações de alcançar resultados sustentáveis, os fornecedores que comercializam produtos ambientalmente seguros reduzem a influência ecológica dos compradores.

c) **Colaboradores**. Os colaboradores da empresa têm um papel estratégico na implementação de qualquer estratégia. Como partes interessadas, eles são importantes fontes de novas ideias para produtos sustentáveis. Muitas vezes, têm conhecimento específico da indústria e compreensão do mercado, o que lhes permite oferecer ideias sobre o desenvolvimento do produto.

d) **Concorrência**. Os concorrentes no mercado têm uma forte influência sobre as atividades das empresas, que devem monitorar proativamente a ação e o desempenho de seus concorrentes. Além disso, elas podem criar uma fonte de vantagem competitiva se elevarem as expectativas da indústria em relação às normas ambientais. Por exemplo, após a tragédia de Bhopal, na Índia, a Union Carbide e outras empresas da Chemical Manufacturers Association (CMA – Associação dos Fabricantes Químicos) desenvolveram a iniciativa Responsible Care (Cuidado Responsável).[30] A CMA estabeleceu critérios para prevenção da poluição, segurança de processo e resposta de emergência, o que permitiu às empresas melhorar suas posições competitivas.

e) **Sistema jurídico**. Os tribunais e o sistema judiciário são atores que influenciam a empresa por meio da aplicação das leis que regem a sustentabilidade. Por exemplo, em 1989, o tanque oceânico do navio Exxon Valdez encalhou e derramou 11 milhões de galões de óleo cru em Prince Edward Sound, no Alasca.[31] Em 1994, uma ação coletiva contra a empresa concedeu a 33 mil residentes do Alasca 287 milhões de dólares em indenização e 5 bilhões de dólares em multas contra a Exxon. Embora a multa por danos tenha sido depois reduzida para 2,5 bilhões de dólares, o exemplo ressalta a influência potencialmente crítica do sistema jurídico.

f) **Instituições financeiras**. Bancos, outras agências de empréstimos e empresas de seguros são partes importantes porque determinam a disponibilidade e o custo de fundos para uma organização. As instituições financeiras estão cada vez mais adotando a sustentabilidade como uma faceta importante de sua estratégia corporativa. Essas instituições estão também desenvolvendo sistemas financeiros para facilitar a implementação da estratégia. Por exemplo, o Standard Chartered está assumindo um papel de liderança no financiamento de projetos de energia renovável e limpa na Ásia, na África e no Oriente Médio. A esses projetos estão destinados um valor total de até 10 bilhões de dólares entre o período de 2008 a 2012.[32]

g) **Governo**. O governo influencia a ação das empresas por meio de normas estabelecidas para garantir a segurança do produto durante a produção, o uso e o pós-consumo. O manto da responsabilidade recai sobre o governo em todos os níveis. As empresas devem acompanhar a legislação estadual e municipal, bem como os regulamentos nacionais. Além disso, há uma pressão crescente de governos internacionais, incluindo alianças comerciais (por exemplo, a União Europeia-UE) e a Organização das Nações Unidas (ONU). As organizações que não conseguem acompanhar a evolução da regulamentação em cada um desses níveis se expõem a graves desvantagens competitivas.

h) **Mídia**. O desastre do Valdez oferece evidências de que a mídia está estrategicamente posicionada para enquadrar a percepção pública dos acontecimentos envolvendo a empresa. Cada vez mais, as empresas sabem que precisam gerenciar sua interação com a mídia de maneira proativa. Além disso, conforme a empresa age para reduzir sua influência sobre o meio ambiente, ela deve deixar a mídia ciente de que esses esforços estão acontecendo.[33]

i) **Acionistas/proprietários**. Investidores com uma variedade de níveis de participação na empresa estão, cada vez mais, tomando medidas para influenciar o grau em que as empresas buscam causas de sustentabilidade.[34] Indivíduos influenciam as empresas por meio de diálogo, procurações de voto, participação nas reuniões de acionistas e pedidos de resoluções.

j) **Comunidade científica**. Evidências desenvolvidas dentro da comunidade científica têm forte influência sobre outras partes interessadas e, portanto, influenciam ações na empresa. Por exemplo, a crescente evidência científica do efeito estufa influenciou a decisão da Suprema Corte norte-americana de que o governo federal tinha poder sobre o Clean Air Act (Lei do Ar Limpo) para regular as emissões de dióxido de carbono dos veículos.

k) **Organizações não governamentais (ONGs).** ONG é um termo usado para descrever uma ampla família de organizações sem fins lucrativos ou apoiadas pelo governo.[35] Historicamente, a ação das ONGs tem estado em confronto com a indústria. Cada vez mais, no entanto, empresas como a Starbucks têm estabelecido relações com as ONGs, permitindo que ambas as partes alcancem seus objetivos.[36]

l) **Público geral.** O público em geral também influencia as operações. Por exemplo, os urbanistas reconhecem que a gestão de relações com o público lhes permite obter apoio para iniciativas sobre o uso da terra.[37] Embora o público em geral não possa se beneficiar diretamente da urbanização, sua participação é fundamental durante os processos de concepção e utilização.

F Como este texto está organizado para ajudar você a entender o marketing verde

O objetivo deste texto é guiar a tomada de decisão de marketing para uma ação que seja sensível ao meio ambiente. Nosso modelo geral do contexto em torno da ação de marketing é fornecido na Figura 2.5. A ação de marketing está no centro desse modelo e é cercada por considerações ambientais, atividade industrial e estratégia de marketing. Definimos **ação de marketing** como qualquer comportamento associado à aquisição, compra, venda, consumo e pós-consumo de ofertas de produtos. Note que toda essa ação de marketing reflete situações nas quais existe algum tipo de troca entre duas partes. A compra de uma xícara de café em um recipiente térmico reutilizável, por exemplo, envolve a troca de moedas por uma bebida. Ambas as entidades que estão envolvidas na atividade de troca são movidas pelo desejo de aumentar o valor. O valor de uma troca pode ser expresso em termos dos três desfechos relacionados. Em graus

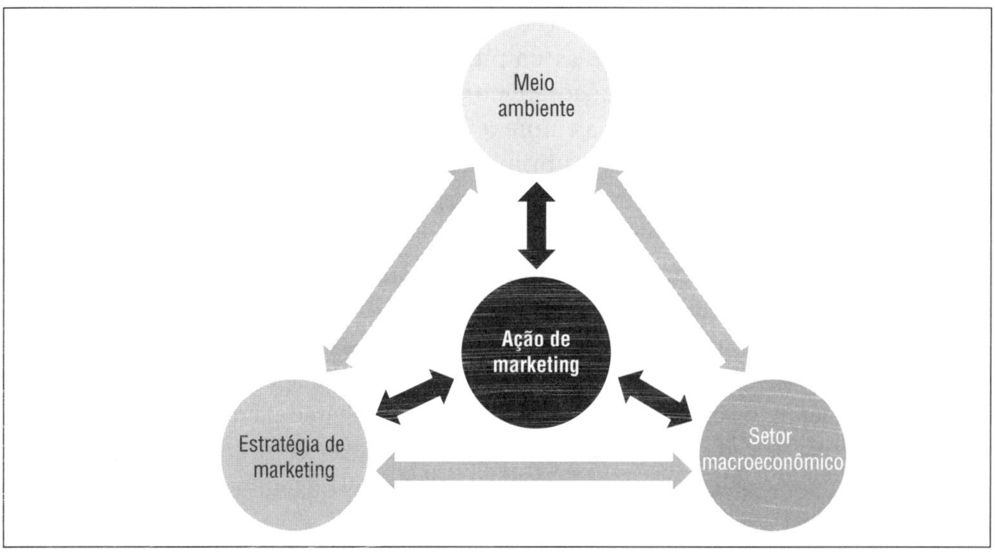

FIGURA 2.5

Fatores que cercam a ação de marketing.

variados, a atividade de intercâmbio oferece valor econômico, social e ambiental. O consumidor de café, por exemplo, pode identificar o valor econômico e ambiental da compra de café em embalagens reutilizáveis, enquanto a ambientação e serviços oferecidos pelos colaboradores do restaurante podem gerar valor social ao consumidor. Não só faz sentido considerar o tripé da sustentabilidade dos consumidores, mas também é cada vez mais essencial que as empresas reconheçam que devem prestar atenção aos valores econômico, social e ambiental de suas ofertas de produtos.[38]

A ação de marketing é definida de forma ampla para incluir todas as ações associadas à aquisição de produtos ambientalmente corretos, assim como a atividade relativa ao uso e ao descarte de produtos. Assim, essa definição abrange todas as ações associadas à cadeia de suprimentos a partir da aquisição de matérias-primas para produtos que possam receber tratamento pós-consumo e que sobreviveram a sua utilidade. Por exemplo, uma ação de marketing inclui os esforços da Pepsi em incorporar água limpa nos xaropes que vende às empresas engarrafadoras locais na Índia. Também incorpora todo o esforço para tornar esse produto disponível para venda no país, e inclui ainda todos os esforços para reutilizar ou reciclar a embalagem do produto.

É importante notar que a ação de marketing realizada em uma cadeia de suprimentos é influenciada e influencia três fatores. Em primeiro lugar, as ações realizadas pelos indivíduos são influenciadas pelo meio ambiente. O *meio ambiente* se refere aos contextos físicos e sociais que fornecem o potencial para que a atividade de marketing ocorra. A Parte II deste livro está focada na interação entre o meio ambiente e o consumo. No Capítulo 3, ilustraremos como o nível de consumo influencia a atmosfera, a água, o solo e a biodiversidade. No Capítulo 4, veremos como o meio ambiente influencia a atividade de consumo. Juntos, esses dois capítulos reforçam a interação entre meio ambiente e consumo.

Na Parte III, examinaremos as facetas da estratégia de marketing destinadas a reforçar a sustentabilidade da empresa. O fator central na busca da sustentabilidade é o **valor** que as ofertas de mercado fornecem aos consumidores. O valor sustentável emerge da análise dos retornos econômicos, sociais e ecológicos buscados em um mercado. Consequentemente, cada capítulo em nossa discussão sobre a ação de marketing se concentra em estratégias que geram valor. No Capítulo 5, apresentaremos um processo de análise de mercados. Essa análise e segmentação de mercados aborda a descoberta do valor. Esforços promocionais pelos quais as empresas comunicam valor serão examinados no Capítulo 6. No Capítulo 7, enquadraremos o desenvolvimento de produtos como o conjunto de processos pelos quais a empresa produz valor. O esforço de entregar valor será tratado na análise da cadeia de suprimento, no Capítulo 8, e na análise do varejo, no Capítulo 9. O Capítulo 10 fornecerá uma visão geral dos mecanismos pelos quais a empresa anuncia o valor por meio de sua estratégia de preços.

Na Parte IV, examinaremos o setor macroeconômico onde ocorre o consumo. Essa seção aborda os setores da economia e seu consumo de energia. Em todo o mundo, o consumo de energia e as emissões de gases do efeito estufa estão associados a quatro contextos industriais: manufatura, domicílios, serviços e transportes (ver Figura 2.6ab). Consequentemente, os capítulos de 11 a 14 se encaminharão para as principais fontes e usos de energia de cada um desses contextos industriais.

Na Parte V, abordaremos procedimentos por meio dos quais as empresas monitoram e relatam a busca de valor.

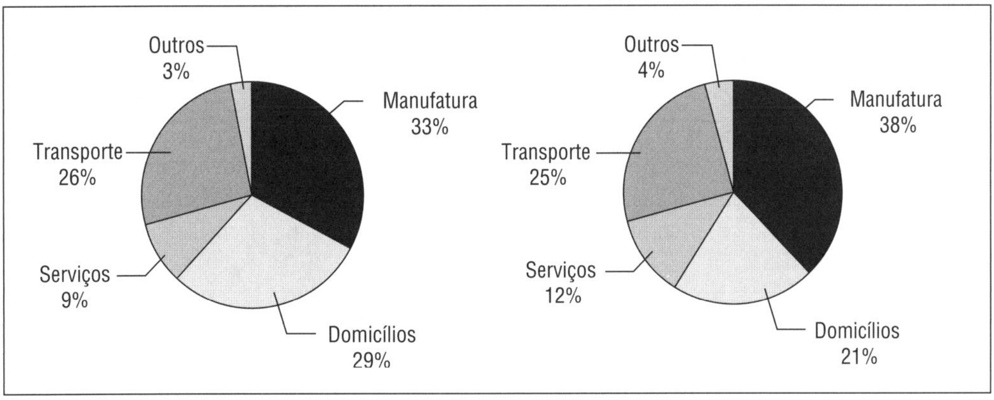

FIGURA 2.6

a) Consumo total de energia final: 285 EJ. b) Emissões totais diretas e indiretas de CO_2: 21 Gt CO_2.

Fonte: *Agência Internacional de Energia*, Tendências mundiais de uso e eficiência de energia (*Paris, França: Agência Internacional de Energia*)

RESUMO

A. Planejamento de marketing verde

O objetivo deste capítulo foi fornecer uma visão geral de planejamento estratégico de marketing verde. Começamos por definir *planejamento estratégico de mercado* como o processo que descreve a maneira pela qual uma unidade de negócios compete nos mercados em que serve.

B. Incorporando a perspectiva verde na declaração de missão

A *declaração de missão* descreve o objetivo fundamental e único de uma organização, indicando o que ela pretende realizar, os mercados em que opera e as premissas filosóficas que orientam suas ações. Se a empresa precisa ter uma estratégia que incorpore de maneira significativa o marketing verde e a sustentabilidade, isso deve ser incorporado na declaração de missão.

C. Integrando uma missão verde nos objetivos, na estratégia e nas táticas de marketing

Objetivos organizacionais são resultados desejados ou necessários a serem alcançados em tempo determinado; emergem do desenvolvimento da declaração de missão. Em primeiro lugar, o objetivo especifica exatamente as metas da organização. Se os objetivos, estratégias e táticas são precisos, mensuráveis e específicos com relação às metas de sustentabilidade, a gestão se engaja na ação essencial para atingir a missão da empresa.

D. A interação entre estratégia e meio ambiente

O *planejamento estratégico* refere-se ao processo pelo qual a empresa fornece um ajuste entre o meio ambiente e a ação corporativa. No processo de planejamento estratégico, o planejamento de marketing verde consiste na criação e manutenção de um ajuste entre o ambiente e os objetivos e recursos da empresa. Ao incorporar a sustentabilidade no processo de planejamento estratégico, a empresa aumenta sua probabilidade de ser capaz de interagir de forma eficaz com o meio ambiente.

E. Proporcionando valor a todos os *stakeholders*

Os *stakeholders* são indivíduos, organizações e grupos que têm interesse na ação de uma organização e a capacidade de fazer que ela seja influenciada.[39] O desenvolvimento da estratégia corporativa exige consideração sobre o número de entidades que são influenciadas pela ação da empresa. Os principais *stakeholders* incluem consumidores, fornecedores, colaboradores, concorrência, sistema jurídico, instituições financeiras, governo, mídia, acionistas/proprietários e a comunidade científica.

F. Como este texto está organizado para ajudar você a entender o marketing verde

Este livro procura delinear a relação entre estratégia de marketing, ação de marketing, setores macroeconômicos e meio ambiente. Na Parte I apresentamos a gestão de marketing verde e estratégia. A Parte II deste livro será focada na interação entre meio ambiente e consumo, e a Parte III examinará as facetas da estratégia de marketing destinadas a reforçar a sustentabilidade da empresa. Na Parte IV, examinaremos o setor macroeconômico no qual ocorre o consumo. Na Parte V, abordaremos procedimentos por meio dos quais as empresas monitoram e relatam a busca de valor. ”

PERGUNTAS

1. Por que uma empresa como a Timberland escolheria desenvolver uma estratégia sustentável quando poderia competir eficazmente com base no preço?
2. Como a estratégia da Timberland reflete um esforço para alcançar a sustentabilidade, tal como definido no Capítulo 1?
3. Até que ponto a incorporação de uma perspectiva verde na declaração de missão altera a forma como a empresa vai operar e ser vista no mercado?
4. Descreva uma situação na qual uma empresa (com exceção da BP) tenha sido acusada de *greenwashing*. Quais condições levaram a essa avaliação e o que a empresa fez para corrigir isso?
5. O que a aliança EDF-McDonald's ensina às ONGs e CEOs sobre as relações entre ONGs e empresas?
6. Os consumidores e acionistas são dois grupos diferentes de *stakeholders* para um varejista. Como podem diferir em suas atitudes na direção da sustentabilidade?
7. A Timberland considera que seus fornecedores são agentes importantes? Que evidências sustentam sua alegação?
8. Descreva uma situação em que o público em geral teve influência sobre a atitude de uma empresa com relação à sustentabilidade. Que eventos levam o público a se preocupar com a sustentabilidade nesse contexto?
9. Por que concorrentes como os da CMA trabalham juntos para desenvolver padrões de sustentabilidade? Quais são as consequências de não cuidar da sustentabilidade?
10. Por que é necessário examinar a relação entre a indústria macroeconômica e a ação de marketing?

NOTAS FINAIS

[1] Galbraith, K. Timberland's new footprint: recycled tires. *The New York Times,* 7 abr. 2009. Disponível em: <http://green.blogs.nytimes.com/2009/04/03/timberlands-new-footprint-recycled--tires/>. Acesso em: 12 abr. 2011.

[2] Ryan, T. J. Timberland introduces nutrition labels. *SGB* 39, n. 3 (2006): 14.

[3] Frazier, M. Timberland walks the walk. *Advertising Age* 78, n. 24 (2007): 8.

[4] Cortese, A. Friend of nature? Let's see those shoes. *The New York Times,* 6 mar. 2007. Disponível em: <http://www.nytimes.com/2007/03/06/business/businessspecial2/07label-sub.html?scp=1&sq=%22Friend%20of%20nature?%22&st=cse>. Acesso em: 28 abr. 2010.

[5] American Marketing Association. Dictionary. Disponível em: <http://www.marketingpower.com/_layouts/Dictionary.aspx>. Acesso em: 28 abr. 2010.

[6] Thompson, J. D.; McEwen, W. J. Organizational goals and environment: goal-setting as an interactive process. *Administrative Science Quarterly* 23 (1958): 2331; Cooper, Lee G. Strategic marketing planning for radically new products. *The Journal of Marketing* 64, n. 1:116.

[7] Daniel, C. How to make marketing plans more effective. *Management Review* 68, n. 10 (1979): 6061.

[8] Ver nota 5.

[9] Greenley, G. E. An understanding of marketing strategy. *European Journal of Marketing* 23, n. 8 (1989): 4558.

[10] Ireland, D.; Hitt, M. A. Mission statements: importance, challenge, and recommendations for development. *Business Horizons* 35, n. 3 (1992): 3442.

[11] Kotler, P. *Marketing management*. Englewood Cliffs, NJ: Prentice Hall, 2000. p.718.

[12] Nash, James L. Cinergy agrees to $1.4 billion clean air penalty. *Occupational Hazards* 63, n. 2 (2001): 29.

[13] Stone, R. A. Mission statements revisited. *SAM Advanced Management Journal* 61, n. 1 (1996): 317.

[14] Procter & Gamble. Disponível em: <http://www.pg.com>.

[15] Esty, D. C.; Winston, A. S. *Green to gold*. New Haven, CT: Yale University Press, 2006. p.366.

[16] Consider the alternatives. *Economist* 375, n. 8424, 30 abr. 2005, p. 2124.

[17] Brady, D. Pepsi: repairing a poisoned reputation in India. *Business Week,* 11 jun. 2007, p.4654.

[18] Adidas. Our values. Disponível em: <http://www.adidas-group.com/en/ourgroup/values/default.aspx>. Acesso em: 28 abr. 2010.

[19] DeBonis, J. N.; Balinski, E.; Allen, P. *Value-based marketing for bottom-line success*. New York: McGraw Hill, [2002?]. p. 245.

[20] Timberland. About Timberland. Disponível em: <http://www.timberland.com/home/index.jsp>. Acesso em: 28 abr. 2010.

[21] Ver nota 5.

[22] Peter, J. P.; Donnelly, J. H. *A preface to marketing management*. New York: McGraw Hill, [2010?]. p. 280.

[23] Ver nota 5.

[24] Pinto, J. K.; Prescott, J. E. Planning and tactical factors in the project implementation process. *Journal of Management Studies* 27, n. 3 (1990): 305327.

[25] Livesey, S. M. McDonald's and the environmental defense fund: a case study of a green alliance. *Journal of Business Communication* 36, n. 1 (1999): 539.

[26] Hartman, C. L. Green alliances: strategic relations between businesses and environmental groups. *Business Horizons* 39, n. 2 (1996): 5059.

[27] Savage, G. T. et al. Strategies for assessing and managing organizational stakeholders. *Academy of Management Executive* 5, n. 2 (1991): 6175.

[28] Polonsky, M. J. A stakeholder theory approach to designing environmental marketing strategy. *Journal of Business and Industrial Marketing* 10, n. 3 (1995): 2946.

[29] Polonsky, M. J.; Ottman, J. Stakeholders contribution to the green new product development process. *Journal of Marketing Management* 14, n. 6 (1998): 533557.

[30] Reinhardt, F. L. Bringing the environment down to Earth. *Harvard Business Review* 77, n. 4 (1999): 149158.

[31] Edmonson, R. G. Exxon Valdez spill reaches High Court. *Journal of Commerce* 8, n. 41 (2007): 2627.

[32] Banks buy into green revolution. *Asiamoney* 18, n. 10 (2007): 3.

[33] Ver nota 15.

[34] More stockholders exert influence. *Wall Street Journal*, 15 maio 2008, D3.

[35] Salamon, L. M.; Anheier, H. K. *Defining the non-profit sector*: a cross national analysis. Manchester, England: Manchester University Press, [1997?]. p. 526.

[36] Argenti, P. A. Collaborating with activists: how Starbucks works with NGOs. *California Management Review* 47, n. 1 (2004): 91116.

[37] Nelson, L. S. Community sustainability and land use. *Public Administration Review* 61, n. 6 (2001): 741746.

[38] Peters, G. *Waltzing with the raptors*. New York: John Wiley, [1999?]. p. 285; Elkington, J. *Cannibals with forks*. Gabriola Island, BC: New Society Publishers, [1998?]. p. 407.

[39] Ver nota 27.

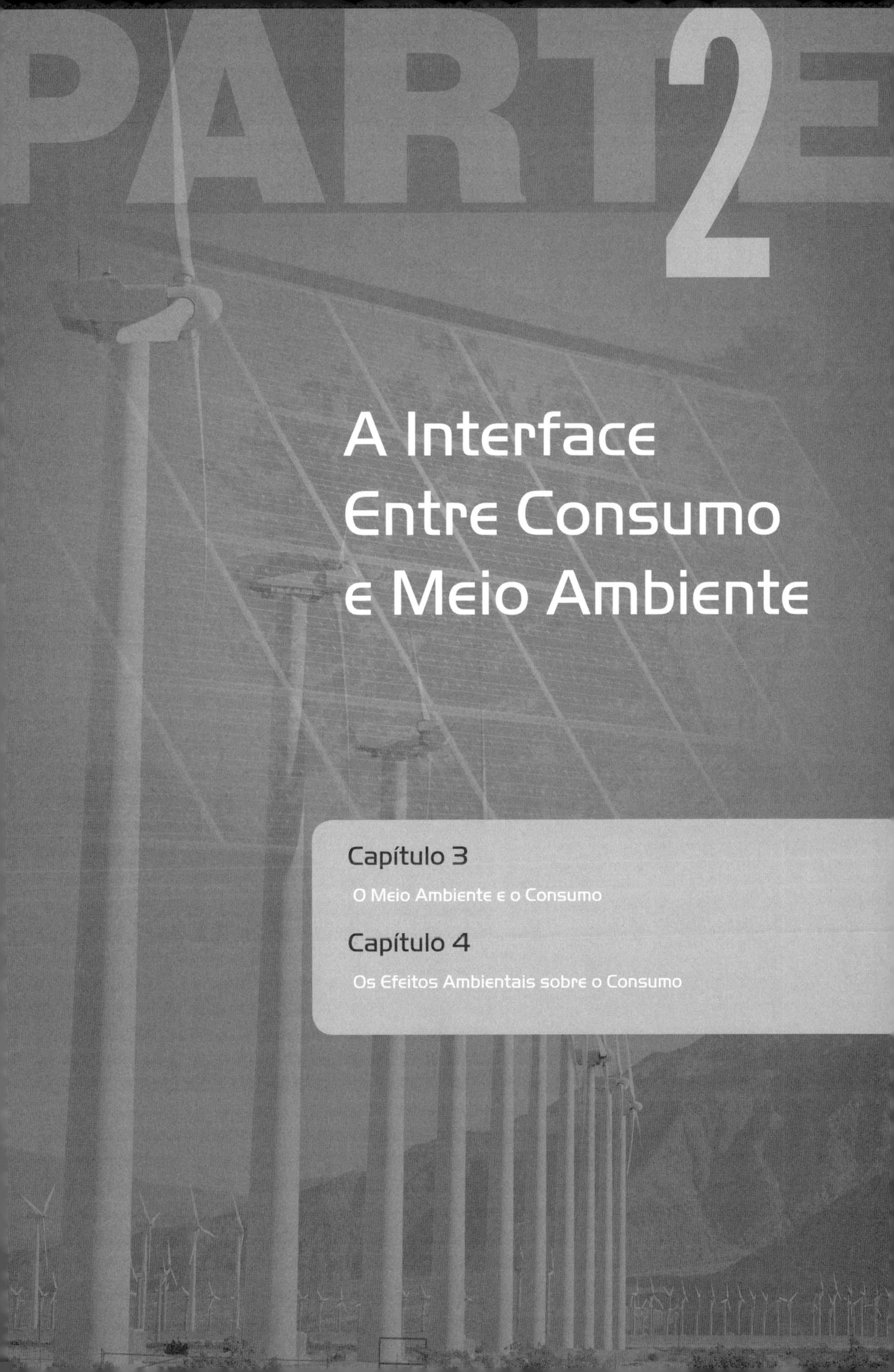

PARTE 2

A Interface Entre Consumo e Meio Ambiente

capítulo 3

O Meio Ambiente e o Consumo

OBJETIVOS DO CAPÍTULO

A Compreendendo a interação entre meio ambiente e consumo
B A atividade humana e as mudanças climáticas
C Compreendendo as fontes de energia e seu uso em regiões internacionais
D A atividade humana e a atmosfera
E A atividade humana e a água
F A atividade humana e a terra
G A atividade humana e a biodiversidade

PALAVRAS-CHAVE

camada de ozônio, 50
cloro, 57
coagulantes, 57
desenvolvimento Greenfield, 58
efeito estufa, 41
efeito estufa natural, 41
fermentação entérica, 47
fontes não pontuais, 57
fontes pontuais, 57
fontes pontuais difusas, 57
gases F, 43
mudança climática, 41
poluentes de critério, 52
Protocolo de Montreal, 47

A Compreendendo a interação entre meio ambiente e consumo

USINA DE DESSALINIZAÇÃO ASHKELON

O Oriente Médio oferece uma perspectiva sobre a crescente necessidade de levar mais a sério a conservação da água. Essa região é uma das áreas mais áridas do mundo e é desprovida de água potável. Em Israel e outros países da região, a água é considerada um recurso natural de extrema importância. Israel enfrenta uma escassez crônica de água há anos, e há especulações de que será difícil atender à necessidade municipal e doméstica de água em um futuro próximo. O déficit atual acumulado nos recursos hídricos de Israel chega a cerca de 2 bilhões de metros cúbicos, quantidade igual ao consumo anual do país.[1] Fatores humanos e não humanos contribuem para o problema dos recursos hídricos do país. O déficit hídrico se desenvolveu devido às condições de seca, bem como aos baixos níveis de precipitação. Além disso, sal e outros poluentes têm invadido as fontes de água existentes. Aumentos no crescimento e desenvolvimento requerem uma necessidade adicional de água de cerca de 60% a mais até 2020.[2]

Em 2000, o governo israelense lançou um plano concebido para aliviar o problema da água. A usina de dessalinização de Ashkelon foi concluída em 2005 a um custo de 212 milhões de dólares. A instalação usa tecnologia de osmose inversa, na qual a água do mar é empurrada em alta pressão através de uma membrana que filtra as moléculas de sal e produz água limpa. A fábrica também possui uma usina de energia no local, que lhe permite evitar rupturas na produção incorridas em um sistema de eletricidade ligado à rede. Até 96% da energia associada à água salgada concentrada no final do processo de purificação pode ser capturada e usada para gerar energia. O uso das tecnologias avançadas permite que o utilitário forneça água a 52,7 centavos por metro cúbico, tornando a usina uma das produtoras de água dessalinizada mais baratas do mundo.[3]

FIGURA 3.1

© David Buimovitch/AFP/Getty Images

© David Buimovitch/AFP/Getty Images

A usina de dessalinização de Ashkelon e um de seus colaboradores colhendo os frutos do trabalho.

As instalações de Ashkelon ilustram como os governos e as organizações podem aumentar a interação com o meio ambiente. Para estimular o interesse em fazer maiores modificações em nossa interação com o meio ambiente, identificamos as tendências atuais neste capítulo. Se tivermos um entendimento de nossa situação atual, poderemos monitorar as condições ambientais para acompanhar o progresso. Além disso, se pudermos identificar a ação que influencia o meio ambiente, estaremos preparados para tomar medidas para reduzir nossa influência.

É essencial reconhecer que todo o comércio e consumo operam dentro de limites naturais. Embora alguns recursos naturais, como a energia eólica, sejam renováveis, outros (por exemplo, o petróleo) não são sustentáveis. Recursos sustentáveis podem ser regenerados e oferecem vantagens ecológicas que diminuem a dependência das empresas por recursos escassos. Consequentemente, profissionais de marketing eficientes cada vez mais favorecem a adoção de tecnologias e bens sustentáveis.

Hoje, há evidências inequívocas da mudança do clima, e a ação humana é o principal motor dessa mudança.[4] A temperatura da Terra aumentou 0,74 °C no século passado, e a melhor estimativa para o aquecimento neste século fica entre 1,8 e 4,0 °C. Uma mudança dessa magnitude terá uma enorme influência sobre muitos aspectos da vida. Se as empresas e os indivíduos desejam diminuir ou acabar com essa tendência na mudança do clima, é essencial compreender nossa atual situação ambiental e identificar os fatores de marketing que influenciam o ambiente.

Embora muitas pessoas concordem que a mudança climática esteja ocorrendo, poucos reconhecem que o comércio, a atividade industrial e o consumo afetam diretamente o meio ambiente. Como ponto de partida, destacamos a influência da atividade de marketing sobre as mudanças climáticas, a energia, a atmosfera, a água e a terra. Nossa discussão da atmosfera se direciona pela destruição da camada de ozônio e a poluição atmosférica. Nosso exame da água inclui estudos sobre a água doce, os oceanos e a pesca, além da pureza da água. Nossa análise da terra examina a expansão urbana, a degradação das terras, o desmatamento, a desertificação e a gestão de resíduos.

Distinguimos entre facetas climáticas, territoriais, de água, atmosférica e de biodiversidade do meio ambiente para fornecer informações básicas sobre a evolução do meio ambiente. Essas questões ambientais são interativas, em vez de independentes. Além disso, fatores que têm influência direta sobre uma faceta do ambiente provavelmente também influenciam outros. Por exemplo, a diminuição da camada de ozônio é um aspecto da atmosfera, mas influencia a água e a biodiversidade.[5]

B A atividade humana e as mudanças climáticas

Em 2007, a Organização das Nações Unidas (ONU) informou que 11 dos 12 anos anteriores foram classificados como os mais quentes na temperatura da superfície global desde 1850. Esse relatório destaca o nível crítico das mudanças climáticas enfrentadas no planeta. De fato, a mudança climática está se moldando para ser o maior problema ambiental que os negócios já enfrentaram.[6]

Mudança climática se refere a uma mudança no clima atribuível, direta ou indiretamente, à atividade humana que altera a composição da atmosfera global e que vai além da variabilidade natural do clima ao longo de períodos comparáveis.[7] A Terra é rodeada por uma camada natural de gases que mantêm o planeta quente o suficiente para sustentar a vida. A energia solar em forma de luz visível que atinge a superfície da Terra aquece o planeta. A Terra emite energia de volta para o espaço sob a forma de radiação térmica. Gases do efeito estufa bloqueiam a radiação, não deixando que ela escape e causando o **efeito estufa natural**. Esse efeito natural aumenta a temperatura da Terra em cerca de 30 °C e é essencial para a vida.[8]

Desde o início da Revolução Industrial, o aumento das emissões de gases do efeito estufa tem feito essa cobertura ficar mais grossa. Essa influência artificial sobre o meio ambiente é conhecida como **efeito estufa**. A Terra deve se livrar da energia na mesma proporção em que recebe a energia do Sol. Conforme a manta de gases do efeito estufa engrossa, menos energia é perdida no espaço. O sistema basicamente restaura o equilíbrio por meio do aquecimento global da atmosfera inferior da Terra e da superfície. Assim, o aumento dos gases do efeito estufa levam ao aumento na temperatura da superfície da Terra.

A mudança climática tem várias influências críticas sobre o meio ambiente, incluindo:[9]

a) *Temperaturas mais altas e maior risco.* O clima leva tempo para responder às emissões, e a resposta pode demorar décadas. Além disso, os oceanos absorvem e liberam calor mais lentamente que a atmosfera. O resultado desses efeitos são temperaturas mais elevadas durante séculos após a estabilização dos gases do efeito estufa. Uma parcela substancial dessa origem está associada a picos de temperatura mais elevados e mais frequentes, tais como aquelas que a Europa enfrentou no verão de 2003. A mortalidade só na França, no período de 1 a 15 de agosto, foi de 11.435 vítimas.[10] A evidência sugere também que a influência humana mais que dobrou o risco de o verão europeu se tornar tão quente quanto foi em 2003, com a probabilidade de tais eventos aumentarem cem vezes ao longo das próximas quatro décadas.[11]

b) *Diminuição da quantidade e qualidade da água doce.* A elevação das temperaturas influencia o nível de umidade no ar. Ambientes mais quentes retêm mais umidade e produzem mais precipitação, principalmente sob a forma de fortes tempestades. Além disso, quanto maior o aquecimento maior a velocidade da evaporação. Juntas, essas mudanças no ciclo da água reduzem a quantidade e a qualidade do abastecimento de água doce em todas as grandes regiões geográficas.

c) *Maior risco para a saúde.* Embora as alterações climáticas provavelmente reduzam o número de mortes devido a sua exposição, elas geralmente têm um efeito negativo sobre a saúde. As mudanças climáticas alteram padrões de distribuição dos mosquitos da malária e outros portadores de doenças infecciosas. Também afetam a distribuição sazonal de pólen, causador de alergia.

d) *Elevação do nível do mar.* A mudança climática associada às altas temperaturas está resultando em níveis mais altos no mar. Evidências indicam que a Antártica e a Groenlândia estão perdendo massa e contribuindo para a elevação do nível dos oceanos. O aumento do nível do mar nos últimos 20 anos é duas vezes mais rápido que a média ao longo do século XX, época que também vivenciou um crescimento substancialmente maior que nos últimos dois milênios.[12] Esse aumento nos níveis do mar ampliam as inundações e a erosão costeira.

e) *Ameaças à biodiversidade.* Biodiversidade se refere à vida animal e vegetal que nos cerca. As mudanças climáticas dos últimos 30 anos têm modificado a distribuição e a localização de muitas espécies. Aumentos nas temperaturas médias são associados à elevação dos níveis de extinção de espécies, de modo que de 20% a 30% das espécies enfrentam um risco maior de extinção.[13] Essa tendência é atribuída às mudanças nas zonas de vegetação, às mudanças na amplitude de cada espécie, à interação entre mudança climática e fragmentação de hábitat e alterações no funcionamento do ecossistema.[14] A extinção de espécies pode ocorrer em todas as regiões do planeta.

f) *Prejuízo dos mais vulneráveis.* A exposição à mudança climática é maior entre pobres e aqueles com recursos limitados para investir na atenuação e na prevenção dos efeitos das mudanças climáticas.

g) *Deslocamento de pessoas e refugiados ambientais.* As mudanças no clima têm o potencial de forçar a partida de pessoas dos climas do Ártico devido à falta de biodiversidade e degradação do hábitat. Simultaneamente, as alterações climáticas podem forçar partidas de áreas tropicais onde os habitantes vivem um pouco acima do nível do mar. Essas tendências levarão a maior deslocamento e maior número de refugiados ambientais.[15]

A mudança climática tem várias influências diretas sobre os negócios, incluindo:[16]

a) *Agricultura.* A elevação das temperaturas e padrões climáticos voláteis afetam negativamente o setor agrícola e dificultam os esforços para especular sobre os valores futuros de *commodities* de base agrícola (por exemplo, suco de laranja congelado, carne de porco).
b) *Turismo.* Pontos turísticos de inverno e verão correm o risco de consideráveis perdas devido às alterações climáticas. A elevação das temperaturas eliminará estâncias de esqui e os níveis do mar "engolirão" as praias. Além disso, tempestades severas são problemáticas para companhias aéreas e outros sistemas de transporte.
c) *Seguros.* A indústria de seguros é particularmente suscetível às mudanças climáticas. Como as franquias e os custos associados com as políticas de seguros se tornam mais difíceis de avaliar, os custos aumentam e o número de fornecedores diminui.
d) *Transporte e custos relacionados.* À medida que a mudança climática aumenta, o governo provavelmente agirá no controle das emissões de gases do efeito estufa. Por conseguinte, as indústrias que têm necessidades de transporte pesado (por exemplo, a produção de automóveis) enfrentam maiores custos de operação. Da mesma forma, as indústrias que usam matérias-primas relacionadas ao petróleo (por exemplo, a produção de plásticos) enfrentam custos mais elevados.
e) *Desenvolvimento de novos produtos/soluções.* Embora as alterações climáticas tenham muitas consequências negativas, elas apresentam grandes oportunidades para empreendedores desenvolverem tecnologias, serviços e produtos. A demanda dos consumidores por produtos que reduzam os custos de energia ou eliminem a necessidade de recorrer a combustíveis com base em carbono receberá maior atenção.

Dada a sua forte influência sobre o meio ambiente, é essencial analisar os fatores que aceleram a extensão das mudanças climáticas. Podemos distinguir três tipos de gases que influenciam o meio ambiente.[17] Gases com influência direta sobre as alterações climáticas incluem os naturais e os sintéticos, que são resultado da atividade industrial. Os gases naturais incluem o dióxido de carbono (CO_2), metano (CH_4) e óxido nitroso (N_2O). Gases sintéticos incluem os hidrofluorcarbonos (HFCs), perfluorcarbonos (PFCs) e hexafluoreto de enxofre (SF_6). Esses gases fluorados são também conhecidos como **gases F**.

Alguns gases não têm efeito direto sobre o aquecimento global, mas influenciam a formação e a destruição de outros gases do efeito estufa, incluindo o monóxido de carbono (CO), óxidos de azoto (NO_x) e compostos orgânicos voláteis não metanos. A Figura 3.2 indica o aumento dos gases com efeito direto sobre as alterações climáticas ao longo do período de 1970 a 2002. Durante esse período de 30 anos, as emissões de gases do efeito estufa aumentaram em 60%. A Figura 3.3a fornece uma visão geral das emissões de cada gás com influências diretas sobre o aquecimento global.

A Figura 3.3b indica as fontes globais de gases do efeito estufa por setor industrial. A energia é responsável por mais de 25% das emissões do efeito estufa, e uma parte substancial dessas emissões estão associadas ao carvão. O setor industrial representa

FIGURA 3.2

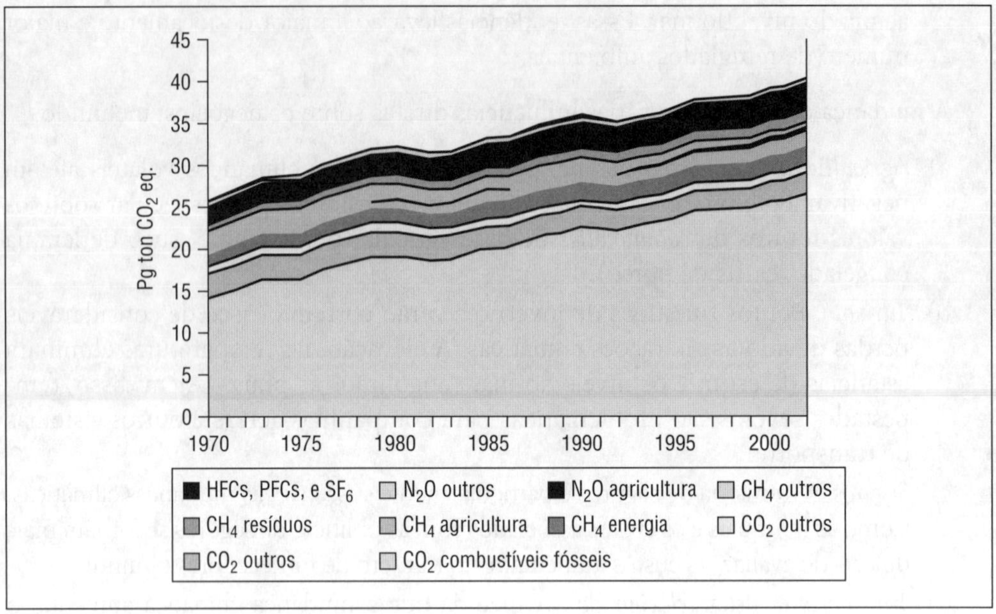

Cortesia: Millpress, Roterdã

Tendência das emissões globais de gases do efeito estufa – 1970-2002.

Fonte: Olivier, Joseph G.J.; van Aardenn, John A; Dentener, Frank; Ganzeveld, Laurens. *Recent trends in global greenhouse gas emissions: regional trends and spatial distribution of key sources.* Disponível em: <http://www.mnp.nl/edgar/Images/Olivier2005FT2000-NCGG4-Utrecht_tcm32-22124.pdf>. Acesso em: 17 fev. 2010.

FIGURA 3.3

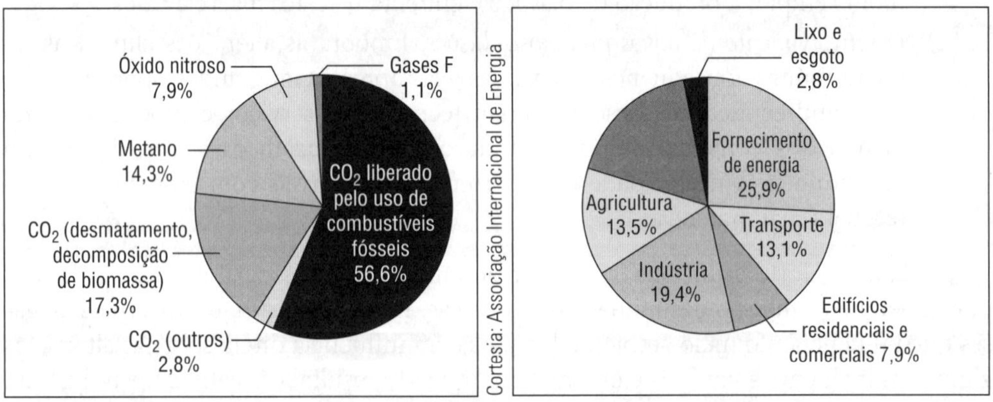

Cortesia: Associação Internacional de Energia

Cortesia: Associação Internacional de Energia

a) Emissões antropogênicas globais de gases do efeito estufa em 2004.

Fonte: Climate change 2007: synthesis report. Contribution of working groups I, II and III to the fourth of the Intergovernmental Panel on Climate Change. Figura 2.1b. IPCC, Genebra, Suíça.

b) Emissões de gases do efeito estufa por setor em 2004.

Fonte: Climate change 2007: synthesis report, an assessment of the Intergovernmental Panel on Climate Change.

o segundo maior contribuinte, com 19,4%. A silvicultura, incluindo a degradação das florestas e o desmatamento, é responsável por outros 17,4%, enquanto a agricultura é responsável por 13,5%. O setor de transporte, no entanto, representa 13,1% das emissões de gases do efeito estufa.

Para comparar os gases, cientistas desenvolveram um índice de potencial de aquecimento global, que compara a capacidade que um gás do efeito estufa tem de reter o calor na atmosfera em relação às emissões de dióxido de carbono. A Tabela 3.1 identifica o

TABELA 3.1 Potenciais de aquecimento global (horizonte de tempo de 100 anos).[18]

Gás		Potencial de aquecimento global	Gás		Potencial de aquecimento global
CO_2	Dióxido de carbono	1	HFC-227ea	Gás F	2.900
CH_4	Metano	21	HFC-236fa	Gás F	6.300
N_2O	Óxido nitroso	310	HFC-4310mee	Gás F	1.300
HFC-23	Gás F	11.700	CF_4	Gás F	6.500
HFC-32	Gás F	650	C_2F_6	Gás F	9.200
HFC-125	Gás F	2.800	C_4F_{10}	Gás F	7.000
HFC-134a	Gás F	1.300	C_6F_{14}	Gás F	7.400
HFC-143a	Gás F	3.800	SF_6	Gás F	23.900
HFC-152a	Gás F	140			

Fonte: Agência Americana de Proteção Ambiental.

potencial de aquecimento global dos gases do efeito estufa, com um efeito direto sobre o clima. Assim, o hexafluoreto de enxofre tem 23,9 mil vezes o potencial de aquecimento de uma quantidade equivalente de dióxido de carbono.

Dióxido de carbono

O dióxido de carborno (CO_2) é responsável, em nível mundial, por mais de 80% das emissões do efeito estufa. Desde 1750, as concentrações atmosféricas globais de CO_2 aumentaram cerca de 35%.[19] Atualmente, a China tem as maiores emissões do mundo, mas os Estados Unidos têm as maiores emissões *per capita*. Os dois países sozinhos respondem por 40% das emissões de CO_2, com a Europa representando outros 15%.[20]

Nos Estados Unidos, as emissões aumentaram 15,8% durante o período de 1990 a 2004.[21] Fatores que contribuem para esse aumento envolvem uma economia doméstica em crescimento, bem como aumentos significativos nas emissões derivadas da geração de eletricidade e transporte. Como mostrado na Figura 3.4, a queima de combustíveis fósseis representa a maior fonte de emissões do efeito estufa nos Estados Unidos. O carvão utilizado para gerar eletricidade representa o maior contribuinte nas emissões de CO_2. O petróleo utilizado no transporte também contribui substancialmente para as emissões desse gás (veja a Figura 3.5). A produção de ferro e aço e a fabricação de cimento também contribuem significativamente para as emissões de CO_2. As reduções na produção interna de ferro-gusa, calcário, carvão e coque contribuem para uma redução de 40% nas emissões de CO_2 relacionadas ao ferro e ao aço desde 1990. Em contrapartida, as emissões de CO_2 associadas à produção de cimento aumentaram 37% desde 1990.

A combustão de resíduos também contribui de maneira significativa para as emissões de CO_2. Devido, em parte, ao aumento da quantidade de plásticos e outros materiais

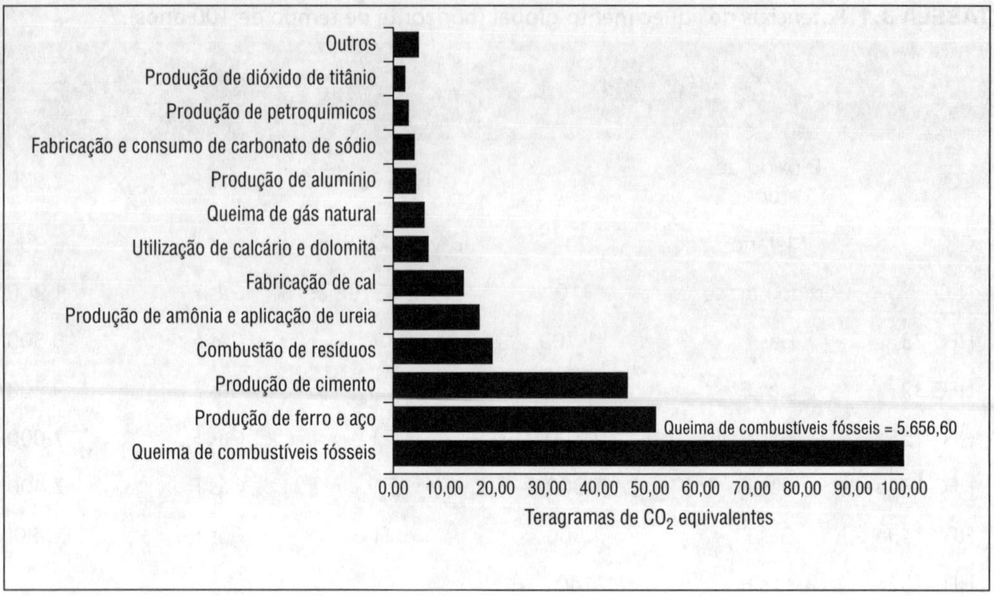

FIGURA 3.4

EUA – Emissões de dióxido de carbono – 2004.

Fonte: U.S. State Department. *Greenhouse gas inventory*. Disponível em: <http://www.state.gov/documents/ organization/89651.pdf>. Acesso em: 17 fev. 2010.

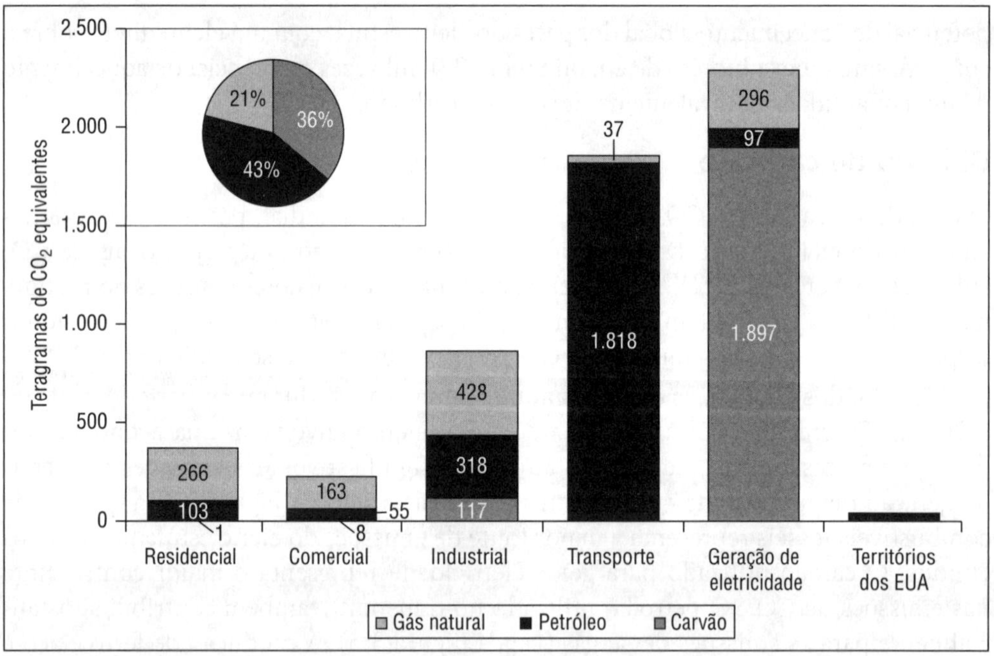

FIGURA 3.5

EUA – Uso de combustíveis fósseis pela indústria – 2004.

Fonte: U.S. State Department. *Greenhouse gas inventory*. Disponível em: <http://www.state.gov/documents/ organization/89651.pdf>. Acesso em: 17 fev. 2010.

fósseis contendo carbono em seus resíduos sólidos urbanos, a quantidade de emissão de CO_2 na combustão de resíduos teve um aumento de 77% desde 1990.

Metano

Metano (CH_4) é o segundo maior contribuinte das emissões de gases do efeito estufa. Como mostrado na Tabela 3.1, o metano é 20 vezes mais eficaz que o CO_2 na retenção de calor na atmosfera. Desde 1750, as emissões de metano aumentaram em 143%.[22] Aterros representam as maiores fontes artificiais de emissão de metano, responsáveis por 25% da produção dos Estados Unidos. Embora a quantidade de resíduos sólidos continue aumentando, os níveis de metano estão em declínio devido, em parte, a sua captura e queima nos aterros. Da mesma forma, as emissões de metano dos sistemas de gás natural (6% do metano total) estão em declínio devido às melhorias na tecnologia e práticas de gestão. A **fermentação entérica** se refere ao processamento intestinal de CH_4 associado ao processo de digestão de bovinos. Essa fonte também está em declínio devido à diminuição das populações de gado de corte e leite, bem como à melhoria da qualidade da ração para o gado.[23]

Óxido nitroso

O óxido nitroso (N_2O) é o terceiro maior contribuinte para as emissões de gases do efeito estufa. Embora suas emissões sejam substancialmente menores que as de dióxido de carbono, o óxido nitroso é 310 vezes mais poderoso que o CO_2 por sua capacidade de prender o calor na atmosfera (veja Tabela 3.1). Desde a Revolução Industrial (ou seja, por volta de 1750), as emissões de óxido nitroso aumentaram em aproximadamente 25%. O uso de fertilizantes e as práticas de gerenciamento do solo representam 68% das emissões de óxido nitroso nos Estados Unidos. Os dados históricos não indicam aumentos ou diminuições a longo prazo nessa fonte de emissões. A segunda fonte de emissões de óxido nitroso é a combustão móvel. Durante a última década, tecnologias de controle foram desenvolvidas para que proporcionem uma queda constante na emissão de óxido nitroso associada às fontes móveis.

Gases fluorados

Gases F é um termo coletivo que descreve os hidrofluorcarbonos (HFC), perfluorcarbonos (PFCs) e hexafluoreto de enxofre (SF_6). Em contraste com os últimos três gases citados anteriormente, que ocorrem naturalmente na atmosfera, gases fluorados gases F são produzidos quase que exclusivamente por meio da atividade industrial. Esses gases representam cerca de 2% das emissões dos Estados Unidos, mas têm um potencial de aquecimento global que varia entre 140 (HFC-152a) a 23,9 mil vezes o potencial do CO_2. Além disso, o dióxido de enxofre e os PFCs, uma vez emitidos, têm longa duração na atmosfera, resultando em um acúmulo atmosférico quase irreversível .

A fonte de maior e mais rápido crescimento de HFCs e PFCs é sua utilização como alternativa às substâncias que destroem o ozônio (SDO). As emissões desses gases aumentaram consideravelmente desde que o **Protocolo de Montreal** entrou em vigor, exigindo a eliminação das SDOs. No entanto, os aumentos associados à substituição de SDOs são compensados por reduções nas emissões de gases fluorados provenientes de outras fontes. Por exemplo, a indústria de alumínio reduziu a produção de gases fluorados por 85% durante o período entre 1990 a 2004. Além disso, as emissões de transmissão e distribuição elétrica caíram 52% entre 1990 e 2004. Essas reduções estão associadas aos esforços da indústria em reduzir as emissões e aos preços de compra mais elevados de dióxido de enxofre.

FIGURA 3.6

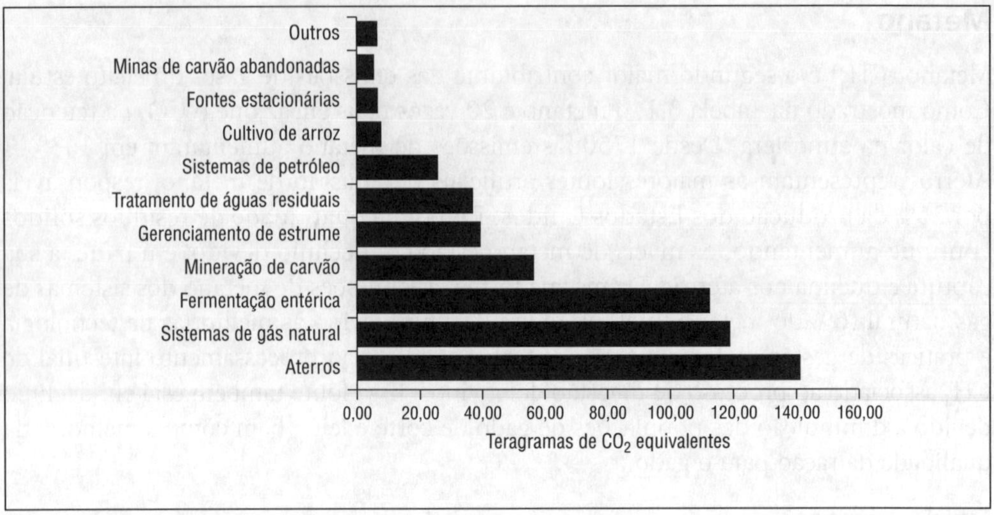

EUA – Emissões de metano – 2004.

Fonte: U.S. State Department. *Greenhouse gas inventory*. Disponível em: <http://www.state.gov/documents/ organization/89651.pdf>. Acesso em: 17 fev. 2010.

FIGURA 3.7

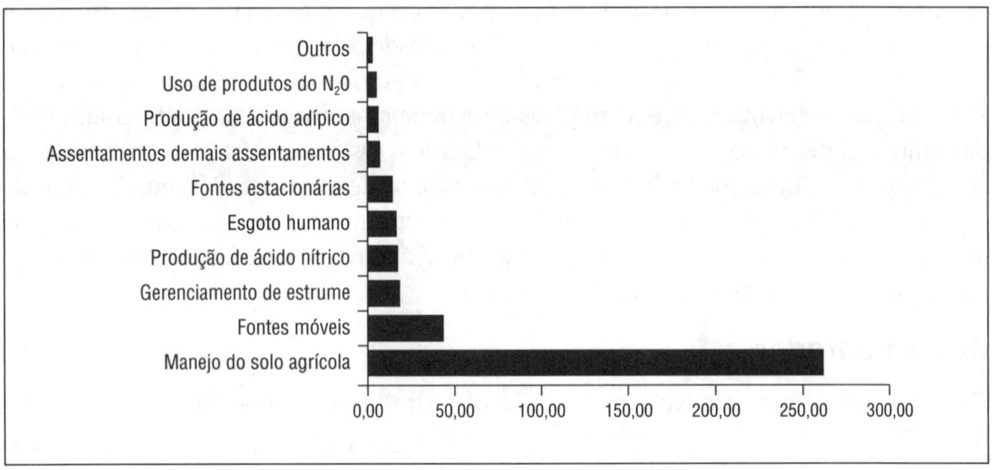

EUA – Emissões de óxido nitroso – 2004.

Fonte: U.S. State Department. *Greenhouse gas inventory*. Disponível em: <http://www.state.gov/documents/ organization/89651.pdf>. Acesso em: 17 fev. 2010.

FIGURA 3.8

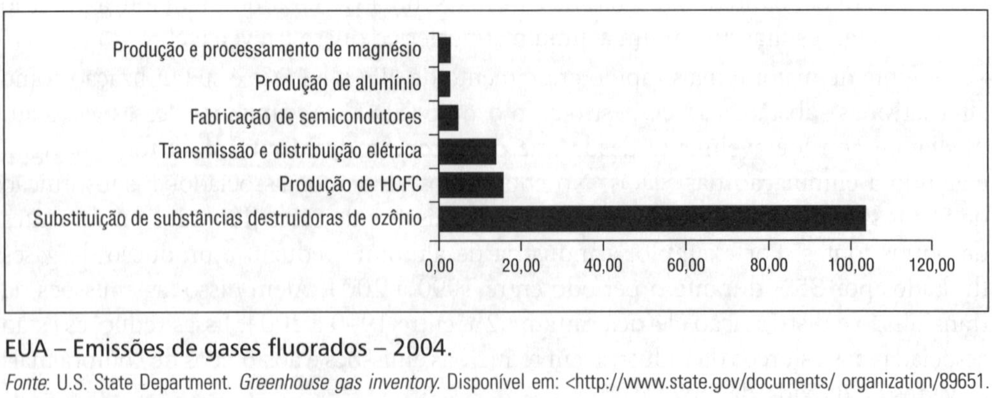

EUA – Emissões de gases fluorados – 2004.

Fonte: U.S. State Department. *Greenhouse gas inventory*. Disponível em: <http://www.state.gov/documents/ organization/89651.pdf>. Acesso em: 17 fev. 2010.

C Compreendendo as fontes de energia e seu uso em regiões internacionais

A análise do consumo de energia complementa a análise da mudança climática, porque muitos dos antecedentes à mudança climática estão relacionados com a energia. A Figura 3.9 ilustra como a combinação de fontes de energia tem evoluído mundialmente desde 1973. Embora represente uma parcela menor da oferta de energia que antigamente, em 43,4%, o petróleo continua sendo a principal fonte de energia usada no mundo. O consumo de petróleo continua elevado devido ao crescente setor de transportes (ou seja, aumentos no transporte de passageiros e de mercadorias) e a expansão da economia de serviços.[24] O carvão e o gás, em conjunto, respondem por outros 23,9% do consumo. O uso de eletricidade está aumentando e já representa 16,3% do consumo de combustível. Fontes renováveis de combustíveis e resíduos basicamente utilizados nas economias emergentes respondem por 12,9% do consumo. Os restantes 3,5% incluem a energia geotérmica, eólica, solar e energia térmica. Embora tenha havido avanços substanciais nessas fontes de energia, elas atualmente representam uma pequena fração do consumo.

A revisão de dados de 1990 a 2005 revela algumas tendências interessantes. Os dados ressaltam os méritos de contrastar o uso de energia nos países da Organização para a Cooperação e Desenvolvimento Econômico – OCDE (Austrália, Áustria, Bélgica, Canadá, República Checa, Dinamarca, Finlândia, França, Alemanha, Grécia, Hungria, Islândia, Irlanda, Itália, Japão, Coreia, Luxemburgo, México, Holanda, Nova Zelândia, Noruega, Polônia, Portugal, República Eslovaca, Espanha, Suécia, Suíça, Turquia, Reino Unido e Estados Unidos) e no resto do mundo. A utilização final de energia por unidade de produto interno bruto caiu 26% durante essa época. A maior parte dessas reduções associadas a mudanças estruturais e melhorias de eficiência são de países não membros da OCDE. Embora o consumo de energia tenha aumentado 23%, as emissões de CO_2 aumentaram 25%. Grande parte do crescimento no uso de energia e emissões desse gás ocorreram fora dos países da OCDE.

Os dados mostrados na Figura 3.10 também indicam diferenças entre o uso de energia e as formas de energia utilizadas nos países da OCDE em relação ao resto do mundo.

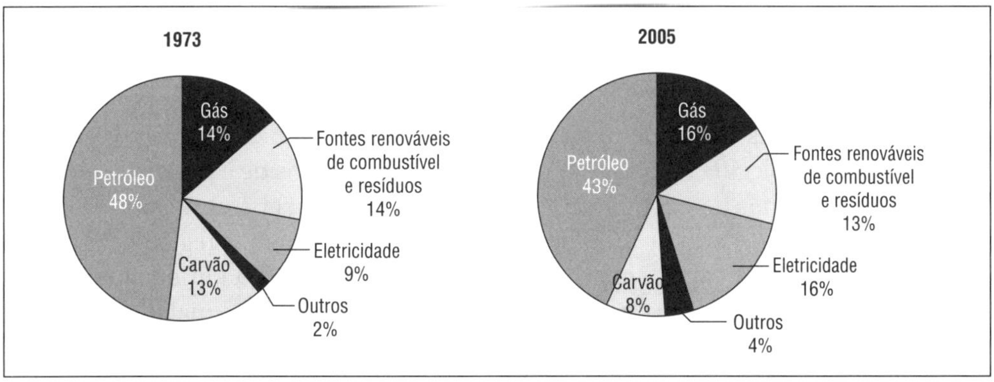

FIGURA 3.9 Evolução de 1973 a 2005 do consumo total primário global de energia por combustível (MTOE = milhões de toneladas de óleo de equivalência).

Fonte: Key World Energy Statistics © OECD/IEA, 2007, p.28. Disponível em: <http://www.iea.org/ textbase/nppdf/free/2007/key_stats_2007.pdf>. Acesso em: 31 jul. 2008.

FIGURA 3.10

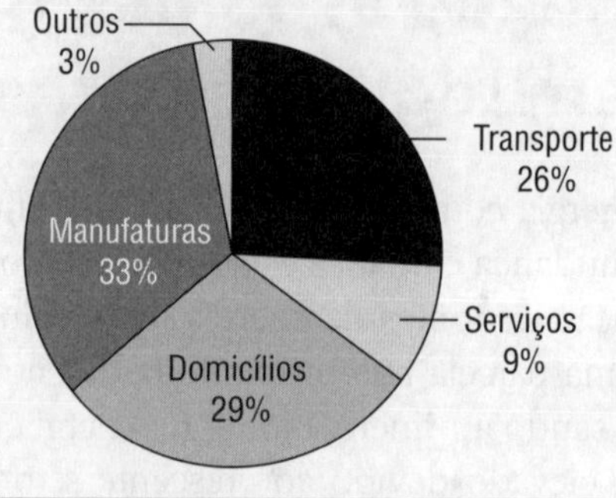

Distribuição do consumo de energia final global e consumo de energia final total por setor.

Fonte: Worldwide trends in energy use and efficiency: key insights from IEA indicator analysis, © OECD/IEA, 2008, figuras 2.1 e 2.2, p.17.

A utilização final de energia cresceu 19% nos países da OCDE, ao passo que o crescimento no uso de energia fora dessa região foi de 27%. O transporte representa o maior percentual de uso de energia nos países da OCDE, com 35%, mas o setor somente é responsável por 17% do uso fora da OCDE. O setor de manufatura na OCDE utiliza 27% da energia, mas fora da OCDE, essa porcentagem aumenta para 38%. Com 36% do consumo energético, o setor doméstico representa uma parte substancial do consumo de energia fora da OCDE.

As taxas de utilização estão relacionadas com as formas de energia utilizadas nos países da OCDE em relação ao resto do mundo. Devido à importância do transporte, o petróleo representa 47% da energia utilizada no âmbito da OCDE; no entanto, representa apenas 28% fora do bloco. A eletricidade representa 22% da energia utilizada no âmbito da OCDE, mas apenas 14% fora dela. A biomassa, incluindo madeira, resíduos agrícolas e esterco animal, continua a ser uma importante fonte de combustível fora da OCDE, em que mais de 2,4 bilhões de pessoas ainda dependem dessas fontes de energia.

D A atividade humana e a atmosfera

A destruição da camada de ozônio e a poluição do ar são facetas da atmosfera influenciadas pelo consumo. Considere primeiro a extensão da destruição da camada de ozônio.

Ozônio

O ozônio (O_3) é uma forma de oxigênio que ocorre naturalmente na atmosfera. Em contraste com a molécula de oxigênio típica, com dois átomos de oxigênio, a molécula contém três átomos de ozônio e é rotulada como O_3, o qual é observado em duas regiões da atmosfera. Cerca de 10% de ozônio está na troposfera, a região mais próxima da Terra. Essa área vai da superfície da Terra até cerca de 9,5 km de altitude.[25] O ozônio que aparece nesse nível é um poluente do ar, prejudicial se inalado e prejudicial para as culturas, árvores e outras vegetações. O ozônio é o principal ingrediente do *smog* (nevoeiro com fumaça).

Os 90% restantes do O_3 estão na estratosfera. Essa segunda região está entre o topo da troposfera até cerca de 31 milhas de altitude. A grande quantidade de O_3 na estratosfera é muitas vezes chamada **camada de ozônio**. O ozônio nessa camada absorve parte da radiação ultravioleta (UV) biologicamente nociva do sol.[26] O esgotamento desse ozônio leva a aumento da quantidade de radiação UV que atinge a Terra, gerando mais casos de câncer de pele, cataratas e problemas no sistema imunológico. Acredita-se que a superexposição à radiação UV esteja contribuindo para o aumento dos casos de melanoma, o mais fatal de todos os cânceres de pele. A radiação UV pode também danificar culturas sensíveis, como a soja, e reduzir a produtividade de outras culturas.[27]

A atividade humana que contribui para a destruição do ozônio envolve o uso de gases que contêm halogênios de cloro e bromo. A Figura 3.11 fornece uma visão geral de halogênios de cloro e bromo que destroem o ozônio na estratosfera. O cloro é um componente do CFC usado em refrigeradores e condicionadores de ar. Tetracloreto de carbono, cloreto de metila e metil clorofórmio também são halogênios à base de cloro. Halogênios à base de bromo incluem aqueles usados em extintores de incêndio, computadores de grande porte, equipamentos militares e motores para aviões comerciais. O brometo de metila usado como fumigante agrícola também é um halogênio do bromo.

Após esses halogênios serem emitidos na atmosfera, eles se acumulam na troposfera e são transportados para a estratosfera. Uma vez na estratosfera, esses gases halogenados são convertidos em agentes reativos pela radiação UV do sol. A emissão média desses gases na estratosfera é menor em regiões tropicais. As emissões nas regiões árticas são mais acentuadas, e esse efeito é mais grave durante o inverno e a primavera. Condições climáticas e atmosféricas únicas na Antártida resultam em um buraco na camada de ozônio da região.

A poluição do ar

A poluição atmosférica é um problema de saúde mundial, com grande influência sobre os seres humanos e o meio ambiente. Agentes reguladores usam seis fatores conhecidos

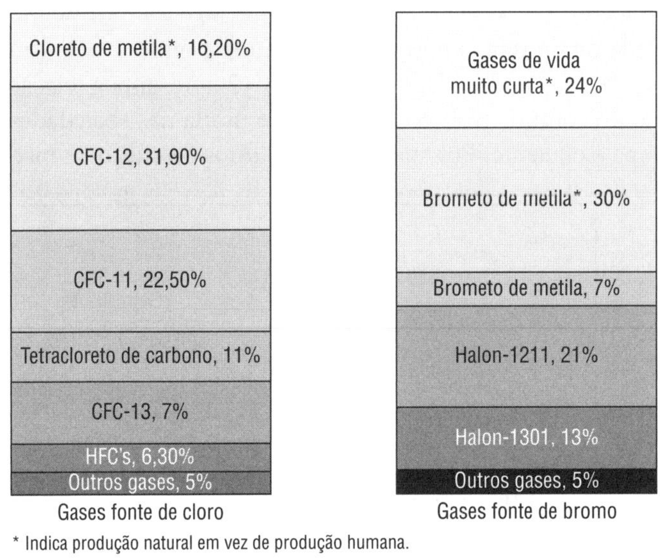

FIGURA 3.11

Fontes primárias de cloro e bromo na estratosfera em 2004.

Fonte: *Twenty questions and answers about the ozone: 2006 update*. Autor principal: D. W. Fahey. © 2006 Nações Unidas. Reproduzido com a permissão das Nações Unidas. Disponível em: <http://ozone.unep.org/Assessment_Panels/SAP/Scientific_Assessment_2006/Twenty_Questions.pdf>. Acesso em: 19 fev. 2010.

como **poluentes de critério**, a fim de estabelecer níveis de qualidade do ar.[28] Esses fatores incluem o dióxido de enxofre, dióxido de azoto, monóxido de carbono, oxigênio de ozônio, chumbo e matéria particulada (MP). A MP inclui compostos químicos (sulfato, nitrato, amônio, carbono orgânico, carbono elementar e poeira do solo), metais pesados (arsênio, cádmio, mercúrio), compostos orgânicos voláteis (por exemplo, benzeno), hidrocarbonetos policíclicos aromáticos e poluentes orgânicos persistentes (dioxinas e furanos). A maioria das formas de partículas se torna poluente por meio da queima de combustíveis fósseis, biomassa e resíduos sólidos, enquanto o amônio como um poluente deriva essencialmente da agricultura.

É importante distinguir entre poluição interior e exterior. Poluição do ar exterior é responsável por 1,4% da mortalidade mundial total, chegando a 800 mil mortes anualmente. Oitenta e um por cento da mortalidade ocorre em pessoas de 60 anos ou mais. A incidência de morte está fortemente relacionada com a geografia: 49% ocorrem na região que inclui Bangladesh, Butão, Coreia do Norte, Índia, Maldivas, Mianmar, Nepal, ou Timor-Leste; outros 19% das mortes ocorrem no Sudeste Asiático. Além dos dados de mortalidade, a poluição do ar exterior aumenta a internação e atendimentos de emergência, crises de asma, bronquite, sintomas respiratórios e perda de dias de trabalho.[29]

A poluição do ar interior é a forma mais flagrante de contaminação por via aérea, porque está envolvida em mais de 1,6 milhão de mortes por ano.[30] Além disso, a poluição interior está associada à maior incidência de infecções respiratórias agudas baixas, doenças pulmonares obstrutivas crônicas e câncer de pulmão.[31] A incidência de morte relacionada à poluição do ar interior está relacionada com a geografia. A poluição do ar interior é responsável por 1,2 milhão de mortes por ano no Afeganistão, Angola, Bangladesh, Burquina Faso, China, Congo, Etiópia, Índia, Nigéria, Paquistão e Tanzânia. Além disso, nos 21 países mais afetados (Afeganistão, Angola, Benin, Burquina Faso, Burundi, Camarões, Chade, Congo, Eritreia, Etiópia, Madagascar, Malawi, Mali, Mauritânia, Níger, Paquistão, Ruanda, Senegal, Serra Leoa, Togo e Uganda), a poluição do ar interior é apontada como a causa de 5% ou mais da carga total de doenças.

A probabilidade de enfrentar problemas de saúde devido à poluição do ar interno está associada com renda, sexo e idade. A Figura 3.12 apresenta a relação entre prosperidade e consumo de combustível. A eletricidade é usada nas sociedades mais ricas e é relativamente limpa e eficiente. Por sua vez, os resíduos de cultura e madeira utilizados

FIGURA 3.12

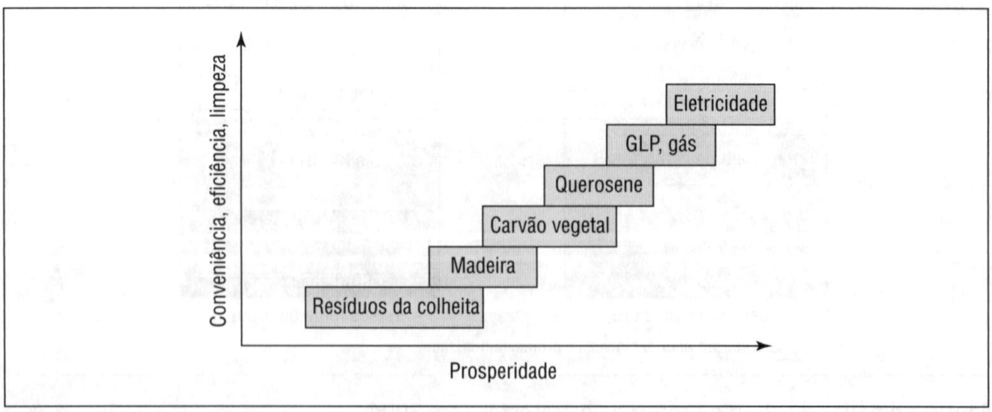

Relação entre prosperidade com combustível limpo, eficiência, custo e conveniência.

Fonte: Organização Mundial da Saúde. Disponível em: <http://www.who.int/mediacentre/events/HSD_Plaq_10.pdf>. Acesso em: 30 jul. 2008.

nas economias emergentes são relativamente impuros e ineficientes. Esses combustíveis produzem fumaça interior com vários poluentes prejudiciais à saúde, incluindo material particulado, monóxido de carbono, óxidos nitrosos, óxidos de enxofre, formol e carcinogênicos (substâncias químicas que aumentam o risco de câncer).[33]

Em muitos países, as mulheres têm a responsabilidade primária pela preparação dos alimentos. Nas economias emergentes, normalmente as mulheres utilizam resíduos de culturas ou de madeira para cozinhar. A madeira fornece cerca de 15% das necessidades energéticas dos países em desenvolvimento, subindo para 75% na África tropical. Em mais de 30 países, a madeira ainda fornece mais de 70% de energia, e em 13 países, mais de 90%. Como a maioria das mulheres cozinha, elas são mais suscetíveis à poluição do ar interno que os homens. Além disso, crianças presentes durante o cozimento são expostas à fumaça interior. Essa poluição do ar aumenta o risco de doença pulmonar obstrutiva crônica, a principal causa de morte entre crianças menores de 5 anos em países em desenvolvimento.[34]

A poluição atmosférica tem vários efeitos ambientais auxiliares. Primeiro, o nível de O_3 na troposfera resulta em perdas de safra, ultrapassando, somente na Europa, cinco bilhões de dólares anualmente. Em segundo lugar, a chuva ácida associada ao enxofre e ao nitrogênio historicamente leva a uma acidificação de lagos e degradação das florestas na América do Norte e na Europa. Embora essa tendência tenha reduzido, há uma crescente preocupação sobre acidificação em outras regiões, especialmente na Ásia. Por fim, os depósitos de azoto continuam a impulsionar perdas no número de espécies presentes em ecossistemas sensíveis. Esses locais incluem brejos, pântanos e turfeiras na América do Norte e Europa.

E A atividade humana e a água

Acesso à água potável

A água é essencial para a vida, mas a influência do consumo de água não é bem compreendida. Noventa e sete por cento do suprimento de água do mundo é salgada, deixando somente 3% de água doce.[35] Quase 70% da água doce está congelada em geleiras na Antártica e Groenlândia. O restante está primariamente presente como umidade no solo ou se encontra em aquíferos subterrâneos profundos não acessíveis ao uso humano. Menos de 1% da água do mundo está disponível para uso humano. Esta água é encontrada em lagos, rios, represas e lençóis subterrâneos rasos o suficiente para serem explorados a um custo acessível. Os três principais usos da água doce incluem irrigação (70%), indústria (20%) e fins residenciais (10%).[36]

A disponibilidade de água doce está relacionada à localização geográfica. A Organização Mundial da Saúde estima que um sexto da população mundial não tem acesso à água potável, enquanto dois quintos da população mundial não têm acesso a serviços adequados de saneamento.[37] As figuras 3.13a e 3.13b ilustram a distribuição da população no mundo. Os dados ressaltam a magnitude do problema na Ásia e na África. Essas questões da água são particularmente problemáticas para as pessoas que vivem em áreas rurais. A cobertura de saneamento em áreas rurais é menor que a metade daquela em centros urbanos, de tal forma que 1,3 bilhão de habitantes rurais enfrentam más condições sanitárias somente na Índia e na China.

FIGURA 3.13

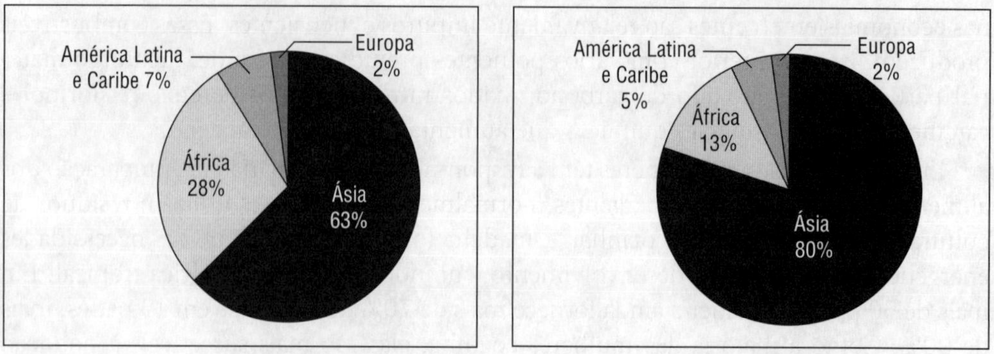

a) Distribuição da população global não atendida com abastecimento de água tratada por região.

b) Distribuição da população global não atendida com fornecimento de esgoto tratado por região.

Fonte: Organização Mundial da Saúde (2000). *Global water supply and sanitation assessment 2000 report.* Genebra, Suíça, Organização Mundial da Saúde, 7. Disponível em: <http://www.who.int/water_ sanitation_health/monitoring/jmp2000.pdf>. Acesso em: 10 fev. 2010.

Embora existam aquíferos subterrâneos profundos que podem ser perfurados para uso humano, somente lagos, rios, reservatórios e fontes subterrâneas superficiais são renovadas pela chuva e pela neve. Por conseguinte, somente essa água doce está disponível de forma sustentável.[38]

Várias consequências críticas da insuficiência e falta de saneamento na água incluem:

a) *Diminuição dos lençóis freáticos.* Enquanto a água doce proveniente de lagos, rios e fontes subterrâneas rasas é renovável, a água de aquíferos congênitos ou fósseis não pode ser renovada.[39] O aquífero Ogallala, nos Estados Unidos, o aquífero profundo na planície norte da China e o aquífero saudita são os principais exemplos de tais repositórios de água. Como esses aquíferos não podem ser repostos, seu esgotamento significa o fim da irrigação e, consequentemente, uma mudança acentuada ou o fim da agricultura nas áreas dependentes.[40]

b) *Enchentess e secas.* Muita e pouca água são o resultado da variabilidade do ciclo hidrológico influenciado pelas alterações climáticas e do padrão de uso do solo.[41] Austrália, Bangladesh, Índia, China, Somália, Estados Unidos e muitos países europeus tiveram graves inundações durante a última década do século XX, e há evidências de que o número de inundações e de secas está aumentando.[42]

c) *Doenças.* A Figura 3.14 descreve a carga global de doenças associadas à falta de água adequada. A Organização Mundial da Saúde estima que 1,4 milhão de crianças morre por ano com diarreia adquirida devido à água contaminada, saneamento inadequado ou higiene insuficiente.[43] O fornecimento inadequado de água aumenta o número de mortes associadas à desnutrição, malária, afogamentos e outras doenças.

d) *Fazendeiros perdendo para as cidades.* A economia de produção não favorece a agricultura sobre outras indústrias quando a água é considerada. Por exemplo, usamos 14 toneladas de água para fazer 1 tonelada de aço no valor de 560 dólares. No entanto, são necessárias 1.000 toneladas de água para produzir 1 tonelada de trigo no valor de 200 dólares.[44] Países focados na expansão de suas

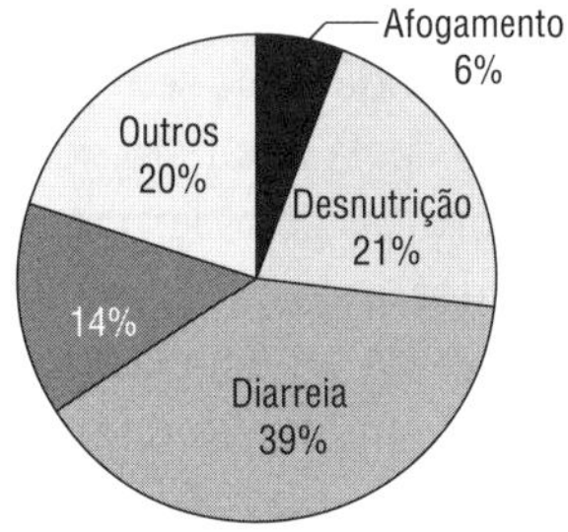

FIGURA 3.14

Doenças relacionadas à água, saneamento e higiene.

Fonte: Prüss-Üstün, A.; Bos, R.; Gore, F.; Bartram, J. *Safer water, better health: costs, benefits and sustainability of interventions to protect and promote health*. Genebra, Suíça: Organização Mundial da Saúde, 2008. p.7.

economias e na criação de postos de trabalho estão cada vez mais favorecendo a indústria em detrimento da agricultura.

e) *Tensão política*. Os recursos hídricos dos 232 rios internacionais que existem hoje são normalmente compartilhados por vários países.[45] O Jordão, o Ganges, o Colorado, o Nilo, o Zambeze, o Amazonas, o Danúbio e o Reno são exemplos de rios internacionais. Os conflitos ocorrem entre países devido à escassez de água, à má distribuição ou à falta de acordos de distribuição.

Fatores que contribuem para a insuficiência e insalubridade da água incluem:

a) *Crescimento e urbanização populacional*. O aumento da população está diretamente relacionada aos recursos hídricos. Conforme a população aumenta, terra, água limpa e outros recursos naturais se tornam escassos. Além disso, a urbanização agrava esse problema porque as cidades em crescimento aumentam a demanda de abastecimento de água.[46] Estimativas sugerem que a população aumentará em 3 bilhões de pessoas até 2050, e a grande maioria desse aumento será em áreas urbanas.[47]

b) *Pobreza e baixo desenvolvimento humano*. Não é de se surpreender que o nível de pobreza e o grau de desenvolvimento humano estão associados ao abastecimento de água. A população menos favorecida está exposta à desnutrição, à água suja e a serviços de saneamento inadequados.[48] A melhoria na educação diminui os impactos ao meio ambiente; entretanto, indivíduos em muitas economias emergentes não têm acesso ao ensino superior.

c) *Segurança alimentar*. A segurança alimentar se refere ao acesso de todas as pessoas em todos os momentos à alimentação suficiente para uma vida ativa e saudável. Inclui a pronta disponibilidade de alimentos nutricionalmente adequados e seguros, bem como a capacidade assegurada de adquirir alimentos de um modo socialmente aceitável.[49] A insegurança alimentar afeta uma em cada seis pessoas no planeta.[50] Embora a produção de alimentos tenha aumentado em muitas partes do mundo ao longo das últimas décadas, a desnutrição continua sendo um problema devido ao rápido crescimento populacional e à urbanização.

Oceanos e pesca

Oceanos. O consumo tem influência marcante sobre os oceanos e a pesca. Evidências crescentes indicam que o Ártico está se aquecendo duas vezes mais rápido que o resto do planeta, com o encolhimento do gelo marinho em 9,1% por década nos verões entre 1979 e 2006.[51] Nesse ritmo, o mar pode estar sem gelo já em 2030.[52] No entanto, substancialmente mais calor é absorvido pela água em vez do gelo, levando ao derretimento das geleiras na Groenlândia. Conforme o gelo derrete, a água se infiltra através de fissuras nas geleiras e aumenta a quebra dos *icebergs* no oceano. Um processo semelhante está ocorrendo na Antártica e, juntas, essas tendências indicam potencial aumento do nível do mar. Se o mar subisse 10 metros, um oitavo da população do mundo estaria vulnerável.[53] China, Índia, Bangladesh, Vietnã, Indonésia, Japão, Egito e Estados Unidos teriam milhões de refugiados em potencial devido à mudança climática. Algumas das maiores cidades do mundo – Nova York, Londres, Xangai e Calcutá – seriam total ou parcialmente inundadas, e uma quantidade considerável de terras agrícolas produtivas seriam perdidas.

Rios. Nos últimos 50 anos, a demanda de água triplicou, e a demanda por energia hidrelétrica cresceu ainda mais.[54] Consequentemente, o número de barragens com mais de 15 metros de altura aumentou de 5 mil para 45 mil em todo o mundo. Essas barragens privam os rios de alguns de seus fluxos, e a evaporação associada é de 10% de sua capacidade.[55] Por exemplo, o uso da água do rio Colorado pelos estados do Colorado, Utah, Califórnia, Arizona e Nevada resultam em muito pouca água atingindo o Golfo da Califórnia. Condições semelhantes em vários continentes inibem de maneira marcante os ecossistemas fluviais e a pesca.

Lagos. Em todos os continentes, lagos estão diminuindo e, em alguns casos, até desaparecendo como resultado do consumo. A dissolução dos lagos é devido ao excessivo desvio de água dos rios e do excesso de bombeamento dos aquíferos.[56] Por exemplo, o mar de Aral, na Ásia Central, perdeu quatro quintos de seu volume desde 1960. A expansão da indústria de algodão soviética levou ao desvio de dois rios. Conforme o mar diminuia e a água se tornava mais salina, os peixes morreram, junto com a indústria de transporte marítimo, que produzia 50 mil toneladas de pescado por ano.

Impurezas da água

A menos que tenha sido destilada, a água não é pura. As impurezas da água surgem a partir de substâncias naturais, agricultura, urbanização, indústria e tratamento de água.[57] Considere primeiro as substâncias naturalmente presentes.

Substâncias naturalmente presentes. Substâncias que ocorrem na natureza e influenciam a pureza da água incluem materiais orgânicos e inorgânicos. Materiais inorgânicos são aqueles que não contêm carbono. Essas substâncias químicas se acumulam devido ao fluxo de água sobre as rochas e o solo. Quatro substâncias são conhecidas como causadoras de efeitos adversos à saúde. São elas o fluoreto, o arsênio, o selênio e o nitrato. Dadas suas consequências adversas à saúde, é essencial monitorar seus níveis antes de analisar a influência humana. O nível do pH da água também deve ser monitorado, porque a influência desses produtos químicos é agravada pelo nível de acidez na água. Os compostos orgânicos (ou seja, substâncias químicas que contêm carbono) surgem a partir da decomposição de plantas, algas e outros micro-organismos.

Agricultura. O setor agropecuário desempenha papel importante na qualidade da água, pois o escoamento agrícola é a principal fonte de impurezas em lagos e rios.[58] *Fertilizantes* na forma de esterco ou fezes humanas aumentam os níveis de nitratos, sais de amônio e compostos de nitrogênio orgânico, enquanto fertilizantes químicos aumentam os níveis de nitrogênio, quando usados em excesso. Biossólidos usados como fertilizante são resíduos tratados de indústria ou municípios, ou de solo séptico. Esses biossólidos, semelhantemente, levam a um aumento dos níveis de nitrato na água. *Práticas animais,* como confinamentos, produzem grandes quantidades de resíduos que também elevam os níveis de nitratos. *Pesticidas* se referem a uma ampla gama de produtos químicos que possuem propriedades químicas e físicas que contribuem para o vazamento. *Irrigação* e *drenagem* transportam poluentes e alteram os balanços de sal no solo. Por conseguinte, os níveis de nitratos e selênio no solo aumentam.

Urbanização. São três as categorias de fontes contaminantes atribuídas ao aumento da população em áreas urbanas. **Fontes pontuais** se referem à poluição descarregada de um local específico e incluem locais de eliminação de resíduos e saneamento. Essas fontes pontuais aumentam os níveis de nitrato e amônia na água. **Fontes não pontuais** são amplamente dispersas e difíceis de identificar como origens de poluentes. Três formas primárias de poluentes não pontuais são os locais de armazenamento de combustível, solventes clorados e pesticidas. **Fontes pontuais difusas** se referem a condições de contaminação da água sob as quais existem muitas fontes pontuais pequenas. Por exemplo, o esgoto urbano proveniente de fontes pontuais pequenas aumenta os níveis de nitratos, amônia e metais pesados na água.

Indústria. Práticas industriais incluem mineração e manufatura. A mineração aumenta vários tipos de metais na água, incluindo arsênio, antimônio, bário, cádmio, flúor e níquel. A manufatura e o processamento de materiais contribuem com grande variedade de produtos químicos de diferentes propriedades que influenciam a pureza da água.

Tratamento de água. Ironicamente, os esforços para se tratar a água podem também contribuir para impurezas. O **cloro** é usado como desinfetante no processo de purificação de água, mas se usado em excesso, reage naturalmente com a matéria orgânica, produzindo subprodutos indesejáveis, tais como o clorofórmio. **Coagulantes**, tais como sais de alumínio e ferro, são obstáculos importantes aos contaminantes microbiológicos. Embora esses produtos químicos não representem riscos significativos à saúde, podem levar à descoloração ou sedimentos. **Transportadores** são tubos e acessórios utilizados para o transporte de água. O transportador mais comum é o ferro, uma substância suscetível à corrosão. A corrosão devido à baixa alcalinidade, sedimentos e micróbios leva à descoloração da água. Cobre, chumbo e zinco também são transportadores que podem estar presentes na água. Embora seja mais provável encontrar chumbo em níveis elevados, cobre e zinco são mais prevalentes em construções mais recentes. Por fim, o cloreto de polivinila (PVC) é um tipo de plástico usado frequentemente como um transportador de água. Como o chumbo é frequentemente usado como um estabilizador de PVC, a utilização deste material pode levar a níveis elevados de chumbo.

F A atividade humana e a terra

Expansão urbana

Expansão urbana se refere à crescente utilização de terras associadas ao aumento das populações urbanas. Em 2007, a população urbana no planeta ultrapassou a população rural pela primeira vez.[59] Estimativas atuais projetam que a população nas cidades de países em desenvolvimento irá dobrar nos próximos 30 anos, de 2 para 4 bilhões de pessoas. Essas cidades provavelmente triplicarão sua área de terra. Em contrapartida, a população urbana nos países industrializados deve crescer em 11%, de 0,9 bilhão a 1 bilhão de pessoas no mesmo período. O uso do solo urbano nessas áreas deve crescer 2,5 vezes durante o próximo período de 30 anos.

Pesquisas que examinam o papel da urbanização indicam que muitos fatores estão associados ao aumento da população urbana. A urbanização pode ser tanto a causa como a consequência desses fatores. As forças que parecem formar a expansão incluem os aspectos do ambiente natural local (por exemplo, a existência de aquíferos perfuráveis), fatores demográficos (por exemplo, nível de urbanização no país), economia (por exemplo, impostos sobre a propriedade), prevalecendo os sistemas de transporte, as preferências dos consumidores (por exemplo, preferência para o urbanismo) e a governança metropolitana. **Desenvolvimento Greenfield** se refere à construção em um pedaço de terra anteriormente não utilizado. Esse tipo de desenvolvimento tem sido apontado como um fator que gera poluição do ar, uso excessivo de energia, produção de gás de efeito estufa e congestionamento. Além disso, as cidades recorrem às áreas rurais para utilização da água e eliminação de resíduos. Enquanto as cidades aumentarem suas massas de terra, a interação com o meio ambiente deve ser uma preocupação central.

A degradação da terra

Degradação da terra é um termo coletivo que se refere à perda em longo prazo das funções e serviços do ecossistema devido a perturbações a partir das quais os sistemas não podem se recuperar sozinhos.[60] As estimativas atuais indicam uma degradação significativa de 12% da área global comparado ao último quarto de século. Essa área é o lar de cerca de 1 bilhão de pessoas. As principais áreas de preocupação com a degradação são a África subequatorial, o sudeste da Ásia, sul da China, norte da Austrália Central, a América Central, o Caribe e o sudeste do Brasil, bem como as florestas boreais do Alasca, Canadá e Sibéria.

A degradação da terra tem consequências diretas e indiretas.[61] Os efeitos diretos incluem as perdas de carbono orgânico no solo, armazenamento de água no solo, nutrientes e biodiversidade subterrânea. O declínio nos recursos hídricos provoca efeitos indiretos, incluindo a perda de hábitat natural e da capacidade produtiva.

Dois fatores que causam a degradação da terra são a erosão do solo e a contaminação química. A erosão do solo é um fenômeno natural acelerado pelo manejo inapropriado da terra é catalisada pelo desmatamento de florestas ou pradarias, mineração e desenvolvimento urbano. Quando essas atividades são gerenciadas inadequadamente, o solo é perdido. Em consequência, a área experimenta perdas de matéria orgânica do solo, nutrientes, capacidade de retenção de água e a biodiversidade. Os poluentes químicos são problemáticos em economias industrializadas e em mercados em desenvolvimento. Centros industriais do século XX nos Estados Unidos, na Europa e na antiga União Soviética contêm mais de 2 milhões de locais contaminados com cianetos, metais pesados, óleos minerais e hidrocarbonetos clorados. Os contaminantes químicos também incluem poluentes orgânicos persistentes (POPs), como o DDT, inseticida que persiste no ambiente por longos períodos. Os POPs têm sido relacionados ao câncer, danos ao sistema nervoso, distúrbios reprodutivos e perturbações do sistema imunológico.[62]

Desmatamento e desertificação

As florestas são partes importantes dos ecossistemas que sustentam a vida. Florestas evitam a erosão, mantêm a fertilidade do solo, apoiam a biodiversidade e fornecem matéria-prima para medicamentos homeopáticos e tradicionais. Além disso, as florestas apoiam as economias locais e fornecem importantes fontes de combustível. Nos últimos 15 anos, a área florestal global encolheu a uma taxa anual de 0,2%. Embora a área florestal tenha se expandido na Europa e América do Norte, o desmatamento tem sido observado na África, na América Latina e no Caribe. Os 10 países com maior perda de florestas por ano entre 2000 e 2005 são: Brasil, Indonésia, Sudão, Myanmar, Zâmbia, Tanzânia, Nigéria, Congo, Zimbábue e Venezuela. Esses países tiveram uma perda líquida combinada de florestas de 8,2 milhões de hectares por ano. Em contrapartida, Bulgária, Chile, China, Cuba, França, Itália, Portugal, Espanha, Estados Unidos e Vietnã tiveram um ganho líquido combinado de florestas de 5,1 milhões de hectares por ano.

O *desmatamento* está associado a vários fatores.[63] Em muitos casos, as árvores são retiradas das florestas para uso como combustível ou como matéria-prima na produção. O desmatamento também ocorre devido a mudanças climáticas, doenças, espécies invasoras, pragas e poluição do ar. Os fatores econômicos – a agricultura e a mineração – aumentam o nível de desmatamento. As tendências demográficas, tais como mudanças na densidade populacional e de urbanização, aumentam as demandas para madeira, lenha e recursos hídricos. As tendências demográficas aumentam a quantidade de desmatamento.

O aumento do desmatamento tem várias consequências notáveis para o meio ambiente.[64] Reduções na área de florestas resultam em perda de habitat e, consequentemente, levam a uma biodiversidade limitada. O desmatamento reduz a quantidade de carbono armazenado e perturba os ciclos biológicos. Além disso, menos florestas significa diminuição dos recursos hídricos, menor qualidade da água e menos retenção de água no solo.

A *desertificação* se refere à degradação da terra em zonas áridas, semiáridas ou áreas subúmidas secas devido às variações climáticas e atividades humanas.[65] Quando processos individuais de degradação da terra se combinam para afetar grandes áreas de terras secas, a desertificação ocorre.[66] As populações que vivem em países pobres sofrem mais com a desertificação. Em todo o mundo, as terras secas cobrem 40% da superfície da Terra e suportam mais de 2 bilhões de pessoas. Embora 90% da população viva em países em desenvolvimento, os países ocidentais também estão vulneráveis ao desmatamento. A Figura 3.15 fornece uma visão geral das terras secas no mundo. Um terço do Mediterrâneo e 85% das pastagens nos Estados Unidos estão sujeitos ao desmatamento.

Uma vez que a desertificação ocorre durante um período prolongado em grandes áreas, não há uma medida consistente para traçar a transição para desertos. A causa direta do desmatamento é geralmente a expansão do cultivo, pastoreio ou colheita de madeira. Conforme o nível de desmatamento aumenta, os ecossistemas se tornam menos resistentes a outras condições ambientais.

Preocupações globais sobre o desmatamento têm repercussões importantes para qualquer empresa que utiliza embalagens de madeira, papel ou papelão.[67] Embora ativistas tenham inicialmente focado em grandes varejistas sobre suas embalagens, hoje essas organizações estão focadas em um amplo *mix* de empresas que utilizam produtos relacionados com madeira em sua produção, marketing e distribuição.

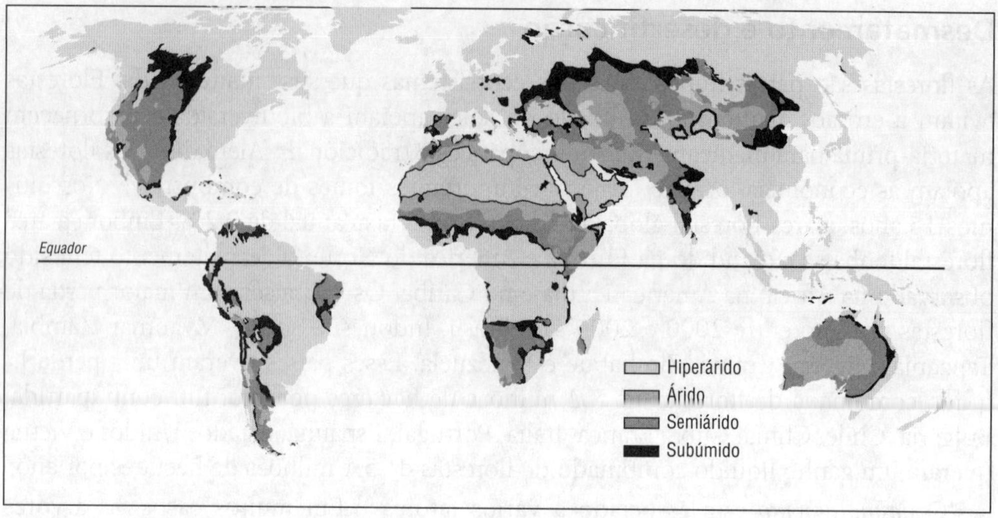

FIGURA 3.15

Terras áridas no mundo.

Fonte: United Nations Environmental Programme (2007). *Global environmental outlook: GEO4 environment for development*. Nairóbi, Quênia: Programa Ambiental das Nações Unidas (LAND). Disponível em: <http://www.unep.org/geo/geo4/report/GEO-4_Report_Full_en.pdf>. Acesso em: 10 fev. 2010.

G A atividade humana e a biodiversidade

Biodiversidade se refere à variedade de vida na Terra.[68] Inclui a diversidade genética entre os seres individuais em uma população, a diversidade de espécies e a diversidade de ecossistemas e habitats. A biodiversidade é a base da agricultura na medida em que permite a produção de alimentos selvagens e cultivados, enquanto também contribui para a saúde e a nutrição dos seres humanos, animais e plantas.

A biodiversidade proporciona serviços provisórios, regulatórios de apoio e culturais a um ecossistema. **Serviços provisórios** são o fornecimento de alimentos, combustíveis ou fibras, disponíveis para o consumo em um ecossistema. Por exemplo, a captura anual de pescado prevê 58 bilhões de dólares em serviços aos ecossistemas mundiais.[69] Os **serviços regulatórios** controlam a interação entre os fatores de um ecossistema. Por exemplo, a polinização por abelhas de produtos agrícolas é um serviço regulatório cujo valor global é estimado entre 2 e 8 bilhões de dólares.[70] **Serviços de apoio** mantêm as condições de vida na Terra e incluem a formação e a proteção do solo, ciclo dos nutrientes e ciclo da água. **Serviços culturais** se referem aos benefícios espirituais, recreação e estéticos de um ecossistema por meio da biodiversidade. Por exemplo, os recifes de coral para pesca e turismo em todo o mundo fornecem serviços culturais da ordem de 30 bilhões de dólares.[71]

Quando a biodiversidade está ameaçada, os benefícios provisórios de regulamentação, apoio e cultura observados no ecossistema também são afetados. Infelizmente, 60% dos ecossistemas que foram avaliados estão degradados ou usados de maneira insustentável.[72] As taxas de extinção de espécies são cem vezes maiores que as taxas de referência com base em registros fósseis. Entre os principais grupos de vertebrados que foram examinados, 22% dos mamíferos, 12% das aves, 30% dos répteis, 31% dos anfíbios e 39% dos peixes estão ameaçados de extinção.[73] O percentual é maior entre as plantas: 70% das espécies estão ameaçadas (ver Tabela 3.2).

TABELA 3.2[75] Espécies ameaçadas por grandes grupos.

	Número de espécies descritas	Número de espécies avaliadas até 2007	Número de espécies ameaçadas em 2007, como % de espécies avaliadas
Vertebrados			
Mamíferos	5.490	5.490	21%
Pássaros	9.998	9.998	12%
Répteis	9.084	1.677	28%
Anfíbios	6.433	6.285	30%
Peixes	31.000	4.443	32%
Subtotal	**62.305**	**27.893**	**22%**
Invertebrados			
Insetos	1.000.000	2.619	27%
Moluscos	85.000	2.306	45%
Crustáceos	47.000	1.735	35%
Corais	2.175	856	27%
Outros	171.075	99	52%
Subtotal	**1.305.250**	**7.615**	**35%**
Plantas			
Musgos	16.236	95	86%
Samambaias e semelhantes	12.000	211	66%
Gimnospermas	1.021	909	35%
Dicotiledôneas	281.821	10.876	73%
Monocotiledôneas	4.053	2	0%
Algas verdes	6.081	58	16%
Algas vermelhas	321.212	12.151	70%
Subtotal	**16.236**	**95**	**86%**
Outros			
Líquenes	17.000	2	100%
Cogumelos	31.496	1	100%
Algas marrons	3.067	15	40%
Subtotal	28.849	18	50%
TOTAL	1.740.330	47.677	36%

Fonte: IUCN 2009. *IUCN Lista vermelha de espécies ameaçadas*. Versão 2009.2. União Internacional para a Conservação da Natureza e Recursos Naturais.

Cinco fatores que explicam a perda de biodiversidade incluem a conversão de habitates, espécies exóticas invasoras, superexploração, mudança climática e poluição.[74] A conversão de hábitos tais como o desmatamento reduz a quantidade de habitats disponíveis, homogeneíza a composição de espécies, fragmenta a terra e degrada o solo. *Espécies exóticas invasoras* se refere à introdução de novas espécies em um ecossistema. As novas espécies podem ser concorrentes ou predadores de espécies existentes e levar à contaminação genética. Superexploração, ou a captura de espécies acima de taxas sustentáveis, leva à diminuição das populações e a sua extinção. As alterações climáticas roubam espécies de seus habitats, resultando na diminuição delas, mudanças em sua composição e extinção. A poluição provoca maiores taxas de mortalidade, influencia a disponibilidade de nutrientes e aumenta os níveis de acidificação do solo e da água. É importante notar que todos esses efeitos sobre a biodiversidade restringem o nível dos serviços provisórios, regulamentares, culturais e de apoio em um ecossistema, com consequências significativas para o bem-estar dos seres humanos.

RESUMO

A. Compreendendo a interação entre o meio ambiente e o consumo

É essencial reconhecer que comércio e consumo operam dentro de limites naturais. Alguns recursos naturais como a energia eólica são renováveis, porém muitos outros não são sustentáveis. Recursos sustentáveis podem ser regenerados e oferecem vantagens ecológicas que diminuem a exposição das empresas a recursos escassos. Consequentemente, profissionais de marketing eficientes favorecem cada vez mais a adoção de tecnologias e bens sustentáveis.

B. A atividade humana e as mudanças climáticas

A alteração climática está relacionada às mudanças no clima atribuídas à atividade humana que altera a composição da atmosfera global. A mudança climática está associada às altas temperaturas atmosféricas, ao aumento do risco, à diminuição da quantidade e da qualidade da água, ao aumento no nível do mar e a ameaças à biodiversidade. As influências relacionadas aos humanos sobre o meio ambiente têm implicações diretas na agricultura, turismo, seguros, transportes e desenvolvimento de novos produtos.

Gases com influência direta sobre as alterações climáticas incluem os naturais ou os sintéticos, que são resultado da atividade industrial. O dióxido de carbono é responsável por mais de 80% das emissões contribuintes para o efeito estufa mundial. Os outros gases naturais são o metano e o óxido nitroso. Gases sintéticos incluem os hidrofluorcarbonos, perfluorcarbonos, e hexafluoreto de enxofre.

C. Compreendendo as fontes de energia e seu uso em regiões internacionais

Os combustíveis fósseis sob a forma de petróleo e carvão dominam o uso da energia em todo o mundo. O petróleo é a fonte de energia primária mais utilizada mundialmente, e grande parte desse consumo de energia está associada ao aumento no setor de transportes. O carvão e o gás representam juntos uma grande porcentagem do consumo. O consumo nos países da OCDE é substancialmente diferente do consumo nas economias emergentes.

D. A atividade humana e a atmosfera

A destruição da camada de ozônio, a poluição do ar e a energia são facetas da atmosfera influenciadas pelo consumo. O esgotamento do ozônio estratosférico leva ao aumento da quantidade de radiação UV, que está associada com o aumento nos casos de câncer de pele, cataratas e problemas no sistema imunológico. A poluição atmosférica é um problema de saúde global, e agentes reguladores utilizam seis fatores conhecidos como *poluentes-critério* para estabelecer níveis de qualidade do ar.

E. A atividade humana e a água

A disponibilidade de água doce está diminuindo em muitas partes do mundo. As estimativas atuais indicam que um sexto da população mundial não tem acesso à água potável e dois quintos da população mundial não têm acesso a serviços adequados de saneamento. A falta de níveis aceitáveis de água potável e saneamento é mais grave na Ásia e na África. A falta de instalações de água está associada à queda em lençóis de água, inundações e secas, doenças e tensões políticas.

F. A atividade humana e a terra

As influências humanas sobre a terra são atribuídas a expansão urbana, degradação da terra e desmatamento. Forças relacionadas à expansão urbana incluem aspectos do ambiente natural local, demografia, economia, sistemas de transporte existentes, preferências dos consumidores e governança metropolitana. Os efeitos da degradação da terra incluem as perdas de carbono orgânico no solo, de armazenamento de água no solo, de nutrientes e de biodiversidade subterrânea. Reduções das florestas para as áreas cultivadas resulta na perda de habitat e limitação da biodiversidade. O desmatamento também reduz a quantidade de carbono armazenado e perturba os ciclos biológicos.

G. A atividade humana e a biodiversidade

Acredita-se que a atividade humana esteja relacionada com a redução da biodiversidade: as taxas atuais de extinção das espécies são nitidamente superiores às taxas de referência com base em registros fósseis. Todos os grupos de vertebrados e plantas têm uma proporção substancial de espécies que estão ameaçadas.

PERGUNTAS

1. Como o reconhecimento da inter-relação entre o ambiente e a humanidade influenciou a necessidade de desenvolver a Usina de Dessalinização de Ashkelon?
2. O que é o efeito estufa natural e como a ação humana influencia esse efeito?
3. Quais são as quatro indústrias afetadas pelas mudanças climáticas e como os profissionais desses setores estão tentando reduzir a influência dessas mudanças sobre suas operações?
4. Se o dióxido de carbono representa 80% dos gases do efeito estufa no mundo, por que é necessário considerar outros gases?
5. Qual é o papel dos combustíveis fósseis nas mudanças climáticas?
6. Como a poluição do ar interior e exterior influencia na incidência de doenças? Como a incidência de doenças está relacionada com a geografia?

7. A falta de acesso à água, sua inadequação e insalubridade são um problema global? Por quê?
8. Hoje, mais pessoas vivem em cidades que em áreas rurais. Que fatores estão relacionados à expansão urbana?
9. Descreva dois fatores que aumentam a degradação dos solos.
10. Quais são as consequências de um declínio na biodiversidade?

NOTAS FINAIS

[1] Jewish Virtual Library. Israel's chronic water problem. Disponível em: <http://www.jewishvirtuallibrary.org/jsource/History/scarcity.html>. Acesso em: 17 fev. 2010.

[2] Sauvet-Goichon, Bruno. Ashkelon desalination plant: a successful challenge, *Desalination* 203, n. 13 (2007): 7581.

[3] Marlow, Jeffrey. The pursuit of cost-effective desalination, *New York Times,* 21 set. 2009. Disponível em: <http://green.blogs.nytimes.com/2009/09/21/on-the-pursuit-of-cost-effective-desalination/>. Acesso em: 19 abr. 2011.

[4] United Nations Environment Programme. *Global environmental outlook 4*. Valetta, Malta: Progress Press, 2007. p. 572.

[5] Lemonick, M. D.; Cray, D. The ozone vanishes, *Time* 139, n.7, 17 fev. 1992: 6063.

[6] Esty, Daniel C.; Winston, Andrew S. *Green to gold*. New Haven, CT: Yale University Press, 2006. p. 366.

[7] Organização das Nações Unidas. Convenção das Nações Unidas sobre mudanças climáticas – 1992. Disponível em: <http://unfccc.int/resource/docs/convkp/conveng.pdf>. Acesso em: 28 abr. 2010.

[8] ______. Convenção das Nações Unidas sobre mudanças climáticas. O efeito estufa e o ciclo do carbono. Disponível em: <http://unfccc. int/essential_background/feeling_the_heat/items/2903.php>. Acesso em: 28 abr. 2010.

[9] Ver nota 8.

[10] OMS. *The health impacts of 2003 summer heatwaves*. Briefing note for the 53 session of World Health Organizational Regional Comittee for Europe. 8 set. 2003. p. 73.

[11] Stott, Peter A.; Stone, D. A.; Allen, M. R. Human contribution to the European heatwave of 2003, *Nature* 432, n. 7017 (2004): 610614.

[12] Church, John. Global sea levels: past, present and future, *United Nations Educational, Scientific and Cultural Organization,* 2008, 12.

[13] Thomas, Chris D.; Cameron, Alison; Green, Rhys E. et al. Erasmus and others, extinction risk from climate change, *Nature* 427, n. 6970 (2004): 145148.

[14] Kappelle, Maarten; Van Vuuren, Margret M. I.; Baas, Pieter. Effects of climate change on biodiversity: a review and identification of key research issues, *Biodiversity and Conservation* 8, n. 10 (1998): 13831397.

[15] Ver nota 6.

[16] Ver nota 8.

[17] U.S. Environmental Protection Agency. Inventory of U.S. greenhouse gas emissions and sinks: 19902008. 15 abr. 2010. Disponível em: <http://www.epa.gov/climatechange/emissions/usinventoryreport.html>. Acesso em: 28 abr. 2010.

[18] International Energy Agency. *Worldwide trends in energy use and efficiency*. Paris: International Energy Agency, 2008. p.17. Disponível em: <http://www.iea.org/Papers/2008/Indicators_2008.pdf> . Acesso em: 28 abr. 2010.

[19] Hofmann, David. *Long-lived greenhouse gas annual averages for 1979-2004*. Boulder, CO: National Oceanic and Atmospheric Administration, Earth Systems Research Laboratory, Global Monitoring Division, 2004.

[20] *Business & the environment with ISO 14000 updates.* Momentum for greenhouse gas cuts grows, 18, n. 7 (2007): 14.

[21] US State Department. Greenhouse gas inventory. Disponível em: <http://www.state.gov/documents/organization/89651.pdf>. Acesso em: 28 abr. 2010.

[22] Ver nota 21.

[22] Ver nota 21.

[24] International Energy Agency. *Worldwide trends in energy use and efficiency*. Paris: International Energy Agency, p. 94. Disponível em: <http://www.iea.org/Textbase/Papers/2008/Indicators_2008.pdf>. Acesso em: 28 abr. 2010.

[25] Fahey, D. W. *Twenty questions and answers about the ozone layer: 2006 update*, 2006. Disponível em: <http://ozone.unep.org/Assessment_Panels/SAP/Scientific_Assessment_2006/Twenty_ Questions.pdf >. Acesso em: 28 abr. 2010.

[26] Ver nota 25.

[27] Ver nota 25.

[28] Ver nota 7.

[29] Osro, B. *Outdoor air pollution*: assessing the environmental burden of disease at national and local levels. Genebra, Suíça: World Health Organization, 2004. p.62.

[30] Organização Mundial da Saúde. *Indoor air pollution and household energy monitoring*: workshop resources. Genebra: World Health Organization, 2005. p.20.

[31] ______. Indoor air pollution and health. Disponível em: <http://www.who.int/mediacentre/factsheets/fs292/en/ index.html>. Acesso em: 28 abr. 2010.

[32] ______. National burden of disease due to indoor air pollution. Disponível em: <http://www.who.int/indoorair/health_impacts/burden_national/en/index.html>. Acesso em: 28 abr. 2010.

[33] ______. Pollution and exposure levels. Disponível em: <http://www.who.int/indoorair/health_impacts/expo sure/en/index.html>. Acesso em: 28 abr. 2010.

[34] Bruce, Nigel; Perez-Padilla, Rogelio; Albalak, Rachel. The health effects of indoor air pollution exposure in developing countries, 78, n. 9 (2000): 10781092.

[35] U.S. Geological Survey. Earths water distribution. Disponível em: <http://ga.water.usgs.gov/edu/waterdistribution.html>. Acesso em: 28 abr. 2010.

[36] Brown, Lester R. Draining our future. *Futurist* (maio/jun., 2008): 1622.

[37] Brundtland, G. H.; Bellamy, C. Global water supply and sanitation assessment 2000 report, 2001. Disponível em: <http://www.who.int/ docstore/water_sanitation_health/Globassessment/GlobalTC.htm>. Acesso em: 28 abr. 2010.

[38] Postel, Sandra L.; Daily, Gretchen C.; Ehrlich, Paul R. Human appropriation of renewable fresh water, *Science* 271, n. 5250 (1996): 785788.

[39] Fetter, C. W. *Applied hydrogeology*. New York: Macmillan, 1994.

[40] Brown, Lester R. *Plan B 3.0*: mobilizing to save civilization. Nova York: W.W. Norton, 2008. p. 691.

[41] Somlyody, Laszlo; Varis, Olli. Freshwater under pressure, *International Review for Environmental Strategies* 6, n. 2 (2003): 181204.

[42] Federação Internacional da Cruz Vermelha e Sociedades do Crescente Vermelho. *World disaster report*. Genebra, Suíça: IFRC, 2007. p. 244.

[43] Prüss-Üstün, A.; Bos, R.; Gore, F.; Bartram, J. *Safer water, better health*: costs, benefits and sustainability of interventions to protect and promote health. Genebra, Suíça: Organização Mundial da Saúde, 2008. p.60.

[44] Ver nota 43.

[45] Hashimoto, Ryutaro. Current status and future trends in freshwater management, *International Review of Environmental Strategies* 3, n. 2 (2002): 222239.

[46] Ver nota 41.

[47] Ver nota 40.

[48] Ver nota 41.

[49] Campbell, Cathy C. Food insecurity: a nutritional outcome or a predictor variable, *Journal of Nutrition* 121, n. 3 (1991): 408415.

[50] Ver nota 41.

[51] Holland Stroeve, Julienne et al. Arctic sea ice decline: faster than forecast, *Geophysical Research Letters* 34, n. 9 (2007): L09501.

[52] Adam, David. Meltdown of winter ice linked to greenhouse gases, *Guardian*. 15 maio 2006: 12.

[53] McGranahan, Gordon; Balk, Deborah; Anderson, Bridget. The rising tide: assessing the risks of climate change and human settlements in low elevation coastal zones, *Environment and Urbanization* 19, n. 1 (2007): 1737.

[54] Krist, John. Water issues will dominate California's agenda this year, *Environmental News Network*. 21 fev. 2003: 33.

[55] Ver nota 40.

[56] Ver nota 40.

[57] Thompson, Terrence et al. *Chemical safety of drinking water*: assessing priorities for risk manage-

ment. Genebra, Suíça: Organização Mundial da Saúde, 2007. p. 160.

[58] United States Environemntal Protection Agency. Protecting water quality from agricultural runoff. Disponível em: <http://www.epa.gov/owow/nps/Ag_Runoff_Fact_Sheet.pdf>. Acesso em: 28 abr. 2010.

[59] Angel, Shlomo; Sheppard, Stephen C.; Civco, Daniel L. et al. *The dynamics of global urban expansion*. Washington, DC: The World Bank, 2005. p.12.

[60] Ver nota 4.

[61] Ver nota 60.

[62] Sergeev, Alexander V.; Carpenter, David O. Hospitalization rates for coronary heart disease in relation to residence near areas contaminated with persistent organic pollutants and other pollutants, *Environmental Health Perspectives* 113, n. 6 (2005): 756761.

[63] Food and Agriculture Organization. *Global forest resources assessment 2005*: progress towards sustainable forest management. Forestry Paper 147. Roma: Nações Unidas, 2006a. p. 320.

[64] Ver nota 60.

[65] United Nations General Assembly. United Nations General Assembly Document A/AC.241/27. 12 set. 1994, 4.

[66] Ver nota 60.

[67] Ver nota 6.

[68] Ver nota 60.

[69] FAO. *The state of the world's fisheries and aquaculture 2004*. Roma: Food and Agriculture Organization of the United Nations, 2004. p.154.

[70] Nabhan, G. P.; Buchman, S. L. Services provided by pollinators. In: Daily, G. E. (Ed.). *Nature's services*: societal dependence on natural ecosystems. Washington, DC: Island Press, 1997. p.392.

[71] UNEP. *Marine and coastal ecosystems and human well-being*: a synthesis report based on the findings of the millennium ecosystem assessment. DEW/0785/NA. Nairóbi: Programa Ambiental das Nações Unidas, 2006a. p.80.

[72] Ver nota 4.

[73] IUCN. IUCN red list of threatened species. Version 2009.2, 2009. *International Union for Conservation of Nature and Natural Resources*.Disponível em: <http://www.iucnredlist.org/documents/summarystatistics/2009RL_Stats_Table_1.pdf>. Acesso em: 28 abr. 2010.

[74] Ver nota 70.

[75] Ver nota 73.

capítulo 4

Os Efeitos Ambientais Sobre o Consumo

OBJETIVOS DO CAPÍTULO

- **A** Identificando a ação ambiental projetada para reduzir mudanças climáticas
- **B** Entendendo os esforços para influenciar a oferta e a procura de energia
- **C** Ação ambiental projetada para reduzir a influência humana na atmosfera
- **D** Ação ambiental projetada para reduzir a influência humana sobre a água
- **E** Ação ambiental projetada para reduzir a influência humana sobre a terra
- **F** Ação ambiental projetada para reduzir a influência humana sobre a biodiversidade
- **G** O papel dos esforços de conservação de energia para reduzir as alterações climáticas e a poluição

A Identificando a ação ambiental projetada para reduzir mudanças climáticas

Micro-hidrelétrica comunitária de Tungu-Kabiri

A área do Distrito Sul de Meru, no Quênia Central, é repleta de belas paisagens e rica em recursos naturais. Como grande parte da África, no entanto, essa região não é adequadamente servida de energia elétrica. Uma das maneiras mais viáveis e sustentáveis de levar energia elétrica para a região está sob a forma de energia hidrelétrica, a qual é uma tecnologia comprovada que depende de uma fonte não poluente, renovável e nativa de recursos. A tecnologia pode facilmente ser integrada a projetos de irrigação e abastecimento de água. A China, por exemplo, tem mais de 85 mil pequenas usinas produtoras de energia hidrelétrica.[1]

O potencial para a energia hidrelétrica é enorme e, em muitos aspectos, um recurso inexplorado. A energia hidrelétrica é responsável por 20% do fornecimento de eletricidade mundial e é uma importante fonte de energia renovável nos EUA, Canadá e Noruega.[2] No entanto, 70% do potencial hidrelétrico economicamente viável nos países em desenvolvimento e 93% do potencial na África continua ainda inexplorado.[3]

Hidrelétricas podem ser desenvolvidas em várias escalas, desde *grandes usinas*, de mais de 100 MW, até *microusinas hidrelétricas*, com menos de 5 kW. Em Meru, no Distrito Sul do Quênia, uma microusina hidrelétrica capaz de produzir 18 kW foi desenvolvida para atender 400 famílias da comunidade Tungu-Kabiri. Os membros

PALAVRAS-CHAVE

aquecedores solares de água, 77
biocombustíveis, 78
biodiesel, 78
carbono, 71
células fotovoltaicas conectadas à rede, 77
construções antigas, 82
construções novas, 81
créditos de carbono, 71
Energy Star, 84
Organização Mundial da Saúde (OMS), 88
Protocolo de Kyoto, 69
reciclagem, 93
redução certificada de emissões, 71
redução, 93
reutilização, 93
sistemas solares fora da rede, 68
Smart Growth Network, 90
unidades de redução de emissões (URE), 71
uso eficiente, 93

da comunidade formaram uma empresa comercial por meio da compra de ações com valor máximo de cerca de 50 dólares. Esses membros também dedicam um dia por semana para a construção de um sistema de micro-hidrelétricas com comportas ao longo do rio (ver Figura 4.1). A comunidade também adquiriu um acre de terra do governo, na qual construiu um centro empresarial que recebe energia por meio desse projeto. O Programa de Pequenas Subvenções da Organização das Nações Unidas (ONU) também contribuiu com 63,7 mil dólares para apoiar a conclusão do projeto.

A construção dessa microusina hidrelétrica pagou dividendos substanciais em todo o tripé da sustentabilidade.[4] A receita tem aumentado em razão do funcionamento do empreendimento da microusina. Consequentemente, há uma demanda por serviços, tais como operações de soldagem, barbearias, salões de beleza e estações de troca de bateria. O meio ambiente simultaneamente teve benefícios, pois a moagem de grãos foi transferida de motores a diesel para energia hidrelétrica, e a eletricidade substitui o querosene usado para a iluminação. A notoriedade dessa empresa de sucesso tem estimulado o interesse na construção de pelo menos duas novas usinas na região.

FIGURA 4.1

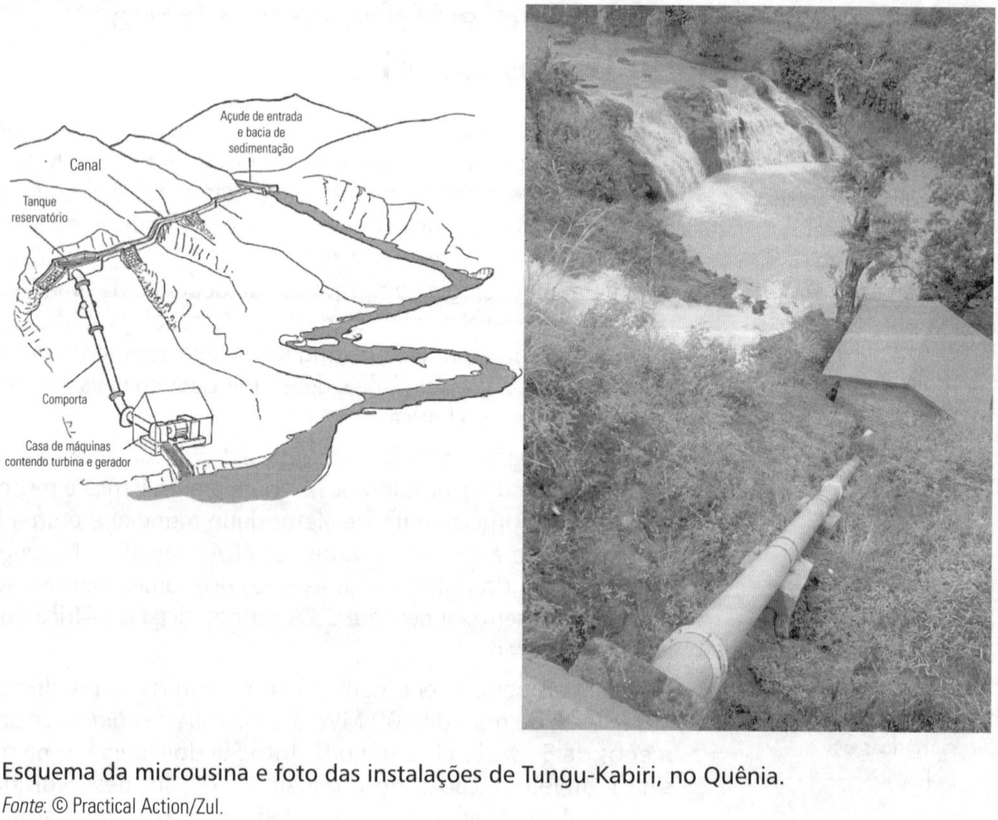

Esquema da microusina e foto das instalações de Tungu-Kabiri, no Quênia.

Fonte: © Practical Action/Zul.

O exemplo do Quênia ilustra como as pessoas estão tomando atitudes para enfrentar os problemas de sustentabilidade. No último capítulo, focamos nas influências que o consumo tem no meio ambiente. Neste capítulo, identificaremos as atividades que ocorrem fora da empresa e influenciam o consumo. O ambiente da empresa pode ser descrito como composto de vários níveis.[5] Em determinado nível, o ambiente diz respeito às entidades próximas a uma organização, as quais influenciam a capacidade de servir os clientes. Essas entidades incluem a empresa, os clientes, os fornecedores, a concorrência, os intermediários de marketing e outros grupos (ou seja, públicos) que influenciam a capacidade de atingir os objetivos. Em razão da influência que as relações entre essas entidades e a empresa têm diretamente nas operações do dia a dia, dedicamos os capítulos remanescentes deste livro para abordar esses relacionamentos. Na Parte III, destacaremos os esforços de marketing das organizações que operam nesses macroambientes. Na Parte IV, destacaremos o macroambiente dos usuários de energia primária (indústria, residências, serviços e transporte).

O meio ambiente também inclui as forças maiores que enquadram a atividade da empresa e outros participantes no mercado. Essas forças incluem as limitações naturais, tecnológicas, políticas, econômicas e culturais sobre as operações dentro de um mercado. O Capítulo 3 chamou a atenção para as influências da tecnologia e da cultura no meio ambiente natural. Nossa discussão aqui considera as forças políticas e econômicas que moldam as operações em uma indústria. Começamos examinando os esforços para regular a mudança climática, e então nos envolveremos em uma discussão sobre os esforços para influenciar a oferta e a demanda de energia. Nas seções seguintes, identificaremos esforços macroambientais para reduzir a influência humana sobre a atmosfera, água, solo e biodiversidade.

Inúmeros esforços têm sido lançados para abordar as influências do consumo e da atividade humana sobre o meio ambiente, e essas atividades aconteceram a nível internacional, nacional, regional e local. Apesar de as agências internacionais e governos nacionais adotarem políticas e legislações, a atividade local determina se essas iniciativas serão bem-sucedidas ou não.

Considere agora os esforços do macroambiente para reduzir as alterações climáticas.

O esforço mais importante no plano internacional para reduzir a mudança climática é o **Protocolo de Kyoto**,[6] que foi adotado pela ONU em Kyoto, no Japão, em 11 de dezembro de 1997, e cuja implantação começou em 16 de fevereiro de 2005.[7] O Protocolo de Kyoto limita as emissões de gases do efeito estufa (GEE – dióxido de carbono, metano, óxido nitroso e gases fluorados) dos países industrializados listados na Tabela 4.1.

A meta do Protocolo de Kyoto é reduzir as emissões induzidas pela atividade humana de gases do efeito estufa. O protocolo foi desenvolvido como uma tentativa de reduzir, durante o período de compromisso de 2008 a 2012, essas emissões em pelo menos 5% em relação aos níveis de 1990. Para atingir esse objetivo, os países determinaram uma porcentagem do ano-base como um objetivo para as emissões de GEE durante o horizonte de 2008 a 2012. Por exemplo, as emissões específicas nos EUA refletem 93% das emissões em 1990. Assim, o cumprimento do Protocolo de Kyoto exige reduções nas emissões associadas à queima de combustível, processos industriais (por exemplo, produtos minerais, produtos químicos, produção de metais), agricultura e gestão de resíduos.

É importante ressaltar que o Protocolo de Kyoto define esforços *nacionais* para reduzir ou limitar os gases do efeito estufa. Além disso, o protocolo introduziu três *mecanismos* de mercado que permitem que os países participem do comércio internacional para atender as metas de emissões.[8] Esses mecanismos estimulam o desenvolvimento sustentável pela transferência de tecnologia e investimento, encorajando o setor privado de países em desenvolvimento a contribuir com a redução de emissões. Além disso, ajudam países a cumprir seus compromissos ao remover, de forma rentável, GEEs da atmosfera em outros países.

A vantagem fundamental do Protocolo de Kyoto está na atribuição de níveis de emissões para os países participantes. A atribuição de níveis de emissão criou um mer-

TABELA 4.1[9] Limites de emissão estabelecidos pelo protocolo de Kyoto.

Participantes	Limites de emissão %	Participantes	Limites de emissão %
Alemanha	92	Islândia	110
Austrália	108	Itália	92
Áustria	92	Japão	94
Bélgica	92	Letônia*	92
Bulgária*	92	Liechtenstein	92
Canadá	94	Lituânia*	92
Comunidade Europeia	92	Luxemburgo	92
Croácia*	95	Mônaco	92
Dinamarca	92	Noruega	101
Eslováquia*	92	Nova Zelândia	100
Eslovênia*	92	Polônia*	94
Espanha	92	Portugal	92
EUA	93	Reino Unido	92
Estônia*	92	República Tcheca*	92
Finlândia	92	Romênia*	92
França	92	Rússia*	100
Grécia	92	Suécia	92
Holanda	92	Suíça	92
Hungria*	94	Ucrânia*	100
Irlanda	92		

*Países que estão em processo de transição para uma economia de mercado.

Fonte: From Kyoto Protocol to the United Nations Framework Convention on Climate Change, (Kyoto, Japão: © Nações Unidas, 1998), p. 20. Reproduzido com a permissão da Organização das Nações Unidas.

cado para a compra e venda de emissões de gases do efeito estufa. A seguir, apresentamos três mecanismos de Kyoto que facilitaram a troca de créditos de emissão.

Comércio de emissões *Comércio de emissões* se refere à troca de unidades de comércio de carbono. Os países participantes listados na Tabela 4.1 alocam unidades de comércio de carbono para indústrias como as de manufatura e utilidades.[10] As empresas desses setores dentro dos países participantes são obrigadas a reduzir as emissões para os níveis-alvo descritos na Tabela 4.1. Se elas atingirem níveis de emissões abaixo das taxas específicas, podem negociar os créditos de emissões como uma troca. Por exemplo, a European Carbon Exchange (ECX) atrai mais de 89% do volume global de intercâmbio, com mais de cem empresas participantes.[11] Se as empresas superarem seus níveis de emissões, devem ir ao mercado e comprar **créditos de carbono**. Esses créditos, muitas vezes, são investimentos em países em desenvolvimento, tais como China e Índia. Investimentos em créditos de carbono reduzem as emissões nos mercados emergentes e, assim, contribuem para a redução das emissões globais.[12]

O European Trading Scheme (ETS) atualmente é responsável por cerca de dois terços do comércio global de **carbono**. Como os EUA não ratificaram o Protocolo de Kyoto, sua troca de carbono é voluntária. O mercado norte-americano é de propriedade da Climate Exchange, a empresa-mãe da ECX, e é chamada Chicago Climate Exchange (CCX).[13] Mais de 300 grupos se tornaram membros dessa organização desde sua fundação, em 2003. Uma formação de mercado semelhante nos EUA é o Regional Greenhouse Gas Initiative. A iniciativa é um programa do governo multiestadual destinado a reduzir as emissões das usinas de energia no nordeste. Esse programa começou em 2009.[14]

Mecanismo de Desenvolvimento Limpo O mecanismo de desenvolvimento limpo (MDL) viabiliza projetos de redução ou remoção de emissões em países em desenvolvimento, a fim de conseguirem créditos de **redução certificada de emissões** (CER – Certified Emission Redution).[15] Cada CER é equivalente a uma tonelada de dióxido de carbono. CERs podem ser negociadas, vendidas ou usadas para cumprir metas de emissão definidas pelo Protocolo de Kyoto.

Países industrializados que financiam projetos de investimento para reduções de emissões de gases do efeito estufa, nos países em desenvolvimento, geram créditos utilizados para cumprir seus próprios compromissos. Os países industrializados reduzem emissões de carbono a um custo menor que no mercado interno. Economias em desenvolvimento ganham acesso à tecnologia mais rapidamente, enquanto reduzem emissões. Eles têm a oportunidade de acelerar as transferências tecnológicas e de se beneficiarem de desdobramentos positivos em termos de desenvolvimento.[16] Desde o início das operações, em 2006, o mecanismo de desenvolvimento limpo registrou mais de mil projetos, somando mais de 2,7 bilhões de toneladas de dióxido de carbono.

Implementação conjunta A implementação conjunta (IC) é semelhante ao mecanismo de desenvolvimento limpo, pois tem base na colaboração entre países para diminuir as emissões de GEE. Em contraste com o MDL, que envolve um país industrializado e um país em desenvolvimento, projetos de implementação conjunta envolvem apenas países industrializados.[17] Participantes no regime de IC ganham **unidades de redução de emissões (URE)**, equivalentes a uma tonelada de dióxido de carbono, que podem ser contabilizadas para as metas do Protocolo de Kyoto. Por exemplo, em 2007 a Nova Zelândia estabeleceu um programa de implementação conjunta com a Holanda para fornecer um parque eólico em Te Apiti, na ilha norte da Nova Zelândia.[18] Espera-se que o projeto renda 530 mil UREs.

Programas IC oferecem benefícios aos países anfitriões (por exemplo, Nova Zelândia) e aos parceiros não anfitriões (por exemplo, Holanda). O país anfitrião recebe investimento estrangeiro e transferência de tecnologia, enquanto o país não anfitrião obtém um meio flexível e eficaz de atingir suas necessidades de Kyoto.

Apesar de 182 membros da Convenção assinarem o Protocolo como está escrito (ver Tabela 4.2), os EUA e a Austrália se recusaram a participar. Enquanto o governo federal dos EUA não aprovou o Protocolo de Kyoto, 14 estados norte-americanos adotaram as metas de emissões de GEE estabelecidas pela ONU. Das 650 cidades do mundo que adotaram as metas de emissão de GEE de Kyoto, 212 estão nos EUA. Além disso, a Agência de Proteção Ambiental (EPA – Environmental Protection Agency) americana estabeleceu uma parceria líder de clima, que inclui atualmente mais de 200 empresas dos EUA. Essas empresas parceiras se comprometem a reduzir seu impacto no meio ambiente global ao comprar ações de emissões de gases atuais, estabelecer metas de redução agressivas e, anualmente, relatar seus progressos para a EPA.

B Entendendo os esforços para influenciar a oferta e a procura de energia

Muitos países em todo o mundo estabeleceram regulamentações destinadas a melhorar a sustentabilidade e a eficiência do consumo de energia. O desejo de conservar a energia não é um fenômeno novo, mas está ganhando cada vez mais interesse em decorrência da mudança climática e do aumento dos preços do petróleo. Uma maneira de analisar a energia é com base em sua oferta e demanda. Fontes de energia renováveis contribuem para o fornecimento de energia. Na medida em que essas fontes são empregadas como substitutas para combustíveis fósseis, o meio ambiente sofre menos com as consequências negativas do consumo de petróleo ou de outro combustível fóssil.

Fontes renováveis de energia aumentarão em todo o mundo, mas a demanda por energia também continuará a aumentar.[19] Portanto, é importante considerar os mecanismos que influenciam a demanda por energia. Apesar dos esforços de conservação realizados em muitas indústrias, aqui concentramos nossa atenção no transporte, em edifícios, nas construções e nas indústrias de aparelhos em razão da quantidade de regulamentação e oportunidades de reduções substanciais no uso de energia.

Considere primeiro o papel das energias renováveis.

Energias renováveis

O consumo de energia em todo o mundo está crescendo a um ritmo acelerado, e as previsões atuais sugerem que crescerá 60% nos próximos 25 anos.[20] A Figura 4.2 indica a quota de energia e consumo de eletricidade em todo o mundo. Note que, dos 13% associados a formas de energia renováveis, 8% está associado à biomassa tradicional. Outras formas de energia renováveis são responsáveis por 5% do uso em todo o mundo. Tecnologias de energias renováveis têm feito enormes avanços nos últimos 20 anos, oferecendo vantagens significativas sobre os combustíveis convencionais para o suprimento de necessidades energéticas. Pesquisas indicam que a adição de energia renovável em um portfólio de energia dominada por combustíveis fósseis reduz os custos de produção e aumenta a segurança da energia.[21]

TABELA 4.2[22] Participantes do Protocolo de Kyoto.

África do Sul	Colômbia	Guiné-Bissau	Malta	Romênia
Albânia	Comunidade Europeia	Haiti	Marrocos	Ruanda
Alemanha	Congo	Holanda	Maurício	Rússia
Angola	Coreia da Sul	Honduras	Mauritânia	Samoa
Antígua e Barbuda	Coreia do Norte	Hungria	México	Santa Lúcia
Arábia Saudita	Costa do Marfim	Iêmen	Mianmar	São Vicente e Granadinas
Argélia	Costa Rica	Ilhas Cook	Micronésia	Senegal
Argentina	Croácia	Ilhas Marshall	Moçambique	Serra Leoa
Armênia	Cuba	Ilhas Salomão	Moldova	Sérvia
Austrália	Dinamarca	Índia	Mônaco	Seychelles
Áustria	Djibuti	Indonésia	Mongólia	Síria
Azerbaijão	Dominica	Irã	Montenegro	Sri Lanka
Bahamas	Egito	Irlanda	Namíbia	Suazilândia
Bahrein	El Salvador	Islândia	Nauru	Sudão
Bangladesh	Emirados Árabes Unidos	Israel	Nepal	Suécia
Barbados	Equador	Itália	Nicarágua	Suíça
Belarus	Eritreia	Jamaica	Níger	Suriname
Bélgica	Eslováquia	Japão	Nigéria	Tailândia
Belize	Eslovênia	Jordão	Niue	Tanzânia
Benin	Espanha	Kiribati	Noruega	Togo
Bolívia	Estônia	Kuait	Nova Zelândia	Tonga
Bósnia-Herzegóvina	Etiópia	Laos	Omã	Trinidad e Tobago
Botsuana	Fiji	Lesoto	Palau	Tunísia
Brasil	Filipinas	Letônia	Panamá	Turcomenistão
Bulgária	Finlândia	Líbano	Papua-Nova Guiné	Tuvalu
Burkina Fasso	França	Libéria	Paquistão	Ucrânia
Burundi	Gabão	Líbia	Paraguai	Uganda
Butão	Gâmbia	Liechtenstein	Peru	Uruguai
Cabo Verde	Gana	Lituânia	Polônia	Uzbequistão
Camarões	Geórgia	Luxemburgo	Portugal	Vanuatu
Camboja	Granada	Macedônia	Qatar	Venezuela
Canadá	Grécia	Madagáscar	Quênia	Vietnã
Chile	Guatemala	Malásia	Quirguistão	Zâmbia
China	Guiana	Maláui	Reino Unido	
Chipre	Guiné	Maldivas	República Dominicana	
Cingapura	Guiné Equatorial	Mali	República Tcheca	

FIGURA 4.2

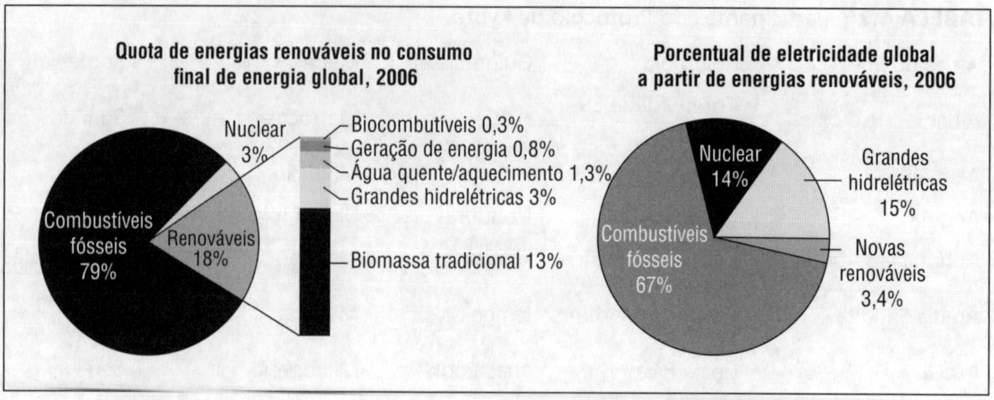

Quotas de energia renovável para consumo final de energia e eletricidade.
Fonte: Rede de Políticas de Energia Renovável para o século XXI.

A Rede de Políticas de Energia Renovável[23] enfatiza os seguintes benefícios para as energias renováveis:

1. Usar fontes renováveis localmente disponíveis, tais como a solar, eólica, biomassa, geotérmica e hidrelétrica.
2. Reduzir a dependência dos combustíveis fósseis e suas consequências associadas ao comércio internacional.
3. Aumentar a segurança energética por meio do desenvolvimento de um portfólio energético diversificado.
4. Aumentar a estabilidade de preços durante os períodos de volatilidade nos preços dos combustíveis fósseis.
5. Reduzir o risco dos custos de energia no futuro.
6. Aumentar a renda, a receita e as oportunidades de emprego. As energias renováveis sustentam 2,4 milhões de empregos globalmente.[24]
7. Conservar a base de recursos naturais de um país.
8. Fornecer benefícios de saúde, especialmente para mulheres e crianças, por meio de melhores instalações de cozinha.
9. Contribuir para o desenvolvimento econômico e social por meio de prestação de serviços modernos de energia, incluindo iluminação, aquecimento, cozimento, refrigeração, bombeamento de água, transporte e comunicações.
10. Permanecer ecologicamente correto por causa da falta de nitrogênio e óxidos de enxofre, prejudiciais para os seres humanos, animais e plantas, e dióxido de carbono, que contribui para as alterações climáticas.

Em razão do potencial simultâneo de utilização de recursos locais e de diminuição das alterações climáticas, 66 países estabeleceram metas nacionais para as fontes de energias renováveis.[25] A União Europeia (UE), por exemplo, pretende ter 21% de sua eletricidade e 12% do total de energia atendidos por meio de fontes renováveis até 2010. Nos EUA, 29 estados desenvolveram porcentagens obrigatórias de energia renovável para utilitários, e quatro outros Estados têm programas voluntários[26] (ver Figuras 4.3 e 4.4). A maioria das metas nacionais ou estaduais refletem desejos de 5% a 30% da produção de eletricidade durante o horizonte de 2010 a

2012. Brasil, China, República Dominicana, Egito, Índia, Malásia, Mali, Filipinas, África do Sul e Tailândia são economias emergentes que têm estabelecido metas para as energias renováveis. Os países em desenvolvimento têm mais de 40% da capacidade de energia renovável existente, mais de 70% da capacidade de utilização de energia solar para aquecimento de água e 45% da produção de biocombustíveis. A China teve como meta 10% da capacidade total de energia até 2010, enquanto a Índia espera que 10% da sua capacidade de energia elétrica seja fornecida por meio de fontes renováveis até 2012.

Em 2007, a capacidade mundial de geração renovável de energia elétrica atingiu cerca de 240 GW, um aumento de 50% sobre a capacidade de 2004. A Tabela 4.3 apresenta diversos indicadores de energia renovável. Fontes de energia renováveis, tais como energia hidrelétrica, eólica, solar, geotérmica, biomassa, marés e tecnologia de ondas permitem que as empresas de serviço público, indivíduos e organizações atinjam suas necessidades energéticas. Note que a energia hidrelétrica, uma fonte renovável que tem sido usada há décadas, gera quase quatro vezes mais energia que todas as outras fontes renováveis. Os investimentos em hidrelétricas, em 2007, ultrapassaram 15 bilhões de dólares.

Dos 71 bilhões de dólares investidos em outras novas fontes de energia renováveis no ano de 2007, 47% foi para a energia eólica e 30% para a energia solar fotovoltaica (FV). A Figura 4.5 apresenta o crescimento da energia eólica entre 1995 e 2007. O crescimento de 28% na capacidade de geração eólica mundial em 2007 foi o maior aumento em energia renovável. Nos EUA, mais de 25 mil turbinas produzem o suficiente para abastecer 4,5 milhões de lares (17 GW). A capacidade total no país subiu 45% em 2007, e a previsão é que esta quase triplique até 2012. A energia eólica representa apenas 1% da eletricidade do país, mas os líderes do governo e da indústria querem ver essa meta atingir 20% em 2030. Esse nível de energia eólica vai aumentar a oferta de energia livre de carbono e criar empregos de "colarinho verde".[27]

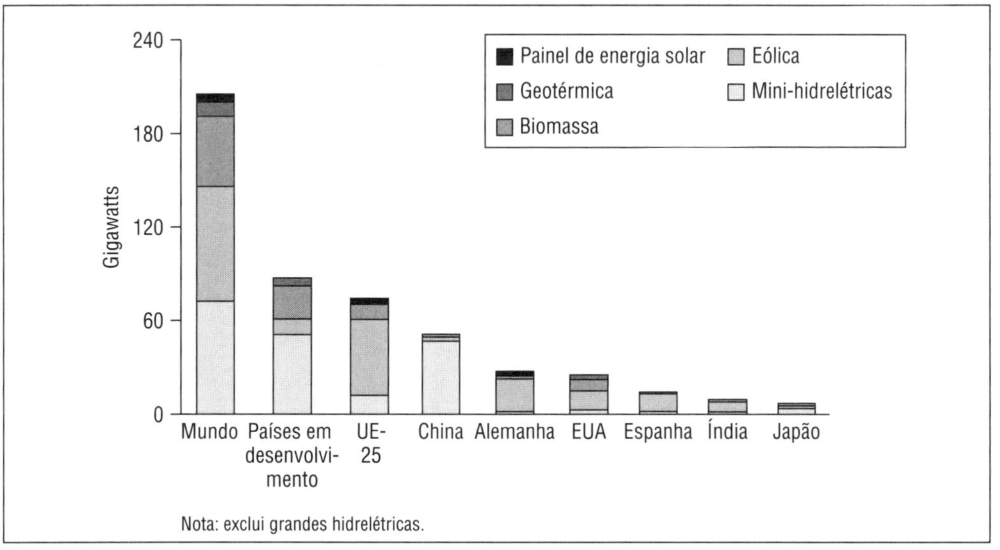

FIGURA 4.3

Capacidades de energia renovável nos países em desenvolvimento, na UE e em seis principais países, 2006.

Fonte: REN21.2008. Renewables 2007 Global Status Report (Paris: REN21 Secretariat and Washington, DC: Worldwatch Institute). Disponível em: <http://www.ren21.net/pdf/RE2007_Global_Status_ Report.pdf>. Acesso em: 22 ago. 2008.

FIGURA 4.4

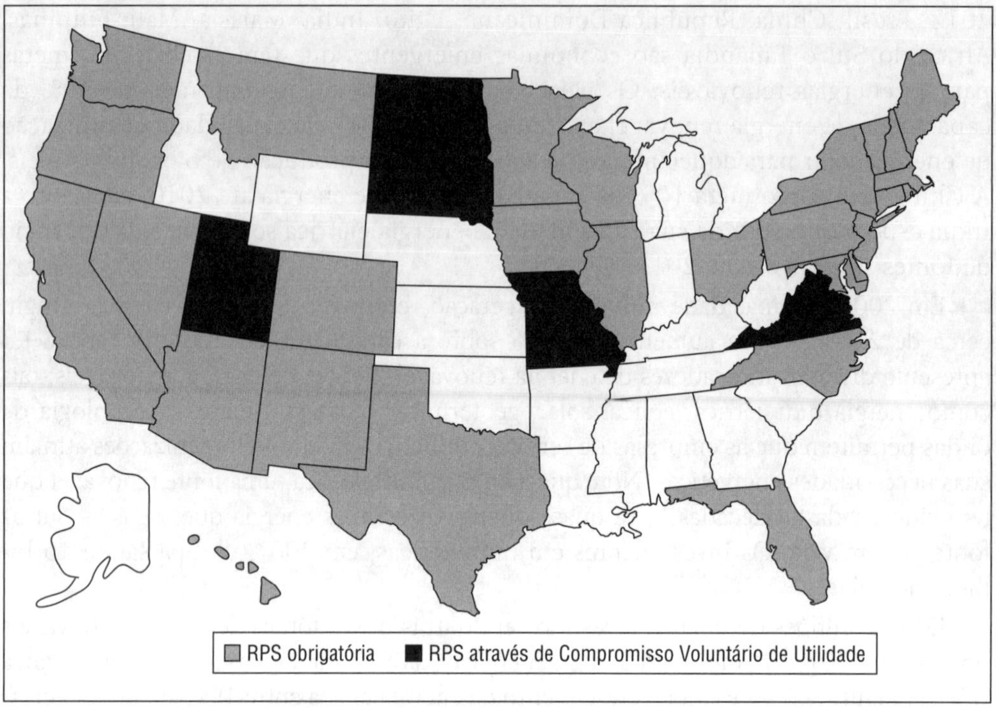

Padrões norte-americanos de portfólio renovável (RPS – *Renewable Portfolio Standards*).

Fonte: *Pew Center on Global Climate Change*. Disponível em: <http://www.pewclimate.org/what_s_being_ done/in_the_states/rps.cfm>. Acesso em: 22 ago. 2008.

TABELA 4.3[25] Indicadores de energia renovável.

Indicadores selecionados	2005	2006	2007	(Unidades estimadas)
Investimento em nova capacidade renovável (anual)	40	55	71	Bilhões de dólares americanos
Capacidade de energia renovável (existente, *excluindo* grandes hidrelétricas)	182	207	240	Gigawatts
Capacidade de energia renovável (existente, *incluindo* grandes hidrelétricas)	930	970	1.010	Gigawatts
Capacidade de energia eólica (existente)	59	74	95	Gigawatts
Capacidade de energia solar fotovoltaica conectada à rede (existente)	3,5	5,1	7,8	Gigawatts
Produção fotovoltaica solar (anual)	1,8	2,5	3,8	Gigawatts
Capacidade de aquecimento solar (existente)	88	105	128	Gigawatts
Produção de etanol (anual)	33	39	46	Bilhões de litros
Produção de biodiesel (anual)	3,9	6	8	Bilhões de litros

Fonte: Rede de Políticas de Energia Renovável para o século XXI, Renewables 2007 Global Status Report, (Paris, França: REN21 Secretariado e Washington, DC: Worldwatch Institute, 2008), p. 8. Copyright © 2008 Deutsche Gesellschaft für Technische Zusammenarbeit (GTZ) GmbH.

Os três tipos de energia solar são: **células fotovoltaicas conectadas à rede, sistemas solares fora da rede** e **aquecedores solares de água.** Cerca de 1,5 milhão de lares em todo o mundo têm esses telhados de painéis FVs solares alimentando a rede elétrica. *Sistemas conectados à rede* estão ligados à rede elétrica em uma área e podem *vender* a ela a energia não utilizada. Por exemplo, os programas estabelecidos na Alemanha, França, Grécia, Itália e Espanha permitem que os consumidores vendam energia à rede nacional por aproximadamente o dobro do valor (40 a 50 centavos de euro) que pagam por ela.[28]

Sistemas fora da rede se referem a células de energia solar utilizadas fora das redes elétricas regionais ou nacionais. Muitos desses sistemas são instalados em países em desenvolvimento. Uma das aplicações de sistemas fora de rede é a minirrede projetada para áreas rurais ou ilhas. Centenas dessas redes operam no Sri Lanka, Nepal, Vietnã e Índia. O maior usuário é a China, com 1,5 milhão de pessoas que utilizam esses sistemas fora de rede em áreas rurais. Outra aplicação de sistemas fora de rede são as bombas de água alimentadas por células solares fotovoltaicas. Mais de 50 mil bombas estão instaladas em todo o mundo, e o maior mercado é a Índia. Sistemas solares domésticos fora da rede representam a terceira aplicação. Mais de 2,5 milhões de pessoas recebem eletricidade a partir de sistemas solares domésticos. Nos últimos anos, a China, o maior mercado, construiu mais de 400 mil sistemas domésticos.[29]

Aquecedores solares de água são aqueles que usam energia solar para aquecer a água. Aquecedores *ativos* usam um sistema de bombas e controles para aquecer a água, enquanto aquecedores passivos não os utilizam. Aquecedores ativos são mais caros e eficientes que aquecedores solares passivos.[30] A China é o único país com um plano em longo prazo para aquecedores solares de água. O país estabeleceu objetivos que permitem que um quarto de todos os lares chineses esteja utilizando água aquecida por energia solar até 2010. Os subsídios são utilizados por países que tentam estabelecer esses dispositivos nos mercados nacionais. Alemanha, Austrália, Áustria, Bélgica, Canadá, Chipre, Espanha, EUA, Finlândia, França, Grécia, Holanda, Hungria, Japão, Nova Zelândia, Portugal, Reino Unido e Suécia estabeleceram subsídios para encorajar o uso de aquecimento solar. O maior subsídio dos EUA foi na Califórnia, com um decreto, em 2007, oferecendo mais de 250 milhões de dólares em incentivos voltados aos 200 mil habitantes, nos próximos 10 anos.[31]

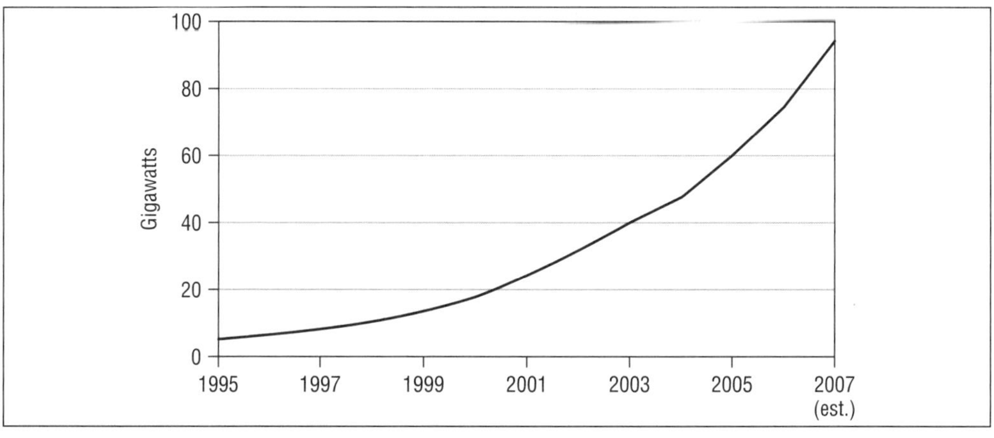

FIGURA 4.5

Capacidade mundial existente para energia eólica.

Fonte: REN21.2008. Renewables 2007 Global Status Report (Paris: REN21 Secretariat and Washington, DC: Worldwatch Institute). Disponível em: <http://www.ren21.net/pdf/RE2007'_Global_Status_ Report.pdf>. Acesso em: 22 ago. 2008.

Os **biocombustíveis** se referem a uma família de produtos combustíveis que utilizam algum porcentual de cultivo em sua composição. A produção de biocombustíveis ultrapassou 53 bilhões de litros em 2007, com aumento de 43% desde 2005. *O etanol* é um combustível produzido a partir do milho, cana-de-açúcar ou trigo, que pode ser usado como um substituto para um porcentual de combustível em um motor de combustão interna padrão. Alemanha, Argentina, Austrália, Bolívia, Brasil, Canadá, China, Colômbia, EUA, Filipinas, Índia, Itália, Malásia, Paraguai, Peru, Reino Unido, República Dominicana, Tailândia e Uruguai impuseram mandatos. Essas diretrizes nacionais normalmente determinam de 10% a 15% de etanol na gasolina e 20% a 25%, no diesel. Alguns motores modificados oferecem a possibilidade de uso exclusivo de etanol. A produção de etanol em 2007 representou cerca de 4% dos 1,3 bilhões de litros de gasolina consumidos globalmente.[32]

O **biodiesel** é o segundo tipo de biocombustível produzido pela semente oleosa de culturas como a soja, ou de outras fontes vegetais, tais como óleo de cozinha usado. Por exemplo, o McDonald's transforma óleo usado em biodiesel para caminhões de entrega no Reino Unido e no Havaí.[33] A produção anual de biodiesel aumentou em mais de 50%, para mais de 6 bilhões de litros em 2006.

A *energia geotérmica* se refere à energia disponível na forma de calor emitido do interior da crosta terrestre sob a forma de água quente ou vapor. É adquirida diretamente para o aquecimento ou geração de energia elétrica após a transformação. A energia geotérmica é responsável por menos de 0,5% da oferta mundial de energia, mas os avanços tecnológicos estão trazendo interesse renovado em relação a essa fonte de energia. Mais de 2 milhões de bombas geotérmicas são usadas em 30 países para o aquecimento e resfriamento de edifícios.[34]

Com 13% do uso mundial de combustíveis, a biomassa representa a maior forma de energia renovável em uso atualmente. Biomassa se refere aos resíduos agrícolas, madeira ou esterco utilizados como combustível para fogões ou para fornecer aquecimento. Em razão de suas consequências para a saúde associadas com a biomassa – especialmente a poluição do ar interior – esforços estão sendo feitos para substituir o consumo de biomassa por outras formas de energia (por exemplo, células fotovoltaicas fora da rede) ou para a melhoria dos dispositivos utilizados na transformação da biomassa. Nas economias em desenvolvimento em todo o mundo, a melhoria das técnicas de biomassa está sendo empregada. Os fogões estão de 10% a 50% mais eficientes na queima do combustível, o que representa melhora drástica na qualidade do ar interior e na redução dos gases do efeito estufa.[35] Há 220 milhões de fogões aperfeiçoados em funcionamento em todo o mundo. Com 180 milhões desses fogões, a China supriu 95% de seu mercado. Em contrapartida, com 34 milhões de fogões, a Índia atendeu 25% de seu mercado. Um terço dos países africanos tem programas em vigor para melhorar os fogões de biomassa, enquanto outros países têm promovido o acesso à energia de cozinha moderna para as populações rurais, com fogões tradicionais.

Embora esses ganhos na utilização de fontes de energia renováveis sejam promissores, o aumento previsto de 60% na demanda de energia durante o próximo quarto de século é assustador.[36] Os combustíveis fósseis continuarão a dominar o consumo de energia, e isso terá consequências ambientais, de saúde, econômicas e de segurança energética marcantes. A quota de energias renováveis está crescendo em termos absolutos, mas permanecerá praticamente inalterada em um futuro próximo. A maioria das projeções em longo prazo preveem que as tecnologias de energias renováveis terão um papel importante no fornecimento de energia global na segunda metade do século XXI, mas nas primeiras décadas o aumento das energias renováveis será mais modesto.

Transporte

As três políticas de transporte concebidas para influenciar o consumo de energia incluem combustíveis e veículos mais limpos, tarifa urbana rodoviária integrada e sistemas de trânsito rápido de ônibus.[37] Considere primeiro os combustíveis e veículos mais limpos.

Combustíveis e veículos mais limpos Além do etanol, o gás natural comprimido é outra alternativa para a gasolina, ganhando maior atenção em vários mercados. Há, atualmente, 11 milhões de veículos movidos a gás propano em operação no mundo.[38] A Figura 4.6 indica, entretanto, que sete países são responsáveis por dois terços do consumo. Dado o grande potencial de crescimento do consumo desse combustível em outros países, iniciativas estão sendo tomadas para que várias regiões aumentem o uso do gás veicular.[39] Licitações para a compra de frotas de veículos ou programas de transporte público abastecidos por gás veicular são utilizados na Austrália, China, França, Itália, México e nos EUA. A legislação canadense prevê a obrigatoriedade da compra de gás veicular e outros combustíveis alternativos para as frotas públicas. Na Índia, a indústria de gás LP conseguiu construir relações muito fortes com os fabricantes de carro e veículos de três rodas. Veículos de três rodas asiáticos estão sendo convertidos para gás natural para reduzir a poluição do ar e aumentar a eficiência de energia.[40] Do mesmo modo, Hong Kong estabeleceu que todos os táxis novos usarão gás propano líquido.[41] A província chinesa de Cantão transformou mais de 700 ônibus em veículos movidos a gás veicular, e 17 mil táxis foram convertidos para funcionar com esse combustível. Da mesma maneira, a maioria dos ônibus em Pequim roda com gás veicular.[42]

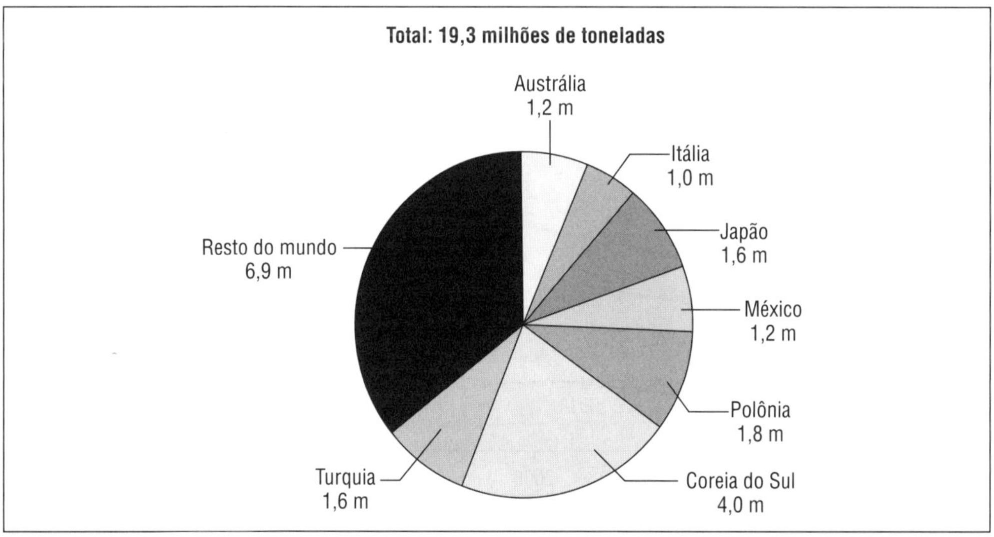

FIGURA 4.6

Consumo de gás veicular no mundo, 2006.

Fonte: WLPGA/MCH Fundamentals of the World Gas Industry, *2008*. Petroleum Economist Ltd.

Além de combustíveis mais limpos, os regulamentos agora procuram garantir que os veículos sejam mais eficientes. Na verdade, os padrões de economia de combustível automotivo estão entre as ferramentas mais eficientes no controle da demanda de petróleo e emissões de GEE no setor de transporte (Tabela 4.4). Como apresentado na Figura 4.7, os padrões de economia de combustível para automóveis têm se estagnado nos EUA ao longo dos últimos anos. Os índices de economia de combustível e de desempenho em emissões de GEE dos carros e caminhões leves norte-americanos estão atrás dos da maioria das outras nações. Os EUA e o Canadá têm os padrões mais baixos em termos de classificação da economia de combustível da frota e as maiores taxas de emissão de GEE. Em contrapartida, a União Europeia, o Japão e a China fizeram progressos nessa área. O Japão e a União Europeia têm os padrões mais rigorosos do mundo. Os novos padrões chineses são mais rigorosos que os da Austrália, Canadá e EUA, no entanto, são menos rigorosos que os praticados na União Europeia e no Japão. A Califórnia lidera nos EUA ao estabelecer padrões de economia de combustível. Se os padrões de GEE da Califórnia entrassem em vigor, diminuiriam a diferença entre os padrões norte-americano e europeu. Apesar desses ganhos potenciais, os padrões da Califórnia permanecem menos rigorosos que as normas da União Europeia.

Tarifa urbana rodoviária integrada *Tarifa urbana rodoviário integrada* se refere ao uso de várias estratégias de tarifação para pedágios em rodovias com base no horário em que o motorista entra na cidade. Essas estratégias de preços variáveis são projetadas para reduzir a quantidade de tráfego e as emissões de GEE. O sistema de pedágios automatizados de Cingapura cobra tarifas com base no congestionamento da cidade,[43] e Estocolmo usa um sistema de preços semelhante, no qual condutores são cobrados em valores diferentes, dependendo da hora do dia.[44] Bristol, no Reino Unido; Copenhague, na Dinamarca; Edimburgo, no Reino Unido; Gênova, na Itália; Gotemburgo, na Suécia; Helsinki, na Finlândia; Roma, na Itália; e Trondheim, na Noruega também têm estratégias integradas de preços.[45]

FIGURA 4.7

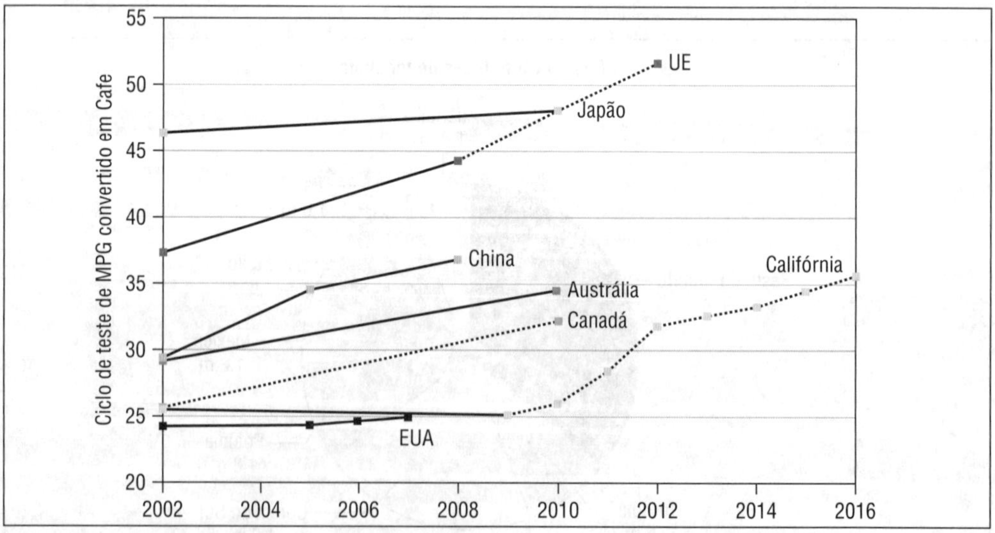

Comparação de economia de combustível (Cafe – *Corporate Average Fuel Economy*) e padrões de emissão de GEE.

Fonte: Pew Center on Global Climate Change. Disponível em: <http://www.pewclimate.org/docUploads/Fuel% 20Economy%20 and%20GHG%20Standards_010605_110719.pdf>. Acesso em: 26 fev. 2010.

TABELA 4.4[46] Economia de combustível e padrões GEE.

País/Região	Tipo	Medida	Estrutura	Método de teste[a]	Implantação
EUA	Combustível	mpg	Carros e caminhões leves	EUA Cafe	Obrigatória
União Europeia	CO_2	g/km	Frota total de veículos leves	UE NEDC	Voluntária
Japão	Combustível	km/L	Com base no peso	Japão 10-15	Obrigatória
China	Combustível	L/100-km	Com base no peso	UE NEDC	Obrigatória
Califórnia	GEE	g/milha	Carro/LDT1 e LDT2[b]	EUA Cafe	Obrigatória
Canadá	Combustível	L/100-km	Carros e caminhões leves	EUA Cafe	Voluntária
Austrália	Combustível	L/100-km	Frota total de veículos leves	UE NEDC	Voluntária
Taiwan, Coreia do Sul	Combustível	km/L	Tamanho do motor	EUA Cafe	Obrigatória

[a]Os métodos de teste incluem o U.S. Corporate Average Fuel Economy – Cafe, o New European Drive Cycle – NEDC e o Ciclo 10-15 do Japão.
[b]LDT1 e LDT2 são categorias de caminhões leves.
Fonte: Pew Center on Global Climate Change.

Sistemas de trânsito rápido de ônibus *Sistemas de trânsito rápido de ônibus* (BRT – *Bus Rapid Transit*) são sistemas permanentemente integrados de instalações, serviços e sistemas concebidos para melhorar a velocidade, confiabilidade e dar identidade ao trânsito de ônibus. Em muitos aspectos, o BRT oferece transporte metropolitano com pneus de borracha, maior flexibilidade operacional e, potencialmente, menor investimento e custos operacionais que os sistemas ferroviários. [47] Além disso, os BRTs podem ser implementados em um tempo muito menor que o necessário para a criação de sistemas ferroviários. Os BRTs modificam eficazmente o traslado, mas exigem investimentos em corredores de ônibus, estações, veículos, itinerários, serviços e cobrança de tarifa. Ele já foi implantado em todo o mundo. Na América do Norte, os melhores exemplos de BRT incluem: Boston, Pittsburgh, Miami, Los Angeles, San Fernando Valley, Las Vegas, Houston, Ottawa, Vancouver e York. BRTs bem-sucedidos já foram implementados também em Curitiba e São Paulo, no Brasil; em Quito, no Equador; León, no México; Bogotá, na Colômbia; Sidney, Adelaide e Brisbane, na Austrália; Paris, Nancy e Rouen, na França; e Amsterdã e Eindhoven, na Holanda.[48] O BRT oferece uma boa relação custo-benefício empregando operações de trânsito rápido tão velozmente quanto possível com a menor quantidade de recursos, além de preservar opções de expansão e modernização posteriores.

Imóveis e construção

Em todo o mundo, 30% a 40% de toda a energia é consumida em imóveis, e a maior parte desse consumo é utilizada em aquecimento, arrefecimento, iluminação e equipamentos durante a fase operacional.[49] Imóveis de baixa energia economizam dinheiro, ajudando o clima e a saúde humana.

A construção, manutenção e reforma de imóveis são gerenciadas por uma complexa rede de interessados. Nosso foco é sobre o papel que o governo desempenha na busca por imóveis sustentáveis. **Construção novas** representam uma oportunidade de usar tecnologia para desenvolver, instalar, manter os componentes que economizam energia e usar fontes de energia renováveis. Por exemplo, a cidade de Pune, na Índia, criou um programa de energia habitacional eficiente que incorpora a energia solar e eólica, reciclagem de sólidos e esgotos e materiais de construção. O programa traça diretrizes para a construção ecológica e desenvolve mecanismos de financiamento para habitações desse tipo. Além disso, certificados de habitação ecológica são emitidos, resultando na redução de impostos e promovendo o desenvolvimento de mais eco-habitações. Esse programa aumentou o interesse indiano em melhorar aspectos ambientais da construção.[50]

O Landskrona, na Suécia, é um novo projeto de apartamentos, outro exemplo de construção nova que reduz o consumo de energia. Esse programa do sul do país envolveu o desenvolvimento de 35 novos apartamentos para aluguel. Esses imóveis não utilizam aquecimento convencional (ou seja, não usam radiadores ou sistemas de aquecimento no piso), mas dependem de sistemas mecânicos de ventilação com recuperação de calor. Fornecem uma economia de 40 kWh a 70 kWh por metro quadrado por ano quando comparados com apartamentos convencionais.[51]

Construções antigas são mais uma oportunidade de aumentar a eficiência de combustível. Considere, por exemplo, as habitações multifamiliares construídas pelos soviéticos. Em 1996, a Lituânia embarcou em um esforço para reduzir o consumo de combustível associado a esses imóveis. As três prioridades principais desses programas são a garantia do uso eficiente da energia, a gestão sustentável e a modernização da habitação. O objetivo é renovar, até 2020, 70% dos imóveis construídos antes de 1993. A concretização desse objetivo resultará em uma economia de 55 milhões de euros e uma redução de 365,5 mil toneladas de emissões de carbono.[52]

Os cidadãos de Gårdsten, também na Suécia, estão engajados em esforços semelhantes para aumentar o desempenho energético dos imóveis existentes. Os apartamentos foram equipados com coletores solares pré-fabricados usados para aquecer a água dos apartamentos. Além disso, as paredes externas foram isoladas com um espaço de ar entre o isolamento e a parede. Essas alterações, juntamente com isolamento térmico, reduziram o consumo de energia em 30%.

Um dos benefícios dos esforços para melhorar a sustentabilidade no mundo em desenvolvimento é o potencial de créditos de carbono em economias maduras. Por exemplo, a Cidade do Cabo, na África do Sul, está adaptando 2,3 mil unidades habitacionais de famílias de baixa renda com melhorias tecnológicas, tais como iluminação eficiente e aquecedores solares de água.[53] A África do Sul se beneficia desse programa por meio da redução de emissões de GEE, melhoria da saúde e novas oportunidades de emprego. O projeto gerará 130 mil toneladas de créditos de carbono durante sua vida útil de 21 anos. As primeiras 10 mil toneladas foram vendidas para o Reino Unido.[54]

O mercado chinês representa uma oportunidade significativa para influenciar a sustentabilidade. Em nível nacional, o governo chinês está empenhado em investir 193 bilhões de dólares para tornar os imóveis mais eficientes até 2020. Uma parte importante dessa iniciativa é reduzir significativamente a dependência do país em carvão. Os edifícios governamentais estão dando o exemplo para a sustentabilidade. Os 600 milhões de metros quadrados de escritórios governamentais representam 6% da área total dos prédios públicos. A melhora de eficiência de combustível nessas construções economizará o equivalente a 18 milhões de toneladas de carvão. Serão necessários, entretanto, de 5 a 10 anos para mudar o comportamento social e melhorar a eficiência energética.[55] Em nível provincial, o interior da Mongólia e a província de Qinhai subsidiam as despesas para equipamentos solares domésticos. O programa fornecerá eletricidade para 23 milhões de pessoas na região, fazendo uso de recursos renováveis, tais como energia solar fotovoltaica e geração eólica.[56] Em nível local, Xangai criou um programa de certificação e rotulagem para habitações energeticamente eficientes. Os participantes desfrutam de políticas fiscais favoráveis e têm acesso a um financiamento especial para o apoio de imóveis energeticamente eficientes.

Eletrodomésticos

Com 29% do total, o setor doméstico representa o segundo maior contribuinte em gastos de energia do mundo. Uma primeira área de preocupação é o uso de eletrodomésticos. Consumidores estão utilizando mais eletrodomésticos atualmente, e muitos desses produtos utilizam mais energia que seus antecessores. Consequentemente, a demanda por energia para eletrodomésticos é a parte que mais cresce no setor doméstico, com um aumento de 57% no consumo desde 2005. Eletrodomésticos ultrapassaram o aquecimento de água como a segunda categoria que mais consome energia ao final de 1990, e agora representam 21% do consumo total de energia doméstica.[57] Grandes eletrodomésticos incluem geladeiras, freezers, máquinas de lavar roupa e lavar louça e televisões. Desde 1990, a parcela da energia total utilizada por todos esses aparelhos, exceto os televisores, diminuiu nas economias maduras. O consumo médio de energia por unidade diminuiu, embora os refrigeradores e congeladores tenham se tornado maiores. Ganhos de eficiência energética em televisões têm sido superados pela tendência do consumidor em adquirir telas maiores, consequentemente consumindo mais energia. O consumo total de energia na União Europeia caiu para geladeiras e máquinas de lavar. Para outros eletrodomésticos, a maior eficiência tem sido mais que balanceada por maiores níveis de compra e uso.[58]

A ONU trabalha em parceria com o *Collaborative Labeling and Appliance Standard Program* (Clasp) para reduzir o consumo de energia associado ao uso de eletrodomésticos. Fundada em 1999, nos EUA, a Clasp tornou-se uma corporação global sem fins lucrativos em 2005. É administrada por nove diretores de seis países, em quatro continentes. Trabalhando em conjunto com funcionários do governo responsáveis pelas normas e rotulagem, a Clasp auxilia no desenvolvimento da capacidade de teste para um produto e na análise e definição de normas. A Clasp também projeta e implementa programas de rotulagem, juntamente com programas de comunicação destinados a informar os consumidores sobre o uso da energia nos produtos (Figura 4.8).

A Clasp também oferece supervisão e avaliação para garantir a integridade das normas. Por exemplo, as máquinas de lavar roupa vendidas nos EUA devem respeitar normas de fornecimento de energia, pressão da água, configurações de agitação e velocidade, entre outros padrões. Por meio da coordenação do desenvolvimento dessas normas com a Clasp, os EUA têm a capacidade de comparar a eficiência do produto com aqueles em operação em outros países. A lei dos EUA exige também que os novos aparelhos exibam um rótulo que ajuda os consumidores a comparar a eficiência energética entre produtos similares. Em 1980, a Comissão Federal de Comércio começou a exigir que os rótulos *EnergyGuide* fossem colocados em todos os novos aparelhos. Esses rótulos indicam uma taxa de uso de energia entre os modelos de uma classe de produtos e fornecem estimativas do custo anual de seu funcionamento.

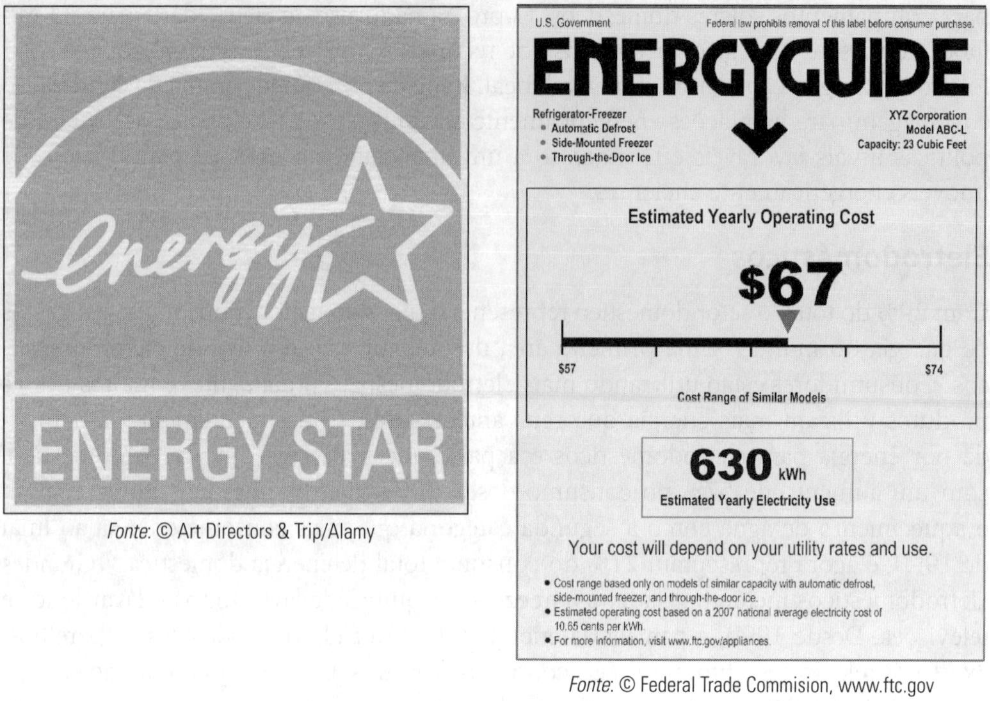

Fonte: © Art Directors & Trip/Alamy

Fonte: © Federal Trade Commision, www.ftc.gov

FIGURA 4.8

Rótulos Energy Star e EnergyGuide.

Além das etiquetas EnergyGuide, um subconjunto de produtos em uma categoria pode ter o rótulo **Energy Star**. Esse rótulo, originalmente desenvolvido nos EUA para o setor de informática, é agora aplicado em 50 grupos de produtos vendidos nos EUA, Canadá, Japão, Austrália, Taiwan, União Europeia e na Associação Europeia de Livre Comércio. O rótulo indica que o produto é um dos mais eficientes na classe. A porcentagem de produtos que ganham o rótulo Energy Star varia por classe de produto. Aparelhos classificados com esse rótulo no grupo das máquinas de lavar são aqueles que usam entre 10% e 50% menos energia e água que modelos-padrão.[59] Em comparação, televisores vendidos nos EUA que têm o rótulo de Energy Star usam 30% menos energia que unidades-padrão.[60]

A utilização de padrões para facilitar a comparação de produtos oferece muitas vantagens. Nos últimos 10 anos, a Clasp ajudou com a implementação de 21 novos padrões mínimos de rendimento energético, rótulos de endosso de eficiência energética e rótulos de informações de energia que economizarão 250 mil toneladas de dióxido de carbono até 2014.[61] Países participantes se beneficiarão do reforço da capacidade institucional para implementar as normas e programas de rotulagem, o aumento da produção de produtos energeticamente eficientes por parte dos fabricantes e o aumento da eficiência energética média de aparelhos. Além disso, esses padrões produzem reduções significativas no consumo de eletricidade, bem como redução das emissões de GEEs relacionados à energia.[62]

C Ação ambiental projetada para reduzir a influência humana na atmosfera

A poluição do ar

A ação internacional com foco no controle da poluição do ar está implementada em uma base regional na Europa, América do Norte e Ásia. Em 1947, a ONU estabeleceu a Comissão Econômica das Nações Unidas para a Europa (Unece) como uma de cinco comissões regionais. A Unece estabelece normas para facilitar a cooperação internacional dentro e fora da região.[63] Desde 1979, esse grupo tem desenvolvido a Convenção sobre Poluição Atmosférica de Longo Alcance Transfronteiriça. Esse tratado foi prorrogado por oito protocolos de identificação de medidas específicas a serem tomadas pelas partes para reduzir a poluição do ar. Segue um breve resumo desses protocolos:

1. *O Protocolo de Genebra, de 1984, sobre o financiamento de longo prazo do Programa de Cooperação para Acompanhamento e Avaliação do Transporte de Longo Prazo de Poluentes do Ar na Europa.* Este protocolo prevê um compartilhamento internacional do custo de programas de monitoramento. O protocolo pede a coleta de dados de emissão para SO_2, NO_x, VOCs e outros poluentes do ar; medição da qualidade da precipitação e do ar; e modelagem de dispersão atmosférica. Cerca de cem estações de monitoramento em 24 países participam do programa.[64]
2. *O Protocolo de Helsinki, de 1985, sobre as reduções de emissões de enxofre.* Este protocolo propôs a redução de enxofre em pelo menos 30% sobre os níveis de 1980. Os 21 participantes desse protocolo reduziram em mais de 50% suas emissões de enxofre de 1980 até 1993.[65]
3. *O Protocolo de Sófia, de 1988, relativo ao controle de emissões de óxidos de nitrogênio.* Este protocolo busca a redução na emissão de NO_x em 9% comparado a 1987. Dezenove dos 25 participantes desse protocolo atingiram a meta de emissões em 1987 (ou 1978 para os EUA) com a redução nos níveis de emissões.[66]
4. *O Protocolo de Genebra, de 1991, relativo ao controle das emissões de compostos orgânicos voláteis.* Esta diretiva visa uma redução de 30% nas emissões de VOCs até 1999, utilizando um ano entre 1984 e 1990 como base.[67]
5. *O Protocolo de Oslo, de 1994, sobre uma nova redução das emissões de enxofre.* Este protocolo amplia a diretiva de 1985 de Helsinki ao adicionar critérios que levam a uma diferenciação nas obrigações de redução de emissão das partes do protocolo.[68]
6. *O Protocolo de Aarhus, de 1998, sobre poluentes orgânicos persistentes (POPs).* O objetivo deste protocolo é eliminar as descargas de poluentes orgânicos persistentes. Ele proíbe a produção e utilização de alguns produtos em definitivo (por exemplo, o clordano), limita o uso de POPs e faz um cronograma para sua eliminação em uma fase posterior (por exemplo, DDT).[69]
7. *O Protocolo de Aarhus, de 1998, sobre metais pesados.* Este protocolo requer a redução das emissões de cádmio, chumbo e mercúrio, para níveis abaixo dos de 1990. Exige também que as partes participantes eliminem de forma progressiva o chumbo na gasolina.[70]
8. *O Protocolo de Gotemburgo, de 1999, para a redução da acidificação, eutrofização e ozônio troposférico.* Este protocolo estabelece limites para enxofre, NO_x, VOCs, e amônia.

Quando o protocolo estiver totalmente implementado, as emissões europeias de enxofre serão reduzidas em pelo menos 63%; as emissões de NO_x, em 41%; as emissões de VOC, em 40%; e as emissões de amônia, em 17%, em comparação com 1990.[71]

Estes protocolos determinam padrões de poluição adotados por países fora da Europa. O Canadá e os EUA participaram de vários desses protocolos. Ambos os países ratificaram o Protocolo de Genebra, de 1984; o Protocolo de Sófia, de 1988; e o Protocolo de Aarhus (metais pesados), de 1998. O Canadá também ratificou o Protocolo de Helsinki, de 1985, enquanto os EUA ratificaram o Protocolo de Gotemburgo, de 1999.

Além da ratificação desses protocolos, os EUA vêm trabalhando para melhorar a qualidade do ar desde a promulgação da Lei do Ar Limpo (Clean Air Act), de 1970. A EPA norte-americana estabelece padrões nacionais de qualidade do ar para os poluentes mais comuns (monóxido de carbono, ozônio, chumbo, dióxido de nitrogênio, matéria particulada e dióxido de enxofre). Como resultado, as emissões de cada um desses seis poluentes caíram mais de 32% desde 1990.[72] O Clean Air Act exige que a EPA norte-americana emita uma série de regras para reduzir a poluição dos automóveis. As emissões dos automóveis novos adquiridos hoje são mais de 90% mais limpas que dos veículos novos adquiridos em 1970.[73]

Em 1990, um novo Clean Air Act introduziu uma abordagem nacional para a redução de chuva ácida. A lei foi concebida para reduzir a chuva ácida e melhorar a saúde pública por meio da redução das emissões de dióxido de enxofre e óxidos de nitrogênio. O programa estabelece um limite permanente sobre a quantidade total de dióxido de enxofre emitido por usinas de energia elétrica em todo o país. Em 2005, as reduções de emissões eram de 41% abaixo dos níveis de 1980.[74]

Países da Ásia também adotaram políticas para limitar a poluição do ar. A Associação do Sudeste Asiático (Asean) aprovou o Fundo de Haze, concebido para coordenar a resposta aos incêndios florestais e a fumaça e a neblina resultantes.[75] Na China, um país com enorme necessidade de reduzir sua poluição, a legislação ambiental é subdesenvolvida e negligenciada.[76] No entanto, durante o Plano Quinquenal atual (2006-2010), a China investirá 1.375 bilhões de iuans (169,5 bilhões de dólares) em proteção ambiental. Parcelas significativas desses fundos deverão solucionar a poluição do ar e a falta de água.[77]

Ozônio

A ONU e seus países filiados têm tomado medidas para reduzir a destruição do ozônio por mais de 20 anos. Em 1987, a organização desenvolveu o Protocolo de Montreal.[78] Essa diretiva e outras normas proibindo substâncias destruidoras de ozônio têm revertido a tendência negativa na destruição do ozônio. Os CFCs, anteriormente utilizados em refrigerantes, espumas sopradas e solventes, foram temporariamente substituídos por hidrofluorcarbonos (HFC). Embora os HFCs também contribuam para a destruição do ozônio, sua influência é substancialmente mais baixa (8,898% menos destruidor do ozônio) que a dos CFCs. As diretrizes da ONU, no entanto, exigem a eliminação em longo prazo desses produtos químicos. Apesar de não destruírem o ozônio, esses produtos químicos contribuem para o aquecimento global. Dois halogênios com base no brometo, halon-1211 e halon-1301, representam uma parcela substancial de bromo de todos os gases de origem (veja a Figura 3.8). Apesar da eliminação da produção em países desenvolvidos em 1994, as emissões desses gases continuarão altas no século XXI, em razão de sua longa vida e emissões contínuas.[79]

Embora as emissões de base de brometo continuem sendo problemáticas, há evidências de que o Protocolo de Montreal está funcionando. As concentrações de halogênios chegaram ao pico na baixa atmosfera em 1995, e na estratosfera, em 2001.[80] Pesquisas recentes mostram evidências de uma diminuição da carga atmosférica de substâncias destruidoras de ozônio na baixa atmosfera. Há também evidência de alguns sinais precoces da esperada recuperação do ozônio estratosférico.[81] Dado que os gases que destroem o ozônio duram entre 40 a 100 anos na atmosfera, a recuperação total não é esperada antes de 2070. No entanto, se o Protocolo de Montreal deixar de ser cumprido, poderá ocasionar atrasos ou até mesmo impedir a recuperação da camada de ozônio.[82]

D Ação ambiental projetada para reduzir a influência humana sobre a água

O consumo influencia simultaneamente vários fatores associados à água. Examinaremos três aspectos relacionados à água, os quais incluem o acesso à água potável, as impurezas da água, os oceanos e a pesca como corpos d'água.

Acesso à água potável

Esforços para aumentar a acessibilidade à água doce estão em andamento em várias partes do mundo, mas um sexto da população mundial ainda não tem acesso a água limpa.[83] A falta de disponibilidade de água doce é um problema cada vez mais significativo em todo o mundo, e no momento é mais acentuada na Ásia e na África.

Durante a última década, a Ásia tem testemunhado o progresso global na disponibilidade de água potável (ver Figura 4.9). No entanto, 655 milhões de pessoas na região ainda não têm acesso à água potável. Os estados do sul do Pacífico não apresentaram nenhum progresso, e as condições nos países da Ásia Central, na verdade, até pioraram. Em muitas metrópoles, até 70% dos cidadãos vivem em favelas e geralmente não têm acesso à água tratada e ao saneamento básico.

No nordeste da Ásia, a China está desenvolvendo a barragem de Three Gorges. Essa represa oferece uma série de benefícios ambientais, mas também desafia a biodiversidade. Ela proporciona o potencial de água potável mais limpa e reduz a dependência no carvão (com seus poluentes inerentes) para energia. Além disso, a China gastou 40 bilhões de iuanes (5 bilhões de dólares) entre 2001 e 2010 em 150 estações de tratamento de esgoto e em 170 centros urbanos de lixo. Esse investimento visava evitar a poluição da água na represa de Three Gorges e no rio Yangtze.

Infelizmente, o progresso em direção à maior disponibilidade de água potável na África tem sido modesta. Embora tenha havido algum sucesso, tal como os sistemas compartilhados de curso de água na Comunidade de Desenvolvimento Sul-Africano (SADC), colaboradores em muitos países trabalham em condições muito difíceis com o mínimo de recursos à sua disposição. Essas limitações de recursos se devem às más condições econômicas, bem como aos menores orçamentos alocados para a água. Os departamentos de governo estão subequipados e o número de profissionais empregados no setor de água e saneamento no serviço público é inadequado.[84]

FIGURA 4.9

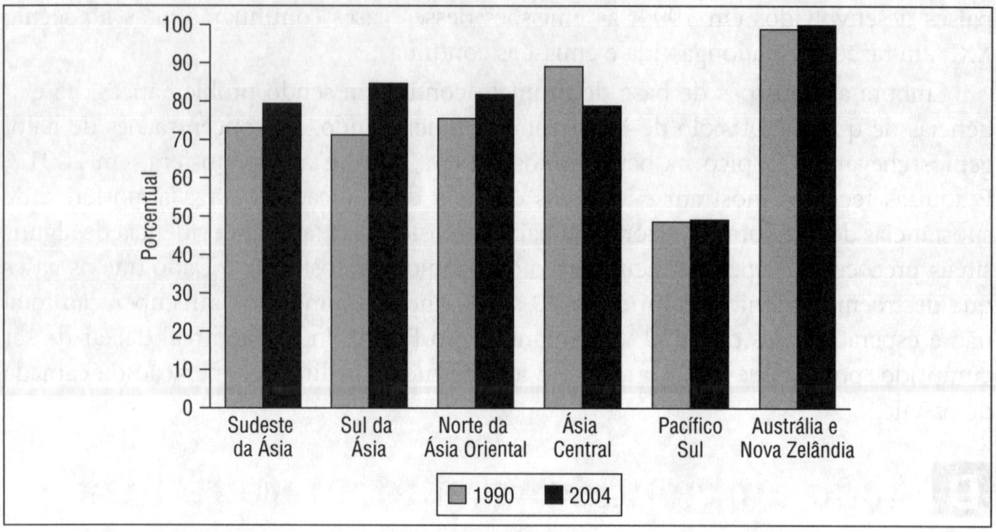

Acesso à água potável segura por porcentual da população total.

Fonte: Programa das Nações Unidas, Global Environment Outlook GEO4. Valletta, Malta: Programa Ambiental das Nações Unidas, 2007. p. 572.

Embora hajam esforços contínuos em todos os continentes para melhorar a qualidade da água potável, é necessário mais trabalho para garantir água potável adequada. Se medidas adequadas não forem tomadas, a ciência ambiental prevê que a maioria da população mundial viverá em condições muito baixas de disponibilidade de água em 2025.[85] A ciência ressalta a necessidade de uma drástica diminuição no consumo de água, especialmente no uso para terra irrigada e para indústria. Além disso, pesquisadores ambientais pedem a redução das descargas de águas residuais na rede de abastecimento, a regulamentação do escoamento de rios em longo prazo e a redistribuição dos recursos hídricos através dos territórios.[86]

Impurezas da água

Enquanto a seção anterior analisou o nível geral de disponibilidade de água doce, esta aborda os procedimentos utilizados para reduzir as impurezas específicas no abastecimento de água. A **Organização Mundial da Saúde (OMS)** estabeleceu diretrizes destinadas a reduzir as impurezas no fornecimento de água, as quais oferecem metas com base na saúde aplicadas pelas autoridades nacionais de recursos hídricos. As orientações indicam, geralmente, níveis aceitáveis de contaminantes químicos e biológicos (antrópicos) de água para os fornecedores. Por exemplo, a OMS reconhece que o manganês no abastecimento de água provoca um sabor indesejável nas bebidas e mancha roupas no processo de lavagem. Por conseguinte, as orientações indicam um máximo de 0,4 mg/litro no fornecimento de água. As orientações da OMS também oferecem informações básicas sobre os aspectos químicos, microbiológicos e radiológicos dos contaminantes. Além disso, as diretrizes com base na saúde indicam procedimentos para monitorar as medidas de controle de segurança para água potável, bem como sistemas de vigilância independentes para garantir que o abastecimento de água se mantenha saudável.

Embora a OMS forneça as orientações, a determinação da qualidade da água é administrada de maneira nacional e regional. A qualidade da água potável é uma preocupação crescente em todas as regiões. Por exemplo, a União Europeia introduziu a Water Framework Directive em 2000, com o objetivo de que todas as fontes de água atinjam um bom estado ecológico até 2015. Embora existam muitos acordos internacionais europeus, há um declínio significativo no nível de monitoramento da qualidade da água em partes da Europa Central e Oriental durante a última década.[87] Os EUA tiveram mais de 250 surtos de doenças e quase 500 mil casos de doenças originadas da água no período entre 1985 e 2000. Por conseguinte, a Lei da Água Potável Segura (Safe Drinking Water Act) foi modificada em várias ocasiões para reduzir a exposição a contaminantes microbianos e desinfetantes. Além disso, novos padrões foram desenvolvidos para eliminar a exposição a metais como o arsênico.[88]

Os contaminantes continuam a ser problemáticos na Ásia, apesar dos múltiplos esforços para melhorar a qualidade da água. Tentativas de mudanças no setor de água e saneamento têm sido feitas no sul e sudeste da Ásia, incluindo o subsídio em grande escala de água para os pobres. Por exemplo, Laos está desenvolvendo uma infraestrutura para garantir maior acesso à água potável e saneamento, especialmente para a população rural. Da mesma forma, Cingapura está reciclando águas residuais e utilizando novas tecnologias de filtragem para fazer que a água atinja padrões aceitáveis de potabilidade.[89]

Na África, instalações apropriadas para água e esgoto foram estendidas a muito mais pessoas durante a última década, mas há uma forte necessidade de aumentar o acesso à água potável e à sanitarização.[90] A África do Sul aprovou a Lei Nacional da Água, destinada a proteger os ecossistemas e melhorar a qualidade da água.[91] No entanto, maior regulamentação é necessária para garantir que os cidadãos tenham acesso à água potável e ao saneamento. Entre os países com dados disponíveis, quase a metade tinha menos de 50% de cobertura de saneamento. Dez países (Angola, Burkina Fasso, Chade, Congo, Eritreia, Etiópia, Madagáscar, Mauritânia, Ruanda e Serra Leoa) têm menos de 50% de disponibilidade de água potável e saneamento adequado.

Oceanos e pesca

A gestão internacional dos oceanos é coordenada por meio da Convenção das Nações Unidas sobre o Direito do Mar. Essa lei define os direitos e obrigações dos países e ainda oferece a base internacional para a proteção e o desenvolvimento sustentável do meio ambiente marinho e costeiro. A convenção entrou em vigor em 1994 e foi ratificada por 135 nações. Nos últimos dez anos, um progresso substancial tem sido notado em direção a uma abordagem integrada da gestão costeira. Cada vez mais, as nações estão identificando os requisitos para tal gestão. Normas elaboradas pela ONU e pelo Banco Mundial fornecem orientação para o desenvolvimento desses regulamentos. O Programa de Ação Global (GPA) para a Proteção do Ambiente Marinho de Atividades com Base na Terra, de 1995, fornece um incentivo adicional para desenvolver métodos para a prevenção da degradação do meio ambiente marinho. O GPA fornece orientações conceituais e práticas para as autoridades nacionais de água e facilita a cooperação entre nações.[92]

Embora o nível de cooperação entre as nações tenha aumentado, as estimativas indicam que pelo menos 60% da pesca mundial são superexploradas ou vítima de sobrepesca. A Organização para a Agricultura e a Alimentação (FAO – Food and Agriculture Organization) do Código de Conduta para a Pesca Responsável da ONU influenciou muitos países a modificarem suas leis de pesca. Essa organização da ONU criou o Código de Conduta para a Pesca Responsável em 1995, o qual é a base para a promoção da pesca sustentável e da aquicultura. A FAO também traçou planos de ação internacional para melhorar a gestão dos tubarões e para controlar a pesca. Apesar dessas regulamentações, a pesca ilegal não regulamentada e não declarada continua sendo um problema grave que afeta a pesca mundial.

E Ação ambiental projetada para reduzir a influência humana sobre a terra

Expansão urbana

O ano de 2007 foi o primeiro em que a população nos centros urbanos ultrapassou a população rural.[93] A expansão urbana é um problema em todos os continentes, mas há vários níveis de resposta a essa questão. Curiosamente, na América Latina, os países com os menores porcentuais de população urbana estão testemunhando as mais rápidas taxas de urbanização. As taxas de crescimento urbano no Paraguai, Chile e Bolívia são agora mais rápidas que na Argentina, Equador e Chile.[94] A África é a região habitada menos urbanizada, mas tem a maior taxa mundial de urbanização.

A urbanização crescente é um problema em todos os continentes, mas a motivação principal para a mudança está nas economias maduras. A EPA subsidia o **Smart Growth Network** (Rede de Crescimento Inteligente), uma organização focada na melhoria da qualidade das condições de vida nas cidades. *Crescimento inteligente* se refere ao conjunto de opções políticas que relacionam a reformulação do crescimento urbano com prioridade no transporte.[95] Essa rede busca a melhoria do estilo de vida urbano, promovendo uma série de oportunidades de moradia e vizinhanças transitáveis, estimula a colaboração da população e das partes interessadas e promove comunidades atraentes que tomam decisões de desenvolvimento justas. Além disso, busca oferecer alternativas de transporte dentro das cidades e promove a preservação dos espaços abertos, campos agrícolas e da beleza natural.

Em contraste com a expansão urbana que acompanha as rodovias, o crescimento inteligente se baseia no desenvolvimento urbano compacto e na revitalização das áreas mais antigas das cidades, em conjunto com a renovação do sistema de transporte público. Evidências recentes indicam que a adoção de princípios e orientações do crescimento inteligente está trazendo benefícios para as cidades. Pesquisas realizadas em 44 cidades ao redor do mundo (12 nos EUA e na Europa, 6 no Canadá e Austrália e 8 na Ásia) indicam que o crescimento inteligente está se tornando uma tendência internacional. Distritos urbanos estão começando a inverter a tendência de dispersão, e a densidade da população está aumentando ou já parou em muitas cidades. As prefeituras e os cidadãos mobilizados estão revitalizando as zonas mais antigas em vez de construir na periferia urbana.

A degradação da terra

A degradação da terra está relacionada a diversos outros aspectos do meio ambiente, especialmente à qualidade da água e da biodiversidade. Um dos principais problemas da degradação da terra é o movimento internacional de materiais perigosos. A *Convenção de Basileia sobre o Controle do Movimento Transfronteiriço de Resíduos Perigosos e sua Eliminação* foi adotada em 1989 e entrou em vigor em 1992. Essa convenção foi criada para evitar o despejo de resíduos perigosos por motivação econômica dos países mais ricos para os mais pobres. A *Emenda sobre a Banição de Basileia (Basel Ban Amendment)*, adotada em 1995, proíbe toda exportação de resíduos perigosos da OECD, União Europeia e Liechtenstein a todas as outras partes da convenção. Os EUA são o único país da OECD que não ratificaram a Convenção de Basileia ou a Basel Ban Amendment. China, Índia, Myanmar e Paquistão se tornaram o lar de mais de 90% dos 20 a 50 milhões de toneladas de lixo eletrônico produzidas por ano.[96] A exportação de lixo eletrônico para esses países é uma violação da Convenção de Basileia e da Basel Ban Amendment. Em outras partes da Ásia, Japão e Coreia do Sul estão reduzindo a geração de resíduos por meio da redução do uso de recursos naturais na produção e do consumo mais sustentável.

O programa de Nova Parceria para o Desenvolvimento Africano (Nepad) aborda a erosão do solo, salinização, declínio da fertilidade, compactação do solo e poluição no continente. Por meio de uma rede de organizações regionais, a Nepad promove a utilização sustentável do solo, o uso racional de pastagens, agricultura sustentável e gestão integrada dos recursos naturais.[97] Problemas semelhantes afligem o oeste da Ásia, onde sistemas de irrigação mal gerenciados estão associados a níveis mais elevados de salinidade. Embora haja esforços para melhorar as terras degradadas, a maior parte desta ação está focada em 16% da massa de terra localizada na Península Arábica e em Mashriq.

Na União Europeia, a redução nos níveis de produção industrial e intensidade agrícola limita a extensão da degradação da terra. No entanto, a Europa Oriental enfrenta ameaças em razão do acúmulo de materiais perigosos da era soviética. Esses materiais incluem os resíduos radioativos, resíduos militares, de mineração e pesticidas obsoletos (contendo poluentes orgânicos persistentes). Como não há fundos para dispor desse material, o meio ambiente permanece em risco.

Desmatamento e desertificação

Reconhecendo as preocupações mundiais sobre o desmatamento, a ONU tem desenvolvido alguns instrumentos não obrigatórios para a gestão das florestas. Ela apela pela reversão na perda de cobertura florestal em todo o mundo, pelo desenvolvimento florestal sustentável e pela valorização da floresta com base em benefícios econômicos, sociais e ambientais. Além disso, clama pelo aumento das áreas de florestas protegidas, bem como aumentos no financiamento da gestão sustentável de florestas.[98] Apesar dessa iniciativa, questões sub-regionais continuam limitando a quantidade de florestamento. Por exemplo, a União Europeia adotou uma estratégia de sustentabilidade para a gestão florestal; o Leste Europeu continua tentando limitar a exploração ilegal de madeira, bem como os incêndios florestais induzidos pelo homem. O desmatamento é galopante no Oriente Médio, porém o equilíbrio dessa atividade com o reflorestamento em outras áreas não resultou em mudanças importantes no nível de arborização nos últimos 15 anos.

Os esforços para conter a desertificação reconhecem que o aumento da frequência e da gravidade das secas (por causa das alterações climáticas) provavelmente irão agravá-la. Consequentemente, a Convenção das Nações Unidas para Combate à Desertificação oferece uma plataforma para a diminuição desse problema. Essa convenção define o financiamento, as informações e a tecnologia necessárias para reduzir a desertificação, e também descreve os programas de ação nacionais.[99]

A implantação dos esforços da ONU para combater a desertificação ocorre em nível regional, com maior atenção centrada na África, Ásia, na região Norte do Mediterrâneo,

Europa Central e Oriental, América Latina e no Caribe. Dado que dois terços da África são desertos ou áreas secas, seu plano de implementação é o mais detalhado de todas as regiões. O plano prevê a adoção em nível nacional de medidas jurídicas, políticas, econômicas, financeiras e sociais para reduzir a desertificação.[100]

A Ásia enfrenta problemas semelhantes pelo alto porcentual de terras que são desertos. Cerca de 27% da China está desertificada, e cerca de 400 milhões de pessoas vivem nessas áreas. A China respondeu a essa ameaça ambiental aprovando leis e elaborando um plano nacional para diminuir a desertificação. No Norte do Mediterrâneo, a degradação do solo é frequentemente associada às más práticas agrícolas. Assim, a Espanha, Grécia, Itália, Portugal e Turquia estão lançando um programa sub-regional de cooperação científica e intercâmbio de informações e documentação, além da organização de cursos de formação regional. Da mesma forma, os países da Europa Central e Oriental estão coordenando esforços na pesquisa científica, gestão de dados, troca de informações, treinamento, amenização da seca e preparação para desastres. O plano regional latino-americano expõe a necessidade de reduzir as práticas insustentáveis como a irrigação excessiva; práticas agrícolas impróprias; questões jurídicas inadequadas; uso inadequado do solo, de fertilizantes e de pesticidas; sobrepastoreio; e a exploração intensiva das florestas.

F Ação ambiental projetada para reduzir a influência humana sobre a biodiversidade

Biodiversidade se refere à diversidade entre as espécies dos reinos vegetal e animal. Em 1992, os membros da ONU assinaram a *Convenção sobre Diversidade Biológica*. Esse documento buscou conservar a biodiversidade, promover o uso sustentável dos componentes da biodiversidade e partilhar os benefícios da utilização dos recursos genéticos de uma forma justa. A convenção oferece orientação com base no princípio da precaução que, onde haja uma ameaça de redução ou perda da diversidade biológica, a falta de certeza científica absoluta não deve ser utilizada como razão para postergar medidas para evitar ou minimizar essa ameaça. A convenção reconhece que são necessários investimentos substanciais para conservar a diversidade biológica. Avaliações atuais do progresso da convenção indicam fortes aumentos na cobertura de áreas protegidas de várias espécies. A abundância de espécies e seus respectivos hábitats respeitados, no entanto, está diminuindo. Além disso, espécies ameaçadas enfrentam riscos maiores que em épocas anteriores.

A Convenção sobre a Biodiversidade fornece diretrizes para implementação em nível regional ou nacional. Devido, em parte, a seu rápido desenvolvimento, a região Ásia-Pacífico promoveu uma enorme pressão sobre os ecossistemas ao longo das últimas duas décadas. Os países asiáticos participam da proteção dos ecossistemas costeiros por afiliação com um dos quatro Planos de Ação Regional do Mar: Leste da Ásia, Noroeste do Pacífico, Sul da Ásia e o Pacífico. Apesar dessa filiação, a Ásia Oriental e o Sul da Ásia descarregam mais de 85% de seu esgoto diretamente no mar. No Pacífico Sul, as comunidades locais estão colaborando por meio de áreas marinhas gerenciadas localmente, destinadas a proteger as áreas costeiras.

As iniciativas da União Europeia para deter a perda de biodiversidade são mais rigorosas que as estabelecidas pela convenção da ONU. A Rede Ecológica Pan-Europeia (Peen) promove ações de cooperação em toda a Europa, contribuindo para a expansão do processo internacional de desenvolvimento de um componente estratégico mais forte para a conservação da natureza na Europa.[101] A Comissão da União Europeia sobre a Estratégia Europeia de Biodiversidade visa antecipar, prevenir e atacar as causas da redução ou perda da biodiversidade na fonte. Está centrada na reversão da atual tendência de redução ou perda de diversidade. Também oferece um centro que facilita o acesso do público a informações relevantes para a biodiversidade.[102]

A proteção da biodiversidade também é uma preocupação vital na América Latina. Nos últimos 15 anos, a quantidade de áreas marinhas e terrestres protegidas quase dobrou.

O Corredor Biológico Mesoamericano é um projeto de quase dez anos, concebido para apoiar a biodiversidade no México, Belize, Guatemala, Honduras, Nicarágua, Costa Rica e Panamá.[103] Da mesma forma, um programa projetado para conservar a Floresta Amazônica brasileira é uma ação de uma empresa brasileira em conjunto com a comunidade internacional, visando encontrar formas de conservar as florestas tropicais da Amazônia e da costa atlântica brasileira.[104]

Embora algum progresso tenha sido feito em relação às metas de biodiversidade, a ONU reconhece que muito trabalho ainda é necessário para se obter uma redução significativa da taxa atual de perda de biodiversidade. Para diminuir a perda de biodiversidade, é fundamental melhorar a eficiência agrícola e planejar sua expansão. Além disso, a demanda por carne pelos setores mais abastados da sociedade deve ser reduzida e a sobrepesca deve ser eliminada. A biodiversidade deve ser integrada com as decisões de liberalização comercial e deve ser parte integrante de estratégias de redução da pobreza. Finalmente, órgãos reguladores deveriam reconhecer que a biodiversidade será mais bem protegida por meio de ações justificadas por seus méritos econômicos.[105]

G O papel dos esforços de conservação de energia para reduzir as alterações climáticas e a poluição

A conservação de energia se refere ao esforço para diminuir a quantidade de recursos utilizados no consumo. Os esforços de conservação são um complemento ao Protocolo de Kyoto. O **uso eficiente** examina a extensão em que as organizações e os indivíduos se comprometem com iniciativas para a **redução, reutilização** ou **reciclagem** de recursos. Embora essa estratégia seja frequentemente associada à redução da poluição, o uso eficiente de energia também tem importantes implicações para a mudança climática. Uma vez que um montante substancial de recursos é utilizado para refinar e processar materiais consumidos por indivíduos, empresas e outras organizações, a diminuição na quantidade de material empregado reduz a necessidade de emissão dos gases do efeito estufa. Por exemplo, o uso de automóveis híbridos reduz a necessidade de combustíveis fósseis em 30% a 60%.[106]

A reutilização de material também diminui a utilização de energia porque há necessidade limitada de tratamento de materiais que são reutilizados. Por exemplo, a Xerox desenvolveu um programa, em 1995, que utilizou componentes de copiadoras alugadas como peças de alta qualidade e baixo custo para máquinas novas. Essa estratégia permite que a Xerox forneça aos clientes de locação as últimas tecnologias e ao mesmo tempo reduza seus custos de produção.[107] Da mesma forma, materiais reciclados obtêm vantagens econômicas sobre os novos materiais, na medida em que os custos de processamento de materiais recicláveis são inferiores aos custos para novos recursos. Por exemplo, o excesso de alumínio da unidade da Ford em Chicago é reciclado pela Alcan. Esse processo requer 5% da energia utilizada para produzir o alumínio primário, reduzindo as emissões de GEE em 95%.[108]

A maioria dos países desenvolvidos promove a reciclagem. Por exemplo, a Figura 4.10 apresenta as fontes de materiais descartados nos EUA em 2007. A quantidade de Resíduos Sólidos Urbanos (RSU) recuperados em 2007 foi de 33% (85 milhões de toneladas) do total de resíduos sólidos urbanos gerados. Os recicladores norte-americanos cada vez mais enviam seus materiais para compradores estrangeiros. China, Índia e outras economias asiáticas estão impulsionando o mercado de papel, metais e plásticos reciclados a preços quase recorde. Além disso, oferecem uma saída necessária para outras mercadorias, tais como papel jornal.[109]

Apesar dos esforços para reduzir-reutilizar-reciclar serem promovidos em várias nações, inúmeras questões limitam a viabilidade desses programas. As análises econômicas da reciclagem doméstica indicam que ela geralmente não é autossuficiente. Pesquisas mostram que os custos típicos de processamento de materiais recuperados excedem as receitas geradas a partir dos bens recuperados.[110] Segundo a pesquisa, equipamentos eletrônicos e computadores contendo mercúrio, chumbo, cromo, cádmio e outros materiais tóxicos são um problema crescente para os aterros. Esses produtos também podem conter vidro, cobre, prata e ouro, que constituem motivo de preocupação para para seu descarte quando o produto não é mais útil. Nos EUA, apenas 10% das 2,5 milhões de toneladas de lixo eletrônico é reciclado, mas 70% dos metais pesados presentes nos aterros sanitários são originários dessa fonte.[111]

Os esforços de conservação internacional utilizam legislação para controlar os componentes que entram nos produtos, assim como a responsabilidade dos produtores sob

FIGURA 4.10

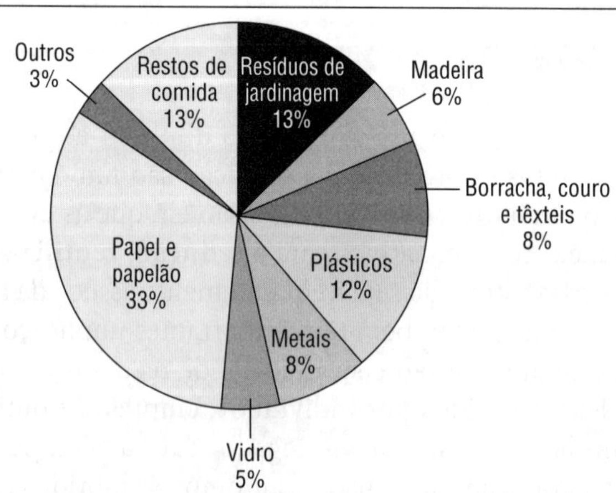

Taxas norte-americanas de reciclagem por porcentual da reciclagem de resíduos sólidos municipais em 2007.

Fonte: United States Environmental Protection Agency (2008), Municipal Solid Waste in the United States: 2007 Facts and Figures, p. 6. Disponível em: <http://www.epa.gov/osw/nonhaz/municipal/pubs/msw07-rpt.pdf>. Acesso em: 1º mar. 2010.

um produto além de sua vida útil. Em 2003, a União Europeia também adotou uma Diretriz sobre a Restrição de Substâncias Perigosas (RoHS – Directive on Restriction of Hazardous Substances) em Equipamentos Elétricos e Eletrônicos. Essa política proíbe a utilização de chumbo, mercúrio, cádmio, cromo hexavalente e retardadores de chama e bromados usados em plásticos. A China também adotou normas que proíbem as mesmas seis substâncias, a partir de 2006, garantindo assim que os produtos chineses atendam aos requisitos da União Europeia.[112] Juntas, essas ações reduzem a quantidade de materiais perigosos descartada em aterros sanitários. A legislação também está sendo estabelecida para exigir a reciclagem no fim da vida útil dos computadores e eletrodomésticos.[113] Em 2003, a União Europeia adotou a Diretriz de Resíduos de Equipamentos Elétricos e Eletrônicos (WEEE – Waste Electrical and Electronic Equipment), que obriga os produtores a assumirem a responsabilidade de recuperação e reciclagem de resíduos eletrônicos, sem custos para os consumidores. Essa diretriz não só promove a reciclagem e reduz a eliminação em aterros e incineração, mas também é um incentivo aos produtores para a fabricação de produtos de forma a reduzir o desperdício e facilitar a reciclagem. A Dell tem sido ativa nos esforços para atender a esses requisitos. Em 2006, a empresa desenvolveu um programa que permitia que consumidores em todo o mundo devolvessem os computadores, impressoras e monitores para a Dell, sem custo.[114]

Existem várias consequências econômicas importantes associadas às estratégias de redução, reutilização e reciclagem.[115] Em muitos casos, as organizações devem atender aos esforços de conservação por causa das exigências legais. As organizações não podem ser descuidadas com resíduos perigosos, e a maioria dos países têm leis determinando como esses materiais podem ser armazenados. Por exemplo, membros da União Europeia devem respeitar a legislação da União para a eliminação de resíduos perigosos.[116] Em contrapartida, reduzir a quantidade de consumo e desperdício diminui os custos gerais das empresas. A Shell diminuiu seus níveis de resíduos bombeando dióxido de carbono para 500 estufas holandesas. Essa ação reduz a emissão em 325 mil toneladas por ano, e salva as estufas de ter de queimar milhões de metros cúbicos de gás para produzir o dióxido de carbono.[117] Portanto, os custos são reduzidos tanto para a Shell quanto para as estufas.

Embora existam alguns assuntos pendentes com o sucesso das estratégias de reuso, redução e reciclagem, elas continuam sendo importantes mecanismos para amenizar a mudança climática e reduzir a poluição. Consequentemente, nos próximos capítulos, abordando diferentes tipos de consumidores, incorporaremos a discussão do uso eficiente nas análises de domicílios, serviços, transportes e consumidores empresariais.

RESUMO

A Identificando a ação ambiental projetada para reduzir mudanças climáticas

O Protocolo de Kyoto define esforços nacionais para reduzir ou diminuir os gases do efeito estufa. O protocolo introduziu três mecanismos de mercado (comércio de emissões, mecanismo de desenvolvimento limpo e implementação conjunta) que permitem aos países participar do comércio internacional para atingir as metas de emissão. Esses mecanismos estimulam o desenvolvimento sustentável por meio da transferência de tecnologia e investimento e encorajam o setor privado de países em desenvolvimento a contribuir com a redução de suas emissões. Eles ajudam países a cumprir com seus compromissos ao remover, de forma rentável, GEEs da atmosfera em outros países.

B Entendendo os esforços para influenciar a oferta e a procura de energia

Fontes de energia renováveis contribuem para o fornecimento de energia. Na medida em que essas fontes são empregadas como substitutas para combustíveis fósseis, o meio ambiente não encontra consequências negativas do consumo de petróleo ou outro combustível fóssil. Fontes renováveis de energia aumentarão em todo o mundo, mas a demanda por energia também continuará a aumentar. Algumas das maiores oportunidades para a conservação da energia estão no transporte, construção e indústrias de aparelhos domésticos.

C Ação ambiental projetada para reduzir a influência humana na atmosfera

A ação internacional com foco no controle da poluição do ar está implementada regionalmente na Europa, América do Norte e Ásia. A Comissão Econômica das Nações Unidas para a Europa estabelece padrões para facilitar a cooperação internacional dentro e fora da região. Esse grupo desenvolveu a Convenção sobre a Poluição Atmosférica de Longo Alcance Transfronteiriça, um documento que foi estendido por oito protocolos identificando medidas corretivas específicas.

D Ação ambiental projetada para reduzir a influência humana sobre a água

Esforços para aumentar o acesso à água doce estão em andamento em várias partes do mundo, mas um sexto da população mundial ainda não tem acesso à água limpa.[118] A falta de disponibilidade de água doce é um problema cada vez mais significativo em todo o mundo, mas no momento é mais acentuada na Ásia e na África. Durante a última década, a Ásia tem testemunhado o progresso global para disponibilidade de água potável. No entanto, 655 milhões de pessoas na região ainda não têm acesso à água potável. O progresso em direção a uma maior disponibilidade de água potável na África tem sido modesto. Os departamentos de governo estão subequipados, e o número de servidores públicos nos setores de água e saneamento é inadequado.

E Ação ambiental projetada para reduzir a influência humana sobre a terra

A urbanização crescente é um problema em todos os continentes, mas a motivação principal para a mudança está nas economias maduras. A Smart Growth Network, uma organização focada em melhorar a qualidade das condições de vida nas cidades, estabeleceu um conjunto de políticas destinadas a reformular o crescimento urbano e as prioridades de transporte. Essa rede visa melhorar a vida urbana, promovendo uma série de oportunidades de moradia e vizinhanças caminháveis. Ela estimula a colaboração da população e das partes interessadas e promove comunidades atraentes que tomam decisões de desenvolvimento justas.

F Ação ambiental projetada para reduzir a influência humana sobre a biodiversidade

Biodiversidade se refere à diversidade entre as espécies dos reinos vegetal e animal. As Nações Unidas desenvolveram uma convenção voltada a conservar a biodiversidade, promover o uso sustentável de seus componentes e partilhar os benefícios da utilização dos recursos genéticos de uma forma justa. A convenção oferece orientação com base no princípio da precaução que, onde haja uma ameaça de redução ou perda da diversidade biológica, a falta de certeza científica absoluta não deve ser utilizada como razão para postergar medidas para evitar ou minimizar essa ameaça. A convenção reconhece que são necessários investimentos substanciais para conservar a diversidade biológica.

G O papel dos esforços de conservação de energia para reduzir as alterações climáticas e a poluição

A conservação de energia se refere aos esforços para reduzir a quantidade de recursos utilizados no consumo. O uso eficiente examina a extensão em que as organizações e os indivíduos se comprometem com iniciativas para reduzir, reutilizar ou reciclar recursos. Essa estratégia é frequentemente associada à redução da poluição, mas o uso eficiente de energia também tem importantes implicações para a mudança climática. Como um montante substancial de recursos é utilizado para refinar e processar materiais consumidos por indivíduos, empresas e outras organizações, uma diminuição na quantidade de material necessário reduz a emissão de gases do efeito estufa.

PERGUNTAS

1. Que setores da economia podem ser a favor ou contra o Protocolo de Kyoto?
2. Como o Protocolo de Kyoto facilita a troca de créditos de emissão?
3. Por que é importante para as organizações multinacionais estarem envolvidas nos esforços para combater a mudança climática?
4. Qual é o papel atual das energias renováveis como fonte de energia para uso residencial e comercial?
5. Quais são os principais tipos de energia solar sendo usados em ambientes residenciais?
6. O proprietário de uma casa construída há 40 anos alega que práticas sustentáveis são importantes somente para novos imóveis. Como você poderia responder a um comentário desses?
7. Quais são as regras relativas à qualidade do ar, e quão eficientes elas têm sido?
8. Qual é a magnitude do problema da água potável e do saneamento no mundo, e em que medida esta é uma questão regional?
9. Porque a ONU está preocupada com a biodiversidade, e que esforços tem feito para reduzir o número de espécies na lista de ameaçadas de extinção?
10. Como os esforços para reduzir, reutilizar e reciclar estão relacionados às mudanças climáticas?

NOTAS FINAIS

[1] Practical Action. *Micro hydro power*. Disponível em: <http://practicalaction.org/practicalanswers/pdf_thumb.php?s=l&im=micro_hydro_energy.pdf>. Acesso em: 28 abr. 2010.

[2] The World Bank Group. *Directions in hydro power*. Disponível em: <http://siteresources.worldbank.org/INTWAT/Resources/Directions_in_Hydropower_FINAL.pdf>. Acesso em: 28 abr. 2010.

[3] Browne, Peter. The rise of micro-hydro projects in Africa, *Green Inc.* (Blog do New York Times), 30 set. 2009. Disponível em: <http://green.blogs.nytimes.com/2009/09/30/the-rise-of-micro-hydro-projects-in-africa/>. Acesso em: 5 maio 2011.

[4] United Nations Development Program. *Affecting electricity policy through a community micro hydro project, Kenya*. Disponível em: <http://sgp.undp.org/download/SGP_Kenya1.pdf>. Acesso em: 28 abr. 2010.

[5] Kotler, Philip; Armstrong, Gary. *Principles of marketing*. Upper Saddle River, NJ: Pearson Prentice Hall, 2008. p. 718.

[6] United Nations Framework Convention on Climate Change. *Kyoto Protocol to the United Nations Framework Convention on Climate Change*. Kyoto: United Nations, 1998. p. 21.

[7] Ver nota 6.

[8] Ver nota 6.

[9] Ver nota 6.

[10] Bartlett, Chris. Carbon markets go global. *Airfinance Journal*, out. 2007, p. 22.

[11] European Climate Exchange. *How to trade ECX emissions contracts*, fev. 2010. Disponível em: <http://www.ecx.eu/media/pdf/ecx%20pres%20-%20february%202010.pdf>. Acesso em: 28 abr. 2010.

[12] Ver nota 10.

[13] Chicago Climate Exchange. *CCX offsets program*. Disponível em: <http:// www.chicagoclimatex.com/content.jsf?id=23>. Acesso em: 28 abr. 2010.

[14] Lash, Jonathan; Wellington, Fred. Competitive advantage on a warming planet. *Harvard Business Review*, mar. 2007, p. 94-102.

[15] United Nations Framework Convention on Climate Change. *About CDM*. Disponível em: <http://cdm.unfccc.int/about/index.html>. Acesso em: 28 abr. 2010.

[16] Bréchet, Thierry; Lussis, Benoît. The contribution of the clean development mechanism to national climate policies. *Journal of Policy Modeling* 28, n. 9 (2006), p. 981-994.

[17] Ver nota 6.

[18] New Zealand. Ministry for the Environment. *Notice of approval of track one joint implementation projects by the New Zealand government*. Disponível em: <http://www.mfe.govt.nz/issues/climate/policies-initiatives/joint-implementation/notice.html>. Acesso em: 28 abr. 2010.

[19] The United Nations Department of Economic and Social Affair. *Increasing global renewable energy market share*: recent trends and perspectives, 12 dez. 2005. Disponível em: <http:// www.un.org/esa/sustdev/sdissues/energy/publications&reports/background_report_birec2005.pdf>. Acesso em: 29 abr. 2010.

[20] Ver nota 19.

[21] Awerbuch, Shimon. Portfolio-based electricity generation planning: policy implications for renewables and energy security. *Mitigation and Adaptation Strategies for Global Change* 11, n. 3 (2006), p. 693-710.

[22] Ver nota 6.

[23] Renewable Energy Policy Network for the 21st Century. *Renewables 2007 global status report*. Paris: REN21 Secretariat, Washington, DC: Worldwatch Institute, 2008. Copyright © 2008 Deutsche Gesellschaft für Technische Zusam-menarbeit (GTZ) GmbH. Disponível em: <http://www.ren21.net/pdf/RE2007_ Global_Status_Report.pdf>. Acesso em: 28 abr. 2010.

[24] Ver nota 19.

[25] Ver nota 23.

[26] Pew Center on Global Climate Change. *Renewable and alternative energy portfolio standards*. Disponível em: <http://www.pewclimate.org/what_s_being_done/in_the_states/rps.cfm>. Acesso em: 28 abr. 2010.

[27] Hamm, Steve. Wind: The Power. The Promise. The Business. *Business Week*, 07 jul. 2008, p. 46-52.

[28] Charlton, Emma. European consumers turn to solar energy. *Wall Street Journal*, 13 ago. 2008, 3D.

[29] Ver nota 23.

[30] U.S. Department of Energy. *Solar water heaters*. Disponível em: <http:// www.eere.energy.gov/consumer/your_home/water_hea ting/ index.cfm/mytopic=12850>. Acesso em: 28 abr. 2010.

[31] Ver nota 23.

[32] Ver nota 23.

[33] Rogers, Monica. Restaurant chains find sustainable returns. *Chain Leader*, mar. 2008. Disponível em: <http://www.chainleader.com/article/384064-Restaurant_Chains_Find_Sustainable_Returns.php>. Acesso em: 29 abr. 2010.

[34] International Energy Agency. *Renewables in global energy supply*. Paris: International Energy Organization, 2007. p. 34.

[35] Ver nota 23.

[36] Ver nota 19.

[37] United Nations Department of Economic and Social Affairs. *Trends in sustainable development*. Nova York: United Nations, 2006. p. 33.

[38] Pope, Byron. Roush aims to create green-collar jobs with propane-powered commercial vehicles. *WardsAuto.com*, fev. 2009. Disponível em: <http://wardsauto.com/ar/roush_propane_vehicles_090220/>. Acesso em: 29 abr. 2010.

[39] Rockwell, James. LPG: clean energy for a low-carbon world. *Worldlpgas.com*. Disponível em: <http://www.worldlpgas.com/page_attachments/0000/0330/Petroleum_Economist.pdf>. Acesso em: 29 abr. 2010.

[40] Ver nota 37.

[41] Clean Air Asia. *Measures taken by each city*: vehicle emissions control; regulations and programs. Disponível em: <http://www2.kankyo.metro.tokyo.jp/clean-air-asia/old/forum2002_e/asianrepo_e.html>. Acesso em: 29 abr. 2010.

[42] Ver nota 40.

[43] An, Feng; Sauer, Amanda. Comparison of passenger vehicle fuel economy and greenhouse gas emission standards around the world. *Pew Center on Global Climate*, dez. 2004. Disponível em: <http://ww.pewclimate.org/docUploads/Fuel%20Economy%20and%20GHG%20Standards_010605_110719.pdf >. Acesso em: 29 abr. 2010.

[44] Ver nota 40.

[45] Abboud, Leila; Clevstrom, Jenny. Stockholms syndrome: hostages to traffic, swedes will vote on high-tech plan to untangle snarls with tolls. *Wall Street Journal*, 29 ago. 2006, B1.

[46] Progress. *The PRoGRESS Project*. Disponível em: <http://www.progress-project.org/Progress/pdf/cover_finalbrochure.pdf>. Acesso em: 29 abr. 2010.

[47] Levinson, Herbert S. et al. Bus rapid transit: an overview. *Journal of Public Transportation* 5, n. 2 (2002), p. 130.

[48] Miller, Mark A. et al. Development of bus rapid transit information clearinghouse. *California PATH Research Report UCB-ITS-PRR-2006-7*. Disponível em: <http://www.its.berkeley.edu/ publications/UCB/2006/PRR/UCB-ITS-PRR-2006-7>. Acesso em: 29 abr. 2010.

[49] United Nations Environmental Program. *Buildings for a better future*. Disponível em: <http://www.unep.fr/scp/marrakech/taskforces/pdf/Buildings_for_a_Better_Future.pdf>. Acesso em: 3 maio 2010.

[50] Girolla, Dinesh. Development of eco-city concept in Pune city. *Pune Municipal Corporation India, 2006*. Disponível em: <http://gec.jp/gec/EN/Activities/2006/Eco-Towns/Pune.pdf>. Acesso em: 3 maio 2010.

[51] Ver nota 49.

[52] Ver nota 49.

[53] United Nations Framework Convention on Climate Change. *Appendix A1 to the Simplified Modalities and Procedures for Small-Scale CDM Project Activities*, 28 fev. 2005. Disponível em: <http://cdm.unfccc.int/UserManagement/FileStorage/FS_292989657>. Acesso em: 3 maio 2010.

[54] Helios Centre. G8: un sommet qui se veut neuter en émissions de carbone. *Enjeux Energie* 4, n. 1-2 (2005), p. 5. Disponível em: <http://www.centrehelios.org/downloads/bulletins/Vol4.pdf>. Acesso em: 5 maio 2011.

[55] Ver nota 49.

[56] National Renewable Energy Laboratory. *Renewable energy in China*, 2004. Disponível em: <http://www.nrel.gov/docs/fy04osti/35790.pdf>. Acesso em: 3 maio 2010.

[57] International Energy Agency. *Worldwide trends in energy use and efficiency*. Paris: International Energy Agency, 2008. p. 17. Disponível em: <http://www.iea.org/Papers/2008/Indicators_2008.pdf>. Acesso em: 3 maio 2010.

[58] Ver nota 57.

[59] U.S. Environmental Protection Agency and the U.S. Department of Energy. *About Energy Star*. Disponível em: <http://www.energystar. gov/index.cfm?c=about.ab_index>. Acesso em: 3 maio 2010.

[60] U.S. Environmental Protection Agency and the U.S. Department of Energy. *Televisions for consumers*. Disponível em: <http://www.energystar.gov/index.cfm?fuseaction=find_a_product.showProductGroup&pgw_code=TV>. Acesso em: 3 maio 2010.

[61] U.S. Department of Energy. *Collaborative labeling and appliance standards program*. Disponível em: <http://eetd.lbl.gov/clasp/>. Acesso em: 3 maio 2010.

[62] Ver nota 61.

[63] United Nations Economic Commission for Europe. *About Unece*. Disponível em: <http://www.unece.org/about/about.htm>. Acesso em: 3 maio 2010.

[64] United Nations Economic Commission for Europe. *Protocol to the 1979 Convention on Long-Range Transboundary Air Pollution on Long-Term Financing of the Cooperative Programme for Monitoring and Evaluation of the Long-Range Transmission of Air Pollutants in Europe (EMEP)*. Disponível em: <http://www.unece.org/env/lrtap/full%20 text/1984.EMEP.e.pdf>. Acesso em: 3 maio 2010.

[65] United Nations Economic Commission for Europe. *Protocol to the 1979 Convention on Long-Range Transboundary Air Pollution on the Reduction of Sulphur Emissions or Their Transboundary Fluxes by at Least 30 Per Cent*. Disponível em: <http://www.unece.org/env/lrtap/full%20text/1985.Sulphur.e.pdf>. Acesso em: 3 maio 2010.

[66] United Nations Economic Commission for Europe. *Protocol to the 1979 Convention on Long-Range Transboundary Air Pollution Concerning the Control of Emissions of Nitrogen Oxides or Their Transboundary Fluxes*. Disponível em: <http://www.unece.org/env/lrtap/full%20text/1988.NOX.e.pdf>. Acesso em: 3 maio 2010.

[67] United Nations Economic Commission for Europe. *Protocol to the 1979 Convention on Long-Range Transboundary Air Pollution Concerning the Control Emissions of Volatile Organic Compounds or Their Transboundary Fluxes*. Disponível em: <http://www.unece.org/env/lrtap/full%20text/1991.VOC.e.pdf>. Acesso em: 3 maio 2010.

[68] Ver nota 65.

[69] United Nations Economic Commission for Europe. *To the 1979 Convention on Long-Range Transboundary Air Pollution on Heavy Metals*. Disponível em: <http://www.unece.org/env/lrtap/full%20 text/1998.Heavy.Metals.e.pdf>. Acesso em: 3 maio 2010.

[70] United Nations Economic Commission for Europe. *Protocol to the 1979 Convention on Long-Range Transboundary Air Pollution on Persistent Organic Pollutants*. Disponível em: <http://www.unece.org/env/lrtap/full%20text/1998.POPs.e.pdf>. Acesso em: 3 maio 2010.

[71] United Nations Economic Commission for Europe. *Protocol to the 1979 Convention on Long-Range Transboundary Air Pollution to Abate Acidification, Eutrophication and Ground-Level Ozone*. Disponível em: <http://www.unece.org/env/lrtap/full%20text/1999%20Multi.E.Amended.2005.pdf>. Acesso em: 3 maio 2010.

[72] U.S. Environmental Protection Agency. *The Plain English Guide to the Clean Air Act*: cleaning up commonly found air pollutants. Disponível em: <http://www.epa.gov/air/caa/peg/cleanup.html>. Acesso em: 3 maio 2010.

[73] U.S. Environmental Protection Agency. *The plain english guide to the Clean Air Act*: cars, trucks, buses, and non-road equipment. Disponível em: <http://www.epa.gov/air/caa/peg/carstrucks.html>. Acesso em: 3 maio 2010.

[74] U.S. Environmental Protection Agency. *The plain english guide to the Clean Air Act*: reducing acid rain. Disponível em: <http://www.epa.gov/air/caa/peg/acidrain.html>. Acesso em: 3 maio 2010.

[75] Association of South Eastern Nations. *Asean agreement on transboundary haze pollution*. Disponível em: <http://www.aseansec.org/images/agr_haze.pdf>. Acesso em: 3 maio 2010.

[76] China. Curbing polluters: Guangming Daily. *China Daily*. Disponível em: <http://www.china.org.cn/english/environment/239408.htm>. Acesso em: 3 maio 2010.

[77] China. Fairness crucial to environmental issues. *China Daily*, November 4, 2005. Disponível em: <http://www.china.org.cn/english/GS-e/147511.htm>. Acesso em: 3 maio 2010.

[78] United Nations Environment Programme. *Montreal Protocol on substances that deplete the ozone layer*. Nairóbi: United Nations Environment Programme, 1987. p. 54.

[79] Fahey, D. W. *Twenty questions and answers about the ozone layer*: 2006 update. United Nations Environment Programme. Disponível em: <http://ozone.unep.org/Assessment_Panels/SAP/Scientific_Assessment_2006/Twenty_Questions.pdf>. Acesso em: 3 maio 2010.

[80] Ver nota 79.

[81] United Nations. *Presentation of the synthesis report of the 2006 assessments of the Scientific Assessment Panel, the Environmental Effects Assessment Panel and the Technology and Economic Assessment Panel*. United Nations Environment Programme, 2007. Disponível em: <www.ozone.unep.org/Meeting_Documents/oewg/27oewg/OEWG-27-3E.pdf>. Acesso em: 5 maio 2011.

[82] National Oceanic and Atmospheric Administration. *Antarctic ozone hole returns to near average levels*, 1º nov. 2007. Disponível em: <http://www.

noaanews.noaa.gov/stories2007/20071101_ozone.html>. Acesso em: 3 maio 2010.

[83] Brundtland, Gro H.; Bellamy, Caorl. *Global water supply and sanitation assessment 2000 Report*. World Health Organization. Disponível em: <http://www.who.int/water_sanitation_health/monitoring/globalassess/en/>. Acesso em: 3 maio 2010.

[84] Africawater.org. *Water resources and poverty in Africa*: breaking the vicious circle, 30 abr. 2002. Disponível em: <http://www.africanwater.org/Documents/amcow_wb_speech.pdf>. Acesso em: 3 maio 2010.

[85] Shiklomanov, Igor A. *World water resources and water use*: modern assessment and outlook for the 21st century. Paris: IHP/Unesco, 2000. p. 37.

[86] Shiklomanov, Igor A. Appraisal and assessment of world water resources. *Water International 25*, n. 1 (2000), p. 11-32.

[87] United Nations Environment Programme. *Global environment outlook GEO4*. Valletta, Malta: United Nations Environment Programme, 2007. p. 572.

[88] The Cadmus Group, Inc. *National Drinking Water Advisory Council Meeting Summary*, U.S. Environmental Protection Agency, 2005. Disponível em: <http://www.epa.gov/ogwdw/ndwac/pdfs/summary_ndwac_1117-18-2005.pdf>. Acesso em: 3 maio 2010.

[89] Ver nota 87.

[90] Dovi, Efam. Bringing water to Africa's poor. *Africa Renewal* 21, n. 3 (2007), p. 7. Disponível em: <http://www.un.org/ecosocdev/geninfo/afrec/vol21no3/213-water.html>. Acesso em: 3 maio 2010.

[91] Ver nota 83.

[92] United Nations Environmental Program. *Global Programme of Action for the Protection of the Marine Environment from Land-Based Activities*. Disponível em: <http://www.gpa.unep.org/documents/full_text_of_the_english.pdf>. Acesso em: 3 maio 2010.

[93] Angel, Shlomo; Sheppard, Stephen C.; Civco, Daniel L. et al. *The dynamics of global urban expansion*. Washington: The World Bank, 2005. p. 18.

[94] Dufour, D. L.; Piperata, B. A. Rural-to-urban migration in Latin America: an update and thoughts on the model. *American Journal of Human Biology* 16, n. 4 (2004), p. 395-404.

[95] Newman, Peter; Kenworthy, Jeffrey R. *Sustainability and cities*: overcoming automobile dependence. Washington, DC: Island Press, 1999. p. 450.

[96] Schwarzer, S. et al. *E-waste*: the hidden side of IT equipment's manufacturing and use. Genebra: United Nations Environmental Program, 2005. p. 4.

[97] United Nations Environmental Programme. *New partnership for african development*: action plan for the environment initiative, out. 2003. Disponível em: <http://www.unep.org/roa/Amcen/docs/publications/ActionNepad.pdf>. Acesso em: 3 maio 2010.

[98] United Nations. *United Nations forum on forests*. Nova York: United Nations, 2009. p. 39.

[99] United Nations. *Review of implementation of Agenda 21 and the Johannesburg Plan of Implementation (JPOI)*: desertification. Nova York: United Nations, 2008. p. 21.

[100] United Nations Convention to Combat Desertification. *Combating desertification in Africa*. Disponível em: <http://www.unccd.int/publicinfo/factsheets/showFS.php?number=11>. Acesso em: 3 maio 2010.

[101] The Pan-European Ecological Network. *The ecological network concept*. Disponível em: <http://www.eeconet.org/eeconet/index.html>. Acesso em: 3 maio 2010.

[102] Commissions of the European Communities. *A European Community biodiversity strategy*. Disponível em: <http://ec.europa.eu/environ-ment/docum/pdf/com_98_42_en.pdf>. Acesso em: 3 maio 2010.

[103] Global Transboundary Protected Areas Network. *Meso-american biological corridor*. Disponível em: <http://www.tbpa.net/case_10.htm>. Acesso em: 3 maio 2010.

[104] World Bank. *Project follows Chico Mendes vision of conciliating social and environmental development*. Disponível em: <http://web.worldbank.org/wbsite/external/countries/lacext/brazilextn/0,,contentMDK:22019114~pagePK:141137piPK:141127~theSitePK:322341,00.html>. Acesso em: 1º mar. 2010.

[105] Secretariat of the Convention on Biological Diversity. *Global biodiversity outlook 2*. Montreal: United Nations, 2006. p. 6.

[106] Carr-Rufino, Norma; Acheson, John. The hybrid phenomenon. *The Futurist*, jul./ago. 2007, p. 16-25.

[107] Hart, Stuart. Beyond greening: strategies for a sustainable world. *Harvard Business Review*, jan./fev. 1997, p. 66-76.

[108] Johnson, Jim. Ford, Alcan close aluminum recycling loop. *Automotive News*, 18 nov. 2002, p. 20-25.

[109] Webb, Bailey. Passing the TORCH. *Waste Age* 38, n. 10, 2007, p. 60-66.

[110] Peterson, Michael D. Improving productivity at a materials recovery facility: lessons from a case study. *Public Productivity & Management Review* 18, n. 3, 1995, p. 277-292.

[111] United Nations Environmental Programme. *The Marrakech Process, integrated waste and resource management*. Disponível em: <http://esa.un.org/marrakechprocess/pdf/Issue_%20Waste_and_ Resource_Management.pdf>. Acesso em: 3 maio 2010.

[112] Ver nota 111.

[113] Nevison, Gary. Meeting global design legislation challenges. *Product Design & Development*, 63, March Supplement, 2008, p. 30-33.

[114] Truini, Joe. Dell takes a big step forward with free e-recycling. *Waste News*, 12 dez. 2006, p.13.

[115] Esty, Daniel C.; Winston, Andrew S. *Green to gold*. New Haven, CT: Yale University Press, 2006. p. 366.

[116] Weale, Albert et al. *Environmental governance in Europe*: an ever closer ecological union? Oxford: Oxford University Press, 2000. p. 544.

[117] Deliser, H. Gas for the greenhouse, *Nature* 442, n. 499 (2006).

[118] Ver nota 83.

PARTE 3

Agregando Valor Por Meio de Estratégias de Marketing Sustentável

capítulo 5

Descobrindo Valor Por Meio da Análise de Mercado

OBJETIVOS DO CAPÍTULO

PALAVRAS-CHAVE

A Introdução

Casamentos verdes WedVert

Lançada no início de 2007, a WedVert é a primeira assessoria de casamento a se concentrar em esforços verdes como forma de prevenir as toneladas de resíduos que os casamentos geram por ano. O site da empresa, sua revista impressa e seus produtos focam em ajudar o casal moderno a transformar um casamento tradicional em uma obra de arte verde. A WedVert valoriza a importância de se poupar dinheiro e oferece muitos conselhos para que um casamento seja requintado, econômico e ecologicamente correto.[1]

Em seus esforços para atingir esse grupo de consumidores, a WedVert deu passos interessantes para mudar os tipos de consumo relacionados com o casamento. Ela fornece sugestões sobre como tornar a cerimônia ecologicamente correta, fazendo alterações na compra de anéis de casamento, presentes e arranjos florais (Figura 5.1). Ela também estuda formas para que o casal compre produtos locais que reduzam os custos do casamento e recomenda locais sustentáveis para a cerimônia.

O casamento é para todos? Claro que não, mas há um mercado-alvo internacional crescente que coloca grande ênfase na sustentabilidade de suas compras. Casamentos são uma parte importante da vida e, muitas vezes, deixam grandes pegadas de carbono. O tipo de consumidor que vamos abordar neste capítulo está focado em tentar diminuir o uso de carbono, e esse uso não é esquecido no dia de seu casamento. Esses consumidores de estilos de vida de saúde e sustentabilidade (Lohas – Lifestyle of Health and Sustainability), focados em saúde, meio ambien-

segmentação geográfica, 110
segmentação por benefícios, 114
segmentação psicográfica, 111
Sistema Norte-Ameericano de Classificação Indústrial (Naics), 114
verde defensiva, 118
verde extremo, 119
verde magra, 118
verde sombreada, 118
verdes do dinheiro, 111
verdes verdadeiros, 111

te e desenvolvimento pessoal, gastam mais de 209 bilhões de dólares nos EUA. O segmento de mercado Lohas também está ganhando o interesse no Japão, Sudeste Asiático e na Europa.[2] Esses consumidores expressam suas preocupações sobre a saúde de suas famílias, a sustentabilidade do planeta, seu desenvolvimento pessoal e o futuro da sociedade. Os consumidores do segmento Lohas também apresentam uma tendência a compensar as emissões de dióxido de carbono associadas ao casamento com doações para os programas que plantam árvores ou preservam as florestas tropicais.[3]

FIGURA 5.1

WedVert ajuda casais a escolher os destinos de lua de mel que apoiam a preservação.
Fonte: © iStockphoto.com/Andre Blais.

O exemplo da WedVert ilustra como as empresas estão usando análises de mercado para ajudá-las a descobrir estratégias verdes sustentáveis. Nossa análise da busca por estratégias de marketing sustentáveis neste ponto do livro se concentrou na interação entre o mercado e o meio ambiente. Nas seções anteriores deste livro, esboçamos a interação entre consumo e meio ambiente (Parte II), e identificamos as indústrias que respondem pela maior parte do consumo de energia (Parte III). As análises de mercado fornecidas nas seções anteriores deste livro apoiam os esforços na formulação de estratégias e táticas que reforçam a sustentabilidade.

Nesta seção, vamos nos concentrar em iniciativas de marketing que reduzem o consumo de energia e aumentam os esforços de sustentabilidade. Lembre-se de que o processo de planejamento estratégico (ver Figura 5.2) ressalta a interação entre fatores ambientais e estratégia de negócios. O fator central na busca da sustentabilidade é o *valor* que as ofertas de mercado fornecem aos consumidores. O valor sustentável emerge da análise dos retornos econômicos, relacionais e ecológicos buscados em um mercado. Consequentemente, cada capítulo em nossa discussão sobre a ação de marketing se concentra em estratégias que geram valor. Neste capítulo, apresentaremos um processo de análise de mercado. Essa análise e sua segmentação aborda a descoberta do valor. Esforços promocionais pelo qual as empresas comunicam valor são examinados no Capítulo 6. No Capítulo 7, enquadraremos o desenvolvimento de produtos como o conjunto de processos pelos quais a empresa produz valor. O esforço de agregar valor será tratado na análise da cadeira de suprimentos, no Capítulo 8, e na análise do varejo, no Capítulo 9. O Capítulo 10 fornecerá uma visão geral dos mecanismos pelos quais a empresa anuncia o valor por meio da sua estratégia de preços.

A organização de sucesso deve descobrir e identificar o valor procurado pelos consumidores dentro de um **mercado**. Um mercado é composto por todas as organizações ou pessoas com uma necessidade ou um desejo e com capacidade e vontade de fazer compras para suprir essas necessidades e desejos.[4] Se qualquer uma dessas facetas do mercado não estiver presente, o mercado também não estará presente. A análise inicial do mercado exige que o comerciante tenha uma apreciação de cada um desses componentes. As necessidades e desejos associados a produtos e serviços refletem o valor econômico, social e ecológico derivado de uma compra. Por exemplo, o viajante que compra uma bicicleta incorre em custos econômicos que rendem ganhos financeiros ao longo do tempo. Esse consumidor também pode desfrutar da camaradagem de outros ciclistas e, provavelmente, reconhecerá os benefícios ambientais do ciclismo. Note que todas as três facetas de valor podem não ser entendidas ou expressas pelo consumidor. Em muitos casos, os produtos são comercializados para acentuar méritos econômicos, sociais ou ecológicos sem levar em consideração os retornos associados com cada aspecto da sustentabilidade. A empresa que adota uma orientação sustentável, no entanto, tem maior capacidade para lidar com a amplitude dos retornos buscados nas compras.

FIGURA 5.2

O processo de planejamento estratégico.

A empresa deve também avaliar a capacidade e a disposição dos compradores de fazer uma compra. Muitas proposições de marketing verde falham porque a organização não reconhece a capacidade e a vontade dos consumidores de investir em tecnologias sustentáveis. Por exemplo, para muitos consumidores norte-americanos, os automóveis híbridos podem não ser atraentes em razão da impossibilidade de pagar o valor associado a essa tecnologia ecologicamente correta.[5] Esses consumidores poderão manifestar o interesse na tecnologia, mas não têm a capacidade de comprar o carro pelo maior preço. Em contrapartida, alguns consumidores norte-americanos de automóveis a diesel podem não ter interesse nesses carros por causa de sua experiência prévia com esse tipo de motor.[6] Esses consumidores podem ter a capacidade financeira de comprar o carro, mas a experiência faz com que não estejam dispostos a investir em um carro a diesel. O consumidor precisa ter tanto a capacidade quanto a vontade de comprar para ser parte do mercado.

Depois que o mercado esteja estabelecido, a empresa pode começar a investigar até que ponto existem subconjuntos de mercado com declarações de valor único. O processo de mudança da análise de mercado para o posicionamento do mix de marketing é apresentado na Figura 5.3. Depois que a empresa identificou o mercado, ela se envolve em uma série de atividades referidas como **marketing STP**, caracterizado por esforços para o segmento, mercado-alvo e posicionamento.[7] **Segmentação de mercado** se refere ao processo de dividir um mercado em segmentos ou subconjuntos distintos de clientes que têm necessidades semelhantes ou se comportam da mesma maneira.[8] Cada segmento de mercado tem potencial para ser alcançado por meio de estratégias de marketing distintas. Após a empresa ter identificado os segmentos em um mercado, ela se dedica ao mercado-alvo. **Mercado-alvo** se refere aos esforços das organizações para atender um segmento selecionado dentro do mercado.[9] A priorização e seleção de mercados-alvo diferentes é realizada em conjunto com a consideração das condições competitivas e ambientais associadas a esse mercado. Depois que a empresa escolheu um mercado-alvo, deve estabelecer uma estratégia de posicionamento. O **posicionamento** se refere ao desenvolvimento do mix de marketing para produzir um apelo

FIGURA 5.3

Segmentação, mercados-alvos e posicionamento.

Fonte: O'Guinn; Allen; Semenik. Advertising and integrated brand promotion (with InfoTrac®), 4E. © 2006 South-Western, a part of Cengage Learning, Inc. Reproduzido com permissão. www.cengage.com/permissions

distinto ao mercado. A abordagem de posicionamento deve refletir os valores desejados pelos consumidores do mercado-alvo.

No restante deste capítulo, esboçaremos os procedimentos para a identificação dos segmentos de mercado, dos mercados-alvo e estratégias de posicionamento. As estratégias de posicionamento serão desenvolvidas e enriquecidas nos capítulos seguintes, que abordam as facetas do mix de marketing. Para fins de instrução, apresentaremos esta lógica como um processo passo a passo. Na realidade, a análise dos segmentos de mercado e o desenvolvimento do mix de marketing são processos dinâmicos que a organização deve continuar a avaliar. As preferências dos consumidores mudam ao longo do tempo, e essas mudanças exigem que a empresa reveja o processo de segmentação de mercado e de mix de marketing. O tema de posicionamento estabelecido enquanto o produto é introduzido é suscetível a mudanças no decorrer do tempo, em resposta às necessidades do mercado.

B Segmentação de mercado

A segmentação do mercado desempenha papel determinante no desenvolvimento de estratégias de negócios que produzem o valor desejado para as empresas, seus fornecedores e seus clientes.[10] A segmentação permite às empresas identificar grupos de consumidores com necessidades semelhantes e analisar as características e comportamentos de compra dos membros desses grupos. Quando as necessidades específicas de um grupo são identificadas, o processo de segmentação também permite à empresa projetar um mix de marketing que reflita as exigências originais do grupo. Consequentemente, a segmentação permite que as empresas atendam ao valor procurado pelos consumidores, ao mesmo tempo que atingem suas necessidades.

Esse processo de segmentação começa ao se identificarem os fatores específicos que refletem diferenças na capacidade de resposta dos clientes às variáveis ou exigências de marketing. Essas diferenças em níveis de capacidade de resposta podem ser atribuídas a vários fatores, tais como o comportamento de compra, o uso, os benefícios procurados e a lealdade. Após a identificação dos segmentos, características do segmento são identificadas com base na capacidade de sugerir estratégias competitivas, para atender à variância na base da segmentação ou para identificar segmentos.

O processo de segmentação de mercado e a concepção do mix de marketing são atividades que a empresa realiza de maneira cotidiana e que lhe custam caro. O processo de segmentação pode ser logicamente estendido para o ponto no qual cada consumidor no mercado é tratado como um segmento individual. Embora esse processo identifique as necessidades específicas de cada consumidor, a análise do mercado e a concepção do mix de marketing seria de custo proibitivo na maioria dos casos. Estratégias de segmentação devem reconhecer que os segmentos propostos devem ter as características a seguir:

Substancial A substancialidade é o critério que enfatiza a necessidade de que o segmento seja grande o suficiente para chamar a atenção. Por exemplo, antes de 2000, a maioria das mercearias não via o mercado de produtos orgânicos como suficientemente importante para justificar sua atenção.[11] Vendas de alimentos orgânicos aumentaram em 20% ao ano desde 1990. Como a demanda por esses produtos tem aumentado, o interesse das mercearias convencionais também aumentou. O tamanho do segmento de mercado é uma questão particularmente relevante no marketing verde, uma vez que o interesse por fatores de sustentabilidade está aumentando em muitos mercados.[12] Como o tamanho de um segmento interessado no desempenho ecológico aumenta, é provável que exista um aumento na quantidade de competição para esse segmento.

Identificável e mensurável Os requisitos identificáveis e mensuráveis refletem a necessidade de ser capaz de categorizar pessoas dentro e fora dos segmentos de mercado. Se não podemos identificar quem está e quem não está em um grupo, não podemos avaliar o tamanho do grupo nem desenvolver um plano de marketing para servi-lo. Embora os fatores pessoais, tais como dados demográficos (por exemplo, idade, sexo), sejam simples de medir, é improvável que sejam informativos na análise do grau em que os consumidores de um mercado estão interessados em questões de sustentabilidade. Consequentemente, muitos esforços para analisar as predisposições do consumidor para iniciativas de marketing verde dependem da personalidade e motivações pessoais.

Acessível Em muitos casos, uma organização pode ser capaz de quantificar o tamanho dos segmentos de mercado, mas não consegue atingi-los por meio de um mix de marketing personalizado.[13] Por exemplo, nas economias emergentes, a maior necessidade de água potável pode estar entre os consumidores extremamente pobres e analfabetos. A empresa pode não ser capaz de desenvolver um mix de marketing e uma campanha de comunicação que esses consumidores possam acessar e entender.

Resposta O critério de resposta considera se os consumidores em um segmento de mercado são mais propensos a responder a um mix de marketing de maneira diferente dos outros consumidores. Se a base para a distinção entre os segmentos de mercado não revela diferenças nas preferências em relação a alguns fatores, não há necessidade de tratar um segmento separado dos outros grupos. Assim, se a sustentabilidade não é uma questão saliente para um segmento de mercado, há pouco valor em enfatizar os benefícios ecológicos do produto. Por exemplo, em 2005, a Nike inicialmente promoveu a bota Considered como um produto ecologicamente correto. Como os consumidores não eram sensíveis a esse apelo ambiental, a promoção foi deslocada para o desempenho de outros atributos do calçado.[14]

O processo de segmentação de mercado é uma tentativa de simplificar a seleção de potenciais compradores para um produto. A segmentação para marketing de consumo varia um pouco da estratégia de marketing corporativo (*business-to-business*). Boas estratégias de segmentação separam os potenciais compradores das pessoas que não têm as mesmas necessidades dos membros em um grupo de compra. Nos mercados de consumo, as empresas frequentemente usam a **segmentação demográfica** para separar os potenciais compradores com base na idade, sexo, renda ou ocupação. Por exemplo, as cidades que estão tentando atrair os adultos da Geração Y enfatizam os méritos ecológicos de suas comunidades.[15] Como uma elevada porcentagem de consumidores nessa faixa etária favorece as causas ambientais, as cidades reconhecem que campanhas de marketing para esse grupo devem enfatizar a ecologia.

As empresas também separam grupos de consumidores com base na **segmentação geográfica**. Por exemplo, a Califórnia é líder de mercado na construção de edifícios verdes nos EUA. O estado tem buscado agressivamente medidas de eficiência energética desde a época de escalada do preço do petróleo na década de 1970. O uso de eletricidade *per capita* do estado se manteve praticamente estável nos últimos 30 anos, mesmo com o consumo *per capita* crescendo em todo o país. Especialistas destacam as políticas estaduais, que incluíram a criação de requisitos de eficiência em aparelhos em nível estadual; a promulgação dos códigos de construção rigorosa e a atribuição de incentivos utilitários para ajudar seus clientes a economizar eletricidade.[16]

Vários analistas de marketing verde no setor de consumo têm utilizado a **segmentação psicográfica** para distinguir entre grupos de consumidores. *Psicográficos* se refere ao uso de atitudes, opiniões, motivos, valores, estilos de vida, interesses ou personalidade para distinguir entre grupos consumidores.[17] A Roper Starch Worldwide é uma empresa de pesquisa de marketing pioneira na análise da orientação do consumidor com referência na sustentabilidade na América do Norte. Esforços similares têm sido realizados no norte do mercado europeu.[18] A pesquisa revelou os cinco seguintes segmentos de mercado:[19]

Verdes verdadeiros Os verdes verdadeiros são aqueles consumidores com fortes valores ambientais que buscam trazer mudanças positivas. Indivíduos que se identificam com este segmento também tendem a ser politicamente ativos na busca da sustentabilidade. Esses indivíduos têm quatro vezes mais chances de evitar a compra de produtos comercializados por empresas que não são ambientalmente conscientes. A pesquisa Roper Starch indica que 31% dos consumidores se encaixam nesta categoria.

Verdes do dinheiro Os verdes do dinheiro também estão interessados em questões de sustentabilidade, mas não estão dispostos a ser politicamente ativos. É importante destacar que esses consumidores são mais dispostos a comprar produtos ecologicamente corretos que o consumidor médio. Pesquisas anteriores sugerem que este grupo representa 10% da população.

Quase verdes Os quase verdes apreciam o mérito das causas ambientais, mas não levam essa apreciação com eles para o mercado. Embora seja pouco provável que esses consumidores paguem mais por produtos ecológicos, podem ser convencidos a fazê-lo com o apelo certo. A pesquisa sugere que os quase verdes são responsáveis por aproximadamente 26% dos consumidores.

Resmungões Os resmungões tendem a ser cínicos sobre sua capacidade de provocar mudanças e é relativamente ignorante com relação às preocupações ecológicas. A pesquisa sugere que esses consumidores acreditam que produtos verdes são muito caros e não são tão eficientes quanto os produtos semelhantes não orgânicos. Aproximadamente 15% dos consumidores se encaixam na categoria de resmungões.

Apáticos Anteriormente chamados marrons básicos, os apáticos não se preocupam com a sustentabilidade ou práticas de marketing verde. Eles representam cerca de 18% da população.

A análise Roper Starch de segmentação de mercado verde tem acompanhado os consumidores desde 1990 (Figura 5.4). É interessante notar que as preferências dos consumidores da população dos EUA mudaram com o tempo. Embora o número de consumidores verdes do dinheiro e quase verdes tenha permanecido relativamente constante, a porcentagem de verdes verdadeiros cresceu de 11% para 31% do mercado. O porcentual de resmungões passou de 24% em 1990 para 15%. Da mesma forma, o porcentual de apáticos passou de 35% em 1995 para 18% em 2007. Essas mudanças no perfil dos consumidores refletem, em geral, uma mudança nas atitudes e compreensão da sustentabilidade. Como o número de consumidores com uma perspectiva de verde verdadeiro ou verde do dinheiro aumenta, a necessidade de estratégias de marketing verde também aumenta.

FIGURA 5.4

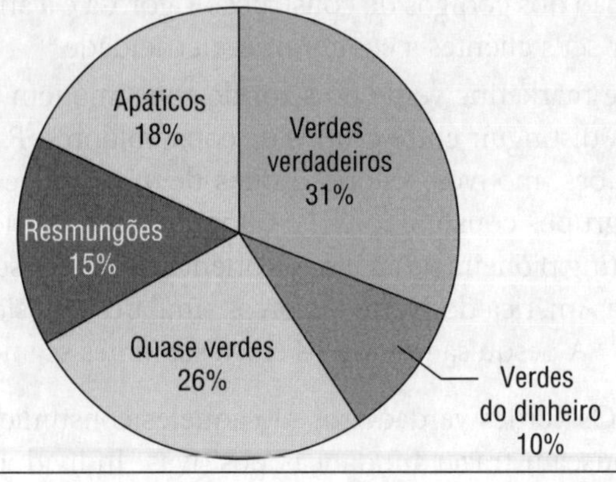

Segmentação de mercado norte-americano relacionando atitudes em realação à sustentabilidade por Roper Starch.

Fonte: Fundamentado nos dados de segmentação Roper obtidos de Wever, Renee, Sophie Lotgering, e Freya Ruijs (2007), "Green Marketing of Consumer Electronics: Applying Kano's Theory of Attractive Quality on EcoDesign" (artigo de trabalho), Delft University of Technology.

O estudo Roper Starch das preferências do consumidor de marketing verde aborda atitudes que os consumidores têm em relação à sustentabilidade. Embora as atitudes forneçam ideias sobre a possível ação dos consumidores, o comportamento fornece melhor compreensão dos segmentos de mercado. *Segmentação comportamental* se refere ao uso do comportamento do consumidor ou de uso do produto para distinguir entre os segmentos de mercado.[20] A análise de mercado fornecida pelo Natural Marketing Institute (NMI) incorpora atitudes e comportamentos em relação ao ambientalismo e ao consumo (Figura 5.5).[21] A pesquisa identifica os seguintes cinco segmentos de mercado:

Consumidor Lohas *Lohas* se refere ao estilo de vida de saúde e sustentabilidade. Este termo descreve um mercado estimado de 209 bilhões de dólares para bens e serviços. Esses consumidores estão focados em saúde, meio ambiente, justiça social, desenvolvimento pessoal, vida sustentável e o futuro da sociedade.[22] Aproximadamente 17% (38 milhões) dos adultos nos EUA são considerados consumidores Lohas. Esse grupo não se limita aos EUA; o Lohas está ganhando o interesse no Japão, Sudeste da Ásia e na Europa.

O grupo Lohas é fundamentado no rótulo *cultural criativo* desenvolvido pelo sociólogo Paul Ray para descrever indivíduos na fronteira da mudança social.[23] Ele descreve o cultural criativo como aquele um pouco mais propenso que a média em viver na Costa Oeste norte-americana, mas notou que são encontrados em todas as regiões do país. Esses consumidores são altruístas e, muitas vezes, menos preocupados com o sucesso ou com fazer um monte de dinheiro, mas a maioria vive confortavelmente com uma renda de média a média-alta. O estilo cognitivo é a chave para entender os culturais criativos. Embora esses consumidores consigam muitas informações de uma variedade de fontes, são bons em sintetizá-las e transformá-las em um cenário maior. O meio ambiente é fundamental para o sistema de crenças dos consumidores Lohas. Ele está interligado com tudo, desde a forma como os alimentos são cultivados até a maneira com que os trabalhadores são tratados. É uma visão holística de mundo, que reconhece a interligação entre os sistemas político e de ecocultura.[24]

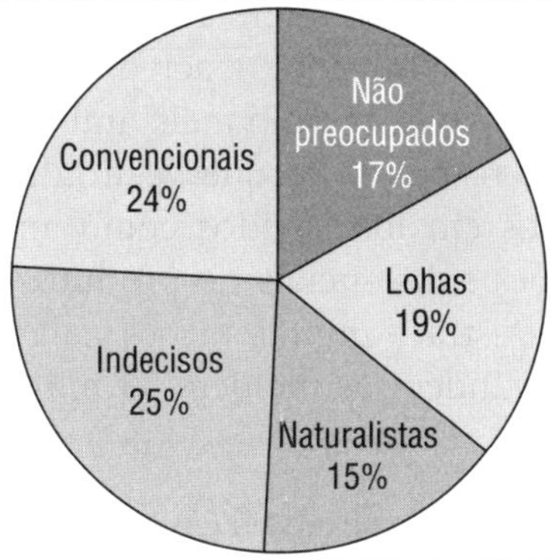

FIGURA 5.5

Segmentos de marketing verde do Natural Marketing Institute.
Fonte: Lohas Consumer Segments From Natural Marketing Institute.

Os consumidores Lohas fornecem uma visão progressiva sobre o futuro da mudança social, ambiental e econômica em vários mercados no mundo inteiro. Setenta e três por cento compram produtos de papel reciclado e 71% compram produtos de cuidado pessoal naturais ou orgânicos.[25] Pagam mais para obter alimentos produzidos sem agrotóxicos e querem que seus carros sejam mais econômicos. Embora o rótulo de cultural criativo descreva esse grupo como de contracultura, suas preferências de compras refletem muitas das marcas mais populares. A análise Lohas de 2006 indicou que esses consumidores sentiram que Microsoft, Whole Foods, Kellogg's, McDonald's, Home Depot, Disney, United Parcel Service, Coca-Cola, Starbucks e Pepsico se classificaram melhor em seus esforços de sustentabilidade e ambiental. Assim, esses consumidores reconhecem os esforços de marketing verde de algumas das maiores marcas de consumo. Além disso, a lista dessas marcas mostra que essas empresas têm feito um bom trabalho em integrar e comunicar os esforços de sustentabilidade para os consumidores.[26]

A NMI ainda separa esse grupo em dois segmentos.[27] Os *líderes* Lohas são pioneiros e formadores de opinião para produtos e conceitos que enfatizam iniciativas saudáveis ou verdes. São os primeiros candidatos em um mercado a adquirir produtos sustentáveis novos e inovadores. Em contrapartida, os *seguidores* Lohas são mais moderados em suas preferências por produtos verdes. Como os líderes, entretanto, são consumidores de ponta na maioria das situações de compra.

Naturalistas Este segundo segmento de mercado se refere a consumidores principalmente preocupados com a saúde pessoal e o bem-estar. Sua preferência por produtos alimentares e bebidas é motivada principalmente por uma forte ênfase na saúde, e não uma ênfase ambiental. Apesar de esses consumidores saberem que as empresas devem ser ambientalmente conscientes, eles não são politicamente comprometidos com o movimento ambientalista e, geralmente, não são levados a comprar bens duráveis ecologicamente corretos. Os naturalistas representam 17% dos lares americanos (38 milhões de pessoas).

Convencionais O maior segmento na análise NMI inclui 58 milhões de adultos, ou 26% da população adulta. Como esses indivíduos são práticos e gostam de ver os resultados de sua ação, é provável que reciclem e preservem energia.[28] Reconhecem o valor na compra de produtos que economizam dinheiro em longo prazo, mas os méritos ecológicos de consumo não são de extrema importância em sua tomada de decisão.[29]

Indecisos A categoria de indecisos se refere aos consumidores que não estão altamente preocupados com o meio ambiente, e acreditam que os problemas acabarão sendo resolvidos. Suas preocupações com o meio ambiente estão focadas nas coisas que lhes dizem diretamente respeito. Porque veem a sustentabilidade como uma tendência, querem ser vistos em locais tidos como ambientalmente conscientes, embora não façam aquisições substanciais de produtos verdes. Eles são um pouco sensíveis a preço e demonstram muitas razões pelas quais não fazem escolhas ambientalmente corretas. Os indecisos incluem 54 milhões de pessoas, ou 24% do mercado americano adulto.

Não preocupados O grupo final na análise NMI é o grupo que tem outras prioridades que não o meio ambiente e a sociedade. Não estão conscientes de escolhas de produtos verdes e, geralmente, não estão dispostos a descobrir tais informações. Esses consumidores compram com base na conveniência, preço, qualidade e valor, com pouca consideração pelas ações de empresas que comercializam os produtos. Trinta e seis milhões de adultos norte-americanos, representando 16% da população, estão neste segmento de mercado.

A segmentação de negócios de marketing varia um pouco das estratégias disponíveis na esfera do consumidor. Embora a geografia possa ser usada como base para distinguir entre os grupos, análises psicográficas e de estilo de vida não se traduzem bem para o marketing empresarial.[30] Uma forma de segmentação usada com frequência nos mercados de negócios é a **segmentação por benefícios**, que se refere à delimitação dos segmentos com base nos benefícios que os compradores esperam derivar de uma compra. Assim, os requisitos do caminhão de entrega para floristas e lavanderias podem ser semelhantes, apesar das diferenças de sua respectiva clientela.

Uma base relacionada com o desenvolvimento de segmentos de mercado de negócios é o tipo de indústria. Em geral, os benefícios pretendidos pelos compradores em um mesmo setor podem ser muito semelhantes. Na América do Norte, o **Sistema Norte-Americano de Classificação Industrial (Naics – North American Industry Classification System)** emprega um sistema hierárquico de codificação de seis dígitos para classificar toda a atividade econômica em 20 setores da indústria. O Naics é o padrão usado por agências federais de estatística para classificar os estabelecimentos comerciais com a finalidade de coletar, analisar e publicar dados estatísticos relativos à economia empresarial americana.[31] O Naics foi desenvolvido pelo Comitê de Política de Classificação Econômica Americana (CCEP), o Statistics Canada e o Instituto Nacional de Estatística, Geografia e Informática do México como um meio de facilitar a comparação das estatísticas das empresas entre os três países da América do Norte.[32] Todo esforço é feito para tornar o Naics compatível com o Padrão Industrial de Classificação de todas as Atividades Econômicas, da Organização das Nações Unidas (ONU).[33]

O Naics foi desenvolvido com base no agrupamento de unidades de produção que utilizam processos de produção iguais ou semelhantes. Cinco setores são principalmente setores de produção de bens e 15 setores são totalmente de produção de serviços. Essa estrutura hierárquica de seis dígitos permite a identificação de 1.170 indústrias em relação às 1.004 encontradas no Standard Industrial Classification (SIC). Ao desenvolver o Naics, os governos dos EUA, Canadá e México concordaram que os códigos de cinco dígitos representariam os níveis em que o sistema é comparável entre os países. O sexto dígito permite que cada país tenha um detalhe adicional (como subdivisões da categoria de cinco dígitos).[34] Por exemplo, existe o Naics para as revendas norte-americanas de carros novos:

Naics	Descrição
44	Setor de varejo
441	Varejo: veículos e peças automotivas
4411	Varejo: concessionárias de automóveis
44111	Varejo: concessionárias de automóveis novos
441110	Varejo: concessionária norte-americana de automóveis novos

Dentro dos setores do Naics, as análises de nível industrial estão sendo desenvolvidas para identificar as melhores práticas, e muitas dessas práticas incluem considerações de sustentabilidade. Essas análises em nível industrial estão sendo desenvolvidas para muitas indústrias descritas nos próximos capítulos, abordando fabricação, serviços e transporte. Por exemplo, a indústria da saúde tem sido muito ativa na busca da sustentabilidade. Esse campo desenvolveu um *Green guide for health care* (Guia verde de cuidados com a saúde), que identifica os processos sustentáveis e verdes que permitem aos hospitais melhorarem o desempenho financeiro e a satisfação do paciente, proteger a saúde, atrair e reter pessoal e reduzir as emissões de combustíveis fósseis.[35] Organizações que compreendem essas múltiplas facetas da sustentabilidade podem desenvolver estratégias adaptadas a cada conjunto de exigências associadas ao marketing verde.

O entendimento das várias facetas da sustentabilidade dentro de uma indústria pode ser adicionado ao **quadro de compras organizacionais** para isolar segmentos de mercado. Esse quadro descreve o processo de compra organizacional com base no tipo de compra e no estágio do processo de compra.[36] O tipo de compra pode ser uma nova tarefa, uma recompra modificada de uma compra anterior ou uma recompra direta de um produto adquirido anteriormente. As empresas ou estabelecimentos de saúde que estão fazendo seu investimento inicial em tecnologias sustentáveis irão variar significativamente em suas preferências, em comparação às empresas que têm repetidamente comprado essas tecnologias. Os estágios do processo de compra incluem o reconhecimento, a definição e a descrição da necessidade; a identificação dos fornecedores; a solicitação de proposta; a avaliação e seleção; os procedimentos de pedido; e a revisão. As empresas que estão apenas começando a identificar as questões de sustentabilidade são substancialmente diferentes das empresas que já fazem pedidos para tecnologias sustentáveis.

Uma faceta da definição de marketing de negócios que está em contraste com o marketing de consumo é o **marketing reverso.** *Marketing reverso* se refere aos esforços proativos dentro da empresa para identificar fornecedores ou vendedores potenciais de produtos.[37] Em contraste com os mercados consumidores, nos quais a necessidade do comprador pode ser difícil de ser estabelecida, em um contexto de marketing reverso as necessidades do comprador são claras. Assim, os vendedores podem usar essa informação para categorizar um comprador em um segmento de mercado.

A Figura 5.6 fornece os Critérios de Sustentabilidade do Vendedor do Walmart de 2009, utilizados para avaliar os potenciais vendedores para esse gigante do varejo. Os critérios de sustentabilidade podem ser usados inicialmente para classificar o Walmart como uma empresa com interesse substancial na atividade de marketing verde. Dada a dimensão da empresa, no entanto, os critérios de sustentabilidade também oferecem a oportunidade de se classificar os fornecedores com base em seu envolvimento em energia, alterações climáticas, eficiência dos materiais e utilização de recursos naturais e com a comunidade.

Os segmentos de mercado identificados pela Roper Starch e pela NMI na definição de consumidor e de critérios caracterizados no contexto de marketing de negócios fornecem pontos de partida para pessoas que pretendem aumentar as compras de produtos sustentáveis. Esses estudos ressaltam uma observação feita com frequência na análise de produtos de marketing verde: embora muitos consumidores venham a reconhecer os méritos dos produtos verdes, esse reconhecimento não é incorporado em muitas das decisões de compra. Assim, cabe ao comerciante compreender as motivações subjacentes à tomada de decisão do consumidor. É essencial identificar os nichos de mercado e estimar seu tamanho. Quando a empresa tiver identificado esses segmentos, poderá começar a priorizar os mercados-alvo potenciais.

Energia e clima

1. Você já mediu suas emissões corporativas de gases do efeito estufa?
2. Optou por relatar suas emissões de gases do efeito estufa para o Carbon Disclosure Project?
3. Qual é seu total anual de emissões de gases do efeito estufa notificado no ano mais recentemente medido?
4. Definiu publicamente metas de redução de gases do efeito estufa? Se positivo, quais são as metas?

Eficiência material

1. Se medida, por favor, informe a quantidade total de resíduos sólidos gerados a partir das instalações que produzem o(s) produto(s) para o Walmart no ano mais recente.
2. Definiu publicamente metas de redução de resíduos sólidos? Se positivo, quais são as metas?
3. Se medida, por favor, informe a quantidade total de água utilizada nas instalações que produzem o(s) produto(s) para o Walmart no ano mais recente.
4. Definiu publicamente metas de redução de uso da água? Se positivo, quais são as metas?

Recursos naturais

1. Já estabeleceu diretrizes de sustentabilidade de compra publicamente disponíveis para seus fornecedores diretos, abordando questões como o cumprimento da legislação ambiental, as práticas de emprego e de segurança do produto/ingrediente?
2. Já obteve certificações de terceiros para qualquer um dos produtos que você vende para o Walmart?

Pessoas e comunidade

1. Sabe a localização de 100% das instalações que produzem o(s) seu(s) produto(s)?
2. Antes de iniciar uma relação comercial com um parque fabril, você avalia a qualidade e capacidade para a produção?
3. Existe em sua empresa um processo de gestão de produção em conformidade social?
4. Trabalha com sua base de fornecimento para resolver os problemas encontrados durante as avaliações de conformidade social e também documenta correções e melhoramentos específicos?
5. Investe em atividades de desenvolvimento comunitário nos mercados onde você prospecta e/ou opera?

FIGURA 5.6

Critérios de Sustentabilidade do Walmart.

Fonte: Material Handling Management (2009), "Wal-Mart's 15 Questions," WalMart.

C Mercado-alvo

Após a análise inicial dos segmentos de mercado, é essencial que a empresa selecione um subconjunto do mercado. Um *mercado-alvo* se refere a um subgrupo do mercado total selecionado como ponto focal para o mix de marketing.[38] Independentemente de como a segmentação foi criada, a empresa deve selecionar um ou mais alvos como a base para uma campanha de marketing.

Uma das principais considerações para a seleção de um mercado-alvo é a capacidade das empresas em satisfazer as necessidades do segmento. Servir um mercado exige que a empresa faça investimentos consideráveis, que são muitas vezes específicos para as necessidades do segmento de mercado. Se a empresa possui os recursos para satisfazer as necessidades do segmento de mercado, é lógico que a empresa considere esse grupo um alvo potencial. Por exemplo, o investimento constante em algodão orgânico da Patagonia lhe permitiu satisfazer as necessidades dos consumidores com fortes preferências por roupas que contenham componentes ecologicamente corretos. Em alguns casos, no entanto, as organizações não conseguem justificar o investimento necessário para satisfazer às necessidades do segmento de mercado. Assim, uma empresa aérea pode reconhecer que os consumidores NMIs e Lohas poderão responder favoravelmente a jatos operados com óleo vegetal, mas a empresa pode não ter a capacidade de modificar toda sua frota para atender os anseios desse segmento de mercado.

Uma segunda consideração na escolha de um mercado-alvo é o tamanho de um segmento de mercado. Em geral, um grande grupo pode ser mais facilmente justificado como um alvo por causa da enorme quantidade de consumo. Quando os grupos ficam maiores, entretanto, a segmentação do mercado não oferece muita vantagem. Assim, os esforços para comercializar para toda a indústria de restaurantes têm maiores chances de serem infrutíferos em razão da falta de consideração com os vários padrões de compra e de consumo em todo o grupo. O tamanho do grupo deve ser avaliado em relação à quantidade de consumo dentro dele. Embora possa haver menos usuários da tecnologia dos motores de emissões, o nível de consumo massivo faz que muitas empresas busquem esse mercado-alvo.

Não é de se surpreender que o potencial de crescimento em um segmento de mercado é também uma consideração ao selecionar mercados-alvo. A pesquisa periódica feita pela Roper Starch indica que o número de consumidores *verdes verdadeiros* aumentou drasticamente ao longo dos últimos anos. Empresas como a Stonyfield, que anteciparam esse crescimento de mercado, estão bem posicionadas para atender às necessidades atuais do mercado-alvo. Da mesma forma, os desenvolvedores de combustíveis automobilísticos alternativos buscam o mercado de automóveis principalmente pelo potencial de crescimento, em vez da demanda atual. À medida que a volatilidade nos preços do petróleo aumenta, o interesse dos consumidores em alternativas também aumenta.[39]

Além dos recursos da empresa, do tamanho do mercado e do potencial de crescimento, as empresas devem também direcionar grande parte de sua atenção à concorrência. Conforme o número de concorrentes de um mercado aumenta, o potencial para atender ao mercado vai ficando comprometido. Concorrentes de grande porte podem ser capazes de dedicar recursos consideráveis para o mercado, impedindo que uma empresa menor compita de forma eficiente. Por exemplo, alguns questionam se a Tesla, a montadora do Vale do Silício, pode competir favoravelmente tendo em conta a capitalização de mercado de suas concorrentes.[40] Pequenas empresas, no entanto, podem ser capazes de se envolver em **estratégias de marketing de nicho**, nas quais servem um mercado selecionado melhor que seus concorrentes. Por exemplo, muitos agricultores locais estão tirando proveito da capacidade de servir o mercado local que seus concorrentes multinacionais não conseguem atender com alimentos frescos.[41]

Quando se considera tanto o tamanho do mercado quanto o cenário competitivo, é possível identificar diversas oportunidades de contraste para atender um mercado-alvo. A Figura 5.7 destaca quatro potenciais estratégias de marketing verde que variam em função do tamanho do mercado verde e da capacidade de se diferenciar com base no fator verde do produto. A estratégia **verde magra** se refere a uma situação na qual o tamanho do mercado verde é modesto e a empresa tem capacidade limitada de se diferenciar com base nas características verdes de seus produtos. As empresas nessa categoria provavelmente exercem responsabilidade social corporativa, mas não divulgam essa ação. Por exemplo, 2% do algodão utilizado pela Levi Strauss é orgânico.[42] Como poucos consumidores no mercado de jeans valorizam produtos verdes e esse compromisso com a sustentabilidade pode ser replicado, a estratégia é reduzir a ênfase em produtos verdes. Essa posição competitiva leva a uma estratégia de marketing verde magra. Além disso, a divulgação dos esforços da Levi's de ser verde poderia gerar críticas substanciais de que com 2% de seu abastecimento, a empresa não fez muito para promover a sustentabilidade. É provável que as empresas que enfrentam esse ambiente competitivo não sejam capazes de se envolver em uma estratégia de preços que pede que consumidores paguem mais por produtos que sejam sustentáveis.

A estratégia **verde defensiva** é uma situação em que o mercado de produtos verdes é grande, mas a capacidade de diferenciação com base no mérito ecológico do produto é baixa. Por exemplo, na indústria de água engarrafada, muitas das marcas voltam sua atenção para consumidores com foco na saúde e no meio ambiente.[43] Os produtos desse setor foram escolhidos pela pegada de carbono do movimento de água em vários continentes e pela quantidade de garrafas de água em aterros sanitários. Consequentemente, muitos dos comerciantes desses produtos têm se alinhado com causas ambientais.[44] Assim, esse mercado é altamente sensível ao meio ambiente, mas é muito difícil estabelecer uma oferta de produto como ecologicamente superior aos outros. Com relação aos concorrentes Pepsi Aquafina e Dasani, da Coca-Cola, a Nestlé usa uma estratégia de preços baixos para tornar a marca Pure Life competitiva no mercado americano.[45]

A estratégia **verde sombreada** se refere ao mercado no qual a demanda por produtos ecologicamente sensíveis é baixa, mas há uma oportunidade significativa de diferenciação com base na viabilidade ecológica de um produto. Por exemplo, o mercado de automóveis híbridos representa cerca de 3% das vendas de veículos novos nos EUA. Como a demanda é relativamente baixa, os comerciantes muitas vezes escolhem se concentrar em outros méritos de seu produto em vez de seus benefícios ambientais. Assim, a estratégia *encobre* os méritos ecológicos do produto, em deferência a outros benefícios que os consumidores obtêm do consumo. É essencial para o comerciante desses produtos ter uma ampla compreensão do valor total procurado pelo consumidor. Por exemplo, o automóvel Prius, da Toyota, é em partes ecologicamente correto, mas a comercialização desse produto se concentra na eficiência de combustível do automóvel em relação à concorrência. Estratégias promocionais utilizadas pelas empresas nesse ambiente competitivo não privilegiam o mérito ecológico do produto, mas se concentram em questões de eficiência. Além disso, estratégias de preços enfatizam o custo total das operações e não apenas o custo da compra do produto. O valor de uso ao longo de sua vida útil é de fundamental importância para a estratégia de marketing. Assim,

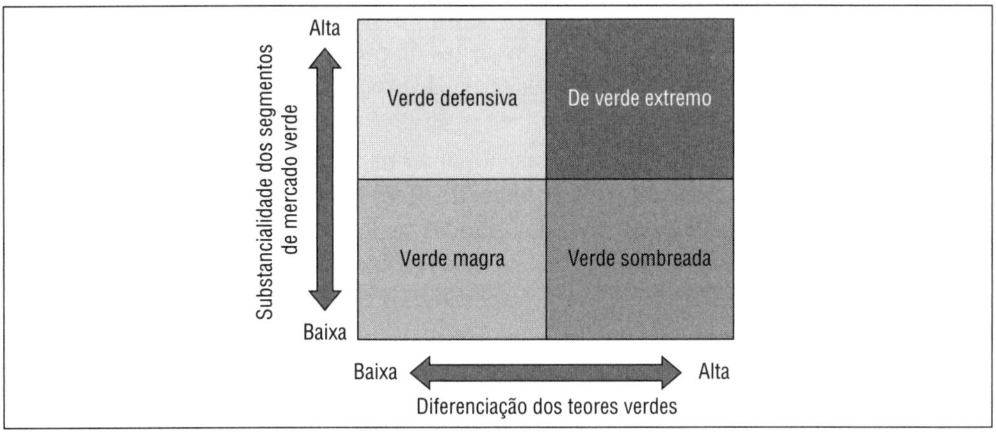

FIGURA 5.7

Matriz estratégica de marketing verde.

Fonte: MIT Sloan Management Review. © 2004 by Massachusetts Institute of Technology. Todos os direitos reservados. Distribuído por Tribune Media Services.

a comercialização de produtos com o selo Energy Star enfatiza a redução de custos ao longo do tempo e não somente no momento da compra.

A estratégia de **verde extremo** se refere a um contexto competitivo em que a demanda por produtos verdes é grande e a capacidade de diferenciação com base no teor verde do produto também é grande. As marcas nessa categoria são, muitas vezes, iniciadas com um forte desejo de promover e fomentar a sustentabilidade.[46] Empresas que enfrentam esse cenário competitivo oferecem produtos com preços *premium*, mas o valor ao longo da vida útil do produto é enfatizado nas campanhas de marketing. Por exemplo, os produtos orgânicos da empresa Patagonia, que comercializa equipamentos e vestuário para o ar livre, muitas vezes têm preços mais altos que os produtos alternativos.[47] Estratégias de preço enfatizam como a empresa investe na melhoria do meio ambiente. O fundador da Patagonia, por exemplo, reverteu 1% das vendas para o programa Planet. Os participantes desse programa se comprometem a fornecer 1% das vendas líquidas para causas ambientais.[48] Empresas como a Patagonia podem recorrer a esstas estratégias de preço porque o mercado para produtos ambientalmente corretos é grande, e sua oportunidade de se destacar da concorrência é apreciável.

D Posicionamento de mercado

A terceira fase do marketing STP é o tempo durante o qual a empresa desenvolve uma estratégia de posicionamento. A estratégia de posicionamento se refere ao desenvolvimento do mix de marketing para produzir um apelo distinto ao segmento-alvo. Uma vez que a empresa identificou de maneira efetiva o mercado e seus segmentos, a posição de mercado deve fluir naturalmente. Assim, a Body Shop se posiciona como uma empresa que apoia a autoestima, o comércio justo, a ecologia, os direitos humanos e os testes humanitários de produtos.[49] Estratégias de posicionamento eficientes devem conter vários elementos.[50] Primeiro, a organização deve estar comprometida com a criação de um valor substancial para o consumidor. A Body Shop desenvolveu uma linha de cosméticos que não dependem de testes em animais e tem feito grandes esforços para desenvolver produtos de forma mais humana. Os consumidores do grupo Lohas tendem a favorecer tais produtos e estão dispostos a pagar mais para adquiri-los. É importante observar que a experiência de compra deve refletir esse compromisso com testes de produtos sem crueldade. Note que essa posição contrasta com as estratégias de testes de produtos tradicionalmente utilizados pelos principais concorrentes nesse setor.

Um aspecto vital da estratégia de posicionamento é que o valor oferecido ao consumidor deve ser significativo para o mercado-alvo. Por exemplo, o dispositivo de transporte de duas rodas Segway ofereceu grandes benefícios ecológicos para os consumidores, mas sua operação e preço iniciais não resultaram em uma proposta de valor significativa para muitos deles.[51] Em contrapartida, os computadores ultraportáteis, tais como o MacBook Air, foram recentemente introduzidos. Ele oferece simplicidade e mobilidade, juntamente com um projeto ecologicamente correto que permite que a Apple aumente sua participação no mercado do computador pessoal.[52]

A estratégia de posicionamento que a empresa seleciona deve ser consistente ao longo do tempo e ser internamente consistente. A consistência interna é alcançada quando todos os membros da organização e cada mensagem associada refletem a posição distinta que a marca ocupa aos olhos do mercado-alvo. A Starbucks enfatiza o clima da experiência de compra do café em todas as suas lojas e promoções. Os colaboradores são treinados para apreciar as questões de comércio justo e produtos orgânicos, elementos essenciais do valor que a empresa oferece aos consumidores.[53] Um fator relacionado é que a empresa deve ser coerente com sua mensagem ao longo do tempo. Por exemplo, a Volvo construiu uma reputação de automóveis seguros por meio de um compromisso prolongado com a pesquisa, o desenvolvimento e estratégias de comunicação que enfatizam a segurança. Marcas como a Starbucks, que esperam enfatizar a natureza orgânica e saudável de seus produtos, devem oferecer um compromisso prolongado a um mercado de produto.

A estratégia de posicionamento também deve ser simples e distinta. Embora as ofertas de produtos de uma empresa possam se basear em tecnologias altamente sofisticadas, os consumidores e compradores industriais fazem compras para satisfazer suas necessidades. A empresa que consegue efetivamente transformar a mensagem de seu produto em uma ideia simples está prestes a capturar uma parcela substancial do mercado-alvo. Em 2008, a Clorox lançou a linha de produtos de limpeza Clorox Green Works, que incluiu o sabão líquido para roupas Green Works Natural, os panos de limpeza Green Works Natural, o removedor de manchas Green Works, o detergente líquido Green Works Natural e outros produtos domésticos de limpeza. Esses produtos foram reconhecidos pelo programa Design for Environment (DfE) da Agência de Proteção Ambiental norte-americana por seu uso de produtos químicos de ingredientes ecologicamente corretos.[54] A lógica simples ligando estes produtos ecologicamente corretos para limpeza resultou na marca que está sendo classificada como a marca norte-americana mais verde em uma pesquisa de 2009, concluída pela agência de publicidade WPP e um consórcio de empresas de marketing e consultoria.[55] A marca Clorox Green Works foi capaz de conquistar a participação de mercado porque a mensagem de sustentabilidade é facilmente comunicada aos consumidores. Além disso, o produto se destaca como ecologicamente correto em um mercado de produtos químicos domésticos que não é conhecido por seus apelos ambientais.

Temas de posicionamento eficaz

Quando a estratégia de posicionamento é simples e distinta, ela ajuda a organização a tomar decisões internas que trazem valor para os consumidores e ainda permite à empresa desenvolver uma estratégia de comunicação focada.[56] A abordagem do marketing

STP, portanto, permite à empresa gerar temas de posicionamento viáveis no mercado. É essencial que a organização estabeleça uma única ideia para o tema de posicionamento. Por exemplo, a Clorox Green Works leva a noção que seus produtos são limpos e ecologicamente seguros. A seleção dessa premissa única deve ser feita em conjunto com as necessidades do mercado-alvo. Se o segmento-foco são os consumidores Lohas, eles estão inclinados a comprar com base na premissa de que um produto ofereça benefícios ambientais. Nesses casos, a estratégia de empresas como a Ben & Jerry's, que regularmente investe na redução de carbono e em produtos de energia alternativa, é saliente e significativa para o consumidor. Em contraste, a Nike continua a comercializar a marca de calçados Considered, mas a ênfase em marketing é atlética, em vez de em seu desempenho ambiental. Assim, a determinação da ideia simples para ser apresentada na comunicação deve considerar o mercado-alvo.

Três estratégias gerais para um tema de posicionamento incluem: benefício, usuário e posicionamento competitivo. **Posicionamento benéfico** se refere à ênfase no retorno funcional, emocional ou autoexpressivo a partir do consumo de um produto. Uma vez que os benefícios são a base para a maioria das compras, é importante, em muitos mercados concentrar-se nos retornos derivados do consumo. Por exemplo, o *benefício funcional* de equipamentos com eficiência em energia é o consumo reduzido de combustível e menores custos percebidos ao longo da vida útil do produto (Figura 5.8). Muitos produtos verdes podem não ser adquiridos por suas funções, mas sim pelos benefícios emocionais. Assim como os passageiros de companhias aéreas podem investir em seguros de voo para aliviar as preocupações sobre a segurança do transporte aéreo, eles também podem equilibrar a influência ambiental de suas viagens por meio da compra de serviços com redução de carbono. Em muitos casos, a compra de créditos de redução de carbono fornece um *benefício emocional* aos consumidores. O *benefício da autoexpressão* aborda a forma com que o produto influencia a apresentação do indivíduo a terceiros. Por exemplo, a categoria de consumidores indecisos representa um segmento que geralmente não se preocupa com o meio ambiente. Porque veem a sustentabilidade como uma tendência, os indecisos querem ser vistos em locais tidos como ambientalmente conscientes, embora não façam aquisições substanciais de produtos verdes. Assim, mercearias tais como a Trader Joes podem atrair o interesse desses consumidores que querem estar associados às tendências atuais.

Posicionamento do usuário é a segunda base para o tema de posicionamento. Nesse tema de posicionamento, o profissional de marketing desenvolve o perfil de um usuário-alvo específico como foco da estratégia de posicionamento. Por exemplo, os anúncios dos tapetes Woolshire que mostram uma família posando em um cenário natural destacam o estilo de vida do mercado-alvo (Figura 5.9). Tais anúncios procuram tornar o uso de tapetes Woolshire coerente com o estilo de vida do mercado-alvo.

O terceiro tema fundamental de posicionamento é o **posicionamento competitivo,** que se refere diretamente à concorrência, a fim de esclarecer os benefícios de uma marca. Em muitos casos, as empresas que desenvolveram produtos relativamente ecologicamente corretos comparam as características verdes de suas ofertas com as da concorrência. Por exemplo, a Figura 5.10 reproduz um anúncio da Kyocera, que enfatiza a redução dos custos operacionais e o impacto ambiental de suas impressoras Ecosys em relação à concorrência.

A proposição de valor

No final do processo de posicionamento, a empresa está em condições de anunciar a **proposição de valor** de uma marca. A proposição de valor é uma declaração dos benefícios emocionais, funcionais e de autoexpressão fornecidos por uma marca que agrega

FIGURA 5.8

Propaganda da Associação de Eletricidade do sul do Mississippi exemplificando o posicionamento de benefícios.

Fonte: © Courtesy South Mississippi Electric, www.smepa.coop.

TRADUÇÃO DA IMAGEM: A eletricidade mais verde é aquela não utilizada.

A demanda de energia elétrica continua crescendo, o que exigirá a construção de novas usinas em um futuro próximo. O uso inteligente de energia pode ajudar a compensar algumas de nossas necessidades imediatas, e as escolhas que você fizer agora podem realmente reduzir seu uso. Instale lâmpadas CFL. Selecione aparelhos eletricamente eficientes. Não podemos adiar todas as necessidades e crescimento, mas nada pode ser mais verde que a energia não utilizada.

© Copyright 2008 South Mississippi Electric Power Associatio

FIGURA 5.9

Propaganda dos tapetes Woolshire Carpet Mills exemplificando o posicionamento do usuário.

Fonte: Cortesia da Woolshire Carpet Mills, Inc.

TRADUÇÃO DA IMAGEM: Faça uma escolha para o mundo... Escolha a lã..

FIGURA 5.10

Propaganda da Kyocera exemplificando o posicionamento competitivo.

Fonte: MIT Sloan Management Review. © 2004 by Massachusetts Institute of Technology. Todos os direitos reservados. Distribuído por Tribune Media Services.

TRADUÇÃO DA IMAGEM: Impressora típica Impressora Kyocera

Com medo de olhar para o quanto suas impressoras realmente custam? Faça a escolha certa.

ECO-nominal. ECO-lógica

Impressoras ECOSYS da Kyocera.

Quanto sua empresa gastou com impressão no mês passado? E no ano passado? Em sua empresa, como a maioria, o gasto é provavelmente alto demais. Mudar para as impressoras ECOSYS da Kyocera pode salvar centenas, até mesmo milhares de dólares por ano para sua empresa. Isso porque o consumo durável da Kyocera significa menor desperdício e redução de custos – além da redução dos impactos sobre o meio ambiente. Cores brilhantes, preto e branco nítidos, baixo custo total de propriedade e ecologicamente correta. Isso é que é uma escolha inteligente.

ECOSYS®

Visite nosso TCO Tracker no www.kyoceramita.com.

Calcule seu custo hoje. Economize amanhã.

KYOCERA

Fonte: © *Kyocera Mita America, Inc.*

valor para os consumidores em um mercado-alvo.[57] A proposição de valor é fundamental para o sucesso contínuo da empresa, pois essa proposição é a base para a escolha da marca e fidelidade do consumidor a ela. Por exemplo, a proposição de valor da Whole Foods' enfatiza que eles vendem alimentos orgânicos, naturais e saudáveis para os consumidores que são apaixonados por comida e meio ambiente.[58]

Para que a empresa desenvolva uma proposta de valor que ressoe no mercado, é importante avançar com o marketing STP para chegar a uma proposição de valor. Note que o marketing STP ocorre ao longo do tempo; os participantes no processo de desenvolvimento da estratégia podem mudar com as necessidades do mercado consumidor. Uma proposição de valor cuidadosamente selecionada fornece um direcionamento para a empresa, o que leva à tomada de decisões estratégicas. É importante notar que se os benefícios derivados dos produtos excedem o preço relativo de outras marcas, então há potencial para o sucesso. Se o preço relativo excede os benefícios percebidos com a marca, o potencial de sucesso para uma marca é limitado. Igualmente importante, o desenvolvimento da proposição de valor deve considerar a extensão na qual os consumidores pesam o retorno ecológico, relacional e econômico no que tange o custo do produto. Quando cada faceta da sustentabilidade está incorporada ao desenvolvimento da proposta de valor, há maior potencial para atender às necessidades do mercado-alvo com sucesso.

RESUMO

A Introdução

O objetivo deste capítulo foi descrever as facetas do processo de segmentação de mercado. Inicialmente, delineamos os elementos da estrutura de posicionamento do alvo de segmentação. O processo de segmentação envolve a divisão de um mercado em segmentos distintos ou subconjuntos de clientes que têm necessidades semelhantes ou se comportam da mesma maneira. Após a empresa identificar os segmentos em um mercado, ela se dedica a um marketing dirigido, caracterizado por esforços para atender um segmento selecionado dentro do mercado. Depois que a empresa escolheu um mercado-alvo, ela estabelece uma estratégia de posicionamento em que o mix de marketing é criado para produzir um recurso distinto para o segmento-alvo. A abordagem de posicionamento é projetada para refletir os valores desejados pelos consumidores no mercado-alvo.

B Segmentação de mercado

A segmentação permite às empresas identificar grupos de consumidores com necessidades semelhantes e analisar as características e comportamentos de compra dos membros desses grupos. Os segmentos identificados no mercado devem ser substanciais, identificáveis e mensuráveis, bem como acessíveis e receptivos para o comerciante. Dois métodos comuns de segmentação incluem a classificação com base na geografia e na demografia. Os analistas de marketing verde também classificaram consumidores com base psicográfica e comportamentos do consumidor.

C Mercado-alvo

Mercado-alvo se refere ao subgrupo do total do mercado selecionado como o ponto focal para o mix de marketing. A identificação de um mercado-alvo exige a consideração da capacidade da empresa de satisfazer o mercado, bem como o tamanho do alvo e o nível de concorrência. A análise simultânea de tamanho do mercado e da concorrência fornece as abordagens: verde defensiva, verde sombreada, de verde extremo e verde magra para o mercado-alvo.

D Posicionamento de mercado

A *estratégia de posicionamento* se refere ao desenvolvimento do mix de marketing para produzir um apelo distinto ao segmento-alvo. Três estratégias gerais para um tema de posicionamento incluem benefício, usuário e posicionamento competitivo. *Posicionamento benéfico* se refere à ênfase no retorno funcional, emocional ou autoexpressivo a partir do consumo de um produto. O *posicionamento do usuário* é um tema no qual o profissional de marketing desenvolve um perfil de um usuário-alvo específico como foco da estratégia de posicionamento. O *posicionamento competitivo* se refere a uma referência direta à concorrência, a fim de destacar os benefícios da própria marca da empresa. No final do processo de posicionamento, a empresa está em condições de anunciar a proposta de valor de uma marca. A proposição de valor é uma declaração dos benefícios emocionais, funcionais e autoexpressivos, emitida por uma marca que agrega valor para consumidores em um mercado-alvo. ”

PERGUNTAS

1. Por que é necessário que a empresa analise o mercado por segmentos e metas?
2. Quais são os elementos de marketing STP?
3. Quais são os critérios para se determinar os segmentos de mercado?
4. Descreva quatro tipos de segmentação de mercado usados por empresas de marketing verde.
5. Que conhecimentos a pesquisa Roper Starch Worldwide fornece?
6. O que é Lohas? Contraste o Lohas com outros segmentos de mercado identificados pelo Natural Marketing Institute.
7. Que critérios são utilizados para selecionar os mercados-alvo?
8. Como o tamanho do segmento do mercado e o nível de concorrência influenciam a seleção do mercado-alvo?
9. Descreva os temas de posicionamento.
10. Qual é a importância da proposição de valor?

NOTAS FINAIS

[1] Wedvert. Seaside Oasis. Disponível em: Disponível em: <http://portovert.com/node/1413>. Acesso em: 3 maio 2010.

[2] Lohas Online. About Lohas. Disponível em: <http://www.lohas.com/about.html>. Acesso em: 3 maio 2010.

[3] Navarro, Mireya. How green was my wedding, *The New York Times*, 11 fev. 2007, p. 1.

[4] Lamb, Charles W.; Hair, Joseph F.; McDaniel, Carl. *Marketing*. Mason, OH: Cengage Publishing, 2009. p. 671.

[5] Sangkapichai, Mana; Saphores, Jean-Daniel. Why are californians interested in hybrid cars? *Journal of Environmental Planning and Management* 52, n. 1, 2009, p. 79-96.

[6] Turrentine, Thomas S.; Kurani, Kenneth S. Car buyers and fuel economy? *Energy Policy* 35, n. 2, 2007, p. 12-13.

[7] O'Guinn, Thomas C.; Allen, Chris T.; Semenik, Richard J. *Advertising and integrated brand promotion*. Mason, OH: Thompson Higher Education, 2006. p. 781.

[8]American Marketing Association. Dictionary. Disponível em: <http://www. marketingpower. com/_layouts/Dictionary.aspx>. Acesso em: 3 maio 2010.

[9] Bennett, Peter D. *Dictionary of marketing terms*. Chicago, IL: American Marketing Association, 1988. p. 220.

[10] Ver nota 4.

[11] Robertson, G. Philip; Swinton, Scott M. Reconciling agricultural productivity and environmental integrity: a grand challenge for agriculture. *Frontiers in Ecology and the Environment* 3, n. 1, 2005, p. 38-46.

[12] Makower, Joel. *Strategies for the green economy*. New York: McGraw Hill, 2009. p. 290.

[13] Kotler, Philip; Armstrong, Gary. *Principles of marketing*. Upper Saddle River, NJ: Pearson Prentice Hall, 2008. p. 718.

[14] Rana, Jeena. Nike goes green quietly. *Business Week*, 22 jun. 2009, p. 56.

[15] Belkin, Lisa. What do young jobseekers want? (Something other than the job). *The New York Times*, 6 set. 2007, p. 2. Disponível em: <http://www.nytimes.com/2007/09/06/fashion/06Work.html>. Acesso em: 20 maio 2011.

[16] Galbraith, Kate. Governments can promote energy efficiency. *The New York Times*, 2 ago. 2009, p. 2. Disponível em: <http://www.nytimes.com/2009/08/03/business/energy--environment/03iht-green03.html>. Acesso em: 20 maio 2011.

[17] Ferrell, O. C.; Harline, Michael D. *Marketing strategy*. Mason, OH: Thompson Higher Education, 2008. p. 717.

[18] Wever, Renee; Lotgering, Sophie; Ruijs, Freya. Green marketing of consumer electronics: applying Kanos theory of attractive quality on ecodesign. Artigo de trabalho. Delft University of Technology, Holanda, 2007, p. 6.

[19] Ottman, Jacquelyn A. Know thy target. In Business, *GreenBiz.com*, nov., 2003: 30-31; Ginsberg, Jill M.; Bloom, Paul N. Choosing the right green marketing strategy. *MIT Sloan Management Review* (outono, 2004), p. 79-84.

[20] Ver nota 17.

[21] Ver nota 2.

[22] Ver nota 2.

[23] Ray, Paul H. The emerging culture. *American Demographics* 19, n. 2, 1997, p. 29-35.

[24] Everage, Laura. Understanding the Lohas lifestyle. *The Gourmet Retailer*, out. 2002, p. 82-86.

[25] Waldman, Steven. Lohasians. *Newsweek*, 2006, p. 10.

[26] Ver nota 12.

[27] Natural Marketing Institute NMI Announces Lohas Consumer Segments. Disponível em: <http://www.nmisolutions.com/lohasd_seg--ment.html>. Acesso em: 3 maio 2010.

[28] Ver nota 12.

[29] Ver nota 27.

[30] Ver nota 4.

[31] U.S. Department of Labor Occupational Safety and Health Administration. North American Industry Classification System (Naics). Disponível em: <http://www.osha.gov/oshstats/>. Acesso em: 3 maio 2010.

[32] U.S. Census Bureau. North American Industry Classification System (Naics). Disponível em: <http://www.census.gov/eos/www/naics/>. Acesso em: 3 maio 2010.

[33] United Nations Department of Economic and Social Affairs. *International Standard Industrial Classification of All Economic Activities*. New York: United Nations Publication, 2008. p. 307.

[34] U.S. Census Bureau. 2007 Naics Codes and Titles, 2007. Disponível em: <http://www.census.gov/naics/2007/NAICOD07.HTM>. Acesso em: 3 maio 2010.

[35] *Green Guide for Health Care*. Version 2.2, operations section, 2008 revision. Disponível em: <http://www.gghc.org/PilotDocsPub//2008%20GGHC%20Ops%20Revision/GGHC-Ops-08Rev--clean.pdf>. Acesso em: 3 maio 2010.

[36] Ver nota 8.

[37] Leenders, Michiel R.; Blenkhorn, David L. *Reverse marketing*: the new buyer-supplier relationship. New York: The Free Press, 1988. p. 198.

[38] Ver nota 7.

[39] Friedman, Thomas L. *Hot, flat, and crowded*: why we need green revolution – and how it can renew America. New York: Farrar, Straus and Giroux, 2008. p. 448.

[40] Welch, David. Can Tesla become a real automaker? *Business Week*, 24 jun. 2009, p. 2.

[41] Halweil, Brian; Prugh, Thomas. *Home grown*. Danvers, MA: World Watch Institute, 2002. p. 83.

[42] Ver nota 12.

[43] Behar, Hank. Let's drink to bottled water. *Beverage Aisle* 13, n. 4, 2004, p. 46.

[44] Bottled water companies adopt eco-friendly causes. *Drug Store News*, 2008, p. 33.

[45] Zmuda, Natalie. Why bottled water is not all washed up. *Advertising Age* 79, n. 45, 2008, p. 16.

[46] Ginsberg, Jill M.; Bloom, Paul N. Choosing the right green-marketing strategy. *MIT Sloan Management Review*, out. 2004, p. 79-84.

[47] Speer, Jordan K. Patagonia: shearing the edge of innovation. *Apparel Magazine* 47, n. 9, 2006, p. 44-47.

[48] One Percent for the Planet. History. Disponível em: <http://www.onepercent-fortheplanet.org/en/aboutus/history.php>. Acesso em: 3 maio 2010.

[49] The Body Shop. Our Values. Disponível em: <http://www.thebodyshop.com/_en/_ww/services/aboutus_values.aspx>. Acesso em: 3 maio 2010.

[50] Ver nota 7.

[51] Horn, John T.; Lovallo, Dan P.; Viguerie, S. Patrick. Beating the odds in market entry. *The McKinsey Quarterly*, 4, 2005, p. 35-45.

[52] Cybernetnews. Apple Computer Market Share Progress Report. Disponível em: <http://cybernetnews.com/apple-computer-market-share-progress-report/>. Acesso em: 3 maio 2010.

[53] Argenti, Paul A. Collaborating with activists: how Starbucks works with NGOS. *California Management Review* 47, n. 1, 2004, p. 91-116.

[54] Green works Presskit.com. Home. Disponível em: <http://www.greenwork-spresskit.com/>. Acesso em: 3 maio 2010.

[55] Defotis, Dimitra. Clorox isn't recession-proof, but it may be close enough. *Wall Street Journal*, 10 maio 2009, p. 2. Disponível em: <http://online.wsj.com/article/SB124190163049204003.html>. Acesso em: 20 maio 2011.

[56] Ver nota 7.

[57] Aaker, David. *Building stronger brands*. New York: Free Press, 1996. p. 400.

[58] Porter, Michael E.; Kramer, Mark R. Strategy and society: the link between competitive advantage and corporate social responsibility. *Harvard Business Review*, dez. 2006, p. 78-101.

capítulo 6

Comunicando Valor por meio de Programas de Marketing Integrado

OBJETIVOS DO CAPÍTULO

- **A** Introdução
- **B** Comunicação integrada de marketing
- **C** Estratégia da mensagem
- **D** *Branding* verde
- **E** Rótulos de certificação
- **F** Demarketing

PALAVRAS-CHAVE

avaliação do ciclo de vida, 153
avaliação do inventário do ciclo de vida, 153
biodinâmica, 152
colocação do produto, 143
comunicação integrada de marketing, 132
credibilidade corporativa, 149
demarketing, 156
demarketing geral, 156
demarketing ostensivo, 156
demarketing seletivo, 156

A Introdução

Calçados e roupas Merrell

Em 1981, a Merrell Calçados apresentou as botas de cowboy Randy Merrell como sua bota original. Desde aquela época, a empresa evoluiu consideravelmente, mas sua mensagem tem sido sempre a de incentivar a população a sair e desfrutar o ar livre. Os calçados oferecidos por essa empresa cresceram de botas de cowboy para botas de caminhada, sandálias, chinelos, e calçados variados para homens, mulheres e crianças. A empresa também lançou com sucesso as linhas de vestuário para homens e mulheres, além de mochilas, bolsas e acessórios. Como parte dos esforços da empresa para incentivar e equipar a atividade ao ar livre, a Merrell apoia a Fundação Parque Nacional, o Appalachian Trail Conservancy, a Sociedade Norte-Americana de Caminhadas, a Bay Area Wilderness Training, a Aliança de Conservação, o Projeto Athena e o Youth Outdoors Legacy Fund.[1]

Uma de duas maneiras pela qual a Merrell pode aumentar suas receitas é por meio da venda de mais calçados e roupas para os clientes atuais, e a outra é por meio da venda de mais produtos para novos clientes. Alguns desses esforços se concentraram nos consumidores que passam tempo ao ar livre, mas transcorrem menos tempo desfrutando de caminhadas, *trekking* e outros esportes tradicionais ao ar livre. Em apoio a esse desejo de ampliar sua participação de mercado, a Merrell usou sua estratégia de promoção para comunicar sua participação em eventos ao ar livre, que enfatizam a necessidade de promover a sustentabilidade no consumo. Por exemplo, a Merrell se tornou o principal patrocinador do Rothbury Music Festival, em Western Michigan (Figura 6.1).

O Rothbury Music Festival é um evento musical de quatro dias com a participação de mais de 30 mil pessoas por ano nas últimas duas edições. Esse evento já incluiu a participação de grupos como String Cheese Incident, Dave Matthews Band, Snoop Dog, Keller Williams, entre outros.[2] Além das celebridades conhecidas, o Rothbury também é guiado por uma missão de sustentabilidade ambiental. O festival é dedicado a fazer um evento com a quantidade de desperdício o mais próximo a zero possível e apoia as empresas que privilegiam produtos ecologicamente corretos. O festival tenta reduzir o lixo por meio da reciclagem e substituição de produtos descartáveis por produtos biodegradáveis. A energia do festival é fornecida primariamente de fontes renováveis e usa créditos de carbono para responder pela energia que não pode ser eliminada. O festival também promove o uso do transporte público e da carona.

A Merrell desenvolveu uma série de promoções e anúncios destinados a chamar a atenção para a empresa e o Rothbury Music Festival. Antes do evento, a Merrell patrocina um **sorteio** em que os vencedores do grande prêmio recebem transporte aéreo para o festival, entrada para os quatro dias do evento, vales-presentes Merrell, material de acampamento e um pouco de dinheiro para gastar no evento. As **propagandas** antes do festival fornecem aos consumidores informações sobre a Merrell, os sorteios e o festival. Além disso, sete sorteios de vales-presentes e equipamentos para atividades ao ar livre são realizados a cada semana que antecede o festival. No Rothbury Music Festival, a Merrell marca sua presença com anúncios e materiais estrategicamente localizados em todo o evento. A loja Rothbury vende vários tipos de calçados e botas Merrell, e **displays nos pontos de venda** descrevem as vantagens desses calçados.

FIGURA 6.1

As promoções da Merrell associam a marca com o Rothbury Music Festival.

Fonte: © Romain Blanquart/Detroit Free Press/MCT/Newscom

Neste capítulo, examinaremos formas alternativas de promoção e também uma variedade de estratégias criativas. O exemplo da Merrell ilustra como as empresas comunicam o valor associado a seus produtos e marcas. As empresas que procuram promover uma mensagem de sustentabilidade usam uma variedade de mensagens promocionais e de mídia. Como muitas empresas têm objetivos diferentes em comunicação e diversos meios para distribuir seus produtos, empresas do mesmo setor podem desenvolver estratégias promocionais muito diferentes.

Lembre-se de que no último capítulo concluímos um processo para o desenvolvimento de uma proposta de valor projetado para atender às necessidades de um mercado-alvo. Neste capítulo, examinaremos uma série de estratégias que profissionais de marketing utilizam para *comunicar* o valor ao consumidor. Começamos apresentando a comunicação integrada de marketing como uma série de processos que acrescentam continuidade à estratégia de promoção. Então, identificamos uma série de estratégias de mensagens utilizadas para alcançar os objetivos alternativos na comunicação. Ilustraremos que a eficácia dessas estratégias está relacionada ao mercado-alvo, aos produtos e aos aspectos ambientais. Na próxima parte deste capítulo, exploraremos o uso de marcas e rótulos de certificação para comunicar valor. Marcas refletem um esforço por parte da empresa em ilustrar uma proposta de valor única, enquanto os rótulos de certificação refletem o esforço para que os produtos da empresa sejam distintos com base no sucesso de alguns níveis industriais ou padrões ambientais. Concluiremos com a discussão do desconsumo como uma estratégia utilizada para ilustrar o valor de se consumir menos.

B Comunicação integrada de marketing

Pense no número de propagandas que uma pessoa visualiza diariamente. Porque os consumidores são confrontados com várias mensagens de várias empresas, é essencial que os profissionais de marketing ofereçam uma mensagem consistente. Assim, empresas como a Merrell, que querem associar suas marcas com o ar livre, devem oferecer uma mensagem consistente em publicidade na internet, em revistas e na televisão. Da mesma forma, a promoção de vendas e a venda pessoal também devem refletir a mesma mensagem. **Promoção** se refere a todas as comunicações do profissional de marketing destinadas a persuadir, informar ou lembrar compradores potenciais sobre um produto, a fim de obter uma resposta ou influenciar um parecer.[3]

O **mix promocional** ou composto promocional inclui propaganda, venda pessoal, relações públicas, promoção de vendas e marketing direto. **Propaganda** se refere à forma de comunicação impessoal de massa sobre um produto ou empresa, paga por uma organização de marketing. Em contrapartida, a **venda pessoal** se refere à interação pessoal, cara a cara, com um consumidor em potencial. O esforço da equipe de vendas da Merrell para ganhar espaço de prateleira na Bass Pro Shops exemplifica a venda pessoal. **Relações públicas** envolvem o uso de publicidade e outras formas não pagas de promoção e informação para influenciar as atitudes de uma empresa, seus produtos ou os valores de sua organização. Os comunicados à imprensa e a publicidade gerada pela participação da Merrell no Rothbury Music Festival fornecem exemplos de relações públicas. **Promoção de vendas** inclui toda a ação de comunicação de marketing exceto propaganda, venda pessoal, relações públicas e marketing direto, para influenciar as compras dos consumidores e relacionamentos com intermediários nos canais de distribuição. Os sorteios desenvolvidos pela Merrell são um tipo de promoção de vendas focado no aumento de compras.

O **marketing direto** se refere aos esforços diretos para atingir um público por meio de internet, mala direta, telemarketing, ação direta da propaganda e venda por catálogo.[4] Empresas como a Merrell usam marketing direto quando enviam e-mails para convidar seus consumidores a participar de sorteios. Note que o marketing direto funciona tanto como uma forma de promoção quanto como um meio de venda a varejo. Como veremos no Capítulo 9, o varejo engloba todas as atividades diretamente relacionadas com a venda de bens e serviços ao consumidor final. O marketing direto utilizado para informar os clientes sobre uma venda futura é uma forma de promoção, pois fornece informações para potenciais compradores sobre a oportunidade de compra. Em contrapartida, a mensagem de correio eletrônico recebida pelos consumidores, pedindo que comprem uma garantia de produto ou serviço é uma atividade de varejo, pois pede que o consumidor faça uma compra. Uma vez que os profissionais de marketing podem combinar esses objetivos em um comunicado único para os consumidores, incluímos o marketing direto como um meio tanto de promoção quanto de venda a varejo.

Quando os profissionais de marketing discutem sobre o grau em que as despesas com comunicação serão aplicadas em diversas formas de promoção, é interessante que se analise os objetivos da comunicação, bem como os custos e retornos associados a cada uma de suas formas. A empresa precisa determinar os objetivos promocionais. Algumas empresas utilizam propagandas para sensibilizar e informar os consumidores da marca, mas outras usam o mix promocional para gerar vendas. Na avaliação do mix promocional, é pertinente identificar o estágio do processo de compra e os objetivos da promoção. Como a apresentação feita por um representante de vendas pode ser modificada, há maior oportunidade de se concentrar nas necessidades específicas dos consumidores no momento em que eles estão fazendo as compras. Em contrapartida, a propaganda é um meio impessoal no qual o profissional de marketing não pode fazer alterações na apresentação. Embora a eficácia da propaganda possa ser um pouco menor que a da venda pessoal quando o negócio está para ser concluído, a propaganda é mais eficaz ao ganhar a consciência do consumidor para os produtos e marcas da empresa. Em geral, a venda pessoal e a promoção de vendas são mais eficazes no momento da decisão de compra, enquanto outras formas de promoção tendem a ser mais eficazes antes e depois da compra.

Além de considerar a fase de consumo no processo de compras, os profissionais de marketing também examinam a relação entre os retornos e os custos de formas alternativas de promoção. Em 2000, o custo médio de uma chamada de venda pessoal para uma empresa de marketing industrial foi estimado em mais de 260 dólares.[5] Não só esse custo aumentou ao longo do tempo, mas a consideração das despesas tem sido ampliada para incluir os custos ecológicos. A venda pessoal não é só trabalhosa; ela muitas vezes exige também que os representantes de vendas usem quantidades substanciais de energia para passar uma mensagem para o consumidor. A propaganda é muitas vezes associada a custos substancialmente mais baixos para atingir o consumidor, e isso pode requerer relativamente pouca energia para enviar a mensagem a ele. Com a preocupação do profissional de marketing sobre o aumento do custo ambiental da comunicação, haverá, sem dúvida, um aumento na avaliação da relação entre os custos de comunicação e as receitas geradas a partir dela.

Embora as empresas devam tomar decisões difíceis sobre a alocação de recursos entre propaganda, venda pessoal, relações públicas, marketing direto e promoção de vendas, a maioria das empresas prefere ter uma mensagem comum entre os vários componentes do mix promocional. Como os consumidores estão expostos a várias promoções diariamente, as empresas acham que a resposta do consumidor às promoções é intensificada quando o mix promocional oferece uma mensagem consistente. A **comunicação integrada de marketing** se refere à coordenação entre os elementos do mix promocional para garantir a coerência da mensagem entregue em cada ponto de contato entre o consumidor e a empresa. Por exemplo, a Merrell usou uma abordagem de comunicação integrada de marketing nos dias que antecederam o Rothbury Music Festival. Os anúncios impressos em revistas e banners na internet apresentaram a marca Merrell juntamente com o logotipo do festival Rothbury. Cartazes nos pontos de venda, fornecidos por meio de canais de vendas e distribuição, utilizaram o mesmo design. Comunicados de imprensa feitos pelo departamento de relações públicas ofereceram a mesma mensagem sobre Merrell e os compromissos dos festivais Rothbury com o meio ambiente e a sustentabilidade.

Promoção integrada de marca é um termo usado para descrever esforços para trazer consistência na apresentação da *marca* para os consumidores. **Promoção integrada de marca** se refere ao uso do mix promocional para criar conscientização, identidade e preferência de marca.[6] A Merrell, por exemplo, faz esforços para ter uma mensagem consistente sobre as ações da marca para comercializar produtos no exterior de uma forma ecologicamente correta. Enquanto a *comunicação integrada de marketing* se refere à coordenação do esforço de comunicação de uma empresa, a *promoção integrada de marca* diz respeito à coordenação para criar conscientização, identidade e preferência por uma marca específica. Em um mundo no qual as empresas dependem muito de marcas, a promoção integrada da marca é essencial para a construção do valor da marca no mercado. Consequentemente, as empresas hoje se esforçam para alcançar coerência nas mensagens enviadas, bem como nas marcas associadas a esses anúncios e outras promoções.

C Estratégia da mensagem

As estratégias de comunicação são desenvolvidas para se obter uma resposta do consumidor ou influenciar sua opinião. Uma das respostas essenciais que a empresa procura é a compra do produto. Por exemplo, a Treesforfree.org (Figura 6.2), na Índia, tem anúncios em ponto de venda que pedem para que os consumidores contribuam para o reflorestamento.

Embora o aumento do consumo seja muitas vezes uma motivação associada à promoção e à publicidade, os grupos selecionados agora também estão apresentando campanhas promocionais que enfatizam a redução do consumo. Por exemplo, a propaganda na Figura 6.3 foi desenvolvida pela ClimateMaster para promover reduções dos custos associados ao aquecimento e ao resfriamento doméstico. Esses anúncios frequentemente enfocam os retornos ambientais ou econômicos associados com a preservação dos recursos.

O segundo objetivo da comunicação envolve influenciar a opinião que um consumidor tem sobre uma marca, produto, atributo do produto ou comportamento. Em muitos casos, as estratégias promocionais destinadas a influenciar o consumidor estão no lugar bem antes que um potencial comprador seja capaz ou esteja disposto a comprar. O gerente de comunicação ou propaganda procura desenvolver alguma associação com a marca para que a associação com ela se torne relevante no momento da compra. Assim, quando a propaganda da Siemens ilustra suas turbinas eólicas operando no campo, tenta-se promover uma opinião sobre a empresa, em vez de influenciar a compra imediata.

FIGURA 6.2

Display da Treesforfree.org no ponto de venda buscando contribuições imediatas.

Fonte: © Vinod lal Heera Eshwer

TRADUÇÃO DA IMAGEM:
A cada segundo mais de 1.000 árvores são cortadas.
Cada moeda ajuda a plantar árvores

FIGURA 6.3

Propaganda da AMSOIL pedindo a redução no número de trocas de óleo.

Fonte: © Cortesia de AMSOIL INC.

TRADUÇÃO DA IMAGEM:
Trocar seu óleo com menos frequência é um bom negócio.
Líder na Troca de Óleo com Intervalos Prolongados Desde 1972
AMSOIL
O primeiro em sintéticos
www.amsoil.com

A **estratégia promocional** se refere ao plano para o uso otimizado da propaganda, promoção de vendas, relações públicas, marketing direto e venda pessoal. Em graus variados, as empresas usam cada um desses elementos para comunicar o valor de suas marcas e produtos para o público-alvo. A estratégia que está subjacente a cada uma dessas formas de promoção deve estar focada em um mercado-alvo específico e na proposta de valor associado desenvolvida pela empresa. A **estratégia de mensagem** se refere aos objetivos estabelecidos pelo gerente de promoção e métodos utilizados para atingir esses objetivos.[7] As mensagens têm componentes verbais, não verbais e técnicas utilizadas para melhorar o processo de comunicação e ganhar a aceitação do consumidor.

Em sua análise das estratégias de mensagem publicitária, O'Guinn, Allen e Semenik identificam vários objetivos associados à propaganda e promoção, e identificam vários tipos de processos utilizados para alcançar esses objetivos.[8] Os processos e técnicas normalmente empregados para alcançar esses objetivos incluem:

1. *Promover a lembrança da marca.* O objetivo inicial empregado por muitas empresas envolve convencer os consumidores a se lembrar do serviço ou da marca. Se os consumidores se lembram da marca ou de algum de seus atributos, eles estão mais propensos a comprar essa marca ou se envolver em uma atividade associada com a mensagem. O aparentemente onipresente lema de reduzir, reutilizar e reciclar exemplifica uma tentativa de fazer que o consumidor se lembre dessa atividade. Se os consumidores não têm conhecimento dessas práticas, é improvável que eles se dediquem a elas. O uso recorrente de uma mensagem cria retenção, o que aumenta a probabilidade dos consumidores de reduzir, reutilizar e reciclar.

Empresas e organizações também promovem suas ideias e nomes de marcas por meio de *jingles* e *slogans*. Essas comunicações aos consumidores tentam aumentar a probabilidade de que o consumidor se lembre da ideia, do produto ou do serviço. Por exemplo, a Gestão de Resíduos usa o *slogan* protegido por direitos autorais "Pense Verde". Essa associação da marca com uma visão renovada de resíduos é apoiada pelos esforços da empresa em criar energia limpa e renovável a partir de resíduos comuns, esforços para converter resíduos sólidos em energia elétrica renovável e esforços para reconstruir a vida selvagem na terra.[9]

2. *Ligar um atributo fundamental com o nome da marca.* Em alguns casos, a empresa procura associar atributos específicos de uma marca com a decisão de consumo (Figura 6.4).

Uma proposição de valor bem desenvolvida identifica benefícios autoexpressivos, emocionais ou funcionais emitidos por uma marca que agregam valor para os consumidores em um mercado-alvo.[10] A capacidade de alcançar esses benefícios deve ser, de alguma forma, superior à da concorrência. A empresa deve, portanto, desenvolver anúncios que enfatizem a proposta única de venda da marca. Por exemplo, os consumidores têm muitas alternativas com relação à compra de água engarrafada. Os anúncios para a água Bisleri, com sede em Bangalore, na Índia, ressaltam que a empresa assumiu compromissos importantes com o reflorestamento. Em contraste com anúncios de lembrança de marca, tais anúncios obrigam o consumidor a aprender um pouco mais sobre a marca e a classe do produto. Uma única visão de uma garrafa de água Bisleri provavelmente não projetará a mensagem do compromisso de reflorestamento da empresa, mas

FIGURA 6.4

Propaganda da Siemens ilustrando o comprometimento com o meio ambiente.

Fonte: Cortesia da Siemens

TRADUÇÃO DA IMAGEM: Onde vamos encontrar respostas para as questões mais difíceis de nossa nação?

Em algum lugar na América, você encontrará respostas Siemens em ação.

Estão em um hospital na Pensilvânia e em uma fábrica em Ohio. Estão nos trilhos na Califórnia, conectado à rede no Texas, e erguendo-se no horizonte de Manhattan. E a Siemens está trabalhando para trazê-los para cada cidade. Somos 69 mil pessoas, trabalhando em todos os estados da União. Já respondemos a algumas das questões mais difíceis do país. E estamos prontos para fazer isso de novo.

Siemens.com/answers

SIEMENS

ver vários anúncios com essa mesma mensagem fornece um maior conhecimento sobre os esforços dessa empresa de engarrafamento de água.

Em muitos casos, as empresas que procuram associar um atributo essencial a uma marca se concentrarão em um único atributo do produto. Assim, a Bisleri afirma repetidamente que as compras de seus produtos levam a mais dinheiro sendo investido no plantio de árvores em Bangalore (Figura 6.6). Quando uma empresa assume um compromisso de longo prazo com esse único atributo da marca (por exemplo, reflorestamento), muitas vezes descobre que a estratégia é superior a uma série de anúncios abordando vários atributos da marca. Além disso, sendo o primeiro a fazer uma alegação, torna-se difícil para a concorrência declarar a mesma ação. Assim, os concorrentes

FIGURA 6.5

Uso repetitivo do tema "reduzir, reutilizar e reciclar" projetado para aumentar a sustentabilidade.

Fonte: © Kellie L. Folkerts/Shutterstock.com

FIGURA 6.6

Propaganda da água Bisleri ilustrando um lembrete da Treesforfree.org de que a água engarrafada vem da chuva e que as árvores são necessárias para a chuva.

Fonte: © Vinod lal Heera Eshwer

da água Bisleri terão certa dificuldade em fazer uma associação entre suas marcas e o reflorestamento na Índia.

3. *Convencer o consumidor.* Em muitos casos, o profissional de marketing procura influenciar o comprador a fazer uma compra. Enquanto as estratégias anteriores ofereceram um ou dois motivos para comprar, os esforços para convencer o consumidor a fazer uma compra envolvem vários argumentos lógicos. Profissionais de marketing usam essa abordagem quando sentem que o consumidor está altamente envolvido na compra. Esses consumidores estão dispostos a ouvir argumentos convincentes sobre os produtos da marca. Para que anúncios e outros veículos de comunicação dessa natureza funcionem, o consumidor deve compreender e concordar com a lógica apresentada no anúncio. Anúncios que explicitamente oferecem razões para se comprar um produto são exemplos dessa estratégia. Por exemplo, a Associação Norte-Americana de Transporte Público (American Public Transportation Association) desenvolveu anúncios em jornais e revistas informando os passageiros que eles podem poupar dinheiro pegando o transporte público (Figura 6.7).

O sucesso das estratégias para persuadir ou convencer os consumidores depende da participação destes no processo de compra. Em algumas ocasiões, as empresas chamam a atenção para a vantagem relativa de seus produtos. Ao ilustrar o desempenho superior de um produto, o profissional de marketing espera convencer o consumidor a comprar. Esse método tem sido eficaz para as marcas com uma pequena quota de mercado quando comparadas com marcas de mercado mais alto e tem se mostrado eficaz quando os consumidores não demonstram uma preferência de marca.[11] Assim, muitos consumidores buscando comprar uma nova torneira provavelmente não terão preferência por marca. O anúncio da Delta para a marca Dryden chama atenção para os benefícios econômicos de sua torneira de vazão eficiente (Figura 6.8).

FIGURA 6.7

Anúncio de revista da Associação Norte-Americana de Transporte Público (American Public Transportation Association).

Fonte: Cortesia da American Public Transportation Association

TRADUÇÃO DA IMAGEM:

"Não tomo banho há duas semanas.

Estou economizando energia, mas perdi meu namorado."

Janice – Nashua, NH

Oi, Janice, existe uma maneira mais fácil de economizar energia.

Pegue o transporte público.

Isso ajuda o meio ambiente e sua vida amorosa.

SEJA VERDE. USE O TRANSPORTE PÚBLICO.

www.publictransportation.org

FIGURA 6.8

Anúncio Delta para as torneiras Dryden.

Fonte: Cortesia da Delta Faucet Company.

TRADUÇÃO DA IMAGEM:

MENOS DE 1% DO FORNECIMENTO DE ÁGUA DA TERRA PODE SER USADO PARA O CONSUMO.

UMA RAZÃO A MAIS PARA PROJETAR UMA TORNEIRA COM CONSCIÊNCIA.

Quando se trata de usar água, acreditamos que menos é mais. Nossas torneiras Dryden® são construídas especificamente para ter uma taxa de vazão mais eficiente, economizando até 32% mais de água por minuto. Isso significa que toda vez que ligar a torneira, você irá economizar um pouco mais para a Mãe Natureza. É uma das muitas ideias que fazem da Delta® mais que apenas uma torneira.

Produto com eficiência de água. Vazão de 1,5 gpm contra o Padrão Industrial ASME A112.18.1/CSA.0125.1 de 2,2 gpm.

DELTA

Veja o que a Delta pode fazer

Outra forma que os profissionais de marketing usam para convencer o consumidor a comprar é por meio de anúncios que expressam um sentimento de urgência. Por exemplo, vendedores de painéis solares para casas podem colocar um anúncio de jornal indicando uma oferta por tempo limitado com redução no preço das mercadorias. Essa forma de anúncio é particularmente eficaz quando o consumidor está satisfeito com os benefícios de um produto, mas está à procura de uma motivação adicional para comprar agora.

4. *Induzir a preferência de marca.* Em muitos casos, o objetivo da comunicação não é influenciar a compra imediata, mas alimentar as preferências pela marca. Esses anúncios e promoções geralmente enfatizam o desenvolvimento de sentimentos positivos em relação à marca, em vez de pensamentos racionais sobre a relevância de um produto. Uma forma de alimentar esses sentimentos é por meio de anúncios que tentam fazer o consumidor **sentir-se bem** sobre a marca. A lógica repousa no pressuposto de que consumidores que gostam de uma marca irão preferi-la em detrimento das alternativas. Por exemplo, as marcas da Clorox Green Works (veja a Figura 6.9) tentam promover sentimentos positivos para a marca antes da compra.

Dois dos métodos mais comuns utilizados para promover sentimentos positivos em relação a uma marca são o uso de recursos de humor e sexo. Anúncios cômicos geralmente tentam criar uma associação memorável e agradável com um produto ou marca. O humor é particularmente eficaz quando a piada ou o resultado do humor está diretamente associado com o produto ou marca. Por exemplo, anúncios para o Mini Cooper apresentaram uma peça sobre a terminologia da pegada de carbono por meio da eficiência de combustível dos veículos e do sentimento de diversão de *kart* de um Mini, referindo-se à Pegada Mini (Figura 6.10). A menção humorística da pegada em forma de um veículo Mini chama a atenção para o anúncio. Anúncios

FIGURA 6.9

Propaganda da Green Works sobre a qualidade do "Sentir-se bem".

Fonte: © Jeff Greenberg/Alamy

FIGURA 6.10

Propaganda do Mini associada à iniciativa da pegada de carbono.

Fonte: © 2009 MINI, uma divisão da BMW da América do Norte, LLC. Todos os Direitos Reservados. As marcas MINI e BMW, o nome do modelo e o logotipo são marcas registradas.

TRADUÇÃO DA IMAGEM:

É TEMPO DE DIRIGIR COMO SE HOUVESSE UM AMANHÃ.

Para abraçar árvores e esquinas, ao mesmo tempo. E para que a adrenalina seja considerada um recurso renovável. É a hora de rodar um pouco mais e queimar um pouco menos. Para as letras RPM acompanharem as letras KPL. E para que a estrada e a terra finalmente encontrem um local que possam compartilhar. É hora de maximizar nossa diversão. Para minimizar nosso impacto. E para começar a tirar o maior proveito de cada milha que dirigimos. É hora de pensar sobre a nossa pegada de carbono .

MINI COOPER

MINIUSA.COM/MINIMALISM

sexy chamam a atenção da mesma maneira, com a esperança de que essa atenção leve à preferência de marca. A Body Shop, por exemplo, usa modelos atraentes em suas campanhas para chamar a atenção para os cuidados de saúde e os produtos de beleza da empresa (Figura 6.11).

FIGURA 6.11

Propaganda da Body Shop utilizando apelo *sexy*.

Fonte: Cortesia da The Advertising Archives

TRADUÇÃO DA IMAGEM:
O cuidado com o corpo vem naturalmente
COM A LOÇÃO CORPORAL E O SABONETE DE MANTEIGA DE CACAU
THE BODY SHOP

5. *Mudança de comportamento por meio da indução de medo ou ansiedade.* Profissionais de marketing operando em certas situações descobriram que conseguem fazer um consumidor agir – ou convencê-lo a *não agir* – ao instilar medo ou ansiedade nele. O medo aparentemente é mais eficaz quando os consumidores já pensaram sobre o assunto e, sob tais circunstâncias, ele pode ser uma forma eficaz de induzir a ação do consumidor. No mundo do marketing verde, é mais provável que o medo seja usado em um anúncio de serviço público que em anúncios para produtos específicos. Propagandas da Aspen/Snowmass, por exemplo, que tratam a neve como uma espécie em extinção, foram projetadas para induzir o desejo de agir de uma forma ecologicamente responsável (Figura 6.12).

O anúncio da Aspen/Snowmass mostrado a seguir ilustra um esforço para induzir o medo de que se está deixando um clima indesejável para as gerações futuras. A utilização de ansiedade está relacionada com o uso do medo, porque ambos os métodos tentam chamar a atenção para as consequências negativas de certas atividades ou práticas de consumo. A ansiedade não é uma emoção tão forte como o medo total e pode durar mais tempo. Por exemplo, o World Wildlife Fund (WWF – Fundo Mundial para a Natureza) várias vezes utiliza anúncios que usam a destruição do habitat dos ursos polares para gerar ansiedade sobre o aquecimento global (Figura 6.13).

6. *Situar a marca socialmente.* A natureza social dos seres humanos está no centro desta estratégia que situa a marca socialmente. Os produtos têm significado social tal que, se colocado em um contexto correto, pode ganhar a consciência e, esperançosamente, a escolha de um produto. Muitos anúncios usam um apelo de **estilo de vida**, situando a marca em um cenário de uso ideal. Esse método é extensivamente usado na televisão e imprensa, e também é empregado quando os profissionais de marketing se envolvem na **colocação do produto**. A colocação de produtos se refere aos esforços por parte dos proprietários da marca em apresentar seus produtos em filmes, novelas, peças teatrais e outras apresentações. Ao associar a marca a uma atividade aparentemente real, o profissional de marketing espera promover a conscientização da marca. A Figura 6.14 ilustra o uso de Coca-Cola no programa de TV *American Idol.* A Coca-Cola ganha um aumento na consciência de seu produto, e o programa de TV recebe as receitas provenientes da colocação dos produtos.

7. *Transformar a experiência de consumo.* Anúncios que transformam a experiência de consumo pretendem operar de forma bastante diferente das estratégias descritas anteriormente. Na maioria dos anúncios, o objetivo é fornecer informações sobre o produto ou aumentar a percepção da marca. Quando a empresa opta por transformar o consumo, está tentando tornar a experiência de consumo melhor. O profissional de marketing tenta fazer que as expectativas sobre a experiência ou as memórias da experiência sejam melhores. Por exemplo, a Starbucks tem tentado transformar a experiência mundana de se comprar café em algo diferente. A declaração de que a *Starbucks não é apenas um café* (Figura 6.15) reflete a ideia de que a empresa está tentando mostrar a experiência de seu café como diferente e superior às alternativas.

8. *Definir a imagem da marca.* A estratégia final se refere a medidas tomadas pela organização de marketing para definir a imagem da marca. Nesse tipo de propaganda,

FIGURA 6.12

Anúncio da Aspen/Snowmass usando o apelo do medo.

Fonte: © Aspen Skiing Company

TRADUÇÃO DA IMAGEM:

Neve: Uma Espécie Ameaçada de Extinção

Neve [Nix (gênero Nivis)]: Como resultado da interferência humana nos ecossistemas naturais, a ameaça de extinção da Neve, e, portanto, do inverno, está aumentando rapidamente. O aquecimento global é diretamente responsável pela diminuição do habitat da Neve. Sem um esforço conjunto para salvar a Neve, a espécie deve desaparecer até o ano 2100.

ASPEN SNOWMASS®

Aspen/Snowmass teve neve recorde na última temporada. Não é de se surpreender que queremos que continue assim. Participe de nosso movimento para SALVAR A NEVE no www.aspensnowmass.com/SAVESNOW.

FIGURA 6.13

Anúncio da WWF que pode gerar ansiedade sobre o aquecimento global.

Fonte: © AP Images/PRNewsFoto/WWF

TRADUÇÃO DA IMAGEM:

"Quando se trata de mudança climática, chegou a hora de fazermos mais que tratar da nossa própria vida."

– Muhtar Kent, CEO, The Coca-Cola Company

QUE A ECONOMIA LIMPA COMECE

SALVADORES DO CLIMA

FIGURA 6.14

Colocação de produto da Coca-Cola.

Fonte: © AP Images/Michael Becker/PictureGroup

FIGURA 6.15

Anúncio da Starbucks exemplificando a transformação da experiência de consumo.

Fonte: © Richard Levine/Alamy

TRADUÇÃO DA IMAGEM:

Obrigado por votar em nós como o melhor café.

Nós também amamos vocês.

Não é simplesmente café, é Starbucks.

o objetivo é projetar uma imagem do que o profissional de marketing espera que o consumidor associe com a marca. Independentemente de saber se o anúncio depende de modo exclusivo de imagens visuais ou textos longos, o objetivo é associar atributos específicos à marca. O anúncio da Toms (Figura 6.16) define a imagem da marca como sendo de calçados de alta qualidade e ecologicamente conscientes.

As estratégias descritas nesta seção representam a maioria dos anúncios e promoções, mas certamente não incluem todas as estratégias utilizadas pelas empresas. A seleção dessas diferentes estratégias é impulsionada pelos objetivos da empresa, bem como pelo contexto empresarial e ambiental enfrentados pela organização. Além disso, não é incomum para as empresas usarem múltiplos recursos no mesmo anúncio. Muitos anúncios humorísticos, por exemplo, também são promoções competitivas que ligam o produto a atributos específicos. A posição competitiva da empresa também influencia a estratégia empregada. Empresas bem estabelecidas provavelmente irão dar menos ênfase à obtenção de conhecimento da marca, mas estão mais inclinadas a investir em estratégias promocionais que promovam a imagem da marca.

D *Branding* verde

A última estratégia identificada na seção anterior abordou o desenvolvimento de uma imagem de marca. Definimos **marca** como um nome, design, expressão ou símbolo que

FIGURA 6.16

Anúncio da Toms que ajuda a definir a imagem da marca.

Fonte: © AP Images/PRNewsFoto/TOMS Shoes

identifica o produto de uma empresa e o diferencia dos produtos da concorrência.[12] As empresas estão focando bastante em *branding* (gerenciamento de marca), porque em nível de mercado do produto, o *brand equity* (valor de marca) aumenta a eficácia do canal de comunicação e diminui a sensibilidade ao preço associada à marca.[13] Em alguns casos, as empresas estão agressivamente desenvolvendo a reputação para produtos que superam a concorrência em relação às preocupações ambientais.[14] Por exemplo, a marca Body Shop enfatiza o uso de ingredientes naturais destinados a aumentar a beleza natural, enquanto se esforça para alcançar a sustentabilidade. Em contrapartida, outras marcas podem prosseguir com os esforços de sustentabilidade dentro da empresa, mas essa mensagem não é parte integrante da maneira pela qual elas apresentam a marca para os consumidores. A Nike, por exemplo, tem o compromisso de reduzir o desmatamento na Amazônia, mas a redução da pegada de carbono da empresa e seu compromisso com as florestas tropicais não são o centro da comunicação de suas marcas.

Nesta seção, vamos considerar maneiras nas quais uma marca pode ser diferenciada da concorrência com base em recursos para a sustentabilidade ou o meio ambiente. As empresas que estabelecem identidades de marca bem definidas são substancialmente mais propensas a alcançar o valor de marca.[15] O valor de uma marca expresso como *brand equity* foi examinado com base em *clientes, corporação* e *finanças*.[16] *O brand equity baseado no cliente* considera a atração por um produto específico de uma empresa específica gerada por fatores que não sejam os atributos do produto. *O brand equity com base corporativa* se refere ao valor adicional que resulta para a empresa devido à presença do nome da marca que não resultaria ao produto equivalente, mas sem a marca. *O brand equity com base financeira* é o preço que a marca traz ao mercado financeiro.

Os níveis de *brand equity* corporativo e financeiro são movidos pelo *brand equity* baseado no cliente. O *brand equity* no nível cliente pode ser capturado por cinco fatores que formam a hierarquia, do menor para o maior. Esta hierarquia é coerente com os interesses da estrutura do modelo AIDA: atenção-interesse-desejo-ação, desenvolvida para descrever e influenciar o consumo.[17] Estes fatores incluem atenção, associação, atitude, ligação e atividade.

Atenção. O passo inicial para uma marca muitas vezes envolve posicionamento e promoção para aumentar a chance de que o consumidor se lembre dela. A fase de atenção da marca estimula o interesse, que leva ao desejo e, finalmente, à ação. A atenção do consumidor para uma marca pode ser avaliada com base na **lembrança da marca**, a capacidade de se lembrar da marca quando é dada a categoria do produto, as necessidades satisfeitas pela categoria ou algum outro tipo de dica. Por exemplo, a Toyota provavelmente monitora o grau em que os consumidores lembram do nome da marca Prius, quando fornecida a categoria de automóvel híbrido. O **reconhecimento da marca** se refere à capacidade dos consumidores de confirmar a exposição à marca quando a ela é dada como sugestão. Assim, a Toyota poderia mostrar aos consumidores o logotipo do produto ou da marca e avaliar o reconhecimento.

Associação. As empresas que estabelecem associações de marca na mente dos clientes a diferenciam e têm potencial para estabelecer competitividade superior.[18] Os componentes tangíveis dos produtos são maneiras óbvias de incutir as associações com a empresa. Assim, o uso de algodão orgânico pela empresa Patagonia em seus produtos de vestuário apresenta uma associação entre essa marca e a sustentabilidade ambiental. Os componentes tangíveis incluem os recursos do produto, preço, confiabilidade do serviço, estilo, design e outros fatores incorporados a uma oferta de produtos que proporciona desempenho superior em relação à concorrência.

Produtos intangíveis também são pertinentes ao desenvolvimento de associações com a marca. Eles desenvolvem **imagens da marca** que influenciam o modo como os consumidores pensam sobre ela, em vez de sua avaliação objetiva dos atributos do produto.[19] Uma fonte de imagens envolve os perfis de usuário que descrevem o tipo de organização ou pessoas que usam a marca. Um anúncio da Patagonia, por exemplo, pode traçar uma imagem sobre o tipo de atleta que usa a marca. Imagens também podem informar o consumidor sobre a situação de uso apropriado para um produto verde. Por exemplo, os anúncios de lâmpadas fluorescentes compactas ilustram a utilidade dessas luzes. Imagens também podem ser derivadas de personalidades e valores associados à marca. Pesquisas identificam cinco dimensões da personalidade da marca, que incluem sinceridade, entusiasmo, competência, sofisticação e robustez.[20] Os anúncios da Subaru, por exemplo, defendem a durabilidade dos automóveis da empresa. Finalmente, a história e o patrimônio associados a uma marca promovem imagens sobre a empresa. O logotipo da Eddie Bauers, por exemplo, indica a dedicação de longo prazo da empresa com o meio ambiente (Figura 6.17).

Uma terceira maneira para desenvolver associações com a marca se encontra na reputação e imagem de uma marca. Em um mundo onde o *greenwashing* é galopante, é essencial que a empresa estabeleça credibilidade aos olhos do consumidor. **Credibilidade corporativa** se refere ao grau no qual consumidores acreditam que a empresa está disposta e apta a fornecer produtos e serviços que satisfaçam suas necessidades e desejos.[21] A credibilidade pode ser desenvolvida de várias maneiras. Por exemplo, o apoio da Merrell ao Rothbury Music Festival dá crédito às alegações da empresa sobre suas preocupações com o meio ambiente.

FIGURA 6.17

Logotipo da Eddie Bauer.

Fonte: © Rick Wilking/Reuters/Landov

Atitude. A atitude se refere à avaliação global dos consumidores para com a marca. As atitudes são importantes porque constituem a base para a escolha da marca. Pesquisas indicam que as atitudes em relação às marcas estão associadas às crenças que o consumidor tem sobre um produto e com o juízo avaliativo sobre essas crenças.[22] Em seus esforços para fazer o marketing dos automóveis a diesel BlueTec, a Volkswagen pode procurar avaliar as crenças do consumidor e as avaliações dessa tecnologia.

Ligação. O vínculo emocional que pode existir entre um consumidor e uma marca incorpora a ligação da marca.[23] O apego que os consumidores têm com um produto é incorporado ao sentimento afetivo e acolhedor dessa marca, sentimentos de paixão intensa em relação a ela e os sentimentos do consumidor de estar conectado com ela.[24] A ligação é importante porque pode levar à fidelidade e a uma vontade de gastar mais com a marca. Por exemplo, a Starbucks tem atraído muitos clientes fiéis, promovendo uma afiliação com a empresa por meio de uma experiência única de varejo em restaurantes.

Atividade. A atividade associada à marca aborda sua frequência de compra e consumo, bem como o envolvimento dos consumidores com seu programa de marketing. Em geral, níveis mais altos de atividade devem promover uma identidade mais forte do consumidor com a marca. Programas de fidelização de clientes, por exemplo, permitem que os consumidores tenham partes ativas nos programas de marketing de uma empresa. Por exemplo, o programa de reciclagem dos cartuchos de tinta da Staples é uma atividade que reforça a reputação ambiental da marca enquanto estimula a fidelidade da marca e trânsito na loja.

Os cinco fatores listados anteriormente refletem maneiras pelas quais as empresas têm cada vez mais nutrido o valor de sua marca entre os consumidores. Cada nível implica o aumento de interação e envolvimento, gerando, assim, maiores níveis de *brand equity*. A **identidade verde da marca** se refere a um conjunto específico de atributos e benefícios da marca associados à influência ambiental reduzida e à percepção de ser ambientalmente correta.[25] O posicionamento de uma marca como verde ou sustentável envolve sua comunicação e diferenciação por meio de seus atributos ambientais. Empresas interessadas especificamente em melhorar suas filiações com as práticas verdes e de sustentabilidade têm focado nos benefícios funcionais e emocionais derivados das marcas. Semelhantemente às associações tangíveis de marca mencionadas anteriormente, os benefícios funcionais têm base nas vantagens ambientais relevantes do produto em relação aos produtos concorrentes. Por exemplo, a Brita anuncia os benefícios funcionais de baixo custo e diminuição do espaço em aterros de seus purificadores de água em comparação com uma garrafa de água convencional.

Como muitos analistas têm apontado, somente os benefícios funcionais e ecológicos de um produto podem ter pouca influência sobre o consumo. Em muitos casos, o benefício ambiental não é percebido pelo consumidor e pode ser facilmente copiado pela concorrência.[26] O benefício de aterros menores talvez não esteja alinhado com muitos consumidores e outras empresas poderiam fazer as mesmas alegações.

Benefícios emocionais da marca podem servir como estratégias complementares para nutrir a identidade da marca verde de três maneiras.[27] Em primeiro lugar, uma marca pode aumentar seu patrimônio verde ao se envolver em atos altruístas que contribuem para o meio ambiente. A Celestial Seasonings, por exemplo, fez uma parceria com a Trees for the Future para plantar uma árvore em um país em desenvolvimento por cada caixa de chá Celestial Seasonings comprada.[28] Essa ação benevolente enriquece os sentimentos em relação à marca. Em segundo lugar, os consumidores podem expressar os benefícios ecológicos por meio do consumo socialmente visível de marcas verdes. Assim, a aquisição e o uso de um Prius envia uma mensagem para outros consumidores de que se está agindo de forma ambientalmente consciente.[29] Em terceiro lugar, uma marca pode abraçar uma identidade verde quando permite que seus consumidores entrem em contato com ambientes naturais. Assim, o anúncio da Siemens na Figura 6.4 associa os produtos de energia eólica da empresa com uma paisagem pastoral.

E Rótulos de certificação

As empresas e os consumidores que querem agir de maneira ambientalmente responsável estão procurando formas de fazer isso quando vão ao mercado. Por conseguinte, várias etiquetas de certificação foram desenvolvidas em uma variedade de indústrias e contextos. Por exemplo, o selo Energy Star é um programa conjunto da Agência de Proteção Ambiental dos Estados Unidos e do Departamento de Energia do país. Essa certificação é projetada para economizar dinheiro e proteger o meio ambiente por meio de produtos e práticas energeticamente eficientes. Rótulos de certificação incluem **rótulos ecológicos**, que refletem a adesão a algum padrão associado à segurança alimentar e desempenho ambiental, e **rótulos sociais**, que dizem respeito a direitos humanos e padrões trabalhistas.[30] Embora os rótulos tradicionais foquem em um único aspecto do ciclo de vida útil de um produto, vários critérios estão sendo incorporados. Por exemplo, a certificação da Food Alliance garante que fazendas, ranchos e manipuladores de alimentos dos Estados Unidos exerçam gestão agrícola e práticas de instalações sustentáveis.[31]

Terminologia de produto de varejo. No setor de varejo, os consumidores estão cada vez mais interessados em comprar produtos saudáveis e sustentáveis.[32] Pesquisas sugerem que 60% dos consumidores no mercado dos Estados Unidos selecionam alimentos com fins saudáveis, independentemente da idade ou do sexo.[33] O desafio para muitos consumidores, porém, é determinar o significado associado a produtos de alta qualidade. Três termos são utilizados em vários níveis para descrever e classificar os produtos. Embora esses termos possam ser vistos como intercambiáveis pelo consumidor, eles têm significados, estruturas de custos e implicações de marketing diferentes. Os termos incluem natural, orgânico e biodinâmica:

Natural. Poucos termos utilizados em marketing de consumo são tão confusos como o termo "**natural**". Uma vez que praticamente todos os produtos derivam da natureza, todo concorrente pode alegar ter produtos naturais. Embora a definição desse termo varie de acordo com o tipo de produto, ainda falta acordo sobre seu significado. Como os produtos são produzidos em uma variedade de maneiras, incluindo novas tecnologias – tais como a modificação genética –, a capacidade de rotular um produto como natural continua a ser problemática e confusa para os consumidores. Além disso, o termo *natural* em si é passível de oferecer vantagens competitivas em comparação aos *orgânicos* ou outras reivindicações saudáveis.

Orgânico. A *produção orgânica* se refere à agricultura sem pesticidas, desenvolvida localmente, normalmente em uma pequena fazenda. Devido às diferentes interpretações do termo, muitos padrões se desenvolveram em diferentes mercados e estados. Em 1990, uma passagem do Organic Foods Production Act (OFPA) exigiu que o Departamento de Agricultura dos Estados Unidos (USDA) estabelecesse padrões nacionais para produtos orgânicos norte-americanos. A definição do USDA utiliza o termo **orgânico** para se referir ao alimento que é geralmente livre de substâncias sintéticas, não contém hormônios ou antibióticos, não foi irradiado ou fertilizado com lodo de esgoto, foi criado sem o uso de pesticidas mais convencionais e não contém ingredientes geneticamente modificados.[34] A legislação do USDA (1) estabeleceu padrões para a comercialização de produtos produzidos organicamente, (2) assegurou que os produtos orgânicos atendam um padrão consistente e (3) facilitou o comércio interestadual. A legislação abordou a qualidade ambiental, exigindo que os produtores orgânicos atendam padrões para a fertilidade do solo e regulamentando a aplicação de esterco para evitar a contaminação da água. A lei também incluiu critérios ambientais e de saúde para avaliar os materiais utilizados na produção orgânica. O logotipo orgânico da USDA e os Padrões Orgânicos Nacionais (NOS – National Organic Standards) da USDA foram implantados em 21 de outubro de 2002, substituindo o sistema anterior de várias normas orgânicas em diferentes estados norte-americanos.[35] A certificação orgânica é realizada por meio de agências estatais ou privadas credenciadas, que verificam se as fazendas estão em conformidade com as normas do Programa Nacional Orgânico (NOP – National Organic Program). Os agricultores que atendem a esses requisitos podem comercializar seus produtos como orgânicos certificados pela USDA e exibir o selo orgânico da USDA em suas embalagens.[36]

É importante reconhecer os méritos e limitações da agricultura orgânica. Note que as pesquisas realizadas ao longo de várias décadas indicam que a agricultura orgânica é geralmente associada à redução da erosão do solo, ao menor consumo de combustíveis fósseis, a menos lixiviação de nitrato, à maior captura de carbono e à redução acentuada do uso de pesticidas.[37] Apesar desses méritos das fazendas orgânicas, a etiqueta orgânica por si só não significa necessariamente que a comida seja mais saudável que a não orgânica. O selo se aplica ao modo de produção, mas não diz nada sobre o valor nutricional.[38] Ainda há algum debate sobre se os alimentos produzidos de forma orgânica são necessariamente *melhores* para o consumidor.[39] Enquanto alguns estudos indicam um aumento no valor nutricional e no sabor de produtos orgânicos, os resultados variam um pouco de produto a produto. Fazer comidas não saudáveis (*junk food*) com ingredientes orgânicos não alivia alguns dos problemas de saúde associados com uma dieta regular destes alimentos. Além disso, alguns produtores estão cautelosos sobre o potencial futuro da agricultura orgânica. Por exemplo, a Stonyfield não comercializa mais muitos de seus produtos como orgânicos. Como a produção de ingredientes orgânicos não manteve o ritmo com a demanda, empresas como a Stonyfield estão encontrando cada vez mais dificuldade em encontrar alimento orgânico, vacas orgânicas e frutas orgânicas suficientes para fabricar iogurte genuinamente orgânico.[40]

Biodinâmica. Como a rápida comercialização de produtos orgânicos tem se desenvolvido, há um interesse adicional no desenvolvimento e comercialização de produtos que excedam os critérios orgânicos. A biodinâmica é uma orientação de agricultura com base nos ensinamentos do filósofo austríaco Rudolf Steiner. **Biodinâmica** se refere a uma forma específica de agricultura orgânica que amplia os processos orgânicos com a consideração da época do ano, localização, tipo de solo, flora e fauna existentes e outros fatores.[41] Fazendas biodinâmicas são ecossistemas praticamente completos que criam gado para gerar estrume para fertilizar os campos e predadores naturais, tais como insetos, proporcionam controle de pragas. Como a biodinâmica não usa cenários artificiais, tais como estufas, a sazonalidade se torna uma questão importante. Por exemplo, os viticultores dos Estados Unidos usando técnicas biodinâmicas devem plantar uvas no momento sazonalmente adequado, em vez de usar estufas.

A Demeter International é uma organização sem fins lucrativos sediada em Bruxelas que supervisiona o uso do termo *biodinâmico*. Para poder se eleger, uma fazenda precisa primeiro cumprir as normas do NOP para fazendas orgânicas por pelo menos três anos. Tendo em conta a variação entre as fazendas, um limiar único não é utilizado. Diferentemente disso, a certificação se baseia nas condições ambientais e sociais existentes com o objetivo de que cada fazenda evolua em direção a seu potencial máximo.

Os rótulos de certificação ajudam a reduzir a assimetria de informações entre produtores e consumidores, permitindo a comunicação de características confiáveis para os produtos.[42] Por conseguinte, essas etiquetas são utilizadas para informar os consumidores sobre questões de qualidade dos produtos e os processos ambientais utilizados na produção. A premissa por trás do uso desses rótulos é que essas informações serão utilizadas no processo de decisão do consumidor. O consumidor deve saber o que o selo significa, e as questões associadas a ele devem ser significativas para o consumidor. Considere, por exemplo, a compra de um forno de micro-ondas. Se o selo Energy Star é um instrumento para a compra, o consumidor precisa saber que o Energy Star é concedido aos produtos mais eficientes na classe de produto, e a eficiência deve ser importante para os consumidores.

Cada vez mais, os rótulos de certificação não são usados apenas para indicar critérios diversos, mas estão associados à avaliação de uso de um ciclo de vida completo. A **avaliação do ciclo de vida** se refere à contabilidade para a produção e processamento, bem como o uso, a emissão e os resíduos dos recursos. Por causa da avaliação do ciclo de vida, os critérios de classificação das empresas exigem cada vez mais o rastreamento dos produtos em toda a cadeia de suprimentos. A **avaliação do inventário do ciclo de vida** identifica o montante de recursos e emissões associadas a um produto ou serviço durante sua vida.[43] O rótulo ecológico de folha utilizado no Japão se baseia em um estudo do ciclo de vida que avalia quantitativamente a informação ambiental em todas as fases da vida útil dos produtos.

Dado que existem mais de 400 rótulos ecológicos em uso, é importante distinguir os tipos de certificação.[44] Pode-se distinguir inicialmente entre os rótulos que são obrigatórios na região, em comparação com os voluntários.[45] O selo Energy Guide, por exemplo, é um rótulo exigido em aparelhos vendidos nos Estados Unidos. Ele fornece o custo operacional anual médio de um aparelho, bem como o custo operacional médio para todos os outros produtos da classe. Esses rótulos não só são exigidos em muitos mercados, como também sua credibilidade é maior que o nível de credibilidade para os rótulos desenvolvidos pelos varejistas.[46]

Entre os rótulos voluntários, pode-se distinguir entre as normas filiadas à International Standards Organization (ISO – Organização Internacional de Normalização). A certificação ISO 14000 é a norma internacional de gestão associada à gestão ambiental, e o ISO 14020-29 está relacionado à rotulagem. Existem três tipos de rótulos associados com a norma ISO 14000. Em primeiro lugar, os rótulos podem ter base em *autodeclarações* feitas pelos produtores e fornecedores sem a autorização direta de um terceiro. Por exemplo, o rótulo de material reciclado é característico em muitos produtos de supermercado. Como rótulos desenvolvidos corporativamente podem diminuir os níveis de credibilidade mais que outros rótulos,[47] é pertinente que o profissional de marketing considere se essas etiquetas levarão a associações de produtos que geram receita. A credibilidade desses rótulos provavelmente está associada à credibilidade global da empresa. Esses rótulos são utilizados no produto e estão presentes em anúncios e outras promoções.

Um segundo tipo de rótulo é atribuído por agências externas à empresa. Por exemplo, os rótulos orgânicos certificados pela USDA são atribuídos aos produtos que aderem a padrões reconhecidos para a agricultura orgânica e processamento de alimentos (Figura 6.18). Outra certificação é o selo *Blue Angel,* atribuído aos produtos e serviços que proporcionam benefícios consideráveis para o ambiente e ainda atendem a padrões elevados de manutenção. Também devem atingir altos índices de saúde e proteção dos trabalhadores. O uso econômico de matérias-primas durante a produção e utilização, longa vida útil e disposição sustentável também são fatores de grande importância ao se obter essa concessão. O Blue Angel é fornecido na Alemanha pelo governo após uma revisão por uma entidade auditora independente[48].

Vale ressaltar que existem muitos padrões que não estão diretamente associados à ISO. Por exemplo, o selo Energy Star utilizado nos Estados Unidos não tem base em critérios da ISO. Em muitos casos, essas normas estão focadas em um único setor. Existem padrões e rótulos associados projetados para avaliação de imóveis, carbono, eletrônicos, energia, alimentos, produtos florestais, produtos de varejo, têxtil, turismo e outras indústrias. Por exemplo, a certificação Leadership in Energy and Environmental Design (LEED) tem foco na indústria da construção. Para usar o selo Fair Trade na indústria do café, a empresa deve comprar o café diretamente de pequenos produtores certificados e deve oferecer contratos de longo prazo, além de uma colheita anual. A empresa deve aceitar pagar um preço de 1,26 dólar por libra e oferecer aos produtores um pré-financiamento que cubra pelo menos 60% do contrato anual.[49]

Um terceiro tipo de rótulo é atribuído com base em dados quantitativos do ciclo de vida ambiental previsto em um extenso formato de relatório.[50] Nesse caso, uma organização externa fornece relatórios extensos para avaliação dos esforços de sustentabilidade de uma empresa. Por exemplo, a Environmental Product Declaration (EPD) desenvolveu sistemas integrados que permitem às empresas ajudar a comunicar o desempenho ambiental de seus produtos de forma crível e compreensível. Após a verifi-

FIGURA 6.18

Rótulo orgânico certificado pela USDA.

Fonte: © Canadian Press via AP Images

cação, as empresas se qualificam para usar a etiqueta da marca EPD em seus produtos, bem como em anúncios e materiais de embalagem.

Como há muitos tipos de etiquetas, pode ser frustrante decifrar quais rótulos são mais informativos em um contexto especifico. O desenvolvimento de um selo de certificação envolve muitos desafios e negociações. Em um extremo, o rótulo deve ser simples e distintivo para aumentar a consciência do consumidor. Ao mesmo tempo, no entanto, a certificação também deve ser apoiada por um investimento significativo e práticas sustentáveis de negócios. O rótulo deve transmitir esforços complexos de uma forma descomplicada. O Blue Angel, por exemplo, oferece uma forma eficiente de comunicar as práticas sustentáveis associadas à gestão responsável da saúde, clima, água e recursos.[51]

Vários critérios devem estar disponíveis com relação a qualquer marca associada a uma alegação ou padrão ambiental.[52] Em primeiro lugar, é pertinente considerar a *cobertura* do padrão. O desenvolvedor do padrão precisa estabelecer a amplitude e extensão da cobertura ambiental associada ao padrão. Ao longo de sua vida, um produto utiliza recursos e exerce influências sobre a água, o ar, a terra e a energia. O grau em que uma etiqueta é associada à preocupação com cada um desses fatores deve ser abordado. Os padrões oferecem diferentes níveis de atenção para cada um desses fatores que podem ser afetados pelos produtos com uma etiqueta de certificação.

Além da cobertura de um padrão, também é importante saber como seu cumprimento é verificado. A base para a *verificação* deve estar disponível, bem como o período durante o qual uma empresa pode usar o rótulo.[53] Além disso, é pertinente relatar com que frequência as empresas são fiscalizadas com relação aos critérios associados ao rótulo. Por exemplo, o rótulo Nordic Swan é concedido em 66 categorias de produtos com base em fatores ambientais, de qualidade e de saúde. O rótulo geralmente é válido por três anos e, após esse período, os critérios são revistos e as empresas devem se recandidatar para uma licença.[54] Informações sobre a cobertura ambiental e a verificação de uma infinidade de rótulos é fornecida pelo site ecolabelling.org.[55]

Além da cobertura do rótulo, também é importante analisar quem está envolvido no desenvolvimento e na gestão do padrão. Há uma variação enorme na medida em que os grupos são incluídos no desenvolvimento e manutenção de padrões e rótulos relacionados. Governo, produtores, processadores, ONGs e consumidores estão incluídos na definição de padrões e rótulos em diferentes graus. A extensão na qual esses grupos estão envolvidos no processo de classificação está relacionada com a credibilidade do rótulo. Pesquisas sugerem que os consumidores têm maior confiança em rótulos desenvolvidos por grupos ambientais e de consumidores que aqueles desenvolvidos por terceiros, pelo governo ou por varejistas.[56]

Até este ponto, nossa revisão analisou como o rótulo é desenvolvido e a extensão da cobertura ambiental associada com o padrão. A lógica dos padrões sugere que eles informam o consumidor, e assim ele faz compras de produtos desenvolvidos de forma sustentável. A questão final do rótulo, então, é sua eficácia na geração de consumo e aumento nas receitas para a empresa. Se o rótulo é eficiente, a receita deve aumentar depois da rotulagem. Por exemplo, pesquisas têm mostrado que, sob determinadas condições, o uso de rótulos orgânicos e de *free trade* podem ser associados à maior disposição de compra de produtos relacionados.[57]

Apesar de valorizarmos a medição da eficácia de um rótulo na condução de consumidores para produtos verdes, os resultados não mostram uma forte relação entre a rotulagem e o consumo.[58] Consequentemente, algumas etiquetas podem ilustrar uma ligação direta entre sua aplicação e o desempenho. Embora as pessoas queiram agir de forma ecológica, em muitos casos o meio ambiente não é uma prioridade ao se fazer uma compra.[59] O processo de compra pode ser impulsionado por hábito ou heurísticas de tal forma que o consumidor não pensa muito sobre isso.[60] Além disso, a sobrecarga de informação pode ser esmagadora para os consumidores. Conforme a quantidade de informação aumenta, é cada vez mais difícil processar essas informações.[61] Quando elas não são processadas, é improvável que o comportamento mude.

F Demarketing

O papel dos rótulos de certificação, como a maioria dos esforços de marketing, é aumentar a quantidade de produtos consumidos. Em contrapartida, o termo **demarketing** se refere a uma ação tomada pelos profissionais de marketing para desencorajar o consumo.[62] Pode-se pedir que os consumidores se abstenham do consumo de forma permanente ou temporária. Por exemplo, a água é um recurso cada vez mais escasso, e a indústria, os consumidores e o governo se beneficiam de sua preservação. Pesquisas que investigam a resposta aos esforços do governo em reduzir o consumo de água indicam que os grupos minoritários respondem menos que a maioria da população na redução do consumo de água.[63]

A empresa pode fazer demarketing de três formas contrastantes:

O **demarketing geral** ocorre quando empresas como concessionárias tentam diminuir o nível da demanda total. Os esforços para reduzir o consumo podem ser em curto prazo, tais como os esforços para limitar o consumo de água durante a seca, ou em longo prazo, tais como as promoções de companhias de petróleo para conservar energia.[64]

O **demarketing seletivo** ocorre quando uma organização desencoraja a procura de certas classes de consumidores. Os governos urbanos em alguns países procuram combater o congestionamento, aumentando os preços do pedágio em horários selecionados. Em Estocolmo, um teste de tarifação rodoviária foi implementado para reduzir o congestionamento de 10% a 15%. Uma taxa de congestionamento foi empregada diferencialmente, dependendo da hora escolhida para entrar na zona onde a taxa está sendo cobrada. A maior taxa foi estabelecida em 20 coroas suecas (SEK) (cerca de 3 dólares) para o período de tempo das 7h30min até às 7h59min e no período das 16h00min às 16h30min. A taxa era de 10 SEK das 09h00min às 15h29min, e não era cobrada no fim de semana. A taxa máxima por veículo por dia era de SEK 60. Veículos ecológicos, veículos pertencentes a pessoas com deficiência motora, motos, táxis, ônibus e outros veículos essenciais (por exemplo, militares, policiais) eram isentos de taxas de congestionamento. Esse esforço de demarketing seletivo em Estocolmo produziu uma redução de 10% do percurso total e uma redução de 17% nas viagens para fazer compras.[65]

Um **demarketing ostensivo** se refere a uma estratégia que envolve limitar o consumo a fim de aumentar as vendas. Note que ao contrário do demarketing geral e seletivo, o objetivo dessa estratégia é estimular a demanda adicional. Empresas, às vezes, usam demarketing ostensivo para aumentar a notoriedade da marca e a capacidade de atração, alegando a grande procura de um produto. A disponibilidade limitada de um bem é frequentemente usada para estimular os consumidores a agir imediatamente para assegurar a posse do produto. Por exemplo, o aumento nos preços da gasolina no verão de 2008 levou alguns concessionários Hyundai a oferecer o pagamento da gasolina a seus compradores durante um ano.

Em muitas situações, os profissionais de marketing usam a lógica do demarketing ostensivo para estimular o aumento do consumo de novas tecnologias e produtos energeticamente eficientes. Essas campanhas de demarketing ostensivo ressaltam que os investimentos em novas tecnologias podem render menos consumo, custos mais baixos e maiores benefícios para a comunidade. A Lexmark Corporation, por exemplo, envolve os consumidores com a sustentabilidade, incentivando-os a imprimir menos. Esse produtor de impressoras e tecnologias relacionadas com a informática desenvolveu tecnologias de digitalização de documentos frente e verso e capacidades de impressão de várias páginas e visualização de impressão, além de impressões em modo rascunho e impressão rápida. Cada uma dessas tecnologias permite aos consumidores imprimir menos e, consequentemente, usar menos papel, energia, toner e tinta.[66] Níveis mais altos de sustentabilidade acumulam maior desempenho financeiro, melhores relações de trabalho com os consumidores e influências relativamente menores sobre o meio ambiente.

As práticas de demarketing estão relacionadas com a sustentabilidade e a prática de marketing verde, porque são empregadas para influenciar os retornos financeiros, relacionais e ecológicos associados com o consumo. Por exemplo, os chuveiros de baixa vazão podem poupar mais de 100 dólares por ano em relação às tecnologias anteriores. Muitas das promoções que enfatizam demarketing estão voltadas para a saúde no longo prazo e os benefícios relacionados ao consumo reduzido. A American Lung Association, por exemplo, executa vários programas e promoções destinadas a limitar o consumo de tabaco. Os retornos ecológicos associados ao consumo limitado também são destaque nas promoções. A Peace River Water Authority, na Flórida, por exemplo, desenvolveu promoções destinadas a estimular a conservação da água.

Um tema recorrente nas comunicações empresariais que caracterizam as chamadas de responsabilidade ambiental é que o consumidor está muitas vezes mais interessado em outras questões associadas ao consumo e ao uso de produtos.[67] Os profissionais de marketing que reconhecem esse fato usam várias motivações para incentivar a redução do consumo. Por exemplo, a Brita usa todas as três formas de demarketing em seus anúncios para filtros de água. Além disso, enfatiza a redução de custos na reutilização de um único frasco, a saúde e os méritos relacionais de filtragem de água e a economia ambiental relacionada com a limitação do número de garrafas de água.

RESUMO

A Introdução

O objetivo deste capítulo é ilustrar como os profissionais de marketing comunicam valor por meio do mix promocional. Usamos a lógica com base em esforços de marketing da Merrell para ilustrar uma estratégia de comunicação integrada de marketing desenvolvida para promover uma marca relativamente sustentável e seus produtos relacionados.

B Comunicação integrada de marketing

A comunicação integrada de marketing se preocupa com a coordenação entre os elementos do mix promocional para garantir a coerência da mensagem entregue em cada ponto de contato entre o consumidor e a empresa. O mix promocional inclui propaganda, venda pessoal, relações públicas, promoção de vendas e marketing direto. A promoção da marca integrada utiliza o mix promocional para criar conscientização de marca, identidade e preferência. Muitas empresas hoje em dia procuram promover a sustentabilidade de suas marcas ao se engajar em comunicação integrada de marketing, juntamente com a promoção integrada da marca.

C Estratégia de mensagem

Uma vez que existem objetivos de comunicação múltiplos associados a uma campanha promocional, os profissionais de marketing têm desenvolvido uma série de estratégias destinadas a ajudar a atingir esses objetivos. As empresas usam *jingles* e *slogans* para aumentar a lembrança da marca e desenvolvem propostas de venda exclusivas para ligar um atributo essencial a uma marca. Quando os consumidores estão mais envolvidos no processo de compra, os profissionais de marketing usam a lógica irrefutável ou o sentimento positivo para estimular o interesse da marca. Sentimentos positivos em relação à marca também são gerados por meio de promoções e propagandas que usam o humor ou o *sex appeal*. A ansiedade e o medo também têm sido considerados estratégias eficazes para induzir o consumo. Propagandas que situam a marca socialmente tentam moldar seu significado, enquanto promoções que transformam o consumo buscam tornar a experiência de consumo melhor. Campanhas promocionais que tentam definir a imagem da marca ligam certos atributos da classe do produto com a marca.

D *Branding* verde

O *branding* verde trata do grau em que as empresas associam suas marcas a práticas de negócios sustentáveis. O valor da marca pode ser expresso com base no cliente, corporativo ou financeiro, mas muitas avaliações do valor da marca corporativo ou financeiro são provenientes do *brand equity* com base no cliente. O *brand equity* com base no cliente se caracteriza pelo reconhecimento da marca pelo consumidor, associações feitas com a marca, atitudes e acessórios para a marca e o envolvimento do consumidor com ela.

E Rótulos de certificação

Os rótulos são usados por profissionais de marketing para aumentar a sensibilização dos consumidores em relação aos atributos do produto e da marca. Ajudam a reduzir a assimetria de informações entre produtores e consumidores, permitindo a comunicação de características de credibilidade dos produtos. Rótulos de certificação incluem rótulos ecológicos, que refletem a adesão a algum padrão associado à segurança alimentar e ao desempenho ambiental; e rótulos sociais, que dizem respeito a direitos humanos e padrões trabalhistas.

Os rótulos podem ser uma autoproclamação de uma empresa ou podem envolver a avaliação de um terceiro. Os rótulos de certificação se referem à contabilidade para a produção e processamento, bem como o uso, a emissão e os resíduos dos recursos.

F Demarketing

O *demarketing se* refere a uma ação realizada por profissionais de marketing para desestimular o consumo. De forma geral, o demarketing se refere a esforços de organizações, tais como empresas de energia, para reduzir o montante global do uso de energia. O demarketing seletivo é utilizado quando uma empresa procura limitar a quantidade de consumo em mercados-alvo dentro de uma comunidade. O demarketing ostensivo se refere às estratégias que usam o consumo limitado como um meio para aumentar as receitas.

PERGUNTAS

1. A introdução deste capítulo caracteriza a Merrell como uma empresa que se engaja na comunicação integrada de marketing para apresentar suas marcas e produtos. Descreva o mix de marketing de outra empresa que utiliza a comunicação integrada de marketing para promover a sustentabilidade.
2. O marketing direto é um componente do mix promocional? Em que circunstâncias o marketing direto seria classificado como promoção ou varejo?
3. Quais são os benefícios que as empresas percebem quando escolhem desenvolver promoções integradas de marca?
4. Um dos objetivos da promoção é gerar respostas de consumidores na forma de compras imediatas. Descreva um anúncio ou exibição de ponto de venda que tenha sido utilizado para estimular as compras imediatas de produtos mais ou menos ecologicamente corretos pelo consumidor.
5. A campanha publicitária da Green Works usa uma estratégia de bem-estar para promover as preferências pela marca. Descreva outro anúncio para um produto ambientalmente correto que é comercializado utilizando essa estratégia.
6. Hoje em dia é relativamente fácil incutir ansiedade sobre o meio ambiente no consumidor. Em que condições você acha que essa estratégia seria eficaz ou ineficaz?
7. Diferencie reconhecimento da marca de lembrança da marca como objetivos da mensagem. Qual dessas estratégias é mais difícil de alcançar?
8. Qual é a diferença entre rótulos ecológicos e rótulos sociais? Descreva um selo de certificação que incorpore componentes ecológicos e relacionais.
9. A lógica dos rótulos sugere que a presença de uma etiqueta de certificação deverá levar a uma maior sensibilização e aumentar as vendas em última instância. Com que sucesso os rótulos têm estimulado as vendas de produtos sustentáveis?
10. Por que uma empresa utiliza uma estratégia de demarketing quando esta visa a reduzir o consumo? Será que essa estratégia implica necessariamente menores receitas para a empresa?

NOTAS FINAIS

[1] Merrell.com. Outreach. Disponível em: <http://www.merrell.com/US/en-US/Home/FlexPage.mvc.aspx#meet_merrell/outreach/>. Acesso em: 4 maio 2010.

[2] Graff, Gary; Prince, David J. Latest Buzz. *Billboard*, 2009, p. 26.

[3] Lamb, Charles W.; Hair, Joseph F.; McDaniel, Carl. *Marketing*. Mason, OH: Cengage, 2008. p. 708.

[4] American Marketing Association. Dictionary. Disponível em: <http://www. marketingpower.com/_layouts/Dictionary.aspx?>. Acesso em: 4 maio 2010.

[5] Sales Call Costs. *Controller's Report*, 1(2000), p. 9.

[6] O'Guinn, Thomas C.; Allen, Chris T.; Semenik, Richard J. *Advertising and integrated brand promotion*. Mason, OH: Thompson Higher Education, 2006. p. 736.

[7] Liebermann, Yehoshua; Flint-Goor, Amir. Message strategy by product-class type: a matching model. *International Journal of Research in Marketing* 13, n. 3, 1996, p. 237-49.

[8] Ver nota 6.

[9] Waste Management. How we think green. Disponível em: <http://www.thinkgreen.com/home>. Acesso em: 4 maio 2010.

[10] Aaker, David A. *Building strong brands*. Nova York: Free Press, 1996. p. 400.

[11] Ver nota 6.

[12] Ver nota 3.

[13] Keller, Kevin Lane; Lehmann, Donald. Brands and branding: research findings and future priorities. *Marketing Science* 25, n. 6, 2006, p. 740-59.

[14] Ginsberg, Jill M.; Bloom, Paul N. Choosing the right green marketing strategy. *MIT Sloan Management Review,* out. 2004, p. 79-84.

[15] Aaker, David A.; Joachimsthaler, Eric. *Brand leadership*. Nova York: The Free Press, 2000. p.368.

[16] Ver nota 13.

[17] Strong, Edward K. Theories of selling. *Journal of Applied Psychology* 9, n.1, 1925, p.75-86.

[18] Keller, Kevin Lane; Sternthal, Brian; Tybout, Alice. Three questions you need to ask about your brand. *Harvard Business Review* 80, n. 9, 2002, p. 80-9.

[19] Keller, Kevin Lane. Building customer-based brand equity: a blueprint for creating strong brands (artigo de trabalho), *Marketing Science Institute*, 2001, p. 1-107.

[20] Aaker, Jennifer L. Dimensions of brand personality. *Journal of Marketing Research* 34, n. 3, 1997, p. 347-56.

[21] Keller Kevin Lane; Aaker, David A. Corporate-level marketing: the impact of credibility on a company's brand extensions. *Corporate Reputation Review,* 1, ago. 1998, p. 356-78.

[22] Fishbein, Martin; Ajzen, Icek. *Belief, attitude, intention, behavior*: an introduction to theory and research. Reading, MA: Addison-Wesley Publishing Company, 1975. p. 314.

[23] Bowlby, John. *The making and breaking of affectional bonds*. Londres: Tavistock, 1979. p. 184.

[24] Thomson, Matthew; MacInnis, Deborah J.; Park, C. Whan. The ties that bind: measuring the strength of consumers emotional attachments to brands. *Journal of Consumer Psychology* 15, n. 1, 2005, p. 77-91.

[25] Hartmann, Patrick; Ibáñez, Vanessa Apaolaza; Sainz, F. Javier Forcada. Green branding effects on attitude: functional versus emotional positioning strategies. *Marketing Intelligence and Planning* 23, n. 1, 2005, p. 9-29.

[26] Ver nota 10.

[27] Ver nota 25.

[28] Environmental Leader. Celestial sees sales bounce from tree planting program. Disponível em: <http://www.environmentalleader.com/2009/02/11/celestial-sees-sales-bounce-fromtree-planting-program/>. Acesso em: 5 maio 2010.

[29] Maynard, Micheline. Toyota hybrid makes a statement, and that sells. *The New York Times*, 04 jul. 2007, p.2. Disponível em: <http://query.ny-times.com/gst/fullpage.html?res=9C0DE0D8153EF937A35754-C0A9619C8B63&;sec=&spon=&&scp=1&sq=%20Toyota%20Hybrid%20Makes%20a%20Statement,%20and%20That%20Sells&st=cse>. Acesso em: 5 maio 2010.

[30] Grote, Ulrike; Basu, Arnab; Chau, Nancy. *New frontiers in environmental and social labeling*. Heidelberg: Springer-Verlag, 2007. p. 241.

[31] Ecolabelling.org. Food Alliance Certified. Disponível em: <http://ecolabelling.org/ecolabel/food--alliance-certified>. Acesso em: 5 maio 2010.

[32] Makower, Joel. *Strategies for the green economy*. Nova York: McGraw Hill, 2009. p. 290.

[33] Milner, J. A. Functional foods and health: a US perspective. *British Journal of Nutrition* 88, n. 2, 2002, p. S151-S158.

[34] Pittman, Mark. Eating food that's better for you, organic or not. *The New York Times,* 22 mar. 2009, p. 3.

[35] Dimitri, Carolyn; Oberholzer, Lydia. EU and U.S. organic markets face strong demand under different policies. *U.S. Department of Agriculture*: Amber waves. Disponível em: < http://www.ers.usda.gov/AmberWaves/February06/Features/feature1.htm>. Acesso em: 25 maio 2011.

[36] Kuepper, George; Gegner, Lance. Organic crop production overview. *U.S. Department of Agriculture*: National Center for Appropriate Technology, 2004. Disponível em: <http://attra.ncat.org/attra-pub/PDF/organiccrop.pdf>. Acesso em: 5 maio 2010.

[37] Ver nota 36.

[38] McLaughlin, Katy. Is your tofu biodynamic? Making sense of the latest organic food terminology. *Wall Street Journal,* 19 abr. 2005, p. D1.

[39] Ver nota 35.

[40] Brady, Diane. The organic myth. *Business Week,* 16 out. 2006, p. 50-56.

[41] Shadix, Kyle. Biodynamic agriculture may slowly gain fans among chefs. *Nation's Restaurant News*, 24 set. 2007, p. 26.

[42] McEachern, Morven G. Guest editorial: the consumer and values-based labels. *International Journal of Consumer Studies* 32, n. 5, 2008, p. 405-6.

[43] Rebitzer, G. et al. Life cycle assessment – Part 1: framework, goal and scope definition, inventory analysis, and applications. *Environment International* 30, n. 5, 2004, p. 701-720.

[44] Ecolabelling.org. Food alliance certified. Disponível em: <http://ecolabel-ling. org/ecolabel/food-alliance-certified>. Acesso em: 4 maio 2010.

[45] Horne, Ralph E. Limits to labels: the role of eco-labels in the assessment of product sustainability and routes to sustainable consumption. *International Journal of Consumer Studies* 33, n. 2, 2009, p. 175-82.

[46] Gertz, Renate. Eco-labelling: a case for deregulation? *Law, Probability and Risk* 4, n. 3, 2005, p. 127-41.

[47] Ver nota 46.

[48] Blue Angel. The Blue Angel: who is behind it? Disponível em: <http://www.blauer-engel.de/en/blauer_engel/who_is_behind_it/index.php>. Acesso em: 5 set. 2009.

[49] Lyon, Sarah. Evaluating fair trade consumption: politics, defetishization and producer participation. *International Journal of Consumer Studies* 30, n. 5, 2006, p. 452-464.

[50] Ver nota 46.

[51] Ver nota 48.

[52] Ver nota 51.

[53] Stroud, Sara. The great eco-label shakedown. *Sustainable Industries*, ago. 2009, p. 29-33.

[54] Nordic Ecolabel. About the Nordic Ecolabel. Disponível em: <http://www.svanen.nu/Default.aspx?tabName=aboutus&r;menuItemID=7069>. Acesso em: 5 set. 2009.

[55] Ecolabelling.org. Disponível em: <http://ecolabelling.org/>. Acesso em: 25 maio 2011.

[56] Ver nota 46.

[57] Didier, Tagbata; Lucie, Sirieix. Measuring consumers willingness to pay for organic and fair trade products. *International Journal of Consumer Studies* 32, 2008, p. 479-90.

[58] Ver nota 42.

[59] Esty, Daniel C.; Winston, Andrew S. *Green to gold*. New Haven, CT: Yale University Press, 2006. p. 366.

[60] Kahneman, Daniel; Tversky, Amos. On the psychology of prediction. *Psychological Review* 80, 1973, p. 237-257.

[61] Hemp, Paul. Death by information overload. *Harvard Business Review* 87, set. 2009, p.82-9.

[62] Kotler, Philip; Levy, Sidney. Demarketing, yes, demarketing. *Harvard Business Review*, 49, nov./dez. 1971, p. 74-80.

[63] Grinstein, Amir; Nisan, Udi. Demarketing, minorities, and national attachment. *Journal of Marketing* 73, n. 2, 2009, p. 105-22.

[64] Ver nota 62.

[65] Daunfeldt, Sven-Olov; Rudholm, Niklas; Rämme, Ulf. Congestion Charges and retail revenues: results from the Stockholm Road Pricing Trial. *Transportation Research Part A*: Policy and Practice 43, n. 3, 2009, p. 306-9.

[66] Lexmark International. 2007 Environmental Sustainability Report. Disponível em: <http://www.lexmark.com/environment/EnvironmentalSustainabilityReport.pdf>. Acesso em: 5 maio 2010.

[67] Ver nota 60.

capítulo 7

Produzindo Valor por Meio da Inovação

OBJETIVOS DO CAPÍTULO

PALAVRAS-CHAVE

A Introdução

Assistir a um filme em uma tela de celular pode ser um tanto desagradável, além de ser muito difícil de fazê-lo com outra pessoa. Uma nova geração de projetores, no entanto, está inaugurando uma era para telefones celulares, mp3 players e outros dispositivos. Por exemplo, o projetor de bolso da 3M, o MPro120, é um dispositivo portátil que pode projetar imagens em alta qualidade de 8 a 50 cm (Figura 7.1). Um dispositivo que é aproximadamente do tamanho de um pequeno controle remoto de TV, esse produto inovador utiliza tecnologia de lâmpada LED que permite que ele funcione sem um sistema de refrigeração interno. Além disso, essa tecnologia permite que os projetores funcionem por quatro horas, enquanto ainda mantêm o peso total de 5,6 libras[1] A compatibilidade com os diversos formatos de computadores pessoais, aparelhos de DVD, iPods e iPhones, além de outros telefones celulares, garante que esse produto será utilizado por muitos consumidores.

O desenvolvimento de todos os novos produtos da 3M segue um compromisso da empresa com o meio ambiente de longa data. O programa Prevenção da Poluição se Paga (Pollution Prevention Pays – 3P) da empresa, que está em sua quarta década, ressalta a alta visibilidade da 3M no tocante aos sistemas de gestão ambiental e ecoeficiência. A empresa continua a reduzir as emissões, e o design ecológico de seus produtos responde à demanda dos clientes por produtos ambientalmente corretos.[2] A 3M emprega um programa de gerenciamento de ciclo de vida que exige que todas as suas unidades de negócios realizem análises de gestão do ciclo de vida para todos os novos produtos.[3] Essa estratégia permite à empresa comercializar novos produtos, tais como o projetor MPro, que incorporam vantagens ambientais nas aquisições de componentes, produção, consumo e descarte do produto.

FIGURA 7.1

O projetor MPro 120 da 3M.
Fonte: Cortesia da 3M Company

Como o exemplo da 3M ilustra, empresas inovadoras estão incorporando preocupações de sustentabilidade no design de novos produtos. O objetivo deste capítulo é identificar as estratégias que permitem às empresas desenvolverem inovações que ofereçam vantagens competitivas sustentáveis. Vemos a **inovação** como o esforço para criar uma mudança proposital, focada nos potenciais econômicos, sociais e ecológicos da empresa.[4] Se ela quer atingir a sustentabilidade, é essencial que desenvolva inovações que atendam a cada faceta do tripé da sustentabilidade. Ela deve reconhecer que a mudança focada pode ocorrer para atender a uma variedade de necessidades de sustentabilidade. As empresas investem em novas ideias a fim de atender às populações em crescimento, fornecer produtos e serviços acessíveis, servir às crescentes necessidades não satisfeitas e reduzir os impactos ambientais.[5]

Conforme os mercados emergentes amadurecem e os mercados maduros continuam a se desenvolver, a necessidade de inovações sustentáveis se mantém em crescimento. As estimativas atuais, por exemplo, sugerem que se as taxas de consumo *per capita* nas economias em desenvolvimento espelhadas nas taxas dos mercados desenvolvidos, levará o equivalente a três planetas Terra para suportar o consumo de recursos.[6] Inovações que promovam a sustentabilidade são necessárias para se encontrar novas maneiras de fazer as coisas antigas, bem como novas maneiras de fazer novas coisas.[7]

Focamos nossa análise em práticas associadas ao desenvolvimento de produtos inovadores. É essencial, entretanto, reconhecer que as empresas inovam em uma série de maneiras que incluem o desenvolvimento de novos canais, novos modelos de negócio e novas ideias de produto.[8] Distinguimos entre a inovação de produto e de processo como dois componentes de desenvolvimento. **Inovação de produtos** se refere a novos bens e serviços que oferecem melhorias nas habilidades técnicas, características funcionais, facilidade de uso e outras dimensões.[9] Em contraste, a **inovação de processos** se refere a novas técnicas para a produção de bens e serviços. Essas melhorias de produção são muitas vezes projetadas para fornecer maiores níveis de eficácia ao tripé da sustentabilidade. Entender o processo de inovação exige a consideração de ambas as atividades dentro da empresa. Em muitos casos, as inovações de processo desenvolvidas por uma empresa se tornam inovações de produtos de uma segunda organização. Por exemplo, as inovações que a UPS fez em sua tecnologia de rastreamento de pacotes têm permitido à empresa comercializar esses recursos para seus clientes.[10]

No texto a seguir, começaremos descrevendo o processo de desenvolvimento de novos produtos. Na sequência, endereçaremos a avaliação preliminar, a análise do negócio, o desenvolvimento de produtos e a comercialização de ofertas de produtos inovadores. E forneceremos, então, uma visão geral do desenvolvimento do processo. Considere primeiro a estrutura geral para o desenvolvimento de novos produtos.

B Quadro de inovação de produto

Empresas se envolvem em um processo interativo em seus esforços para desenvolver novos produtos e ofertas de serviços. O processo chamado portões de estágio (*stage-gate*), descrito na Figura 7.2, elucida uma série de atividades envolvidas na concepção de novos produtos.[11] O *portão de estágio* reconhece que as empresas se envolvem em uma série de atividades entre a concepção de ideias e o lançamento de um produto no mercado. Essas fases são multifuncionais e exigem interação entre produção, marketing, P&D e outras atividades internas e externas à empresa.[12] Pesquisas indicam que erros técnicos são responsáveis por cerca de 20% das falhas do produto, enquanto problemas relacionados ao marketing e gerenciamento são responsáveis por 75% das falhas do produto. Os últimos 5% não são abordados na literatura consultada. Os vários departamentos dentro da empresa devem trabalhar juntos para aumentar a probabilidade de sucesso de novos produtos.[13]

Cada fase e estágio da estrutura de desenvolvimento é acompanhada de um portão complementar. **Portões** são os pontos no processo de desenvolvimento nos quais a empresa avalia o potencial de um produto. Eles são predeterminados e especificam *requisitos* que devem ser atendidos em um projeto e *devem atender aos* requisitos de um produto. Em cada estágio do processo, as empresas debatem se *matam* o projeto ou *permitem* que ele avance para a próxima fase. As empresas fazem investimentos substanciais no desenvolvimento de novos produtos, e tanto os benefícios do sucesso de novos produtos quanto os custos de seu fracasso são enormes. Estimativas indicam que os produtos lançados

FIGURA 7.2

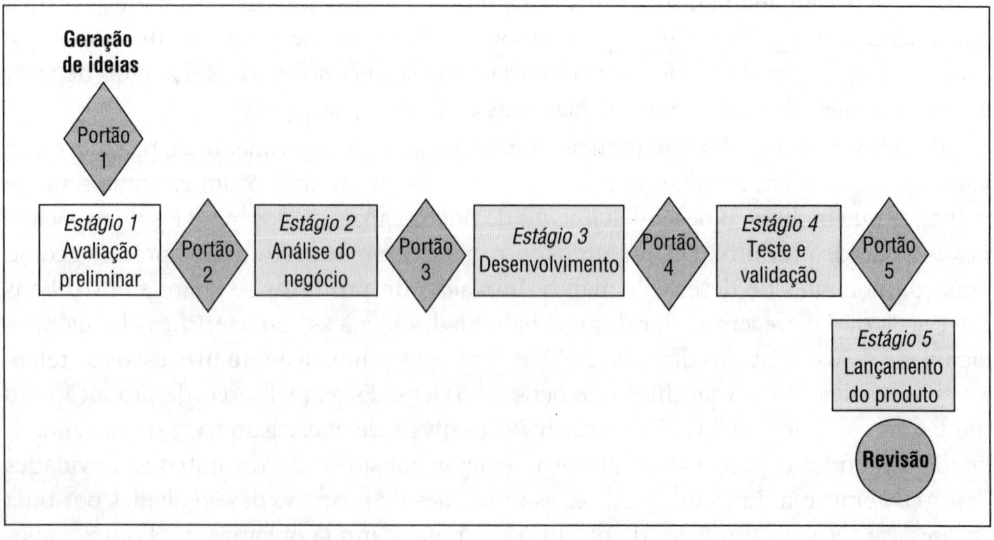

Quadro de inovação de produto.

Fonte: Cooper, Robert G. Stage-gate system: a new tool for managing new products. Business Horizons, maio/jun. 1990, p. 44-54.

nos últimos três anos representam pelo menos 25% da renda de uma empresa.[14] Em contraste a isso, produtos que tiveram um lançamento fracassado na indústria eletrônica têm prejuízos estimados em mais de 20 bilhões de dólares por ano.[15] Ao criar uma série adequada de portas ou postos de controle, as empresas aumentam a probabilidade de sucesso e reduzem o potencial para o fracasso. À medida que um produto se desenvolve até ser totalmente lançado no mercado, os custos associados a ele aumentam. Assim, cada etapa do processo exige portões mais rigorosos que servem como barreiras para o avanço do projeto do novo produto. Decisões que são tomadas no sentido de *matar* os produtos devem ser feitas o mais cedo possível no processo de desenvolvimento. A eliminação precoce de produtos destinados a nichos de mercado impede que a empresa gaste recursos valiosos desnecessariamente. No entanto, a decisão de eliminar um projeto que se sabe ser ruim beneficia a empresa independentemente da fase em que o projeto se encontra.

Delinearemos a seguir as várias fases de um processo de desenvolvimento de um novo produto. Começaremos com uma discussão sobre geração de ideias.

C Inovação de produto: geração de ideias

A atividade inicial do processo de desenvolvimento de novos produtos é a geração de uma ideia. Os interessados associados a uma organização estão na vanguarda dessa fase do processo de desenvolvimento de novos produtos, e é essencial tratar as partes interessadas como parceiros em toda a inovação de produtos. Novas ideias podem surgir a partir de praticamente qualquer aspecto do ambiente, e é importante trabalhar com as partes interessadas para compreender seus pontos de vista sobre as inovações. A participação no desenvolvimento de um produto deve incluir funcionários, consumidores, fornecedores, governo, organizações não governamentais (ONGs) e o público em geral.

Os funcionários são fontes valiosas de informação, porque têm o potencial para compreender o mercado bem como a produção e os objetivos estratégicos da empresa. Observe, entretanto, que esse entendimento também pode ser um fator limitante para os funcionários. A lógica de se "fazer negócios como sempre" pode prejudicar a capacidade de oferecer ideias que realmente desafiam as operações atuais. Em muitas situações, as organizações desenvolvem equipes de funcionários envolvidos no desenvolvimento de novos produtos. Essas pessoas vêm da área de marketing, além de outras áreas técnicas da empresa.[16]

Se essas equipes irão gerar ideias com êxito, é imperativo que reconheçam alguns dos desafios inerentes ao desenvolvimento do grupo. O processo em grupo pode gerar o **bloqueio de produção** caracterizado pela incapacidade de os membros do grupo oferecer ideias simultaneamente. Além disso, a empresa deve reconhecer que o processo em grupo pode ser prejudicado por preocupações dos funcionários sobre as avaliações feitas a partir do processo de geração de ideias. Pesquisas indicam que a influência desses problemas pode ser mensurada em sessões de geração eletrônica de ideias. A interação assíncrona permite múltiplas respostas, sem obstrução, e a participação anônima previne que a gerência use as sessões de geração de ideias na avaliação do funcionário.[17] A organização também deve lidar com a possibilidade de que alguns membros da equipe não peguem carona no processo de desenvolvimento e não ofereçam ideias. Essa incapacidade de participar da geração de ideias pode ser reduzida por meio de incentivos da empresa para seus funcionários.[18]

Além da organização, também é claramente essencial pesquisar a atividade dos consumidores dos produtos da empresa. Embora o processo típico da empresa fosse o de pesquisar a extensão dos consumidores em um mercado, estudos recentes ressaltam a necessidade de olhar para os usuários líderes. **Usuários líderes** são os consumidores que esperam por atrativos e benefícios relacionados à inovação a partir de uma solução de necessidades e experiências para uma inovação mais cedo que a maioria dos participantes em um mercado-alvo.[19] Uma amostra representativa dos clientes do mercado-alvo que estão familiarizados com os usos de produtos já existentes pode ter dificuldade em conceber novos usos de produtos e atributos. Em contrapartida, os usuários líderes, orientados para o futuro, são mais propensos a enfrentar problemas hoje que a maioria dos usuários enfrentará nos próximos meses.[20] Esses usuários líderes tendem a ter mais conhecimento e experiência dos produtos de consumo que outros consumidores. Em comparação a outros usuários, eles mais frequentemente se comprometem com tarefas arriscadas, inovadoras, difíceis, e são mais propensos a estar predispostos à inovação.[21]

Os fornecedores, que são as organizações que vendem para as empresas, também podem ser uma fonte de ideias para novos produtos. Fornecedores competitivos operando próximos à empresa têm linhas de comunicação mais estreitas, facilitando o intercâmbio de ideias que rendem inovações.[22] Além disso, as organizações de vendas podem levar ideias inovadoras geradas em um contexto e adotar essa lógica em um ambiente novo. No entanto, os fornecedores que operam em um modelo misto podem não ter em mente o mesmo interesse do vendedor. Em alguns casos, as empresas têm escolhido desenvolver equipes de pessoal, inclusive fornecedores e usuários.[23] Essas equipes interempresas podem aumentar a qualidade das ideias para novos produtos, reduzindo o mal-entendido decorrente do trabalho além das fronteiras corporativas. Da mesma forma que as equipes intrafirmas, as equipes multifuncionais que compartilham informações iniciais e todas as suas operações podem identificar áreas problemáticas no início do processo de desenvolvimento.[24]

O governo, em todos os seus níveis, desde as operações locais de alianças multinacionais, também é uma fonte valiosa de novas ideias. Por exemplo, o Departamento de Comércio dos Estados Unidos apoia os esforços para trazer novas tecnologias ao mercado, por meio do Instituto Nacional de Padrões e Tecnologia (Nist – National Institute of Standards and Technology). O Nist promove a inovação nos Estados Unidos por meio de pesquisa de alto risco e de grande recompensa, em áreas de necessidades críticas nacionais.[25] Cientistas afiliados ao Nist conduzem pesquisas de ponta que levam a inovações, mas a escala do esforço do Nist não se estende ao desenvolvimento de produtos em qualquer de suas áreas de investigação. O trabalho necessário para explorar as tecnologias do Nist para viabilidade comercial requer inovação por parte do setor privado. Patentes comercialmente promissoras são identificadas, juntamente com as falhas tecnológicas que impedem sua transição direta para o mercado. Por exemplo, uma pesquisa recente apoiada pelo Nist fomentou o desenvolvimento da tecnologia de chip de computador flexível. Inovadores que conseguem ter uma compreensão dessa tecnologia podem desenvolver chips de processamento comercialmente viáveis para uma variedade de aplicativos.[26]

ONGs são semelhantes ao governo no sentido de que servem como fontes de informação para o desenvolvimento de novas ideias. Empresas como McDonald's, IBM e Walmart têm reconhecido que a interação com essas organizações pode fornecer uma riqueza de informações que são relevantes para a geração de novas ideias.

Embora seja esclarecedor examinar a origem de uma inovação, também é elucidativo examinar os eventos que servem como ímpeto para o desenvolvimento de uma inovação. Pesquisas anteriores sugerem sete possíveis fontes de inovação, que variam dependendo de estarem associadas a eventos que ocorram dentro ou fora de uma indústria.[27] Eventos internos que produzem inovação incluem ocorrências inesperadas, incongruências, necessidades de processo e mudanças de mercado.

Ocorrências inesperadas Ocorrências inesperadas são situações nas quais os clientes encontram novos usos inesperados para um produto. Por exemplo, mochileiros que caminham longas distâncias são relutantes em levar muitos itens em suas mochilas, pois cada item aumenta o peso de sua jornada. Muitos mochileiros, portanto, renunciam ao uso de um travesseiro quando um improvisado pode ser feito de roupas e um saco de nylon. Quando a utilidade de um item pode ser ampliada para incluir múltiplas funções, surge uma nova utilização para um produto. Além disso, ao permitir que um único produto faça o trabalho de vários itens, os custos econômicos e ecológicos associados à atividade diminuem.

Incongruências Incongruências são situações em que há uma contradição sobre a lógica vigente na indústria. Essas incongruências podem ser associadas a processos de fabricação e também a situações econômicas. Por exemplo, a indústria de computadores pessoais tem sido caracterizada por uma incongruência entre o crescimento do mercado e a queda dos lucros. A introdução dos netbooks é parcialmente atribuída ao desejo de superar essa incongruência.[28] Esses aparelhos permitiram que empresas gerassem receitas e lucros em níveis de preços mais baixos que a maioria dos computadores pessoais equipados com um HD.[29]

Necessidades de processo Necessidades de processo são modificações nas operações de um produto para melhorar seu desempenho. Por exemplo, o teclado QWERTY das máquinas de escrever foi desenvolvido em resposta ao custo de conserto do teclado alfabético, que enroscava. Como os usuários do teclado alfabético frequentemente emperravam as máquinas, gerando um custo substancial, um novo teclado foi desenvolvido para que os usuários trabalhassem em menor velocidade.[30]

Mudanças de mercado As mudanças de mercado são situações em que a natureza da indústria ou do mercado muda. No setor de televisores, por exemplo, o funcionamento básico do produto passou de analógico para digital em 2009. Essa mudança nos requisitos do produto ocorreu apesar do reconhecimento de que mais de 3,5 milhões de lares norte-americanos não estavam prontos para a transmissão digital.[31]

Eventos externos se referem a fatores que acontecem fora da indústria em que geram inovação. Estes incluem mudanças demográficas, mudanças na percepção e novos conhecimentos.

Mudanças demográficas Demografia é o estudo das estatísticas vitais, tais como raça, idade, sexo e renda. Mudanças nesses fatores dentro de uma população podem ter um efeito dramático sobre as inovações. No mundo em desenvolvimento, por exemplo, muitos países enfrentam uma situação em que o rápido crescimento populacional gera maiores níveis de pobreza, e a pobreza gera maiores níveis de crescimento da população. Essas mudanças demográficas estão sendo parcialmente atendidas por meio de inovações em sistemas de irrigação e reciclagem de água.[32]

Mudanças na percepção Mudanças na percepção ocorrem quando os consumidores modificam suas opiniões sobre algum fator no mercado. Por exemplo, os clientes de mercados já começaram a modificar suas percepções sobre os custos ambientais associados ao papel dos descartáveis e dos sacos plásticos. Os consumidores estão cada vez mais usando sacolas de lona reutilizáveis, que são menos prejudiciais para o meio ambiente.[33]

Novos conhecimentos Novos conhecimentos se refere ao uso de informações técnicas, científicas ou sociais que podem ser um instrumento para resolver um problema de mercado. Por exemplo, o advento dos motores híbridos foi motivado em parte por novos conhecimentos associados às células de combustível e tecnologias de motor elétrico.[34]

Após a geração inicial de uma ideia, a empresa implementa sua primeira avaliação sobre a viabilidade do tema. Durante o processo de desenvolvimento em cada estágio do modelo, muitas empresas utilizam *checklists* ou *índices* para determinar o grau em que a ideia atende aos critérios que deve atender. A avaliação do desenvolvimento do produto é um *funil em vez de um túnel* utilizado para avaliar os produtos que se movem em direção ao mercado.[35] Assim, a análise inicial do produto é menos rigorosa que as análises que acontecem mais tarde no processo. Embora existam critérios que devem ser atendidos e critérios que poderiam ser atendidos nessa fase, não existem critérios financeiros nesse momento. A avaliação se concentra na viabilidade do projeto, no alinhamento estratégico, na sinergia, na atratividade de mercado e na sinergia com os recursos base e de negócios da empresa. Se a decisão é feita para o projeto avançar, a empresa começa a avaliação preliminar.[36]

D Inovação de produto: avaliação preliminar

A avaliação preliminar é o primeiro estágio do processo de desenvolvimento de novos produtos. Nessa fase, a empresa realiza uma avaliação inicial do mercado, em que determina o potencial e o tamanho do mercado. A empresa geralmente irá conduzir uma pesquisa on-line e bibliográfica, e usará grupos focais e interação com usuários-chave para avaliar a probabilidade de aceitação do produto no mercado.[37] A análise de mercado é complementada por uma análise técnica preliminar na qual a empresa avalia a viabilidade de fabricação e desenvolvimento de um projeto. A organização procurará quantificar o tempo e os custos associados com a fabricação do produto.[38]

Posto que a empresa irá avançar em várias direções que podem incluir marketing, compras, logística, mão de obra e P&D, é essencial criar equipes de projeto eficientes no início do processo de desenvolvimento. Equipes eficientes de novos produtos devem ter objetivos claros e compromisso unificado entre seus membros.[39] Os membros da equipe devem, coletivamente, possuir as capacidades para atingir os objetivos dos projetos, e devem ser apoiados por recursos e apoio psicológico necessários para manter um elevado nível de motivação e foco. Além disso, a estrutura da equipe deve enfatizar um ambiente de trabalho colaborativo que promove a comunicação eficaz. Seus líderes devem passar uma mensagem consistente do foco que direciona todos os membros da equipe a alcançar altos níveis de desempenho.[40]

O Portão 2 é a triagem utilizada para avaliar produtos potenciais ao final da primeira fase. Embora a decisão de *Prosseguir/Matar* não seja muito diferente a partir da triagem inicial, os critérios que devem ser cumpridos agora incorporam considerações trazidas ao processo pelos clientes e representantes de vendas. Os critérios financeiros nesse momento não são substanciais, mas abordam o potencial ponto de equilíbrio para o empreendimento. Se o projeto atende adequadamente os critérios necessários e possíveis, ele avança para a preparação da análise do negócio.[41]

E Inovação de produto: preparação da análise do negócio

A fase de preparação da análise do negócio é o último estágio do processo antes que um investimento substancial seja feito no desenvolvimento de produtos. Consequentemente, é essencial para a empresa identificar a atratividade do produto associado a problemas ou restrições de mão de obra, marketing, jurídicos e financeiros.[42] A avaliação da produção deve abordar o investimento necessário envolvido na produção, assim como os custos de fabricação. Uma vez que as organizações que não abordam a questão da sustentabilidade enfrentam o aumento da responsabilidade social e econômica, é importante para a análise do custo de produção considerar os custos do tripé da sustentabilidade associados à fabricação e à cadeia de suprimento.[43]

O componente de marketing da análise do negócio exige que a organização avalie as necessidades e os desejos dos consumidores para determinar suas expectativas em relação ao novo produto ideal. Além disso, a empresa vai propor novos produtos aos clientes para determinar sua provável aceitação. As empresas que se envolvem em um diálogo com consumidores em potencial ganham portões que lhes permitem fazer melhorias no produto antes do estágio de desenvolvimento.[44] Esse diálogo permite à empresa identificar as vantagens econômicas, sociais e ecológicas do produto ao se relacionar com os consumidores em potencial. A análise de mercado também exigirá um estudo da concorrência para determinar a vantagem relativa de um novo produto. Da mesma maneira, a empresa irá avaliar a patente para o novo produto, bem como revisará as restrições legais e regulamentares. Cada vez mais, as exigências legais estão adotando tecnologias que são mais benéficas ou menos nocivas ao meio ambiente. Por exemplo, a lei prevalecente nos Estados Unidos impede que as empresas comercializem componentes elétricos ou eletrônicos feitos de chumbo, mercúrio, cádmio e cromo hexavalente.[45]

O terceiro portão no processo de desenvolvimento de novos produtos é crucial, pois é a última chance de eliminar a ideia antes de um investimento considerável. Pesquisas com o modelo de portão de estágios indicam a necessidade de incorporar as seguintes considerações antes de avançar para o desenvolvimento de novos produtos:[46]

Vantagem competitiva do produto A proposição de valor para o novo produto deve ser atraente e superior em relação a alguma faceta do tripé da sustentabilidade. Esse benefício deve ser reconhecido e visto como favorável ao consumidor. Se a proposição de valor é baseada em méritos ecológicos, os valores associados a esse benefício devem ser maiores que qualquer limitação associada aos benefícios sociais e econômicos do produto.

Encaixe estratégico É essencial que o novo produto seja coerente com a estratégia de negócios da empresa. Além disso, a importância do produto para a estratégia de negócios deve ser reconhecida.

Atratividade de mercado A atratividade de mercado inclui a consideração da dimensão do mercado e seu potencial de crescimento. As margens feitas pela concorrência nesse mercado devem ser constatadas e a intensidade da concorrência no mercado também deve ser determinada.

Relação com as competências essenciais Novos projetos devem refletir os principais pontos fortes da empresa. A atratividade de novos produtos deve aumentar quando permitem que uma empresa mobilize suas forças em marketing, produção, tecnologia e distribuição.

Viabilidade técnica A viabilidade tecnológica é abordada por meio da identificação dos resultados de uma tecnologia até a data e a complexidade da tecnologia associada a um novo produto. A empresa deve também identificar o grau em que está familiarizada com a tecnologia inerente a um novo produto.

Riscos e recompensas financeiras A avaliação financeira deve considerar o nível de risco associado a um produto, além da capacidade de a empresa enfrentar esse risco. A organização deve analisar também a recompensa financeira em termos do valor líquido presente, índice de produtividade e tamanho da oportunidade financeira.

F Inovação de produto: desenvolvimento

Quando um conceito de produto passa com sucesso pelo terceiro portão no processo de desenvolvimento, a empresa inicia o desenvolvimento do produto.[47] Atividades de marketing e produção se movem em paralelo nessa fase. A função do marketing deve ser continuar a acompanhar o potencial para o produto e a obter a resposta dos clientes sobre o valor ecológico, social e econômico associado à nova oferta. É essencial determinar a extensão na qual os consumidores compreendem, reconhecem e valorizam os benefícios derivados do produto. Do lado da produção, a empresa desenvolve um protótipo do produto. No processo, a empresa avalia a viabilidade técnica do novo produto.

Ao final dessa etapa, a empresa enfrenta o Portão 4 do processo de desenvolvimento. Os critérios descritos no Portão 3 são revistos para avaliar a atratividade do produto. Embora os critérios de avaliação não mudem muito daqueles do portão anterior, novas informações sobre a atratividade de mercado e vantagens financeiras do projeto são incorporadas ao cálculo da decisão. Caso a decisão seja a de prosseguir, a empresa se mobiliza para realizar um teste de mercado.

G Inovação de produto: teste de mercado e validação

Na etapa final antes do lançamento total do produto no mercado, a empresa verifica se o produto pode ser fabricado e comercializado de forma rentável. A empresa irá se envolver na produção piloto, durante a qual determinará as taxas e custos de produção.[48] É importante notar que os critérios do tripé de sustentabilidade identificados anteriormente devem ser observados no testes no processo de produção. A empresa não pode determinar a quantidade total de subprodutos que emergem da produção, mas será capaz de observar que subprodutos são fornecidos pela produção. A empresa pode determinar se esses produtos podem ser utilizados em operações alternativas, bem como os custos e retornos associados ao subproduto. Por exemplo, os fabricantes de aço identificam a quantidade de escória produzida que pode ser comercializada para a indústria de cimento. A avaliação de subprodutos deve também analisar a quantidade de gases do efeito estufa produzidos durante o processo de fabricação. As empresas que identificam a produção de gases do efeito estufa podem agir para compensar o custo dessa operação tornando o dióxido de carbono disponível para a indústria ou por meio do mercado de crédito de carbono.

A atividade de marketing nessa fase se concentra na determinação do nível de interesse e aceitação entre os consumidores. Se a empresa consegue determinar adequadamente a demanda, pode determinar com precisão os recursos necessários para a produção e comercialização. O teste de mercado do produto é uma atividade que proporciona uma visão substancial sobre as restrições de recursos. Em um mercado de teste, a empresa implementa uma estratégia de mercado completa em um único mercado em um horizonte de curto prazo. O teste de mercado fornece novas informações sobre as respostas dos consumidores aos produtos, e uma estimativa de vendas e lucratividade.[49] Por exemplo, em outubro de 2006, a Procter and Gamble começou a testar seu detergente líquido concentrado em Cedar Rapids, no Iowa.[50] Quando usados na quantidade adequada, detergentes concentrados produzem menos subprodutos químicos que detergentes tradicionais.[51] O teste também forneceu a oportunidade de se aprender sobre a aceitação do consumidor e sobre a utilização dessa nova tecnologia. Assim, a empresa pode observar se os consumidores utilizaram a dose adequada do produto e a temperatura adequada da água.

O Portão 5, no final do teste de mercado, é um ponto crucial no qual se avaliará se o produto deve entrar em produção total. Dado os custos globais de produção e venda do produto, é importante ser franco na avaliação nessa fase. Muitas empresas lutam com o desejo de ser objetivos nesse momento porque diversas pessoas dedicaram um esforço substancial ao desenvolvimento do produto.[52] Projetos que não irão obter níveis lucrativos de vendas e são eliminados nessa fase economizam um enorme investimento da empresa. As projeções financeiras são de extrema importância, e o teste de mercado e produção-piloto fornecem grandes indicativos sobre essas projeções. O teste de mercado mostra o potencial de vendas, enquanto a produção-piloto informa a empresa sobre os custos ecológicos, sociais e econômicos do produto. Consequentemente, a empresa está preparada para oferecer uma previsão mais precisa das vendas e lucros potenciais de um produto. Essa informação é essencial, pois permite à empresa projetar os recursos humanos necessários para a produção e a comercialização e a estimar as necessidades de recursos, bem como os subprodutos da produção. Se o potencial de lucro de um produto é razoável, a empresa começa a produção total do produto.

H Inovação de produto: produção total e acompanhamento

Quando o produto atinge a fase de comercialização, a equipe de produção compromete recursos para a fabricação em grande escala. Da mesma forma, marketing e vendas devem estar totalmente comprometidos com o produto. Uma revisão das operações, independentemente do nível de desempenho pertinente a essa fase das operações, deve ser realizada. Apesar da análise detalhada associada ao processo de desenvolvimento de novos produtos, cerca de metade de todos os novos produtos ainda não conseguem atingir o sucesso comercial.[53] Cabe à empresa rever o processo de desenvolvimento de produtos para conciliar as realidades de mercado e produção com as projeções. As avaliações de sustentabilidade associadas aos retornos ambientais e sociais de um projeto necessariamente devem aumentar as considerações sobre seus custos econômicos e benefícios.

Os dados associados às despesas, receitas, lucros e o cronograma devem ser comparados com as projeções para que a empresa possa identificar oportunidades de aprender com o processo de desenvolvimento de novos produtos. Esse exercício deve ser executado independentemente do grau de sucesso do projeto. Reconhecer os indivíduos que fizeram projeções e avaliações de alta qualidade provavelmente reforçará sua predisposição em continuar a se desempenhar de forma adequada. Críticas que identificam melhorias e áreas potenciais da mesma forma permitem que os membros da equipe de desenvolvimento de novos produtos refinem sua avaliação e a avaliação de projetos futuros.

Inovação de processo

Inovação de processo se refere a um sistema técnico que gera valor por meio da transformação de recursos em produtos. Esses produtos contêm componentes físicos e de serviços.[54] Vários fatores contribuem para o desejo de desenvolver processos com padrões uniformes.[55] Processos padronizados melhoram a comunicação e a operação de sistemas de informação em todos os departamentos e empresas. Além disso, processos padronizados oferecem a oportunidade de se distribuir subprodutos e produtos de forma mais eficiente entre os grupos funcionais. A padronização dos processos também permite que as empresas terceirizem atividades associadas a um processo com mais facilidade. Por exemplo, a especificação dos requisitos de seus componentes permite que a Dell concentre suas operações internas na montagem final e passe a produção de componentes relacionados para seus fornecedores.[56]

Organizações que desenvolvem padrões operacionais podem avaliar as operações associadas ao processo de três maneiras.[57] Em primeiro lugar, os padrões surgem devido à simultaneidade da atividade em diversas organizações e localidades. O movimento em direção à padronização está ocorrendo simultaneamente em várias organizações, e enquanto essa transformação ocorre, surgem os padrões de processo e as orientações de desempenho para esses padrões. O Conselho de Cadeia de Suprimentos (Supply Chain Council), por exemplo, desenvolveu o modelo Supply Chain Operations Reference (Scor).[58] Esse modelo proporciona uma visão detalhada de como o trabalho é realizado. Promove a formação da equipe e facilita a melhoria do processo ao abordar todo o ciclo de fornecimento. Em segundo lugar, o desenvolvimento de padrões facilita o **processo de avaliação do desempenho**. Quando as empresas em uma indústria desenvolvem um consenso sobre as atividades e os fluxos associados a um processo, elas podem começar a comparar seus resultados aos de prestadores de serviços externos e aos de seus concorrentes. A versão 9.0 dos padrões Scor, por exemplo, incorpora as melhores práticas da indústria com relação ao meio ambiente. Os padrões tratam do consumo de energia e utilização eficiente de recursos e identificam métricas ambientais, tais como a pegada de carbono, os custos energéticos e emissões por unidade de produção. Os padrões emergentes também identificam procedimentos para a gestão de resíduos e outros subprodutos da manufatura.[59] Esses padrões permitem à empresa competir com mais eficiência, reduzir os custos, reduzir tempos de ciclo e aumentar a confiabilidade. Terceiro, os **padrões de gestão de processos** fornecem a oportunidade de avaliar como os processos são gerenciados. Ao delinear as principais atividades e demandas de recursos de um processo, uma empresa pode avaliar o desempenho de prestadores alternativos. Por exemplo, as empresas podem decidir se é mais eficiente ter um processo realizado em casa ou por um fornecedor de terceiros.

Dado o potencial para aumentar a eficiência e aumentar o desempenho por meio da inovação, as empresas continuam a avaliar os processos associados a produção e fornecimento. A *teoria da solução inventiva de problemas* reconhece que a ação dedicada a resolver um problema muitas vezes tem resultados negativos em outro aspecto do sistema.[60] Uma **contradição** inclui qualquer coisa que limite o desempenho de um sistema em relação a sua meta. Por exemplo, o aumento do número de funções executadas em um computador provavelmente renderá maiores custos de manutenção com o computador. Quando tais contradições são geridas de forma eficaz, o desempenho global de um processo deve aumentar. A avaliação de um processo para aumentar sua produtividade pode ser conseguida por meio de um processo de quatro fases descrito na Figura 7.3.[61]

Analisar problemas específicos em detalhe Na fase inicial, a empresa começa ilustrando como o processo atual aborda um problema. A empresa identifica como um processo funciona, bem como os materiais, os fluxos de informação e a energia associada a ele. É importante que a empresa especifique os insumos usados no processo, além da ferramenta que transforma o processo e as medidas adotadas por ele. Por exemplo, a remoção de impurezas da água envolve uma fonte de água (entrada), um filtro de gaze (ferramenta) e água purificada (saída). A ação da ferramenta pode ser expressa em termos das operações que realiza sobre o material de entrada. Os materiais de saída podem ser úteis ou prejudiciais, e em muitos casos a análise do processo examina a utilidade das saídas. Enquanto algumas saídas são provavelmente nocivas, as empresas estão cada vez mais procurando utilidade para todos esses materiais. Por exemplo, o processo de

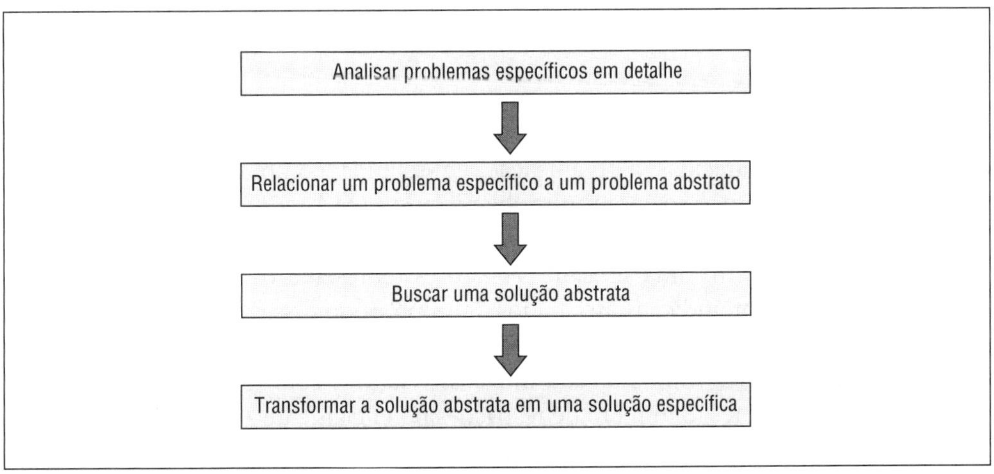

FIGURA 7.3

Quadro para examinar inovações de processo.

Fonte: Moerhle, Martin G. What is TRIZ? From conceptual basics to a framework for research. Creativity and Innovation Management, Wiley-Blackwell Publishers, 14, n. 1, 2005, p. 3-13.

produção de aço exposto no Capítulo 14 ressalta os esforços realizados dentro dessa indústria para utilizar mais resíduos de cada etapa de produção. Note que os resultados desejados e nocivos associados a um processo podem refletir diferentes resultados de desempenho relacionados com as consequências econômicas, ecológicas e sociais procuradas. Por exemplo, o retorno social de ter serviço telefônico móvel deve ser pesado contra os custos econômicos e ecológicos decorrentes de sua produção e serviços.

Após a operação de um processo e suas entradas e saídas associadas terem sido identificadas, pode-se determinar se existem recursos no processo que não são completamente explorados. Os recursos incluem materiais inerentes às operações (por exemplo, matérias-primas, produtos desejados, subprodutos), mas incluem também requisitos espaciais (por exemplo, ocupação de espaço físico da ferramenta), considerações temporais (por exemplo, as considerações *just-in-time*), demandas energéticas, e requisitos de informação. Como todos esses recursos influenciam a produtividade, as empresas que considerarem cada um desses fatores têm maior potencial para aumentar a produtividade.

A análise dos recursos associados a uma operação permite à empresa avaliar o uso produtivo dos recursos atualmente empregados, bem como alternativas para as atuais operações. Na avaliação de suas operações de refinaria, a Shell isola níveis substanciais de dióxido de carbono que comercializa para estufas holandesas. Note que essa avaliação de processos de fabricação também permite às empresas verificar se existem recursos externos disponíveis. O dióxido de carbono fornecido pela Shell, por exemplo, é um recurso externo disponível para a indústria floral. A venda desse componente reduz a emissão em 325 mil toneladas por ano e salva as estufas de ter de queimar milhões de metros cúbicos de gás.[62]

Além de identificar os recursos em um processo, essa avaliação inicial também examina os objetivos da operação. Essa consideração exige que a empresa equilibre a melhor solução possível contra as condições que a restringem de recomendar a melhor solução. Considere, por exemplo, o design de computadores utilizados para verificar a qualidade da produção de automóveis rolando por uma linha de montagem. O design dessas máquinas deve considerar o valor entre a conveniência de energia ininterrupta e o peso do dispositivo. Os esforços para melhorar as capacidades de alimentação de energia devem ser avaliados à luz da atratividade do mercado de um computador relativamente pesado.

Relacionar um problema específico a um problema abstrato Após as operações atuais terem sido esclarecidas, a organização, em seguida, combina o problema específico associado a um processo com um problema abstrato. A teoria da solução inventiva de problemas exige que o inventor desenvolva uma **matriz de contradição**.[63] De acordo com essa abordagem, uma série de 39 fatores representa os resultados potencialmente favoráveis ou prejudiciais associados a um processo. Esses fatores incluem peso, comprimento, área, considerações de eletricidade e energia, questões operacionais e produtividade. A matriz combina cada um desses fatores com todos os outros fatores presentes. Nos 39 fatores, o número de restrições potenciais é de 1.482 (39^2 – 39). Uma matriz de contradição parcial é fornecida na Figura 7.4. Ao desenvolver esta matriz, o inventor identifica todos os valores entre os resultados desejados e nocivos. No exemplo do computador pessoal, o resultado desejado de energia ininterrupta é tratado como um componente da necessidade de diminuir a quantidade de energia perdida. Em con-

Recursos de agravamento ⇒ / Recursos de melhora ⇓	1. Peso de um objeto em movimento	...	22. Perda de energia	...	39. Produtividade
1. Peso de um objeto em movimento	+		6, 2, 34, 19*		35, 3, 24, 37*
...					
22. Perda de energia	15, 6, 19, 28*	,	+		28, 10, 29, 35*
...					
39. Produtividade	35, 26, 24, 37*		28, 10, 29, 35*		+

*Os números representam 40 princípios abstratos anteriormente utilizados para tratar dos 1.482 problemas abstratos na matriz:[63]

2. *Retirar*
Separar uma propriedade interferente ou parte de um objeto.

3. *Qualidade local*
Alterar a estrutura de um objeto de uniforme para não uniforme ou fazer que cada parte cumpra várias funções.

6. *Universalidade*
Fazer uma peça ou objeto executar múltiplas funções ou eliminar a necessidade de outras peças.

10. *Ação preliminar*
Antes que seja necessário, realize a mudança de um objeto ou organize os objetos para que eles possam entrar em ação a partir do local mais conveniente e sem perda de tempo.

15. *Dinâmicas*
Características de design de um objeto para que ele seja ótimo; dividir um objeto em partes capazes de se movimentar em relação às outras; ou fazer adaptações de objetos inflexíveis.

19. *Ação periódica*
Usar ação periódica ou pulsante ao invés de ação contínua.

24. *Intermediário*
Usar um processo intermediário ou um artigo transportador intermediário ou temporariamente mesclar um objeto com outro.

26. *Cópia*
Substituir objetos indisponíveis, caros, frágeis por cópias simples e baratas.

28. *Substituição mecânica*
Substituir um meio mecânico por um meio sensorial ou usar campos magnéticos e elétricos para interagir com o objeto.

29. *Pneumática e hidráulica*
Usar partes líquidas ou gasosas de um objeto em vez de partes sólidas.

34. *Descartes e recuperação*
Eliminar ou modificar os objetos que tenham cumprido suas funções ou restaurar peças consumíveis durante as operações.

35. *Alterações de parâmetros*
Mudar o estado físico de um objeto (por exemplo, para um líquido); alterar a concentração, consistência, flexibilidade ou temperatura.

37. *Expansão térmica*
Usar expansão térmica e contração dos materiais.

FIGURA 7.4

Matriz de contradição.

Fonte: Baseado em Domb, Ellen; Miller, Joe; MacGran, Ellen. Features of the contradiction matrix. TRIZ Journal, nov. 1998. Disponível em: <http://twin-spin.cs.umn.edu/files/matrixwordversion.pdf>. Acesso em: 10 jun. 2009.

trapartida, o peso das baterias dentro do computador é representado pelo *peso do objeto em movimento* na matriz de contradição. Note que nesse ponto da análise, a contradição (no problema específico) entre a conveniência da energia e o peso do computador foi transformada em um problema abstrato entre a perda de energia e o peso de um objeto em movimento.

Buscar uma solução abstrata Na terceira fase do processo de inovação, a empresa busca tecnologias que lhe permitam ultrapassar as restrições identificadas na fase anterior. No desenvolvimento da teoria da solução inventiva de problemas, os pesquisadores observaram que 40 princípios abstratos têm sido aplicados para resolver a série de contradições na matriz. É importante destacar que esses princípios têm sido historicamente associados com sucesso às contradições selecionadas na matriz. Por exemplo, empresas e inventores que enfrentam os valores envolvidos entre a perda de energia e o peso de um objeto em movimento têm utilizado os princípios de dinâmica, universalidade, ação periódica e substituição mecânica. Ao transferir o problema para o abstrato, o inventor ganha a habilidade de considerar as múltiplas formas em que os outros têm resolvido com sucesso esse tipo de problema. Assim, o desenvolvimento de um computador no controle de qualidade no final de uma linha de montagem pode optar por investigar o grau de universalidade como uma solução abstrata para a contradição. Esse princípio sugere que os objetos associados a um processo realizam múltiplas funções. Quando os componentes oferecem versatilidade multifuncional, outros componentes podem ser reduzidos ou eliminados.

Transformar a solução abstrata em uma solução específica Na fase final do processo, a solução abstrata é transformada em uma solução específica. O desenvolvimento de um computador buscando o princípio da universalidade pode considerar aumentar a funcionalidade dos componentes selecionados. Assim, as células fotovoltaicas colocadas na parte traseira do monitor adicionam um peso marginal, mas também adicionam uma fonte de energia.

A teoria da solução inventiva de problemas fornece uma estrutura sólida para a análise de melhorias nos processos de produção. A amplitude dos resultados favoráveis e desfavoráveis associadas à matriz de contradição permite que a organização aplique essa lógica em elementos do tripé de sustentabilidade. As organizações devem aumentar a consideração de retornos sociais e econômicos com a consideração dos rendimentos ecológicos desses processos. Quando todos os três resultados são considerados, o potencial para processos e projetos sustentáveis deve aumentar.

RESUMO

A Introdução

O objetivo deste capítulo foi entender as estratégias que permitem às empresas desenvolver produtos inovadores e estratégias de produto. Novos produtos são importantes para o sucesso, mesmo que muitos deles não consigam melhorar o desempenho da empresa. Apresentamos o modelo de portões de estágio (*stage-gate*) como uma estrutura de desenvolvimento do produto. Aumentamos a discussão dessa estrutura ao descrever um processo pelo qual as empresas podem aumentar as inovações de processo.

B Quadro de inovação de produto

O *processo de portão de estágio* se refere a uma série de atividades envolvidas na concepção de novos produtos. O portão de estágio reconhece que as empresas se envolvem em uma série de atividades entre a concepção de uma ideia e o lançamento de um produto no mercado. Essas fases são multifuncionais e exigem interação entre produção, marketing, P&D e outras atividades internas e externas à empresa.

C Inovação de produto: geração de ideias

A atividade inicial do processo de desenvolvimento de novos produtos é a geração de uma ideia. Como novas ideias podem surgir a partir de praticamente qualquer aspecto do ambiente, é importante trabalhar com as partes interessadas para compreender seus pontos de vista sobre as inovações. Participação no desenvolvimento do produto deve incluir funcionários, consumidores, fornecedores, governo e outras partes interessadas.

D Inovação de produto: avaliação preliminar

A análise preliminar é a etapa em que a empresa realiza uma avaliação inicial do mercado determinando seu potencial e tamanho. A empresa rotineiramente conduzirá uma pesquisa on-line e bibliográfica para produtos relacionados e utilizará grupos focais e interação com usuários-chave para avaliar a probabilidade de aceitação do produto no mercado. A análise do mercado é complementada por uma análise técnica preliminar na qual a empresa avalia a viabilidade de fabricação e desenvolvimento de um projeto.

E Inovação de produto: preparação da análise do negócio

A fase de preparação da análise de mercado é o estágio em que a empresa avalia a atratividade do produto quanto às restrições de produção, marketing, jurídicas e financeiras. A avaliação da produção tem de atender o investimento necessário que será comprometido na produção, assim como os custos de fabricação. O componente de marketing da análise do negócio exige que a organização avalie as necessidades e desejos dos consumidores para determinar suas expectativas em relação ao produto novo ideal. A empresa também avalia a patente de um novo produto e revisa outras restrições regulamentares.

F Inovação de produto: desenvolvimento

Durante esta fase, o marketing e a produção trabalham em conjunto para trazer o produto mais perto do mercado. A função de marketing é acompanhar o potencial para o produto e obter *feedback* dos clientes sobre os benefícios ecológicos, sociais e econômicos associados ao produto. Do lado da produção, a empresa desenvolve um protótipo e avalia a viabilidade técnica do novo produto.

G Inovação de produto: teste de mercado e validação

Nesta etapa final antes do lançamento total do produto no mercado, a empresa verifica se o produto pode ser fabricado e comercializado de forma rentável. A empresa irá se envolver na produção-piloto durante a qual determinará as taxas de produção e custos. A atividade de marketing nessa fase se concentra na determinação do nível de interesse e aceitação entre os consumidores. Quando a empresa consegue determinar adequadamente a demanda, ela pode determinar com precisão os recursos necessários para a produção e a comercialização dos produtos.

H Inovação de produto: produção total e acompanhamento

Nesta fase, a equipe de produção compromete recursos para a fabricação em larga escala, e o marketing se compromete da mesma maneira com o produto. Uma revisão das operações, independentemente do nível de desempenho pertinente a essa fase das operações, deve ser realizada. É essencial para a empresa rever o processo de desenvolvimento de produtos para conciliar as realidades de mercado e produção de acordo com as projeções. As avaliações de sustentabilidade associadas aos retornos ambientais e sociais de um projeto necessariamente devem aumentar as considerações sobre os custos econômicos e benefícios.

I Inovação de processo

Inovação de processo se refere a um sistema técnico que gera valor por meio da transformação de recursos em produtos. A teoria da solução inventiva de problemas permite às empresas analisar se melhorias em um processo influenciam outros resultados associados a um sistema. A avaliação de um processo inclui a análise de um problema específico em detalhes, combinando o problema específico com um problema abstrato, a busca de uma solução abstrata e a transformação de solução abstrata em uma solução específica.

PERGUNTAS

1. Como a sustentabilidade é relevante para o desenvolvimento de novos produtos?
2. A Figura 7.2 apresenta uma série de processos que precedem o desenvolvimento de novos produtos. Por que é necessário que a empresa passe por cada fase?
3. O que são portões e por que são importantes para o desenvolvimento de novos produtos?
4. Explique por que as decisões tomadas em cada portão devem envolver considerações de sustentabilidade.
5. Quem são as partes interessadas que devem ser consultadas durante a geração da ideia, e como cada uma alimenta o processo de desenvolvimento?
6. Descreva uma situação em que os eventos internos levaram ao desenvolvimento de uma inovação.
7. Quais são as possíveis consequências para a empresa que não se envolve adequadamente na preparação da análise do negócio?
8. Que decisão crítica é tomada após o teste de comercialização, e que informações contribuem para essa decisão?
9. Diferencie inovação de processo de inovação de produtos. Explique por que ambas as formas são necessárias.
10. Quais são as quatro fases da teoria da solução inventiva de problemas, e como essas fases ajudam a desenvolver inovações de processo?

NOTAS FINAIS

[1] 3M. The 3M MPRO120. Disponível em: <http://www.3m.com/mpro/>. Acesso em: 6 maio 2010.

[2] Francke, Carl-Johan. Dow Jones sustainability index: 3M Company. *Dow Jones Sustainability Index. Disponível em:* <http://www.sustainabilityindex.com/djsi_pdf/Bios07/3M_07.pdf>. Acesso em: 6 maio 2010.

[3] 3M. *Life cycle management*. Disponível em: <http://solutions.3m.com/wps/portal/3M/en_US/global/sustainability/product/life-cycle-management/>. Acesso em: 6 maio 2010.

[4] Drucker, Peter F. The discipline of innovation. *Harvard Business Review* 63, n.3, 1985, p.67-72.

[5] Holliday, Chad. DuPont, and John Pepper. *Sustainability through the market*: seven keys to success. Genebra: World Business Council for Sustainability, 2001. p. 60.

[6] Placet, Marylynn; Anderson, Roger; Fowler, Kimberly. Strategies for sustainability. *Research Technology Management* 48, n. 5, 2005, p. 32-41.

[7] Ver nota 5.

[8] Carr, Nicholas G. Visualizing innovation. *Harvard Business Review*, 77, n. 5, 1999, p. 16.

[9] Mohr, Jakki; Sengupta, Sanjit; Slater, Stanley. *Marketing of high-technology products and innovations*. Upperaddle River, NJ: Prentice Hall, 2010. p. 538.

[10] Soupata, Lea. Managing culture for competitive advantage at United Parcel Service. *Journal of Organizational Excellence* 20, n. 3, 2001, p. 19-26.

[11] Cooper, Robert G. How companies are reinventing their idea-to-launch methodologies. *Research Technology Management*, mar./abr. 2009, p. 47-57.

[12] Ayers, Doug; Dahlstrom, Robert; Skinner, Steven J. An exploratory investigation of organizational antecedents to new product success. *Journal of Marketing Research* 34, n. 1, 1997, p. 107-116.

[13] Clugston, Christopher O. Product failures: why are we implementing wrong solutions? *Electronic News* 41, 1995, p. 50.

[14] Mahajan, Vijay; Wind, Jerry. New product models: practice, shortcomings, and desired improvements. *Report Number* 91-125. Cambridge, MA: Marketing Science Institute, 1991. p. 35.

[15] Ver nota 13.

[16] Lilien, Gary L. et al. Performance assessment of the lead user idea-generation process for new product development. *Management Science* 48, n. 8, 2002, p. 1042-59.

[17] Valacich, Joseph S.; Dennis, Alan R.; Connolly, Terry. Idea generation in computer-based groups: a new ending to an old story. *Organizational Behavior and Human Decision Processes* 57, 1994, p. 448-67; Gallupe, R. Brent et al. Electronic brainstorming and group size. *Academy of Management Journal* 35, n. 2, 1992, p. 350-69.

[18] Toubia, Olivier. Idea generation, creativity, and incentives. *Marketing Science* 25, n.5, 2006, p. 411-25.

[19] von Hippel, Eric. Lead users: a source of novel product concepts. *Management Science* 32, n. 7, 1986, p. 791-805.

[20] Ver nota 16.

[21] Schreier, Martin; Prügl, Reinhard. Extending lead-user theory: antecedents and consequences of consumers lead userness. *Journal of Product Innovation Management* 25, n. 4, 2008, p. 331-46.

[22] Porter, Michael. The competitive advantage of nations. *Harvard Business Review* 68, n. 2, 1990, p. 73-93.

[23] Herstatt, Cornelius; von Hippel, Eric. From experience: developing new product concepts via the lead user method: a case study in a low-tech field. *Journal of Product Innovation Management* 9, n. 3, 1992, p. 213-21.

[24] Fu, Frank Q.; Jones, Eli; Bolander, Willy. Product inno-vativeness, customer newness, and new product performance: a time-lagged examination of the impact of salesperson selling intentions on new product performance. *Journal of Personal Selling & Sales Management* 28, n. 4, 2008, p. 351-64.

[25] U.S. Department of Commerce: National Institute of Standards and Technology. Technology Innovation Program. Disponível em: <http://www.nist.gov/tip/index.cfm>. Acesso em: 6 maio 2010.

[26] Boudin, Chad. Memory with a twist: nist develops a flexible memristor. *U.S. Department of Commerce*: National Institute of Standards and Technology. Disponível em: <http://www.nist.gov/eeel/semiconductor/memristor_060209.cfm>. Acesso em: 6 maio 2010.

[27] Ver nota 4.

[28] Scheck, Justin; Chao, Loretta. Leaner laptops, lower prices. *Wall Street Journal*, 22 abr. 2009, p. D1.

[29] Hewlett-Packard. Solid state disks for HP storage works: array whitepaper. Disponível em: <http://h20195.www2.hp.com/V2/GetPDF.aspx/4AA2--4509ENW.pdf>. Acesso em: 6 maio 2010.

[30] Rogers, Everett. *Diffusion of innovations*. Nova York: Free Press, 1995. p. 453.

[31] Shatz, Amy. FCC to hold national digital-TV test before switch. *Wall Street Journal*. Disponível em: <http://online.wsj.com/article/SB124154664161288223.html>. Acesso em: 26 maio 2011.

[32] Brown, Lester R. *Plan B 3.0*: mobilizing to save civilization. Nova York: W.W. Norton & Co., 2008. p. 398.

[33] Ball, Jeffrey. Paper or plastic? A new look at the bag scourge. *Wall Street Journal*, 12 jun. 2009, p. A11.

[34] Nice, Karim; Layton, Julia. How hybrid cars work. *How Stuff Works.com*. Disponível em: <http://auto.howstuffworks.com/hybrid-car.htm>. Acesso em: 26 maio 2011.

[35] Ver nota 11.

[36] Cooper, Robert G. Stage-gate system: a new tool for managing new products. *Business Horizons*, maio/jun. 1990, p. 44-54.

[37] Cooper, Robert G.; Kleinschmidt, Elko J. An investigation into the new product process: steps, deficiencies and impact. *Journal of Product Innovation Management* 3, 1986, p. 71-85.

[38] Fairlie-Clarke, Tony; Muller, Mark. An activity model of the product development process. *Journal of Engineering Design* 14, n. 3, 2003, p. 247-52.

[39] Larson, Carl; LaFasto, Frank. *Teamwork*: what must go right/what can go wrong. Thousand Oaks, CA: Sage Publications, 1989. p. 150.

[40] Componation, Paul J. et al. A preliminary assessment of the relationships between project success, system engineering, and team organization. *Engineering Management Journal* 20, n. 4, 2008, p. 40-6.

[41] Ver nota 36.

[42] Ver nota 37.

[43] Bernon, Michael; Cullen, John. An integrated approach to managing reverse logistics. *International Journal of Logistics Research and Applications* 10, n. 1, 2007, p. 41-56.

[44] Seidel, Victor P. Concept shifting and the radical product development process. *Journal of Product Innovation Management* 24, n. 6, 2007, p. 522-33.

[45] Ogunseitan, Oladele A. Public health and environmental benefits of adopting lead-free solders. *Journal of the Minerals, Metals and Materials Society* 59, n. 7, 2007, p. 12-7.

[46] Ver nota 11.

[47] Miller, Lawrence; Miller, Ruth; Dismukes, John. The critical role of information and information technology in future accelerated radical innovation. *Information Knowledge Systems Management* 5, n. 2, 2005-2006, p. 63-99.

[48] Ver nota 36.

[49] American Marketing Association, Dictionary. Disponível em: <http://www.marketingpower.com/_layouts/Dictionary.aspx>. Acesso em: 6 maio 2010.

[50] The Soap and Detergent Association. Procter & Gamble announces Cedar Rapids test market launch of new 2X-compacted liquid laundry detergents as a full replacement of their existing lineup. Disponível em: <http://www.sdahq.org/sustainability/Procter_and_Gamble_new_detergents.pdf>. Acesso em: 6 maio 2010.

[51] Laundry Detergents Clean & Green Options. *Consumer Reports* 72, n. 1, 2007, p. 43-44.

[52] Ver nota 9.

[53] Ogawa, Susumu; Piller, Frank T. Reducing the risks of new product development. *MIT Sloan Management Review* 47, n. 2, Winter, 2006, p. 65-71.

[54] Cascini, G.; Rissone, P.; Rotini, F. Business re-engineering through the integration of methods and tools for process innovation. *Journal of Engineering Manufacturing* 222, n. 12, 2008, p. 1715-28.

[55] Davenport, Thomas H. The coming commoditization of processes. *Harvard Business Review* 83, n. 6, 2005, p. 100-8.

[56] Swaminathan, Jayashankar M. Enabling customization using standard operations. *California Management Review* 43, n. 3, 2001, p. 125-35.

[57] Ver nota 55.

[58] Francis, Joe. Team building with the SCOR model. *Supply Chain Management Review* 11, n. 2, 2007, p. 60-5.

[59] Blanchard, David. SCOR goes green. *IndustryWeek* 257, n. 5, 2008, p. 79.

[60] Moerhle, Martin G. What is TRIZ? From conceptual basics to a framework for research. *Creativity and Innovation Management* 14, n. 1, 2005, p. 3-13.

[61] Ver nota 54.

[62] Deliser, H. Gas for the greenhouse. *Nature* 442, ago. 2006, p. 499.

[63] Altshuller, Genrikh S. *Creativity as an exact science*. Nova York: Gordon and Breach Science Publishers, 1984. p. 319.

capítulo 8

Entregando Valor por Meio de Estratégias da Cadeia de Suprimentos Sustentável

OBJETIVOS DO CAPÍTULO

PALAVRAS-CHAVE

A Introdução

Starbucks

Os consumidores podem comprar café em qualquer lugar, mas não há como confundir o ambiente e o aroma que circundam uma Starbucks. A empresa que revolucionou o jeito de comprar café também tem trabalhado nos bastidores para garantir que seu rico produto continue disponível em mais de 40 países ao redor do mundo por um longo tempo. A empresa está empenhada em minimizar seu impacto sobre o planeta, e é apaixonada por compartilhar este compromisso com seus parceiros em toda a cadeia de suprimentos.

O programa Shared Planet (Planeta Compartilhado) da Starbucks é um compromisso ambiental que reconhece que a conservação deve ocorrer em toda a cadeia, desde os produtores de café na Guatemala aos recicladores em Seattle (Figura 8.1). Do lado dos fornecedores, a Starbucks tem trabalhado há 10 anos em conjunto com a Conservation International para desenvolver práticas de Equidade de Café e Fazendeiros (C.A.F.E. – Coffee and Farmer Equity). O programa C.A.F.E. é composto por 24 padrões globais e mensuráveis projetados para permitir que fornecedores e agricultores se tornem fontes sustentáveis de café. Os produtores têm de cumprir os critérios de qualidade de produto, contabilidade ética, responsabilidade social e liderança ambiental. O programa tem pago dividendos enormes para os produtores, que se tornam capazes de fortalecer suas posições de mercado e exercer controle sobre a transformação de suas organizações e operações.[1]

Em 2008, 77% – 295 milhões de libras (651 kg) – do café que a Starbucks comprou foi de fornecedores verificados e aprovados sob as orientações das práticas C.A.F.E.[2] O custo médio de 1,49 dólar por libra (3,28 dólares por quilo) é 5% acima da média de preço para o tipo arábica grau C. Esse preço permite que produtores aumentem sua qualidade de vida em termos de melhorias na habitação, promoção do ensino e aumento dos investimentos em suas fazendas. Além disso, a estabilidade atingida por meio de rendimentos fixos reduz a necessidade de migrar em busca de emprego.[3]

FIGURA 8.1

Programa Shared Planet da Starbucks.

Fonte: © Terri Miller/E-Visual Communications, Inc.

O preço *premium* no fornecimento permite que a empresa restitua uma parte desse valor de volta aos fornecedores. Em contraste com muitos padrões de desempenho, os produtores são recompensados (em vez de penalizados) ao cumprir normas de sustentabilidade. Os produtores devem ter seu desempenho no C.A.F.E. Practices Generic Scorecard, um índice genérico de práticas, verificado por terceiros, e esse desempenho é revisto anualmente.[4] Em 2008, por exemplo, 13% (38 milhões de libras, ou 17 milhões de quilos) do café comprado pelos fornecedores de práticas C.A.F.E. vieram de fornecedores novos e já existentes que melhoraram sua pontuação em dez pontos percentuais ou mais. Esses fornecedores foram recompensados com um adicional de 1,9 milhão de dólares em prêmios sobre os preços do contrato.

O compromisso ecológico da Starbucks permitiu à empresa estabelecer fontes sustentáveis de fornecimento para atender a demanda crescente e, ao mesmo tempo, dar uma resposta sistemática às preocupações dos consumidores sobre aspectos sociais e ambientais da produção.[5] O compromisso ambiental é levado ao longo de seus canais de distribuição. A empresa faz um balanço de suas emissões de gases do efeito estufa e reconhece que 75%

de sua pegada está associado ao fornecimento de eletricidade para lojas, escritórios e instalações de torrefação, 24% estão associados a operações de armazenamento e torrefação de café, e menos de 1% está relacionado aos aviões e veículos da empresa. A Starbucks também é agressiva no combate ao desperdício pós-consumo e tem a meta de utilizar copos 100% reciclados até 2015.[6]

O exemplo da Starbucks ilustra como as empresas podem assumir o comando de suas cadeias de suprimento para proporcionar valor aos consumidores. Neste capítulo, vamos examinar o papel da distribuição como aspecto central dos esforços para alcançar a sustentabilidade. Coerente com nosso foco em marketing como o meio pelo qual as empresas oferecem valor aos consumidores, neste capítulo nos concentraremos na função de distribuição como a maneira pela qual a empresa agrega valor aos consumidores. Começaremos por diagnosticar os elementos da cadeia de suprimentos, da compra de matérias-primas até o descarte pós-consumo. Em seguida, esboçaremos vários benefícios que as empresas percebem quando tentam aumentar a sustentabilidade em seus esforços de distribuição. Posteriormente, vamos descrever ações de marketing verde associadas à logística. Terminaremos o capítulo descrevendo o papel da **ISO 14000** nos esforços da empresa em atingir a sustentabilidade.

B Diagnóstico dos elementos das cadeias de suprimentos sustentáveis

Cadeias de suprimentos apoiam praticamente toda a entrega de produtos no mercado por meio das indústrias. A cadeia de suprimentos para livros didáticos, por exemplo, inclui a indústria da madeira, os produtores de soja (que fornecem matérias-primas para tintas), produtores de papel, fabricantes de tinta, impressoras, capas de livros, atacadistas, varejistas, professores, estudantes e centros de reciclagem. A compreensão da cadeia de suprimentos exige uma apreciação tanto das *organizações* envolvidas na fabricação de um produto disponível para venda quanto das *funções* desempenhadas por essas organizações. A compreensão das funções exercidas na cadeia é altamente pertinente aos esforços em aumentar a sustentabilidade. Em cadeias de abastecimento eficientes, essas funções oferecem benefícios a alguns de seus membros. Conforme discutido no Capítulo 1, no que tange o tratamento do *tripé da sustentabilidade*, esses benefícios podem ser associados ao elevado desempenho econômico, social e financeiro. A sustentabilidade da organização, no entanto, deriva da busca simultânea dessas facetas alternativas de desempenho no tripé de sustentabilidade. Quando há compreensão dos benefícios derivados de cada função, pode-se então trabalhar para o desenvolvimento de canais de fornecimento ecologicamente corretos que oferecem maiores benefícios em toda a cadeia de valor.

Em muitas indústrias, as funções desempenhadas no canal são atribuídas a organizações específicas. Por exemplo, a função de auditoria, até certo ponto, está associada a empresas de contabilidade. Embora em muitos casos seja possível excluir uma organização da cadeia de fornecimento, não se pode eliminar o valor obtido a partir das atividades realizadas pela empresa. Assim, um fabricante de livros didáticos pode optar por não usar varejistas, mas a venda de livros aos alunos deverá ser feita por meio da internet ou por outros meios. Na próxima seção, apresentaremos uma série de atividades realizadas em uma cadeia de suprimentos e trataremos as entidades como organizações separadas. Apresentamos essas atividades como separadas, mas reconhecemos que, em muitos casos, uma organização pode optar por realizar várias funções da cadeia de suprimentos. Por exemplo, a Starbucks é um varejista que detém a maior parte da cadeia de suprimentos, desde o processamento de grãos de café até as operações de varejo.[7]

A pesquisa acadêmica oferece uma série de definições para a entrega de valor. Em marketing, o **canal** é definido como um conjunto de organizações envolvidas no processo de tornar um produto disponível para o consumo.[8] Da mesma forma, a logística estrutura a cadeia de suprimentos como um conjunto de organizações ligadas diretamente ao fluxo de produtos e informações de uma fonte até o consumidor.[9] Ambas definições incorporam as entidades específicas que direcionam produtos aos consumidores, mas não enfatizam o valor que deriva de ofertas de produtos. Em contrapartida, Porter descreve uma cadeia de valor como o conjunto de atividades primárias e de apoio realizada pela empresa para servir como fonte de vantagem competitiva.[10] Uma empresa alcança uma vantagem competitiva ao compreender como seu canal fornece valor para o consumidor. Embora essa perspectiva forneça uma excelente visão dos esforços para entregar valor aos consumidores, não aborda especificamente a relação entre o valor e o meio ambiente.

Definimos as **cadeias de suprimento** como "conjuntos de entidades associadas coletando valor ambiental, social e econômico da aquisição de recursos por meio do processamento, consumo e pós-consumo de recursos". Nossa definição incorpora a lógica da cadeia de valor descrita por Porter e a lógica das cadeias de suprimentos e canais de distribuição em logística e estratégia de marketing. Essa definição pede a compreensão do processo de entrada-saída em cada fase da cadeia de suprimentos, bem como a compreensão da cadeia de valor (Figura 8.2). O processo de entrada-saída supõe que cada nível da cadeia de suprimentos (manufatura, varejista, consumidor) se envolve em algum tipo de processamento. Há entradas para o processamento e há saídas.

Cada organização da cadeia de suprimentos tem duas formas de entrada e saída. Entradas incluem os elementos processados por uma organização superior na cadeia de suprimento e, ainda, recursos (por exemplo, água, ar) obtidos a partir do meio am-

FIGURA 8.2

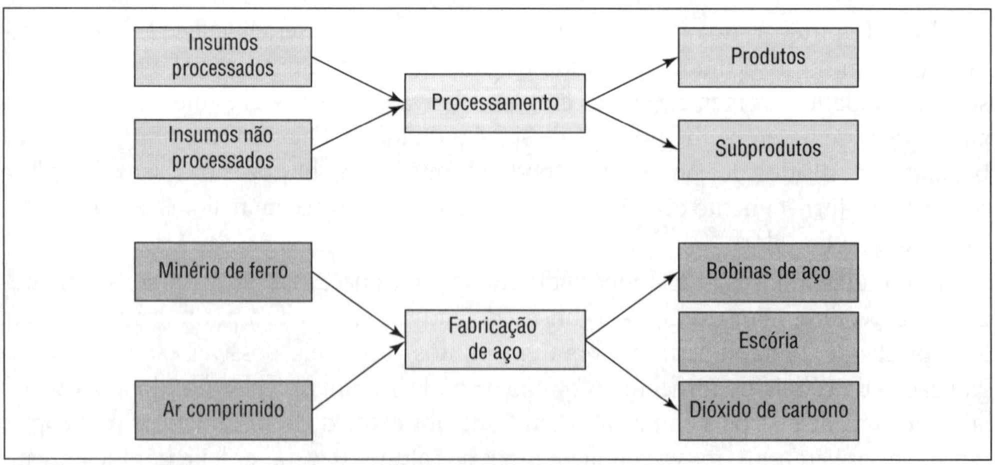

Entradas e saídas em um estágio da cadeia de suprimentos.

biente. As organizações na cadeia de suprimentos têm dois tipos de saídas: produtos e subprodutos. Produtos são os resultados focais do processamento e subprodutos se referem a todos os outros resultados do processamento. Por exemplo, o processo de fabricação de aço exposto no Capítulo 14 descreve o minério de ferro e o ar comprimido como entradas para a produção de aço. Essas entradas são combinadas em uma série de processos que fornecem bobinas de aço como a saída da produção e subprodutos que incluem escórias e dióxido de carbono. Na medida em que os fabricantes de aço encontram usos para esses subprodutos, são capazes de aumentar suas receitas e reduzir os custos das operações. Assim, se o fabricante de aço é capaz de comercializar a escória para a indústria do concreto, ele elimina os custos de descarte dos resíduos ao mesmo tempo em que consegue aumentar suas receitas. Além disso, o resíduo, subproduto da produção de aço, reduz o custo da pegada de carbono da indústria de construção de estradas.

Fazemos referência ao processo de entrega de valor como uma cadeia de suprimentos devido à relação entre o meio ambiente e o processo de desenvolvimento do produto. Em última análise, as entradas são derivadas do meio ambiente e saídas são devolvidas ao meio ambiente. As saídas de produto são a motivação para participar na cadeia de suprimentos, e esses produtos se tornam entradas para o próximo estágio da cadeia. Os subprodutos ou se tornam insumos para outras cadeias de fornecimento ou são devolvidos ao meio ambiente.

Como o meio ambiente é tanto a origem como o resultado das atividades da cadeia de suprimentos, o ciclo completo da cadeia de valor deve incorporar considerações sobre o meio ambiente. Por exemplo, a Figura 8.3 descreve uma cadeia de suprimento simples (uma matéria-prima) para a produção de bicicletas. Em cada etapa do processo, as organizações envolvidas no ciclo de oferta do produto fornecem insumos para a próxima fase do ciclo. Essas entidades derivam seu valor a partir do processamento em uma fase anterior da cadeia de suprimentos ou do meio ambiente. Assim, a fabricante de bicicletas obtém aço a partir de um produtor de metal, mas a produção de bicicletas também depende da água proveniente do meio ambiente. Em cada etapa da cadeia de suprimentos, uma organização interage com o meio ambiente, tanto coletando quanto enviando materiais. Uma organização como um varejista produz subprodutos que são empregados em outras cadeias de suprimentos ou devolvidos ao meio ambiente. Na medida em que esses resultados são incorporados a outras cadeias de suprimentos, a organização pode obter receita a partir do subproduto. Em contraste, os subprodutos que não têm valor em cadeias de suprimentos devem ser transferidos de volta ao meio ambiente. Essas saídas não geram receita, mas aumentam o custo das operações.

Visualizar a entrega de valor como uma cadeia de suprimentos proporciona a oportunidade de analisar os resultados específicos e seus custos e benefícios inerentes. Coerente com essa perspectiva, o Walmart desenvolveu um **índice de sustentabilidade** em

FIGURA 8.3

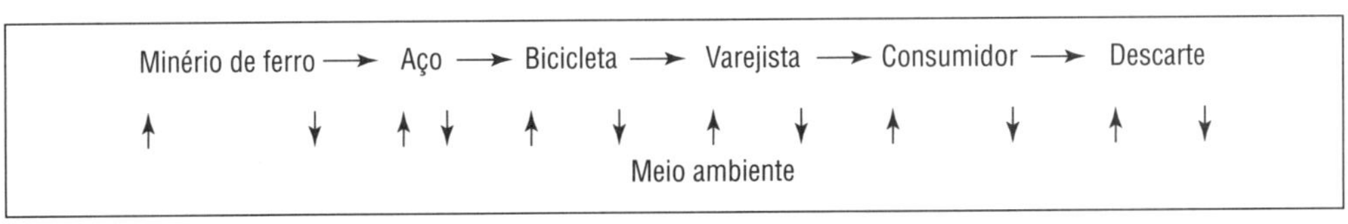

Entradas e saídas por meio da cadeia de suprimentos.

2007 que identifica 14 categorias de produtos ou processos com o maior impacto ambiental.[11] Essas 14 categorias são associadas às metas da empresa de usar energia 100% sustentável, atingir resíduos zero e comercializar produtos sustentáveis. A empresa aumentou sua utilização de painéis solares e iluminação natural como formas de energia sustentável e foi a pioneira em inovações na manipulação de materiais em seus esforços para reduzir o desperdício. A empresa também adotou muitas tecnologias sustentáveis, como a venda exclusiva de detergentes extremamente concentrados.

C Benefícios das cadeias de suprimentos sustentáveis

O foco no tripé da sustentabilidade oferece a oportunidade de abordar as múltiplas vantagens que se acumulam ao longo da cadeia de suprimentos sustentável. Considere os seguintes benefícios associados com a gestão da cadeia de suprimentos responsável.[12]

Melhores condições de trabalho, redução da rotatividade de empregados e qualidade melhorada do produto Quando uma organização dedica seu tempo para investigar as empresas e atividades de sua cadeia de suprimentos, ela tem a oportunidade de identificar as condições em que as matérias-primas são transformadas em produtos de consumo. Por exemplo, o Mayflower Vehicle Systems PLC é uma montadora de subcomponentes da indústria automobilística sediada em Birmingham, na Inglaterra.[13] Em sua análise da sustentabilidade de suas operações, abordou o desperdício associado às operações de chão de fábrica. A consideração de resíduos incluiu partes defeituosas (por milhão), produtividade pessoal, frequência de troca de turnos, realização do cronograma de entrega, eficácia do equipamento, valor adicional das pessoas e utilização de espaço. Os agentes de mudança perceberam que essas metas de redução de resíduos foram mais aceitas pelos trabalhadores quando receberam um senso de propriedade sobre os processos e equipamentos associados ao emprego. Assim, a revisão das operações para atingir altos níveis de sustentabilidade rendeu melhores condições de trabalho, uma faceta social do tripé da sustentabilidade. Melhores condições de trabalho também geram retornos econômicos nas formas de menor rotatividade de empregados e qualidade aprimorada de produtos.[15]

Melhoria da eficiência e da rentabilidade A busca da sustentabilidade na entrega de valor chama a atenção para as entradas e saídas associadas a cada nível da cadeia de suprimentos. Ao focar em esforços para reduzir os insumos e maximizar a produtividade de saídas, a empresa tem uma enorme oportunidade para aumentar a rentabilidade. O setor de embalagem exemplifica uma série de maneiras em que a sustentabilidade pode influenciar os lucros. Com o emprego de embalagem eficiente, a empresa reduz os custos de armazém, distribuição e de transporte. A eficiência pode ser alcançada por meio da redução da quantidade de fibras na embalagem por modelos mais leves em peso e pelo uso de menos papelão ondulado. A eficiência também pode ser atingida por meio de embalagens reutilizáveis e da automatização de processos envolvendo formação e extensão dos materiais dos paletes.

Outro exemplo de inovação de embalagens sustentáveis está nos clubes de compras tais como o Sam's Club. A embalagem empregada nessas lojas muitas vezes funciona como um contêiner de transporte e uma embalagem *display*. A otimização dessas embalagens nessas lojas assegura a entrega livre de defeitos, a melhora na aparência da prateleira e a diminuição dos resíduos da loja. Juntos, esses benefícios elevam a produtividade do espaço de varejo, ao mesmo tempo em que reduzem os custos.

Melhor gerenciamento de risco Empresas que compreendem suas responsabilidades estão mais bem posicionadas para reduzir sua exposição ao risco. *Risco* se refere a variações nos resultados possíveis e suas probabilidades.[16] A avaliação de passivos inclui a análise de problemas da cadeia de suprimentos e suas consequências negativas.[17] Menor risco pode ser associado ao controle de custo, aos prêmios de seguro mais baixos, à redução dos custos legais e regulamentares e às tarifas preferenciais em empréstimos.[18]

Na cadeia de suprimentos, o risco surge a partir do fluxo de valor, considerações de ativos, redes entre empresas e questões macroambientais. A análise de risco na cadeia de valor leva em consideração o fluxo de materiais, informações e dinheiro na cadeia de suprimentos. As empresas avaliam o fornecimento e o processamento de produtos e subprodutos (incluindo resíduos) por parte dos parceiros do ciclo de valor. Além disso, as organizações também avaliam as práticas de consumo e pós-consumo dos consumidores de seus produtos. **Considerações de ativos** se referem às condições sob as quais a firma investe em tecnologias específicas com uso limitado fora de seu propósito.[19] Quando organizações abraçam a especialização global no fornecimento de processos, enfrentam grandes riscos associados com o controle de qualidade e segurança dos fornecedores de componentes.[20] Redes entre empresas chamam a atenção pelo grau em que são dependentes de outras organizações na cadeia de suprimentos. Quando as empresas são altamente dependentes de outras organizações, enfrentam maior nível de risco que deve ser controlado por meio de contratos ou fortes relações de trabalho com as partes interessadas. As **questões macroambientais** se referem ao nível global de risco encontrado nos ambientes sociais, econômicos e naturais.

Embora esses quatro níveis de risco possam ser vistos de forma independente, existe interação entre essas contingências. Por exemplo, o fluxo de caixa no setor de computadores pessoais é influenciado pelos investimentos que as empresas de software fazem nos sistemas operacionais dedicados da Microsoft e da Apple. Como esses investimentos aumentam, as empresas de software se tornam mais dependentes dos arquitetos do sistema operacional.

Aumento da reputação da marca Empresas que investem em práticas sustentáveis na cadeia de fornecimento desenvolvem reputações positivas de marcas que fornecem dividendos em muitos relacionamentos. Por exemplo, a Cisco Systems desenvolveu uma forte reputação como líder da indústria da cadeia de fornecimento. Na rede de fornecedores dessa empresa, quase 90% da produção é entregue por alguém que não é um empregado da Cisco.[21] A abordagem proativa da Cisco na cadeia de fornecimento gera fortes relações de trabalho com alguns poucos fornecedores. Sua estratégia de fornecimento também envolve ouvir atentamente as solicitações dos clientes, acompanhar os avanços tecnológicos e oferecer aos clientes uma gama de opções.

Aumento do retorno dos interessados Organizações que se concentram no tripé da sustentabilidade têm a capacidade de antecipar e acompanhar os riscos associados aos retornos econômicos, sociais e ambientais. Ao dialogar com parceiros e consumidores, a Cisco é capaz de estabelecer fortes relações entre as empresas. Além disso, é capaz de manter um nível muito baixo de volume em mercados voláteis de alta tecnologia.[22]

Por conseguinte, essa empresa e outras que alimentam fortes cadeias de suprimentos são mais atraentes para os investidores porque estão mais bem equipadas para gerenciar essas múltiplas facetas de risco que sua concorrência.[23] Atenção à sustentabilidade da cadeia de suprimento também reduz a probabilidade de uma empresa enfrentar críticas ou represálias de ONGs e comunidades.

D Logística sustentável

Logística se refere ao processo de planejamento, alocação e controle dos recursos humanos e financeiros destinados às operações de distribuição física, produção, apoio e aquisição.[24] Comunicação da distribuição, controle de estoque, manuseio de materiais, processamento de pedidos, peças e serviços de apoio, instalações e seleção do local do armazém, contratos, embalagem, manuseio de mercadorias de retorno, recuperação e eliminação de resíduos, tráfego e transporte, depósito e armazenagem e atendimento ao cliente e previsão da demanda são as atividades associadas com a função de logística. Para obter entendimento do papel da logística, considere o fato de que essa função representava quase 10% do produto interno bruto dos Estados Unidos em 2006. Em média, a logística representa 9,9% dos custos para a empresa,[25] e esses gastos são principalmente associados ao transporte, armazenagem, entrada de pedido/serviço ao cliente, administração e custos de estoque (veja a Figura 8.4). As empresas ganham vantagem competitiva dos bens que possuem e por meio de recursos que lhes permitam implementar esses ativos de maneira vantajosa.[26] A análise da função de logística oferece a oportunidade de avaliar esses ativos, bem como sua implantação a partir de seu ponto de origem até o consumo.

Embora a logística tenha sido tradicionalmente associada ao fluxo de mercadorias para o consumo, a **logística reversa**, que rastreia os produtos de volta ao ponto de consumo, tem sido cada vez mais abordada nas cadeias de suprimento.[27] O interesse em logística reversa tem sido motivado por preocupações sobre o retorno de mercadorias, o descarte adequado de produtos em fim de vida, planejamento de produção, gestão de estoque e gestão da cadeia de suprimentos.[28] Em 2005, o custo total de retornos foi

FIGURA 8.4

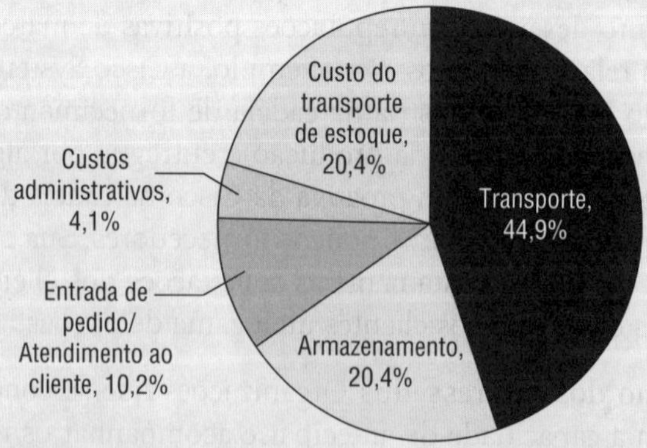

Custos logísticos médios da empresa – 2007.

Fonte: Baseado em Hoffman; William. Logistics redraws efficiency, *Traffic World*, 271 (51/52), p.19-21, 2007.

estimado em 100 bilhões de dólares, e cerca de 70% da mercadoria não estava com defeito, mas foi devolvida por algum outro motivo (por exemplo, cor errada, tamanho, pequeno defeito no pacote). Reconhecendo o elevado custo dos retornos, o Walmart definiu uma meta em 2008 para acabar com a devolução de produtos defeituosos entre seus mil maiores fornecedores em menos de quatro anos. A empresa planeja usar auditorias no local, a aplicação de normas sociais e ambientais e a ameaça da perda de negócios para apoiar os esforços para atingir essa meta.[29] Uma perspectiva sobre a logística reversa oferece a oportunidade de examinar a influência da devolução de mercadoria e prevê ainda a oportunidade de determinar até que ponto as campanhas promocionais, as questões do ciclo de vida e os níveis de estoque de varejo influenciam as decisões na cadeia de suprimento.[30]

Dada a magnitude da logística e os efeitos de sua gestão no custo das operações, é imperativo que a empresa veja essa função como uma fonte de vantagem competitiva sustentável. Cada vez mais, as empresas interessadas em melhorar o desempenho do tripé de sustentabilidade examinam as facetas da logística apresentadas a seguir.[31]

Otimização da frota Os custos associados ao transporte de produtos é extenso, e como a maioria das formas de transporte depende fortemente de combustíveis fósseis, essa faceta da logística é muito pertinente para a questão da sustentabilidade. As organizações estão fazendo uma série de esforços para conter essa função, seja ela realizada dentro da empresa ou por meio de terceiros. Mais importante ainda: a otimização do custo da frota é conseguido por meio da redução do custo do transporte, bem como pela diminuição da quantidade de viagens realizadas por esses veículos. Por exemplo, em 2007 a Staples instalou rastreadores em todos os veículos de sua frota. Esses rastreadores controlavam a velocidade dos caminhões de entrega em 60 milhas por hora. Após a instalação desses dispositivos, a empresa percebeu uma economia de 25% nos gastos com combustível e reduziu os custos do diesel de 500 mil para 750 mil galões . Da mesma forma, a UPS implementou um sistema há vários anos que treinou os motoristas para mapear suas rotas virando à direita sempre que possível. Essa estratégia simples economiza combustível, reduz as emissões e fornece vantagens de segurança porque os motoristas não têm de atravessar o tráfego. Além disso, virar à esquerda exige mais tempo ocioso de espera para o tráfego. A UPS estima que, em 2007, a empresa economizou 3,1 milhões de galões de combustível e eliminou 32 mil toneladas de emissões por meio da política de virar à direita.[32]

Um segundo meio de baixar os custos de transporte está associado ao planejamento da função de distribuição. Quando as organizações levam em consideração a localização relativa do consumidor final e os centros de distribuição da empresa, podem se tornar agressivos quanto aos custos de entregar o produto aos consumidores. Por exemplo, a Procter and Gamble reviu seus custos de armazenagem e distribuição e reduziu o número de centros de distribuição em 200 localidades.[33] No processo, a empresa foi capaz de entregar produtos aos consumidores de forma mais precisa e rápida.

Eficiência energética Além dos custos de transporte, as empresas podem também atingir níveis mais elevados de eficiência controlando a utilização da energia em centros de distribuição e produção. A melhora na eficiência é atingida devido à utilização de materiais avançados na construção. Novas construções que focam na concepção de instalações herméticas permitem que as empresas limitem os resíduos associados às perdas de calor e resfriamento.[34] Por exemplo, no Reino Unido, a ProLogis desenvolveu um armazém para a Sainsbury's, uma das maiores lojas de conveniência da Inglaterra. Essas instalações apresentam painéis fotovoltaicos instalados na parede que geram eletricidade, placas solares que produzem calor por meio da luz solar, uma usina de energia no local que reutiliza o calor produzido pelo ar-condicionado, uma unidade de reciclagem no local, iluminação energeticamente eficiente e construção hermética que minimiza a perda de energia.

Tecnologia inovadora Várias tecnologias inovadoras fornecem enormes oportunidades de gerenciar a função logística. Quatro tecnologias que influenciam as operações incluem *sistemas computadorizados de roteamento e rastreamento, software de gestão de estoque, identificação por radiofrequência (RFID – Radio Frequency Identification),* e *GPS (sistema de posicionamento global).*

Nos serviços de correio expresso global e na indústria naval, a empresa UPS enfrenta um mercado caracterizado pela maior necessidade de serviços com tempo definido.[35] A UPS expandiu sua reputação como uma empresa líder na distribuição de encomendas por meio do desenvolvimento de uma capacidade tão forte quanto um provedor de informações eletrônicas. A empresa desenvolveu um sistema de processamento de informação concebido para proporcionar uma vantagem competitiva nesse mercado desafiador. Os especialistas de entrega da UPS captam a assinatura de todos os destinatários de pacotes e documentos utilizando escâneres de mão personalizados. O sistema coleta dados eletrônicos de mais de 9,5 milhões de pacotes por dia. Esse sistema é suportado pela maior instalação IBM D-baseII no mundo e foi projetado para permitir a simples introdução de tecnologias futuras para a rede. Além disso, os recursos referentes a relatórios proporcionam à UPS a oportunidade de entregar relatórios customizados sobre seus produtos e clientes. O sistema de **roteamento e monitoramento por computador** melhorou a eficiência da empresa e a competitividade de preços, ao mesmo tempo em que oferece melhor manuseio das informações e atendimento ao cliente.

O **software de gestão de estoque** é uma segunda tecnologia inovadora que proporciona uma fonte de vantagem competitiva. O estoque representa um investimento considerável para muitas organizações. O dinheiro investido em estoques não prevê o retorno que é percebido quando esse valor é investido em uma instituição financeira. Organizações, portanto, preferem minimizar os estoques para níveis que atendam às expectativas de serviço dos clientes. A indústria de cosméticos exemplifica um mercado caracterizado por uma demanda altamente volátil, juntamente com os potenciais riscos de obsolescência dos estoques e, simultaneamente, apresentando condições de não ter o estoque suficiente. A Procter and Gamble comercializa os produtos Olay de cuidados da pele, os cosméticos CoverGirl, o xampu Aussie e muitos outros produtos com essa configuração. Cinco anos atrás, a empresa começou a implantar as ferramentas de *estoque multiescalão* (MEI), projetadas para otimizar todo o estoque da cadeia de suprimentos.[36] Esse software MEI foi projetado para acomodar cadeias de suprimentos cada vez mais globais, contratos de fabricação, ciclos de vida de produtos dinâmicos e sistemas de distribuição multicanal. Inclui, ainda, modelos matemáticos que permitem aos gestores planejar em torno de cenários de mercado complexos. O software utiliza técnicas de otimização probabilística que identificam a variabilidade da oferta e da procura para tomar melhores decisões sobre a política e a estratégia de estoque. Ele permite que a P&G trabalhe com os fornecedores para reduzir os estoques de materiais e possibilita a colaboração com clientes para reduzir estoques de varejo. Essas reduções foram implementadas ao mesmo tempo em que melhoraram os materiais e planejavam a produção com melhor capacidade de resposta das empresas industriais e sistemas de distribuição. É importante notar que esse sistema se concentra principalmente na otimização de estoques e não na redução do estoque. Durante a instalação inicial na P&G, a divisão de Cuidados com a Beleza reduziu seu estoque total de 3% a 7%, mantendo níveis de serviço superiores a 99%. O lucro líquido aumentou 13%, as vendas aumentaram 7% e o número de dias de estoque parado caiu para oito dias. Esses resultados levaram a P&G a implementar o software de gerenciamento de estoques em todas as unidades estratégicas de negócios da empresa.

Identificação por radiofrequência ou **RFID**, é uma tecnologia inovadora que tem aplicações importantes na logística e no varejo.[37] A tecnologia RFID é composta por uma etiqueta de radiofrequência com uma antena impressa e um transmissor/leitor de frequência de rádio.[38] O sinal da etiqueta oferece um código de identificação único de 96 bits do produto. Em contraste com os códigos de barras, a etiqueta RFID pode ser decodificada sem a leitura na linha da visão.

Algumas das pesquisas iniciais mais interessantes em RFID foram realizadas no Centro de Auto-ID, no MIT[39] por um consórcio que incluía o Uniform Product Code, a P&G, a Gillette, a Coca-Cola, o Departamento de Defesa e o Walmart. Na fabricação, esses leitores oferecem uma série de benefícios. A presença dessas etiquetas garante que todos os itens associados a um conjunto estejam presentes de fato. Da mesma forma, os leitores de RFID simplificam o processo de confirmação da exatidão dos fornecimentos industriais, eliminando a necessidade de se comprovar a entrega física do produto com a nota de carga de um motorista. Esses sistemas também permitem que o gerenciamento determine o posicionamento adequado dos produtos no armazém. Por exemplo, itens fora de estoque que chegam à plataforma de carga podem ser imediatamente colocados na linha de montagem para aumentar o rendimento da fabricação. Como os dispositivos não necessitam da linha de visão para ler o conteúdo de um recipiente, a armazenagem de estoque pode ser realizada com grande flexibilidade. Os dispositivos RFID também têm a capacidade de identificar problemas de compatibilidade entre dois reagentes químicos e, portanto, permitem que o pessoal de almoxarifado guarde esses produtos em locais separados. A capacidade de rastreamento do RFID também reduz o potencial de roubo do empregado, identificando qualquer item que sai de um centro de distribuição.

Os leitores RFID também oferecem uma série de benefícios importantes para os varejistas, e a importância desses benefícios é refletida na decisão do Walmart, em 2005, de exigir que seus cem principais fornecedores implementassem chips RFID.[40] Essa tecnologia permite que os varejistas aloquem o estoque com precisão entre os vários locais na loja e precifiquem os produtos de maneira variável com base em sua localização. Assim, refrigerantes gelados podem ser mais caros que aqueles localizados nas prateleiras normais. Além disso, como os produtos possuem informações que vinculam a data em que foram vendidos com a data da entrega, os varejistas podem estar mais focados em seus esforços de rotacionar estoques em suas lojas. A capacidade de rastrear produtos também oferece a oportunidade de reduzir as perdas no varejo.[41]

A implementação da tecnologia RFID tem fortes implicações para a cadeia de suprimentos. As informações acessíveis aos varejistas provavelmente aumentam seu poder em relação aos fornecedores. O varejista pode usar a tecnologia RFID para desenvolver seu próprio sistema de gerenciamento de categoria, sem o auxílio de fabricantes. O varejista também pode usar essas informações para negociar uma indenização superior para obsolescência e deterioração, e também podem ser usadas para incitar os fabricantes a desenvolver *displays* para o varejo. Esses *displays* aumentam os custos adicionais para os fabricantes e reduzem o custo de estocagem do produto para os varejistas.

Sistemas de posicionamento global (GPS) representam outra tecnologia com potencial de transformar a logística. O GPS é um sistema de radionavegação que fornece posicionamento, navegação e serviços de cronometria de forma contínua e grátis no mundo todo. O GPS consiste em satélites orbitando a Terra, estações de controle e monitoramento na Terra e receptores de GPS pertencentes aos usuários. Os satélites transmitem sinais a partir do espaço, que são apanhados e identificados pelos receptores GPS. Cada receptor fornece a localização (latitude, longitude e altitude) mais o tempo.[42]

Dois principais benefícios do GPS na cadeia de suprimentos envolvem a capacidade de monitorar motoristas e seus veículos de entrega. O GPS permite que os gestores controlem todos os veículos de sua frota a qualquer momento. Podem estudar o comportamento de um motorista para determinar se ele está dirigindo com segurança, fora de rota, demasiado rápido ou lento. Além disso, o GPS garante que a rota ideal seja tomada, resultando em um uso mais eficiente de gasolina e diesel. As unidades de monitoramento também permitem que gestores avaliem o desempenho do veículo. A gerência pode determinar se a velocidade ideal, a pressão de ar dos pneus e se outros fatores que afetam o consumo de combustível estão em ordem.[43]

Embalagem Como o meio subjacente para garantir que produtos sejam entregues em formatos utilizáveis, a embalagem representa um elemento importante da logística. Fabricantes e varejistas fizeram algumas modificações importantes nos procedimentos de embalagens que reduzem os custos do pacote ao mesmo tempo que reduzem a quantidade de mercadorias danificadas durante a cadeia de suprimentos. Durante o período entre 1995 a 2005, a Dow Chemical reformulou suas embalagens, de forma que economizou mais de 3 bilhões de dólares e reduziu o consumo de energia em 22%. Da mesma forma, o Walmart definiu uma meta em 2008 de reduzir as embalagens em 5%. A empresa estima que essa redução manterá 667 mil toneladas de dióxido de carbono fora do ar, 213 mil caminhões fora da estrada, economizará 66,7 milhões de litros de óleo diesel e economizará ao varejista 3,4 dólares anualmente.[44]

Um olhar crítico sobre o papel das embalagens deve considerar a cadeia de suprimento global, em vez de um único nível no canal de distribuição. As necessidades de embalagens dos produtos variam, dependendo se o transporte é rodoviário ou ferroviário na rota do produto até seu destino.[45] O transporte com base rodoviária necessita de paletes balanceados e empilháveis, para maximizar o uso do espaço no caminhão. Em contrapartida, embalagens seguras e estáveis são essenciais para os rigores do transporte ferroviário. Capas que cobrem o produto em cinco lados fornecem maior nível de proteção que o invólucro que protege apenas os lados de um palete.

Gerentes da cadeia de suprimentos reconhecem que a otimização de caixa e outras técnicas de empacotamento de mercadorias diminuem as embalagens a níveis mínimos necessários para entregar o produto livre de danos. A implementação dessas estratégias pode resultar em economias de 10% a 50% do custo total de transporte e embalagem. Além disso, os gerentes da cadeia de fornecimento estão cada vez mais reutilizando os materiais na cadeia de suprimento. Por exemplo, a Amerisource Bergen, uma companhia de suprimentos médicos, economizou mais de 22 mil dólares por ano e cortou 30 mil libras de caixas de papel por ano, reutilizando caixas fornecidas por vendedores para enviar as encomendas.

Relações interorganizacionais Devido à volatilidade e à taxa de mudança na logística, as empresas estão cada vez mais reconhecendo as oportunidades e lições adquiridas por meio de relações estabelecidas com outros participantes da cadeia de suprimentos. Empresas de logística terceirizadas permitem que os fabricantes e varejistas melhorem a sua sustentabilidade na cadeia de suprimentos de várias maneiras:

Melhora no desempenho do veículo Fornecedores terceirizados têm experiência para consolidar as rotas e reduzir os níveis de estoque. Além disso, podem treinar e acompanhar os esforços do motorista em usar comportamentos energeticamente eficientes que levam a um melhor desempenho do veículo. Essas melhorias no desempenho de veículos diminuem os custos de pessoal, prolongam a vida útil dos veículos e reduzem os custos de combustível e a pegada de carbono das empresas.

Redução dos custos totais na cadeia de suprimentos O custo é uma questão sensível na cadeia de suprimentos, pois considerações de custo imediatamente requerem uma avaliação do valor agregado pelo fornecedor terceirizado. Empresas de logística terceirizadas implementam várias estratégias para otimizar a economia de combustível e melhorar o desempenho ambiental. Por exemplo, uma recente tendência entre os fornecedores terceirizados é a substituição da configuração de caminhões com dois pneus para longa distância por pneus mais largos. Esses pneus economizam mais de 400 galões de combustível e reduzem as emissões de carbono em mais de 4 toneladas anualmente. Além disso, as empresas de logística terceirizadas que utilizam dispositivos aerodinâmicos com reboque de trator para monitorar o desempenho podem eliminar mais de 5 mil toneladas de emissões de carbono anualmente.[46]

Melhor atendimento ao cliente. Devido à experiência em uma variedade de usuários e aplicações, os agentes de logística terceirizados podem otimizar as redes de distribuição e consolidar rotas. É importante notar que fornecedores terceirizados que abordam a cadeia de suprimentos como uma cadeia de eventos, em vez de processos discretos, podem fornecer sinergia para a distribuição, concentrando esforços em maximizar a sustentabilidade em toda a cadeia de suprimento. Fabricantes usufruem de maior disponibilidade de tarifas de produto, maior precisão de pedido e menos queixas de clientes. Essas atividades aumentam o nível de serviço ao cliente e impedem a empresa de participar de entregas especiais e outros eventos associados com ineficiência. Coletivamente, esse serviço melhorado reduz a influência ambiental de toda a cadeia de suprimento.[47]

É importante reconhecer que a capacidade desses provedores terceirizados de aumentar a sustentabilidade está relacionada com os incentivos e práticas de monitoramento implantadas por varejistas e indústrias.[48] As empresas irão cada vez mais premiar os fornecedores com mais negócios enquanto buscam por esses esforços de sustentabilidade. Os antigos extensos acordos estão sendo substituídos por melhorias conjuntas de processo, nas quais o fabricante e o fornecedor trabalham coletivamente para atender às preocupações de sustentabilidade na cadeia de suprimento. Os fabricantes e varejistas estão solicitando aos fornecedores que apresentem indicadores de sustentabilidade e de monitoramento desse desempenho ao longo do tempo.

E ISO 14000

Gestores de cadeia de suprimentos estão cada vez mais pedindo aos fornecedores que apresentem métricas de sustentabilidade e exigindo a certificação de terceiros de seus maiores fornecedores.[49] Em resposta a esses pedidos de avaliação sistemática da influência das empresas sobre o meio ambiente, empresas de todos os tamanhos têm implementado **sistemas de gestão ambiental (SGA)**. Um SGA é um conjunto de regulamentações estabelecidas para atingir metas ambientais.[50] Os padrões ISO 14000 são voluntários, estabelecidos pela Organização Internacional de Padronização (International Organization for Standardization – ISO). Os padrões ISO surgiram como uma família de padrões aplicados em todos os setores para monitorar e controlar a interação com o meio ambiente. A ISO tem mais de cem países como membros, representados principalmente pelos grupos de padrões do governo e da indústria.[51] Ela gera mais de 1.100 novos padrões a cada ano e, atualmente, já desenvolveu mais de 17.500 normas internacionais sobre uma variedade de assuntos. Devido a seu potencial para um melhor desempenho, muitas organizações têm implantado esses padrões. A Ford Motor Company, a primeira montadora a adotar o padrão ISO 14000, responsabiliza o padrão pela economia de milhões de dólares desde sua implementação, em 1998.[52]

Dois dos padrões primários da família ISO 14000 são o 14001 e o 14004. Essas normas foram atualizadas em 2004.[53] A ISO 14001:2004 estabelece uma estrutura para que uma organização possa controlar a influência de suas atividades, produtos e serviços, aumentando continuamente seu desempenho ambiental. A ISO 14001:2004 define as orientações associadas à abordagem da sustentabilidade das empresas e fornece uma visão estratégica para as organizações de política ambiental. O padrão é amplo o suficiente para ser aplicado em uma variedade de contextos, incluindo restaurantes, construtoras, hotéis, fabricantes, seus fornecedores e aeroportos.[54] Além disso, as pequenas e médias empresas também estão reconhecendo que podem se beneficiar da certificação ISO 14001:2004.[55] A ISO 14004:2004 fornece diretrizes sobre os elementos de um SGA, sua implementação e as principais questões envolvidas.

Em muitos casos, as organizações desejam tornar sua busca pelo cumprimento dos padrões de gestão ISO uma questão de registro público. A ISO não oferece certificados, mas fornece critérios para determinar a certificação, realizada por meio de auditores ambientais. O credenciamento desses auditores acontece com base em sua experiência de trabalho, educação, atributos pessoais (habilidades de comunicação e de tomada de decisão) e treinamento.[56] Os auditores externos oferecem consultorias sobre os esforços de sustentabilidade da empresa. A certificação se refere à garantia por escrito dos auditores de que o SGA foi auditado e sua conformidade foi verificada de acordo com a norma. O registro, no entanto, ocorre quando o auditor documenta a certificação junto a sua empresa.[57] A certificação da norma ISO 14001:2004 é válida por três anos.[58]

Alguns dos benefícios da adoção do padrão ISO 14001:2004 são vistos externamente. Evidências sugerem que, com relação a empresas com ativos e desempenho semelhantes, as que o implementam percebem uma vantagem competitiva sobre as que não adotaram as normas em um mercado.[59] Essa vantagem está associada a emissões tóxicas relativamente mais baixas entre as empresas que implementaram o padrão. Como resultado da certificação ISO 14001:2004, a empresa também tem menor uso de recursos, maior economia de energia e redução dos custos de eliminação de resíduos.[60]

O mérito da certificação também oferece garantias aos interessados de que a empresa está comprometida com a sustentabilidade. A certificação fornece evidência para a comunidade local de que a empresa é uma líder ambiental. Organizações governamentais e não governamentais, bem como consumidores privados, são mais propensos a serem favoráveis a empresas que adotam a ISO 14000. A adoção dos padrões apoia as alegações da empresa sobre sua própria política ambiental. Além disso, ilustra e enumera os planos e ações que demonstram conformidade com as diretrizes ambientais.[61]

A adoção desse padrão fornece uma forte resposta aos clientes e fornecedores que impõem demandas ambientais para a empresa. Nos Estados Unidos, por exemplo, as organizações com investimentos de capital ou fortes laços com as empresas japonesas e europeias são mais propensas a adotar a norma ISO 14001:2004. Como atitudes associadas à sustentabilidade tendem a ser mais evidentes nesses mercados geográficos, as empresas norte-americanas com forte relacionamento com esses mercados tendem a adotar os padrões.[62] Além disso, a adoção do processo completo, com uma avaliação de conformidade por um auditor externo, reduz a necessidade de verificação entre os parceiros comerciais.

Há méritos consideráveis na certificação ISO 14001:2004 para as partes interessadas na empresa. A alta gestão ganha confiança de que está monitorando e regulando os processos dentro da empresa que influenciam o meio ambiente.[63] Consequentemente, a empresa pode apoiar as alegações sobre a sustentabilidade e fornecer uma forte resposta às críticas que abordam o *greenwashing*. Os colaboradores ganham confiança de que suas empresas são ecologicamente responsáveis. Dados os custos de contratação de funcionários,[64] as empresas que mostram empatia com as preocupações ambientais proporcionam incentivos adicionais que atraem e retêm colaboradores.

RESUMO

A Introdução

O objetivo deste capítulo foi examinar o papel da distribuição como um aspecto central dos esforços para alcançar a sustentabilidade. Focamos na distribuição como uma função no nível da empresa que fornece valor para os consumidores. Diagnosticamos os elementos da cadeia de suprimentos, descrevemos os benefícios percebidos pelas empresas devido aos esforços para aumentar a sustentabilidade e esboçamos a atividade de marketing verde associado com a logística. Dados os benefícios do sistema de gestão ambiental em várias indústrias, também destacamos o papel da certificação ISO 14000.

B Diagnóstico dos elementos das cadeias de suprimentos sustentáveis

Apresentamos as cadeias de suprimentos como os conjuntos de entidades associadas agregando valor ambiental, social e econômico da aquisição de recursos por meio do processamento, consumo e pós-consumo. Essa abordagem pede a compreensão do processo de entrada-saída em cada fase da cadeia de suprimentos, bem como a compreensão da cadeia de valor. O processo de entrada-saída supõe que cada nível da cadeia de suprimentos se envolve em algum tipo de processamento que fornece produtos e subprodutos.

C Benefícios das cadeias de suprimentos sustentáveis

Cadeias de suprimentos sustentáveis oferecem benefícios que incluem melhores condições de trabalho, menor rotatividade de empregados e melhor qualidade do produto. Além disso, essas cadeias rendem maior eficiência e rentabilidade, melhor gestão de risco, maior reputação de marca e maior retorno para as partes interessadas.

D Logística sustentável

Logística se refere à gestão de processo dos recursos humanos e financeiros associados à distribuição física, apoio à produção e operações de compra. Quando essa estratégia vital é gerida com meta na sustentabilidade, a empresa tem potencial para otimizar operações de frota, ter uma gestão mais eficiente de energia, empregar tecnologias inovadoras tais como o RFID, reduzir os custos de embalagem e fortalecer as relações entre empresas.

E ISO 14000

O padrão ISO 14000 fornece às empresas a capacidade de monitorar e controlar a interação com o meio ambiente. As empresas que implementam esses padrões podem ter vantagens competitivas sobre as outras empresas no mercado. Essa vantagem está associada a emissões tóxicas relativamente baixas, redução no uso de recursos, maior economia de energia e redução nos custos de eliminação de resíduos. A certificação fornece evidência para a comunidade local de que a empresa é uma líder ambiental. A adoção dos padrões ISO 14000 fornece uma forte resposta aos clientes e fornecedores que impõem demandas ambientais para a empresa. Além disso, o processo de adoção e avaliação de um auditor terceirizado reduz a necessidade de verificação entre os parceiros comerciais.

PERGUNTAS

1. Em que medida a estratégia de suprimentos da Starbucks permite que a empresa obtenha compromissos a longo prazo dos fornecedores e consumidores?
2. Qual é a principal fonte para recursos entrando em uma cadeia de suprimentos? Como ela difere da saída da cadeia de suprimentos?
3. Por que é necessário que as empresas avaliem os subprodutos de suas cadeias de suprimentos?
4. Por que um fabricante gastaria seu tempo aprendendo sobre o índice de sustentabilidade do Walmart, apesar de não fazer negócios diretamente com o varejista?
5. O que é otimização de frota e por que esta é relevante ao avaliar a sustentabilidade na cadeia de suprimentos?
6. Que benefícios a empresa pode obter a partir da incorporação da tecnologia de RFID na cadeia de suprimentos?
7. Como a tecnologia GPS possibilita que uma empresa reduza seus custos de distribuição?
8. Como os relacionamentos com fornecedores e clientes se beneficiam da logística sustentável?
9. Se as empresas podem aumentar seus níveis de sustentabilidade sem as diretrizes da ISO, por que é importante se engajar no custo da certificação?
10. Qual é o valor da verificação por terceiros da certificação ISO 14000?

NF

NOTAS FINAIS

[1] McDonald, Kate. Globalising justice within coffee supply chains? Fair trade, Starbucks and the transformation of supply chain governance. *Third World Quarterly* 28, n. 4, 2007, p. 793-812.

[2] Starbucks.com. Responsibility to grow coffee, ethical sourcing. Disponível em: <http://www.starbucks.com/sharedplanet/ethicalinter nal.aspx?story=sspprinciples>. Acesso em: 7 maio 2010.

[3] Veja nota 1.

[4] Starbucks.com. C.A.F.E. practices generic scorecard. Disponível em: <http://www.starbucks.com/sharedplanet/assets/cafePracticesScorecard.pdf>.

[5] Veja nota 1.

[6] Starbucks.com. Environmental stewardship. Disponível em: <http://www. starbacks.com/responsibility/environment>. Acesso em: 7 maio 2010.

[7] Veja nota 1.

[8] Coughlan, Anne T. et al. *Marketing channels*. Upper Saddle River, NJ: Prentice Hall, 2001. p. 590.

[9] Monckza, Robert; Trent, Robert; Hadfield, Robert. *Purchasing and supply chain management*. Mason, OH: Thompson-Southwestern, 2005. p. 744.

[10] Porter, Michael E. *Competitive advantage*. Nova York: The Free Press, 1985. p. 557.

[11] Wal-Marts supply chain goes green. *Packaging Digest* 44, n. 10, 2007, p. 63 4

[12] United Nations Environment Program. *Unchaining value*: innovative approaches to sustainable supply. Paris: United Nations Environmental Programme, 2008. p. 24; Willard, B. *The sustainability advantage*: seven business case benefits of a triple bottom line. Gabriola Island, BC: New Society Publishers, 2002. p. 236.

[13] Tilson, Barbara. Success and sustainability in automotive supply chain improvement programmes: a case study of collaboration in the Mayflower cluster. *International Journal of Innovation Management* 5, n. 4, 2001, p. 427-56.

[14] Griffeth, Rodger W.; Hom, Peter W.; Gaertner, Stefan. A meta-analysis of antecedents and correlates of employee turnover: update, moderator tests, and research implications for the next millennium. *Journal of Management* 26, n. 3, 2000, p. 463-488.

[15] Mas, Alexandre. Labour unrest and the quality of production: evidence from the construction equipment resale market. *Review of Economic Studies* 75, 2008, p. 229-58.

[16] March, James G.; Shapira, Zur. Managerial perspectives on risk and risk taking, *Management Science* 33, 1987, p. 1404-18.

[17] Peck, H. Reconciling supply chain vulnerability, risk and supply chain management. *International Journal of Logistics*: Research and Applications 9, n. 2, 2006, p. 127-42.

[18] Willard, B. *The sustainability advantage*: seven business case benefits of a triple bottom line. Gabriola Island, BC: New Society Publishers, 2002. p. 236.

[19] Williamson, Oliver E. *The economic institutions of capitalism*. Nova York: The Free Press, 1985. p. 450.

[20] de Man, Reinier; Burns, Tom R. Sustainability: supply chains, partner linkages, and new forms of self-regulation. *Human Systems Management* 25, n. 1, 2006, p. 112.

[21] Corrales, Eugenia. Cisco builds a supply chain. *World Trade* 20, n. 3, 2007, p. 34-40.

[22] O'Reilly, Charles A.; Pfeffer, Jeffrey. Cisco Systems: acquiring and retaining talent in hypercompetitive markets. *Human Resource Planning* 23, n. 3, 2000, p. 38-52.

[23] Galea, Claire. Selling sustainability. *Money Management* 22, n. 24, 2008, p. 14-5; Blanchard, David. Green is the new black. *IndustryWeek (IW)* 258, n. 3, 2009, p. 46-7.

[24] American Marketing Association. Dictionary. Disponível em: <http://www. marketingpower.com/_layouts/Dictionary.aspx>. Acesso em: 7 maio 2010.

[25] Hoffman, William. Logistics redraws efficiency. *Traffic World* 271, n. 51/52, 2007, p. 19-21.

[26] Zhao, Meng; Dröge, Cornelia; Stank, Theodore P. The effects of logistics capabilities on firm performance: customer-focused versus information--focused capabilities. *Journal of Business Logistics* 22, n. 2, 2001, p. 91-107.

[27] Rogers, Dale; Tibben-Lembke, Ronald S. *Going backwards*: reverse logistics trends and practices. Reno, Nevada : Reverse Logistics Executive Council: 1999. p. 280.

[28] Rubio, Sergio; Chamorro, Antonio; Miranda, Francisco J. Characteristics of the research on reverse logistics (1995-2005). *International Journal of Production Research* 46, n. 4, 2008, p. 1099-1120.

[29] Hoffman, William. Reversing returns. *Traffic World* 272, n. 45, 2008, p. 16.

[30] Bernon, Michael; Cullen, John. An integrated approach to managing reverse logistics. *International Journal of Logistics*: Research and Applications 10, n. 1, 2007, p. 41-56.

[31] Trunick, Perry A. Green is good business: in logistics, best practice is green. *Outsourced Logistics* 1, n. 6, 2008, p. 22-3.

[32] Long, Tom. Right turns make the most out of gas. *Boston Globe*, 10 jul. 2008, 18. Disponível em: <http://www.boston.com/news/local/articles/2008/07/10/right_turns_make_the_most_out_of_gas/>. Acesso em: 7 maio 2010.

[33] Veja nota 25.

[34] Veja nota 31.

[35] Alghalith, Nabil. Competing with IT: the UPS case. *Journal of American Academy of Business Cambridge* 7, n. 2, 2005, p. 7-15.

[36] Kerr, John. P&G takes inventory up a notch. *Logistics Management* 47, n. 2, 2008, p. 24-6.

[37] Rutner, Stephen; Waller, Matthew A.; Mentzer, John T. A practical look at RFID. *Supply Chain Management Review* 8, n. 1, 2004, p. 36-41.

[38] Vandenbosch, Mark; Dawar, Niraj. Beyond better products: capturing value in customer interactions. *MIT Sloan Management Review* 43, n. 4, 2002, p. 35-42.

[39] Schwartz, Ephraim. RFID about to explode. *InfoWorld25*, n. 5, 2003, p. 28-29.

[40] Veja nota 38.

[41] Howell, Sydney D.; Proudlove, Nathan C. A statistical investigation of inventory shrinkage in a large retail chain. *International Review of Retail, Distribution & Consumer Research* 17, n. 2, 2007, p. 101-120.

[42] U.S. Coast Guard Navigation Center. Global Positioning System. *USA.gov.* Disponível em: <http://www.gps.gov/>. Acesso em: 7 maio 2010.

[43] Colwell, Stephen. Go green with GPS. *GPS World* 19, n. 10, 2008, p. 30-31.

[44] Hoffman, William. Repackaging savings. *Traffic World* 272, n. 2, 2008, p. 14.

[45] Bunker, Greg. Five tips for improving the effectiveness and efficiency of your logistics operations. *Logistics Today* 48, n. 9, 2007, p. 34.

[46] Smith, Brewster. Outsourcing to a sustainable 3PL. *Outsourced Logistics* 1, n. 3, 2008, p. 20.

[47] Blanchard, David. Making effective use of 3PLs. *Industry-Week*, jun. 2007, p. 78-80.

[48] Hoffman, William. The greening of logistics. *Traffic World* 271, n. 25, 2007, p. 10-3.

[49] Veja nota 49.

[50] Syzmaski Michal; Tiwari, Piysuhi. ISO 14001 and the reduction of toxic emissions. *Policy Reform 7*, n. 1, 2004, p. 31-42.

[51] Korul, Vildan. Guide to the implementation of ISO 14001 at airports. *Journal of Air Transportation* 10, n. 2, 2005, p. 49-68.

[52] O'Brien, Tim. *Ford & ISO 14001:* the synergy between preserving the environment and rewarding shareholders. Nova York: McGraw Hill, 2000. p. 291.

[53] Improved versions of ISO 14000 EMS Standards published. *Business & the Environment with ISO 14000 Updates* 15, n. 12, 2004, p. 12-3.

[54] ISO 14001 for Restaurants?: the Green Restaurant 4.0 Standard (Part 1). *Business & the Environment with ISO 14000 Updates* 20, n. 4, 2009, p. 12-4; Turk, Ahmet Murat. The benefits associated with ISO 14001 certification for construction firms: Turkish case. *Journal of Cleaner Production* 17, n. 5, 2009, p. 559-69; Chan, Wilco W.; Ho, Kenny. Hotels environmental management syste-

ms (ISO 14001): creative financing strategy. *International Journal of Contemporary Hospitality Management* 18, n. 4, 2006, p. 302-16.

[55] Bernardini Seiffert, Mari Elizabete. Environmental impact evaluation using a cooperative model for implementing EMS (ISO 14001) in small and medium-sized enterprises. *Journal of Cleaner Production* 16, n.14, 2008, p. 1447-61.

[56] Wilson, Robert C. The professional credentials for an ISO 14000 consultant. *Pollution Engineering*, maio 2002, p. 38-9.

[57] International Organization for Standardization, Certification. Disponível em: <http://www.iso.org/iso/iso_catalogue/management_standards/certification.htm>. Acesso em: 7 maio 2010.

[58] Aravind, Deepa; Christmann, Petra. Institutional and resource-based determinants of substantive implementation of ISO 14001. *Academy of Management Proceedings 54*, anual, 2008, p. 16.

[59] Corbett, Charles J.; Russo, Michael V. ISO 14001: irrelevant or invaluable? *ISO Management Systems*, dez. 2001, p. 23-9.

[60] Veja nota 51.

[61] International Organization for Standardization, ISO 14000 Essentials. Disponível em: <http://www.iso.org/iso/iso_catalogue/management_standards/iso_9000_iso_14000/iso_14000_essentials.htm>. Acesso em: 7 maio 2010.

[62] Gutowski, Timothy et al. Environmentally benign manufacturing: observations from Japan, Europe and the United States. *Journal of Cleaner Production* 13, n. 1 (2003): 1-17.

[63] Veja nota 58.

[64] Townsend, Keith. Recruitment, training and turnover: another call centre paradox. *Personnel Review* 36, n. 3 (2007): 476-90.

capítulo 9

Entregando Valor no Varejo

OBJETIVOS DO CAPÍTULO

- **A** Introdução
- **B** O papel central do varejo na cadeia de suprimentos
- **C** Linha de produtos do marketing sustentável
- **D** Marketing de consumo sustentável

PALAVRAS-CHAVE

berço ao berço, 213
biodegradáveis, 212
código universal de produto, 202
Diretiva relacionada aos Resíduos de Equipamentos Elétricos e Eletrônicos (WEEE), 214
Diretiva, 213
embalagem pós-venda, 211
expansão urbana, 204
itens compostáveis, 212
marca própria, 210
recuperação, 213
Registro, Avaliação, Autorização e Restrição de Substâncias Químicas (Reach), 214
restrição de componente, 213
Restrição de Substâncias Perigosas (RoHS), 214
sistemas de circuito fechado, 216

A Introdução

IKEA

Em maio de 2007, a IKEA anunciou planos de construir um estacionamento *premium* para os consumidores que dirigem automóveis híbridos ou outros de elevada eficiência em sua loja canadense.[1] A empresa posteriormente começou a oferecer estacionamento *premium* em todas as suas 11 lojas no Canadá. As vagas estão localizadas perto de áreas de estacionamento para deficientes e famílias, na entrada das lojas IKEA. Uma sinalização verde no solo e na linha de visão alerta os motoristas sobre os espaços reservados. A atratividade dessa ideia levou a empresa a aplicá-la também em suas lojas nos Estados Unidos (Figura 9.1).[2]

O incentivo sutil por trás desse plano de estacionamento simples é premiar os consumidores por agirem de forma sustentável. Fundada em 1943 por Ingvar Kamprad, em Agunnaryd, na Suécia, a IKEA tem como filosofia de negócios oferecer uma grande gama de produtos com design e funcionalidade de alta qualidade a preços acessíveis para a maioria das pessoas. Hoje, a IKEA é uma empresa líder varejista em móveis domésticos com 285 lojas em 37 países. Por ano, as lojas IKEA recebem mais de 631 milhões de visitantes.[3] O Grupo IKEA tem se transformado em uma grande experiência de varejo, com 128 mil trabalhadores e faturamento anual de mais de 21,1 bilhões de euros.

A decisão da IKEA de oferecer estacionamento *premium* para veículos híbridos faz parte de seu compromisso ambiental na busca de soluções de negócios com influência globalmente positiva sobre as pessoas e as comunidades nas quais atua.

O varejo sustentável está no centro da missão e operações da empresa.[4] Esse compromisso é refletido na gestão de transportes, cadeias de suprimento e embalagens dos produtos da empresa. O regime de estacionamento híbrido é uma das facetas do transporte. Como carros híbridos e de eficiência de combustível ajudam a empresa a

FIGURA 9.1

Estacionamento reservado para veículos híbridos.

Fonte: © Meghan McCarthy/The Palm Beach Post/Newscom

TRADUÇÃO DA IMAGEM:
RESERVADO SOMENTE PARA VEÍCULOS DE COMBUSTÍVEIS ALTERNATIVOS OU HÍBRIDOS.

alcançar seus objetivos ambientais, a IKEA recompensa os consumidores por seus compromissos com estacionamentos preferenciais e experiências de compra mais convenientes. A empresa também garante que todas as lojas estejam localizadas perto de transportes públicos para colaboradores e clientes. Em alguns mercados, a empresa até consegue um sistema de ônibus para levar seus consumidores e colaboradores para a loja sem qualquer custo. A IKEA tem rotas de traslados para as lojas em Richmond, British Columbia, bem como para North York e Etobicoke, em Ontario. Esses serviços foram criados junto aos terminais de transporte público central para a conveniência dos clientes.

O compromisso da IKEA com cadeias de suprimentos eficientes é refletido em seu transporte e políticas de transporte do produto. A empresa visa a minimizar o percurso do fornecedor ao cliente, com o menor efeito possível sobre o meio ambiente. A eficiência do transporte de produtos é atendida por meio da embalagem e de recipientes. A maioria dos móveis IKEA é distribuída em embalagens planas que permitem que grandes quantidades sejam transportadas com menos impacto ao meio ambiente.[5] As embalagens planas reduzem a quantidade de espaço necessária em um palete. Por exemplo, quando a cômoda Helmer é embalada completamente plana, o número de produtos que podem ser enviados em um único palete salta de 6 para 39 unidades. Consequentemente, as emissões de dióxido de carbono são reduzidas em 79%.[6]

Fazer que os produtos e consumidores cheguem à loja não é o final do compromisso da empresa com o meio ambiente. Do lado do consumo, a empresa tem muitas iniciativas que incluem a minimização de resíduos e embalagens pós-compra. As lojas IKEA fornecem pontos de recolhimento de equipamentos elétricos e eletrônicos, embalagens descartadas, pilhas e lâmpadas de baixo consumo energético. Sempre que possível, os produtos devolvidos são reparados e usados como peças sobressalentes ou vendidos a preços reduzidos.[7] Além disso, a empresa tem uma política de embalagem que cobra dos consumidores por toda sacola que eles levam da loja. Os consumidores rapidamente aprendem que podem comprar sacolas feitas de material reciclado na IKEA ou trazer suas próprias sacolas para as compras. Independentemente de qual estratégia o consumidor utiliza, o ambiente é preservado por essa política.

A ação da IKEA ressalta os esforços de sustentabilidade realizados no setor de varejo. Nossa análise de sustentabilidade no varejo começa com uma discussão sobre o papel central dos varejistas na cadeia de suprimento. Posteriormente, analisaremos a sustentabilidade das linhas de produtos oferecidas. Terminamos abordando o mérito do marketing de consumo sustentável no nível de varejo.

B O papel central do varejo na cadeia de suprimentos

Vários fatores se combinam para que o varejo se torne o epicentro da cadeia de suprimentos em muitas indústrias. O primeiro destes reflete a mudança no acesso à informação dentro da indústria. Historicamente, a pesquisa de mercado conduzida para o setor de varejo era muitas vezes realizada por fabricantes.[8] Embora os varejistas estejam, geralmente, mais próximos ao cliente, eles não dispunham de recursos financeiros e humanos necessários para coletar informações do mercado. O custo para coletar dados em mais que apenas uma pequena fração dos produtos vendidos em uma loja era inviável. O **código universal de produto** (UPC – Universal Product Code), introduzido em 1974, mudou a maneira como os negócios eram conduzidos. Os códigos universais de produto forneceram aos varejistas o acesso a informações sobre a movimentação de produtos no mercado, comportamento de compra dos consumidores, além da utilização de variáveis do mix de marketing dos fabricantes e varejistas.[9] Consequentemente, os varejistas já não se baseavam na pesquisa de mercado fornecida pelos fabricantes com a mesma intensidade de antes. Os varejistas tinham à disposição uma ferramenta que não só lhes fornecia capacidade de gestão de estoques, mas também lhes permitiam estudar a demografia do consumidor, a psicografia e a elasticidade da demanda.

O segundo fator que torna o varejo parte central da cadeia de suprimentos reflete o crescente poder de mercado de alguns varejistas. O aumento do acesso à informação, devido ao UPC, tem sido acompanhado pelo desenvolvimento de grandes lojas de varejo e crescente concentração da participação de mercado entre alguns varejistas.[10] O desenvolvimento dos hipermercados Walmart ecoam a tendência de maiores lojas de varejo. Os hipermercados da empresa que foram introduzidos em 1988 são aproximadamente 75% maiores que as lojas de seus concorrentes.[11] A participação de mercado do varejo está igualmente avançando em direção a menos concorrentes. O Walmart é o maior concorrente nos Estados Unidos, México e Canadá e controla uma parte importante e crescente dos negócios realizados pela maioria das empresas produtoras de bens de consumo dos Estados Unidos.[12] Como a participação de mercado torna-se mais concentrada entre os varejistas menores, há potencial para eles ganharem uma parte dos lucros à custa de seus fornecedores. A pesquisa sugere, por exemplo, que os fornecedores do Walmart que detêm uma parte pequena de seus respectivos mercados não têm um desempenho financeiro relativamente bom quando o Walmart é um de seus principais clientes. Fornecedores do Walmart com grande participação de mercado, no entanto, têm desempenho melhor que seus concorrentes que se reportam a outros varejistas como seus clientes primários. Assim, os fornecedores que buscam alcançar o mercado amplo do Walmart podem obter benefícios com a associação se esta puder ser utilizada para fortalecer suas posições de mercado.[13]

Conforme as grandes empresas com visibilidade substancial se associaram às grandes lojas em muitas comunidades, os varejistas se tornaram alvos fáceis de preocupações com a sustentabilidade. Por exemplo, o Walmart tem sido atacado por seu histórico ambiental internacional, assim como pelo tratamento a seus colaboradores e compradores.[14] A visibilidade dos grandes varejistas torna-os alvos fáceis de críticas e isso resulta em exposição por parte da mídia. Além disso, o foco nessas empresas fornece a oportunidade de receber retornos enormes ao fazê-las reconsiderar seus sistemas de coleta, processamento e descarte de lixo.

Ao longo dos últimos anos, os varejistas começaram a reconhecer que há apreciáveis recompensas ecológicas, sociais e financeiras ao abraçar a sustentabilidade. Por exemplo, o Walmart convidou o ex-vice-presidente americano Al Gore para se reunir com 800 funcionários de varejo em sua sede em Bentonville, Arkansas, em julho de 2006. Gore ecoou os sentimentos da gestão do Walmart quando afirmou que a empresa irá ilustrar que os objetivos econômicos e metas ambientais podem ser alcançados em conjunto. O Walmart também prometeu aumentar a eficiência de sua frota de veículos em 25% nos próximos três anos, eliminar 30% da energia utilizada em suas lojas e reduzir os resíduos sólidos de lojas dos Estados Unidos em 25%, no período de três anos. A empresa ainda investiu 500 milhões de dólares em projetos de sustentabilidade e começou a desenvolver mais metas relacionadas a isso. A empresa rapidamente se tornou o maior vendedor de leite orgânico do mundo e o maior comprador de algodão orgânico.

O exemplo do Walmart ilustra como varejistas começaram a reconhecer que são responsáveis pelo consumo associado a sua cadeia de suprimentos, desde a aquisição de matérias-primas até os resíduos pós-consumo. Os varejistas estão quantificando as influências sobre o meio ambiente de suas cadeias de suprimentos para que possam tomar medidas para reduzir essas influências. Além disso, estão buscando a certificação de terceiros para garantir a precisão do relatório. Os varejistas estão ativamente avaliando cinco áreas da cadeia de suprimentos, que incluem as apresentadas a seguir:

Energia e clima. As questões de energia e clima se referem à quantidade de emissões de gases do efeito estufa associados à cadeia de suprimentos. Dada a grande diferença entre salários em todo o mundo, existem algumas grandes vantagens de custo ao se processar o produto em economias emergentes. Por exemplo, o bacalhau pescado ao largo da costa da Noruega é enviado para a China, onde é transformado em filés e, então, enviado de volta à Noruega.[15] Embora o custo de processamento global seja reduzido em tais circunstâncias, as despesas em gases do efeito estufa são ampliadas com o uso dessa estratégia. Os varejistas que reconhecem essas compensações começaram a pedir aos fornecedores que informem a quantidade de gases produzidos do efeito estufa. Além disso, pediram que os fornecedores estabelecessem metas de redução de gases do efeito estufa e tornassem essas metas disponíveis ao público. Em alguns casos, os varejistas e seus fornecedores estão postando essas informações no Carbon Disclosure Project (CDP). O CDP é uma organização sem fins lucrativos que coleta e distribui informações destinadas a motivar investidores, empresas e governos a tomar providências para evitar alterações climáticas perigosas. Os dados coletados pelo CDP fornecem ideias sobre as estratégias utilizadas por muitas das maiores empresas do mundo para enfrentar as alterações climáticas.[16] Por exemplo, no varejista francês Carrefour foram empregadas análises de ciclo de vida do produto para identificar que as emissões de gases do efeito estufa mais importantes ocorrem na extração de matérias-primas, produção de bens semiacabados e acabados, chegando até o uso e eliminação dos produtos.[17]

No nível de varejo na cadeia de suprimentos, os três maiores culpados pelo uso de energia são a iluminação, o aquecimento/arrefecimento e os equipamentos.[18] Cada vez mais, os varejistas estão tomando medidas para reduzir cada um desses custos. As empresas estão agressivamente utilizando fontes alternativas de iluminação que incluem as tecnologias de diodos emissores de luz (LED).[19] Os LEDs são muito eficientes e, ao contrário de lâmpadas fluorescentes compactas, não contêm mercúrio. Além disso, lojas modernas tendem a usar a luz solar direta, sempre que possível, no piso da loja. Em geral, 1 watt de energia usado em um dispositivo eletrônico cria 1 watt de calor.[20] Assim, para cada watt utilizado por uma caixa registradora, computador ou outro dispositivo, 2 watts de energia são necessários. A instalação de aparelhos que economizam energia e produtos de controle do clima, no entanto, permite que os varejistas reduzam seus custos de operação na loja.

Terra e solo. O tratamento da terra e do solo em toda a cadeia de varejo está sendo avaliado pela maioria dos grandes varejistas. Os fornecedores estão cada vez mais reconhecendo que os varejistas exigem o cumprimento de requisitos ISO 14000 para a terra e outras especificações ambientais.[21]

O varejista, em vez de seus antecessores na cadeia de suprimentos, é o foco de muitas discussões sobre o uso da terra. Varejistas recebem críticas sobre o uso de suas terras e sua relação com a expansão urbana.[22] A **expansão urbana** se refere ao movimento generalizado das famílias e empresas privadas de centros urbanos e subúrbios internos para subúrbios de baixíssima densidade populacional.[23] Dez fatores endêmicos à expansão urbana incluem:[24]

1. Extensão aparentemente ilimitada de novos empreendimentos.
2. Assentamentos comerciais e residenciais de baixa densidade, particularmente em áreas de crescimento recente.
3. *Leapfrog*: desenvolvimento que vai além dos assentamentos estabelecidos.
4. Poder fragmentado sobre o uso da terra distribuído entre diversas pequenas localidades.
5. Domínio do automóvel privado para transporte.
6. Ausência de planejamento centralizado ou controle do uso do solo.
7. Desenvolvimento generalizado de uma faixa de centro comercial.
8. Grandes disparidades fiscais entre as localidades.
9. Segregação dos tipos de usos da terra em diferentes zonas.
10. Dependência de processos de filtragem ou de gotejamento para proporcionar habitação para famílias de baixa renda.

A expansão gera substanciais preocupações ambientais que incluem o aumento do congestionamento de tráfego, a absorção em grande escala do espaço aberto, o amplo uso de energia para deslocamento e a poluição do ar.[25] Além disso, a expansão suburbana concentra famílias em certos bairros de grande pobreza. Esses bairros posteriormente sofrem com altos índices de criminalidade, má qualidade de serviços e escolas públicas e recursos fiscais inadequados para os serviços necessários.

Três estratégias que surgiram como alternativas para a expansão urbana envolvem o desenvolvimento regional, que seletivamente permite o crescimento.[26] A primeira estratégia envolve empreendimentos bem delimitados de maior densidade típicos de muitas áreas metropolitanas da Europa Ocidental. A segunda estratégia envolve um limite de crescimento vagamente delimitado, que permite algum desenvolvimento fora de seus limites. Essa estratégia aumenta a densidade populacional acima dos níveis de expansão e conta com maior utilização do transporte público e de sistemas de carona. A terceira estratégia é o desenvolvimento de novas comunidades periféricas e espaços verdes cercados por limites bem delineados de crescimento urbano.

Independentemente da estratégia, há oportunidades para que os varejistas trabalhem com governos estaduais e locais que contribuam com o desenvolvimento, ao mesmo tempo que aumentam suas receitas e limitam a expansão urbana. Os varejistas e outros cidadãos que são participantes ativos no processo de desenvolvimento podem se esforçar para atingir os objetivos das empresas, reduzindo suas influências sobre a expansão.[27] Por exemplo, o Subway é uma franquia de varejo que requer pouco espaço e pode, portanto, ser facilmente implementado em fábricas, hospitais e lojas de eletrodomésticos já existentes.[28]

Ar. A influência do varejo na qualidade do ar é avaliada na cadeia de suprimentos. No nível varejista, uma parcela substancial de influência sobre a qualidade do ar está associada aos custos de transporte envolvidos com a obtenção de produtos para as lojas e aquisição de produtos dentro delas. Não é de se surpreender que a poluição do ar também esteja relacionada a aumentos no varejo que acompanham a expansão.[29] Consequentemente, os varejistas interessados em melhorar a qualidade do ar devem se beneficiar do trabalho em conjunto com as organizações de base governamental de planejamento que buscam criar planos unificados para o desenvolvimento.

Água. O uso da água na cadeia de suprimentos está ganhando interesse em várias partes do mundo. Gerenciadores de água na cadeia de suprimentos estão, cada vez mais, sendo solicitados a informar sobre seus esforços. Os padrões ISO 14000 exigem que empresas relatem o uso da água na cadeia de suprimentos,[30] pois seu uso é uma consideração essencial na agricultura e na produção.

A venda de água no varejo e sua transformação são questões altamente contestadas em muitos mercados. O líder no mercado varejista de água dos Estados Unidos é uma marca privada, mas produtos de marca ainda passam por grande controle sobre a água.[31] Em Michigan, por exemplo, a Nestlé está enfrentando desafios ambientais por seu uso de água mineral. A Pepsi (água Aquafina) e a Coca-Cola (água Dasani), entretanto, já utilizam tratamento de água municipal para a venda de água no varejo.[32]

Comunidade e pessoas. Considerações comunitárias e de pessoas se referem à responsabilidade do varejista com o tratamento justo dos empregados em toda a cadeia de suprimentos, incluindo suas próprias operações. Na cadeia, muitos comerciantes começaram a se engajar no comércio justo na interação com seus parceiros comerciais. *Comércio justo* se refere a uma família de princípios que inclui preço mínimo para produtos; condições seguras de trabalho e salários dignos; transações diretas entre produtores e varejistas; desenvolvimento comunitário; e métodos ecológicos para a agricultura sustentável.[33] O comércio justo rende uma redução da dívida, opções mais econômicas para produtores e práticas agrícolas cada vez mais sustentáveis.[34]

Em graus diferentes, os varejistas estão trabalhando com suas cadeias de suprimentos para melhorar a sustentabilidade do canal de distribuição. Desde 2006, o Walmart tem melhorado substancialmente seu compromisso com a sustentabilidade. Em 2009, a empresa desenvolveu uma pesquisa com fornecedores focada em energia e alterações climáticas, eficiência dos materiais, recursos naturais e pessoas e comunidade.[35] As perguntas são fornecidas na Figura 9.2. Finalmente, os 100 mil fornecedores da empresa em todo o mundo responderão a essas perguntas, mas inicialmente os fornecedores norte-americanos enviaram respostas para cada um dos critérios. Após os dados da pesquisa terem sido desenvolvidos, a empresa irá criar um consórcio de universidades que colaborarão com os fornecedores, varejistas, organizações não governamentais (ONGs) e governos para desenvolver um banco de dados global de informações sobre o ciclo de vida dos produtos e da matéria-prima até o descarte. Esses dados serão compartilhados globalmente como um banco de dados comum, concebido para promover os esforços ambientalmente competitivos dos fornecedores. O índice também tem potencial para elevar a qualidade do produto, reduzir os custos de produtos e a inovação de combustível ao longo da cadeia de suprimentos. A etapa final dessa iniciativa envolverá a transformação dessas informações de sustentabilidade em uma classificação simples para os consumidores.

C Linha de produtos do marketing sustentável

Na seção anterior, foram examinados os esforços para melhorar a sustentabilidade da cadeia de suprimentos e operações de varejo superiores. Nesta seção, examinaremos uma série de maneiras com as quais o comerciante pode disponibilizar produtos sustentáveis na loja. Nossa discussão sobre linhas de produtos sustentáveis se concentra em dois temas: a incorporação de tecnologia verde para o mix de produtos e a distribuição adequada dos produtos. Embora os varejistas estejam começando a lidar com essas questões, muito poucos estudos empíricos foram desenvolvidos para fornecer informações sobre essas decisões.

Tecnologia verde no mix de produtos. Considere, em primeiro lugar, o fabricante de um produto que reconhece que algumas tecnologias podem ser incorporadas ao mix e que aumentarão notavelmente a sustentabilidade do produto. Por exemplo, na última década, fabricantes de automóveis têm desenvolvido tecnologias de combustível híbrido que significativamente diminuíram o consumo de gasolina. As empresas podem optar por vender essas tecnologias em marcas já existentes ou podem desenvolver novas marcas. No mercado de carros pequenos, por exemplo, a Toyota introduziu o veículo híbrido Prius, em 2000.[36] A terceira geração do modelo está sendo vendida na América do Norte, Europa e Japão. A Toyota também comercializa versões híbridas de seus Highlander, Camry e do Lexus RX 400, mas cada um desses modelos está disponível também em modelos convencionais de motores de combustão interna. Em 2008, 66% de todos os veículos híbridos vendidos pela empresa eram Prius. Embora muitos fatores contribuam para tais números, o modelo vendido exclusivamente como um híbrido tem

Energia e clima

1. Você já mediu suas emissões corporativas de gases do efeito estufa?
2. Optou por relatar suas emissões de gases do efeito estufa para o Carbon Disclosure Project?
3. Qual é seu total anual de emissões de gases do efeito estufa notificados no último ano?
4. Definiu publicamente metas de redução de gases do efeito estufa? Se sim, quais são elas?

Eficiência material

1. Se medido, por favor informe a quantidade total de resíduos sólidos gerados a partir das instalações que produzem o(s) produto(s) para o Walmart no ano medido mais recentemente.
2. Definiu publicamente metas de redução de resíduos sólidos? Se sim, quais são elas?
3. Se medido, por favor informe a quantidade total de água utilizada nas instalações que produzem o(s) produto(s) para o Walmart no ano medido mais recentemente.
4. Definiu publicamente metas de redução de uso da água? Se sim, quais são elas?

Recursos naturais

1. Já estabeleceu diretrizes de sustentabilidade de compra publicamente disponíveis para seus fornecedores diretos abordando questões como o cumprimento da legislação ambiental, as práticas de emprego e de segurança do produto/ingrediente?
2. Já obteve certificações de terceiros para qualquer um dos produtos que você vende para o Walmart?

Pessoas e comunidade

1. Conhece a localização de 100% das instalações que produzem o(s) seu(s) produto(s)?
2. Antes de iniciar uma relação comercial com um parque fabril, você avalia a qualidade e capacidade para a produção?
3. Tem um processo de gestão de conformidade social no nível de produção?
4. Trabalha com sua base de fornecimento para resolver os problemas encontrados durante as avaliações de conformidade social e também documenta correções e melhoramentos específicos?
5. Investe em atividades de desenvolvimento comunitário nos mercados nos quais você prospecta e/ou opera?

FIGURA 9.2

Pesquisa com o fornecedor Walmart.

Fonte: Material Handling Management (2009) Wal-Marts 15 Questions, Wal-Mart.

vendas que superam todos os outros modelos combinados. Pesquisas recentes sugerem que o desejo de ser visto fazendo algo pelo meio ambiente é um motivador importante entre alguns consumidores.[37] Embora a compra de qualquer modelo mostre aos outros que você está preocupado com o meio ambiente, a clareza da mensagem é diluída entre os carros que são vendidos tanto com combustão interna quanto com modelos híbridos. Motoristas, por exemplo, perceberão que outro motorista está dirigindo um Camry, mas o fato de que esse carro é um híbrido provavelmente passará despercebido. Em contrapartida, motoristas necessariamente reconhecem o Prius como híbrido. Uma vez que o compromisso com o meio ambiente é mais visível com o Prius, pode-se esperar que consumidores interessados em obter o reconhecimento comprarão um modelo vendido exclusivamente como híbrido.

Distribuição de produtos sustentáveis. A segunda faceta da criação de linhas de produtos sustentáveis no varejo diz respeito à distribuição de produtos. Independentemente de um produto ser sustentável, o nível de concorrência na prateleira do supermercado é muito grande. Os varejistas armazenam, em média, mais de 45 mil produtos originais[38] e são abordados com milhares de novos produtos a cada ano. Varejistas normalmente querem levar um número suficiente de produtos que lhes permita servir os clientes e gerar lucros. Como o espaço de prateleira é limitado, a introdução de novos produtos vem frequentemente à custa de outros produtos na categoria de mercadoria. Novos produtos devem ser justificados pela demanda para que o custo de carregamento de estoque para a nova marca seja relativamente baixo. Para ter sucesso nesse cenário, os fabricantes de novos produtos de marca precisam mostrar que a demanda para o novo produto é substancial. Se a demanda por novos produtos e sua rentabilidade não são sensíveis, o varejista não será capaz de justificar a adição do novo produto ao mix de produtos de varejo.

A demanda dos consumidores influencia a forma de distribuição procurada por produtores de linhas de produtos sustentáveis. Considere, por exemplo, uma empresa como a Light of Day Chás e Infusões Orgânicas, de Traverse City, Michigan (Figura 9.3).[39] Essa empresa empreendedora gostaria de aumentar a distribuição de seus produtos. A empresa é uma produtora orgânica, biodinâmica, que incorpora a lógica de sustentabilidade em sua cadeia de suprimento e operações. Ela também se dedica ao comércio justo com seus fornecedores internacionais de chá e produtos relacionados. As empresas desse tipo que buscam comercializar seus produtos por meio de supermercados podem seguir um dos três caminhos. Podem comercializar sua marca por meio de mercearias que atuam com marcas predominantemente sustentáveis e orgânicas; a segunda opção é comercializar seus produtos de marca por intermédio de uma linha completa em mercearias que vendem produtos apoiados e desenvolvidos com diferentes níveis de sustentabilidade e podem se concentrar em novas tecnologias de produção e servir como uma marca própria para um varejista.

Embora as grandes empresas sejam capazes de apoiar a comercialização de todas as três formas de distribuição, novas empresas empreendedoras podem achar vantajoso vender por apenas um desses canais de distribuição. Várias vantagens são revertidas para a empresa que optar por comercializar produtos de marca por meio de varejistas especializados, tais como os supermercados Whole Foods e Trader Joes. A primeira vantagem da comercialização por meio das cadeias de varejo é seu tamanho. Essas lojas têm crescido rapidamente na última década e agora representam uma parcela significativa do mercado varejista. Por exemplo, a Whole Foods tem 275 lojas nos Estados Unidos, Canadá e Reino Unido e se tornou o maior varejista de alimentos naturais e orgânicos.[40] Como a 10ª maior loja de alimentos e medicamentos nos Estados Unidos, a Whole Foods emprega 54 mil pessoas e ocupa a 369ª posição na lista da Fortune 500.[41] Como o tamanho dessas cadeias de varejo aumentou, a visibilidade das marcas comercializadas por elas também aumentou.

Uma segunda vantagem associada a esses locais de varejo é a credibilidade que a afiliação com esses varejistas traz para a marca. Operações sustentáveis e produtos naturais estão no centro da estratégia de marketing para esses comerciantes, que preferem trabalhar com os produtores que compartilham essas disposições em relação ao marketing de consumo. Por exemplo, a Whole Foods é a única varejista *multistore* na América do Norte que comercializa a marca de queijo francês Herve Mons.[42] A relação entre essas empresas foi estabelecida ao longo de um período de cinco anos que precederam a decisão de iniciar a comercialização de produtos Herve Mons na Whole Foods. Uma vez que o varejista tem uma missão fundamental e uma declaração de valores que enfatiza o marketing verde e a sustentabilidade, ele não mede esforços para garantir

FIGURA 9.3

Chás e infusões orgânicas Light of Day.

Fonte: Cortesia da Light of Day Organic Teas, Traverse City, Michigan, EUA.

TRADUÇÃO DA IMAGEM:
CHÁS E INFUSÕES ORGÂNICAS
LIGH OF DAY
www.lightofdayorganics.com
Chás artesanais cultivados em família
Biodinâmica – certificado de fair trade – 100% orgânico
Sua consciência nunca se sentiu tão bem.

que seus fornecedores tenham a mesma filosofia. A Whole Foods descobriu que a Herve Mons é um fornecedor atraente, porque a empresa vende produtos tradicionais de alta qualidade, desenvolvidos de maneira sustentável pelos agricultores da região francesa da Normandia. Embora o processo de revisão da Whole Food tenha sido prolongado, a espera valeu a pena. Os consumidores da Whole Foods compreenderam a ênfase de naturais e orgânicos em todo o mix de produtos e estão propensos a fazer compras sem envolver muito esforço em controlar a marca.

É interessante notar o desafio associado à escolha de comercialização por meio de varejistas especializados. Embora a inclusão de um produto na linha de produtos da Whole Foods ou da Trader Joes imediatamente traga o reconhecimento de ser um produto de caráter natural, orgânico ou sustentável, a marca está rodeada por outros produtos que têm atributos semelhantes. A vantagem competitiva do produto dificilmente é a sustentabilidade, porque praticamente toda a concorrência já oferece esse benefício. O profissional de marketing tem de mostrar a sustentabilidade do produto, mas não pode contar somente com esse atributo. Além disso, o mercado alvo dessas lojas de especialidades é provavelmente de consumidores *Lohas*[43] ou verdes verdadeiros.[44] Embora esses segmentos de mercado estejam crescendo, uma porção substancial do público consumidor pode não frequentar lojas especializadas.

A alternativa de marca à comercialização por meio de varejistas especializados é uma loja de mercadorias em geral, tais como Walmart ou Kroger. Lojas de mercadorias em geral sempre tiveram uma forte ênfase na qualidade de seus produtos e, nos últimos anos, essas empresas têm feito investimentos substanciais nas práticas de negócios sustentáveis e marketing verde. Uma das vantagens de se trabalhar com essas grandes empresas é a economia de escala em suas operações. Por exemplo, o Walmart é o maior comerciante de leite e algodão orgânicos no mundo.[45] Produtos que entram para a linha de produtos dessas lojas de mercadorias gerais têm uma maior distribuição e, em alguns casos, proporcionam maiores vendas e receitas.

Várias questões complicam a venda de produtos por meio dessas lojas. Produtos de alta sustentabilidade podem ser colocados em uma parte especial da loja ou ao lado de produtos da mesma categoria. Por exemplo, as lojas da Kroger muitas vezes apresentam uma seção de alimentos saudáveis, que está fora da oferta regular de uma classe de produtos. A oferta de produtos de uma empresa tal como a Light of Day Teas poderia ser vendida em ambos os lugares. A venda do produto na seção de escolha saudável da loja tem algumas das vantagens e desvantagens da alternativa de varejo especializado. Os produtos podem ser vistos principalmente por consumidores *Lohas*, e sua vantagem diferencial não pode apenas residir na sustentabilidade de sua produção e distribuição. Consequentemente, a rotulagem deve caracterizar vantagens associadas à qualidade do produto, nutrição ou outras vantagens competitivas potenciais.

Se o produto sustentável é comercializado juntamente com todos os produtos da classe, existe um potencial maior de que alcance um público mais amplo. Esse público mais amplo, que inclui os segmentos de mercado despreocupados e indecisos, no entanto, talvez não aprecie os benefícios associados às operações sustentáveis. Muitos consumidores também não estão dispostos a dedicar seu tempo para entender os benefícios de um produto sustentável. O consumidor sensível ao preço, muitas vezes, seleciona o produto com o menor preço de etiqueta, independentemente de sua sustentabilidade. Na medida em que produtos sustentáveis são mais caros que suas alternativas, os consumidores sensíveis ao preço podem estar menos dispostos a comprá-los. Além disso, as empresas correm o risco de canibalizar as vendas de ofertas de produtos não sustentáveis por meio da oferta de produtos sustentáveis no mesmo local. Por exemplo, uma empresa que vende morangos produzidos organicamente e de maneira sustentável e morangos produzidos convencionalmente podem sentir a canibalização das vendas quando oferecem os dois produtos juntos. Embora o aumento nas vendas de produtos sustentáveis seja benéfico para o consumidor, pode render lucros menores para a empresa. O varejista que está interessado em maximizar o desempenho financeiro e ecológico ficará relutante em vender esses produtos no mesmo local na loja.

A terceira alternativa para o empreendedor é comercializar a marca como um produto de marca própria. Uma **marca própria** se refere a um produto no qual a marca é propriedade do varejista ou atacadista, em vez do produtor. Por exemplo, a Kroger oferece mais de 14 mil produtos de marca própria vendidos em uma estratégia multicamadas que inclui a Private Selection, Private Selection Organics, Naturally Preferred, a marca Kroger, Active Lifestyle, Comfort Brand e produtos da marca Kroger Value.[46] A Whole Foods, da mesma forma, oferece mais de 2.150 produtos com marca própria. As vendas de produtos de marca própria vêm crescendo rapidamente nos últimos anos e representam mais de 15% das vendas de supermercado. Em algumas categorias, as marcas próprias têm maior quota unitária de mercado que as maiores marcas nacionais.[47]

A alternativa da marca própria também envolve negociações entre o produtor e o varejista. Porque empresas como a Kroger e a Whole Foods têm centenas de pontos de venda, a venda desses produtos permite ao produtor operar com economias de escala. Embora o produtor ganhe acesso eficiente a um grande canal de distribuição, a identidade do produto é totalmente associada ao varejista. Ao longo do tempo, os varejistas podem estabelecer critérios específicos de produção que lhes permitam selecionar o produtor de mais baixo custo do produto. Na ausência de uma marca ou outros meios pelos quais distinguir os produtos, o produtor está sujeito a uma maior influência de preço.

D Marketing de consumo sustentável

A necessidade de se promover e assegurar o uso sustentável de produtos é muito grande. Nossa análise, neste momento, aborda duas facetas da sustentabilidade que são mais proeminentes depois de uma compra em uma loja de varejo. Nosso tratamento de consumo sustentável no varejo, portanto, concentra-se nas embalagens pós-venda e os esforços para recuperar produtos e reduzir o uso de partes componente. Em ambos os casos, os comerciantes fizeram grandes avanços para reduzir a pegada de carbono do setor de varejo.

Embalagem pós-venda. Usa-se o termo **embalagem pós-venda** para fazer referência a uma forma de embalagem utilizada pelo consumidor para o transporte do produto de um estabelecimento de varejo. A quantidade desse material é substancial. Somente em Massachusetts, mais de 1,5 bilhão de sacos plásticos ou de papel são jogados fora todos os anos.[48] A forma de embalagem utilizada varia de acordo com a cultura e a forma de varejo. Na loja norte-americana, por exemplo, os consumidores estão acostumados a ouvir "Papel ou plástico?" na caixa registradora e, tradicionalmente, os consumidores não têm qualquer custo direto com essas sacolas, pois a mercadoria é embalada por elas. Em contrapartida, em muitas partes da Europa, os consumidores embalam seus próprios mantimentos no caixa e pagam uma taxa por cada sacola que compram.

A embalagem pós-venda está mudando em muitos mercados. Os consumidores estão começando a reconhecer os limites substanciais do uso de sacos de papel ou plásticos. O papel é o material tradicional de embalagem, feito a partir de uma fonte renovável. Papel, no entanto, consome mais energia e água em sua produção e rende níveis mais altos de poluição e gases do efeito estufa.[49] Sacolas plásticas foram introduzidas no mercado há 30 anos como uma alternativa de baixo custo para o papel. A natureza leve do plástico significa que ele é menos dispendioso para o transporte. O plástico é também mais duradouro e mais barato. No entanto, o plástico é raramente reciclado e é uma armadilha terrível para peixes, aves e outros animais selvagens. Por exemplo, enquanto filmava um documentário sobre a Ilha de Midway, no Oceano Pacífico, Rebecca Hoskins encontrou centenas de carcaças de albatroz com sacos de plástico alojados em seus estômagos.[50] Quando ela voltou para casa, convenceu a cidade de Modbury e 80 outras cidades inglesas a proibir sacos plásticos. Sua ação levou a uma redução nos 200 milhões de sacos que se espalham pelos parques e praias britânicas todos os anos.[51]

Há uma diferença clara entre o plástico e o papel. O plástico é mais leve e menos caro, mas raramente é reciclado e é uma ameaça à vida selvagem. Em contrapartida, o papel tem uma pegada de carbono maior, é mais pesado e mais caro para ser produzido, mas é mais frequentemente reciclado. Reconhecendo essas diferenças, consumidores, governo e varejistas começaram a explorar outras opções de embalagem. Alguns consumidores chamaram para si essa responsabilidade e começaram a utilizar sacos reutilizáveis. Um estudo realizado pela rede varejista francesa Carrefour, em 2004, indicou que uma sacola reutilizável é melhor para o meio ambiente, independentemente do material com que é feita, desde que seja utilizada por pelo menos quatro vezes.[52]

A fim de influenciar o comportamento do consumidor em relação às embalagens pós-venda, o governo também interveio. Por exemplo, a cidade de San Francisco se tornou a primeira cidade dos Estados Unidos a proibir os sacos plásticos convencionais em supermercados, no ano de 2007. Da mesma forma, a China proibiu a distribuição gratuita de sacolas de supermercado em 2008. Em outros mercados, o governo impôs um imposto sobre os sacos plásticos. A Irlanda, por exemplo, instituiu um imposto sobre sacos plásticos em 2002 como uma forma de manter a imagem verde e limpa do país. Em 18 de agosto de 2009, os residentes de Seattle, Washington, votaram contra um referendo que teria exigido que as padarias cobrassem 20 centavos por cada saco de plástico fornecido no balcão. Lojas com faturamento anual inferior a 1 milhão de dólares teriam guardado os recebimentos dos sacos para cobrir seus custos, enquanto aquelas que arrecadassem mais teriam mantido 25% e repassado o resto para a cidade, para reciclagem, educação ambiental, e sacos reutilizáveis para consumidores de baixa renda. Muitos moradores indicaram que eram contra o projeto, vendo-o como um imposto desnecessário em vez de uma preferência para os atuais níveis de sustentabilidade na cidade.[53]

O governo norte-americano também colocou restrições quanto ao tipo de papel e plástico usados nos restaurantes. Esse setor de varejo está interessado no uso de algumas novas formas de embalagem feitas a partir de cana-de-açúcar, milho e outras fontes renováveis. A Federal Trade Commission estabeleceu diretrizes para as reivindicações que os fabricantes fazem em relação a seus produtos reciclados. Materiais **biodegradáveis** se referem a embalagens que se quebrarão e retornarão à natureza dentro de um período de tempo razoavelmente curto após seu descarte. **Itens compostáveis**, no entanto, quebram-se organicamente em materiais semelhantes ao húmus e retornam nutrientes à terra.

Os varejistas também têm dado passos firmes para reduzir a quantidade de embalagens pós-venda. Em 2007, a IKEA começou a cobrar 5 centavos por saco plástico usado no caixa na América do Norte. A loja também permite que os compradores saiam com um saco reutilizável azul por 59 centavos.[54] A resposta a essa ação tem sido uma redução substancial do número de sacos de uso único vendidos. Em 2009, a filial canadense da empresa foi capaz de eliminar progressivamente as sacolas de uso único completamente.[55] Da mesma forma, a empresa Kroger, nos Estados Unidos, começa a oferecer incentivos aos clientes que utilizam sacolas reutilizáveis. Os consumidores ganham descontos em compras na loja ou descontos na gasolina quando trazem sacolas reutilizáveis.[56]

Donos de restaurantes também estão empregando novos materiais para reduzir as emissões de carbono de suas embalagens. A opção de jantar em casa foi revolucionada por meio de pratos e taças feitas de materiais à base de plantas que são recicláveis ou biodegradáveis.[57] A EATware International, por exemplo, produz uma linha de talheres 100% biodegradáveis feitos de bambu, bagaço de cana, água e celulose.[58] A empresa afirma que seus pratos, que podem ser levados ao forno e ao micro-ondas, decompõem-se em 180 dias em um aterro sanitário. O Sugar Cane Paper Company combina o resíduo que sobra após a cana ser esmagada com 15% de papel reciclado para fazer guardanapos.[59] A Solo, da mesma forma, oferece a coleção Bare de copos quentes forrados com um ácido polilático à base de resina de plantas.[60] Os copos são recicláveis, feitos 100% a partir de recursos renováveis, e variam de 8 a 20 onças. Até talheres de plástico foram substituídos por talheres da ECO Products feitos a partir de amido de milho.[61]

Juntos, esses exemplos ilustram as medidas que a indústria de varejo está tomando para reduzir seus custos de operações e ao mesmo tempo, reduzir sua pegada de carbono.

Recuperação e restrição de componente. **Recuperação** se refere à coleta responsável de produtos, uma vez que deixam de oferecer valor aos consumidores. Por exemplo, a Environmental Quality Company oferece aos varejistas meios para lidar com eletrônicos perigosos (incluindo iluminação e baterias), produtos farmacêuticos e resíduos médicos.[62] Considerações do solo e da terra também determinam aos varejistas e a seus fornecedores para desenvolver programas que facilitam a recuperação do produto. A **restrição de componente** se refere a limites colocados sobre os ingredientes que podem ser incorporados a um produto. Por exemplo, o amianto foi proibido de ser utilizado em novas aplicações nos Estados Unidos desde 1991.[63] Como a regulamentação associada com a recuperação e a restrição frequentemente abordam os mesmos materiais (por exemplo, minério de ferro) e produtos finais (por exemplo, computadores pessoais), essas questões são examinadas em linha.

A perspectiva histórica da recuperação é a *lógica do berço ao túmulo* utilizada na década de 1980 para garantir que fabricantes e usuários eliminassem de maneira adequada os produtos químicos e outros materiais perigosos. Essa lógica foi substituída por uma perspectiva de **berço ao berço**, que enfatiza a recuperação, a reciclagem e a reutilização.[64]

Algumas indústrias enfrentaram a legislação que obriga as empresas a recuperar produtos e modificar componentes. Automóveis, eletrônicos e eletrodomésticos enfrentam regulamentações em vários mercados geográficos, especialmente na União Europeia (UE). As empresas dos Estados Unidos, Japão e outros países fora da União Europeia devem seguir essas diretrizes se desejam realizar negócios dentro dela. Além disso, as empresas usam os mandatos de regulação progressiva como condições prévias que influenciam o design, a fabricação e a recuperação de produtos. Quatro leis normativas que influenciam as restrições e recuperação de componentes incluem:

Diretiva do Final da Vida Útil. Estabelecida em 2000, essa **diretiva** dos países da União Europeia exige que os fabricantes de automóveis e fornecedores de componentes recuperem os produtos automotivos.[65] Especificamente, a presente diretiva obriga todos os fabricantes a recolher e desmantelar todos os veículos automotivos de uso doméstico no final de sua vida útil. Peças e componentes, então, são reutilizados ou reciclados. O objetivo é que atualmente todos os construtores de automóveis tenham um conteúdo de reutilização ou de reciclagem de 85% no final da vida útil de seus produtos e cheguem a 95% até 2015. Essa diretiva obriga os fabricantes de produtos e de seus componentes a inovarem e projetarem para a desmontagem. Essa exigência pode estar em contradição com o objetivo de tentar reduzir as emissões de carbono e aumentar a eficiência de combustível. No entanto, também tem fomentado relações mais fortes entre os produtores de componentes, fabricantes, desmontadores e recicladores.[66] A Figura 9.4 ilustra como as várias partes de um automóvel são reintroduzidas na cadeia de suprimentos.

Essa diretiva também abriu novas oportunidades empresariais para desmontadores. Por exemplo, existem mais de 10 mil empresas desse tipo nos Estados Unidos.

Restrição de Substâncias Perigosas (RoHS – Restriction of Hazardous Substances). A RoHS é uma normativa da União Europeia que restringe severamente o uso de chumbo, cromo hexavalente, mercúrio, cádmio e alguns retardantes de chama. As regulamentações RoHSs se aplicam a aparelhos domésticos grandes e pequenos, equipamentos de telecomunicação e informática, equipamentos de consumo, ferramentas elétricas e eletrônicas, brinquedos, equipamentos de lazer e outros dispositivos.[67] O cumprimento dessa diretiva é necessário para fabricantes, revendedores fabricando sob sua marca própria e importadores ou exportadores de equipamentos elétricos e eletrônicos. A implicação primária da RoHS é a necessidade de se dar cumprimento à diretiva ou enfrentar acusações punitivas. Produtores e varejistas devem, portanto, pedir documentação dos fornecedores em relação ao abastecimento, componentes, subconjuntos e equipamentos para assegurar seu cumprimento. Empresas podem ser condenadas e multadas por não cumprir com a diretiva e por não apresentarem a documentação técnica.

Diretiva relacionada aos Resíduos de Equipamentos Elétricos e Eletrônicos (WEEE – Waste Electrical and Electronic Equipment Directive). A WEEE é uma diretiva que visa a reduzir a quantidade de resíduos eletrônicos em aterros sanitários. Aborda todos os produtos da RoHS e inclui, ainda, dispositivos médicos e instrumentos de monitoramento e controle. A WEEE e a RoHS foram adotadas em 2003 e entraram em vigor em 2005. A adesão à WEEE exige que o vendedor demonstre que irá cobrir os custos da eliminação de uma forma ambientalmente amigável.[68] O produtor também precisa educar os consumidores sobre as opções de reciclagem e valorização à sua disposição. Antes que um novo produto entre no mercado, os produtores são obrigados a fornecer rótulos de "não jogue em aterro" em cada pacote.

O papel dos varejistas na administração da WEEE é substancial, dado que a participação dos consumidores é crucial para o sucesso da presente diretiva. Embora os produtores possam criar instalações de recuperação em qualquer lugar, em muitos casos, esses locais de coleta estão em locais de varejo. Por exemplo, a Best Buy e a Staples permitem que os consumidores devolvam equipamentos usados em suas lojas. Além disso, os varejistas oferecem incentivos para que os consumidores façam a devolução, incluindo descontos na loja, cupons e outros créditos. Ao receber um produto, o vendedor o envia ao produtor ou sua afiliada que determina se a reciclagem, reutilização ou a eliminação do produto é adequada.

Registro, Avaliação, Autorização e Restrição de Substâncias Químicas (Reach – Registration, Evaluation, Authorization and Restriction of Chemical Substances). O Reach foi adotado pela União Europeia em 2006, para fornecer informações sobre os produtos químicos que são utilizados e eliminar os que constituem riscos inaceitáveis.[69] As consequências relacionadas à saúde pela exposição a substâncias químicas tóxicas são substanciais. A incidência de câncer, por exemplo, está em parte relacionada à exposição a toxinas.[70] Nos Estados Unidos, o custo anual do tratamento do câncer é de 210 bilhões de dólares, e esse número está aumentando em 7% anualmente.[71] Reduções na quantidade de produtos químicos tóxicos têm o potencial de melhorar o meio ambiente e a qualidade de vida.

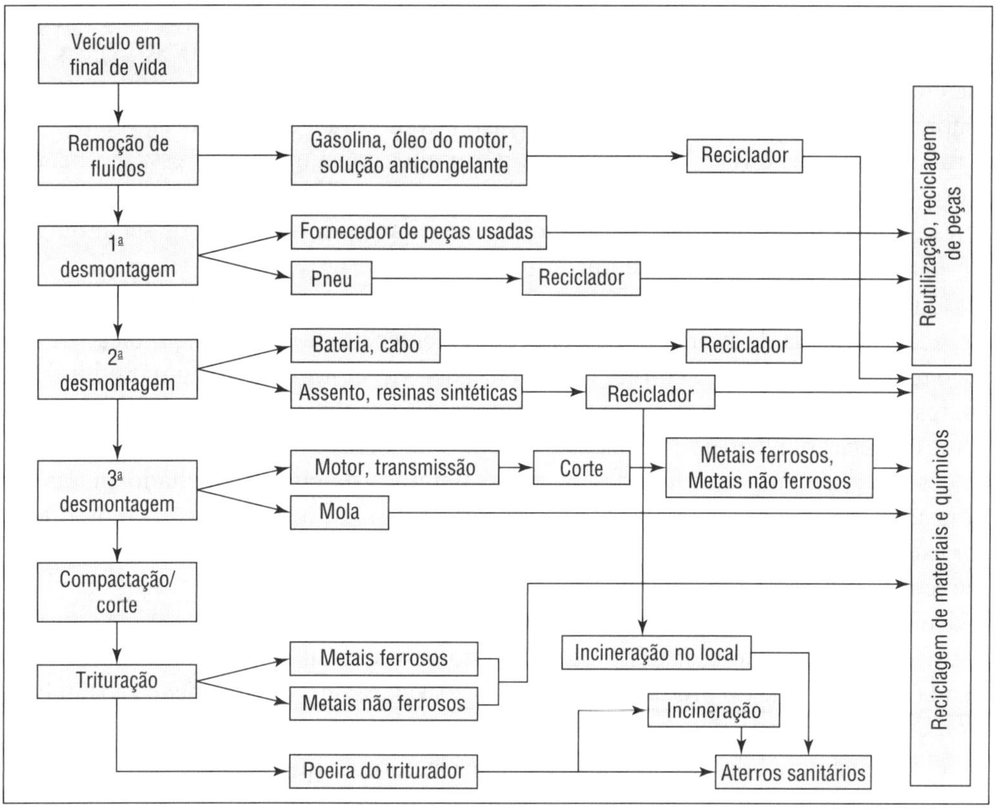

FIGURA 9.4

Desmontagem de automóveis.

Fonte: Reproduzido do *International Journal of Production Economics* 115, p.305-315. Kumar, Sameer e Valora Putnam (2008), Cradle to Cradle: Reverse Logistics Strategies and Opportunities Across Three Industries, com permissão da Elsevier.

O Reach foi concebido para proteger a saúde humana e o meio ambiente, reforçando simultaneamente a inovação e a competitividade. Ele aborda essa meta ao obrigar as empresas a registrar as substâncias em seus produtos e tornar públicos quaisquer riscos potenciais do uso desses produtos químicos. A fim de gerir o Reach, uma empresa deve avaliar seu portfólio de produtos. Essa avaliação deve identificar os produtos que são provenientes da importaçao para a União Europeia. As substâncias contidas nesses produtos devem ser inventariadas. Depois que a empresa faz o inventário dos componentes de seus produtos, desenvolve um plano para alcançar a sustentabilidade melhorada pela eliminação de substâncias restritas.[72]

Embora os requisitos legais associados à recuperação e à restrição sejam substanciais, não há oportunidades de mercado que surgem de tais exigências. Vários benefícios se revertem para a empresa que adota essa perspectiva de recuperação e restrição de componentes.[73] Primeiro, há um potencial significativo de redução de custos. Como os componentes são reutilizados e recuperados, os custos de produção são reduzidos. Por exemplo, o custo da reciclagem de alumínio é de aproximadamente 5% do custo do refino a partir de matérias-primas. Em segundo lugar, restringindo as influências da empresa sobre o meio ambiente também se permite que ela gerencie seus riscos de maneira eficaz. Como a empresa que adere às normas tem uma menor probabilidade de enfrentar litígio e críticas do mercado, o nível global de risco é reduzido por meio da copiosa atenção aos regulamentos.

Um terceiro benefício da recuperação e da restrição de componentes é a diferenciação de marcas que ela proporciona para a empresa. Como somente as marcas que aderem aos padrões podem competir, as que atendem aos requisitos regulamentares se abrem às oportunidades de mercado indisponíveis para a concorrência. A adesão às normas ambientais é vista como favorável por muitos consumidores, e essa mesma trajetória de sustentabilidade promove uma imagem que é preferida por alguns colaboradores e acionistas. A retenção de consumidores e colaboradores fiéis pode ser alcançada por meio da adesão ao regulamento.

Outro benefício inerente à regulamentação da sustentabilidade é que ela promove a inovação na cadeia de suprimentos e em componentes do produto. A instituição de um novo regulamento obriga a empresa a rever a cadeia de suprimentos de um produto. Em muitos casos, empresas se engajam em *logística reversa,* pela qual o fabricante aceita produtos ou peças previamente fornecidos do ponto de consumo para a reciclagem, reuso ou descarte.[74] As empresas têm desenvolvido **sistemas de circuito fechado** em que os fabricantes trabalham com parceiros de canal para garantir a recuperação de produtos. Por exemplo, a Ford Motor Company e a Alcan criaram o primeiro sistema de reciclagem em circuito fechado para alumínio de automóveis em 2002.[75] Inovações também podem acumular em design de produto, como resultado da regulamentação. A empresa que não pode mais oferecer um produto tóxico deve encontrar uma nova solução que atenda à necessidade do produto a um custo razoável. Assim, a regulamentação também promove inovações no design do produto.

O benefício final da regulamentação é que ela permite que as empresas respondam às realidades econômicas de oferta e demanda. Como a oferta de aterros sanitários é limitada, as empresas que reduzem a necessidade de utilizá-los também reduzem os custos das operações. Da mesma forma, a demanda por aço e alumínio é forte, mas o fornecimento de matérias-primas (e os custos de refinação) proporcionam amplas oportunidades para a reciclagem desses materiais. Dado que os custos de mineração e refino de bauxita (para alumínio) e minério de ferro (para aço) são altos, há oportunidades substanciais na recuperação desses produtos depois que atingem o final de sua vida produtiva.

RESUMO

A Introdução

O objetivo deste capítulo foi destacar a importância do setor de varejo para a sustentabilidade. Como, por definição, o varejo aborda a relação entre produtores e consumidores, a análise desse meio oferece oportunidades substanciais de reduzir as emissões de carbono dos fabricantes, distribuidores, varejistas e consumidores.

B O papel central do varejo na cadeia de suprimentos

Vários fatores colocam o varejo no coração da cadeia de suprimentos em muitas indústrias. O primeiro desses fatores reflete a mudança no acesso à informação dentro da indústria. O código de produto universal oferece aos varejistas acesso a informações sobre movimentação de produtos no mercado, comportamento de compra dos consumidores e a utilização das variáveis do mix de marketing. O aumento no acesso à informação tem sido acompanhado pelo desenvolvimento de grandes lojas de varejo e a crescente concentração da participação de mercado entre alguns varejistas. Conforme as grandes empresas com visibilidade substancial operam grandes lojas em muitas comunidades, os varejistas se tornam alvos fáceis de preocupações sobre sustentabilidade. Os varejistas estão, portanto, desenvolvendo soluções que reduzam as emissões de carbono e melhorem o relacionamento com as comunidades onde eles procuram e vendem produtos.

C Linha de produtos do marketing sustentável

A incorporação de tecnologia verde no mix de produtos e a distribuição adequada são duas das questões mais importantes que os varejistas enfrentam. As empresas podem optar por vender tecnologias verdes em marcas já existentes ou podem desenvolver novas marcas. Quando as empresas desenvolvem novos produtos que incorporam tecnologias verdes, elas podem comercializá-los por meio de varejistas especializados, de mercadorias em geral ou contratos de marcas próprias.

D Marketing de consumo sustentável

Como uma parte considerável de gases do efeito estufa associados a produtos ocorre após sua compra, este capítulo analisou também as práticas sustentáveis pós-compra. A discussão das embalagens pós-venda ilustram limitações ao uso dos sacos de papel e de plástico e os benefícios relacionados à sustentabilidade de sacolas reutilizáveis. Além disso, os varejistas adotaram uma perspectiva de berço a berço, na qual tentam recuperar tantos produtos quanto possível e se abster de utilizar produtos que tenham influências negativas sobre o meio ambiente.

PERGUNTAS

1. Como o acesso à informação de compra do consumidor mudou e como isso afetou o papel dos varejistas?
2. Durante a última década, o varejo se tornou mais ou menos importante para a cadeia de suprimentos? Que fatores apoiam suas conclusões?
3. Até que ponto a expansão urbana é um problema de varejo? Como ela influencia a pegada de carbono de uma comunidade?
4. Nomeie e descreva quatro maneiras como os varejistas estão ativamente avaliando a sustentabilidade nas cadeias de suprimentos.
5. O fluxo de renda de uma empresa é favoravelmente reforçado pela incorporação de recursos sustentáveis para as marcas já existentes ou é melhor que as empresas incorporem esses recursos em novas marcas?
6. Quais são as vantagens e desvantagens na promoção de marcas sustentáveis ou orgânicas em um corredor de especialidades da loja em vez de ocorrer junto a outros itens em uma classe de produto?
7. Por que uma grande empresa de produtos de consumo prefere a comercialização de seus produtos à comercialização de produtos de marca própria?
8. Quanto às sacolas de compras, o que é preferível: papel ou plástico?
9. Que medidas os varejistas podem tomar para aumentar a recuperação de um produto?
10. Por que varejistas deveriam participar de discussões sobre componentes e ingredientes dos produtos que comercializam?

NOTAS FINAIS

[1] CBC NEWS. IKEA to introduce anti-idling program, hybrid preferential parking. *CA spots*. Disponível em: <http://www.cbc.ca/consumer/story/2007/05/10/ikea-hybrid.html>. Acesso em: 8 maio 2010.

[2] Galbraith, Kate. Priority parking for hybrids? *The New York Times*. Disponível em: <http://greeninc.blogs.nytimes.com/2009/07/14/priority-parking-forhybrids/>. Acesso em: 8 maio 2010.

[3] Inter IKEA systems B. V., facts and figures. Disponível em: <http://franchi-sor.ikea.com/showContent.asp?swfId=facts1>. Acesso em: 8 maio 2010.

[4] IKEA. Drivers of hybrid and fuel efficient vehicles get preferred green parking at IKEA stores in Canada. *New*. Disponível em: <http://www.ikea.com/ms/en_CA/about_ikea/press_room/ press_release/national/hybrid_parking.html>. Acesso em: 8 maio 2010.

[5] Rosenhauer, Sven. *Profit is a wonderful word*: IKEA's strategy behind the profit. Norderstedt: Grin Verlag für Akademische Texte, 2005. p. 28.

[6] Ver nota 4.

[7] IKEA. Products and materials. Disponível em: <http://www.ikea.com/ms/en_US/about_ikea/our_responsibility/products_and_materials/ index.html>. Acesso em: 8 maio 2010.

[8] Dolan, Robert J. Note on the marketing information industry. *Harvard Business School Note 9-588-027*. Boston, MA: Harvard Business School Publishing Division, 1987.

[9] Chu, Wujin; Messinger, Paul R. Information and channel profits. *Journal of Retailing* 73, n. 4, 1997, p. 487-99.

[10] Wahl, Michael. *In-store marketing*: a new dimension in the share wars. Nova York: Sawyer Publishing Worldwide, 1992. p. 220.

[11] Walmartstores.com. About Us. Disponível em: <http://walmartstores.com/AboutUs/>. Acesso em: 8 maio 2010.

[12] Bianco, Anthony et al. Is Wal-Mart too powerful? *Business Week*, 6 out. 2003. Disponível em: <http://www.businessweek.com/magazine/content/03_40/b3852001_mz001.htm>. Acesso em: 4 jun. 2011.

[13] Bloom, Paul N.; Perry, Vanessa G. Retailer power and supplier welfare: the case of Wal--Mart. *Journal of Retailing* 77, n. 3, 2001, p. 379-96

[14] Fishman, Charles. *The Wal-Mart effect*: how the world's most powerful company really works – and how it is transforming the American economy. Nova York: Penguin Press, 2006. p. 336.

[15] Rosenthal, Elisabeth. Environmental cost of shipping groceries around the world. *The New York Times*, 26 abr. 2008. Disponível em: <http://www.fco.cat/files/imatges/Butlleti%20135/NYT.pdf>. Acesso em: 8 maio 2010.

[16] What We Do. *Carbon Disclosure Project*. Disponível em: <http://www. cdproject.net/aboutus.asp>. Acesso em: 8 maio 2010.

[17] Carrefour.com. *At the heart of life*: 2008 sustainability report. Disponível em: <http://www.carrefour.com/docroot/groupe/C4com/Commerce%20responsable/Publications/RGG2008GB.pdf>. Acesso em: 8 maio 2010.

[18] Thompson, Bob. Green retail: retailer strategies for surviving the sustainability storm. *Journal of Retail and Leisure Property* 6, n. 4, 2007, p. 281-6.

[19] Kimura, Naoki et al. Extra-high color rendering white light-emitting diode lamps using oxynitride and nitride phosphors excited by blue light-emitting diode. *Applied Physics Letters* 90, 2007. p.051109-051109-3.

[20] Ver nota 18.

[21] González-Benito, Javier; González-Benito, Oscar. An analysis of the relationship between environmental motivations and ISO14001certification. *British Journal of Management* 16, 2005, p. 133-48.

[22] Hicks, Michael J. Wal-Marts impact on local revenue and expenditure instruments in Ohio, 1988-2003. *Atlantic Economic Journal* 35, n. 1, 2007, p. 77-95.

[23] Downs, Anthony. Suburban ecosystem inner-city. *Journal of Property Management* 62, n. 6, 1997, p. 60-6.

[24] Downs, Anthony. The big picture. *Brookings Review* 16, n. 4, 1998, p. 8-11.

[25] Institute of Community Preservation. An overview of sprawl. Disponível em: <http://www.preservationist.net/sprawl/overview.htm>. Acesso em: 8 maio 2010.

[26] Ver nota 24; Wal-Marts 15 questions. *Material Handling Management*, 2009, p. 8.

[27] Downs, Anthony. Break down those barriers. *Planning* 71, n. 9, 2005, p. 20-3.

[28] York, Emily Bryson. While competitors shut doors, Subway is still growing. *Advertising Age* 79, n.28, 2008, p. 24-5.

[29] Kahn, Matthew E.; Schwartz, Joel. Urban air pollution progress despite sprawl: the greening of the vehicle fleet. *Journal of Urban Economics* 63, 2008, p. 775-87.

[30] International Organization for Standardization. ISO 14000 Essentials. Disponível em: <http://www.iso.org/iso/iso_catalogue/management_standards/iso_9000_iso_14000/iso_14000_essentials.htm>. Acesso em: 8 maio 2010.

[31] Bottled waters perfect storm. *Beverage Industry*, 100, n. 7, 2008, p. SOI8.

[32] Thottam, Jyoti et al. War on the water front. *Time* 166, n. 25, 2005, p. 60.

[33] Fair Trade Certified. Fair Trade Overview. Disponível em: <http://www.transfairusa.org/content/about/overview.php>. Acesso em: 8 maio 2010.

[34] Cameron, Katie. Brewing justice: fair trade coffee, sustainability, and survival. *Berkeley Journal of Employment and Labor Law* 29, n. 1, 2008, p. 267-8.

[35] De Guzman, Doris; Chang, Joseph. Responsible retailing. *ICIS Chemical Business* 276, n. 3, 2009, p.16.

[36] Kranhold, Kathryn. Toyota makes a bet on new hybrid Prius. *Wall Street Journal*, 20 jul. 2000, p. 18.

[37] Ariely, Dan; Bracha, Anat; Meier, Stephan. Doing good or doing well? Image motivation and monetary incentives in behaving prosocially. *American Economic Review* 99, n. 1, 2009, p. 544-55.

[38] Chiang, Jeongwen; Wilcox, Ronald T. A cross-category analysis of shelf-space allocation, product variety, and retail margins. *Marketing Letters* 8, n. 2, 1997, p. 183-91.

[39] Light of Day Organics. About us. Disponível em: <http://www.lightof-dayorganics.com/wp/>. Acesso em: 8 maio 2010.

[40] Whole Foods Market. About Whole Foods Market. Disponível em: <http://www.wholefoodsmarket.com/company/index.php>. Acesso em: 8 maio 2010.

[41] Gwynne, Sam. Born green. *Saveur*. Disponível em: <http://www.saveur.com/article/Our%20Favorite%20Foods/Born-Green>. Acesso em: 8 maio 2010.

[42] Whole Foods Market. Whole foods markets exclusive herve mons camembert. Disponível em: <http://wholefoodsmarket.com/pressroom/blog/2009/05/06/whole-foods-markets-exclusiveherve-mons-camembert/>. Acesso em: 8 maio 2010.

[43] Everage, Laura. Understanding the Lohas lifestyle. *Gourmet Retailer* 23, n. 10, 2002, p. 82-6.

[44] Makower, Joel. *Strategies for the green economy*. Nova York: McGraw Hill, 2009. p. 290.

[45] Gunther, Marc. The green machine. *Fortune*. Disponível em: <http://www.business.uiuc.edu/aguilera/Teaching/The%20Green%20Machine%20(Wal-Mart)%20August%2006.pdf>. Acesso em: 8 maio 2010.

[46] Kroger. Our exclusive brands. Disponível em: <http://www.kroger.com/in_store/corporate_brands/Pages/default.aspx>. Acesso em: 8 maio 2010.

[47] Batra, Rajeev; Sinha, Indrajit. Consumer-level factors moderating the success of private label brands. *Journal of Retailing* 76, n. 2, 2000, p. 175-91.

[48] Johnson, Jim. Paper or plastic? *Waste and Recycling News* 14, n. 24, 2009, p. 12.

[49] Ball, Jeffrey. Currents – Power shift: paper or plastic? A new look at the bag scourge – improved

recycling options lessen plastics stigma, even as cities and states consider imposing bans or taxes. *Wall Street Journal*, 12 jun. 2009, p. A11.

[50] Hoskins, Rebecca. *Ban the plastic bag*: a community action plan for a carrier bag free world. Londres: Alistair Sawday Publishing, 2007. p. 240.

[51] Adams, William Lee. Banning plastic bags. *Time 174*, n. 11, 2009, p. 52.

[52] Ver nota 49.

[53] Ramirex, Marc. Seattle voters don't buy shopping-bag charge. *Seattle Times*. Disponível em: <http://seattletimes.nwsource.com/html/politics/2009686467_elexseabagfee19m.html>. Acesso em: 8 maio 2010.

[54] Roberts, David. An interview with IKEA sustainability director Thomas Bergmark. *Grist*. Disponível em: <http://www.grist.org/article/ikea/>. Acesso em: 8 maio 2010.

[55] Hawthorne, Karen. Ikea Canada to eliminate plastic bags. *National Post.com*. Disponível em: <http://network.nationalpost.com/np/blogs/posted/archive/2009/04/14/ikea-canada-to-eliminate-plasticbags.aspx>. Acesso em: 8 maio 2010.

[56] Kroger. Kroger rewards. Disponível em: <http://www.kroger.com/rewards/Pages/rewards_nfo.htm>. Acesso em: 8 maio 2010.

[57] O'Brien, Tom. The greening of paper and plastic. *Restaurant Business* 108, n. 3, 2009, p. FSB13.

[58] Eatware.com. Welcome to Eatware. Disponível em: <http://www.eatware.com/>. Acesso em: 8 maio 2010.

[59] The Sugar Cane Paper Company. The Sugar Cane Paper Company, Inc. Disponível em: <http://www.thesugarcanepapercompany.com/>. Acesso em: 8 maio 2010.

[60] Bare by Solo. Our Products. Disponível em: <http://www.barebysolo.com/products.html>. Acesso em: 8 maio 2010.

[61] Eco products. Cutlery. Disponível em: <http://www.ecoproducts.com/va-cms/cutlery.html>. Acesso em: 8 maio 2010.

[62] The Environmental Quality Company. Retail Solutions. Disponível em: <http://www.eqonline.com/services/RetailSolutions.asp>. Acesso em: 8 maio 2010.

[63] U.S. Environmental Protection Agency. Asbestos Ban and Phase Out. Disponível em: <http://www.epa.gov/asbestos/pubs/ban.html>. Acesso em: 8 maio 2010.

[64] Kumar, Sameer; Putnam, Valora. Cradle to cradle: reverse logistics strategies and opportunities across three industries. *International Journal of Production Economics* 115, n. 2, 2008, p. 305-15.

[65] Directive 2000/53/EC of the European Parliament and of the Council of 18 September 2000 on End-of-Life Vehicles. *Official Journal of the European Communities*. Disponível em: <http://eur-lex.europa.eu/LexUriServ/LexUriServ.do?uri=OJ:L:2000:269:0034:0042:EN:PDF>. Acesso em: 6 jun. 2011.

[66] Crotty, Jo; Smith, Mark. Strategic responses to environmental regulation in the U.K. automotive sector: the European Union end-of-life vehicle directive and the Porter Hypothesis. *Journal of Industrial Ecology* 10, n. 4, 2008, p. 95-111.

[67] Wright, Robin; Elcock, Karen. The RoHS and REEE directives: environmental challenges for the electrical and electronic products sector. *Environmental Quality Management* 15, n. 4, 2006, p. 9-24.

[68] Ver nota 67.

[69] Ver nota 64.

[70] Ohio Department of Health. Exposure to toxic chemicals and cancer. Disponível em: <http://www.odh.ohio.gov/ASSETS/1B0335A0D-C374A65A89857791EC8E6CD/chemexp.pdf>. Acesso em: 8 maio 2010.

[71] Lockwood, Doug. The REACH regulation: challenges ahead for manufacturers of articles. *Environmental Quality Management* 18, n. 1, 2008, p. 15.

[72] Borkhoff, Joyce. European Unions REACH Regulation. *Paint and Coatings Industry* 24, n. 5, 2008, p. 88-9.

[73] Alston, Ken. Cradle to cradle design initiatives: lessons and opportunities for prevention through design (PtD). *Journal of Safety Research* 39, 2008, p. 135-6.

[74] Dowlatshahi, Shad. Developing a theory of reverse logistics. *Interfaces* 30, n.3, 2000, p. 143-55.

[75] Millibank, Paul. Aluminum recycling vital to global supply chain. *Aluminum International Today* 16, n. 5, 2004, p. 44-9.

capítulo 10

Agregando Valor Por Meio de Estratégias de Preços Sustentáveis

OBJETIVOS DO CAPÍTULO

A Introdução
B Restrição de preços internos
C Demanda interna de preços
D Restrições jurídicas
E Ação da concorrência
F Missão corporativa e objetivos de preços
G Estratégias de preços

PALAVRAS-CHAVE

agregação, 235
alinhamento de preço, 235
custo de aquisição, 226
custo de oportunidade, 227
custo de utilização, 226
custos de posse, 226
custos fixos, 223
custos variáveis, 223
preço com base no custo, 233
preço com base no valor, 234
preço de equilíbrio, 233
preço de penetração, 234
preço por compensação de carbono, 233
preço *status quo*, 234
Product Stewardship Institute (PSI), 227
seleção de preços, 234
valor, 224

A Introdução

Viagem internacional sustentável

O voo de Los Angeles a Nova York é um voo noturno de cinco horas que pode custar ao viajante mais de mil dólares. Os custos financeiros e físicos deste voo são tremendos, mas muitas pessoas se esquecem do custo substancial de carbono de tal viagem. Com um marketing inteligente, no entanto, as empresas estão permitindo que os consumidores compensem as emissões de sua viagem. Uma revisão recente da indústria emergente analisou 11 diferentes empresas que prestam este serviço.[1] Enquanto estas empresas usam métodos diferentes para determinar os preços de compensação e oferecem maneiras contrastantes de compensar o carbono, o desenvolvimento destas corporações veio em resposta a uma necessidade do consumidor de reduzir a carga ambiental da viagem.

Embora o número de passageiros dispostos a assumir este compromisso seja pequeno, há um número crescente de consumidores verdes e Lohas dispostos a pagar para compensar o custo ambiental da viagem. Além disso, há também um crescente número de empreendedores ambientais na indústria do turismo e hospitalidade. Hoteleiros com programas de conservação, empresas de táxi com automóveis híbridos, restaurantes com planos de reciclagem em grande escala e outros ecoempreendedores estão utilizando novas tecnologias para reduzir os custos de viagens e turismo ao meio ambiente.[2]

A Sustainable Travel International (STI) está entre esse grupo de empreendedores ambientais comprometidos em permitir que consumidores reduzam o custo de carbono de suas viagens (Figura 10.1).

Fundada em 2002, a STI é uma organização sem fins lucrativos criada para reduzir o impacto que viagens e turismo exercem sobre o meio ambiente e culturas locais. Os patrocinadores-fundadores incluem a Continental Airlines, United Airlines, Enterprise Car Rental, entre várias outras empresas. Esta organização estima que o custo de carbono da viagem de Nova York a Los Angeles seja de 1,78 tonelada de dióxido de carbono por pessoa, e o custo para compensar esse preço é de cerca de 45 dólares por pessoa. Esta estratégia de preços permite que os passageiros compensem o custo de carbono deste voo por meio de contribuições para as florestas sustentáveis nos EUA, China, Gana, Índia, Madagáscar ou Turquia. O comprometimento da STI com a compensação da atividade não se limita a viagens de avião; a empresa também oferece programas similares de deslocamento para viagens de automóvel, presentes, eventos e conferências, consumo de energia residencial ou em hotéis.[3] A empresa também oferece uma variedade de ferramentas e dicas de viagem projetadas para reduzir os custos ambientais incorridos quando alguém viaja.

FIGURA 10.1

Sustainable Travel International.
(VIAGEM SUSTENTÁVEL – INTERNACIONAL)

Fonte: Sustainable Travel International.

O exemplo da Sustainable Travel International ressalta o papel dos preços nos esforços das empresas em entregar ofertas de produtos sustentáveis para os consumidores. Embora os componentes do mix de marketing sejam frequentemente apresentados isoladamente, as decisões de marketing devem fluir a partir de objetivos organizacionais e trabalhar em conjunto para produzir os resultados desejados para a empresa. O preço adequado de uma oferta de produto permite à empresa atingir seus objetivos, e o desenvolvimento da estratégia de preços deve ser derivado da estratégia global da organização.

O desenvolvimento da estratégia de preços pode ser visto como um processo de múltiplos estágios,[4] como apresentado na Figura 10.2. O resultado deste processo é a proclamação de valor. A organização começa este processo pela determinação da missão e objetivos corporativos. Uma vez que os objetivos estejam estabelecidos, a organização desenvolve uma série de metas de preços que complementam seus objetivos globais. Estes objetivos são então convertidos em medidas específicas que a empresa tomará para alcançar as metas de preços e os objetivos globais da empresa. Antes que essa conversão ocorra, no entanto, a empresa deve considerar as restrições

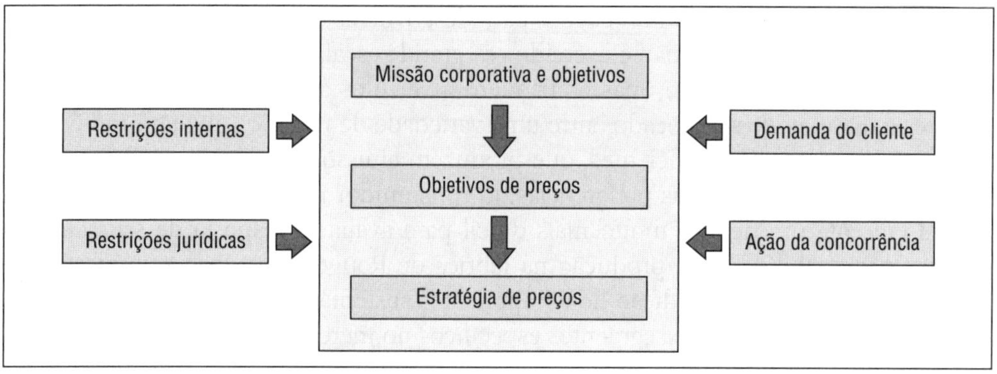

FIGURA 10.2

Processo de planejamento de preços.

Fonte: Baseado em Morris, Michael; Siragusa, George A. Strategic pricing. In: Levy, S. J.; Frereichs, G. R.; Gordon, H. L. (Eds.). *The Dartnell marketing manager's handbook*. Chicago: The Dartnell Corporation, 1994. p. 835-854.

internas e externas sobre esse processo. Restrições internas incluem os custos de produção, vendas e entrega; restrições externas incluem a demanda dos clientes, aspectos jurídicos e a influência da concorrência. Após todos estes fatores terem sido considerados, a empresa está em condições de proclamar o valor de sua oferta de produtos na forma de estratégias de preços. Como um prefácio para o nosso desenvolvimento dos objetivos e estratégia, destacamos estas restrições internas e externas no processo de planejamento de preços.

B Restrição de preços internos

As restrições dentro da empresa refletem os custos para produzir, vender e entregar produtos. Muitas empresas utilizam o custo como base para a determinação de preços, e os custos devem ser cobertos se a empresa quiser gerar lucros. Assim, é essencial compreender os componentes do custo. Pode-se fazer uma distinção entre custos fixos e variáveis associados a um produto. Os **custos fixos** referem-se a fatores de custo que não se alteram em curto prazo, enquanto os **custos variáveis** referem-se a custos que variam com a quantidade de produto vendido. Os custos fixos são exemplificados por investimentos em imóveis e equipamentos. Em contrapartida, a energia elétrica consumida em uma linha de montagem de automóveis é um custo variável que oscila conforme o número de veículos produzidos. Os esforços para melhorar a sustentabilidade das ofertas de produtos devem considerar ambos os elementos de custo.

Além da dicotomia custo fixo/variável, é importante também considerar como os custos são alocados entre os produtos fabricados em um local específico. Os esforços da Ford em melhorar a sustentabilidade de suas operações e produtos exemplificam essas considerações de alocação. Por exemplo, a Ford investiu mais de 2 bilhões de dólares para aumentar a sustentabilidade das instalações da fábrica de Rouge River.[5] Estes investimentos abordam as preocupações de muitos grupos de interesse relacionados com o fabricante, tais como colaboradores, comunidades e ONGs. Os custos associados com a fábrica de Rouge River são atribuídos aos produtos que saem dessa linha de montagem. Independentemente de seus sentimentos em relação ao marketing verde e à produção, os compradores de carros destas instalações devem pagar uma parcela do custo de aumento da sustentabilidade. Por outro lado, a Ford também investiu 332 milhões de dólares em um acordo em conjunto com a Peugeot para desenvolver motores a diesel.[6] O investimento em motores a diesel não é exercido em grande escala por todos os produtos que saem da linha de montagem, mas é atribuído a veículos a diesel. O investimento em motores a diesel pode ser alocado entre uma variedade de usuários que têm motivações para comprar carros mais eficientes, que produzem emissões de carbono relativamente baixas. Dada a amplitude das preferências do consumidor na indústria automobilística, a Ford enfrenta um desafio muito mais difícil para avaliar a resposta de seus clientes à maior sustentabilidade da produção na fábrica de Rouge River. Em contrapartida, a resposta do consumidor à adição de componentes sustentáveis aos produtos permite à empresa estimar retornos de segmentos específicos no mercado de automóveis. Embora o desafio da linha de montagem seja mais difícil, em ambos os casos a empresa deve considerar a demanda do cliente em suas decisões de alocação e precificação.

C Demanda interna de preços

Supermercados oferecem aos consumidores uma variedade de produtos que apresentam níveis diferentes de valor. A maioria dos grandes varejistas oferece preços competitivos em produtos de marca própria que fornecem os mesmos ingredientes que as marcas anunciadas nacionalmente. Os produtos de marca própria, tais como a Equate, do Walmart, são vendidos a um menor custo para o consumidor, mesmo que esses produtos apresentem maior margem bruta do que as marcas concorrentes anunciadas.[7] A variedade em nível de varejo permite ao consumidor escolher entre produtos com diferentes faixas de valor, e esta diversidade permite que o varejista atenda vários segmentos do mercado. Lojistas reconhecem que podem aumentar suas receitas por meio da oferta de vários produtos dirigidos a diferentes nichos de mercado que desejam variados níveis de valor. A fim de avaliar o potencial de um mercado ou segmento de mercado, é necessário entender o que é valorizado pelo cliente. Note que este pedido de compreensão do valor derivado do consumo *não* inclui necessariamente o marketing verde ou considerações sobre sustentabilidade. O comerciante de produtos ecologicamente corretos deve reconhecer que os consumidores *raramente* citam questões de marketing verde como a principal motivação para o consumo. Considerações tradicionais de venda, tais como preço, qualidade e desempenho, são frequentemente as motivações centrais expressas antes das preocupações com a sustentabilidade.[8] Por exemplo, os produtos de filtração de água Brita oferecem água limpa aos consumidores, que oferece saúde e benefícios de vitalidade para o corpo. Além disso, os custos combinados de água da torneira e produtos de filtragem são muitas vezes inferiores ao custo da água engarrafada. Estas vantagens biológicas e econômicas são potenciais fatores de alerta para que os consumidores invistam em dispositivos de filtragem Brita. Um benefício principal de sustentabilidade é a redução no tamanho dos aterros sanitários associados com menos compras (e descartes) de água engarrafada. Embora seja provável que consumidores tenham forte interesse nos benefícios biológicos e resistência ao produto sem o benefício da sustentabilidade, é improvável que somente a redução em aterros os levariam às compras. O benefício da sustentabilidade não se vende e requer a consideração de valor mais amplo da avaliação.

Um entendimento de valor é necessário se quisermos compreender como os benefícios do marketing verde podem ser incorporados nas ofertas de produtos. **Valor** pode ser definido da seguinte forma:[9]

$$\text{Valor} = \frac{\text{Benefícios desejados}}{\text{Custos relativos}}$$

A expressão de valor nesta equação mostra muitas facetas importantes do consumo. O valor inerente está associado a trocas (*trade-offs*). As decisões de compra pedem que o consumidor renuncie a algo de valor (por exemplo, dinheiro) por algo de valor superior (produto). Os benefícios desejados se referem a coisas que são importantes para os consumidores, que estão dispostos a pagar pelas coisas que realmente querem. Os benefícios de um produto, ao contrário de seus componentes, falam sobre o que ele faz para o consumidor. O motor turbo a diesel é um recurso oferecido por muitas empresas automobilísticas, mas os benefícios deste componente são a economia de combustível e o desempenho do veículo.

Campanhas de marketing eficientes vão além da mera proclamação de atributos do produto e incidem sobre os aspectos que são significativos para o consumidor. A proposição de produto verde, muitas vezes, deixa de reconhecer que a promoção dos benefícios verdes por si só não estimula o consumo. A fábrica da Ford de Rouge River, em Dearborn, Michigan, oferece um exemplo da promoção de benefícios verdes que não ressoa aos consumidores. Esta planta de 90 anos foi reconstruída com as especificações de sustentabilidade a um custo de 2 bilhões de dólares.[10] Embora o investimento da Ford em sustentabilidade seja admirável, melhorias na fábrica não abordam a questão ambiental primária da indústria: a queima de combustíveis fósseis. Mais importante: este benefício não abrange as questões que estão no centro das decisões de compra e consumo de automóveis.

A análise de benefícios derivados de uma compra deve considerar a amplitude das motivações relacionadas com a mesma. Muitos consumidores estão preocupados com o meio ambiente, mas também se importam com outras questões no momento da compra. O automóvel Tesla, por exemplo, pode oferecer importantes benefícios ecológicos, mas o preço base de 109 mil dólares torna o carro inviável para a maioria dos consumidores. Os benefícios verdes dos produtos não se vendem por si sós, mas são incorporados à avaliação de valor feita pelo consumidor em potencial. Os profissionais de marketing devem compreender as razões por trás do consumo e apresentar benefícios verdes ao se relacionarem com estas motivações para a compra.

Entender os critérios de aquisição permite que o comerciante desenvolva uma vantagem competitiva sustentável, centrada na compra, no uso e na sustentabilidade. Uma *vantagem competitiva sustentável* se refere ao desempenho de uma empresa em relação à concorrência e a capacidade de superá-la em um ou mais aspectos. O desenvolvimento de vantagens competitivas exige que a empresa faça um balanço de sua oferta de produtos e dos da concorrência. É importante que esta avaliação incida sobre os aspectos de consumo mais relevantes. A empresa perceberá que certos aspectos de sua oferta de produtos serão superiores aos da concorrência. No entanto, o cenário competitivo geralmente apresenta alternativas que superam os produtos da empresa em algumas dimensões.

Considere, por exemplo, a substituição de um aquecedor de água gasto para uso doméstico. A compra deste produto apresenta uma variedade de opções no que diz respeito aos combustíveis alternativos e à eficiência energética. O comerciante destes produtos deve entender que os consumidores que procuram substituir o aparelho estão diante de um conjunto único de circunstâncias. Como a maioria das casas têm um único aquecedor e a compra de um aquecedor de água só é considerada quando este aparelho não está mais funcionando, os consumidores estão imediatamente conscientes dos benefícios da água quente. É possível que a decisão de compra forneça fortes considerações sobre a capacidade de aquecimento de aparelhos alternativos. Os consumidores muitas vezes julgam os aquecedores a gás como superiores aos demais por causa da consistência na capacidade de gerar água quente. O marketing da eficiência da energia solar não ressoará entre muitos consumidores se outros benefícios importantes forem descontados. Em suma, a análise dos benefícios desejados deve centrar-se nos méritos do produto para o consumidor.

É importante notar que o custo relativo de um produto é muito mais que seu preço. Para determinar a proposição de valor, devem-se analisar os custos de aquisição, posse, uso e oportunidade.[11] O **custo de aquisição** refere-se à energia gasta para fazer a compra, bem como o *preço de compra*. Este componente de custo inclui o tempo dedicado ao aprendizado sobre os critérios importantes associados à compra e ao tempo dedicado à avaliação de alternativas. Marcas que se instalaram dentro de uma classe de produtos precisam de menos tempo para avaliação,[12] e estas reduções nos custos estão associadas a um aumento nas receitas. Se uma tecnologia nova e de baixo consumo de combustível é apresentada ao consumidor no ponto de venda, ele normalmente precisa desenvolver um entendimento da tecnologia antes da compra. Campanhas publicitárias eficientes que fazem com que o consumidor esteja consciente dos méritos da tecnologia antes da compra devem reduzir os custos de aquisição e aumentar as receitas.

Custos de posse incluem todas as despesas associadas ao ganho de posse de um produto após a decisão de compra ter sido feita. Entre eles estão os impostos, seguros e transportes. A posse é uma faceta importante de custo no exemplo do aquecedor de água. Depois que o consumidor percebe que o aquecedor atual não está funcionando, há um desejo imediato de se obter uma substituição o mais rapidamente possível. A transição de um dispositivo elétrico para alternativas mais eficientes em combustível pode não ser relevante para muitos consumidores quando a instalação é prolongada. Apesar de aquecedores solares de água serem altamente eficientes, a instalação pode demorar mais tempo e exigir mais espaço na propriedade dos consumidores. O consumidor que enfrenta esta compra estará relutante em adotar fontes alternativas de combustível ou novas tecnologias.

O **custo de utilização** é a terceira faceta e inclui os custos das operações e do descarte. Em muitos casos, as novas tecnologias oferecem eficiência energética que gera custos menores de uso em relação às alternativas. O comerciante de tais novas tecnologias deve apresentar seus produtos para ilustrar a troca entre os custos de aquisição e os de utilização. O comerciante deste produto deve levar o consumidor a considerar o custo de utilização do produto durante sua vida em vez do preço inicial de compra. Promoções *on-line* e no ponto de venda podem mostrar ao consumidor que um aparelho Energy Star será uma alternativa menos onerosa em longo prazo.

A faceta do custo da eliminação é um fator cada vez mais importante em muitas indústrias. A União Europeia e os EUA implementaram regulamentações exigindo que os fabricantes de eletrônicos recuperem seus produtos.[13] Como estes produtos ainda podem estar funcionando, ou contêm metais valiosos, os criadores de políticas em muitos países implementaram leis exigindo o retorno no fim de vida útil destes produtos.[14]

Muitas indústrias entendem que devem estabelecer padrões industriais para os resíduos ou enfrentar uma ação de regulamentação pelo governo. O **Product Stewardship Institute (PSI)** é uma ONG com base nos EUA que visa reduzir os impactos ambientais e na saúde dos produtos de consumo.[15] O PSI tem uma abordagem única de direcionamento de produto para resolver problemas de gestão de resíduos incentivando alterações de design em produtos e mediando diálogos entre as partes interessadas. O PSI está apoiando a legislação do final de vida de produtos em vários estados norte-americanos. Uma iniciativa associada a este respeito refere-se à legislação do descarte adequado de tinta. Nos EUA, aproximadamente 10% do montante vendido, ou 64 milhões de galões de tinta, são deixados para trás por ano. Os custos de eliminação associados com o manuseio adequado deste produto é de 8 dólares por lata.[16] O PSI tem iniciativas semelhantes para a recuperação de resíduos hospitalares, medicamentos, lâmpadas fluorescentes, fabricantes de termostato e listas telefônicas.

O último elemento de custo é o **custo de oportunidade** associado a um produto sobre as alternativas. Os custos de oportunidade são recusados pelo consumidor, que incorre em um custo. O comprador de um aparelho a gás perde a oportunidade de investir e aprender mais sobre os eficientes aquecedores solares de água. Considerando que o automóvel comum dura 17 anos, a compra de um motor de combustão interna mais antigo compromete a nova tecnologia e perde a oportunidade de utilizar alternativas de transporte mais eficientes.

Quando a empresa identifica devidamente os benefícios desejados e os custos relativos de um produto, a avaliação de valor pode ser determinada. Para uma oferta de produtos ser bem-sucedida, deve ser real, superior e lucrativa.[17] Para o produto oferecer o valor real, deve ter relevância para um mercado identificado, com clientes e segmentos específicos. Os benefícios desejados de uma oferta de produto devem exceder os custos percebidos de propriedade. Observe que, embora a relação entre benefícios e custos deva ser maior que um, consumidores diferentes têm diferentes taxas de valor. A pesquisa de mercado deve fornecer uma visão em vários segmentos de mercado associados com diferentes benefícios e custos relativos. Os compradores de um Toyota Prius, por exemplo, podem ser distinguidos com base na importância percebida do desempenho ecológico do veículo como um benefício que aumenta seus méritos de eficiência de combustível.

Embora um produto possa refletir os benefícios procurados pelo consumidor, o valor oferecido pelo produto também deve ser superior ao dos produtos concorrentes. Por exemplo, quem viaja de Nova York a Boston pode considerar formas alternativas de transporte em massa. Mesmo que o custo do voo seja menor que o do transporte ferroviário, o consumidor pode optar por tomar o trem porque é mais conveniente e tem a pegada de carbono menor. Aquele que advoga pela sustentabilidade entende a amplitude dos benefícios e custos da oferta de produtos alternativos e é mais propenso a influenciar os consumidores a escolher uma oferta de produto em vez de outra.

Quando o valor de uma oferta de produto é real e superior ao da concorrência, o comerciante também deve examinar se a proposição de valor é lucrativa. A proposição de valor, para ser lucrativa, deve ser coerente com a missão e os objetivos da empresa. A organização com fins lucrativos tem a responsabilidade de gerar retorno financeiro para seus proprietários. Se o valor de uma oferta não ajuda a empresa a cumprir sua missão ou atingir seus objetivos, então esta oferta deve ser reexaminada.

Uma faceta importante da proposição de valor é o reconhecimento de que consumidores diferentes têm diferentes relações de valor. É, portanto, importante considerar a possibilidade de múltiplos produtos, com ofertas de valor variadas e segmentos de mercado diferentes. Os segmentos de mercado verde descritos pela Roper Starch (ou seja, verdes reais, verdes do dinheiro, quase verdes, resmungões e apáticos) fornecem um ponto de partida para a análise da relevância de cada um destes segmentos em um mercado.[18]

D Restrições jurídicas

As *restrições jurídicas* referem-se às exigências regulamentares associadas à comercialização de produtos. Em graus variados, as indústrias enfrentam regulamentos diversos em matéria de abastecimento de componentes, promoções e descarte pós-consumo do produto. A necessidade de aderir a estas regras pode resultar em maiores custos de prospecção, produção, distribuição, promoção e descarte. Estas restrições são estabelecidas e regulamentadas em nível internacional, federal, estadual, regional e local. O Protocolo de Kyoto, discutido no Capítulo 4, mostra a influência dos acordos ambientais internacionais.[19] A adesão às normas de Kyoto dentro da UE resultou em uma nova regulamentação em 182 países participantes, e as novas normas de emissões de gases do efeito estufa foram incorporadas ao planejamento municipal em mais de 600 cidades em todo o mundo.

A Agência de Proteção Ambiental (Environmental Protection Agency – EPA) dos EUA apresenta uma ilustração da legislação ambiental nacional. A EPA cria e impõe regras relacionadas a questões ambientais. A execução das preocupações ambientais é derivada do Clean Air Act (CAA), de 1970, e do Clean Water Act, de 1972. O Clean Air Act colocou o controle de poluição do ar e a execução de normas de poluição do ar nas mãos da EPA.[20] O CAA regula fontes fixas e móveis de emissões atmosféricas. Assim, o controle de poluição associado com a montagem de automóveis e operações automobilísticas são regulamentados como resultado da CAA. Em 2007, a Suprema Corte decidiu que a CAA dá à EPA autoridade para regular o dióxido de carbono como um poluente.[21] A EPA também regula as emissões dos veículos para hidrocarbonos, monóxido de carbono e óxidos de nitrogênio.

O Clean Water Act (CWA) prevê normas, ferramentas técnicas e assistência financeira para reduzir a poluição da água e melhorar sua qualidade. O CWA requer que grandes indústrias e municípios cumpram padrões de qualidade da água e controle da poluição. Ele define critérios estaduais específicos para a qualidade da água e fornece financiamento para ajudar os estados e as comunidades a atenderem suas necessidades de infraestrutura de água potável. Além disso, emprega um sistema de licenciamento que é projetado para facilitar o desenvolvimento, ao mesmo tempo que protege as áreas úmidas e outros ecossistemas aquáticos.[22]

As organizações também devem monitorar e cumprir as normas estabelecidas em níveis estadual e local. Por exemplo, o estado da Califórnia aprovou o California Global Warming Solutions Act (Soluções para o Aquecimento Global da Califórnia), em 2006.[23] Esta lei busca atingir os níveis de emissões de gases de 1990 em toda a economia até o ano de 2020. Esta meta representa, aproximadamente, uma redução de 11% nos níveis atuais de emissões e uma redução de quase 30% nos níveis projetados de negócios normais para 2020.[24] A lei também exige acompanhamento anual, relatórios de gases do efeito estufa e a contabilidade das emissões de gases do efeito estufa de toda a eletricidade consumida no estado. A busca por tais objetivos e requisitos exige que as empresas que operam em todos os setores da economia da Califórnia façam investimentos massivos em tecnologias de eficiência energética. Estas organizações também devem atender às regulamentações em nível municipal. São Francisco, por exemplo, implementou uma lei de construção verde que requer que novas construções atendam ou excedam os requisitos estabelecidos pela Build It Green (Construa Verde) no sistema de classificação Greenpoint Rated (GPR) ou no sistema para edifícios Leadership in Engineering and Environmental Design (LEED) do Conselho de Construção Verde dos Estados Unidos.[25]

Estas condições regulamentadoras – do Protocolo de Kyoto até a portaria de construções verdes de São Francisco – sublinham a influência das exigências legais sobre as decisões de preços. Cabe à empresa reconhecer os padrões atuais de sustentabilidade para as operações em cada mercado geográfico no qual atua. Além disso, as organizações que monitoram ou participam da elaboração de regulamentos têm mais oportunidades de antecipar as mudanças que ocorrem na legislação ambiental.

E Ação da concorrência

Nosso modelo de preços (Figura 10.2) reconhece que as decisões de preço devem levar em consideração o meio ambiente no qual a empresa opera. As decisões sobre a estratégia de preços devem considerar a natureza do mercado, bem como a natureza da concorrência.[26] No Capítulo 5, caracterizamos cinco segmentos da orientação dos consumidores para a sustentabilidade. Esta pesquisa de segmentação ilustra as orientações múltiplas para o mercado e destaca a necessidade de analisar a extensão na qual os consumidores em determinado mercado valorizam as ofertas de produtos que oferecem elevados benefícios ecológicos.

A organização deve avaliar o tamanho do segmento de consumo verde no mercado. Alguns mercados são caracterizados pela forte preferência por produtos verdes. Por exemplo, a Starbucks reconhece que grande parcela dos consumidores de café no varejo tem preferência pelo café produzido de maneira sustentável, fruto do comércio justo.[27] Uma vez que muitos destes consumidores estão dispostos a pagar mais por tais cafés, a Starbucks pode obter um preço *premium* por vender café de comércio justo. Por outro lado, alguns mercados são caracterizados pela predisposição negativa em relação à questão da sustentabilidade.

O cenário competitivo deve ser considerado em conjunto com a atitude dos consumidores para com os produtos verdes. Assim, a organização deve examinar suas diferenciações com base no teor verde. Em graus variados, as empresas têm recursos que lhes permitem competir favoravelmente com base na estratégia da sensibilidade ecológica. A concorrência da empresa também tem recursos que poderiam ser (ou já estão) reservados para a busca da sustentabilidade. Assim, o compromisso da Body Shop com a sustentabilidade torna difícil a competição com ela com base no marketing verde e nas práticas de produção.

A análise do cenário competitivo deve incorporar a consideração dos fatores de mercado descritos no Capítulo 5. Estes fatores incluem a habilidade de diferenciação com base na sustentabilidade e no tamanho dos segmentos de mercado verde. Estratégias de marketing *verde apático* e *verde defensivo* são adequadas em situações nas quais a capacidade de distinguir as ofertas de mercado com base em considerações ecológicas é modesta. Por exemplo, o consumidor do mercado de pick-ups pesadas pode não ser favorável à tecnologia híbrida. Embora possa haver muitos consumidores com fortes atitudes (favoráveis ou desfavoráveis) em relação à sustentabilidade, eles são indiferentes aos interesses de marketing verde quando fazem compras. Nesses casos, a empresa provavelmente se beneficiará com uma estratégia de preços que não peça ao consumidor nenhum investimento a mais para ter uma tecnologia verde. Da mesma forma, a Nike lançou a marca de calçados Considered em 2005. Estes sapatos ecológicos feitos de fibras de cânhamo marrom foram comercializados a 110 dólares o par. As preocupações ecológicas não eram importantes para os consumidores neste mercado. O consumidor deste mercado compra sapatos para fazê-lo se sentir na moda, rápido e elegante. Com este lançamento, aprendeu-se que a maioria dos consumidores não utiliza critérios de sustentabilidade na compra de calçados. A Nike continua a reforçar a sustentabilidade de suas ofertas de produtos, mas os novos produtos não enfatizam fatores verdes.[28]

Em mercados caracterizados por oportunidades marcadas para distinguir a oferta de produtos com base na sustentabilidade, a empresa também deve considerar o tamanho do mercado verde. A estratégia de *verde extremo* reflete uma situação competitiva na qual há demanda substancial por produtos verdes e a empresa tem capacidade considerável de se diferenciar com base nas qualidades verdes de seus produtos.

Considere, por exemplo, a Stonyfield Farms, o produtor de laticínios orgânicos de New Hampshire. Esta empresa tem a quarta maior participação de mercado na indústria de iogurte, atrás apenas da Yoplait, da Danone e de produtos de marca própria.[29] A Stonyfield reconhece que um segmento do mercado de iogurtes é altamente consciente dos méritos da comida orgânica, e tem criado suas linhas de produtos para atender a demanda neste segmento. O selo orgânico é uma forma de diferenciação sustentável que permite à empresa oferecer produtos com preço *premium*.[30] O preço médio de seus produtos é de 1,56 dólar por unidade – mais do que o dobro do preço da Yoplait, a 0,71 centavos por unidade. O diferencial de preço de uma empresa deste tipo deve ultrapassar o custo de se diferenciar em função da qualidade orgânica dos produtos. Portanto, é essencial que uma empresa que usa esta estratégia de preços controle sua posição de custo. A empresa que usa esta estratégia tenta alcançar a paridade de preços, reduzindo os custos em áreas que não sejam fonte de vantagem diferencial competitiva. Empresas como a Stonyfield podem baixar os custos da cadeia de promoção e oferta em relação à sua concorrência. Empresas que são capazes de controlar os custos e manter suas vantagens competitivas podem se tornar fortes na indústria.

A estratégia *verde sombreada* refere-se ao mercado no qual a demanda por produtos ecologicamente sensíveis é baixa, mas ainda há uma oportunidade significativa de diferenciação com base nos méritos ambientais de um produto. Por exemplo, no mercado de roupas, cerca de 0,1% dos produtos vendidos são de algodão orgânico. Os produtos orgânicos tendem a ser mais caros que os produtos concorrentes, que usam fertilizantes inorgânicos.[31] O cultivo do algodão não orgânico tem implicações substanciais para o meio ambiente. A indústria de não orgânicos abrange 2,4% das terras cultiváveis no mundo, mas usa 25% dos pesticidas e 10% dos fertilizantes sintéticos mundiais. Grandes quantidades de desfolhantes, fungicidas e herbicidas são aplicados em campos, causando danos a outras culturas, a trabalhadores agrícolas e vizinhos.

A empresa Patagonia atende esse nicho de mercado vendendo jeans, chapéus, camisas e roupas íntimas fabricados exclusivamente com algodão orgânico.[32] Os produtos da empresa estabelecem preços aproximadamente 20% maiores que os de outros especialistas de roupas para uso ao ar livre. Os clientes da Patagonia tendem a ser mais instruídos e têm renda maior que a maioria dos consumidores nos mercados atendidos pela empresa. A Patagonia tem uma receita de cerca de 250 milhões de dólares por ano e doa 1% (ou 10% dos lucros sem descontar os impostos se forem maiores que 1% da receita) para organizações ambientais.[33] Também tenta reduzir o impacto ambiental de seus produtos e processos. A maior parte dos custos das mercadorias vendidas da Patagonia é atribuível às matérias-primas para vestuário. O tecido é responsável por cerca de 80% do total dos custos das matérias-primas, e a empresa prevê que os custos de seu tecido podem ser até de 20% a 30% maiores que os de seus concorrentes. O principal veículo de marketing da Patagonia é uma série de catálogos apresentando homens e mulheres que usam os produtos em locais espetaculares. Os catálogos também oferecem ensaios sobre ambientalismo e valores culturais. Em contraste com a concorrência, que utiliza menos de 10% do espaço de catálogo para atividades que não sejam de venda, a Patagonia dedica cerca de 50% do espaço de catálogo para tais atividades.

Em 1996, a Patagonia tomou a decisão de converter-se ao algodão orgânico. Esta decisão exigiu a atenção para as atitudes dos consumidores, os preços de varejo e os custos das mercadorias vendidas. O catálogo de primavera de 1996 apresentou um artigo de abertura do fundador da Patagonia sobre a mudança para o algodão orgânico, e a descrição de tais produtos ofereceu repetidas referências a componentes orgânicos. A empresa reconheceu que seus consumidores são sensíveis a produtos orgânicos, mas também modificou seus preços. A Patagonia reduziu as margens na maioria dos produtos esportivos de algodão de modo que o preço de varejo de um produto orgânico não seria mais de 20% mais caro que o preço do produto convencional. Produtos que não podiam cumprir a meta foram eliminados, resultando em uma linha de peças de algodão orgânico vendidas por não mais de 8% acima do preço de peças feitas com algodão convencional. Embora o custo dos produtos vendidos tenha aumentado, a disponibilidade média adicional de o consumidor pagar pelo algodão orgânico excedeu os custos incorridos.

O exemplo da Patagonia ressalta uma situação na qual o mercado de produtos ecológicos é modesto, mas a empresa tem a capacidade de oferecer um produto com vantagens competitivas sustentáveis ao mercado. Ao compreender as necessidades da base de consumidores e sua capacidade de resposta às alterações de preço e qualidade, as empresas podem implementar com sucesso as estratégias para acomodar os mercados verdes sombreados.

F Missão corporativa e objetivos de preços

É vital reconhecer que o resultado do mix de marketing representa a única maneira pela qual a empresa pode alcançar seus objetivos. Se cada elemento do mix, e nomeadamente o preço, não refletir a missão e os objetivos da empresa, então há pouca probabilidade de que estas metas sejam atendidas. Quando a empresa estabelece uma missão e objetivos claros, a estratégia de preços deve ser concebida para complementar estas metas.

Por exemplo, a Procter and Gamble coloca grande ênfase no desejo da empresa de crescer por meio da inovação.[34] Por entre as múltiplas marcas desta empresa, o objetivo é aumentar a receita com um fluxo constante de ideias inovadoras no que diz respeito aos produtos, sua entrega e seu consumo. Em muitos mercados, o preço é um meio importante para a diferenciação entre os produtos de marca e produtos de marcas próprias de varejistas. A busca constante por inovação permite que a Procter and Gamble compita com produtos de preço *premium* e médio. Assim, a estratégia de preços pode ser implementada, pois é coerente com os objetivos de inovação da empresa.

A estratégia de preços deve ser consistente com os objetivos globais da empresa. A estratégia de preços específicos pode se concentrar em objetivos múltiplos e vários níveis destes objetivos são potencialmente inconsistentes.[35] As organizações que têm objetivos corporativos girando em torno do retorno sobre os investimentos direcionados ou níveis de lucro estimados podem adotar objetivos de preço compatíveis com estes objetivos corporativos. Um objetivo da estratégia de preços se preocupa com a extensão em que a empresa busca *retorno direcionado sobre os investimentos*. As empresas que focam neste objetivo determinam seus custos e, em seguida, estabelecem preços com base em uma taxa de retorno desejada. Da mesma forma, algumas empresas se baseiam em um *nível desejado de rentabilidade*. Estas empresas estimam os custos e, em seguida, adicionam uma margem projetada para produzir um nível de lucro.

A meta da organização de atingir certo nível de participação de mercado pode não ser compatível com o alvo ou com os lucros. As empresas com um objetivo de participação de mercado terão estratégias de preços que garantam, alcancem ou mantenham uma presença no mercado. Empresas com um alvo na participação de mercado podem cobrar preços menores do que empresas focadas no retorno sobre o investimento. Note que as empresas podem se envolver nestas estratégias para manter uma posição ou aumentar a sua participação no mercado, ou impedir que a concorrência o faça.

Além do retorno-alvo e participação de mercado, uma organização também procura passar determinada imagem sobre a empresa e seus produtos. Assim, os objetivos de preços são desenvolvidos com foco na imagem que a empresa pretende transmitir.[36] Algumas empresas, tais como a Gucci, estão inclinadas a fazer que seu preço transmita o luxo associado às ofertas de produtos da empresa. Em contrapartida, empresas como a Costco procuram mostrar que são líderes de preços baixos no mercado.

As empresas estão incorporando cada vez mais metas de sustentabilidade em seus objetivos, e este acessório para a estratégia tem fortes implicações nos objetivos de preços da empresa. Por exemplo, a missão da Timberland é equipar as pessoas para fazer a diferença no mundo, e procura aproximar-se desta meta tornando-se neutra em carbono.[37] Empresas com o objetivo de alcançar níveis mais elevados de sustentabilidade podem participar de múltiplas estratégias que devem levar em consideração outros aspectos do mercado competitivo e das preferências do consumidor.

G Estratégias de preços

Uma vez que diferentes segmentos de mercado têm diferentes valores agregados, é necessário preparar um vasto arsenal de estratégias para abordar o mercado. Nesta seção, abordamos várias estratégias que permitem às empresas aumentar as receitas e, simultaneamente, atender aos objetivos de sustentabilidade das empresas.

Discriminamos três estratégias de preços. Primeiro, vamos discutir a utilização de preços por compensação de carbono. Em seguida, delineamos estratégias de preços associadas à posição competitiva e os preços da linha de produtos.[38]

Preço por compensação de carbono

O **preço por compensação de carbono** refere-se a situações nas quais o comerciante de um produto permite que o comprador compense as emissões de gases do efeito estufa associadas ao consumo. Esta estratégia de preços coloca o custo da sustentabilidade diretamente nas mãos do consumidor.[39] Dois parâmetros associados à determinação do preço por compensação são a determinação do custo relacionado ao carbono de um produto e a determinação do custo do investimento de compensação. Por exemplo, a Continental Airlines se juntou à Sustainable Travel International (STI) e oferece aos passageiros a oportunidade de compensar seus custos de dióxido de carbono relacionados ao transporte aéreo. Para determinar o custo de carbono relacionado ao transporte aéreo, a STI estabelece a quantidade média de gases do efeito estufa emitida por passageiro. Ela estima que, em voos domésticos de curta distância, cerca de 0,64 tonelada é descarregada por passageiro, enquanto 2,75 toneladas de dióxido de carbono (CO^2) são emitidas por passageiro em voos de longa distância.[40] A segunda consideração é o custo da compensação. A STI oferece diferentes programas de compensação que variam de acordo com a localização e com a forma de serviço. O Conservation Carbon apoia projetos de reflorestamento na África e na Ásia, e custa menos, enquanto o programa Green Tag para projetos de energia renovável na América do Norte é duas vezes mais caro por unidade de viagem.

Preços competitivos

Em muitos casos, as estratégias específicas que a empresa usa têm base na posição que esta ocupa no mercado. Considere como estas estratégias de preços têm sido utilizadas em conjunto com produtos que oferecem vantagens de sustentabilidade:

Preço de equilíbrio A estratégia de preço de equilíbrio tenta estabelecer um preço que cubra todos os gastos operacionais. Para utilizar esta estratégia de preços, a empresa deve determinar seus custos fixos e variáveis. A organização então faz estimativas de demanda para o produto. O preço é determinado pela soma dos custos fixos e variáveis, dividido pelo número de unidades vendidas. Esta estratégia é essencial para o sucesso de muitas decisões de preços, independentemente de a base de consumidores ser favorável ou não a produtos verdes. A estratégia força a empresa a determinar seus custos, e as tecnologias verdes que reduzem o custo das operações são implementadas. Por exemplo, o propano é um custo variável que os avicultores enfrentam na operação de suas instalações. Estes agricultores estão migrando para biocombustíveis a fim de reduzir seus custos de operação e colher os benefícios ecológicos dos combustíveis renováveis.[41]

Preço com base no custo Um programa de fixação de preços com base nos custos adiciona uma margem ao custo do produto para estabelecer o preço. Esta estratégia é usada por muitas empresas para estabelecer as estruturas de preços. Por exemplo, empresas de serviços usam suas estruturas de custos como base para determinar o custo da água nos municípios que atendem.[42] O comerciante de tecnologia verde pode influenciar a compra, mostrando como o investimento em tecnologia verde pode reduzir o custo global das operações. Pelo preço estar diretamente ligado ao custo, uma redução de custos se traduz em preços mais baixos para os consumidores. Por exemplo, a Staples está empenhada em reduzir seu consumo de energia para 7% abaixo dos níveis de 2001. Está modernizando seus sistemas de iluminação e utilizando biogás, energia eólica, solar e biomassa em mais de 14% de suas necessidades energéticas. A estratégia integrada para a conservação de energia permitiu à empresa reduzir suas emissões líquidas de gases do efeito estufa em quase 5% em comparação a 2001. Estas reduções de custos ajudam a Staples a manter a competitividade em um mercado varejista inconstante.[43]

Preço com base no valor Esta estratégia de precificação utiliza o valor percebido pelo consumidor de determinado produto para estabelecer o preço. Em contraste com as estratégias anteriores, que focam no custo para determinar o preço, esta estratégia aborda o valor relativo do produto para o consumidor. A empresa começa identificando os benefícios desejados e os custos relativos de um produto e, depois, a avaliação do valor pode ser determinada. Assim, as várias facetas de benefícios e de custo são usadas para determinar o preço. Produtos que possuem o selo Energy Star oferecem um exemplo de fixação de preços com base em valor. Refrigeradores com a qualificação Energy Star, por exemplo, são 20% mais eficientes que outros produtos, mas o custo *inicial* do produto Energy Star é tipicamente mais alto que o custo de outros modelos.[44] Os consumidores que avaliam os produtos Energy Star pesam o custo inicial e o valor em uso sobre a vida produtiva do equipamento, comparados aos equipamentos alternativos que não têm o selo.

Preço *status quo* O preço *status quo* refere-se à cobrança de um preço que seja compatível com a concorrência. As empresas podem usar esta estratégia efetivamente para oferecer um produto que é superior em termos de marketing verde, mas com o mesmo preço que a alternativa. Por exemplo, a Starbucks assumiu um compromisso corporativo com a sustentabilidade em toda a sua cadeia de abastecimento. A empresa também empregou a estratégia de preços *status quo* cobrando 1 dólar para um copo de 8 onças de café (cerca de 235 ml).[45] Esta estratégia permite manter o preço competitivo enquanto possibilita a busca pelos objetivos de sustentabilidade da empresa.

Seleção de preços Esta estratégia consiste na fixação de um preço para atingir os consumidores dispostos a pagar mais por um produto antes da comercialização para um mercado mais sensível ao preço.[46] Por exemplo, a Seventh Generation está empenhada em se tornar a marca mais confiável do mundo em produtos autênticos e ecologicamente corretos para casa.[47] Os produtos de limpeza domésticos vendidos pela empresa tendem a ser mais caros que os produtos vendidos pelos concorrentes, como a Procter and Gamble.[48] A estratégia de seleção parece funcionar melhor quando há um grupo considerável de consumidores no segmento de mercado de verdes verdadeiros. Em contraste com a estratégia de seleção, a P&G adotou uma estratégia de preços *status quo* para o Bounty Select. Estas folhas de papel toalha são 45% menores que as toalhas normais e permitem ao consumidor utilizar uma quantidade menor de papel em todas as tarefas de limpeza. As inovações em design e logística de produtos permitem que a P&G comercialize um produto relativamente ecológico a um preço competitivo.

Preço de penetração A política de preços de penetração fixa um preço inicial baixo, em uma tentativa de aumentar a quota de mercado rapidamente.[49] Esta política é válida se a demanda for percebida como sendo razoavelmente elástica. Por exemplo, as três maiores empresas da Califórnia foram instruídas, em 2007, a reduzir a quantidade de energia consumida ou enfrentar fortes sanções financeiras. A Pacific Gas and Electric e outras empresas escolheram desperdiçar milhões de dólares para subsidiar o custo das lâmpadas fluorescentes compactas (LFC). Como resultado, as lâmpadas que eram vendidas por 5 a 10 dólares, em 1999, puderam ser compradas por 25 a 50 centavos.[50] Esta estratégia resultou na venda de mais de 7,6 milhões de lâmpadas LFC em 2007 somente na Califórnia.

Preços da linha de produtos

Em alguns casos, as estratégias específicas que a empresa utilizará não têm base em sua posição no mercado, mas principalmente nas relações entre os produtos de suas linhas. Pense em como estas estratégias de linha de produtos têm sido usadas para comercializar produtos com benefícios ecológicos:

Alinhamento de preço Esta estratégia refere-se à oferta de mercadorias em um número de preços específicos predeterminados. Ao oferecer benefícios ecológicos em vários preços, o comerciante garante ao consumidor a flexibilidade necessária para se engajar em ações de consumo verde que sejam consistentes com seu orçamento. Por exemplo, os programas de compensação de carbono oferecidos pela Sustainable Travel permitem aos consumidores escolher entre vários planos. Estes planos variam de preço com base no nível e localização da atividade de compensação de carbono.

Agregação *Agregação* é a prática de oferecer dois ou mais produtos ou serviços à venda por um único preço. A agregação pode ser usada em vários contextos para baixar os custos gerais ao consumidor e aumentar a sustentabilidade. Por exemplo, os varejistas que vendem equipamentos eletrônicos pessoais, tais como câmeras, podem comercializar pacotes de produtos que incluem baterias recarregáveis. Ao agrupar as baterias com os eletrônicos, a satisfação do consumidor é obtida e o produto gera uma pegada de carbono mais baixa em razão dos dispositivos recarregáveis. Esta estratégia também é usada na indústria da construção para interligar produtos sustentáveis dentro de um novo edifício. Construções certificadas pelo Green Building Council dos EUA recebem a certificação de Leadership in Energy and Environmental Design (Leed).[51] A certificação assegura que todos os produtos (por exemplo, iluminação, janelas, aquecimento/ar-condicionado) sejam sustentáveis.

RESUMO

A Introdução

O objetivo deste capítulo foi delinear a relação entre estratégias de preços e marketing verde. Como a busca pelo marketing verde pode não ser primordial para o consumidor, a estratégia de preços verdes deve estar integrada na estratégia global e no processo de planejamento. Portanto, descrevemos as influências das restrições internas, a demanda de clientes, as restrições legais e a ação competitiva no processo de planejamento de preços. Em seguida, descrevemos a relação entre a estratégia corporativa e os objetivos de preços. As restrições internas, externas e a estratégia corporativa forneceram a base para o desenvolvimento dos objetivos de preços e a estratégia de precificação. Terminamos nosso tratado sobre preços destacando a compensação específica de carbono e as táticas competitivas para precificação de produtos de linha.

B Restrição de preços internos

As restrições dentro da empresa refletem os custos para produzir, vender e entregar produtos. Os *custos fixos* referem-se a fatores de custo que não se alteram em curto prazo, enquanto os *custos variáveis* referem-se a custos que variam com a quantidade de produto vendido. É importante também considerar como os custos são alocados entre os produtos fabricados, em um local específico. As empresas que investem em tecnologia e infraestrutura para aumentar a sustentabilidade devem reconhecer que este peso nos custos é carregado por todos os produtos que saem de uma fábrica.

C Demanda do cliente

A fim de entender o papel dos consumidores, é essencial entender valor como a relação entre os benefícios desejados e o custo relativo. *Benefícios desejados* referem-se a itens pelos quais os consumidores estão dispostos a pagar e que eles realmente querem. Estes benefícios devem ser pesados em relação a aquisição, posse, uso e custo de oportunidade associados a um produto. O valor oferecido por uma oferta de produtos também deve ser superior ao valor dos produtos da concorrência, e o comerciante deve assegurar que a proposição de valor gere lucro.

D Restrições jurídicas

As *restrições jurídicas* referem-se às exigências regulamentares associadas à comercialização de produtos. As indústrias enfrentam regulamentações em matéria de abastecimento de componentes, promoções e descarte de produtos pós-consumo. A necessidade de aderir a estas regras pode resultar em maiores custos de prospecção, produção, distribuição, promoção e descarte. Estas restrições são estabelecidas e regulamentadas em nível internacional, federal, estadual, regional e local.

E Ação da concorrência

O papel da concorrência deve ser considerado em conjunto com a atitude dos consumidores em relação aos produtos verdes. A organização deve examinar a diferenciação com base no teor verde. As empresas têm recursos que possibilitam a competição favorável com base em estratégias de sensibilidade ecológica. A concorrência também tem recursos que poderiam ser (ou já estão) reservados para a busca da sustentabilidade. Ao entender as necessidades da base de consumidores e a influência da concorrência, as empresas podem desenvolver com sucesso as estratégias que levam ao aumento da participação de mercado.

F Missão corporativa e objetivos de preços

A estratégia de preços deve ser consistente com os objetivos globais da empresa. A estratégia específica de preços pode se concentrar em objetivos múltiplos e níveis variados destes objetivos potencialmente inconsistentes. As empresas que têm objetivos que enfatizam a participação de mercado ou um nível de rentabilidade precificarão seus produtos com estes objetivos em mente. Da mesma forma, as empresas que procuram aumentar a percepção de sustentabilidade também ajustarão o preço para atingir esses objetivos.

G Estratégias de preços

Três tipos de estratégia de preço incluem preços de compensação de carbono, preços competitivos e preços da linha de produtos. O preço de compensação de carbono refere-se a situações nas quais o comerciante de um produto permite que o comprador compense as emissões de gases do efeito estufa associadas ao consumo. Preço competitivo é uma estratégia de preços com base na posição das empresas no mercado. Estas estratégias incluem preços de equilíbrio, preços com base nos custos, preços com base em valor, preços *status quo*, seleção de preços e preços de penetração. O preço da linha de produtos inclui o alinhamento de preços e técnicas de agregação que usam as relações entre os produtos da linha para estabelecer preços.

PERGUNTAS

1. Como a Sustainable Travel International permite que os consumidores reduzam o custo ambiental das viagens aéreas? O que esta ação faz com o custo global para o consumidor?
2. Por que é necessário que as empresas incorporem considerações sobre o produto, promoção e distribuição em decisões de preços?
3. Como uma empresa pode determinar os benefícios desejados e os custos inerentes a uma decisão de preço?
4. Faça a distinção entre os quatro custos que são considerados nas decisões de valor.
5. Nomeie e descreva um regulamento de sustentabilidade internacional, um nacional e um local que influenciam uma estratégia de preços.
6. Como o nível e a forma da concorrência influenciam as decisões de preços?
7. Como os objetivos e a missão da empresa influenciam a estratégia de preços?
8. Descreva os dois parâmetros associados à determinação dos preços de compensação e explique por que diferentes empresas têm diferentes estimativas para estes parâmetros.
9. Descreva uma estratégia de seleção e uma estratégia de penetração utilizadas por uma empresa para aumentar as vendas de produtos sustentáveis.
10. Como as empresas usam o alinhamento de preços e a agregação para aumentar a participação de mercado de produtos sustentáveis?

NOTAS FINAIS

[1] Murray, Joy; Dey, Christopher. The carbon neutral free for all. *International Journal of Greenhouse Gas Control* 3, n. 2, 2009, p. 237-48.

[2] Knight, Rebecca. Green entrepreneurs with the drive to transform travel. *Financial Times,* 26 set. 2008, p. 16.

[3] Sustainable Travel International. Our programs: carbon offsets. Disponível em: <https://sustainabletravelinternational.org/documents/op_carboncalcs.html>. Acesso em: 10 maio 2010.

[4] Morris, Michael H.; Siragusa, George A. Strategic pricing. In: Levy, Sidney J.; Frerichs, George R.; Gordon, Howard L. (Eds.). *The Dartnell's marketing manager's handbook.* Chicago: The Dartnell Corporation, 1994. p. 835-54.

[5] McDonough, William; Braungart, Michael. Design for the triple top line: new tools for sustainable commerce. *Corporate Environmental Strategy* 9, n. 3, 2002, p. 251-8.

[6] Joint Investment in Diesel. *Automotive Engineer* 30, n. 10, 2005, p. 45.

[7] Hoch, Stephen J.; Banerji, Shumeet. When do private labels succeed? *Sloan Management Review* 34, n. 4, 1993, p. 57-67.

[8] Esty, Daniel C.; Winston, Andrew S. *Green to gold*. New Haven, CT: Yale University Press, 2006, p. 366.

[9] DeBonis, J. Nicholas; Balinski, Eric; Allen, Phil. *Value-based marketing for bottom-line success*. Nova York: McGraw-Hill, 2002. p. 266.

[10] Veja nota 5.

[11] Veja nota 9.

[12] Keller, Kevin Lane. *Strategic brand management*. Englewood Cliffs, NJ: Prentice Hall, 2008. p. 635.

[13] Stephenson, John B. Electronic waste: EPA needs to better Control harmful U.S. exports through stronger enforcement and more comprehensive regulation. *GAO Reports GAO-01-1044*, 2008, p. 162.

[14] Linton, Jonathan. Electronic products at their end-of-life: options and obstacles. *Journal of Electronics Manufacturing 9*, n. 1, 1999, p. 29-40.

[15] Product Stewardship Institute. PSI Homepage. Disponível em: <http://www.productstewardship.us/>. Acesso em: 10 maio 2010.

[16] Truini, Joe. Recycling burden shifting toward manufacturers. *Waste & Recycling News* 14, n. 18, 2009, p. 13.

[17] Veja nota 9.

[18] Ottman, Jacqueline A. Know thy target. In: *Business*, set./out. 2003, p. 30-1; Ginsberg, Jill M.; Bloom, Paul N. Choosing the right green marketing strategy. *MIT Sloan Management Review*, outono, 2004, p. 79-84.

[19] United Nations Framework Convention on Climate Change. *Kyoto Protocol to the United Nations framework convention on climate change*. Kyoto: United Nations, 1998. p. 21. Disponível em: <http://unfccc.int/resource/docs/convkp/kpeng.pdf>. Acesso em: 10 maio 2010.

[20] Winters, Nicholle. Carbon dioxide: a pollutant in the air, but is the EPA correct that it is not an air pollutant? *Columbia Law Review* 104, n. 7, 2004, p. 1996-2031.

[21] Hecht, Alan D. Exploring how today's development affects future generations around the globe. *Sustainable Development Law & Policy* 8, outono, 2007, p. 19-26.

[22] U.S. Environmental Protection Agency. Clean Water Act Enforcement. Disponível em: <http://www.epa.gov/compliance/civil/cwa/index. html>. Acesso em: 10 maio 2010.

[23] 2006 California.gov, Assembly Bill No. 32. Disponível em: <http://www. climatechange.ca.gov/publications/legislation/ab_32_bill_20060927_chaptered.pdf>. Acesso em: 10 maio 2010.

[24] The California Energy Commission. Welcome to the Website of the California Energy Commission! Disponível em: <http://www.energy.ca.gov/commission/index.html>. Acesso em: 10 maio 2010.

[25] Cardno, Catherine A. California Energy Commission approves San Francisco green ordinance. *Civil Engineering* 79, n. 2, 2009, p. 19-22.

[26] Ginsberg, Jill M.; Bloom, Paul N. Choosing the right green marketing strategy. *MIT Sloan Management Review,* outono, 2004, p. 79-84.

[27] Makower, Joel. *Strategies for the green economy*. Nova York: McGraw-Hill, 2009. p. 290.

[28] Jana, Reena. Nike goes green, very quietly. *BusinessWeek 56*, 22 jun. 2009, p. 41-36.

[29] Phillips, David. Yogurt still the bright spot. *Dairy Foods* 109, n. 11, 2008, p. 66-73.

[30] Porter, Michael E. *Competitive advantage*. Nova York: Free Press, 1985. p. 592.

[31] How green is your wardrobe? *Economist* 381, n. 8506, 2006, p. 67-68.

[32] Casadesus-Masanell, Ramon et al. Households willingness to pay for green goods: evidence from Patagonias introduction of organic cotton sportswear. *Journal of Economics & Management Strategy* 18, n. 1, 2009, p. 203-33.

[33] Patagonia, Environmentalism: What We Do. Disponível em: <http://www. patagonia.com/web/us/patagonia.go?slc=en_US&sct=US& assetid=2329>. Acesso em: 10 maio 2010.

[34] P&G. 2009 annual report designed to lead. Disponível em: <http://www.annualreport.pg.com/>. Acesso em: 10 maio 2010.

[35] Lanzillotti, Robert F. Pricing objectives in large companies. *American Economic Review* 48, n. 5, 1958, p. 921-940.

[36] Wilson, Dominic. Pricing objectives. *Blackwell Encyclopedic Dictionary of Marketing*, 2005, p. 163.

[37] Timberland. Focus on energy: become carbon neutral by 2010 and beyond. Disponível em: <http://www.timberlandonline.co.uk/csr-strategy-energy/csr_strategy_energy,default,pg.html>. Acesso em: 10 maio 2010.

[38] Tellis, Gerard J. Beyond the many faces of price: an integration of pricing strategies. *Journal of Marketing* 50, n. 4, 1986, p. 146-60.

[39] Gogoi, Pallavi. Carbon offsets take flight. *BusinessWeek*, 24 mar. 2008, p. 26.

[40] Sustainable Travel. Carbon offset pricing. Disponível em: <http://www. sustainabletravelinternational.org/documents/op_carbonoffsets_ price.html>. Acesso em: 11 mar. 2009.

[41] Uptagraff, Donna. Co-op development action: poultry industry explores ecological options to save energy. *Rural Cooperatives* 75, n. 6, 2008, p. 14-5.

[42] Moorhouse, John C. Competitive markets for electricity generation. *CATO Journal* 14, n. 3, 1995, p. 412-23.

[43] Wilson, Marianne. Staples aims for a greener planet. *Chain Store Age* 82, 13, 2006, p. 60-6.

[44] U.S. Department of Energy. Energy Department announces more stringent criteria for Energy Star refrigerators. Disponível em: <http://www.energy.gov/news/archives/5290.htm>. Acesso em: 10 maio 2010.

[45] Adamy, Janet. Starbucks tests $1 cup, free refills in Seattle. *Wall Street Journal*, 23 jan. 2008, p. B4.

[46] American Marketing Association. Dictionary. Disponível em: <http://www.marketingpower.com/_layouts/Dictionary.aspx>. Acesso em: 10 maio 2010.

[47] Seventh Generation. Seventh Generation mission. Disponível em: <http://www.seventhgeneration.com>. Acesso em: 10 maio 2010.

[48] Wasserman, Todd. Will green product sales wither? *Adweek* 49, n. 36, 2008, p. 5.

[49] Veja nota 46.

[50] Smith, Rebecca. Utilities amp up push to slash energy use. *Wall Street Journal* 251, n. 7, 2008, p. A1-A12.

[51] U.S. Green Building Council. Welcome to USGBC. Disponível em: <http://www.usgbc.org/Default.aspx >. Acesso em: 10 maio 2010.

PARTE 4

Consumo Macroeconômico de Energia

capítulo 11

O Papel do Consumo Doméstico

OBJETIVOS DO CAPÍTULO

- **A** Identificar as influências dos domicílios sobre o consumo de energia
- **B** Entender o processo de tomada de decisão do consumidor
- **C** Identificar a ação de marketing sustentável concebida para influenciar decisões de pré-compra
- **D** Identificar a ação de marketing sustentável concebida para influenciar as compras
- **E** Identificar a ação de marketing sustentável concebida para influenciar o consumo
- **F** Identificar a ação de marketing sustentável concebida para influenciar decisões pós-compra

PALAVRAS-CHAVE

alienação, 253
avaliação pós-consumo, 252
avaliação pré-compra, 252
busca, 251
conceito de construção total, 245
consumo, 252
estágio de compra, 252

A Identificar as influências dos domicílios sobre o consumo de energia

Um desfile de moda em janeiro de 2008, em Nova York, exibiu estilos de vários designers conhecidos, incluindo Calvin Klein, Narciso Rodriguez e Versace. Quando as luzes se apagaram, modelos desfilaram pela passarela usando tecidos bem diferentes dos que normalmente são utilizados pelos designers. Tecidos tradicionais, tais como a seda e a caxemira, foram substituídos por materiais sustentáveis, incluindo o cânhamo, a seda da paz (fabricada por meio de um processo que permite que os bichos da seda vivam todo seu ciclo de vida), e o *sasawashi* (um tecido japonês feito de ervas e de papel).[1]

Este desfile FutureFashion e outros eventos similares, em Kuala Lumpur, na Malásia, e em Seattle, Washington, foram patrocinados pela Earth Pledge, uma organização não governamental (ONG) criada em 1991 para promover o desenvolvimento que satisfaça as necessidades do presente sem comprometer a capacidade das gerações futuras de atender às suas próprias necessidades.[2] O programa FutureFashion é uma das seis iniciativas de sustentabilidade da ONG. A indústria da moda foi escolhida porque usa mais água que qualquer outra indústria, com exceção da agricultura. Além disso, mais de 8 mil produtos químicos são usados para transformar matérias-primas em produtos têxteis, e 25% dos pesticidas mundiais são utilizados para o cultivo de algodão não orgânico. O uso de agroquímicos traz danos irreversíveis às pessoas e ao meio ambiente, mas dois terços da pegada de carbono do vestuário ocorre depois que ele é comprado.[3]

Desde 2005, a Earth Pledge já trabalhou com fábricas e fabricantes de têxteis ambientalmente conscientes para identificar, promover e coletar materiais renováveis, reutilizáveis, não poluentes em seus métodos de produção. Os desfiles mostram as possibilidades de tecidos sustentáveis na indústria e conecta o mundo dos designers de moda com o dos líderes na produção de materiais.[4] A Barneys, um varejista de especialidade em Nova York, participou em 2008 ao encomendar linhas ecologicamente corretas da Theory, 3.1 Phillip Lim e Stella McCartney. Também dedicou suas vitrines de Natal e seu catálogo para a moda verde. Não surpreendentemente, as marcas mais conhecidas, tais como Banana Republic, Guess e Target, seguiram essa tendência e lançaram linhas verdes destinadas a promover a sustentabilidade para públicos maiores.[5]

FIGURA 11.1

Desfile de moda ecoStyle em Kuala Lumpur, Malásia, 2007.

Fonte: © Rob Loud/Getty Images.

A indústria da moda ilustra como as compras do consumidor influenciam as alterações climáticas e a sustentabilidade. Neste capítulo, olharemos de perto a relação entre o consumo doméstico e a sustentabilidade. Começamos descrevendo os padrões de consumo das famílias e suas influências sobre o consumo de energia. Em seguida, apresentamos uma estrutura para a tomada de decisão do consumidor e descrevemos os processos concebidos para influenciar as decisões de pré-compra e de compra. Terminamos o capítulo analisando as decisões de consumo e pós-consumo.

Se vamos influenciar o consumo de energia doméstico, então é necessário analisar o valor e a forma deste consumo. O consumo de energia doméstico representa 29% do consumo total de energia. A Figura 11.2 fornece uma visão geral de como as famílias consomem esta energia e de como este consumo tem mudado ao longo do tempo. Domicílios consomem energia pelo aquecimento de ambientes, eletrodomésticos, aquecimento de água, iluminação e cozinha. Além disso, os lares também estão envolvidos na utilização indireta de energia, associada à compra de alimentos.

A Figura 11.3 contrasta o consumo de energia *per capita* em todo o globo. O consumo *per capita* dos EUA e do Canadá é o dobro de todos os outros países da OCDE (Organização para a Cooperação Econômica e Desenvolvimento). Além disso, a taxa de consumo nestes dois países é igual a mais de sete vezes a taxa de consumo na maioria dos outros mercados. Os indivíduos nestes dois mercados e em outras partes do mundo estão se esforçando para aumentar a eficiência de combustível, e os consumidores na América do Norte têm a grande oportunidade de influenciar a conservação de energia em suas casas. Em princípio, consideremos o consumo de energia associado ao aquecimento de ambientes.

Aquecimento de ambientes

Com 53%, o aquecimento de ambiente representa a maior parcela do consumo de energia em uma residência. Desde a crise do petróleo dos anos 1970, muitos países da OCDE estabeleceram códigos de eficiência energética obrigatórios que focam na melhoria do consumo de energia relacionada com o equipamento de aquecimento, o projeto de construção e o isolamento térmico.[6] É importante notar que a análise do aquecimento deve examinar a produtividade de todo o sistema, em vez de uma única faceta do aquecimento. O **conceito de construção total** engloba considerações sobre a localização, infraestrutura, serviços e dispositivos auxiliares dentro da casa.[7] Dispositivos auxiliares incluem eletrodomésticos e iluminação, que serão tratados em uma seção subsequente.

Os consumidores que buscam reduzir os custos de aquecimento de ambientes devem considerar todas as facetas do conceito de construção total. A primeira consideração é a localização. Considerações sobre a localização incluem o clima e a localização específica da habitação. O Departamento de Energia dos Estados Unidos, por exemplo, classifica os climas nos 48 estados contíguos em cinco regiões climáticas, conforme descritos na Figura 11.4. O clima dita a necessidade de aquecimento e resfriamento, bem como a eficiência de formas alternativas destas utilidades domésticas e componentes da infraestrutura da casa. Por exemplo, janelas que oferecem ótimo isolamento em climas frios são menos eficazes nas regiões ao sul, porque lá predomina o superaquecimento e o brilho do sol.

Outra consideração importante sobre a localização é o local real da casa. A gestão da energia e da luz solar deve ser considerada nas decisões de localização. A orientação correta de uma casa pode resultar em economias substanciais nos custos de aquecimento e arrefecimento, e a orientação depende das condições específicas do local e do projeto da casa. Para a maioria dos projetos, as casas que favorecem a exposição a norte ou a sul geralmente encontram menos luz solar e, portanto, há a preferência para casas com exposição para o leste e oeste.[8] O plantio de árvores de sombra reduz a exposição das casas ao sol, enquanto a classificação local e auxiliar do paisagismo auxilia na manutenção da integridade do imóvel.[9]

O segundo aspecto do custo do aquecimento doméstico está relacionado à infraestrutura. A infraestrutura inclui paredes, telhado, fundação, portas e janelas, iluminação natural e sistema de dutos na casa. A eficiência energética da maioria dos componentes

FIGURA 11.2

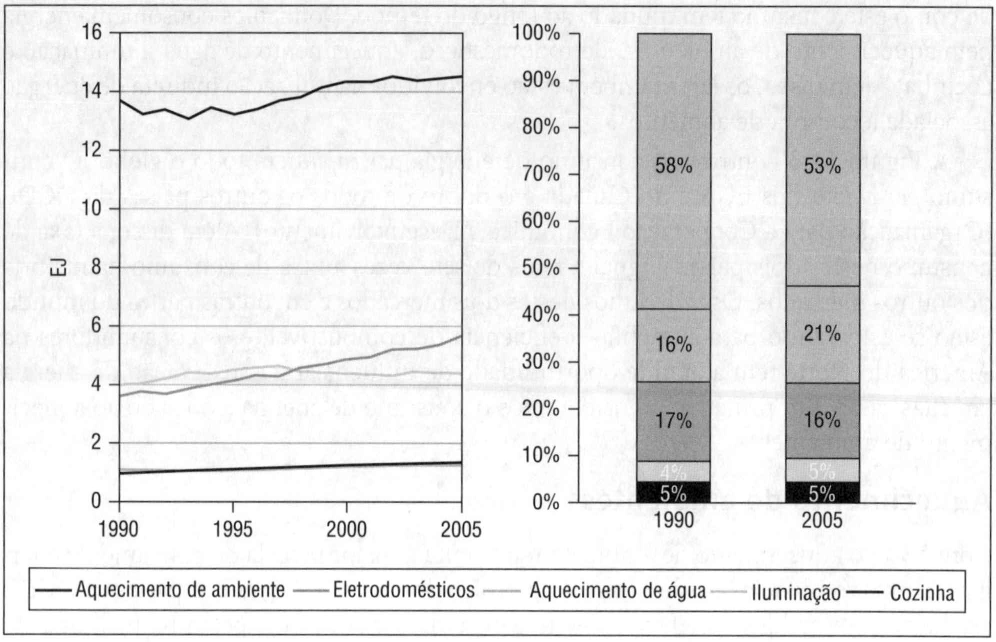

Uso da energia doméstica.

Fonte: International Energy Agency. Worldwide trends in energy use and efficiency: key insights from the IEA indicator analysis. Paris: © OECD/IEA, 2008, Figura 4.3, p. 46.

FIGURA 11.3

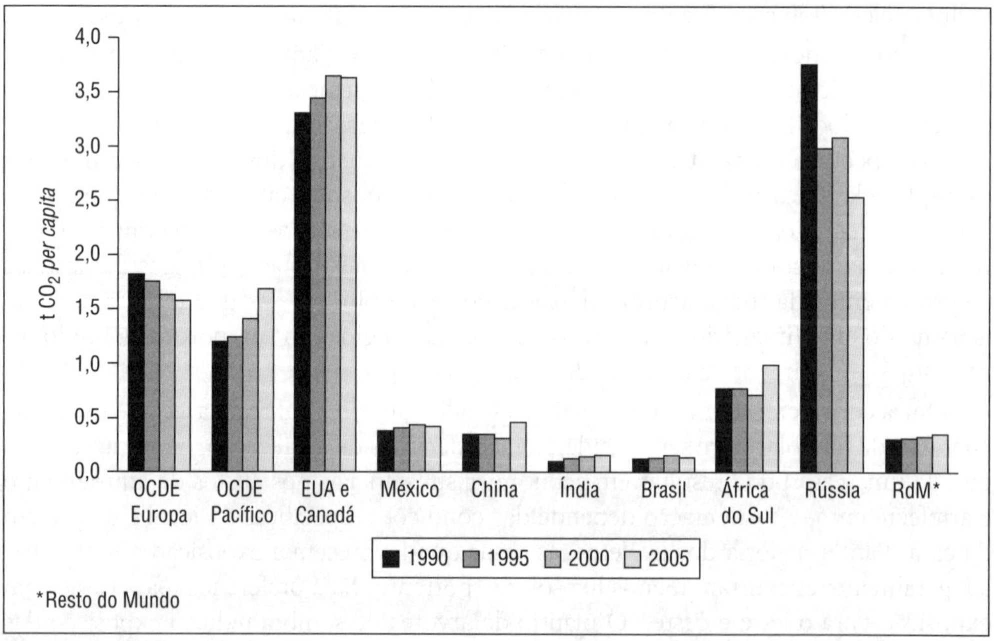

Emissões domésticas de CO_2 *per capita*.

Fonte: International Energy Agency. Worldwide trends in energy use and efficiency: key insights from the IEA indicator analysis. Paris: © OECD/IEA, 2008, Figura 4.3, p. 46.

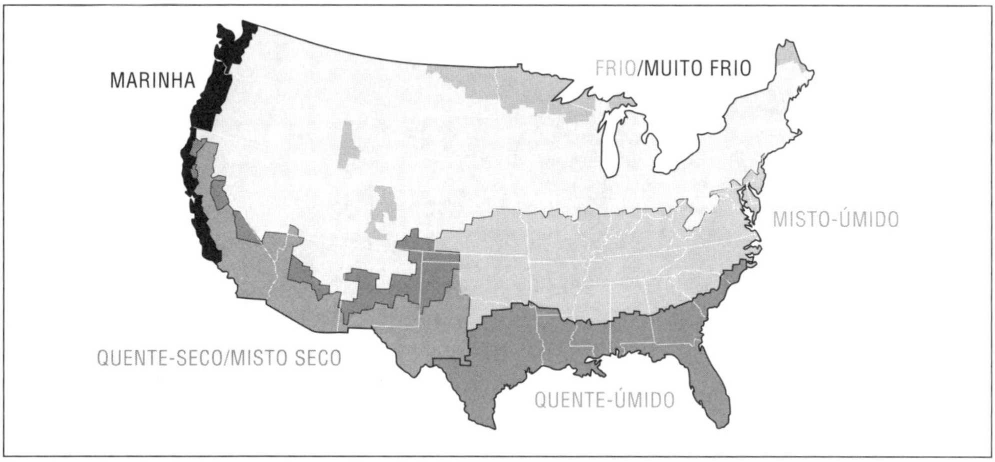

FIGURA 11.4

Cinco regiões climáticas dos Estados Unidos.
Fonte: Departamento de Energia dos EUA.

de infraestrutura varia de acordo com fatores ambientais, necessidades, desenho e zonas climáticas. Janelas e portas que usam vários painéis de vidro e incorporam os gases argônio ou criptônio oferecem uma economia de energia razoável que resulta em menor necessidade de sistemas de aquecimento e ventilação.[10] No entanto, o valor dessas portas e janelas para o consumidor varia de acordo com as zonas climáticas. O *fator U* é a medida que indica quão bem um produto impede que o calor escape de uma casa ou edifício, e o coeficiente de ganho de calor solar (Solar Heat Gain Coefficient – SHGC) mede o quão bem um produto bloqueia o calor do sol. Embora os climas do norte necessitem de produtos que previnam a perda de calor, climas do sul preferem produtos que ofereçam sombra.[11]

A análise da infraestrutura deve considerar também as áreas onde o ar é transferido entre o interior e o exterior da casa. A Figura 11.5 ilustra as potenciais fontes de calor e de transferência de energia em uma residência unifamiliar. A Agência de Proteção Ambiental Americana (EPA) estima que um proprietário pode economizar 10% do custo total de energia de uma casa (equivalente a 20% dos custos de aquecimento e arrefecimento) selando a casa e fornecendo materiais de bom isolamento no sótão, sobre o forro e no porão.[12]

Os utilitários no lar são os sistemas de aquecimento e de ar-condicionado. Desde a crise do petróleo em meados dos anos 1970, os governos têm estabelecido normas para estes eletrodomésticos. Conforme a tecnologia avança, a produtividade desses sistemas tem aumentado juntamente com o aumento dos padrões de eficiência. Por exemplo, as caldeiras de vapor a gás vendidas nos EUA, que eram obrigadas a ter um mínimo de eficiência de 75% em 1987, agora devem ter pelo menos 84% de eficiência.[13]

Embora as capacidades de aquecimento e isolamento térmico tenham melhorado, esses ganhos foram compensados por um maior número de domicílios ocupados por menos pessoas. Embora menos pessoas possam viver em uma casa, os custos de aquecimento não podem ser reduzidos.[14] Em alguns mercados, as necessidades de aquecimento são ainda agravadas pelo aumento no tamanho de casa. Por exemplo, nos EUA, as casas construídas na década de 1990 aquecem 33% mais área do que as construídas antes de 1950.[15]

FIGURA 11.5

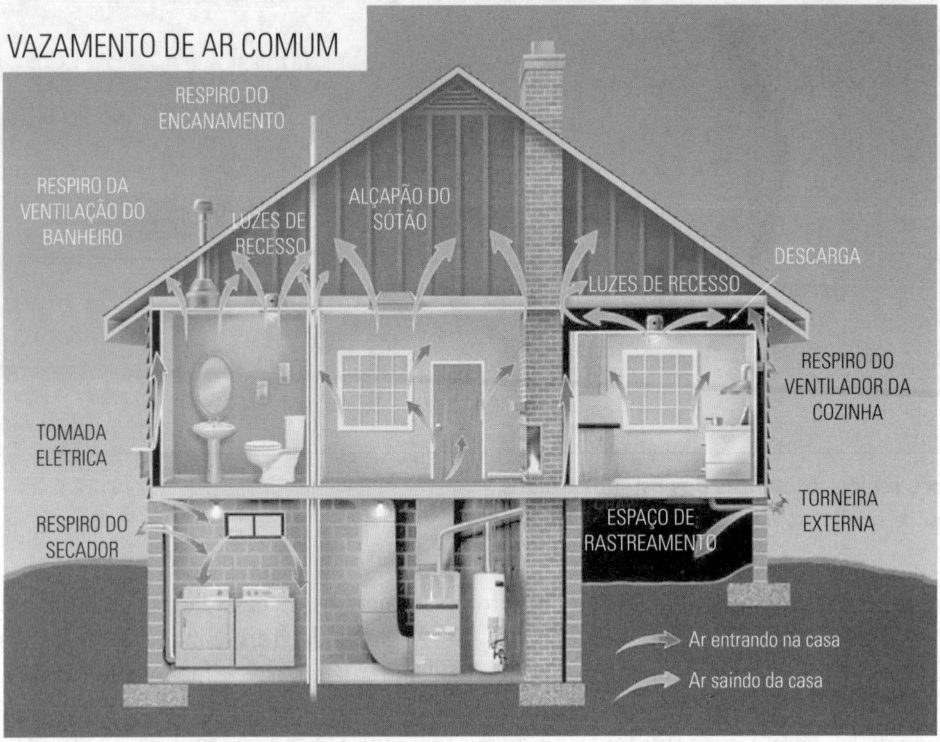

Fontes potenciais de transferência de ar.
Fonte: AP Images/PRNewsFoto/US GreenFiber LLC

O selo Energy Star, discutido no Capítulo 4, também foi expandido para incluir o setor de habitação. Pelo site da EPA,[16] os consumidores podem ter acesso aos fabricantes de casas modulares e locais que oferecem moradias com o padrão Energy Star. Além disso, os consumidores podem também acessar credores que oferecem tarifas especiais para habitações energeticamente eficientes.

Eletrodomésticos

A análise do consumo de energia para eletrodomésticos faz a distinção entre aparelhos grandes e outros. Aparelhos grandes incluem geladeiras, freezers, máquinas de lavar roupa e de lavar louça e televisões. A Figura 11.7 ilustra como o uso de energia entre esses produtos foi alterado com o tempo. Embora os aparelhos de grandes dimensões já tenham representado mais de 60% do consumo de combustível (Figura 11.6a), todos os aparelhos de grandes dimensões, exceto os televisores, têm reduzido o seu consumo médio de energia com o tempo (Figura 11.6b). A tecnologia da televisão é mais eficiente no consumo de energia do que era há 20 anos, mas a tela média é substancialmente maior do que era anteriormente.

A proliferação de pequenos aparelhos representa uma parte cada vez mais importante no consumo doméstico de energia. Estes aparelhos incluem telefones celulares, computadores pessoais, equipamento de áudio pessoal e outros aparelhos eletrônicos domésticos. Muitos desses produtos continuam a utilizar energia, embora suas baterias sejam recarregáveis e mesmo quando os produtos não estão sendo utilizados. Consequentemente, os designers têm se esforçado para que os produtos alcancem níveis míni-

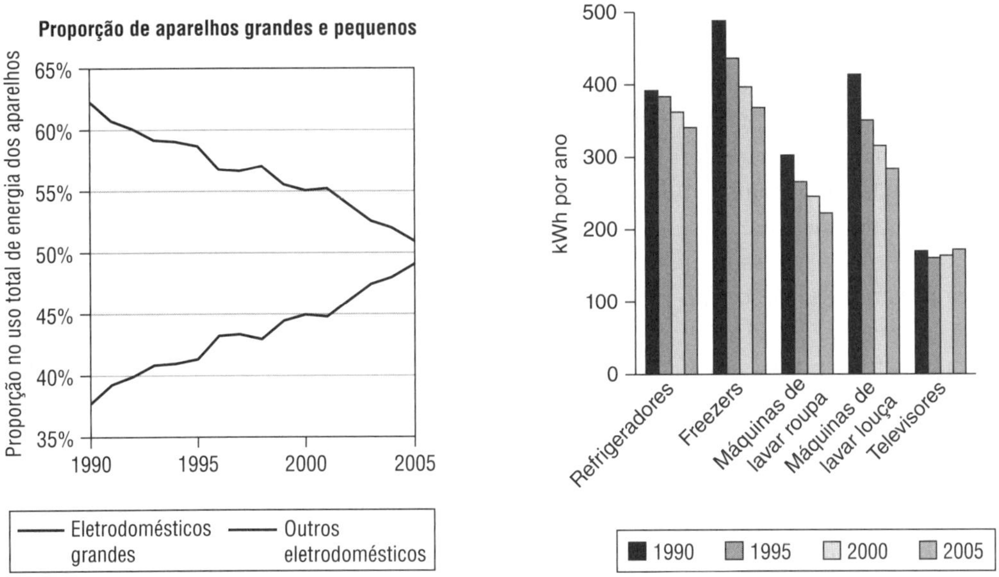

FIGURA 11.6

a) Proporção do uso de energia entre eletrodomésticos grandes e pequenos.

b) Consumo médio de energia por unidade.

Fonte: International Energy Agency. Worldwide trends in energy use and efficiency: key insights from the IEA indicator analysis. Paris: © OECD/IEA, 2008.

mos de absorção de energia durante os modos inativos. Outro aspecto da produtividade para estes aparelhos é o nível de eficiência durante o modo de funcionamento. Existem cerca de 2,5 bilhões de aparelhos em uso que dependem de fornecimento de energia nos EUA.[17] Estas fontes podem estar localizadas dentro ou fora de aparelhos tais como telefones sem fio, secretárias eletrônicas, *videogames*, alto-falantes de computador e ferramentas sem fio. A pesquisa indica que uma maior eficiência das fontes de alimentação pode resultar em uma economia equivalente a 1% do total do consumo de eletricidade dos EUA. Esta economia de energia de 32 bilhões de quilowatts por ano é equivalente à potência de sete grandes usinas nucleares ou a carvão.[18]

Aquecimento de água

O terceiro maior porcentual de consumo de energia doméstica está no aquecimento de água. Vários meios para aquecimento de água são utilizados em vários países, mas em muitos casos os dados que demonstram a medida em que fontes de energia sustentáveis são utilizadas não estão disponíveis.[19] Nos EUA, as unidades de aquecimento mais tradicionais são a gás ou elétrica. Dos 9,8 milhões de estoques de aquecedores de água em 2006, um total de 4,8 milhões eram de resistência elétrica convencional e 4,7 milhões eram de armazenagem de gás convencional.[20] Tecnologias avançadas de aquecimento de água constituem uma pequena parcela do mercado. Entre as tecnologias avançadas, os aquecedores de água a gás sem tanque representam 2,6% do mercado (254,6 mil unidades em 2006). Aquecedores de água sem tanque não contêm um tanque de armazenamento e funcionam quando há demanda por água quente. A eliminação de perdas por espera do reservatório reduz o consumo de energia em 10%-15%. As encomendas de aquecedores solares de água foram estimadas em 2.430 unidades no mesmo ano.

A utilização da energia solar para aquecimento de água varia consideravelmente de país para país. O volume atual de uso de energia solar para aquecimento de água equivale a uma evasão anual de 34,1 milhões de toneladas de dióxido de carbono e o equivalente a 12,1 bilhões de litros de óleo.[21] No final de 2005, a operação mundial de energia solar térmica foi de 111,0 gigawatts (GW). Desses, 86,3 GW foram associados a coletores de chapa plana e tubos evacuados usados, principalmente, para o aquecimento de água doméstico. Os 23,9 GW restantes foram associados a coletores de plástico não vitrificados utilizados para o aquecimento de piscinas. A China, o maior mercado para a tecnologia de chapa plana, representa 48% do mercado mundial. Turquia, Japão, Alemanha, Israel e Grécia também estão entre os principais países em termos de demanda total por tecnologia de chapa plana e tubo evacuado. Os EUA são o principal mercado para a tecnologia de coletores de plástico não vitrificado.

Iluminação e cozinha

Iluminação e cozinha juntos representam cerca de 10% do consumo de energia em uma casa. Em muitas regiões do mundo, os comerciantes de equipamentos de iluminação e cozinha têm desenvolvido padrões de eficiência obrigatórios. Normas como a Energy Star têm sido eficazes na eliminação dos modelos mais ineficientes do mercado. Além disso, os países têm implementado rótulos que identificam o consumo de energia dos produtos e rótulos de certificação (por exemplo, Energy Star) que promovem produtos com maior eficiência de energia.[22] A Efficient Lighting Initiative (ELI) é um sistema internacional de marcas para produtos de iluminação energeticamente eficientes e de alta qualidade. Em 2005, a China Standard Certification Center (CSC) foi contratada para desenvolver a certificação ELI e o sistema de marcas globalmente. O programa ELI expandido é operado pelo Instituto de Certificação de Qualidade-ELI. Este instituto é liderado pela CSC, com a ajuda de uma equipe de peritos internacionais da Ásia, América do Norte e América Latina. O Instituto de Certificação de Qualidade ELI está promovendo especificações técnicas voluntárias para iluminação fluorescente com eficiência energética. O ELI está se concentrando em países em desenvolvimento da Ásia, Ásia/Pacífico, América Latina, África e procura harmonizar seus métodos de teste e especificações de desempenho com outros programas de rotulagem voluntária internacionais.[23]

Alimentos

O uso de energia associado ao consumo de alimentos inclui o consumo direto de energia associado às viagens para compras, além do armazenamento e cozimento dos alimentos. Os custos indiretos são aqueles associados à produção agrícola, processamento de alimentos e distribuição. Os custos indiretos são substancialmente maiores que os custos diretos.[24] Além do uso de combustíveis fósseis, a produção de alimentos é também uma fonte de metano e óxido nitroso. O metano está associado com a produção animal, e o óxido nitroso é proveniente do fertilizante. Embora estes sejam poderosos gases do efeito estufa, eles não representam as principais fontes de uso de energia no consumo de alimentos.

O consumo de energia primário na indústria de alimentos ocorre durante seu processamento e distribuição. Nos EUA, aproximadamente 10% da oferta total de energia primária está associada à produção de alimentos. Apenas 20% desta energia é atribuída à produção agrícola. Trinta e quatro por cento do uso de energia na produção agrícola é utilizada em veículos, 28% em fertilizantes e o restante é utilizado para irrigação, colheita, pesticidas e outras operações agrícolas. Em contrapartida, os 80% restantes da energia são usados para o processamento de alimentos, armazenagem, embalagem e distribuição no varejo. Alimentos processados compõem três quartos das vendas totais de alimentos do mundo, e os custos para processá-los são enormes. Por exemplo, o processamento de cereais matinais requer cinco vezes mais energia que a energia contida no próprio cereal. Esses alimentos processados são geralmente embalados individualmente em sacos e caixas. Essa embalagem requer grandes quantidades de energia e matérias-primas para ser produzida, e a maioria acaba indo para os aterros sanitários.[25]

O reconhecimento de que o processamento de alimentos é uma questão central nos custos de energia levou à especulação sobre medidas de redução. O uso de alimentos orgânicos tem sido apontado como uma maneira de eliminar os custos de fertilizantes e pesticidas, reforçando simultaneamente a qualidade dos alimentos. Como as fazendas orgânicas têm rendimentos mais baixos por hectare, mais combustível é necessário para o desmatamento, cultivo e colheita.[26] Uma segunda consideração é o grau em que a dieta do consumidor depende do consumo de carne se comparado a grãos, legumes e frutas. A carne tende a exigir mais energia para a produção do que os legumes, e reduções nesta área devem influenciar as emissões de carbono. No entanto, um recente estudo sueco sugere que a transição para uma dieta nutritiva e ambientalmente correta resultaria em uma alteração insignificante na utilização da energia e emissões de gases do efeito estufa.[27] Estes achados sugerem que existe a necessidade de desenvolver uma compreensão mais precisa do consumo e suas ramificações para o uso de energia e outras áreas essenciais, incluindo a nutrição.

B Entender o processo de tomada de decisão do consumidor

O **processo de tomada de decisão do consumidor** consiste em uma série de passos que os compradores tomam antes, durante e após o consumo. Os comerciantes têm a oportunidade de influenciar o consumo em cada fase do processo de compra. A Figura 11.7 fornece uma visão geral das diversas fases do processo, desde a avaliação pré-compra até o descarte pós-compra do produto. O processo pelo qual o consumidor passa quando decide negociar um carro que, atualmente, está em sua propriedade por um automóvel novo proporciona a oportunidade de examinar todas as fases deste processo de tomada de decisão.

A primeira etapa do processo de tomada de decisão é o **etapa pré-compra**. A fase inicial desta etapa é o **reconhecimento de necessidade**, ou o ponto em que um consumidor sente uma diferença entre uma situação ideal e o estado atual.[28] Por exemplo, o motorista de um Camry 1996 pode perceber que o custo dos reparos periódicos para este carro o coloca em uma situação não desejável.

Uma vez que os consumidores percebem a diferença entre as condições atuais e as ideais, eles começam a **busca** por alternativas. Assim, a *pesquisa* refere-se aos esforços para adquirir informações e soluções que satisfaçam as necessidades ainda não satisfeitas. Consumidores entram em um comportamento de busca para preencher a falha entre as condições atuais e uma situação ideal. Por exemplo, o proprietário do Camry pode procurar por novos carros com garantias que sugerem que o consumidor não terá de investir tempo e dinheiro em reparos.

FIGURA 11.7

Etapa do processo	Fase do processo de tomada de decisão	Exemplo
Pré-compra	***Reconhecimento da necessidade***: Ponto no qual um consumidor sente a diferença entre um estado ideal e o estado atual. ***Pesquisa***: Esforços para adquirir informações e soluções que satisfaçam as necessidades ainda não satisfeitas. Consumidores entram em um comportamento de busca para preencher a falha entre as condições atuais e uma situação ideal. ***Avaliação pré-compra***: Os consumidores avaliam as opções identificadas durante o processo de pesquisa.	O motorista de um Camry 1996 percebe que o custo dos reparos frequentes do carro o coloca em uma situação não desejável. O proprietário do Camry procura por novos carros com garantias que sugerem que o consumidor não terá que investir tempo e dinheiro em reparos. O proprietário do Camry avalia carros atuais da Toyota e General Motors, com base no preço, eficiência de combustível e outros atributos.
Estágio de compra	***Decisão de compra***: O consumidor decide se comprará e também as condições sob as quais comprará o produto.	O proprietário do Camry compra um Prius novo na concessionária Toyota local.
Consumo	***Utilização do produto***: A maneira como o consumidor utiliza o produto.	O proprietário de um novo Prius pode decidir usar o automóvel de várias maneiras que podem ter repercussões para o meio ambiente, como, por exemplo, se os pneus do carro não estiverem calibrados corretamente.
Pós-consumo	***Avaliação pós-consumo***: Avaliação de um produto após o consumo ter acontecido. ***Alienação***: Descarte de produtos quando deixam de oferecer utilidade ao cliente.	O ex-proprietário do Camry não está mais satisfeito com o carro. O valor do Camry é ultrapassado pelo Prius. O Camry é negociado com o revendedor na compra do Prius.

Processo de tomada de decisão do consumidor.

A terceira fase na etapa de pré-compra é a **avaliação pré-compra**. Nesta fase, os consumidores avaliam as opções identificadas durante o processo de pesquisa. Assim, o proprietário do Camry pode avaliar carros atuais da Toyota e da General Motors com base no preço, na eficiência de combustível e em outros atributos.

Uma vez que os consumidores já passaram da fase de avaliações pré-compra, eles entram na segunda fase. O **estágio de compra** refere-se ao ponto em que o consumidor decide se comprará e as condições sob as quais adquirirá o produto. O proprietário do Camry pode optar por ir à concessionária local da Toyota para comprar um Prius novo.

A terceira etapa do processo de tomada de decisão dos consumidores refere-se ao **consumo** de uma oferta de produto. Esta fase refere-se à maneira pela qual o produto é utilizado pelo consumidor. O proprietário de um novo Prius, por exemplo, pode decidir usar o automóvel de várias maneiras, com repercussões para o meio ambiente. Por exemplo, se os pneus do carro não estiverem calibrados corretamente, a eficiência de combustível do carro sofrerá muito.

A quarta e última etapa do processo de tomada de decisão do consumidor é a **fase pós-consumo**. Após o consumo começar, o consumidor faz avaliações periódicas do desempenho do produto em função das expectativas de antes da compra. A **avaliação pós-consumo** refere-se à avaliação de um produto após o consumo ter acontecido. Em algum momento, o consumidor reconhece que o valor de um produto atualmente em sua propriedade não é substancialmente menor que as alternativas. O ex-proprietário do Camry avaliou que o valor do carro é superado pelo valor do Toyota Prius. A **alienação** é o descarte de produtos quando deixam de oferecer utilidade ao cliente.

Se o marketing verde terá uma influência sobre todo o processo de consumo, é essencial que se compreenda a natureza do processo de decisão do consumidor em todo o seu desenrolar. Por isso, dedicamos o restante deste capítulo a compreender e influenciar a tomada de decisão do consumidor. Considere primeiro o estágio de pré-compra.

C Identificar a ação de marketing sustentável concebida para influenciar decisões de pré-compra

Os consumidores podem passar por três fases antes de estar prontos para fazer uma compra, e iniciativas de marketing verde podem desempenhar um papel importante em toda a fase de pré-compra. A primeira fase, o reconhecimento da necessidade, ocorre quando o consumidor reconhece a discrepância entre as condições atuais e desejadas. Diversas condições inerentes podem influenciar a percepção dos consumidores sobre o estado atual das coisas. Por exemplo, alguém comprando mantimentos para casa sabe que a passagem do tempo influencia a qualidade dos alimentos. Embora o consumidor possa perceber uma discrepância entre as condições atuais e os estados desejados, o comerciante pode ter forte influência sobre ambas as facetas do reconhecimento de necessidade. O marketing muitas vezes estimula a demanda, alterando a percepção dos consumidores de produtos que atualmente lhes pertencem. Por exemplo, a propaganda da GE Silicone III mostrada na Figura 11.8 informa os consumidores que até 40% da energia usada para aquecer e resfriar uma casa pode ser perdida em razão das fugas associadas a pequenas rachaduras e buracos no exterior das casas. O estado atual, o exterior poroso, é menos desejável que o estado ideal, o exterior da casa fechado com silicone.

A segunda maneira possível de influenciar o reconhecimento da necessidade é aumentar o valor percebido dos produtos alternativos. Por exemplo, o anúncio mostrado na Figura 11.8b informa os consumidores que as lâmpadas fluorescentes OSRAM duram vários anos em uso normal.

Quando uma empresa opta por estimular o reconhecimento da necessidade, ela tem dois meios essenciais de fazê-lo. Primeiro, a organização pode utilizar uma **estratégia de reconhecimento de necessidade genérica** para estimular a demanda, chamando a atenção de toda a classe de produtos.[29] Os dois anúncios mostrados na Figura 11.8 exemplificam promoções feitas para estimular a demanda por lâmpadas fluorescentes compactas em vez das ofertas de um único fabricante como a OSRAM/Sylvania. Uma vez que muitas ofertas de produtos com base ambiental estão dando seus primeiros passos, não é incomum que anunciantes promovam a classe de produto em vez de um produto específico. Anunciantes promovendo o marketing verde e projetos de sustentabilidade podem ser os próprios vendedores do produto, mas também podem ser representantes de algum grupo de interesse. Estes grupos podem incluir grupos de defesa de toda a indústria, organizações não governamentais, agências governamentais, serviços públicos, fundações da indústria ou outros grupos. Por exemplo, empresas de serviços públicos e ONGs podem dividir o custo das campanhas que promovem o uso de lâmpadas

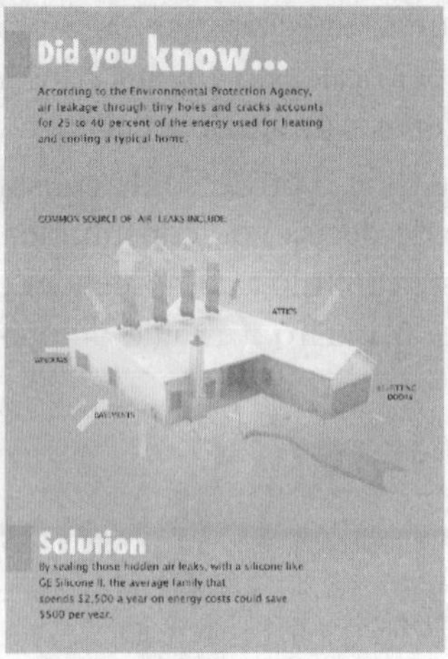

TRADUÇÃO DA IMAGEM:

Você sabia que...

De acordo com a Agência de Proteção Ambiental, o vazamento de ar através de pequenos orifícios e rachaduras é responsável por 25% a 40% da energia usada para aquecer e resfriar uma casa padrão?

AS FONTES MAIS COMUNS DE VAZAMENTO DE AR INCLUEM

JANELAS

PORÕES

PORTAS MONTADAS NA PAREDE

SÓTÃOS

Solução

Selando os vazamentos ocultos com um silicone como o GE Silicone II, a família média que gasta cerca de US$ 2.500 por ano em custos de energia pode economizar até US$ 500 por ano.

a) Estimular o reconhecimento da necessidade pela alteração da percepção do consumidor para produtos atualmente em uso.

Fonte: AP Images/PRNewsFoto/GE Sealants and Adhesive.

TRADUÇÃO DA IMAGEM:

Ela vai comemorar mais seis aniversários antes que a lâmpada econômica OSRAM em seu quarto precise ser substituída.

b) Estimular o reconhecimento da necessidade pela alteração da percepção de valor do consumidor para produtos alternativos.

Fonte: Imagem cortesia da The Advertising Archives.

FIGURA 11.8

fluorescentes compactas. Cada um desses grupos tem motivações para reduzir a quantidade de energia consumida, e a iluminação fluorescente os ajuda a alcançar este objetivo.

O **reconhecimento de necessidade de marca específica** refere-se aos esforços para estimular a demanda por um produto de marca específica, em vez de estimular uma indústria ou tecnologia. Por exemplo, o anúncio da Burt's Bees na Figura 11.9, ao mesmo tempo que chama a atenção para as vantagens da cera de abelha, enfatiza a compra da marca em vez da classe do produto. Em alguns setores, a necessidade de chamar a atenção para uma categoria de produto é essencial antes de fazer o marketing sobre os méritos de um único fornecedor.

Uma vez que os consumidores identificam as necessidades não satisfeitas, eles começam a se envolver em atividades de pesquisa para satisfazer tal necessidade. As atividades de pesquisa podem ser tanto internas como externas para o consumidor. A **pesquisa**

interna refere-se à recuperação de conhecimento da memória, enquanto a **pesquisa externa** refere-se à coleta de informações de fontes externas.[30] Em muitos casos, os consumidores confiam exclusivamente em experiências anteriores em seus esforços de pesquisa. A psicologia do consumidor indica que a confiança em experiências anteriores depende do grau de confiança na tomada de decisões, da satisfação com decisões anteriores, além da capacidade de recuperar conhecimento.[31]

A implicação estratégica da pesquisa interna consiste em reconhecer quanto um consumidor se baseia em experiências pessoais para emitir seus julgamentos. Os consumidores que expressam altos níveis de confiança nas marcas que oferecem altos níveis de satisfação serão relutantes em considerar novas informações em suas decisões de compra. Se o comerciante tem o luxo de ter o consumidor como cliente, então o esforço de marketing deve enfatizar como as novas ofertas de produtos retêm os atributos que fornecem o alto grau de satisfação e ainda proporcionam novos benefícios ambientais que excedem as ofertas anteriores de produtos. Quando este consumidor não é atualmente um cliente da empresa, a tarefa de promoção é muito mais difícil, pois pode ser necessário convencê-lo a buscar informações adicionais.

Os esforços de pesquisa externa extraem informações do meio ambiente para que avaliações possam ser feitas sobre a oferta de produtos. Família, amigos, mídia e formadores de opinião são fontes de informação não controladas pelo marketing de um produto. Esta informação pode vir pelo boca a boca ou, cada vez mais, pela *palavra do mouse*, ou seja, pela interação por meio do computador. A comunicação boca a boca tem sido a mais importante fonte de influência na compra da bens domésticos.[32] Além disso, pesquisas indicam que o conselho de outros consumidores sobre um serviço exerce mais influência do que a combinação de todas as outras informações geradas.[33] A comunicação "boca a mouse" usando Facebook, Twitter e outros serviços permite aos consumidores criar relações, aperfeiçoar as avaliações de marcas, desenvolver uma compreensão dos esforços de marketing para influenciar as decisões e refletir sobre a experiência de consumo.[34]

Os esforços de pesquisa externa fornecem uma oportunidade para as entidades não relacionadas ao marketing influenciarem os consumidores em seus processos de decisão. As organizações não governamentais podem ser informativas para consumidores envolvidos em atividades de pesquisa. O Greenpeace, por exemplo, publica anualmente um *Guia para eletrônicos verdes* avaliando as empresas de eletrônicos com base no uso de produtos químicos, lixo eletrônico e consumo de energia. Da mesma maneira, o *Consumer reports* publicou avaliações sobre o grau em que as empresas têm conseguido atender a reivindicações de produto, tais como sendo ambientalmente corretos, biodegradáveis e delicados com a Terra.[35]

Os profissionais de marketing devem fazer várias considerações com base nestas fontes externas de informação. Primeiro, devem analisar o grau em que o consumidor está envolvido na compra, porque os consumidores envolvidos estão dispostos a passar mais tempo avaliando alternativas e coletando informações.[36] Os consumidores estão propensos a recolher mais informações sobre a compra de automóveis, por exemplo, do que na aquisição de papel toalha. Em segundo lugar, o profissional de marketing deve considerar o grau em que o consumidor pode confiar nas informações fornecidas por terceiros. Dada a quantidade de informações disponíveis hoje, é possível que haja muitas fontes de informação críveis que não são incorporadas às atividades de pesquisa. O Underwriters Laboratories e as Nações Unidas, por exemplo, publicam quantidades substanciais de informações sobre o produto, mas não há como saber se os consumidores

FIGURA 11.9

Necessidade de reconhecimento de marca específica.

Fonte: AP Images/PRNewsFoto/Burt's Bees.

TRADUÇÃO DA IMAGEM:

COMO VOCÊ CONSEGUE TODA A HIDRATAÇÃO

SEM TODA A SUJEIRA?

BEESWAX VS. PETROLATUM

Hidratante nutritivo natural feito por abelhas.

A barreira hidratante que mantém os lábios hidratados.

Com óleo de romã, que mantém os lábios macios e saudáveis.

Hidrocarboneto não renovável feito a partir de óleo cru.

Película gordurosa que pode conter contaminações.

Às vezes é usado para interromper a corrosão em baterias de carro.

VOCÊ JÁ LEU O RÓTULO DO SEU HIDRATANTE LABIAL?

cera de abelha, óleo de romã, óleo de semente de girassol, óleo de coco

HIDRATANTE LABIAL BURT'S BEES

Seu bem-estar é importante para nós. É nosso compromisso com o Bem Maior.

usam estas informações durante seus esforços de pesquisa externa. Enquanto seria irresponsável para o profissional de marketing ignorar essas fontes de informações, elas não são frequentemente incorporadas à tomada de decisão.

A terceira consideração para as estratégias de marketing verde está relacionada à natureza das avaliações pela fonte externa. Quando avaliações positivas são fornecidas por terceiros, elas podem se tornar peças eficazes de uma campanha de marketing. Por exemplo, a Honda Motor Company utiliza dados da Agência de Proteção Ambiental dos Estados Unidos para apoiar a sua alegação de ser a empresa automobilística mais econômica em termos de combustível na América do Norte. Quando as avaliações dos produtos da empresa não são favoráveis, a empresa deve investigar o processo empregado. Na medida em que a avaliação é falha, os profissionais de marketing devem ser explícitos ao expressar suas preocupações com base nela. Além disso, as avaliações que indicam limitações na oferta atual do produto fornecem o ímpeto para projetos de novos produtos. Por exemplo, o anúncio do carro elétrico Volt, da Chevrolet, foi motivado em parte pelos resultados menos favoráveis dos modelos de automóveis mais antigos da General Motors.[37]

Depois que os consumidores se envolvem em atividades de pesquisa, fazem suas avaliações iniciais pré-compra.[38] Os consumidores frequentemente usam critérios de avaliação que são normas e especificações utilizadas na comparação de diferentes marcas e produtos. A psicologia do consumidor faz uma distinção entre *atributos salientes dos produtos*, que são importantes para a decisão, e *atributos determinantes dos produtos*, que influenciam quais marcas ou produtos serão escolhidos.

Embora os méritos das iniciativas de marketing verde sejam conhecidos pelos consumidores, os benefícios do produto raramente são a principal motivação para as decisões de compra. O profissional de marketing verde deve necessariamente avaliar o valor de uma oferta de produtos em sua totalidade, e não apenas o seu valor ambiental. Em seu livro que examina estratégias de sustentabilidade, Daniel Esty e Andrew Winston S. enfatizam que os benefícios verdes de um produto são, em geral, pelo menos o terceiro benefício oferecido.[39] Assim, os automóveis híbridos oferecem uma família de benefícios além da eficiência de combustível que devem ser considerados na estratégia de marketing. Pesquisadores japoneses, por exemplo, relatam que os motoristas entendem as influências nocivas dos gases do efeito estufa, mas o reconhecimento do problema não os leva a compras de carros.[40] No mercado japonês, pesquisadores descobriram que as restrições de preços tornaram a compra de alguns híbridos ou carros com eficiência de combustível inviável. O profissional de marketing que quiser influenciar o consumo verde deve ter uma oferta de produtos com valor comparável ao consumidor que também forneça benefícios ambientais. Quando o consumidor percebe o valor total oferecido pelos produtos desenvolvidos por meio de esforços de sustentabilidade, a probabilidade de compra também deve aumentar.

D Identificar a ação de marketing sustentável concebida para influenciar as compras

A segunda etapa do processo de tomada de decisão é o ponto em que o consumidor decide fazer a compra. Esta decisão tem muitos componentes que podem ser influenciados pela estratégia de marketing verde. A essência desta etapa é a compra real do produto. Uma questão central no processo de decisão é o nível de envolvimento que os consumidores têm com a compra. Quando eles estão muito envolvidos na compra, percebem as diferenças entre as marcas, manifestam interesse na obtenção de informações sobre a categoria de produto e fazem comparações sobre os atributos do produto entre marcas.[41] Apelos aos consumidores fortemente envolvidos podem ser projetados para mostrar os retornos de longo prazo na compra de produtos ecológicos. Os profissionais de marketing devem identificar as fontes de informação para estas compras e nelas acompanhar as avaliações de seus produtos. Por exemplo, o proprietário de um automóvel que está muito interessado em comprar um carro com eficiência de combustível e ecologicamente correto pode recorrer às avaliações dos relatórios *Car and driver* e *Consumer reports*. É evidente que é importante que os estrategistas e gestores de relações públicas em empresas automobilísticas mantenham o ritmo com as notícias nestes periódicos.

A maioria das decisões dos consumidores não se baseia em um grande envolvimento deles. Na verdade, as compras mais corriqueiras são realizadas sem muito esforço cognitivo. Sob condições de baixo envolvimento, há uma maior probabilidade de que as condições ao redor da compra influenciem a decisão de seleção. Portanto, promoções nas lojas e *displays* em ponto de venda podem ter uma influência sobre estes consumidores enquanto fazem compras.[42]

Há alguns meios notáveis que profissionais de marketing utilizam no uso de embalagens e papel que influenciam as emissões associadas à compra. Em geral, a compra que reduz a quantidade de papel rende menores custos de emissões. Note que este custo é substancial, dado que 1 dólar a cada 11 gastos no supermercado vai para a embalagem.[43] Embalagens mais simples reduzem os resíduos e por isso são preferíveis. O papel pode ser praticamente eliminado, por exemplo, quando o consumidor faz o *download* de um software em vez de comprá-lo em uma loja.

A natureza do bem também influencia as emissões de carbono associadas com a venda de produtos. Os profissionais de marketing em vários setores oferecem produtos que economizam durante seu uso ou empregam materiais recicláveis. Tanto a concepção econômica como a reciclagem reduzem o consumo de energia. Por exemplo, se cada consumidor nos EUA substituir um rolo de mil folhas de papel higiênico de fibra virgem por papel reciclado, 373 mil árvores, 1,48 milhão de pés cúbicos de espaço em aterro e 155 milhões de galões de água seriam economizados.[44] A substituição de materiais reciclados não é limitada apenas ao papel; comerciantes de roupas esportivas e roupas de cama também oferecem muitos produtos com componentes reciclados. Uma alternativa para a reciclagem é oferecer produtos que possam ser reutilizados. Por exemplo, lâminas de barbear recarregáveis, que podem ser reutilizadas substituindo apenas o mecanismo de corte. Estes esforços para reciclar ou reutilizar produtos devem influenciar alguns consumidores enquanto fazem suas decisões de compra.

A segunda consideração referente a compra é o momento da compra em si. O momento das compras influencia não só os custos de entrega, mas também os custos ambientais associados ao produto. Considere, por exemplo, que os correios norte-americanos processam mais de 10 milhões de pacotes por dia.[45] O transporte consome 75% do seu orçamento de 2,35 bilhões de dólares anuais. Quando o consumidor opta por enviar uma carta via correio tradicional, o preço de uma carta de 1 onça (cerca de 28 gramas) é de 0,42 centavos. Se a carta precisa ser enviada de um dia para outro, entretanto, o custo é de 16,50 dólares. Infelizmente, os serviços postais atualmente não fornecem aos consumidores informações sobre os custos de carbono relacionados com o envio da carta. Como os serviços expressos estão relacionados com a utilização de serviços de transporte mais rápidos e que geram mais dióxido de carbono, é provável que eles tenham custos mais pesados para o ambiente. Parece razoável suspeitar que consumidores informados sobre os gases do efeito estufa encontrarão situações em que o custo ambiental de entrega de um dia para outro excede os ganhos do serviço.

A decisão sobre onde comprar um produto está relacionada com a decisão de quando comprar. Na economia de hoje na internet, o consumidor tem várias maneiras de fazer compras. Algumas empresas, por exemplo, adotam compras *on-line* porque a pessoa que compra em casa não queimará combustível fóssil para chegar à loja. Naturalmente, o custo ambiental de duas localizações alternativas é impulsionado pelos custos de transporte para o produto e o consumidor. O consumidor comprando livros *on-line* pode ter custos menores de transporte pessoal, mas o custo de carbono pela entrega de vários livros (a partir de vários locais) será provavelmente superior aos custos incorridos por uma livraria local. Claramente, a consideração de onde comprar precisa examinar a totalidade das despesas relacionadas com os custos de carbono da compra. Note que serviços como o iTunes, da Apple, fornecem custos mínimos para a entrega do produto, além de custos mínimos para o transporte aos consumidores.

O momento da decisão de compra de aquecedores de água contribui para a contínua pequena porcentagem de aquecimento solar. Nos EUA, por exemplo, dois terços dos consumidores substituem seus aquecedores de água em decorrência de uma falha súbita do modelo existente. Destas substituições, 60% são de emergência.[46] Quando um aquecedor de água deixa de funcionar de repente, os consumidores normalmente têm seu aparelho substituído pelo modelo mais barato, mais facilmente disponível e que pode ser facilmente instalado pelo seu encanador ou pedreiro. O momento da compra e da necessidade de rápida substituição não encoraja os consumidores a fazer um esforço extra para estudar tecnologias avançadas ou economias ao longo da vida útil.[47]

E Identificar a ação de marketing sustentável concebida para influenciar o consumo

O processo de consumo continua conforme o consumidor faz a transição da compra para o uso. O consumidor que compra o produto deve decidir o momento, o lugar e a maneira de consumir.[48] O marketing socialmente responsável pode direcionar cada uma destas fases do consumo para promover a sustentabilidade. Primeiro, considere o momento do consumo.

Momento

O momento do consumo está relacionado com o instante da compra, mas estas preocupações temporais ocorrem geralmente em épocas diferentes. Os consumidores normalmente têm uma certa flexibilidade quanto ao momento em que compram os produtos. No setor de alimentos, por exemplo, ao comprar produtos e alimentos, eles muitas vezes acompanham as datas de validade. Em um estudo, psicólogos da área de consumo encontraram evidências de que até 12% dos produtos comprados para a despensa nunca são consumidos.[49] Esta mesma pesquisa indica que 57% dos alimentos armazenados na despensa de um consumidor são jogados fora. Consequentemente, o custo ambiental de produção e distribuição do produto é percebido, mas não há nenhum benefício ao consumidor a partir da compra. Compra sem consumo, portanto, aumenta a pegada de carbono do consumidor sem acrescentar valor algum. Uma implicação de marketing é comercializar produtos de uso específico perto da data de uso do produto. Por exemplo, a venda de conservas de abóbora deve ser promovida muito próximo ao feriado de Ação de Graças no Canadá e EUA. Além disso, a comunicação de marketing sobre o uso do produto deve ser oportuna e frequente.[50] Por exemplo, o site e os anúncios da sopa Campbell's fornecem lembretes e ideias úteis de uso que diminuem a probabilidade de o produto ser estocado.

Apesar dos méritos de atividades promocionais que enfatizam a utilização adequada dos produtos, a propaganda enfatiza a compra imediata de produtos em vez de seu uso. Como a educação sobre o uso adequado de um produto reduz as emissões de carbono dos consumidores e aumenta a satisfação do cliente, os profissionais de marketing devem considerar a dedicação de uma parte da propaganda ao uso do produto. Além disso, muitos destes alimentos que nunca serão consumidos podem ser reaproveitados e doados a grupos de ação comunitária. Anúncios de utilidade pública que promovem este tipo de reciclagem ajudam os menos favorecidos e diminuem a pegada de carbono da comunidade.

Localização (local)

O local escolhido para consumo pode ter influência marcante sobre a sustentabilidade do produto. No setor de restaurantes, por exemplo, desde 1988 os consumidores compram mais refeições para levar para casa do que para comer no local.[51] Restaurantes gostam destas refeições fora de suas instalações porque aumentam a receita sem aumentar os custos associados à infraestrutura para refeições. No entanto, a quantidade e a forma dos materiais utilizados para a entrega destes itens, normalmente, excede os custos para as refeições consumidas nos estabelecimentos comerciais.

Esta tendência de vendas *delivery* tem sido tipicamente associada com a porção de serviço rápido do negócio, no entanto, os restaurantes estão oferecendo cada vez mais refeições para entrega como uma forma de substituição das refeições em casa. Em 2007, 47% dos donos de restaurantes previram um aumento na quantidade de negócios realizados como *delivery*. Refeições entregues fora dos restaurantes muitas vezes são projetadas para serem aquecidas no micro-ondas. Em muitos casos, o dono do restaurante tem que pesar o custo adicional de embalagem desenvolvida de maneira sustentável *versus* a redução dos custos de embalagens alternativas (por exemplo, isopor).

Forma de consumo

A forma de consumo refere-se a como e quanto de um produto os consumidores usam. Coerente com a perspectiva de redução, reutilização e reciclagem, esta ação deve assegurar a redução na quantidade do produto utilizado. O uso de muitos produtos que consomem energia pode ser melhorado pelos esforços de marketing verde. Embora exista uma grande quantidade de informações disponíveis sobre o consumo de energia, os consumidores em muitos casos não sabem que elas existem ou não agem com base em tais informações. Considere, em princípio, como o consumo de energia para aquecer casas pode ser mais eficiente.

Os esforços para melhorar o aquecimento de um ambiente devem abordar tanto a quantidade de energia consumida quanto o fator relacionado à maneira como a energia é consumida. Embora a eficiência de combustível de aquecedores tenha sofrido avanço, a casa média americana desperdiça cerca de 30%-50% da energia que recebe. A conta de energia dos consumidores e sua pegada de carbono são menores quando a casa está devidamente selada e isolada.[52] Sistemas de dutos devem ser periodicamente inspecionados para detecção de fugas, pois dutos porosos desperdiçam quantidades substanciais de energia. Da mesma forma, dutos localizados em zonas não aquecidas da casa (por exemplo, sótão) devem ser isolados para reduzir a perda de calor no sistema. Os filtros de ar devem ser trocados de acordo com as recomendações do fabricante, pois filtros limpos removem os detritos que reduzem a eficiência dos sistemas de aquecimento. Sempre que possível, os consumidores devem também usar ventiladores de teto, em vez de ar-condicionado. Os ventiladores de teto são substancialmente menos caros para operar do que unidades de ar-condicionado central ou locais.[53] O proprietário deve também reconhecer que os sistemas de aquecimento mais antigos são menos eficientes que os sistemas de hoje. Se a unidade de aquecimento central tem 15 anos, então é provável que um novo sistema diminuirá o custo de energia aos consumidores. Os consumidores devem também considerar o ajuste dos termostatos a temperaturas relativamente baixas no inverno e a temperaturas elevadas no verão. Gerenciadores domésticos de energia que usam controles digitais oferecem a possibilidade de controlar vários aparelhos, manter a utilidade desses dispositivos e conservar energia.[54]

A forma de consumo também influencia a eficiência energética de aquecedores de água e, consequentemente, suas emissões de carbono. Primeiro, os consumidores devem reconhecer que cada minuto poupado no chuveiro pode economizar mais de quatro litros de água. Banhos mais curtos usam menos água e menos energia para aquecê-la. Da mesma forma, os dispositivos hidráulicos de baixa vazão reduzem o consumo de energia e água. Chuveiros são responsáveis por cerca de 20% do uso total de água no interior da casa. Ao substituir chuveiros padrão de 4,5 litros por minuto com os de 2,5 litros por minuto, uma família de quatro pessoas pode economizar cerca de 20 mil galões de água por ano. Estes dispositivos de baixa vazão custam menos de 5 dólares cada.[55] O uso de energia também pode ser reduzido pelo isolamento do aquecedor de água e canos de água quente. Revestimentos de isolamento do aquecedor podem economizar entre 4% e 9% das contas de aquecimento de água, e o isolamento de tubos também reduz os custos de energia. Além disso, manter o aquecedor de água a temperaturas mais baixas economiza energia; uma redução de –12,2 °C na temperatura da água geralmente economiza entre 3% a 5% nos custos de aquecimento de água.[56]

As emissões de carbono e os custos associados aos eletrodomésticos e iluminação também podem ser mais eficientes por meio do consumo consciente. Muitos aparelhos utilizam baterias que correspondem a uma quantidade desproporcional de metais pesados tóxicos contidos em resíduos sólidos urbanos, mas representam menos de 1% destes resíduos.[57] As pilhas alcalinas de uso único contêm menos substâncias químicas tóxicas do que as baterias recarregáveis, mas existem muitos mais destas últimas no fluxo de resíduos. Pilhas de níquel-cádmio e de chumbo-ácido têm sido alvo para para o descarte sob uma diretiva antecipada da União Europeia, e estão proibidas de serem eliminadas em aterros sólidos em diversos países. Uma única pilha recarregável de níquel-hidreto metálico ou de níquel-cádmio pode substituir até mil pilhas alcalinas descartáveis durante sua vida útil.[58] Embora as toxinas em baterias recarregáveis garantam sua reciclagem, todas essas baterias, exceto as alcalinas, podem ser recicladas. O consumo de combustível para os equipamentos e iluminação também pode ser reduzido ao desligar estes aparelhos eletrônicos quando não estiverem em uso. Dez por cento da energia consumida em casa é queimada por equipamentos de comunicação e aparelhos que estão desligados. Se os cidadãos norte-americanos desligassem os computadores e carregadores de celular quando não estivessem sendo utilizados, o país economizaria mais de 100 milhões de dólares.[59]

A maneira como o alimento é consumido influencia os custos ambientais do consumo. Os consumidores podem gerar menos emissões com esforços para reduzir e reutilizar os produtos alimentícios. Assim, os consumidores que reutilizam os recipientes de bebidas reduzem a quantidade de resíduos sólidos. As garrafas de água que são vendidas em lojas podem ser usadas repetidas vezes para reduzir os resíduos sólidos. A água que sai da torneira é mais regulada que água engarrafada, e é mais barata. Da mesma forma, os consumidores que usam repetidamente canecas de cerâmica em vez de copos de plástico reduzem os custos ambientais para a preparação e eliminação do produto. Além disso, os consumidores podem reduzir o consumo usando menos guardanapos em restaurantes e em casa.

Outra área de consumo que se beneficia da conservação é a utilização de papel. Os esforços de conservação que usam menos papel implicam em menos energia consumida para a produção e menor produção de resíduos após o consumo. Uma maneira simples de reduzir custos é a utilização de ambos os lados do papel para escrever ou fazer cópias. Além disso, pode-se economizar custos de papel imprimindo várias páginas em cada lado de uma folha. Além disso, pode-se refletir se o uso de papel é realmente necessário para toda comunicação. Muitas mensagens podem ser entregues via e-mail sem perda de conteúdo. Os consumidores também devem considerar se precisam de cópias em papel dos dados financeiros, como recibos de pagamento, recibos de caixa eletrônico e extratos bancários. Sempre que o consumidor opta exclusivamente pela versão digital destes itens, as emissões de carbono são reduzidas.

F Identificar a ação de marketing sustentável concebida para influenciar decisões pós-compra

A fase final do processo de decisão do consumidor ocorre quando o consumo do produto já começou. A avaliação pós-consumo refere-se à análise feita após o consumo ter acontecido. O comprador avalia se o nível de satisfação com o produto atende ou excede as expectativas de desempenho pré-compra. Quando o desempenho do produto atende ou excede as expectativas, o nível de satisfação relatado pelo consumidor é maior que quando o produto não funciona como esperado.[60] Níveis mais elevados de satisfação aumentam a probabilidade de que as compras se repitam, diminuem a sensibilidade de preço e influenciam a comunicação boca a boca sobre um produto.[61] Além disso, conforme o nível de satisfação do consumidor diminui, é mais provável que ele sinta uma diferença entre as condições ideais e as condições atuais. Baixos níveis de satisfação aumentam a probabilidade de que ocorra reconhecimento de necessidade que leva o consumidor a se engajar no processo de tomada de decisão. Quando este processo leva à aquisição de novos produtos, o consumidor já não tem necessidade dos produtos mais antigos.

O reconhecimento de que um produto já não oferece utilidade suficiente deve promover a consideração sobre o que fazer com ele. A alienação se refere ao descarte de produtos quando deixam de oferecer utilidade ao consumidor. A decisão sobre como lidar com tais produtos é uma questão importante. A Figura 11.10 e a Tabela 11.1 indicam a quantidade de resíduos sólidos produzidos nos EUA em 2005. Observe que o porcentual de recuperação varia muito entre os produtos, de 2,4% para alimentos a 72% para metais não ferrosos. Pilhas de chumbo-ácido são recuperadas em uma razão de 98,8%, ao passo que altos níveis de jornais (88,9%), caixas de papelão ondulado (71,5%), aparelhos (67,0%), embalagens de aço (63,3%) e latas de alumínio (44,8%) também são recuperados.

Antes de o descarte ocorrer, o consumidor deve avaliar se o produto oferece valor para algum outro consumidor. Assim, o consumidor deve decidir se o produto pode ser *reutilizado* de alguma maneira. Por exemplo, sacos de embalagem e de compras muitas vezes são reutilizados para fins de armazenamento. Os consumidores sempre estiveram envolvidos em algumas formas de atividade, mas cada vez mais percebem o valor da reutilização de produtos de maneiras novas. Por exemplo, resíduos de jardinagem e de comida são responsáveis por cerca de 25% dos resíduos do consumidor nos EUA. A eliminação destes itens em aterros não é a forma ambientalmente mais eficaz de alienação. Resíduos de jardinagem se decompõem lentamente em aterros e produzem gás metano e chorume ácido conforme se decompõem.[62] A compostagem destes resíduos tem o potencial de reduzir os resíduos sólidos urbanos em quase um quarto, e também contribuir para a melhoria da estrutura, textura, aeração e retenção de água do solo. Outro meio de facilitar a reutilização é doar produtos. Computadores, telefones celulares e outros equipamentos podem não ter valor para um usuário, mas podem oferecer utilidade para outros consumidores.

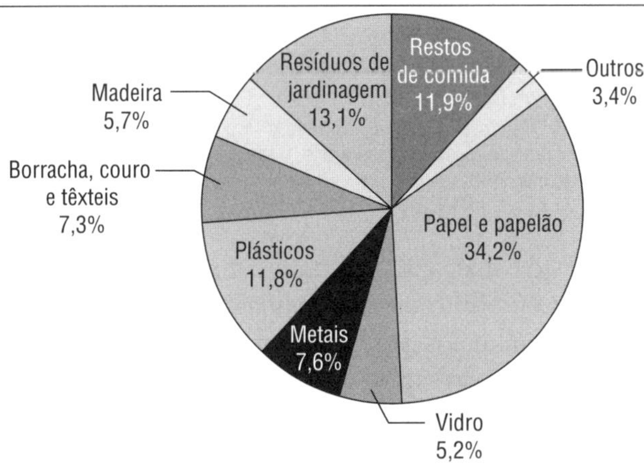

FIGURA 11.10

Geração total de resíduos sólidos urbanos (MSW) em 2005 – 246 milhões de toneladas (antes da reciclagem).

Fonte: U.S. Environmental Protection Agency. Municipal solid waste. Disponível em: <http://www.epa.gov/osw/nonhaz/municipal/pubs/mswchar05pdf>. Acesso em: 16 mar. 2010.

TABELA 11.1 Geração e recuperação de materiais em aterros sólidos municipais, 2005 (em milhões de toneladas e percentual da geração de cada material).

Material	Peso gerado	Peso recuperado	Porcentagem de recuperação por geração
Papel e papelão	84,0	42,0	50,0
Vidro	12,8	2,76	21,6
	Metais		
Aço	13,8	4,93	35,8
Alumínio	3,21	0,69	21,5
Outros metais não ferrosos	1,74	1,26	72,4
Total de metais	18,7	6,88	36,8
Plásticos	28,9	1,65	5,7
Borracha e couro	6,70	0,96	14,3
Têxteis	11,1	1,70	15,3
Madeira	13,9	1,31	9,4
Outros materiais	4,57	1,17	25,6
Total de materiais em produtos	180,7	58,4	32,3
Outros resíduos			
Alimentos, outros	29,2	0,69	2,4
Resíduos de jardinagem	32,1	19,9	61,9
Diversos resíduos inorgânicos	3,69	Neg.	Neg.
Total de outros resíduos	65,0	20,6	31,6
Total de resíduos sólidos municipais	245,7	79,0	32,1

Fonte: U.S. Environmental Protection Agency. Municipal solid waste. Disponível em: <http://www.epa.gov/osw/nonhaz/municipal/pubs/mswchar05pdf>. Acesso em: 16 mar. 2010.

Quando o produto não é mais útil nem pode ser reutilizado pelo consumidor, então deve-se considerar se este produto oferece utilidade para outros consumidores. Várias classes de produtos oferecem meios de serem disponíveis para outros consumidores. Na indústria automobilística, por exemplo, os consumidores muitas vezes vendem carros usados ou negociam seus veículos como parte de sua nova compra. Uma das motivações para estabelecer canais franqueados na indústria automobilística foi para facilitar a revenda de carros que não mais ofereciam utilidade para o consumidor.[63] Em conjunto com o governo, empresas engarrafadoras de refrigerantes e bebidas com malte também trabalham em alguns mercados para permitir a reutilização das garrafas. Na Noruega, por exemplo, mais de 95% de todas as embalagens de refrigerantes e cerveja são devolvidas, reutilizadas ou recicladas.[64]

O meio mais importante para tornar os produtos disponíveis para outros consumidores é a internet. Por exemplo, o eBay facilitou mais de 60 bilhões de dólares em transações em 2007, e a grande maioria destas operações esteve relacionada em tornar os produtos existentes disponíveis para os consumidores.[65] O eBay e outros comerciantes na internet fornecem mercados *on-line* para a venda de praticamente todos os tipos de produto.

Quando a reutilização ou revenda é inviável, o consumidor deve encontrar outros meios de se desfazer do produto. A *reciclagem* de produtos pode assumir muitas formas, dependendo da classe do produto e das necessidades do consumidor. A Unwanted Appliances, por exemplo, é especializada na remoção de eletrodomésticos, aparelhos de ginástica, eletrônica, ares-condicionados e aquecedores de água. A maioria dos produtos que compram são vendidos para sucata, mas alguns são revendidos para outros consumidores. Algumas indústrias que operam em conjunto têm feito um trabalho notável na reciclagem de produtos usados. As indústrias automobilísticas da União Europeia e dos Estados Unidos, por exemplo, reciclam mais de 95% das baterias de automóveis vendidas.[66]

Na indústria de consumo de eletrônicos, os consumidores têm interesses combinados na reciclagem e no desejo de garantir que dados confidenciais não sejam comprometidos ou acessados após este processo. A Dell oferece a reciclagem gratuita de computadores e periféricos antigos quando um novo computador é comprado da empresa. A empresa avalia se o produto pode ser revendido, e os fundos obtidos a partir desta revenda são devolvidos ao cliente. Se o produto não pode ser revendido, a Dell o recicla de uma maneira consistente, de acordo com requisitos locais, estaduais e federais.[67] É importante mencionar que tais serviços permitem que o consumidor recupere uma parte do investimento no computador, descartando-o com segurança e contribuindo positivamente para o meio ambiente.

Cada vez mais há esforços da comunidade e de empresas para incentivar a reciclagem dos produtos que constituem ameaças para as pessoas expostas aos mesmos após o consumo. Os norte-americanos, por exemplo, geram 1,6 milhão de toneladas de resíduos domésticos perigosos por ano e um domicílio médio pode acumular até 50 quilos destes resíduos armazenados em armários, porões e garagens.[68] Planos de ação comunitária permitem que consumidores possam dispor de tintas, produtos de limpeza, óleos, baterias e pesticidas que necessitam de cuidados especiais durante sua eliminação.

Embora nossa discussão sobre reciclagem tenha se centrado no pós-consumo, também é significativo reconhecer que a reciclagem hoje em dia começa no processo de desenvolvimento de novos produtos. Comerciantes sagazes estão desenvolvendo produtos de tal forma que grande parte dos mesmos possam ser recuperados após o consumo. Na indústria automobilística, cerca de 15 milhões de carros e caminhões chegam ao fim de sua vida útil a cada ano, e mais de 75% dos materiais de veículos em fim de vida útil podem ser recuperados e reciclados.[69] O planejamento para o pós-consumo aumenta o valor dos produtos para os consumidores e reduz a influência destes produtos sobre o meio ambiente.

RESUMO

A Identificar as influências de domicílios sobre o consumo de energia

Domicílios consomem energia pelo aquecimento, eletrodomésticos, aquecimento de água, iluminação e cozinha. A taxa de consumo varia consideravelmente em todo o mundo; os níveis dos EUA e Canadá são acentuadamente superiores quando comparados a outros países.

B Entender o processo de tomada de decisão do consumidor

O *processo de tomada de decisão do consumidor* é a série de passos que os compradores tomam antes, durante e após o consumo. A primeira etapa do processo de tomada de decisão é o estágio pré-compra. A fase principal desta etapa é o reconhecimento da necessidade, ou o ponto no qual um consumidor sente a diferença entre um estado ideal e o estado atual. Uma vez que os consumidores percebem uma diferença entre as condições atuais e as ideais, começam a procurar alternativas (a segunda fase). A terceira fase na etapa de pré-compra é a avaliação de alternativas pré-compra. O estágio de compra refere-se ao ponto no qual o consumidor decide se comprará e as condições sob as quais comprará o produto. A terceira etapa do processo de decisão dos consumidores refere-se ao consumo de uma oferta de produto. A última etapa do processo de tomada de decisão do consumidor é a fase pós-consumo.

C Identificar a ação de marketing sustentável concebida para influenciar as decisões pré-compra

O reconhecimento da necessidade ocorre quando o consumidor percebe a discrepância entre as condições atuais e desejadas. O marketing muitas vezes estimula a demanda, alterando a percepção dos consumidores perante os produtos que atualmente lhes pertencem. Também é possível influenciar o reconhecimento da necessidade e aumentar o valor percebido dos produtos alternativos. Quando uma empresa opta por estimular o reconhecimento da necessidade, pode empregar uma estratégia genérica ou uma de reconhecimento específico de marca voltado a estimular a demanda por um produto de marca específica.

D Identificar a ação de marketing sustentável concebida para influenciar compras

A segunda etapa do processo de tomada de decisão é o ponto em que o consumidor decide fazer uma compra. Esta decisão tem muitos componentes que podem ser influenciados pela estratégia de marketing verde. Uma questão central no processo de decisão é o nível de envolvimento que os consumidores têm com a compra. Quando eles estão muito envolvidos na compra, percebem as diferenças entre as marcas, manifestam interesse na obtenção de informações sobre a categoria de produto e fazem comparações sobre os atributos do produto entre marcas. Sob condições de baixo envolvimento, há uma maior probabilidade de que as condições ao redor da compra influenciem a decisão de seleção. Portanto, promoções nas lojas e *displays* em ponto de venda podem ter influência quando estes consumidores fazem compras.

E Identificar a ação de marketing sustentável concebida para influenciar o consumo

O processo de consumo continua conforme o consumidor faz a transição da compra para o uso. O consumidor que compra o produto deve decidir o momento, lugar e maneira de consumi-lo.

F Identificar a ação de marketing sustentável concebida para influenciar as decisões pós-compra

A fase final do processo de tomada de decisão do consumidor ocorre quando o consumo do produto já começou. O comprador avalia se o nível de satisfação com o produto atende ou excede as expectativas de antes da compra. Quando o desempenho do produto atende ou excede as expectativas, o nível de satisfação relatado pelo consumidor é maior que quando o produto não funciona como esperado. Maiores níveis de satisfação aumentam a probabilidade de compras repetidas, diminuem a sensibilidade por preços e influenciam a comunicação boca a boca sobre um produto. Conforme o nível de satisfação diminui, é mais provável que o consumidor sinta uma diferença entre as condições ideais e as condições atuais. Baixos níveis de satisfação aumentam a probabilidade de que ocorra o reconhecimento de necessidade que leva o consumidor a se engajar no processo de tomada de decisão. Quando este processo leva à aquisição de novos produtos, o consumidor já não tem necessidade dos produtos mais antigos.

PERGUNTAS

1. Por que estilistas como Calvin Klein estão interessados em participar de um desfile de moda verde?
2. Como empresas se beneficiam ao examinar os processos de tomada de decisão para produtos sustentáveis?
3. Quais são as tendências para o uso de energia para aparelhos pequenos e grandes, e que implicações estas tendências têm na comercialização destes produtos?
4. Como as empresas podem influenciar o processo de reconhecimento de necessidade dos consumidores?
5. Por que as empresas adotam uma estratégia de reconhecimento de necessidades genérico quando estão tentando vender suas marcas específicas?
6. Como o nível de envolvimento do consumidor influencia a tomada de decisão, e como isso, por sua vez, influencia a forma de promoção utilizada por uma empresa na comercialização de um produto sustentável?
7. Por que um profissional de marketing verde deve se preocupar com o consumo quando a receita é gerada na venda do produto?
8. Descreva três fatores que influenciam a forma como um produto é consumido.
9. Em que nível os consumidores estão envolvidos na alienação, e como isso varia com o tipo de produto?
10. Quais fatores aumentam a probabilidade de os consumidores se desfazerem de um produto de modo sustentável?

NOTAS FINAIS

[1] Kuchment, Anna. Sense and sensibility: clothes that are stylish and sustainable are hitting the fashion shows. Will they get to your closet? *Newsweek*, 14 abr. 2008, p. 68.

[2] Earhtpledge. Earthpledge.org. Disponível em: <http://www.earthpledge.org/>. Acesso em: 13 maio 2010.

[3] Earhtpledge. About FutureFashion. Disponível em: <http://www.earthpledge.org/ff>. Acesso em: 13 maio 2010.

[4] Earhtpledge. FutureFashion: Projects and Programs. Disponível em: <http:// www.earthpledge.org/ff/projects-andprograms>. Acesso em: 13 maio 2010.

[5] Veja nota 1.

[6] United Nations Department of Social and Economic Affairs. *Sustainable consumption and production*, 30 abr. 2007, p. 35. Disponível em: <http://www.un.org/esa/sustdev/publications/household_ consumption.pdf>. Acesso em: 13 maio 2010.

[7] U.S. Department of Energy. *Residential buildings: energy efficient building practices*. Disponível em: <http://www1.eere.energy.gov/ buildings/residential/>. Acesso em: 13 maio 2010.

[8] Vieira, Robin K.; Sheinkopf, Kenneth G.; Sonne, Jeffrey K. *Energy-efficient florida home building*. Cocoa, FL: Florida Solar Energy Center/University of Central Florida, Publication Number FSEC-GP-33-88, p. 7. Disponível em: <http://www.fsec.ucf.edu/en/consumer/buildings/homes/priorities.htm>. Acesso em: 13 maio 2010.

[9] Veja nota 7.

[10] Veja nota 8.

[11] NFRC. *Questions about doors and energy?* NFRC has the answers. Disponível em: <http://www.nfrc.org/documents/Doors.pdf>. Acesso em: 13 maio 2010.

[12] U.S. Environmental Protection Agency and the U.S. Department of Energy. *Air seal and insulate with Energy Star*. Disponível em: <http://www.energystar.gov/index.cfm?c=home_sealing.hm_improve-ment_sealing>. Acesso em: 13 maio 2010.

[13] U.S. Department of Energy. *Residential buildings*: energy efficient building practices. Disponível em: <http://www1.eere.energy.gov/buildings/appliance_standards/residential/pdfs/fb_fr_tsd/chapter_1.pdf>. Acesso em: 13 maio 2010.

[14] International Energy Agency. *Worldwide trends in energy use and efficiency*. Paris: International Energy Agency, 2008. p. 94.

[15] Energy Information Association. Table CE2-2c. Space-heating energy consumption in U.S. households by year of construction. In: *2001 residential energy consumption survey*. Disponível em: <http://www.eia.doe.gov/emeu/recs/recs2001/ce_pdf/ paceheat/ce2-2c_construction2001.pdf>. Acesso em: 13 maio 2010.

[16] United States Environmental Protection Agency. Disponível em: <http://www.epa.gov/>. Acesso em: 13 maio 2010.

[17] Electric Power Research Institute. Energy savings opportunity by increasing power supply efficiency. Disponível em: <http://www.efficientpowersupplies.org/efficiency_opportunities.html>. Acesso em: 13 maio 2010.

[18] Calwell, Chris; Reeder, Travis. Power supplies: a hidden opportunity for energy savings. Natural Resources Defense Council. Disponível em: <http://www.efficientpowersupplies.org/pages/NRDC_power_supply_report.pdf>. Acesso em: 13 maio 2010.

[19] Veja nota 6.

[20] Energy Star. Energy Star® residential water heaters: draft criteria analysis. Disponível em: <http://www.energystar.gov/ia/partners/prod_development/new_specs/downloads/water_heaters/WaterHeaterDraftCriteriaAnalysis.pdf>. Acesso em: 13 maio 2010.

[21] Weiss, Werner; Bergmann, Irene; Faninger, Gerhard. *Solar heat worldwide*. Gleisdorf, Áustria: International Energy Agency, 2008. p. 47.

[22] Veja nota 6.

[23] Efficient Lighting Initiative. Learn about ELI. Disponível em: <http://www. efficientlighting.net/index.php?option=com_content&task=view&id=18&Itemid=41>. Acesso em: 13 maio 2010.

[24] Veja nota 6.

[25] Murray, Danielle. Oil and food: a new security challenge. *Asia Times* on-line, 3 jun. 2005. Disponível em: <http://atimes01.atimes.com/ atimes/Global_Economy/GF03Dj01.html>. Acesso em: 13 maio 2010.

[26] Veja nota 6.

[27] Wallén, Anna; Brandt, Nils; Wennersten, Ronald. Does the Swedish consumers choice of food influence greenhouse gas emissions? *Environmental Science and Policy* 7, n. 6, 2004, p. 525-35.

[28] Blackwell, Roger D.; Miniard, Paul W.; Engel, James F. *Consumer behavior*. Mason, OH: Thomson Higher Education, 2005. p. 832.

[29] Chakravarti, Amitav; Janiszewski, Chris. The influence of generic advertising on brand preferences. *Journal of Consumer Research* 30, n. 4, 2004, p. 487-502.

[30] Veja nota 28.

[31] Caioppo, John T.; Petty, Richard E. The elaboration likelihood model of persuasion. *Advances in Consumer Research* 11, n. 1, 1984, p. 673-5; Kiel, Geoffrey C.; Lyon, Roger A. Dimensions of consumer information seeking behavior. *Journal of Marketing Research* 18, n. 2, 1981, p. 233-9.

[32] Katz, Elihu; Lazarsfeld, Paul F. *Personal influence: the part played by people in the flow of mass communications*. Glencoe, IL: The Free Press, 1955. p. 434.

[33] Alreck, P. L.; Settle, R. B. The importance of word--of-mouth communication to service buyers. In: Stewart, D. W.; VLlcassim, N. J. (Eds.). *AMA Winter Educators' Proceedings*. Chicago: American Marketing Association, 1995. p. 188-193.

[34] Hung, H. M. Kineta; Yiyan, Li. The influence of eWOM on virtual consumer communities: social capital, consumer learning, and behavioral outcomes. *Journal of Advertising Research* 47, n. 4, 2007, p. 485-95.

[35] It's Not Easy Buying Green. *Consumer Reports* 72, n. 9, 2007, p. 9.

[36] Celsi, Richard L.; Olson, Jerry C. The role of involvement in attention and comprehension processes. *Journal of Consumer Research* 15, n. 2, 1988, p. 210-24.

[37] Sherman, Don. G.M. at 100: is its future electric? *New York Times*, 14 set. 2008, p. AU1.

[38] Veja nota 28.

[39] Esty, Daniel C.; Winston, Andrew S. *Green to gold*. New Haven, CT: Yale University Press, 2006. p. 384.

[40] Kishi, Kunihiro; Satoh, Keiichi. Evaluation of willingness to buy a low-pollution car in Japan. *Journal of the Eastern Asia Society for Transportation Studies* 6, 2005, p. 3121-34.

[41] Zaichkowsky, Judith Lynne. Measuring the involvement construct. *Journal of Consumer Research* 1, n. 3, 1985, p. 341-52.

[42] Philips, Hugh; Bradshaw, Roy. How customers actually shop: customer interaction with the point of sale. *Journal of the Market Research Society* 35, n. 1, 1993, p. 51-62.

[43] Rogers, Elizabeth; Kostigen, Thomas M. *The little green book*. New York: Three Rivers Press, 2007. p. 201.

[44] Eco.cycle. Tidbits and facts. Disponível em: <http://www.ecocycle.org/tid-bits/>. Acesso em: 13 maio 2010.

[45] U.S. Post Office Service. Enhance sustainability. Disponível em: <http://www.usps.com/strategicplanning/stp2007/enhance_001.htm?from=greeninnovation&page=stp>. Acesso em: 13 maio 2010.

[46] KEMA Inc. *Assessment of the residential water heater market in the northwest*. Portland, OR: Northwest Energy Efficiency Alliance, 2005. p.49.

[47] Veja nota 20.

[48] Veja nota 28.

[49] Wansink, Brian S.; Brasel, Adam; Amjad, Steven. The mystery of the cabinet castaway: why we buy products we never use. *Journal of Family and Consumer Sciences* 92, n. 1, 2000, p. 104-7.

[50] Wansink, Brian; Deshpandé, Rohit. Out of sight, out of mind: pantry stockpiling and brand usage frequency. *Marketing Letters* 5, n. 1, 1994, p. 91-100.

[51] Gale, Derek. The ten-minute managers guide to improving carryout sales. *Nations Restaurant News*, 15 jul. 2007, p. 20-1.

[52] University of Tennessee Agricultural Extension Service. Tennessee Home-A-Syst. Disponível em: <http://economics.ag.utk.edu/extension/pubs/sp508h.pdf>. Acesso em: 13 maio 2010.

[53] Veja nota 43.

[54] Inoue, Masahiro et al. Network architecture for home energy management system. *IEEE Transactions on Consumer Electronics* 49, n. 3, 2003, p. 606-13.

[55] U.S. Environmental Protection Agency. *How to conserve water and use it effectively*. Disponível em: <http://www.epa.gov/owow/nps/nps-conserve.html>. Acesso em: 13 maio 2010.

[56] American Council for an Energy-Efficient Economy. *Consumer guide to home energy savings: condensed online version*. Disponível em: <http://www.aceee.org/consumerguide/waterheating.htm>. Acesso em: 13 maio 2010.

[57] U.S. Environmental Protection Agency. Wastes – Partnerships – Product Stewardship. Disponível em: <http://www.epa.gov/epr/products/ batteries.html>. Acesso em: 13 maio 2010.

[58] Inform. *Fact Sheets*. Disponível em: <http://www.informinc.org/fact_CWP battery.php#note4>. Acesso em: 13 maio 2010.

[59] Veja nota 54.

[60] Oliver, Richard L. A cognitive model of the antecedents and consequences of satisfaction decisions. *Journal of Marketing Research* 17, n. 4, 1980, p. 460-9.

[61] Veja nota 28.

[62] HowToCompost.org. *Composting: the basics*. Disponível em: <http:// www.howtocompost.org/info/info_composting.asp>. Acesso em: 13 maio 2010.

[63] Vaughn, Charles L. *Franchising*: its nature, scope, advantages and development. 2.ed. Lexington, MA.: Lexington Books, 1979. p. 281.

[64] Hanssen, Ole Jørgen et al. The environmental effectiveness of the beverage sector in Norway in a Factor 10 perspective. *The International Journal of Life Cycle Assessment* 12, n. 4, 2007, p. 257-65.

[65] eBay. *Annual report*. San Jose, CA: eBay, 2007. p. 213.

[66] Gerrard, Jason; Kandlika, Milind. Is European end-of-life vehicle legislation living up to expectations? Assessing the impact of the ELV directive on green innovation and vehicle recovery. *Journal of Cleaner Production* 15, n. 1, 2007, p. 17-27.

[67] Dell. *Environmental responsibility*. Disponível em: <http://www.dell.com/content/topics/global.aspx/about_dell/values/sustainability/environment/env_resp?c=us&cs=19&l=en&s=dhs>. Acesso em: 13 maio 2010.

[68] U.S. Environmental Protection Agency. *Household hazardous waste*. Disponível em: <http://www.epa.gov/osw/conserve/materials/hhw.htm>. Acesso em: 13 maio 2010.

[69] Daniels, Edward J. et al. Sustainable end-of-life vehicle recycling: R&D collaboration between industry and the U.S. DOE. *Journal of the Minerals, Metals and Materials Society 56*, n. 8, 2004, p. 28-32.

capítulo 12

Consumo de Energia no Setor de Serviços

OBJETIVOS DO CAPÍTULO

- **A** Introdução: contribuições do setor de serviços para as emissões de carbono
- **B** Varejo não alimentício
- **C** Varejo alimentício
- **D** Escritórios e prédios administrativos
- **E** Instituições educacionais
- **F** Cuidados com a saúde
- **G** Hotéis e alojamentos

PALAVRAS-CHAVE

College Sustainability Report Card (Relatório de Sustentabilidade de Faculdades), 282
design verde, 280
eficiência de utilização anual de combustível, 274
franquia verde, 280
Green Guide for Health Care, 284
Leadership in Energy and Environmental Design (LEED), 280
lojas de alimentos, 278
serviços de alimentação, 277
Sustainable Endowments Institute (SEI), 282

A Introdução: contribuições do setor de serviços para as emissões de carbono

Hotel Kimpton

Uma mulher entra em um bar de hotel em São Francisco e pergunta se algum dos vinhos apresentados é orgânico. Ao mesmo tempo, um veranista hospedado em Nova York pergunta se o hotel utiliza papel reciclado e produtos de limpeza não tóxicos. Em ambos os casos, os funcionários da Kimpton Hotels são capazes de dar uma resposta satisfatória aos clientes. Fundada em 1981, a cadeia de hotéis Kimpton inclui agora mais de 50 propriedades nos EUA. Os hotéis Kimpton possuem a maior pontuação de satisfação do cliente e de apego emocional do que qualquer empresa de hotéis nos EUA.[1]

Embora muitos fatores contribuam para as avaliações dos clientes de um hotel, a Kimpton tem feito um investimento considerável em sustentabilidade por vários anos, e tem ativamente promovido este investimento junto aos seus clientes, fornecedores e outras partes interessadas. Uma das características mais notáveis desses hotéis é a prática de remodelação e renovação de edifícios existentes em cenários urbanos.[2] Por exemplo, a Kimpton transformou um edifício construído em 1901, em Seattle, no hotel Alexis. Essas atividades de preservação acalentam as tradições urbanas, promovendo simultaneamente uma maior sustentabilidade.

Em 2005, a Kimpton iniciou uma campanha chamada EarthCare que examinou mais de 40 práticas ecologicamente corretas realizadas diariamente em cada hotel.[3] O programa envolveu práticas como a colocação de lixeiras para reciclagem nos quartos dos hóspedes para a eliminação de itens orgânicos do frigobar.[4] Esse programa foi desenvolvido com um interesse particular na experiência do hóspede e desempenho financeiro. A Kimpton reconheceu desde cedo que a sustentabilidade desta iniciativa só seria bem-sucedida se não comprometesse a qualidade da experiência do hotel ou diminuísse a linha de sustentabilidade dos acionistas.

Como complemento ao programa EarthCare, a Kimpton também desenvolveu os Defensores EarthCare em cada um de seus restaurantes e hotéis. Qualquer associado pode ser um defensor – de gerentes gerais a porteiros. Estes defensores se reúnem duas vezes por mês para garantir o cumprimento das normas, desenvolver ferramentas para treinar novos colaboradores e manter o foco em sustentabilidade na mente de todos os funcionários. Estes defensores também têm gerado muitas das novas ideias para produtos e serviços que permitem que a Kimpton permaneça na vanguarda da sustentabilidade na indústria hoteleira. Por exemplo, uma sugestão de um colaborador de reciclar cabides de arame para lavanderia economizou cerca de duas toneladas de aço por ano.[5]

Os esforços de sustentabilidade da empresa também são incorporados nas ofertas de produtos nos restaurantes. Um dos meios para buscar a sustentabilidade no setor de serviços de alimentação é comprar alimentos produzidos localmente. Esta prática aumenta o frescor do alimento enquanto diminui a pegada de carbono dos restaurantes. Além disso, esta prática constitui uma oportunidade para os *chefs* oferecerem opções de menu únicos, não disponíveis em outras partes do país. A implementação desta estratégia permite que os *chefs* na Kimpton sirvam opções únicas de menu, feitos com ingredientes frescos e orgânicos.[6] Onde alternativas locais saudáveis não estão disponíveis, a empresa enfatiza o abastecimento de produtos ecologicamente corretos produzidos de forma sustentável, orgânica ou biodinâmica. Por exemplo, atualmente, 30% de todos os vinhos vendidos nos restaurantes Kimpton têm rótulo ecológico. Este critério é aplicado independentemente do tamanho da adega (de 50 a 1.400 seleções) ou do preço do vinho (que varia de 5 a 500 dólares).[7]

A Kimpton tem sido capaz de incorporar a sustentabilidade em suas operações, e ao mesmo tempo atingir metas de desempenho financeiro, de relacionamento e ambiental. No primeiro ano do programa EarthCare, a Kimpton atribuiu um ganho de mais de 500 mil dólares em novas receitas para o programa. Também economizou quantias consideráveis por meio de diretivas para melhorar a iluminação – o hotel Galleria Park em São Francisco economizou sozinho 4 mil dólares na alteração de iluminação existente para LEDs. A empresa tem promovido relações mais estreitas com os colaboradores pelo programa Defensores EarthCare, e a exigência ecológica para os produtos utilizados nos serviços alimentícios tem cultivado relações com os produtores locais. Entre os benefícios ambientais estão a redução no uso de água e na utilização de toxinas. No primeiro ano de operações da EarthCare, a empresa economizou mais de 103 mil galões de água no hotel Allegro, em Chicago.[8]

O exemplo dos hotéis Kimpton reforça o trabalho que está sendo feito no setor de serviços para aumentar a sustentabilidade. A fim de contribuir para estes esforços, é significativo fazer um balanço dos programas de sustentabilidade em curso neste setor da economia. Portanto, o objetivo deste capítulo é fornecer uma visão geral do papel da economia de serviços no consumo de energia. Começamos fornecendo uma visão geral do setor e seu uso de energia. Na sequência, descrevemos o uso de energia no varejo, administração, educação, saúde e alojamento.

Apesar do fato de que os serviços representam mais de 50% do PIB na maioria das economias maduras, poucos países coletam informações detalhadas sobre o consumo de energia neste setor.[9] Japão, EUA e Canadá proporcionam o maior nível de informação sobre serviços e consumo de energia. Dada a falta de informação global e o tamanho da economia norte-americana, o nosso estudo do uso de energia se concentra neste país. Considere, em princípio, a influência global deste setor.

Serviços são ofertas de produtos que possuem várias características que os distinguem das ofertas de bens e de outros produtos. A entrega da maioria dos serviços depende da ação de pessoas, e a faceta pessoal distingue esses produtos de bens. Serviços são produtos essencialmente intangíveis e variam de acordo com o provedor. Como os serviços estão associados com o tempo que o prestador tem disponível para oferecê-los, a quantidade de serviço disponível é perecível.[10]

O setor de serviços inclui empresas prestadoras (por exemplo, lojas, hotéis), instituições educacionais, estabelecimentos prisionais, grupos religiosos e organizações fraternais. O setor de serviços de uma economia é uma importante fonte de emprego e PIB. Nos EUA, por exemplo, o setor dos serviços representa mais de 80% dos empregos na economia, assim como 80% do PIB.[11]

Em um nível global, o setor de serviços é responsável por 9% do consumo final de energia e 12% das emissões de gás carbônico.[12] Em 2003, o consumo total de energia *direta* no setor de serviços dos EUA ultrapassou 6,5 quatrilhões de unidades térmicas britânicas (BTUs).[13] Esta estimativa do consumo de energia norte-americana se refere à energia implantada em um local e não inclui a energia consumida na geração e transmissão de eletricidade. Os custos incorridos para gerar e transportar eletricidade são quase equivalentes aos custos no local. Em razão do fato de que a comunicação facilita os esforços para aumentar a eficiência no ponto de serviço, a nossa discussão aborda o consumo de energia *direta*.

As três fontes primárias de energia para serviços são eletricidade, gás natural e óleo combustível. O uso da eletricidade representa mais de 50% do consumo de energia, e os maiores usos da eletricidade são iluminação, operação de equipamentos de escritório, refrigeração e ventilação. O gás natural representa cerca de 40% do consumo de energia, e é a fonte primária de energia para aquecimento de ambientes e de água, e para cozinhar. A eletricidade é também utilizada para estes fins, mas o gás é, geralmente, uma fonte de energia mais eficiente e mais popular para estas aplicações. O óleo combustível é usado predominantemente para o aquecimento de ambientes.[14]

A Figura 12.1 ilustra o uso de energia primária no setor de serviços. O aquecimento de ambientes (36%) e a iluminação (20%) representam a maior parte do consumo de energia nesta área. Aquecimento de água, refrigeração e ventilação representam, cada um, entre 6% a 8% do consumo de energia. Cozinhar e o uso de equipamentos de escritório representam, cada um, cerca de 3% do consumo de energia neste setor.

Vale ressaltar que o número de edifícios comerciais e a quantidade de espaço têm aumentado e, mesmo assim, o consumo total de energia neste setor não aumentou a níveis comparáveis. Em praticamente todas as aplicações – de computadores a aquecimento de ambientes – tem havido melhorias significativas na eficiência energética. O aquecimento de ambiente é conseguido, principalmente, por meio de caldeiras e fornos. Fornos aquecem ar, que é distribuído pelos dutos; caldeiras aquecem água, proporcionando tanto água quente quanto vapor para aquecimento. O vapor é distribuído pelos tubos para radiadores de vapor e a água quente pode ser distribuída por radiadores de rodapé ou sistema de piso radiante.[15] Caldeiras são mais propensas a ser usadas em edifícios de maiores dimensões, enquanto fornos são mais prevalentes em pequenas instalações.

FIGURA 12.1

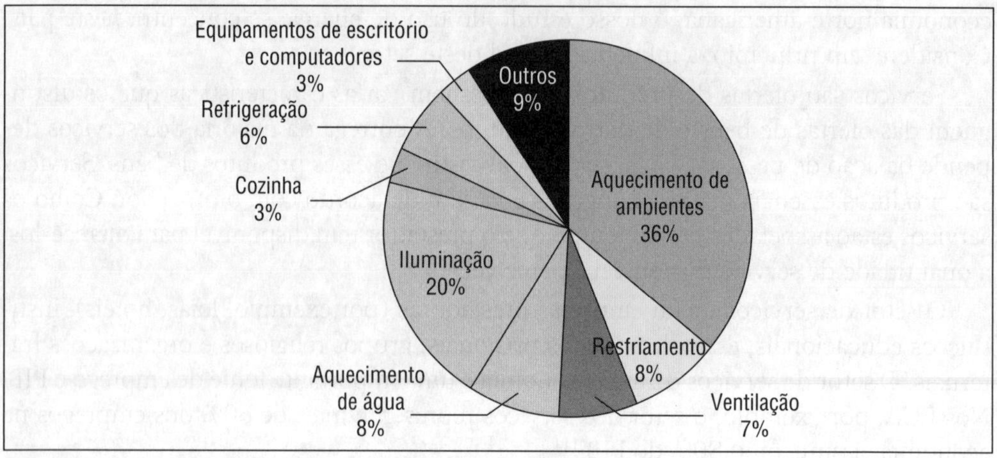

Maior consumo de combustível para uso final – 2003.
Fonte: Departamento de Energia dos EUA.

A eficiência energética de um forno ou caldeira é medida pela **eficiência de utilização anual de combustível** (Annual Fuel Utilization Efficiency – AFUE). A Comissão Federal de Comércio norte-americana exige que novos fornos e caldeiras exibam a AFUE em cada unidade para fins de comparação pelo consumidor. A AFUE é a taxa de saída de calor do forno ou caldeira em relação à energia total consumida. Por exemplo, um forno com uma AFUE de 95% utiliza 95% da energia na forma de calor enquanto os 5% remanescentes escapam pela chaminé ou por outros lugares. O Departamento de Energia dos EUA estabeleceu níveis mínimos federais de eficiência de 80% para fornos a gás, 82% para fornos a óleo, 84% para caldeiras a gás e 83% para caldeiras a óleo. Estes níveis mínimos estão abaixo dos requisitos da Energy Star, atualmente estabelecidos em 90% para fornos e 85% para caldeiras.[16]

A eficiência de combustível de fornos e caldeiras melhorou significativamente nos últimos anos. Como resultado desta maior eficiência, há uma economia substancial e, simultaneamente, redução das emissões de carbono a partir da atualização dos sistemas de aquecimento de ambientes. Por exemplo, muitos fornos instalados na década de 1970 tinham AFUEs de 60%.[17] A substituição de um destes sistemas por um sistema de maior eficiência com uma AFUE de 95% reduz os custos de consumo de combustível em $ 37,80 para cada 100 dólares gastos em energia.[18] Por conseguinte, as emissões de carbono e o custo de combustível são reduzidos pela atualização para uma tecnologia de aquecimento de ambientes mais econômica.

Uma área de consumo de energia que mudou significativamente nos últimos dez anos é a forma de iluminação utilizada dentro deste setor. Em contraste com o setor doméstico, o setor de serviços tem substancialmente mais locais que contam com iluminação fluorescente, no lugar de lâmpadas incandescentes. Embora exista alguma economia de energia a ser obtida pela substituição da iluminação incandescente, a economia de energia pela atualização de iluminação fluorescente é mais considerável.[19] As melhorias na iluminação comercial incluem reatores eletrônicos e sistemas de controle de iluminação. Reatores são dispositivos destinados a estabilizar o fluxo de eletricidade em um circuito elétrico. Os reatores utilizados em lâmpadas fluorescentes antes da década de 1980 eram magnéticos, mas cada vez mais estes aparelhos estão sendo substituídos por painéis eletrônicos. Estes novos dispositivos aumentam a eficiência da iluminação fluorescente em até 25%.[20] Por exemplo, um estudo de um edifício de escritórios de 440 mil pés quadrados, em Washington, DC, revelou um potencial de economia anual de cerca de 27 mil dólares (290 mil kWh) por ano para o proprietário do prédio. Estas economias são percebidas quando as lâmpadas fluorescentes e reatores magnéticos são substituídos por lâmpadas de menor diâmetro e reatores eletrônicos. Juntas, estas mudanças na iluminação reduziram a potência por luminária em 20%, de 110 watts para 88 watts.[21] Estimativas de um estudo da Academia Nacional de Ciências dos EUA sugerem que os reatores eletrônicos vendidos em 2005 geraram 15 bilhões de dólares em economia de energia. Além disso, os resultados do aumento da eficiência em reatores eletrônicos são atualmente responsáveis por mais de 80% do mercado de reatores.

Melhorias na tecnologia de controle eletrônico complementam os avanços na eficiência de equipamentos de iluminação e de aquecimento. O desenvolvimento de termostatos digitais permite controlar a temperatura em uma casa por dia, semana ou hora. Assim, as instalações operadas em climas que demandam o uso de ar-condicionado e aquecimento no mesmo dia podem ser gerenciados de forma eficaz. Além disso, a programação eletrônica dos aquecedores permite que se aumente ou diminua a temperatura em um local. Por exemplo, o Departamento de Energia dos EUA afirma que se percebe uma economia de até 1% para cada grau de diferença na temperatura, se o período de uso é de oito horas.[22] Termômetros digitais que estão devidamente programados para reduzir a temperatura de 10 a 15 graus por oito horas rendem cerca de 5% a 15% ao ano em custos de aquecimento e reduzem a quantidade de emissões de carbono associadas com o local. Da mesma forma, dispositivos digitais de controle de iluminação também diminuem custos de combustível e emissões. Os dispositivos de controle de iluminação incluem reguladores de tensão, sensores e temporizadores. Os reguladores de tensão utilizados com lâmpadas fluorescentes são luminárias e lâmpadas que proporcionam economia de energia ainda maior do que uma lâmpada fluorescente comum. Em contrapartida, reguladores utilizados com lâmpadas incandescentes não aumentam a eficiência energética. Sensores são dispositivos que captam o movimento, a luz (fotossensores) e a ocupação. Esses dispositivos aumentam a eficiência de combustível, reduzindo o uso da energia quando as circunstâncias não justificam o consumo. Por exemplo, fotossensores são usados em aplicações externas para desligar aparelhos durante o dia.[23] Da mesma forma, os temporizadores tentam reduzir o uso de energia por meio de programas que permitem que seja utilizado em aparelhos de iluminação em horários predeterminados.

A Figura 12.2 ilustra as várias áreas do setor de serviços, como em outros lugares, bem como seu respectivo consumo de energia nos EUA. Com 20% do consumo total de energia, a seção mercantil representa o maior consumidor de energia no setor de serviços na economia. Serviços mercantis incluem os shoppings e centros de compras que vendem componentes de varejo não alimentícios e não habitacionais. Com 17% do uso total de energia, os escritórios são os segundos maiores consumidores no setor de serviços. Instalações educacionais representam 13% do consumo de energia, enquanto serviços de alimentação, saúde e alojamento estão cada um associado a pelo menos 8% do consumo total de energia. Considere, inicialmente, a função do setor mercantil.

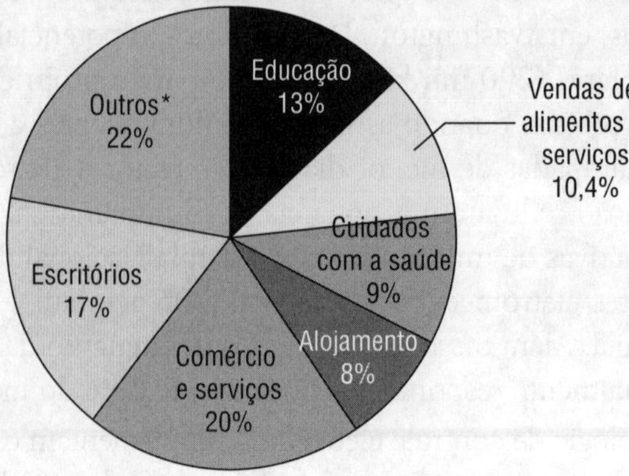

FIGURA 12.2

Consumo dos edifícios comerciais por fonte de energia, 2003 (6,523 trilhões de BTUs).
***"Outros" incluem a montagem pública, pedido público e segurança, culto religioso, almoxarifado e armazenamento, e propriedades vazias.**
Fonte: Departamento de Energia dos EUA.

B Varejo não alimentício

O componente comercial do setor de serviços inclui todos os edifícios utilizados para a venda e exposição de mercadorias que não sejam alimentos. Esta categoria inclui shoppings, centros comerciais, revendedoras de automóveis, lojas de bebidas, locadoras de vídeo e todo o tipo de construção de varejo que não seja de venda de alimentos.[24] A fim de avaliar o potencial de aumento da sustentabilidade do setor de varejo não alimentar, é interessante olhar os *insumos, processos* e *saídas*. Duas entradas associadas com as emissões de carbono são as de embalagens e de fonte de energia. Os fabricantes e distribuidores estão cada vez mais estudando formas para aumentar a sustentabilidade, ao mesmo tempo que escoram os custos logísticos associados à comercialização para varejistas. Por exemplo, a Georgia-Pacific trabalhou em conjunto com a A. O. Smith Water Products para reconfigurar a embalagem dos aquecedores de água da companhia.[25] O novo design reduziu em um terço a utilização de material, diminuiu os custos de armazenagem e logística e, simultaneamente, resultou em uma diminuição de 1.423 toneladas de emissões de gases do efeito estufa. Este exemplo ressalta os méritos da estratégia de marketing verde para os participantes em toda a cadeia de valor. A eficiência na fabricação e transporte resulta na redução de custos para varejistas e consumidores, enquanto as emissões de carbono globais são reduzidas.

Os esforços da Georgia-Pacific representam medidas tomadas pelos fabricantes para reduzir o espaço de acondicionamento e espaço de chão associados aos produtos. Os varejistas também estão iniciando os procedimentos para reduzir as emissões associadas aos produtos vendidos em seus estabelecimentos. Por exemplo, a Target eliminou produtos químicos com perfluoro-octanoicos (PFOA) prejudiciais utilizados no processamento de tecidos e vestuário. A Target também busca ativamente a redução de cloreto de polivinil (PVC) de plástico em produtos e embalagens.[26] Cerca de 66% do papel utilizado nos produtos de impressão doméstica da Target é reciclado.[27] A empresa ainda usa 100% de sacos de papel com conteúdo reciclado, 80% de caixas de sapato reciclados e sacos plásticos com 5% a 25% de conteúdo reciclado.[28]

Uma segunda entrada que está sendo modificada de maneira agressiva é a forma de energia empregada no local de varejo. Por exemplo, o Walmart tem um objetivo em longo prazo de usar 100% de formas renováveis de energia em suas lojas. O Walmart entrou em um acordo de quatro anos de compra de energia com a Duke Energy, o qual comprará energia eólica a preços competitivos a partir das instalações da Dukes Notrees, no Texas. Com a compra de energia limpa e renovável, o Walmart evitará a produção de mais de 139 mil toneladas de dióxido de carbono (CO_2) por ano. Esta compra de energia é equivalente a retirar cerca de 25 mil carros das ruas.[29]

O componente do processo de venda em varejo não alimentar se preocupa com a gestão do uso da energia em um local de varejo. O Walmart e a Target têm implementado programas destinados a reduzir o consumo de energia sem afetar a experiência de compra dos consumidores. No Walmart, a economia média por loja com o uso da luz solar é de cerca de 800 mil kWh por ano, energia suficiente para abastecer 73 casas. A empresa também utiliza sistemas de iluminação fluorescente dimerizada e tecnologias de LED que são mais eficientes que as luzes fluorescentes. Uma vez que cerca de 80% da energia consumida em um local de varejo está associada ao aquecimento e refrigeração, a Target tem feito progressos significativos para melhorar a eficiência energética destes sistemas. Sistemas de aquecimento e ar-condicionado dentro das lojas Walmart estão bem acima dos requisitos de varejo, e dispositivos de umidificação são sistemas energeticamente eficientes que tornam a viagem ao mercado mais agradável. O Walmart também implementou um plano para reduzir o consumo de água da loja em 17%. Esse objetivo é atingido pela instalação de novas torneiras e outros itens de encanamento que diminuem o fluxo da água. Além disso, o Walmart está substituindo uma porcentagem de cimento com cinzas volantes e escórias. A empresa também utiliza materiais reciclados em seus armários e balcões, e usa 100% de plásticos reciclados (a maioria a partir de sobras de fraldas não utilizadas) em seus rodapés.

O terceiro aspecto do varejo não alimentar diz respeito aos resíduos provenientes de uma loja do gênero. Os varejistas têm coletado resíduos de papel para reciclagem por muitas décadas, mas a atenção à redução de resíduos aumentou drasticamente nos últimos anos. A Target, por exemplo, agora recicla ou reaproveita mais de 70% do lixo que teria sido jogado em aterros alguns anos atrás. Os municípios estão exigindo que varejistas reciclem os sacos plásticos. Por exemplo, a cidade de Nova York aprovou uma lei em 2008 que exige que os varejistas criem programas de reciclagem na loja para sacolas plásticas.[30] Em resposta às crescentes críticas aos sacos plásticos, os varejistas estão ativamente mudando para outros tipos de sacolas. O Walmart tem como meta reduzir seus resíduos de sacolas de compras em 33% até 2013.[31] Atingirá essa meta ao treinar seus associados a ensacar produtos de maneira mais eficiente, introduzindo sacos reutilizáveis e aceitando sacolas gastas para reciclagem. Em outubro de 2008, o Walmart dos EUA introduziu uma sacola reutilizável que custa aos consumidores 50 centavos. Iniciativas semelhantes já mostraram reduções de plástico para a empresa no Canadá, Europa, Argentina e Brasil. No Japão, 46% dos clientes do Walmart agora utilizam suas próprias sacolas.[32]

C Varejo alimentício

O varejo de alimentos representa 10,4% do consumo no setor de serviços.[33] O componente de **serviços de alimentação** refere-se a edifícios utilizados na preparação e venda de alimentos e bebidas. Estes edifícios incluem restaurantes, lanchonetes e restaurantes de *fast-food*. **Lojas de alimentos** se referem a edifícios utilizados para vender produtos alimentícios no nível de atacado ou varejo, e incluem mercearias, mercados e lojas de conveniência. Lojas de alimentos são responsáveis por 6,8% do consumo total de energia, enquanto as vendas de alimentos representam 3,8% do consumo total de energia.

Embora varejistas de produtos alimentícios representem pouco mais de 10% do consumo no setor de serviços, a intensidade de energia para comercialização de alimentos é mais que o dobro da média entre todos os edifícios comerciais. No segmento de serviços alimentícios, a eletricidade representa pouco mais de 50% do consumo de energia, com o restante associado principalmente ao gás natural. As empresas que operam neste mercado estão abordando maneiras de reduzir os custos do combustível de entrada, custos operacionais e remoção de resíduos. Os varejistas alimentícios de diversos tamanhos adotaram medidas para economizar energia e usar fontes renováveis de combustível. O McDonald's, por exemplo, tem implementado estratégias TEEM (The Energy-Efficient McDonalds) que economizam em cada um dos restaurantes mais de dois mil dólares por ano. Os elementos do projeto incluem claraboias que permitem que luzes fluorescentes sejam desativadas durante o dia, bem como janelas com vidros especialmente tratados, que filtram os raios infravermelho e ultravioleta do sol. Os raios infravermelhos elevam a temperatura em áreas de jantar, enquanto a luz ultravioleta desbota tecidos coloridos dentro dos restaurantes.[34]

Muitos outros restaurantes estão reconhecendo as vantagens financeiras e de marca. O Austin Grill, por exemplo, fez a mudança para energia eólica em 2003 e foi o primeiro restaurante multiunidade nos EUA alimentado exclusivamente por esse tipo de energia. A mudança para a energia eólica custou à cadeia de restaurante cerca de 2% a mais por quilowatt/hora comparado aos combustíveis gerados a partir de fontes tradicionais.[35] Do mesmo modo, a Holland Inc. começou a usar energia eólica para todas as suas necessidades elétricas em restaurantes Burgerville e Noodlin, em 2005. Ao converter 40 restaurantes à energia eólica, a Holland Inc. evita a adição de 17,4 milhões de libras de dióxido de carbono na atmosfera anualmente.[36]

A segunda faceta de sustentabilidade associada às entradas no segmento de restaurantes e serviços alimentícios se preocupa com a fonte de alimentos. Proprietários de restaurantes podem reduzir suas emissões de carbono pela compra de produtos cultivados de forma sustentável e produtos adquiridos localmente. Produtos cultivados de maneira sustentável são, geralmente, associados a baixas emissões de carbono, mas atualmente custam mais que produtos semelhantes.[37] A compra local oferece muitos benefícios para o dono do restaurante e a comunidade. A compra de produtos produzidos localmente diminui as emissões de carbono dos custos associados à entrega e resulta em custos de transporte geralmente menores. Além disso, a empresa pode apoiar suas reivindicações associadas a alimentos frescos com a compra de produtos cultivados localmente. A compra destes produtos também suporta a comunidade local, vital para o sucesso dos restaurantes.[38]

Os varejistas também estão reconhecendo os benefícios múltiplos associados à redução do consumo de combustível. Como o aquecimento/ar-condicionado, iluminação, cozimento e refrigeração são responsáveis por cerca de 75% dos custos dos combustíveis no setor, as empresas estão buscando a eficiência por meio de aquisições de equipamentos e operações. Equipamentos de restaurantes comerciais que levam o selo Energy Star oferecem economia de combustível e reduções significativas de carbono. Fritadeiras com o selo Energy Star são mais de 50% mais eficientes que outras fritadeiras. Da mesma forma, vaporizadores com o selo Energy Star são de 25% a 60% mais eficientes, e equipamentos de aquecimento de alimentos são até 137% mais eficientes que produtos que não têm o selo Energy Star.[39] Além disso, os restaurantes podem investir em aquecedores de água sem tanques que reduzem o consumo de água e são até 70% mais eficientes que aquecedores convencionais.

A gestão de energia para equipamento de refrigeração requer que varejistas examinem o esgotamento do ozônio e o aquecimento global.[40] Os varejistas podem reduzir seus gastos com energia investindo em equipamentos de refrigeração que oferecem a temperatura de evaporação mais alta possível e temperatura de condensação mais baixa possível, mantendo a temperatura ideal de armazenamento.[41] Modelos de refrigeradores comerciais mais recentes atendem a essas especificações e são 30% mais eficientes que modelos mais antigos. Além disso, essas unidades poderão utilizar gases refrigerantes que são mais ecológicos que refrigeradores com CFC ou HFC. Por exemplo, o produtor dinamarquês Vestfrost desenvolveu geladeiras que utilizam R-134A como refrigerante.[42] A necessidade de manter a temperatura adequada, no entanto, também deve incluir a consideração das condições de umidade. Como a remoção de umidade utiliza mais energia do que reduzir a temperatura do ar, é essencial regular a umidade.[43] Uma desumidificação adequada torna a experiência de compra mais agradável e pode tornar refrigeradores de supermercados até 20% mais eficientes. Além disso, a eliminação da umidade é um fator principal no controle de contaminação biológica, especialmente para carnes e aves. Os varejistas devem considerar simultaneamente a classificação de eficiência energética (Energy Efficiency Rating – EER) e a eficiência de remoção de umidade (Moisture Removal Efficiency – MRE). Enquanto a primeira mede o custo de quilowatts por hora para manter a temperatura, a última aborda a quantidade de ar condensado por quilowatt hora.[44]

É importante notar que refrigeradores e equipamentos de cozinha somente economizam energia se as instalações são mantidas corretamente. As manutenções em nível de loja devem, por exemplo, limpar regularmente as serpentinas do evaporador e condensador para garantir a eficiência de combustível e evitar o desgaste em compressores. Refrigeradores também devem ser mantidos e carregados de maneira adequada para garantir o acesso rápido aos produtos sem afetar o fluxo de ar nas unidades. Quando a manutenção adequada é parte da avaliação de energia, as economias do ciclo de vida de produtos comerciais podem ser obtidas.[45]

O aspecto final da conservação de energia em varejo alimentício está relacionado à quantidade de resíduos produzidos. Somente nos EUA, a Agência de Proteção Ambiental (Environmental Protection Agency – EPA) estima que o tratamento de alimentos desperdiçados no país custa mais de 1 bilhão de dólares anualmente. Esses custos são reduzidos por meio da reciclagem, reutilização, doação e compostagem de materiais.[46] Centros de reciclagem, por exemplo, pagam os varejistas por papel, vidro e alumínio não contaminados. Em contrapartida, os varejistas reduzem seus custos ao reutilizar papelão, papel e plástico. Também podem reduzir os custos globais ao doar alimentos, uniformes usados, móveis e eletrodomésticos para os necessitados. Finalmente, os varejistas reconhecem as recompensas financeiras associadas à compostagem. Desde 1997, os donos de restaurantes de São Francisco têm compostado mais de 300 toneladas de material por dia. O composto fermenta por 60 dias antes de ser vendido para vinícolas locais.[47]

D Escritórios e prédios administrativos

Os edifícios de escritórios incluem locais usados para o espaço de escritório em geral, escritórios de profissionais e escritórios administrativos.[48] Vinte e nove por cento da energia consumida nesses locais está associada à eletricidade para iluminação, e 16% estão associados aos equipamentos de escritório. Também dependem de gás natural e eletricidade para aquecimento do ambiente; em conjunto, os combustíveis de aquecimento do ambiente são responsáveis por 25% do consumo de energia em edifícios de escritórios.

Os esforços para controlar os gastos de energia em escritórios comerciais incluem o **design verde** e operações de equipamentos de escritório. *O design verde* se refere ao desenvolvimento e manutenção de edifícios que são sensíveis ao meio ambiente, consumo de recursos e de energia, a qualidade do ambiente de trabalho, a rentabilidade e o mundo em geral.[49] Nos EUA, a ONG Green Building Council (USGBC) estabeleceu o sistema de avaliação **Leadership in Energy and Environmental Design (LEED)**. O LEED inclui 34 critérios de desempenho associados a sites sustentáveis, eficiência da água, energia e atmosfera, materiais e recursos, qualidade ambiental interna e processos de inovação e design. Quatro níveis de certificação (certificado, prata, ouro e platina) correspondem a níveis mais altos de sustentabilidade de um edifício.

A decisão de incorporar os critérios LEED para prédios depende da relação custo/eficácia das melhorias de sustentabilidade. Infelizmente, há pouca pesquisa sobre os custos de um design ecológico. A **franquia verde** se refere aos gastos adicionais associados ao design ecológico. Decisões de design verde muitas vezes não são tão negativas em comparação com as decisões não ecológicas, e a relativa novidade das tecnologias verdes resultam nas estimativas conservadoras de custos por designers, arquitetos e seus clientes. Os benefícios do design verde incluem redução de custos pela redução de energia, água e resíduos, bem como menores custos operacionais e de manutenção. Além disso, o design verde rende maior produtividade e saúde aos ocupantes. Além disso, os prédios verdes são entre 25% a 30% mais eficientes no consumo de energia com menor consumo de pico. Também são mais propensos a gerar energia renovável no local e poder de compra de fontes de energia renováveis.[50]

Embora dados de pesquisas e censos não estejam disponíveis para caracterizar as trocas associadas ao uso de um design ecológico, evidências disponíveis sugerem grandes benefícios financeiros ao longo de um horizonte de 20 anos. Em um estudo de 2003 com 33 projetos de LEED, o estado da Califórnia utilizou cálculos de valor líquido atual para estimar os custos e benefícios do uso de design sustentável. A franquia verde foi estimada em 4 dólares por metro quadrado, mas o valor líquido presente (VLP) da economia foi estimado em 5,79 dólares. Quando os benefícios de menores emissões, maior qualidade da água e a produtividade dos ocupantes foram adicionados à economia de energia, o valor líquido presente de um local credenciado ou prata foi estimado em 52,47 dólares por metro quadrado. Consequentemente, o benefício de um edifício verde foi de aproximadamente 48,87 dólares por metro quadrado. Estes números não devem ser usados para supor que o edifício verde tem necessariamente o custo mais eficiente. Esses dados preliminares reforçam a necessidade de considerar os custos e benefícios inerentes do emprego de um projeto sustentável. Quando os custos são avaliados durante a vida útil do imóvel, os méritos das estratégias de construção verde serão provavelmente pronunciados.

A segunda faceta da economia de energia mais associada aos edifícios de escritórios é o equipamento de trabalho. Estes equipamentos incluem computadores pessoais, máquinas de fac-símile (fax), fotocopiadoras, telefones e outros instrumentos destinados a facilitar as operações de escritório. Em 2006, a International Sustainable Development Foundation estabeleceu o Green Electronics Council (GEC) para apoiar a eficácia de design, fabricação, utilização e recuperação de produtos eletrônicos. O GEC trabalha em conjunto com a indústria de eletrônicos para reconhecer e recompensar produtos ecologicamente sensíveis. O GEC estabeleceu a Electronic Products Environmental Assessment Tool (Epeat) para identificar produtos eletrônicos que são ecologicamente preferíveis. Os critérios de recursos da Epeat pedem a redução ou eliminação de materiais ecologicamente sensíveis (por exemplo, cádmio e mercúrio), o uso de material reciclado e a implementação de recursos de design que permitam a reciclagem no final da vida útil dos produtos. Critérios operacionais incluem preocupações de conservação de energia (por exemplo, Energy Star), embalagem e capacidade de atualização de produtos. Os produtos também são avaliados com base no desempenho ambiental das empresas e se há política de retorno para produtos obsoletos.[51]

Produtos que atendem aos padrões Epeat usam menos energia e mais materiais reciclados enquanto produzem menos gases do efeito estufa, poluição do ar, da água, resíduos sólidos e perigosos. Em 2006, menos de 10% dos desktops, laptops e monitores de computador atendiam às normas Epeat. Estes produtos economizaram 13,7 bilhões de kWh em eletricidade e 24,4 milhões de toneladas em materiais. Além disso, esses produtos com certificação Epeat impediram a emissão de 56,5 milhões de toneladas de poluição no ar; 1,07 milhão de toneladas de gases responsáveis pelo aquecimento global; 118 mil toneladas de poluição da água, e evitaram a eliminação de 41,1 mil toneladas de resíduos perigosos.[52] Dados os benefícios desses produtos, no entanto, não é surpreendente ver fabricantes tais como a Apple e a Dell comercializando produtos Epeat. A Apple comercializa o MacBook de 13 polegadas como o MacBook mais verde do mundo. Este computador é isento de arsênico, mercúrio e PVC e tem acabamento em alumínio e vidro reciclável.[53] A Dell também está se esforçando para alcançar maiores níveis de sustentabilidade e, atualmente, oferece 28 produtos que são registrados pela Epeat.[54]

E Instituições educacionais

Instituições educacionais são instalações utilizadas para a instrução acadêmica ou de aprendizagem. Estes edifícios incluem escolas de ensino fundamental, médio ou superior, e salas de aula em faculdades e *campi* universitários.[55] As instituições de ensino são responsáveis por 13% do consumo de energia no setor de serviços. O aquecimento de ambientes (41%), aquecimento de água (22%) e iluminação (20%) representam mais de 80% das despesas de energia na educação. A maioria dos estabelecimentos de ensino faz parte de *campi* com multi-instalações, e escolas no Nordeste e Centro-Oeste dos EUA são, geralmente, maiores que as escolas nas regiões Sul e Oeste. Quase dois terços das escolas são de propriedade do governo, e três quartos dos prédios de propriedade do governo são de propriedade do governo local.

Embora existam esforços notáveis para aumentar a sustentabilidade das operações nos níveis de ensino fundamental e médio, as ações realizadas em faculdades proporcionam a oportunidade de se comparar a ação de marketing verde nos *campi*. Em 2005, o Rockefeller Philanthropy Advisors estabeleceu o **Sustainable Endowments Institute (SEI)**. O SEI é uma organização sem fins lucrativos dedicada à pesquisa e educação para promover a sustentabilidade nas operações do *campus* e práticas de doação. Desde 2007, o SEI vem publicando o **College Sustainability Report Card (Relatório de Sustentabilidade de Faculdades)**. Esta avaliação de sustentabilidade avalia as políticas e programas das cem maiores faculdades e universidades do país. Estas instituições possuem mais de 258 bilhões de dólares em doações e representam cerca de 75% de todos os investimentos de donativos na educação superior. Institutos colegiados são avaliados nos seguintes critérios:[56]

Administração. Esta categoria aborda ações com relação à sustentabilidade das faculdades e universidades em nível administrativo ou curador. Estas ações incluem compromissos com a sustentabilidade na missão ou plano mestre das instituições e compromissos de sustentabilidade local, nacional ou internacional.

Alterações climáticas e energia. As iniciativas com relação à mudança climática procuram melhorar a eficiência energética e obter energia proveniente de fontes renováveis. Campanhas de conservação podem incentivar os membros da comunidade universitária a monitorar seu consumo de energia, fazer a retroalimentação de aparelhos ou usinas com tecnologias energeticamente eficientes, realizar um inventário de emissões de carbono e se comprometer com a redução de emissões.

Alimentos e reciclagem. Esta categoria analisa as práticas de sustentabilidade dos serviços de refeição. As escolas ganham maiores avaliações com base na quantidade e disponibilidade de alimentos produzidos localmente, assim como alimentos orgânicos e produzidos de forma sustentável. A utilização de louça reutilizável e recipientes para viagem que sejam ecologicamente corretos também é levada em consideração. Além disso, esta categoria também examina os programas em todo o *campus* e em refeições específicas para a reciclagem e compostagem de resíduos alimentares e de paisagem.

Construções verdes. A categoria de construções verdes avalia o grau de incorporação das escolas que adotam projetos de alto desempenho. Esta categoria inclui a adoção de políticas de construções verdes em todo o *campus* e a integração de práticas ecológicas de construção em edifícios novos e existentes, projetos de construção e a incorporação de recursos de design de construções verdes na adaptação de edifícios existentes. Faculdades conseguem melhorar suas avaliações quando usam o sistema de avaliação LEED.

Participação do aluno. Esta categoria considera o grau em que os alunos participam de iniciativas de sustentabilidade, bem como o apoio a estas atividades pelos administradores da escola.

Transporte. A categoria de transporte examina a extensão em que a escola promove opções alternativas de transporte por meio de políticas e práticas de gestão de instalações e administração.

Transparência de doações. Este fator aborda as informações de controle sobre as participações de investimentos de doações e registros de voto de acionistas por procuração. Acesso às informações de doações estimula um diálogo construtivo sobre as oportunidades de investimentos em energia limpa e as prioridades de votação dos acionistas.

Prioridades de investimento. As prioridades de investimento focam na priorização de retorno sobre o investimento, investimento em fundos de energia renováveis e investimentos em fundos de empréstimo desenvolvidos pela comunidade.

Comprometimento do acionista. As faculdades ilustram a participação dos acionistas ao estabelecer comissões de alunos, professores e ex-alunos para aconselhar os administradores a respeito da sustentabilidade.

O College Sustainability Report Card oferece uma série de benefícios para as instituições de ensino superior. Os critérios específicos do Report Card proporcionam oportunidades para avanços significativos nos aspectos de avaliação de sustentabilidade de uma universidade que caem abaixo dos níveis desejados. Ao traçar esta atividade, as universidades podem mostrar aos interessados o montante dos progressos alcançados ao longo do tempo. Por exemplo, a Tabela 12.1 identifica as instituições com melhor desempenho em 2009. O *ranking* relativo indica como os esforços de uma faculdade se comparam em relação a todas as outras instituições de ensino superior.

O índice fornece uma visão para as faculdades, mas também fornece uma visão para os comerciantes que procuram fazer ofertas de produtos disponíveis para as instituições de ensino superior. Analisando esses critérios, as empresas podem desenvolver campanhas que ilustram como as suas ofertas de produtos ajudam as escolas a atingir metas de sustentabilidade. Por exemplo, a Leviton comercializa uma linha de interruptores com

TABELA 12.1. Melhores desempenhos de sustentabilidade entre faculdades e universidades – 2009.[57]

	Geral	Administração	Mudança climática e energia	Alimentação e reciclagem	Construções verdes	Envolvimento dos alunos	Transporte	Transparência de doações	Prioridades de investimento	Comprometimento do acionista
Oberlin College	A-	A	A	A	A	A	B	B	A	A
University of New Hampshire	A-	A	A	A	B	A	A	A	B	-
University of British Columbia	A-	A	B	A	A	A	A	A	B	B
Columbia University	A-	A	B	A	A	A	B	B	A	A
Dickinson College	A-	A	A	A	B	B	A	B	A	A
Harvard University	A-	A	A	A	A	A	B	C	A	A
Middlebury College	A-	A	A	A	A	A	A	D	A	A
University of Washington	A-	A	A	A	A	B	A	B	A	B
Brown University	A-	B	B	A	A	A	A	C	A	A
Carleton College	A-	A	B	A	B	A	B	B	A	A
University of Colorado	A-	A	A	A	A	A	A	A	A	F
Dartmouth College	A-	C	B	A	A	A	B	A	A	A
University of Pennsylvania	A-	A	A	A	A	B	B	C	A	A
Stanford University	A-	A	B	A	A	A	B	C	A	A
University of Vermont	A-	A	A	A	A	B	B	B	B	A

Fonte: www.greenreportcard.org.

timer que acomodam iluminação fluorescente.[58] Representantes de vendas comercializando tais produtos para as faculdades e universidades podem ilustrar como a adaptação desses dispositivos em locais existentes pode permitir que a instituição atinja metas de sustentabilidade, e ao mesmo tempo reduza seus custos operacionais.

F Cuidados com a saúde

Prédios de cuidados com a saúde são aqueles utilizados como instalações para diagnóstico e tratamento de pacientes internados e de enfermaria.[59] Consultórios médicos e odontológicos são considerados prédios de cuidados de saúde se usam qualquer tipo de equipamento médico de diagnósticos, e simples consultórios se não os usam. Enfermarias especializadas ou outros prédios de cuidados residenciais são caracterizados como alojamentos.

O setor de cuidados de saúde é responsável por 9% do consumo de energia no setor de serviços. O setor de saúde tem um conjunto de condições únicas que influenciam as medidas tomadas para conservar energia. Semelhante ao varejo de alimentos, prédios de cuidados com a saúde têm intensidades energéticas que são mais que o dobro da média de todos os edifícios do setor. Os serviços de saúde devem lidar com operações 24 horas por dia, sete dias por semana, acompanhadas pelo uso de produtos químicos, exigências de controle de doenças infecciosas e substanciais requisitos regulatórios que desafiam os esforços de alcançar maiores níveis de sustentabilidade.

O setor de saúde tem trabalhado para o desenvolvimento de padrões de sustentabilidade desde o lançamento, em 2002, da declaração de Orientações de Construções Verdes de Saúde (Green Healthcare Contruction Guidance Statement) pela American Society for Healthcare Engineering. No ano seguinte, a iniciativa Green Guide for Health Care começou quando uma equipe de líderes da indústria, geográfica e profissionalmente diversificada, estabeleceu um comitê para direcionar o desenvolvimento orientado do documento. Os membros deste comitê incluem uma vasta gama de pessoas interessadas que não têm interesses financeiros diretos no processo de certificação ou de produtos analisados no documento. O guia evoluiu a partir de um projeto piloto para se tornar um registro completo e um programa de certificação. Na sua forma atual, o **Green Guide for Health Care** (versão 2.2) é destinado a servir como referência para as melhores práticas da indústria. O guia dá ao setor de cuidados de saúde um kit de ferramentas voluntário de métrica de autocertificação que designers, proprietários e operadores podem utilizar para orientar e avaliar seu progresso em direção a ambientes de cura de alto desempenho. O guia detalhado fornece ideias sobre a maneira como os serviços de saúde podem aumentar o grau de sustentabilidade na construção civil e operações.

As diretrizes para a sustentabilidade em saúde analisam questões relacionadas às novas construções e operações em curso. Quando um hospital decide adicionar uma nova construção ou analisa as operações atuais, está cada vez mais baseando suas decisões no Green Guide for Health Care. A construção e as questões operacionais relacionadas com as instalações de cuidados de saúde incluem:[60]

Design integrado. A unidade de saúde deve implementar uma colaboração multissetorial com objetivos definidos, projetar processos e estabelecer a saúde humana como critério para o design, construção e operações.

Locais sustentáveis. O desenvolvimento local deve reduzir o impacto ambiental da localização de um edifício. Desenvolvimentos em áreas urbanas devem proteger campos verdes e preservar os recursos naturais, e desenvolvimentos em áreas rurais devem centrar-se em locais previamente desenvolvidos. As instalações também devem recuperar locais onde o desenvolvimento é complicado pela contaminação ambiental. Os locais devem ser regulados para reduzir a poluição dos automóveis, além da poluição da água de chuva.

Eficiência da água. As instalações de serviços de saúde devem eliminar o uso de água potável para o arrefecimento de equipamentos médicos ou para a irrigação da paisagem. Ao mesmo tempo, a unidade de saúde deve maximizar a eficiência da água potável em suas instalações e acompanhar as práticas de consumo de água ao longo do tempo.

Energia e atmosfera. A unidade de saúde deve estabelecer padrões mínimos de eficiência energética, incentivar o desempenho acima destas normas e acompanhar este desempenho ao longo do tempo. A instalação também deve encorajar o uso de energias renováveis e autoalimentadas, ao mesmo tempo que reduz o consumo de energia. Além disso, o recurso deve estar em conformidade com o Protocolo de Montreal para a redução do ozônio.

Materiais e recursos. Eliminar o uso de produtos de construção que contenham mercúrio e reduzir a liberação de produtos químicos tóxicos bioacumulativos associados a materiais de construção. Redirecionar os recursos recicláveis na fabricação, os materiais reutilizáveis para locais adequados e os resíduos perigosos diretos em conformidade com os regulamentos governamentais.

Qualidade ambiental. Fornecer ventilação natural para aumentar o conforto dos ocupantes e minimizar os contaminantes potencialmente prejudiciais do ar interior. Minimizar o uso de móveis que lancem contaminantes de ar e reduzir a quantidade de som que causa distúrbios perto das instalações.

Processo de inovação e design. Estabelecer programas que recompensem as equipes de design e projetos que atinjam desempenho acima das metas estabelecidas pelo Green Guide for Health Care.

Gestão química. Minimizar os efluentes gasosos e derramamentos perigosos, ao mesmo tempo que reduz o potencial de exposição dos ocupantes do edifício a PCB e à combustão de subprodutos de PCBs. Reduzir a quantidade de resíduos farmacêuticos na descarga de esgoto sanitário.

Gestão de resíduos. Estabelecer redução mínima e programas de reciclagem. Reduzir os resíduos sólidos em aterros e incineradores pela reutilização, redução, reciclagem e compostagem. Reduzir os resíduos hospitalares por meio da melhoria de segregação e práticas de trabalho modificadas.

Serviços ambientais. Desenvolver práticas de gestão que aumentem a integridade ecológica da propriedade. Reduzir a exposição a riscos físicos e químicos. Reduzir o desenvolvimento do solo e os efeitos da poluição, reduzindo a quantidade de transporte de veículos.

Os méritos do Green Guide for Health Care são semelhantes àqueles das universidades que usam o College Sustainability Report Card. As orientações fornecem objetivos claros para os hospitais e permitem que as instituições de cuidados de saúde controlem sua evolução ao longo do tempo. Além disso, o Green Guide representa um auxílio significativo para os comerciantes que procuram tornar suas ofertas de produtos disponíveis para hospitais. Os comerciantes que são capazes de ilustrar a forma como seus produtos aumentam as diretrizes de construção e operações estão bem posicionados para aumentar sua participação de mercado na indústria de cuidados de saúde.

G Hotéis e alojamentos

O setor hoteleiro e de alojamento representa 8% do consumo de energia no setor de serviços. A indústria hoteleira é um dos maiores empregadores mundiais, com mais de 195 milhões de empregos e 10,2% do PIB global. Além disso, o setor declara investimentos de capital anual de 685 bilhões de dólares.[61]

A indústria do turismo tem previsão de atingir mais de 1,56 bilhão de pessoas até o ano de 2020, e a indústria hoteleira terá de acomodar essa demanda, fornecendo mais propriedades. Os participantes do setor reconhecem que a construção de novos hotéis deve ocorrer de forma que incorpore questões de sustentabilidade.[62] A indústria reconhece a necessidade de aumentar a sustentabilidade, mas muitos dos esforços em operações têm ocorrido de forma independente por várias redes hoteleiras.[63] A International Business Leaders Forum (IBLF) e a certificação Green Globe representam duas tentativas de buscar um consenso sobre os esforços de sustentabilidade. Em 2005, a IBLF e Conservation International elaboraram um plano de implementação da sustentabilidade no planejamento e desenvolvimento de hotéis para ajudar a orientar os planejadores, investidores, proprietários de hotéis e projetistas.[64] Este plano foi desenvolvido em conjunto com nove das principais empresas mundiais no ramo hoteleiro: Accor, Carlson, Four Seasons, Hilton, Marriott, Intercontinental, Rezidor SAS, Starwood Hotels & Resorts Worldwide Inc. e Taj Hotels Resorts and Palace. Este plano está centrado na seleção do local, design, arquitetura e construção. Os aspectos principais do plano incluem:[65]

Local de construção e design sustentável. Preocupações de design analisam as características arquitetônicas, tais como localização do empreendimento, design solar passivo, iluminação natural, energias renováveis, conservação de água e paisagismo. Além disso, o plano analisa considerações ambientais associadas a janelas, isolamento térmico e outros materiais de construção. O projeto também pede tecnologias de eficiência de recursos e equipamentos.

Reutilização de edifícios existentes. O plano reconhece que, quando viável, a adaptação e reparação dos imóveis existentes é melhor que uma construção nova. Quando construções precisam ser niveladas, materiais existentes devem ser avaliados para reúso.

Construção sustentável. A sustentabilidade na construção envolve assegurar que as alterações aos planos iniciais não prejudiquem as características de sustentabilidade do projeto, nem reduzam a eficiência energética. A integridade ambiental do local deve ser preservada a todo custo. Além disso, deve ser um local de trabalho limpo e seguro.

Embora o plano IBLF forneça diretrizes para o desenvolvimento da propriedade, este não representa uma forma de certificação que as propriedades hoteleiras possam obter. A certificação Green Hotel, no entanto, é uma certificação de terceiros que integra a lógica IBLF e outras documentações do setor. O selo Green Globe é um reconhecimento independente dos esforços de sustentabilidade que comparam as propriedades com os mais elevados princípios no mundo todo. Seu objetivo é introduzir e reforçar a sustentabilidade e as práticas sociais em todos os níveis de gestão na indústria da hospitalidade. A certificação Green Globe revisa a eficiência energética, as emissões de gases do efeito estufa, a conservação da água, a qualidade do ar interior e exterior, a gestão de resíduos, a gestão de instalações, a política e a governança, a compra, a comunidade, a proteção de destino, a conservação, gestão e questões culturais e sociais.

RESUMO

A Introdução: contribuições do setor de serviços para as emissões de carbono

Este capítulo fornece uma visão geral do consumo de energia no setor de serviços. Este setor econômico inclui empresas prestadoras de serviços (por exemplo, lojas, hotéis), instituições educacionais, estabelecimentos prisionais, grupos religiosos e organizações fraternais. Em um nível global, o setor de serviços corresponde a 9% do consumo final total de energia e 12% das emissões de carbono. As três fontes primárias de energia para serviços são eletricidade, gás natural e óleo combustível.

B Varejo não alimentício

O componente comercial do setor de serviços inclui shoppings fechados, centros comerciais, revendedoras de automóveis, lojas de bebidas, locadoras de vídeo e todo o tipo de instalações de varejo que não sejam varejistas de produtos alimentares. Os fabricantes e distribuidores que fornecem insumos estão cada vez mais estudando formas para aumentar a sustentabilidade, ao mesmo tempo que escoram os custos logísticos associados à comercialização para varejistas. O componente do processo de venda não alimentar se preocupa com a gestão do uso da energia em um local de varejo. Varejistas grandes e pequenos têm implementado programas destinados a reduzir o consumo de energia sem afetar a experiência de compra dos consumidores.

C Varejo alimentício

Os componentes de serviços alimentícios são instalações utilizadas para a preparação e venda de alimentos e bebidas. Estes edifícios incluem restaurantes, lanchonetes e restaurantes de *fast-food*. Dado que a intensidade de energia para a venda de alimentos é grande, as empresas que operam neste mercado estão abordando maneiras de reduzir os custos do combustível de entrada, custos operacionais e remoção de resíduos.

Lojas de alimentos se referem a edifícios utilizados para vender produtos alimentícios em nível de atacado ou varejo, e incluem mercearias, mercados e lojas de conveniência. As empresas deste setor podem reduzir a sua pegada de carbono pela compra de produtos cultivados de forma sustentável e produtos adquiridos localmente. Podem ainda reduzir suas emissões de energia com a atualização para equipamentos energeticamente eficientes.

D Escritórios e prédios administrativos

Os esforços para controlar os gastos de energia em escritórios comerciais incluem design verde e operações de equipamentos de escritório. *O design verde* se refere ao desenvolvimento e manutenção de prédios sensíveis ao meio ambiente, consumo de recursos e energia, a qualidade do ambiente de trabalho, eficácia do custo e do mundo em geral. A segunda faceta da economia de energia mais associada aos edifícios de escritórios é o equipamento de escritório. A International Sustainable Development Foundation estabeleceu o Green Electronics Council para apoiar a eficácia de design, fabricação, utilização e recuperação de produtos eletrônicos.

E Instituições educacionais

Instituições educacionais são instalações utilizadas para a instrução acadêmica ou de aprendizagem. O Sustainable Endowments Institute publica o College Sustainability Report Card, que avalia as universidades e faculdades em seus esforços para atingir a sustentabilidade na gestão, alterações climáticas e energia, alimentos e reciclagem, edifícios e construções, transparência de doações, prioridades de investimento e participação dos acionistas.

F Cuidados com a saúde

O Green Guide for Health Care oferece aos serviços de saúde orientações sobre questões de construção que incluem design integrado, locais sustentáveis, eficiência da água, energia e atmosfera, materiais, qualidade ambiental, inovação e design. As operações em andamento nas instalações também são abordadas no que diz respeito à eficiência energética, conservação de água, gestão de produtos químicos, de resíduos e serviços ambientais.

G Hotéis e alojamentos

As empresas que operam no setor hoteleiro podem aumentar o nível de sustentabilidade por meio de construções e designs adequados, renovação e reutilização de edifícios existentes e construção sustentável.

PERGUNTAS

1. Qual é o mérito de examinar o progresso em questões de sustentabilidade em cada setor da economia de serviços?
2. Qual é a influência relativa da economia de serviços no consumo de energia, e quais são as fontes primárias de energia utilizadas no setor?
3. Descreva os principais insumos, processos e saídas de energia intensiva no varejo não alimentício, e os recentes esforços para o uso mais eficiente de energia.
4. Como a busca de alimentos locais aumenta a sustentabilidade?
5. Por que uma organização busca obter a certificação LEED para suas novas instalações?
6. A franquia verde está aumentando ou diminuindo? Que evidências sustentam sua resposta?
7. Quais são os componentes do College Sustainability Report Card?
8. O que sua faculdade ou instituição pode fazer para melhorar a sustentabilidade da sala onde sua aula é realizada?
9. Que tipos de empresas de comercialização para hospitais deveriam saber que a unidade de saúde está usando a lógica Green Guide for Health Care para orientar suas compras?
10. Até que ponto o setor hoteleiro e de alojamento está engajado nos esforços de sustentabilidade?

NOTAS FINAIS

[1] Kimpton Hotels and Restaurants. About us. Disponível em: <http://www.kimptonhotels.com/about-us/about-us.aspx>. Acesso em: 14 maio 2010.

[2] Kimpton Hotels and Restaurants. Earthcare History. Disponível em: <http://www.kimptonhotels.com/programs/earthcare-history.aspx>. Acesso em: 14 maio 2010.

[3] Hurley, Lisa. The green room. *Association Meetings*, ago. 2009, p. 35.

[4] Jenning, Lisa. Eco-friendly ways bring in green. *Nation's Restaurant News*, 01 out. 2007, 90, p. 92.

[5] Veja nota 1.

[6] Kimpton Hotels and Restaurants. Restaurants. Disponível em: <http://www.kimptonhotels.com/restaurants/restaurants.aspx>. Acesso em: 14 maio 2010.

[7] Elan, Elissa. Wines leads Kimpton's eco-friendly efforts with wines. *Nation's Restaurant News*, 10 ago. 2009, 20, p. 65.

[8] Slye, Jeff. The greening of Kimpton hotels: five valuable lessons. *Hotel Business Review*. Disponível em: <http://www.businessevolution consulting.com/Greening_of_Kimpton.pdf>. Acesso em: 14 maio 2010.

[9] International Energy Agency. *Tracking Industrial Energy Efficiency and CO_2 Emissions*. Paris: OECD/IEA, 2008. p. 94.

[10] Parasuraman, A.; Zeithaml, Valarie A.; Berry, Leonard L. A conceptual model of service quality and its implications for future research. *Journal of Marketing* 49, n. 4, 1985, p. 41-50.

[11] Berg, Daniel. Analysis of the service sector. *International Journal of Information Technology & Decision Making* 5, n. 4, 2006, p. 699-701.

[12] Veja nota 9.

[13] U.S. Energy Information Administration. Major fuel consumption (Btu) by end use for all buildings, 2003. Disponível em: <http://www.eia.doe.gov/emeu/cbecs/cbecs2003/detailed_tables_2003/2003set19/2003html/e01a.html>. Acesso em: 14 maio 2010.

[14] U.S. Energy Information Administration. Preliminary end-use consumption estimate. Disponível em: <http://www.eia.doe.gov/emeu/ cbecs/enduse_consumption/intro.html>. Acesso em: 14 maio 2010.

[15] U.S. Department of Energy. Energy savers: your home. Disponível em: <http://apps1.eere.energy.gov/consumer/your_home/space_heating_cooling/index.cfm/mytopic=12530>. Acesso em: 14 maio 2010.

[16] DOE Updates Furnace Efficiency Standards. *Energy Design Update* 26, n. 12, 2006, p. 24.

[17] Furnaces: Upgrades and Replacements. *Consumer Reports* 10, 1993, p. 660-661.

[18] Veja nota 15.

[19] Veja nota 14.

[20] U.S. Energy Information Administration. At home and at work: what types of lights are we using? Disponível em: <http://www.eia. doe.gov/emeu/cbecs/lit-type.html>. Acesso em: 14 maio 2010.

[21] Brad, Avis; Woods, Gustafson; Harris, Jeff. Monitored savings from energy-efficient lighting in DC office. *Center for Building Science News* 4, n. 1, 1997. Disponível em: <http://eetdnews.lbl.gov/cbs_nl/nl16/dcoffice.html>. Acesso em: 14 maio 2010.

[22] Veja nota 15.

[23] U.S. Department of Energy. Energy savers: your home. Disponível em: <http://apps1.eere.energy.gov/consumer/your_home/lighting_day lighting/index.cfm/mytopic=12200>. Acesso em: 14 maio 2010.

[24] U.S. Energy Information Administration. Commercial buildings energy consumption survey. Disponível em: <http://www.eia.doe. gov/emeu/cbecs/pba99/mercantile/mercantile.html>. Acesso em: 14 maio 2010.

[25] Georgia-Pacific Program Drives Sustainability. *Paper Film & Foil Converter* 82, n. 10, 2008, p. 30.

[26] Target.com. Eco-friendly products and packaging. Disponível em: <http://sites.target.com/site/en/company/page.jsp?contentId=WCMP04-031817>. Acesso em: 14 maio 2010.

[27] Target.com. The importance of the three Rs. Disponível em: <http://sites.target.com/site/en/company/page.jsp?contentId=WCMP04-031813>. Acesso em: 14 maio 2010.

[28] Truini, Joe. Wal-Mart, Target explore enviro retailing. *Waste News* 9, n. 13, 2003, p. 19.

[29] Walmart. Sustainability. Disponível em: <http://walmartstores.com/pressroom/FeaturedTopics/ ?id=6>. Acesso em: 14 maio 2010.

[30] NYC Mandates Plastic Bag Recycling. *Paper, Film & Foil Converter* 82, n. 6, 2008, p. 17.

[31] Walmart. Sustainability fact sheet. Disponível em: <http://walmartstores.com/ViewResource.aspx?id=2392>. Acesso em: 14 maio 2010.

[32] Walmart. Reusable bags. Disponível em: <http://walmartstores.com/Sustainability/7990.aspx>. Acesso em: 14 maio 2010.

[33] U.S. Energy Information Administration Annual Energy Review. Disponível em: <http://www.eia.doe.gov/emeu/aer/pdf/pages/sec2_25.pdf>. Acesso em: 14 maio 2010.

[34] Zuber, Amy. Go, T.E.E.M.! New McDonald's units conserve energy, save money. *Nation's Restaurant News* 34, n. 11, 2000, p. 30.

[35] Johnson, Jim. Restaurant chain converts to wind. *Waste News* 9, n. 6, 2003, p. 15.

[36] Johnson, Jim. Restaurant chain to devour wind. *Waste News* 11, n. 9, 2005, p. 16.

[37] Walkup, Carolyn. Chicago's Epic Burger serves up more mindful menu in quest to minimize its carbon footprint. *Nation's Restaurant News* 40, n. 24, 2008, p. 14.

[38] Parseghian, Pamela. Restaurants get help finding produce. *Nation's Restaurant News* 40, n. 39, 2006, p. 30.

[39] Stys, Brian. Green restaurants: commercial kitchens face unique challenges as well as opportunities for saving energy and materials. *Environmental Design & Construction* 11, n. 5, 2008, p. 64.

[40] Wilson, Marianne. Energy management: changes in refrigerants and energy procurement are major concerns. *Chain Store Age* 83, n. 5, 2007, p. 164-166.

[41] Electric End Use Cools Off. *Nation's Restaurant News*, 2, 2 suppl., 2003, p. 18.

[42] Energysmart Library Room. Refrigerators. Disponível em: <http://www.energyguide.com/library/EnergyLibraryTopic.asp?bid= austin&prd=10&TID=17257&SubjectID=8371>. Acesso em: 14 maio 2010.

[43] Veja nota 40.

[44] Jackson, Dusty. Upping energy efficiency through de-humidification. *Chain Store Age* 82, n. 11, 2007, p. 92.

[45] Veja nota 39.

[46] National Restaurant Association. Recycling/waste reduction/composting. Disponível em: <http://conserve.restaurant.org/issues/recycling_detail.cfm>. Acesso em: 14 maio 2010.

[47] Mullane, Nancy. San Francisco compost a hit with local vineyards. *National Public Radio.* Disponível em: <http://www.npr.org/templates/story/story.php?storyId=6619306>. Acesso em: 14 maio 2010.

[48] U.S. Energy Information Administration. Characteristics by activity: office. Disponível em: <http://www.eia.doe.gov/emeu/cbecs/pba99/ office/office.html>. Acesso em: 14 maio 2010.

[49] Kats, Greg et al. The costs and financial benefits of green buildings. *California Sustainable Building Task Force*, 2003, p. 134.

[50] Veja nota 49.

[51] Environmental Benefits of Buying Green Computers. *Air Pollution Consultant* 17, n. 6, 2007, p. 1.1-1.4.

[52] International Sustainable Development Foundation. What we do. Disponível em:

<http://isdf.org/what_we_do>. Acesso em: 14 maio 2010.

[53] Apple. MacBook and the environment. Disponível em: <http://www.apple.com/macbook/environment.html>. Acesso em: 14 maio 2010.

[54] Dell. Dell products recognized for environmental achievement on EPEAT. Disponível em: <http://www.dell.com/content/topics/global. aspx/corp/environment/en/epeat?c=us&l=en&s=gen>. Acesso em: 14 maio 2010.

[55] U.S. Energy Information Administration. Characteristics by activity: education. Disponível em: <http://www.eia.doe.gov/emeu/cbecs/pba99/education/education.html>. Acesso em: 14 maio 2010.

[56] The College Sustainability Report Card. Sustainability categories. Disponível em: <http://www.greenreportcard.org/reportcard-2009/categories>. Acesso em: 14 maio 2010.

[57] The College Sustainability Report Card. Report card 2009. Disponível em: <http://www.greenreportcard.org/report-card-2009/schools/search/34>. Acesso em: 14 maio 2010.

[58] Levitonproducts.com. Leviton Monet Mark X 277V MarkXFluorescent Ballast (Narrow Fin). Disponível em: <http://www.leviton products.com/catalog/model_MNX20-7L.htm>. Acesso em: 14 maio 2010.

[59] U.S. Energy Information Administration. Characteristics by activity: health care. Disponível em: <http://www.eia.doe.gov/emeu/cbecs/pba99/healthcare/healthcare.html>. Acesso em: 14 maio 2010.

[60] Green Guide for Health Care, Green Guide. Disponível em: <http://www. gghc.org/PilotDocsPub//2008%20GGHC%20Ops%20Revision/GGHC-Ops-08Rev-clean.pdf>. Acesso em: 14 maio 2010.

[61] Theobald, William F. *Global tourism*. Burlington, MA: Elsevier Science, 2005. p. 406.

[62] Conservation. Worlds first publication on sustainable hotel siting, design and construction guiding principles released. Disponível em: <http://www.conservation.org/sites/celb/news/Pages/091405_worlds_first_publication_on_hotel_siting_design_construction.aspx>. Acesso em: 14 maio 2010.

[63] Houdré, Hervé. Sustainable development in the hotel industry. *Cornell Industry Perspectives*, n. 2, ago. 2008, p. 177.

[64] Environmental Development. *International Business Leaders Forum*. Disponível em: <http://www.iblf.org/what_we_do/Environmen-tal_Development.jsp>. Acesso em: 14 maio 2010.

[65] The Sustainable Siting, Design and Construction Of Tourism Facilities. *International Hotel and Restaurant Association,* 57. Disponível em: <http://www.ih-ra.com/marketplace/docs/3environmental_teaching.pdf>. Acesso em: 14 maio 2010.

capítulo 13

Consumo de Energia no Setor de Transportes

OBJETIVOS DO CAPÍTULO

PALAVRAS-CHAVE

A Introdução: contribuições do setor de transportes para as emissões de carbono

Siemens

São Petersburgo, a antiga capital da Rússia, está a 396 milhas (637 km) de Moscou. Como são as duas maiores cidades da Rússia, o percurso entre elas é muito usado. Em dezembro de 2009, uma nova oportunidade para o transporte começou a tomar forma com a implantação de trens de grande velocidade comprados da Siemens. A empresa ferroviária estatal russa gastou 485 milhões de dólares na atualização dos trilhos e 926 milhões de dólares em oito trens Siemens Sapsan e um contrato de serviço de 30 anos. A Siemens é uma empresa multinacional alemã com mais de 430 mil colaboradores trabalhando nos setores da indústria, energia e saúde. Em 2008, a Siemens teve receitas de 77,3 bilhões de euros e rendimento de operações continuadas de 1,859 bilhão de euros.[1]

O trem Siemens Sapsan (em russo, *falcão peregrino*) usa uma tecnologia inovadora que contrasta com os trens anteriores. Em vez de uma locomotiva, o Sapsan usa motores elétricos ligados às rodas em todos os vagões do trem. A velocidade máxima do comboio é de 217 milhas (349 km) por hora, mas já chegou a 255 milhas (410 km) por hora durante os testes.

Os trens de grande velocidade da Siemens competirão com as companhias aéreas. A viagem do centro de Moscou ao centro de São Petersburgo é estimada em 3 horas e 45 minutos. Embora o tempo de voo real seja mais curto, o tempo médio de viagem, incluindo o transporte de ida e volta ao aeroporto, *check-in* e certificação de segurança, é de cinco horas.[2] O serviço será oferecido quatro vezes por dia e reduzirão 45 minutos da viagem de trem mais rápida em operação antes de 2009.

FIGURA 13.1

Trem Sapsan da Siemens chegando em São Petersburgo, Rússia.
Fonte: © AFP Photo/Interpress/Newscom.

O exemplo russo é consistente com outros mercados em que trens de grande velocidade têm competido com voos em preço, tempo de viagem e conveniência para distâncias de até 600 milhas (965 km) entre as principais cidades. Além disso, o uso da eletricidade proporciona a oportunidade de utilizar fontes renováveis de energia. Em razão dos benefícios desta forma de viagem, a construção de uma ligação ferroviária de alta velocidade entre Paris e Lyon eliminou a maioria dos voos comerciais entre as cidades francesas. Da mesma forma, a ligação de alta velocidade entre Madri e Barcelona dividiu o mercado de viagens aéreas para o percurso em cerca de 50% em um único ano.[3]

Os gastos globais em trens, ferrovias e equipamentos deverá atingir 122 bilhões de euros (182 bilhões de dólares) em 2009 – um aumento de 18% desde 2004. Além disso, as projeções indicam que este número subirão para 150 bilhões até 2016, impulsionado por preocupações ambientais e projetos de estímulo.[4] Atualmente, Japão, França, Alemanha, Espanha, Grã-Bretanha, Itália, Taiwan, Coreia e China têm trens de grande velocidade em operação. A Espanha planeja ultrapassar o Japão com a maior rede do mundo de rotas de alta velocidade em 2010, mas a China e a Índia não demorarão em ultrapassar a Espanha neste quesito. A França espera dobrar a sua ferrovia de alta velocidade para cerca de 2.500 milhas até 2020, e a Dinamarca está mudando o financiamento do transporte público rodoviário para o ferroviário. Quatro dos maiores provedores para este mercado são Siemens, Hitachi, Alstom e Bombardier. A General Electric é uma projetista de trens de carga com locomotivas, mas também está empenhada em atender o mercado de trens de grande velocidade para passageiros.

É interessante notar que a Siemens espera que o Sapsan esteja parando nas plataformas dos EUA em um futuro próximo. O presidente Barack Obama prometeu gastar 13 bilhões de dólares em cinco anos para construir as ligações ferroviárias de alta velocidade entre grandes cidades. Oito bilhões de dólares estão incluídos no plano de estímulo econômico. O Departamento de Transportes dos EUA identificou 11 corredores onde os trens de grande velocidade poderiam competir com viagens rodoviárias e aéreas intermunicipais. Por exemplo, o Siemens Sapsan é um candidato para o percurso Los Angeles-São Francisco, previsto para ser inaugurado em 2020.[5]

A evolução dos mercados de transporte ferroviário de alta velocidade ilustra como o consumo de energia está mudando no setor de transportes. A fim de obter uma melhor compreensão desse consumo de energia, este capítulo apresenta uma visão geral do papel dos transportes no consumo energético global. Inicialmente descrevemos o uso de energia associado ao transporte e, subsequentemente, delineamos o uso de energia para transporte de passageiros e de mercadorias. No processo, discutimos os esforços para aumentar a eficiência energética das modalidades de transportes alternativos. Começamos com uma descrição das modalidades de transporte pessoal que dominam o consumo de combustível no setor macroeconômico. Na sequência, descrevemos os níveis atuais e planejados de transporte de massa. Além disso, traçamos o consumo de energia associado ao transporte de mercadorias.

O setor de transporte é responsável por 26% do consumo mundial de energia e 25% da emissão direta e indireta de carbono.[6] Nos últimos 15 anos, o transporte tem sido o setor macroeconômico de maior crescimento, enquanto o consumo de energia aumentou 37% e agora ultrapassa 75 exajoules (um exajoule = 10^{18} joules) por ano. O aumento nas emissões de carbono se relaciona com o aumento no consumo de energia e agora está em mais de 5,3 gigatoneladas por ano. Em 89%, o transporte rodoviário – tanto de mercadorias quanto de passageiros – é o maior consumidor de energia, e é o principal contribuinte para uma maior utilização de energia em transporte. Desde 1990, o consumo de energia por outros meios de transporte aumentou 13%. Contudo, o aumento do consumo de energia no transporte rodoviário durante o mesmo período foi de 41%.

A localização geográfica está significativamente associada ao aumento da demanda por energia. Entre as nações que fazem parte da Organização para Cooperação e Desenvolvimento Econômico (OCDE), o aumento na demanda de consumo de energia desde 1990 tem sido de 30%, enquanto o aumento fora da OCDE tem sido de mais de 55%. O rápido crescimento da economia em vários países resultou no aumento da renda pessoal associada com uma maior aquisição de veículos. Além disso, o crescimento da renda aumenta a necessidade de transporte de cargas. A economia chinesa ilustra algumas dessas tendências. Apesar do fato de que há 15 anos praticamente não havia carros particulares na China, no final de 2007 o número de veículos de propriedade privada havia subido para mais de 15 milhões.[7] Os chineses começaram promovendo agressivamente o consumo como uma maneira de equilibrar sua economia movida pela exportação em 2000, e a compra de carros foi fortemente incentivada.

Curiosamente, o consumidor chinês comprou vários tipos de veículos, incluindo automóveis, veículos utilitários esportivos e picapes. Tanto os incentivos do governo como as preferências do consumidor promoveram a compra de veículos maiores. Muitas cidades proibiram carros com motores menores que um litro de entrar em seus centros urbanos, pois esses veículos são geralmente velhos e sujos. Alguns municípios proíbem carros menores em suas vias expressas, porque alegam que esses carros colocam seus proprietários em perigo quando viajam em alta velocidade. As preferências dos consumidores também estão associadas a veículos maiores. Como muitos proprietários de carro querem aparentar riqueza o suficiente para ter um motorista, os automóveis chineses tendem a ser um pouco mais longos que os modelos americanos. Consequentemente, Volkswagen, Audi, Honda e General Motors têm tido sucesso na comercialização de carros maiores, camionetes de passageiros e veículos utilitários desportivos. A China é o maior mercado da Buick, onde a empresa vendeu 332.115 veículos em 2007, em comparação com os 185.791 dos EUA.[8]

Embora os esforços para economizar energia exijam a consideração do seu uso e emissões de carbono em todo o planeta, dados completos para o setor de transporte não estão atualmente disponíveis. Como ilustra o exemplo dos chineses, há uma forte tendência de mudança nos hábitos de consumo nas economias emergentes. As estimativas sugerem que, após 2010, as emissões de gases do efeito estufa dos países em desenvolvimento excederão as do mundo industrializado.[9] No entanto, dados abrangentes que englobem todas as modalidades de transporte (exceto o transporte aéreo internacional) só estão disponíveis para os 18 países afiliados à Agência Internacional de Energia (AIE). Entre estes países estão Austrália, Áustria, Canadá, Dinamarca, Finlândia, França, Alemanha, Grécia, Irlanda, Itália, Japão, Holanda, Nova Zelândia, Noruega, Suécia, Suíça, Reino Unido e EUA.

O setor de transporte inclui a energia associada ao transporte de *passageiros* e de *carga*. Embora outras tecnologias semelhantes sejam associadas com as necessidades de transporte, as possibilidades de se economizar energia variam entre estes setores.

B Modalidades de transporte pessoal

Em 2005, o consumo de energia em viagens de passageiros foi de 30 exajoules, o que representa um aumento de 24% desde 1990. Mais de 2,1 gigatoneladas de emissões de carbono são geradas em viagens de passageiros. Como a Figura 13.2 indica, o transporte automotivo representa 87% do consumo de energia. Ônibus, trens e navios de passageiros, juntos, representam 3% do consumo de energia final, e as viagens aéreas domésticas são responsáveis pelos 10% restantes.

A Figura 13.3 indica que a alta porcentagem de viagens de automóveis é consistente entre essas economias maduras. Com exceção do Japão, as viagens de automóvel são responsáveis por pelo menos 75% do transporte de passageiros entre os países analisados pela Agência Internacional de Energia. Em todos os países analisados, a viagem de automóvel foi responsável por 82% dos transportes de passageiros em 1990, assim como em 2005. Desde 1990, o aumento *per capita* em viagens de veículos de passageiros foi em média 1,1% ao ano, e as viagens aéreas aumentaram 2,7% por ano. Embora tenha havido aumento da quantidade de viagens de automóvel, estas melhorias têm ocorrido simultaneamente com o aumento da eficiência automobilística. No entanto, o maior uso de energia para transporte de passageiros está associado a um aumento de 23% nas emissões de carbono relacionadas a automóveis desde 1990. As emissões de carbono são maiores na Austrália, nos EUA e no Canadá, onde os veículos são maiores, mais pesados e as viagens são mais longas. Em contraste, países como a Holanda e o Japão têm as maiores densidades populacionais e níveis mais baixos de viagens *per capita*.

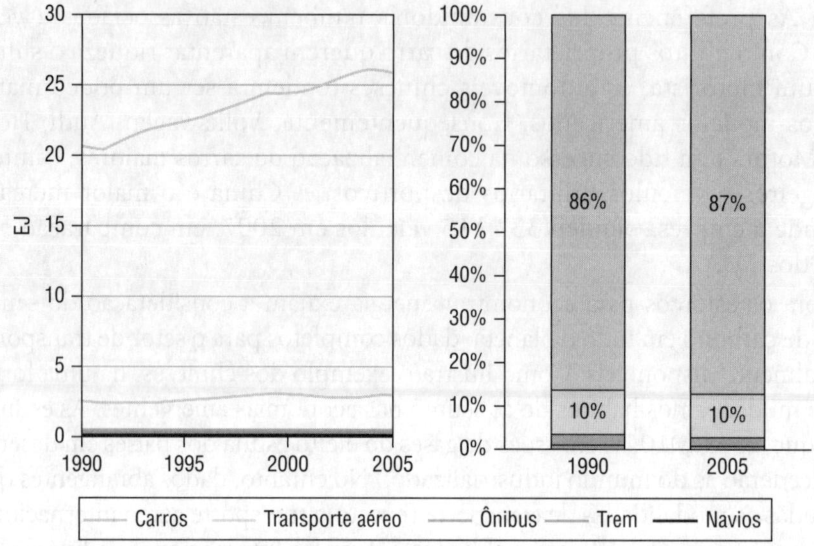

FIGURA 13.2

Uso de energia para o transporte de passageiros por modalidade. Agência Internacional de Energia – AIE18.

Fonte: International Energy Agency. Worldwide trends in energy use and efficiency: key insights from IEA indicator analysis. Paris: © OECD/IEA, 2008, Figura 6.8, p. 65.

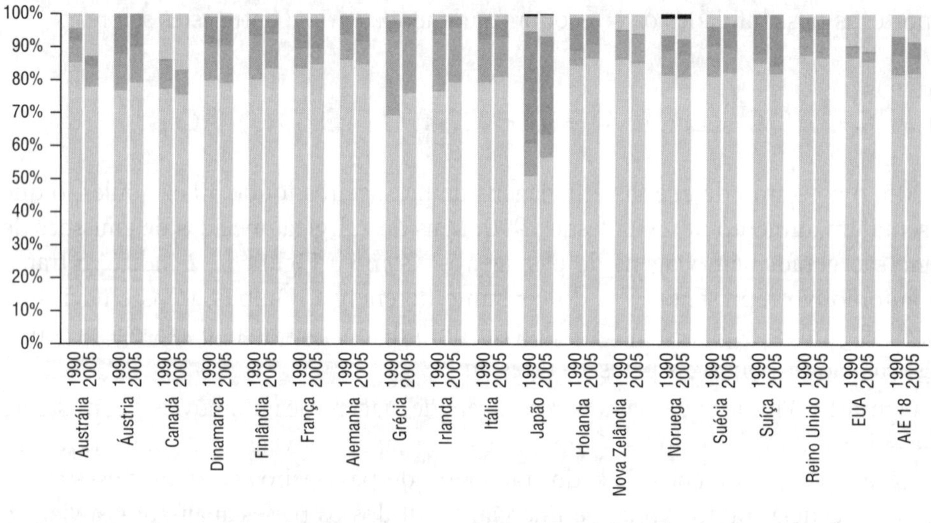

FIGURA 13.3

Porcentagem de viagens totais de passageiros por modalidade.

Fonte: International Energy Agency. Worldwide trends in energy use and efficiency: key insights from IEA indicator analysis. Paris: © OECD/IEA, 2008, Figura 6.4, p. 61 (2008).

As aspirações políticas e a economia de gás, algumas vezes, estiveram em conflito desde a crise do petróleo em 1973-74. Esta crise enviou a mensagem de que os países precisam ser conservadores em seu uso de petróleo e buscar fontes alternativas de energia. Nos EUA, o Congresso aprovou a lei da Política Energética e Conservação de 1975, na qual é exigido o dobro da eficiência de combustível para 27,5 milhas por galão até 1985.[10] Essas avaliações de eficiência de combustível são encaminhadas para os padrões **Cafe (Corporate Average Fuel Economy)**. As classificações para automóveis são mais elevadas que para caminhões leves e esportivos SUVs.

Embora a eficiência energética tenha aumentado, o presidente Reagan a converteu de volta para 26 milhas por galão. Durante as próximas duas décadas, os EUA testemunharão poucas modificações nessas necessidades de combustível. O Congresso discutiu sobre a forma mais eficiente para induzir esforços de conservação. Melhorias para a economia média corporativa de combustível têm sido discutidas como alternativas para o aumento dos impostos da gasolina, mas o governo dos EUA tem feito pouco para intervir em qualquer um dos mecanismos nos últimos anos.[11] Em 2003, os padrões de economia de combustível na China passaram à frente dos padrões americanos[12]. Apenas em 2007 o Congresso mudou as normas dos EUA de volta a 35 milhas por galão, mas esta norma não entrará em vigor até 2020. A norma americana de 35 milhas por galão está perto das normas em vigor no Japão e na Europa.[13]

A quantidade de energia utilizada vem aumentando, mas o seu uso por passageiro-quilômetro está diminuindo. As pessoas estão viajando mais, mas a tecnologia permitiu modalidades individuais de transporte que rodam de maneira energeticamente mais eficiente. O *proprietário do carro* influencia o consumo de energia de maneira semelhante. Na maioria dos países da AIE, o porcentual de proprietários de carros tem aumentado nos últimos 15 anos, e esse aumento na propriedade está geralmente associado ao maior consumo *per capita* de energia do carro. O *uso do automóvel* se refere à distância percorrida por cada carro. O uso do automóvel caiu, pois cada vez mais famílias possuem mais de um carro. Quando lares possuem vários carros, viagens são distribuídas entre os carros e o número de viagens por carro cai. A propriedade e o uso dos automóveis fornecem a distância total percorrida *per capita*. Na maioria dos países da AIE, a redução na utilização de combustível dos carros não foi suficiente para compensar o aumento dos automóveis em circulação e o uso do carro. Assim, o uso de energia *per capita* de automóveis aumentou na maioria dos países da AIE. As exceções a esta regra foram: Canadá, Finlândia, Alemanha, Noruega e o Reino Unido.[14]

Os esforços para reduzir as emissões no setor de transportes precisam reconhecer que a mudança no uso da energia de transporte leva tempo.[15] Por exemplo, automóveis e caminhões leves normalmente duram cerca de 15 anos, ao passo que novas aeronaves estão normalmente em uso por 20 a 35 anos. Os automóveis de passageiros são totalmente redesenhados aproximadamente a cada oito anos, mas as tecnologias essenciais já estão em vigor três anos antes de o carro ser apresentado ao mercado. Novas tecnologias, portanto, muitas vezes demoram até dez anos para serem totalmente implementadas na produção. Além disso, o marketing de varejo deve tornar as novas tecnologias de combustíveis (por exemplo, óleo diesel com baixo teor de enxofre) disponíveis em todo o mercado.

Dado que o uso relacionado a automóveis continua a dominar o setor de transporte, devemos estudar formas de reduzir o seu consumo. Essas formas incluem alterações em dispositivos de transporte pessoal e maior utilização do transporte público. Modalidades de motores para uso pessoal incluem diesel, híbridos e tecnologias de gasolina melhorada. Outras tecnologias (por exemplo, veículos elétricos, gás natural, células combustíveis de hidrogênio) têm sido propostas como alternativas à gasolina, mas estes conceitos não estão atualmente disponíveis a preços que possam capturar uma razoável participação no mercado. A porcentagem de cada tecnologia a diesel, a gasolina e híbrida varia consideravelmente de mercado para mercado. Embora o mercado norte-americano continue sendo um mercado de gasolina, motores a diesel têm dominante participação no mercado europeu.[16] Considere, em princípio, o uso de motores a diesel.

Diesel

O **motor a diesel** foi inventado por Rudolf Diesel em 1897, como uma alternativa para motores a vapor e a gasolina.[17] Os motores a gasolina e a diesel se desenvolveram ao longo do tempo, mas durante muitos anos a escolha entre a tecnologia de motores a diesel e a gasolina era uma decisão simples. Embora os motores a diesel de 20 anos atrás tivessem melhor eficiência de combustível do que os motores a gasolina, eles produziam quantidades significativas de fuligem. Além disso, eram barulhentos e ofereciam menor retomada com relação aos motores a gasolina.

A fim de apreciar as vantagens do diesel sobre a gasolina, é útil analisar o funcionamento básico de cada motor. Tanto os motores a gasolina quanto os a diesel são dispositivos de combustão interna, e ambos usam o bloco do motor padrão de pistão como base do cilindro. O processo de combustão é diferente para os dois motores. Em um motor a gasolina, o motor aspira uma mistura de gasolina e ar, comprime-a, e em seguida queima a mistura por meio de uma vela de ignição. Nos motores a diesel, velas de ignição não são necessárias, pois o combustível é inflamado pela alta temperatura gerada durante a compressão. O óleo diesel é uma mistura mais pesada e menos volátil de hidrocarbonetos que a gasolina e, portanto, oferece mais energia por litro que a gasolina. Os motores a diesel têm maiores taxas de compressão, uma combustão mais rápida e operações mais enxutas. Consequentemente, os motores a diesel oferecem maior eficiência termodinâmica e menor consumo de combustível do que motores a gasolina.[18]

A tecnologia diesel tem mudado drasticamente nos últimos 15 anos, e as mudanças tornam esses novos veículos alternativas viáveis de motores a gasolina. O primeiro problema do diesel é o elevado nível de enxofre produzido pelos motores. Os mandatos da Agência Americana de Proteção Ambiental (EPA) de 2006 exigiram que as refinarias de petróleo produzissem um combustível diesel limpo, com concentração de enxofre não superior a 15 partes por bilhão. Este mandato reflete uma melhoria de 98% sobre a produção de diesel de 1970. O resultado é o nível substancialmente mais baixo de poluentes de dióxido de enxofre. Baixo teor de enxofre no ar significa menos chuva ácida e melhor desempenho do motor.[19] Os sistemas de exaustão também eliminam enxofre e outros compostos prejudiciais de óxido de nitrogênio.

Uma segunda preocupação com o diesel tem sido a fuligem produzida por estes motores. A fuligem do diesel é um **material particulado**, uma mistura de materiais sólidos e líquidos feitos de partículas de carbono, hidrocarbonetos e material inorgânico. A American Lung Association relata que os aumentos em curto prazo na exposição das partículas em suspensão têm sido associados à mortalidade por causas respiratórias e cardiovasculares, incluindo acidentes vasculares cerebrais, aumento do número de ataques do coração, inflamação do tecido pulmonar e ataques de asma grave. A exposição em longo prazo tem sido associada ao aumento da hospitalização por asma, ao crescimento atrofiado da função pulmonar em crianças e adolescentes, danos às pequenas vias aéreas dos pulmões, aumento do risco de ataques cardíacos e acidentes vasculares cerebrais, aumento do risco de morrer de câncer de pulmão e maior risco de morte por doenças cardiovasculares.[20] A EPA dos EUA estima que mais de 4.700 mortes prematuras a cada ano ocorrem em apenas nove cidades analisadas (Detroit, Los Angeles, Filadélfia, Pittsburgh, Saint Louis, Boston, Phoenix, Seattle e San Jose).[21] Os sistemas de exaustão em motores a diesel novos garantem que níveis reduzidos de fuligem entrem na atmosfera. O sistema de escape com redução catalítica seletiva (RCS) descrito na Figura

FIGURA 13.4

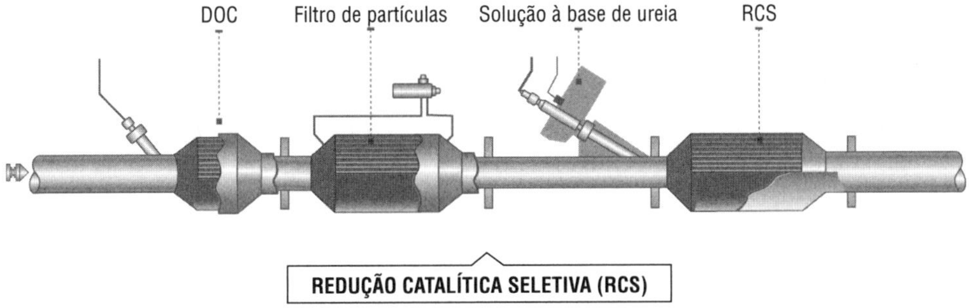

Sistemas de exaustão a diesel.
Fonte: Adaptado de Hewitt (2008).

13.4 ilustra essas melhorias. Inicialmente, o escapamento passa por um catalisador de oxidação de diesel, que minimiza os hidrocarbonetos e o monóxido de carbono. Na próxima fase, uma solução à base de ureia é pulverizada sobre o fluxo de escape. O ar quente da exaustão transforma a ureia em amônia e se mistura com os óxidos de nitrogênio no RCS, onde a mistura se converte em vapor de água e gás nitrogênio inofensivo.

Essas melhorias complementam outras vantagens inerentes à energia a diesel. Uma das vantagens oferecidas pelo diesel é o potencial de refinar o combustível a partir de várias fontes. O combustível pode ser derivado do petróleo, mas também pode ser processado a partir de lixo biodegradável. O biodiesel é feito por um processo químico no qual a gordura ou o óleo vegetal é separado em ésteres metílicos (biodiesel) e glicerina (subproduto utilizado em sabões e outros produtos). Na América do Norte, a maioria do biodiesel é feita a partir de óleo de soja, mas na Europa, o óleo de canola é a fonte mais comum. O biodiesel é biodegradável, atóxico e essencialmente livre de enxofre e aromáticos.[22]

As vantagens de desempenho dos motores a diesel também são notáveis. Uma maior taxa de compressão nesses motores significa que mais energia é derivada da mistura ar/combustível, e o carro também tem poder relativamente superior ao de carros movidos por um motor a gasolina. Embora uma taxa de compressão mais alta signifique que os motores necessitam de virabrequins e bielas mais pesados, o design mais forte e o baixo coeficiente de atrito resultam em motores que duram mais. Não é raro ver esses motores em funcionamento por mais de 200 mil milhas. A Mercedes-Benz, por exemplo, tem prêmios por alta quilometragem (High Mileage Awards) para carros que atingem as marcas de 250 mil, 500 mil, 750 mil, um milhão de quilômetros e um milhão de milhas. Gregorios Sachinidis, um taxista grego que dirigiu o seu Mercedes-Benz 240 diesel 1976 por mais de 2,8 milhões de quilômetros, é o atual campeão da alta quilometragem.

Os novos sistemas de combustível, a melhoria nos mecanismos de escape, as melhorias nas operações de injeção de combustível e as vantagens físicas inerentes têm resultado em um renascimento para esse motor. O mercado inicial para o diesel foi a Europa Ocidental. Em 2006, a venda de motores a diesel superou a de motores a gasolina pela primeira vez nessa região. O motor a diesel foi responsável por menos de 25% das vendas de automóveis em 1998, mas esta participação de mercado dobrou em menos de uma década. Consequentemente, a maioria dos fabricantes de automóveis europeus, japoneses e norte-americanos oferecem múltiplas opções de motores a diesel na Europa, e esses novos projetos com motores a diesel estão entrando em muitos outros mercados.

No início de 2009, a nova tecnologia de motores a diesel estava sendo reintroduzida no mercado dos EUA. Nos EUA, as normas estabelecidas pelo estado da Califórnia são as mais rígidas, e 16 outros estados adotaram ou anunciaram sua intenção de adotar os padrões da Califórnia para o tubo de escape.[23] As novas tecnologias a diesel oferecidas pela Mercedes-Benz, BMW, Honda e outros fabricantes já cumprem as normas da Califórnia e podem ser vendidas em todo o mercado norte-americano. No entanto, a participação de mercado destes carros é inferior a 3%.

O Volkswagen VW Jetta TDI é um exemplo dos desafios associados com a comercialização destes veículos novos. Com relação ao seu homólogo a gasolina, o TDI (diesel) oferece 30% mais economia de combustível, 25% menos emissões de gases do efeito estufa e cerca de 50% a mais em energia (torque). Na medida em que a empresa pode informar os consumidores sobre as vantagens ambientais e econômicas dos carros, ela tem o potencial de conquistar a participação de mercado na categoria de produtos sedã médios.

A VW deve competir em preço, disponibilidade de combustível e percepções de qualidade. O preço dos veículos a diesel é em parte em razão das suas peças, mais pesadas e mais caras. Embora o preço de tabela do Jetta TDI seja maior que o do modelo SE, o diesel é candidato a um crédito em impostos.[24] Embora algumas opções em veículos a diesel sejam mais caras que suas versões a gasolina, o preço de compra desse carro não é tão diferente. Além disso, espera-se que o preço de revenda de um carro a diesel seja maior, mas ainda não há base de comparação na América do Norte.

A outra questão referente a preços considera a disponibilidade e o custo do combustível diesel. Dos 175 mil postos de gasolina nos EUA, apenas 45% têm diesel. Além disso, o preço do óleo diesel é maior que o da gasolina, e a demanda por diesel tem aumentado a uma razão mais rápida. Em dezembro de 2008, o preço médio da gasolina nos EUA era de 1,69 dólar, enquanto o preço por litro para o óleo diesel era de 2,45 dólares. Assim, o proprietário de um carro a diesel paga um preço mais elevado pelo combustível, mas o carro oferece melhor eficiência de combustível e desempenho. Além disso, um tanque de combustível levará o condutor por uma maior distância no motor a diesel.

Enquanto os consumidores sem dúvida pesam os custos iniciais e de combustível das operações, ainda há uma parte substancial da população com fortes percepções negativas dos veículos a diesel. Estes consumidores podem ser os antigos proprietários de VW Golfs ou Mercedes 240 de uma tecnologia a diesel antiga. O desafio será mudar a percepção dos consumidores desta tecnologia. Fabricantes como a BMW estão divulgando o valor ecológico (baixas emissões de carbono) de seus produtos, além de sua eficiência de combustível.

Híbridos

A tecnologia híbrida tem chamado a atenção na América do Norte, apesar dos níveis modestos de vendas. Em 2007, os híbridos representavam 2,6% do mercado, nível ultrapassado pelos motores a diesel.[25] A Toyota alega que 10% de suas vendas são associadas com híbridos, mas a maioria dos outros fabricantes não apresenta níveis significativos de vendas de híbridos. As estimativas indicam, no entanto, que as vendas de híbridos serão responsáveis por 14% do mercado mundial de automóveis até 2020.[26]

Para entender as vantagens dos veículos híbridos, é importante examinarmos a maneira pela qual esses motores convertem e armazenam energia. A tecnologia híbrida inclui o **mecanismo híbrido** padrão e o *plug-in* híbrido. A Figura 13.5 ilustra as quatro fases de funcionamento de um motor híbrido padrão. O sistema híbrido acrescenta duas peças de equipamento – um motor elétrico e células de combustível. No ponto de ignição, o sistema emite energia ao motor elétrico e ao trem de acionamento. O motor elétrico envia essa energia para as células de combustível. Durante a aceleração, a energia é fornecida ao sistema de transmissão pelo mecanismo elétrico e do **motor a gasolina**. Quando o veículo está em modo de cruzeiro, o motor a gasolina não está em operação, e a energia é fornecida por células de combustível. Por fim, o motor híbrido tem a capacidade de captar a energia do funcionamento dos freios e armazenar esta energia nas células de combustível.[27]

O híbrido padrão oferece algumas vantagens e desvantagens em relação aos motores a gasolina. Primeiro, o híbrido usa um motor muito menor que o motor a gasolina típico. Motores maiores exigem mais combustível para transportá-los, limitam a aceleração e usam mais energia em marcha lenta. O motor mais leve é complementado com materiais mais leves em todo o carro, e estes materiais mais leves também reduzem as necessidades de energia. Além disso, os *plug-ins* tiram proveito da aerodinâmica avançada e pneus de baixa resistência ao rolamento, contribuindo com a eficiência do combustível.[28]

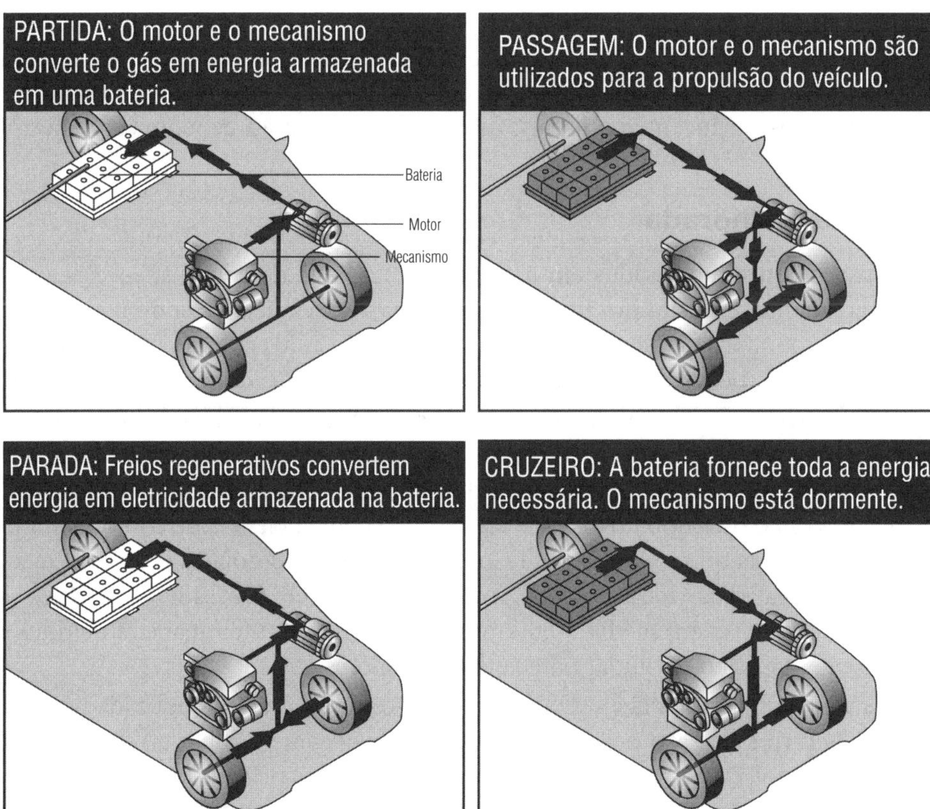

FIGURA 13.5

Operações de motores híbridos.

Fonte: Adaptado de: <http://www.hybridcars.com/2010Hybridcars.com>. Acesso em: 29 jan. 2009.

O motor híbrido supera o motor a gasolina, mas para muitos consumidores, as vantagens de desempenho não motivam o consumo. Analistas da indústria automobilística reconhecem três nichos de mercado para híbridos.[29] Os ambientalistas, que são aqueles motivados pelos benefícios ecológicos do produto. Um segundo grupo de consumidores é motivado à compra primariamente como uma declaração de moda. O terceiro mercado é o de pessoas que colocam o combustível no orçamento e fazem os cálculos para determinar se a compra é econômica e também ecológica.

O *plug-in* híbrido tem as vantagens do híbrido, mas também permite que o proprietário obtenha eletricidade a partir de uma tomada elétrica ao invés do motor a gasolina. O uso da tomada de alimentação permite que o híbrido *carregado* ande por um certo período sem o uso de gasolina. Por exemplo, o *plug-in* do Ford Escape 2009 utiliza baterias de íon-lítio de alta tensão que permitem que o veículo viaje por até 30 milhas somente com a bateria.[30] A tecnologia dos *plug-ins* ainda está em sua infância, mas as vantagens de eficiência de combustível dessa tecnologia são notáveis. O Toyota Prius faz em média 42 milhas por galão, mas a média do *plug-in* é de 67 milhas por galão.[31] Quando incluímos o custo de reabastecer as baterias, a média do *plug-in* é de 53 milhas por galão.

Existem limitações importantes sobre essa tecnologia na sua forma atual. Primeiro, o aumento no uso da bateria resulta na utilização de uma menor capacidade de peso e quatro ou cinco adultos podem sobrecarregar o veículo. Em segundo lugar, o custo atual para modificar um híbrido para usar o *plug-in* pode exceder 10 mil dólares. A 4 dólares por galão para gasolina, o custo para operar um Prius padrão é de cerca de 10 centavos por milha, mas o custo do *plug-in* é de cerca de 8 centavos por milha. Com esta diferença de 2 centavos, o ponto de equilíbrio para o *plug-in* é de 500 mil milhas. Sem descontos ou incentivos fiscais, os híbridos não serão econômicos para muitos consumidores.

Gasolina melhorada

Os consumidores interessados em melhorar a eficiência de combustível não precisam necessariamente se afastar dos motores a gasolina. A eficiência de combustível pode ser reforçada economicamente por meio da compra de veículos com motores menores, utilizando etanol, e pela compra de carros com sistemas novos de injeção de combustível.

Pode parecer óbvio que uma maneira de aumentar a eficiência do combustível seja comprar um veículo menor, que proporciona mais economia de combustível. Dado que os requisitos médios de economia do governo estão aumentando, a maioria dos fabricantes estão trazendo novos carros a gasolina com eficiência de combustível para o mercado. Por exemplo, o BMW Mini Cooper custa 19.200 dólares e faz uma média de 51,4 km por galão na cidade. O nível inicial da série do BMW 328i (automático) custa 33.600 dólares e faz em média 30,6 km por galão. Assim, uma maneira de diminuir a pegada e cortar custos é mudar para veículos menores.

Uma opção relacionada é a de considerar a forma da gasolina utilizada por veículos novos. Os carros flex são projetados para funcionar com gasolina ou uma mistura de gasolina e etanol.[32] O etanol é um combustível renovável, originário de matérias-primas agrícolas. O uso do etanol resulta em menos poluição e reduz as emissões de fumaça em até 50% se comparado à gasolina.[33] Apesar da redução de emissões, o etanol tem algumas limitações. O uso do milho para combustível em vez de alimentação reduz a oferta de alimentos sem aumentar o fornecimento de energia. Por exemplo, os EUA usaram 20% da sua safra de milho de 2007 para produzir menos que 4% da demanda de combustível automotivo.[34] Em alguns mercados, o preço do etanol é maior que o da gasolina, e ele só está amplamente disponível no Meio-Oeste dos EUA. E, finalmente, a mistura de gasolina e etanol contém menos energia que um litro de gasolina. Consequentemente, estes motores têm uma eficiência de combustível de 20% a 30% menor quando utilizando etanol.

Os fabricantes de automóveis também estão fazendo melhorias nos motores a gasolina para torná-los mais eficientes.[35] A Ford Motor Co. introduziu recentemente uma tecnologia EcoBoost de injeção direta que oferece maior desempenho e um aumento de 20% na economia de combustível quando comparado aos motores tradicionais. Até 2012, a Ford espera produzir 750 mil veículos EcoBoost anualmente no mundo. A Ford afirma que o custo do EcoBoost – preço não revelado pela Ford – será um valor melhor que o de um híbrido ou a diesel. A General Motors também está utilizando novos motores de injeção direta em cerca de 10% da sua produção global.

Certamente existem várias tecnologias em desenvolvimento destinadas a melhorar a eficiência de combustível de automóveis. A Mercedes-Benz, a GM e outros fabricantes estão desenvolvendo motores a gasolina que utilizam uma tecnologia de compressão de ignição de carga homogênea (HCCI). O HCCI proporciona um aumento substancial na economia de combustível ao queimar a gasolina de maneira mais rápida em baixas temperaturas e por reduzir algumas das energias perdidas durante o processo de combustão. Esta tecnologia e outros componentes digitais aumentarão a viabilidade dos motores a gasolina que estarão no mercado em um futuro próximo.[36]

Um dos meios mais simples e com o custo mais eficiente para economizar energia no setor automobilístico é a educação dos motoristas. Embora muitos programas estaduais americanos instruam novos motoristas sobre a eficiência de combustível, há uma degradação substancial no consumo de combustível, aparentemente por causa da perda de entusiasmo e falta de educação dos motoristas.[37] A Tabela 13.1 descreve uma série de estratégias que motoristas podem implementar para reduzir a quantidade de gasolina utilizada por seus veículos.

É importante ressaltar que os esforços de marketing dos fabricantes e concessionárias de automóveis e os esforços do governo podem ser focados na formação contínua dos motoristas em relação à eficiência de combustível. As estimativas desenvolvidas na década de 1980 indicam que uma economia de 10% na eficiência de combustível pode ser conseguida pelo funcionamento, seleção e manutenção adequada dos veículos.[38] Apesar de reconhecer os méritos de conservação, os esforços em larga escala na educação continuada do motorista têm estado ausentes em muitos mercados.

Outra forma que os motoristas podem utilizar para melhorar a eficiência do combustível são os sistemas de posicionamento geográfico (GPS). Motoristas equipados com GPS inserem um endereço e deixam que o GPS trace o percurso. Embora esses sistemas possam obter a rota mais eficiente, existe uma variabilidade enorme nas suas operações e procedimentos de roteamento.[39] No entanto, o GPS economiza energia, sinalizando caminhos errados e destacando pontos de interesse para os consumidores.

Outra forma de economia de energia na indústria automobilística são os programas de cota de direção e carona solidária. Embora tenha havido esforços significativos para aumentar o número de caronas solidárias, mais de 10 trilhões de lugares ficam vazios em

TABELA 13.1. Operações eficientes de automóveis.[40]

Operações de veículos
a. Respeite o limite de velocidade e mantenha um ritmo constante. O excesso de velocidade é ineficiente e exige mais energia para frear.
b. Mantenha sua visão na estrada de 10 a 12 segundos e antecipe as paradas com o máximo de antecedência possível.
c. Evite dirigir muito próximo ao motorista da frente; isso reduz as chances de um planejamento econômico no modo de condução.
d. Adapte os hábitos de condução para as condições em constante mudança das estradas.
e. Utilize o ar-condicionado em velocidades mais altas e mantenha as janelas fechadas. Evite o uso do ar-condicionado em velocidades menores.
f. Em vez de fazer uma frenagem brusca, aproveite a resistência ao rolamento para ajudar a diminuir a velocidade. Esta técnica economiza uma grande quantidade de combustível.
g. Antes de desligar a ignição, desligue todos os acessórios que consomem energia (por exemplo, ar-condicionado). Esta ação minimiza a carga do motor durante a inicialização.
h. Evite acelerar o motor pouco antes de desligar a ignição, isso aumenta os custos de combustível e pode causar danos ao motor.
i. Reduza o tempo em marcha lenta para 30 segundos, mas reiniciar o motor dentro de 8 a 10 minutos faz com que o desgaste do motor seja menor.
j. Evite movimentos desnecessários no volante; movimentos laterais causam arraste e consumo de combustível.
k. Acelere lentamente em asfalto escorregadio e em estradas de cascalho.
l. Evite ligações rápidas e frenagens desnecessárias.
Manutenção do veículo
a. Troque o óleo regularmente; óleo sujo aumenta o atrito e o desgaste do motor.
b. Quando possível, use óleo de motor multiviscoso.
c Verifique regularmente os pontos e as velas.
d. Ao abastecer, verifique o óleo do motor, os líquidos de arrefecimento e transmissão e os níveis de bateria.
e. Mantenha o bom alinhamento das rodas.
f. Mantenha os pneus na pressão máxima, e verifique a pressão quando os pneus estiverem frios.
g. Reduza a velocidade do motor em marcha lenta.
h. Substitua regularmente os filtros de ar e combustível.
i. Ajuste o arranque automático.
j. Monitore a ventilação positiva da válvula do cárter (PCV) regularmente.
k. Avalie vazamentos no carburador, bomba de combustível, tubulação de gás e tanque de combustível.
l. Lubrifique regularmente os rolamentos do eixo e rodas.
Planejamento de viagem
a. Verifique se o seu veículo é seguro e economicamente está pronto para enfrentar longas viagens.
b. Planeje viagens curtas para evitar partidas a frio quando possível.
c. Registre e monitore o consumo de combustível.
d. Evite deixar o motor em ponto morto, ligue-o quando estiver realmente pronto para ir.
e. Sempre que possível, use o telefone em vez de fazer uma viagem.
f. Planeje suas rotas para evitar congestionamentos.
g. Transporte solidário. Várias pessoas em um carro resulta em menos viagens de automóvel. Leve o mínimo de peso extra possível no porta-malas.
i. Estacione na primeira vaga de estacionamento possível.

(continua)

TABELA 13.1. Operações eficientes de automóveis (continuação).

Escolha do veículo
a. Selecione um carro com uma relação elevada entre eixo traseiro e a transmissão *overdrive*.
b. Evite bagageiros de teto permanentes e pneus de banda larga.
c. Considere pneus radiais.
d. Se mais de um carro estiver disponível, use o mais econômico sempre que possível.
e. Evite acessórios que consumam energia.
f. Considere um carro a diesel ou elétrico híbrido.
g. Escolha um carro aerodinâmico com uma área frontal pequena. Use o controle automático de velocidade.
Atitude do motorista
a. Sempre considere a economia de combustível durante a condução e dirija voltado para a economia de combustível.
b. Evite dirigir quando estiver com raiva ou chateado.
c. Utilize os transportes públicos sempre que possível.
d. Use uma bicicleta ou vá a pé para curtas distâncias.

Fonte: Governo do Distrito de Columbia.

viagens de carro, e o número médio de passageiros por viagem de carro é ligeiramente superior a um passageiro.[41] Um programa que aumenta a ocupação do automóvel é o programa de pistas exclusivas para **veículos com alta ocupação (HOV)**. Vários estados têm implementado estas HOVs em rodovias para reduzir o nível de pessoas-horas de viagem sem aumentar significativamente o número de veículos-hora de viagem.[42]

C Trânsito de massa

Existe um consenso crescente de que entre um quarto e a metade dos recursos renováveis de petróleo convencional foram consumidos, e a metade do caminho será atingida nos próximos 5 a 25 anos.[43] O uso de derivados de petróleo para transporte pode ser reduzido não apenas por meios pessoais, mas também pelos sistemas de transporte de massa.

Entre os 18 países que fazem parte da Agência Internacional de Energia, o transporte não automotivo é atualmente responsável por 13% do consumo de energia. Dez por cento desse transporte está associado a viagens aéreas domésticas.[44] Juntos, os ônibus, o transporte ferroviário de passageiros e os navios de passageiros são responsáveis por cerca de 3% do consumo de energia.

Melhorias nos sistemas de transporte de massa são raramente devidas ao progresso de um modo de transporte, mas muitas vezes envolvem uma análise dos pontos de ligação entre os modos de transporte alternativos. O progresso, portanto, não é unicamente em razão do advento de novas tecnologias. A eficácia e o desempenho destes sistemas é medido em passageiros transportados, crescimento do número de passageiros, velocidade de viagens e efeitos de urbanização.[45] Pode levar um tempo considerável para integrar novas tecnologias nas redes de transporte. Na seção seguinte, ressaltaremos as tendências em tecnologias aéreas, rodoviárias e ferroviárias com potencial de reduzir as emissões de carbono no setor de transportes. Em princípio, considere o transporte aéreo.

Viagens aéreas

Um estudo recente do Painel Intergovernamental sobre Mudanças Climáticas (IPCC) estima que a contribuição da aviação para o aquecimento global é de 3,5% da soma de todos os efeitos antropogênicos e projeta que esta contribuição crescerá.[46] Nos EUA, as viagens aéreas aumentaram em uma razão média de mais de 5% ao ano desde 1970. As milhas/galão por passageiros no transporte aéreo comercial, no entanto, aumentaram 150% desde 1975. Este aumento deve-se principalmente à melhoria da eficiência energética, mas também está associada com aumentos nas taxas de ocupação. Embora as entidades locais, federais e internacionais exerçam pressão na indústria da aviação para melhorar a eficiência do combustível, a maioria das melhorias de eficiência tem sido impulsionada por motivos de lucro em vez de regulamentação.[47]

Particularidades do transporte aéreo contribuem para as emissões. Mais de 90% dos gases de escape emitidos pelos aviões está na forma de oxigênio ou nitrogênio. Cerca de 7% dos gases de escape são compostos de CO_2 e H_2O, e outros 0,5% são compostos de NO_x, HC, CO, SO_x, outras espécies químicas de rastreamento e particulados de fuligem com base em carbono. A combinação desses gases é estimada como um fator poluente mais de 1,5 vez maior que o dióxido de carbono. A maioria das emissões das aeronaves é injetada na troposfera superior e estratosfera inferior em altitudes que variam de 8 a 12,8 km acima da Terra. Consequentemente, a influência da queima de combustíveis fósseis nestas altitudes é aproximadamente o dobro se comparada à da queima dos mesmos combustíveis ao nível do solo.

Reduções dos efeitos climáticos exigem a consideração do *desempenho tecnológico* das aeronaves, bem como suas *atividades operacionais*. Novas tecnologias de fabricantes reduziram as emissões e conseguiram maior redução da intensidade energética entre todos os sistemas de transporte. Essas tecnologias incluem projetos de melhorias do motor, eficiência aerodinâmica e eficiência estrutural.[48] Por exemplo, a Boeing está comprometida em melhorar a eficiência energética de cada nova geração de aviões comerciais em pelo menos 15%.[49] O Dreamliner 787 da Boeing incorpora novos motores, aumento do uso de materiais de composição leve e aerodinâmica moderna, fornecendo um aumento no rendimento do consumo de combustível e redução das emissões de dióxido de carbono.

As atividades operacionais também contribuem para a emissão de carbono de uma aeronave. As companhias aéreas têm aumentado o número de assentos em cada avião em mais de 35% desde 1950, e aumentaram o fator de carga, ou a porcentagem de ocupação, em 15%.[50] Quando mais pessoas estão em um voo, o custo relativo da viagem é reduzido.

Companhias aéreas e aeroportos podem aumentar a eficiência reduzindo a quantidade de tempo que os aviões estão em marcha lenta no solo ou em padrões de espera no ar. A International Air Transport Association (Iata) estima que melhorias na gestão do tráfego aéreo poderiam melhorar a eficiência de combustível e reduzir as emissões de carbono substancialmente.[51] A Boeing desenvolveu um conceito de chegada sob medida que aumenta a eficiência da chegada do avião pela descida contínua (ao contrário do processo *step-down*), que diminui o consumo de combustível, o ruído e a emissões.[52] Os

FIGURA 13.6

Dreamliner 787 da Boeing.
Fonte: AFP Photo/The Boeing Company/Newscom.

testes iniciais da Boeing sugerem que as técnicas avançadas de chegada podem economizar até 800 galões de combustível por voo e até 100 mil dólares por ano em custos de combustível por aeronave operando em grandes aeroportos.[53] Companhias aéreas e aeroportos também se beneficiam com o giro rápido no terminal. A Southwest Airlines, por exemplo, usa o giro rápido no terminal do aeroporto como uma vantagem estratégica competitiva. Os giros rápidos reduzem os custos operacionais e aumentam a satisfação do cliente.[54]

Melhorias tecnológicas e operacionais são essenciais para o futuro das viagens aéreas. Historicamente, o crescimento do transporte aéreo (5,5% ao ano) superou as reduções no consumo de energia (3,5% por ano), e as pesquisas sugerem que esta tendência continuará no futuro próximo.[55]

Trens de grande velocidade

Desde a introdução do serviço de trens de grande velocidade Shinkansen entre Tóquio e Osaka, no Japão, em 1964, o **trem de grande velocidade (TGV)** tem se tornado uma parte dinâmica do transporte em muitas partes do globo.[56] *Trens de grande velocidade* são uma família de tecnologias que proporcionam alta capacidade e serviços ferroviários frequentes atingindo uma velocidade média de mais de 200 quilômetros por hora (124 milhas por hora).[57]

Os TGVs têm sido amplamente utilizados na Ásia e na Europa, e também já foram propostos ou implementados no Oriente Médio, bem como na América do Sul e América do Norte. O advento do TGV trouxe à tona a consideração do balanço entre a compatibilidade e velocidade. O Shinkansen TGV original atingiu a velocidade superior a 200 quilômetros por hora, mas requeria faixas especiais em decorrência do modelo estreito do sistema de trens rápidos. Outros sistemas desenvolvidos desde o Shinkansen têm utilizado os trilhos existentes em graus variados. A capacidade de utilizar os trilhos existentes resulta na diminuição de custos de implementação, mas limita os retornos das operações de TGV.

Como discutimos anteriormente nesta seção, a análise custo-benefício de uma modalidade de transporte é específica ao contexto e exige a consideração da relação entre as modalidades de transporte. No entanto, existem alguns benefícios notáveis associados ao TGV. Desde sua introdução, esses sistemas foram projetados para aumentar a capacidade. Em curto prazo, a introdução de um outro modelo de transporte aumenta as oportunidades para viajar. Os custos de modos alternativos e razoáveis de viagens e condições de viagem influenciam a capacidade em longo prazo e a aceitação do TGV.

Uma segunda vantagem notável é o tempo de viagem reduzido em relação a outros sistemas ferroviários. A linha Shinkansen reduziu a viagem ferroviária entre Osaka e Tóquio de sete horas para duas horas e meia.[58] O TGV atrai turistas ferroviários, mas também ganha viajantes aéreos e rodoviários. Por exemplo, uma análise do potencial do TGV de liberar a capacidade da pista no aeroporto de Heathrow em Londres indica que o TGV pode levar à economia de tempo de viagem em dez rotas atualmente servidas a partir do aeroporto.[59] Se o aeroporto se tornasse uma estação ferroviária, a substituição do TGV para viagens aéreas eliminaria cerca de 20% da capacidade de pista de Heathrow.

O terceiro benefício importante do TGV é o registro de segurança desses sistemas de trem. Na maioria dos mercados, esses trens oferecem registros de segurança substancialmente maiores que qualquer outro modo alternativo de transporte. O TGV Shinkansen japonês, por exemplo, não teve um acidente fatal durante os 45 anos de operação.[60] Embora o Japão seja conhecido pela alta incidência de terremotos, estas catástrofes raramente levam a descarrilamentos e nunca resultaram em mortes.

Embora haja benefícios substanciais para o TGV, existem alguns resultados ambientais notáveis.[61] Como TGVs são predominantemente alimentados por eletricidade, as emissões estão relacionadas com as fontes utilizadas para gerar essa eletricidade. As operações de TGV aumentam a poluição do ar local, as alterações climáticas, o ruído e a conservação do solo. Os poluentes mais nocivos são o dióxido de enxofre (SO_2) e óxidos de nitrogênio (NO_x). Embora a evidência sugira que as operações de TGV tenham uma menor influência sobre o meio ambiente do que aviões e automóveis, pois a influência ambiental do TGV e dos outros modos dependem de infraestruturas e interface com outros modos de transporte e serviços, o equilíbrio ambiental entre TGV e outros modos permanecem obscuros. Os méritos do TGV dependem do equilíbrio entre a quantidade de viajantes que substituem o TGV por viagens aéreas ou rodoviárias *versus* a quantidade de tráfego gerado por novos TGVs.

Trânsito rápido

Desde 1995, o uso do transporte público aumentou 20%, mas ainda representa apenas cerca de 1% do total de milhas por passageiro. Uma tecnologia que tem chamado a atenção recentemente é a do **Ônibus de Trânsito Rápido (Bus Rapid Transit – BRT)**. O BRT é uma modalidade de trânsito rápido com pneus de borracha que combina estações, veículos, serviços, fazendo os percursos e elementos de transporte inteligentes

(Intelligent Transport System – ITS) em um sistema integrado.[62] Os sistemas e funcionalidades do BRT foram implementados na América do Sul, Europa e Austrália, e alguns deles estão integrados em programas de planejamento urbano em mais de 20 cidades nos EUA e Canadá.[63]

O BRT oferece uma série de benefícios. Primeiro, esses sistemas com base em ônibus podem ser facilmente integrados em rotas de transporte já existentes. Em áreas congestionadas, linhas de ônibus rápidos podem ser integradas a um custo relativamente mais baixo que sistemas de transporte alternativos, como trens leves. Em segundo lugar, os sistemas operacionais digitais utilizados nos sistemas BRT proporcionam maior qualidade de serviço em termos de desempenho de horários e velocidade. Por exemplo, a linha BRT em Wilshire Boulevard, Los Angeles, opera com velocidades que são 75% mais elevadas que em serviços locais.[64] A introdução de sistemas BRT também tem sido associada com aumento dos usuários. Em Brisbane, na Austrália, por exemplo, o número de passageiros de ônibus cresceu 40% nos seis meses após a introdução de um sistema BRT.[65]

Projetistas de sistemas de trânsito rápido também se beneficiaram da utilização de alguns dos atrativos dos sistemas ferroviários rápidos nas rotas de ônibus. Assim, os sistemas BRT enfatizam a rota simples e direta. Além disso, enfatizam a permanência de roteamento e facilidade de uso. Como era de se esperar, essas características, juntamente com a velocidade do transporte, aumentam a atratividade do BRT para os consumidores.[66]

Juntos, esses benefícios geram pegadas de carbono mais baixas para as comunidades. A pegada de carbono *per capita* para o ônibus é substancialmente menor que a pegada para viagens de automóvel. Cada vez que alguém escolhe andar a pé em vez de dirigir, a pegada diminui.

Em razão da popularidade do BRT, um número de aplicações com benefícios variados adotaram este termo.[67] A Linha Laranja, em Los Angeles, é um BRT completo, em larga escala, pois incorpora todas as facetas dos sistemas BRT, incluindo corredores de ônibus dedicados com sistemas de transporte inteligentes, estações completas, piso baixo/embarque em nível, marcas para os veículos e venda de bilhetes fora do veículo. Em contraste, os sistemas BRT parciais executam parte de suas rotas nas ruas da cidade e parte em vias de trânsito específicas. Oferecem a maioria das outras amenidades e eficiências dos sistemas BRT completos. Por exemplo, o Euclid Busway, em Cleveland, combina operações de tráfego com faixas exclusivas únicas bidirecionais. Outros sistemas de ônibus rápidos não utilizam a maioria dos benefícios do BRT, mas são principalmente ônibus expressos. Apesar de poder recorrer aos sistemas de transporte inteligentes, não operam em vias de tráfego exclusivos.

A introdução do BRT deve ser acompanhada por esforços de marketing adequados para garantir a quantidade de usuários.[68] Esses sistemas BRT devem ter uma imagem de marca única e consistente. Por exemplo, o sistema Lymmo em operação no centro de Orlando é um sistema BRT que opera dentro do programa de trânsito Linx da cidade. As placas da Lymmo usam letras atraentes e distintas que distinguem o sistema do resto das operações de trânsito. Os sistemas BRT também devem promover a conscientização do usuário e o uso por meio de logotipos, combinações de cores e elementos gráficos que são aplicados de forma consistente nos veículos, estações e materiais impressos. Assim, os ônibus Lymmo de Orlando usam cores distintas e seu logotipo de maneira consistente em suas rotas. Programas de promoção também devem incluir informações

FIGURA 13.7

Parada de ônibus da Faculdade MTA Valley, em Los Angeles.

Fonte: Jeremy Oberstein.

FIGURA 13.8

Ônibus de Trânsito Rápido Lymmo, em Orlando.

Fonte: Cortesia de LYNX (www.golynx.com).

públicas, inovação de serviços e incentivos de preços. Como a Figura 13.8 mostra, o Lymmo de Orlando fornece informações que ligam o sistema BRT a pontos de interesse, bem como a outros modos de transporte. Além disso, o custo gratuito desse sistema para os consumidores é enfatizado no material promocional.

A introdução do BRT em Orlando já colheu muitos benefícios. A cidade desfruta de uma redução nos congestionamentos e uma diminuição da demanda por vagas de estacionamento no centro da cidade. O Lymmo também tem incentivado o maior uso do trânsito e o aumento da mobilidade e acessibilidade para destinos importantes no centro da cidade. Além disso, o BRT tem reforçado a percepção pública do centro de Orlando e permitiu o desenvolvimento da capacidade adicional do centro.[69]

D Transporte de carga

Dentro do setor de transporte, o frete é responsável por 30% do consumo de energia entre os 18 países da Agência Internacional de Energia. O uso de energia em transporte de carga foi de 18 exajoules, e este nível de consumo foi 27% maior que o nível de 1990.[70] Carga inclui o transporte de produtos por vias rodoviárias, aéreas, ferroviárias, marítimas e gasodutos. Com 99% do consumo final total de energia, o petróleo é de longe o combustível escolhido para mover cargas. A maior parte deste combustível é alguma forma de diesel. O diesel representa 87% dos caminhões e 88% do transporte ferroviário. Navios usam óleo combustível (59%) e óleo diesel (41%) para mover os produtos pelas vias fluviais. Como o movimento de mercadorias por via férrea, fluvial e por gasodutos é relativamente eficiente em energia, a nossa análise centra-se no setor rodoviário.[71]

O movimento de mercadorias por meio de rodovias ocorre através de caminhões leves, médios e pesados.[72] Caminhões leves incluem vans e utilitários, enquanto caminhões de médio porte incluem caminhões de entrega, ônibus escolares e veículos de entrega de bebidas. Entre 1990 e 2000, o consumo de energia de caminhões leves cresceu a uma proporção mais rápida que em qualquer outra modalidade.[73] Juntos, caminhões leves e médios utilizam cerca de 26,8 bilhões de litros de combustível por ano. Veículos pesados incluem caminhões de lixo, caminhões basculantes, caminhões de cimento e semirreboques convencionais. Esses caminhões usam cerca de 10,6 bilhões de litros de combustível por ano.

Desde 1975, a quantidade de energia necessária para movimentar uma tonelada de carga tem sido reduzida pela metade.[74] Melhorias na eficiência do transporte de cargas estão associadas a sistemas de motores, híbridos pesados, perdas parasitas, reduções de marcha lenta e considerações sobre segurança.[75] Considere primeiro as melhorias tecnológicas dos sistemas de motores.

Os sistemas de motores estão intimamente relacionados à poluição, emissões, dependência do petróleo e segurança. O objetivo duplo dos sistemas de motores é de reduzir as emissões e melhorar a eficiência térmica de funcionamento do motor. Durante as últimas duas décadas, NO_x e matéria particulada foram diminuídos em 85% e 95%, respectivamente. Hoje, os mais modernos caminhões de estrada atingem 42% de eficiência térmica – assim, 58% da energia não é convertida em trabalho mecânico.

Nos EUA, o objetivo era alcançar outra redução de 83% em NO_x e matéria particulada ao mesmo tempo que aumenta a eficiência térmica em mais 20% (resultando em uma eficiência térmica de 50%) até 2010.

Uma segunda iniciativa associada com as operações de motor são os **veículos elétricos híbridos** (HEV). Em caminhões híbridos pesados, duas fontes de energia são combinadas para obter a potência necessária para impulsionar o veículo. Os HEVs combinam as vantagens de um motor elétrico e um motor de combustão interna para propulsionar o veículo. O motor de tração elétrica é alimentado por uma bateria que serve como um dispositivo secundário de armazenamento de energia. O HEV tem também a capacidade de absorver energia a partir da operação dos freios e armazenar esta energia nas células de combustível. Em um veículo convencional, apenas 10% a 15% da energia contida na gasolina é convertida para a tração, mas no híbrido, esta porcentagem pode potencialmente ser melhorada para entre 30% e 40%. Esse aumento na eficiência reduz as emissões e aumenta a economia de combustível.[76] Infelizmente, o desenvolvimento da tecnologia híbrida pesada não tem mantido o mesmo ritmo dos avanços nos veículos de passageiros (por exemplo, o Prius) e exige mais investigação antes da comercialização.

As atividades de operações associadas ao caminhão influenciam o potencial de reduzir o consumo de energia. Grandes caminhões não são somente meios de transporte, mas também casas para os motoristas na estrada. **Perdas de energia parasitas** são perdas de energia em razão de a uma série de fatores, incluindo aerodinâmica, operações auxiliares e outras operações. Juntas, essas restrições são responsáveis por 40% da energia utilizada por caminhões pesados. Tecnologias melhoradas que limitam o uso da energia contribuem para a redução das perdas de energia parasitárias. A aerodinâmica e a resistência ao rolamento de caminhões podem ser melhoradas um pouco, mas a forma retangular da área de carga é uma restrição significativa. Operações auxiliares incluem aquecimento, iluminação e comodidades a bordo (por exemplo, computadores, sistemas de entretenimento, eletrodomésticos). Essas atividades auxiliares também contribuem com os esforços para minimizar o uso da marcha lenta. Em muitos casos, os caminhões de longa distância estão em marcha lenta por mais de seis horas por dia. Esse tempo inativo produz material particulado, eleva o nível de ruído e consome combustível. O custo de energia das funções auxiliares pode ser diminuido pelas tecnologias que reduzem as necessidades de energia associadas a essas operações. Além disso, o tempo ocioso pode ser reduzido por meio da melhoria de agendamento de carga, novas tecnologias de marcha lenta e desligando os caminhões.

A fim de atrair e reter motoristas competentes, é essencial que as melhorias de segurança acompanhem os outros esforços em aumentar a eficiência energética. A redução de colisões e aumento da sobrevivência estão sendo proporcionados pelas tecnologias avançadas de frenagem, controles de estabilidade, sistemas de rastreamento de pistas e sistemas de visibilidade com base em vídeo. A introdução dessas tecnologias pode ser incompatível com outros objetivos de eficiência, uma vez que muitas características de segurança aumentam o peso e reduzem a aerodinâmica dos caminhões. Portanto, uma grande coordenação entre segurança e eficiência energética é crucial para a questão da sustentabilidade em longo prazo.

RESUMO

A Introdução: contribuições do setor de transportes para as emissões de carbono

O objetivo deste capítulo foi fornecer uma visão geral do papel do transporte no consumo de energia. Dado que o setor de transportes é responsável por 26% do consumo mundial de energia, nenhuma revisão nesta área está completa sem uma análise de transportes. Fornecemos um resumo do consumo de energia associado com o transporte de passageiros e de mercadorias. No processo, discutimos os esforços para aumentar a eficiência energética das modalidades de transporte alternativos. É importante destacarmos a oportunidade de se engajar em ações de marketing verde que contribuam para a conservação de energia no transporte.

B Modalidades de transporte pessoais

O uso de energia para o transporte de passageiros aumentou 24% desde 1990, e este aumento provocou um esforço substancial para reduzir o consumo de energia associado aos dispositivos de transporte pessoal. Modalidades de transporte pessoais motorizadas incluem diesel, híbridos e tecnologias de gasolina melhorada. Cada uma destas inovações tem vantagens e limitações. Além disso, a participação de mercado de cada tecnologia varia consideravelmente entre as regiões do mercado nacional e internacional. A eficiência de combustível do transporte de automóveis também pode ser melhorada por um aumento nos esforços educativos para motoristas, novos planos de tráfego (por exemplo, HOV) e tecnologias de melhor utilização da energia.

C Trânsito de massa

O transito de massa inclui viagens aéreas, rodoviárias e ferroviárias. O resultado da queima de combustíveis fósseis no ar é o dobro da queima dos mesmos combustíveis ao nível do solo. Reduções dos efeitos climáticos para viagens aéreas exigem a consideração do desempenho tecnológico das aeronaves, assim como das atividades operacionais. Novas tecnologias de fabricantes reduziram as emissões e conseguiram a maior redução da intensidade energética entre todos os sistemas de transporte. Trens de alta velocidade reduzem o tempo de viagem em relação a outros sistemas ferroviários, são extremamente seguros e utilizam eletricidade que pode ser derivada de fontes renováveis. A modalidade de trânsito de ônibus rápido (Bus Rapid Transit – BRT) utiliza pneus de borracha, e combina estações, veículos, serviços, caminhos e sistemas de transporte inteligentes (ITS) em um processo integrado. Esses ônibus podem ser facilmente integrados nas rotas de transporte já existentes e oferecem maior qualidade de serviço em termos de desempenho de pontualidade e velocidade. Projetistas de sistemas de trânsito rápido também se beneficiaram da utilização de alguns dos atrativos dos sistemas ferroviários rápidos nas rotas de ônibus.

D Transporte de carga

Melhorias na eficiência do transporte de cargas estão associadas a sistemas de motores, híbridos pesados, perdas parasitárias, reduções de marcha lenta e considerações de segurança. Melhorias nos sistemas de motores buscam reduzir as emissões e melhorar a eficiência térmica de funcionamento do motor. Veículos elétricos híbridos combinam as vantagens de um motor elétrico e um motor de combustão interna para propulsionar o veículo. *Perdas de energia parasitas* são ineficiências resultantes da aerodinâmica, operações auxiliares e outras operações. A marcha lenta do motor pode ocorrer por muitas horas por dia, e esforços estão sendo feitos para reduzir o material particulado, o ruído e o consumo de combustível criados ao usar a marcha lenta. As considerações de segurança incluem tecnologias de prevenção de acidentes, tais como controles avançados de frenagem e de estabilidade.

PERGUNTAS

1. O exemplo da Siemens Sapsan ilustra como as novas tecnologias podem ser aplicadas para reduzir as emissões de carbono. Qual é a influência dos baixos preços do petróleo em tais esforços?
2. O exemplo da Siemens menciona 11 corredores que poderiam usar trens de alta velocidade. Dê o nome de três rotas entre as principais cidades que seriam candidatas e o nome de uma rota que não seria. Explique suas respostas.
3. Como as tecnologias a diesel têm mudado ao longo dos últimos anos?
4. Que fatores são responsáveis pela pouca aceitação de automóveis híbridos para viagens pessoais?
5. Quais são as limitações associadas com o uso do milho como combustível para automóveis?
6. A Tabela 13.1 contém uma série de mecanismos destinados a aumentar a eficiência de combustível em veículos pessoais. Como estas ideias podem ser comunicadas ao público de maneira mais eficiente?
7. Do ponto de vista da pegada de carbono, quais são os méritos de viagens em jatos quando comparados a viagens de trens de alta velocidade entre Los Angeles e São Francisco?
8. Por que é necessário analisar as ligações entre os sistemas de transporte para obter um entendimento do uso e consumo de combustível?
9. Quanto a sua comunidade tem promovido o uso dos sistemas de transporte de massa? O que poderia ser feito para melhorar esse esforço?
10. Cerca de 40% da energia consumida por um trailer semitrator é consumida quando o veículo não está em movimento. O que contribui para esse custo indireto e o que pode ser feito para reduzi-lo?

NF

NOTAS FINAIS

[1] Siemens. Siemens Global Website. Disponível em: <http://w1.siemens.com/entry/cc/en/>. Acesso em: 15 maio 2010.

[2] Kramer, Andrew E. Siemens fills Russia's need for high-speed train. *New York Times*, 24 set. 2009, B1.

[3] Glader, Paul. High-speed rail keeps train makers on track. *Wall Street Journal*, 21 out. 2009, B1.

[4] Veja nota 3.

[5] Veja nota 2.

[6] International Energy Agency. *Tracking industrial energy efficiency and CO_2 emissions*. Paris: OECD/IEA, 2008. p. 324.

[7] Cha, Ariana Eunjung. China's cars, accelerating a global demand for fuel. *Washington Post Foreign Service*, 28 jul. 2008, p. A01.

[8] Kable, Greg. Auto China 2008. *AutoWeek*, 5 maio 2008, p. 11-12.

[9] Sperling, Daniel; Salon, Deborah. *Transportation in developing countries*: an overview of greenhouse gas reduction strategies. Arlington, VA: Pew Center on Climate Change, maio 2002. p. 149. Disponível em: <http://www.pewclimate.org/docUploads/transpor tation_overview.pdf>. Acesso em: 15 maio 2010.

[10] Rogers, Robert P. The effect of energy policy and conservation act regulation on petroleum prices, 1976-1981. *Energy Policy* 24, n. 2, 1985, p. 63-94.

[11] U.S. Congressional Budget Office. The economic costs of fuel economy standards versus a gasoline tax, dez. 2003, p. 37. Disponível em:

<http://www.cbo.gov/ftpdocs/49xx/doc4917/12-24-03_CAFE.pdf>. Acesso em: 15 maio 2010.

[12] An, Feng; Sauer, Amanda. *Comparison of passenger vehicle fuel economy and greenhouse gas emission standards around the world*. Arlington, VA: Pew Center for Climate Change, dez. 2004. p.136. Disponível em: <http://www.pewclimate.org/ docUploads/Fuel%20Economy%20and%20GHG%20 Standards_010605_110719.pdf>. Acesso em: 16 mar. 2010.

[13] Friedman, Thomas. *Hot, flat, and crowded*. Nova York: Farrar, Straus and Giroux, 2008. p. 448.

[14] Veja nota 6.

[15] Greene, David L.; Schafer, Andreas. Reducing green gas emissions for U.S. transportation. *Pew Center on Global Climate Change*, maio 2003, p.180. Disponível em: <http://www.pewclimate.org/docUploads/ustransp.pdf>. Acesso em: 15 maio 2010.

[16] Hybrids Higher, Diesels Dip. *Automotive News* 82, n. 6290, 2008, p. 19.

[17] Nash, Tom. Get on the diesel wagon. *Motor*, maio 2004, p.30-38. Disponível em: <http://www.motor.com/magazine/pdfs/052004_07.pdf>. Acesso em: 2 jul. 2011.

[18] Sullivan, J. L. et al. CO_2 emission benefit of diesel (versus gasoline) powered vehicles. *Environmental Science and Technology* 38, n. 14, 2004, p. 3217-23.

[19] Hewitt, Ben. The case for diesel: clean, efficient, fast cars (hybrids beware!). *Popular Mechanics* 185, n. 1, 2008, p. 70-5.

[20] American Lung Association. Facts about particle pollution, abr. 2008, p. 14. Disponível em: <http://www.lungusa2.org/sota/SOTA08__PMFacts.pdf>. Acesso em: 2 jul. 2011.

[21] Post, Ellen et al. *Particulate matter health risk assessment for selected urban areas*. Washington, DC: U.S. Environmental Protection Agency. p. 1-180. Disponível em: <http://www.epa.gov/ttnnaaqs/standards/pm/data/pm_risk_tsd_finalreport_2005_mainbody.pdf>. Acesso em: 2 jul. 2011.

[22] Biodiesel. Biodiesel basics. Disponível em: <http://www.biodiesel.org/resources/biodiesel_basics/>. Acesso em: 15 maio 2010.

[23] Pew Center for Climate Change. Vehicle greenhouse gas emissions standards. Disponível em: <http://www.pewclimate.org/what_s_being_done/in_the_states/vehicle_ghg_standard.cfm>. Acesso em: 15 maio 2010.

[24] Ulrich, Lawrence. Green-fuel guide. *Popular Science* 270, n. 5, 2007, p. 76-81.

[25] Veja nota 16.

[26] Dolan, Matthew. Gas engines get upgrade in challenge to hybrids. *Wall Street Journal*, 14 jan. 2009, p. B1.

[27] Koucky, Sherri. Designs to be proud of – hybrid-electric vehicles hit the streets. *Machine Design* 72, n. 10, 2000, p. 42-45.

[28] Nice, Karim; Layton, Julia. How hybrid cars work, 20 jul. 2000. *HowStuffWorks.com*. Disponível em: <http://auto.howstuffworks.com/hybrid-car.htm>. Acesso em: 15 maio 2010.

[29] Kiley, David. Are hybrid sales running out of gas? *Business Week*, 20 mar. 2006, p. 20.

[30] Ford. 2010 Ford Escape hybrid. Disponível em: <http://www.fordvehicles.com/suvs/escapehybrid/>. Acesso em: 15 maio 2010.

[31] Our Prius Hybrid Gets Plugged In. *Consumer Reports*, fev. 2009, p. 49-50.

[32] U.S. Environmental Protection Agency. Flex-fuel vehicles. Disponível em: <http://www.fueleconomy.gov>. Acesso em: 15 maio 2010.

[33] HybridCARS. Guide to ethanol cars & vehicles. Disponível em: <http://www.hybridcars.com/ethanol-car>. Acesso em: 15 maio 2010.

[34] Brown, Lester P. *Plan B 3.0*: mobilizing to save civilization. Nova York: W.W. Norton and Company, 2008. p. 398.

[35] Veja nota 26.

[36] Brooks, Bob. Mercedes gasoline engine cuts fuel use 29% below diesel. *Automotive Industries* 187, n. 9, 2007, p. 20.

[37] Greene, David L. *Driver energy conservation awareness training*: review and recommendations for a national program. Report # ORNL/TM-9897. Oak Ridge, TN: U.S. Department of Energy, 1986. p. 84.

[38] Veja nota 37.

[39] GPS Navigators. *Consumer Reports* 73, n. 6, 2008, p. 18-21.

[40] District Department of the Environment. Fuel-saving tips for drivers. Disponível em: <http://ddoe.dc.gov/ddoe/cwp/view,a,1210,q,492495.asp>. Acesso em: 15 maio 2010.

[41] Veja nota 37.

[42] Cassidy, Michael J. et al. *Empirical reassessment of traffic operations*: freeway bottlenecks and the case for HOV lanes. Research Report UCB-ITS--RR-2006-6. Berkeley: University of California, Institute of Transportation Studies, 2006. p. 24.

[43] Veja nota 37.

[44] Veja nota 6.

[45] Zimmerman, Samuel; Levinson, Herbert. The facts about BRT. *Planning* 72, n. 5, 2006, p. 34-5.

[46] Penner, J. E. et al. (Eds.). *Aviation and the global atmosphere*: a special report of the intergovernmental panel on climate change. Cambridge, UK: Cambridge University Press, 1999. p. 23.

[47] Lee, J. J. et al. Historical and future trends in aircraft performance, cost and emissions. *Annual Review of Energy and the Environment* 26, 2001, p. 167-200.

[48] Veja nota 47.

[49] Boeing. 2008 Environment Report. Disponível em: <http://www.boeing.com/aboutus/environment/environmental_report/environmentally-progressive-products.html>. Acesso em: 15 maio 2010.

[50] Corridore, Jim. Cleared for take-off. *BusinessWeek*, 13 jun. 2006, p. 5.

[51] International Air Transport Association. IATAs industry priorities for 2010. Disponível em: <http://www.iata.org/about/priorities.htm>. Acesso em: 15 maio 2010.

[52] Coppenbarger, Richard A.; Mead, Rob W.; Sweet, Douglas N. Field evaluation of the tailored arrivals concept for datalink-enabled continuous descent approach. *Journal of Aircraft* 46, n. 4, 2009, p. 11.

[53] Hughes, David. Saving fuel with 4D; San Francisco tests build on flight trials in Australia and Holland. *Air Transport* 165, n. 14, 2006, p. 54.

[54] Gittell, Jody Hoffer. *The Southwest Airlines Way*: the power of relationships for superior performance. Nova York: McGraw-Hill Professional, 2005. p. 320.

[55] Veja nota 47.

[56] Miura, Shigeru et al. The mechanism of railway tracks. *Japan Railway and Transport Review* 15, mar. 1998, p. 38-45.

[57] Givoni, Moshe. Development and impact of the modern high-speed train: a review. *Transport Reviews* 26, n. 5, 2006, p. 593-611.

[58] Matsuda, M. Shinkansen: the Japanese dream. In: Whitelegg, J.; Hultén, S.; Torbjörn, F. (Eds.). *High speed trains*: fast tracks to the future. Hawes, North Yorkshire: Leading Edge, 1993. p. 111-20.

[59] Givoni, Moshe. Aircraft and high speed train substitution: the case for airline and railway integration. (Tese de PhD, University College London, 2005.)

[60] Shimizu, Kaho. Derailment Mars Shinkansen safety myth. *The Japan Times Online*, 19 nov. 2004. Disponível em: <http://search.japantimes.co.jp/cgi-bin/nn20041119f1.html>. Acesso em: 15 maio 2010.

[61] Veja nota 59.

[62] Hess, D.; Taylor, B.; Yoh, A. Light-rail lite or cost-effective improvements to bus service? Evaluating the costs of implementing bus rapid transit. *Journal of the Transportation Research Board* n. 1927, 2005, p. 22-30.

[63] Levinson, Herbert S. et al. Bus Rapid Transit: an overview. *Journal of Public Transportation 5*, n. 2, 2002, p. 1-30.

[64] Veja nota 62.

[65] Rathwell, Sean; Schijns, Stephen. Ottawa and Brisbane: comparing a mature busway system with its state-of-the-art progeny. *Journal of Public Transportation 5*, n. 2, 2002, p. 163-182.

[66] Carey, Graham N. Applicability of Bus Rapid Transit to corridors with intermediate levels of transit demand. *Journal of Public Transportation* 5, n. 2, 2002, p. 97-114.

[67] Veja nota 62.

[68] Veja nota 45.

[69] Baltes, Michael; Rey, Joel. *Bus Rapid Transit evaluation.* Summary of Final Report, BC137-17 2003, 12. Disponível em: <http://www.dot.state.fl.us/research-center/Completed_Proj/Summary_PTO/FDOT_BC137_17.pdf>. Acesso em: 15 maio 2010.

[70] Veja nota 6.

[71] Veja nota 15.

[72] U.S. Department of Energy. *Roadmap and technical white paper.* 21CTP-0003, 2006, p. 1-78. Disponível em: <http://www1.eere.energy.gov/vehiclesandfuels/pdfs/program/21ctp_roadmap_2007.pdf>. Acesso em: 15 maio 2010.

[73] Davis, Stacy C.; Diegel, Susan W. *Transportation energy data book*, 22. ed. Oak Ridge, TN: U.S. Department of Energy, Report #ORNL-6967, 2002. p. 382.

[74] Veja nota 72.

[75] Veja nota 72.

[76] Emadi, Ali et al. Topological overview of hybrid electric and fuel cell vehicular power system architectures and configurations. *IEEE Transactions on Vehicular Technology* 54, n. 3, 2005, p. 763-70.

capítulo 14

O Papel do Consumo Industrial

OBJETIVOS DO CAPÍTULO

- **A** Principais contribuições industriais de emissões de carbono
- **B** Emissões de carbono associadas à produção de aço
- **C** Emissões de carbono na indústria de minerais não metálicos
- **D** Emissões de carbono relativas à produção química
- **E** Emissões de carbono associadas às indústrias de papel e celulose
- **F** Padrões industriais que buscam reduzir as emissões de carbono

PALAVRAS-CHAVE

A Principais contribuições industriais de emissões de carbono

American Institute of Steel Construction – Dia do Aço (Steel Day)

Em 18 de setembro de 2009, a Hillsdale Fabricators de St. Louis, no Missouri, organizou uma reunião aberta ao público para informar os membros da comunidade sobre suas operações sustentáveis. A Hillsdale Fabricators é uma fabricante de aço completa, especializada em produções complexas, e é a única na área de St. Louis certificada em grandes pontes de aço. Inaugurado recentemente, o Estádio Lucas Oil, lar do Indianapolis Colts, é uma das conquistas celebradas da empresa.[1]

A reunião nas instalações da Hillsdale foi um dos 173 eventos organizados pelo American Institute of Steel Construction (Aisc). Engenheiros, arquitetos, professores universitários e estudantes e público em geral visitaram as siderúrgicas, fabricantes, centros de serviços, galvanizadores e outras instalações de aço, para conhecer e testemunhar as tecnologias avançadas em ação. Além disso, o Dia do Aço (Steel Day) permitiu que os visitantes vissem como a indústria do aço estrutural está construindo projetos sustentáveis e de alto desempenho. Mais de 7 mil pessoas em todos os Estados Unidos participaram das atividades do Dia do Aço.[2]

O Dia do Aço chamou a atenção para o papel crítico do aço estrutural na infraestrutura, economia e emprego no país. Além disso, permitiu que a indústria de aço dos Estados Unidos mostrasse alguns dos grandes avanços que fez em direção à sustentabilidade.

O aço é o material mais reciclado do mundo, e as emissões de gases do efeito estufa, ar e água têm caído acentuadamente nesse setor nos últimos 20 anos.

O projeto do Dia do Aço destaca algumas das mudanças significativas que estão ocorrendo no setor industrial. Neste capítulo, apresentamos uma visão geral dos esforços de marketing verde associados a essa parte da economia. Dado que este setor é responsável por um terço do total do consumo de energia, há dividendos importantes que podem ser atingidos a partir de uma gestão eficaz do uso da energia e das emissões de carbono. Começaremos, portanto, delineando várias indústrias do setor que refletem o maior uso de energia, bem como o maior potencial de redução das emissões de carbono. Na sequência, descreveremos esforços internacionais para melhorar a sustentabilidade da indústria. Considere primeiramente as contribuições para a mudança climática na indústria.

Em uma recente revisão do consumo de energia no setor industrial, a Agência Internacional de Energia (AIE) reconheceu um grande potencial para reduzir emissões.[3] Em uma base mundial, a indústria responde por 33% do consumo de energia e 36% das emissões de carbono. Houve grandes avanços na melhoria da eficiência industrial, mas as estimativas da AIE sugerem que o equivalente a 600 a 900 milhões de toneladas de petróleo poderiam ser reduzidas no setor industrial. Além disso, a redução equivalente nas emissões de carbono seria de 7% a 12% das emissões globais ou de 1,9 a 3,2 bilhões de toneladas de dióxido de carbono.

FIGURA 14.1

Estádio Lucas Oil em Indianápolis, Indiana.

Fonte: © *Jeremy A. Williams*

O uso da energia e a quantidade de emissões de carbono variam consideravelmente de um setor para outro. A Figura 14.2 indica que mais energia é utilizada nas indústrias química e petroquímica que em qualquer outro setor. Embora os produtos químicos estejam associados com maior quantidade de energia, uma parcela substancial equivale à matéria-prima incorporada aos produtos químicos. Por exemplo, a maior parte do óleo usado no refino do combustível automotivo é incorporada na gasolina. Além disso, o setor químico, de ferro, de aço e as indústrias de minerais não metálicos também são grandes usuários de energia.

A Figura 14.3 mostra que 70% das emissões de carbono para o setor estão associadas ao ferro e ao aço (27%), minerais não metálicos (27%) e indústria química/petroquímica (16%). Além dessas indústrias, há oportunidades substanciais de reduzir a quantidade de emissões de carbono associadas à indústria de papel e setores de metais não ferrosos. Ao contrário do setor doméstico, não há um único indicador associado

FIGURA 14.2

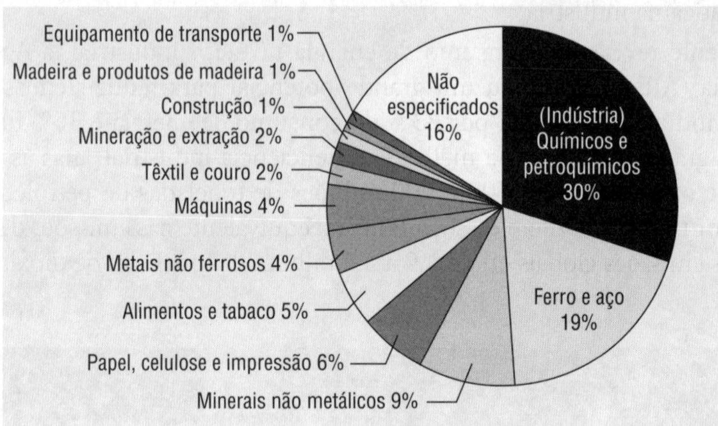

Consumo de energia final por indústria, 2004.

Fonte: Baseado em dados da International Energy Agency, Tracking Industrial Energy Efficiency and CO_2 Emissions. Paris: © OECD/IEA, 2007.

FIGURA 14.3

Emissões de carbono por indústria, 2004.

Fonte: International Energy Agency, Tracking Industrial Energy Efficiency and CO2 Emissions. Paris: © OECD/IEA, 2007, figura 2.3, p.44.

com as emissões em todos os setores. Cada indústria deve considerar diversos fatores nos esforços para reduzir as emissões. Assim, destacamos os fatores associados à maior eficiência energética e emissões de carbono em cada um desses setores.

B Emissões de carbono associadas à produção de aço

Em 2007, mais de 1,3 bilhão de toneladas de aço foram produzidas no mundo. O aço é uma mercadoria aparentemente onipresente, incorporado a muitos produtos finais.[4] A Figura 14.4 indica que a construção é o maior consumidor de aço, seguida por máquinas, produtos de metal e o setor automotivo.

As indústrias do aço e de minerais não metálicos são os maiores produtores de emissões de carbono no setor econômico. A Figura 14.5 indica que mais de 90% da produção mundial de aço está concentrada em dez mercados. A indústria já percebeu importantes ganhos de eficiência ao longo dos últimos 20 anos, mas a média mundial não aumentou. Durante essas duas décadas, a maior parte do crescimento ocorreu na China, e a produção de aço no país é relativamente ineficiente. Além disso, o mercado chinês não tem quantidades substanciais de sucata disponíveis para a reciclagem do aço. China, Rússia, Índia e Ucrânia são responsáveis por quase metade de toda a produção de aço e por mais da metade de todas as emissões de dióxido de carbono associadas com ferro e aço.[5]

A produção de ferro e aço é complexa e varia de um país para outro, mas há semelhanças entre os processos empregados em todas as regiões geográficas. A fim de obter uma compreensão do consumo de energia, é necessário delinear os processos relativos à produção de aço. A Figura 14.6 fornece uma visão geral dos processos essenciais associados à maioria da produção de aço. Dois métodos, de **fornos de oxigênio básico** e de **arco elétrico**, são responsáveis por cerca de 97% de toda a pro-

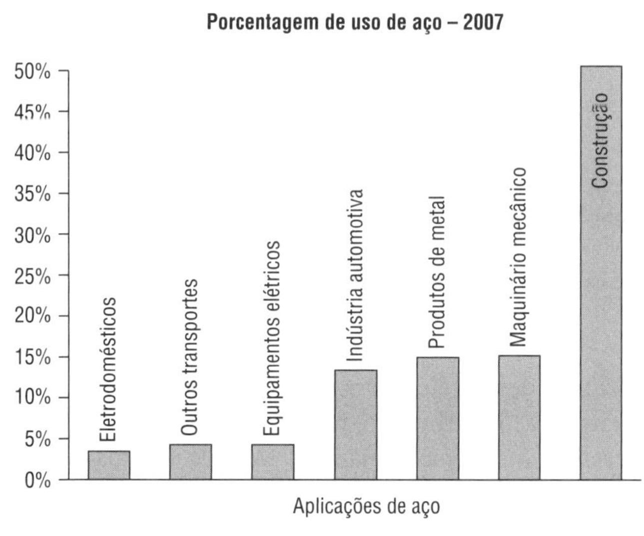

FIGURA 14.4

2007 – Uso global de aço.

Fonte: Baseado em World Steel Association, 2008 Sustainability Report. Bruxelas: World Steel Association, 2008. p. 7.

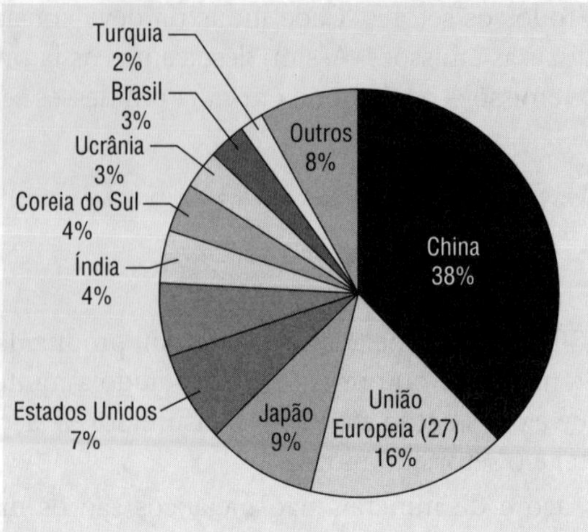

FIGURA 14.5

Produção mundial de aço, 2007.

Fonte: Baseado em World Steel Association, 2008 Sustainability Report. Bruxelas: World Steel Association, 2008. p. 7.

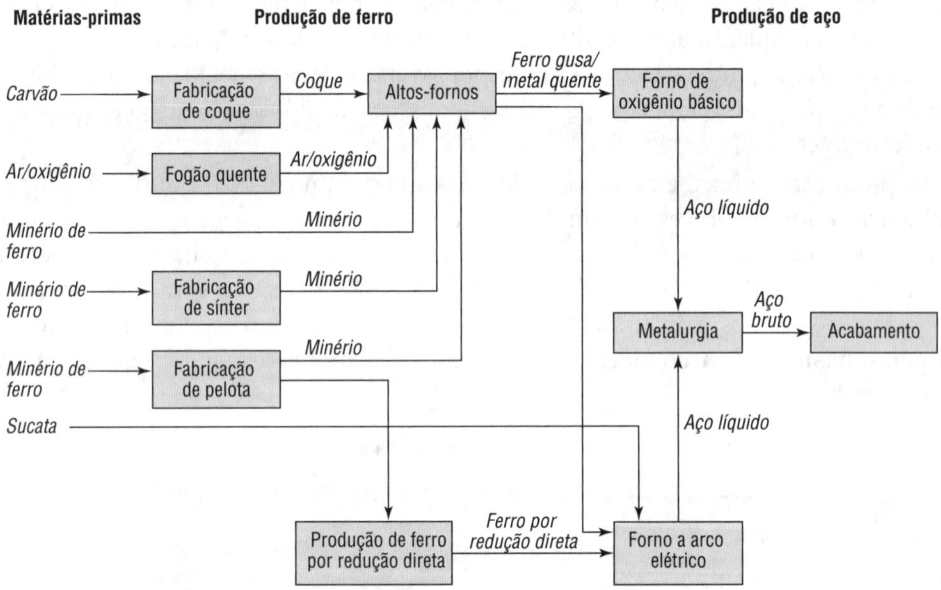

FIGURA 14.6

Processos de produção de aço.[a]

[a] Os processos estão sombreados; as matérias-primas e a produção estão em itálico.

Fonte: Baseado em dados da International Energy Agency, Tracking Industrial Energy Efficiency and CO_2 Emissions. Paris: © OECD/ IEA, 2008.

dução de aço. O forno de oxigênio básico é normalmente utilizado para produção de grandes tonelagens de aços carbono, e fornos a arco elétrico são destinados à produção de aços especiais de pequena tonelagem.[6] Mais de 66% da produção ocorre através de processos de oxigênio básico, e 31% através de processos a arco elétrico. Depois de um desses métodos de tratamento terem sido utilizados, o metal está pronto para metalurgia e acabamento.

Forno de oxigênio básico

O processo de produção do aço envolve a conversão de matérias-primas (por exemplo, minério de ferro, carvão) em ferro, seguido pela conversão do ferro em aço. O aço é então transformado através de metalurgia e de acabamento, que tornam o produto útil para a indústria civil, automotiva, entre outras.

O *processo de forno de oxigênio básico* produz produtos tais como para-choques automotivos, invólucros de refrigeradores e embalagens.[7] A produção de ferro através de fornos de oxigênio básico envolve a introdução de coque, minério de ferro e oxigênio em um forno. Para fazer coque, o carvão betuminoso é inserido em um conjunto de fornos, nos quais é aquecido a altas temperaturas por 14 a 36 horas, na ausência de oxigênio.[8] Durante esse processo, os compostos são expulsos e coletados. O licor de amoníaco é um subproduto utilizado em instalações de águas residuais, e o piche removido durante esse processo também é armazenado. O óleo leve retirado dos fornos de coque transforma-se em tolueno, benzeno e xileno, que são úteis na fabricação de produtos químicos (ver petroquímicos a seguir). A naftalina também é um subproduto, e o carbono remanescente é o coque. O coque é então transferido para uma torre de resfriamento, onde é resfriado por um jato de água ou pela circulação de um gás inerte (nitrogênio), em um processo conhecido como **têmpera seca**. A fabricação de coque requer entre 0,75 e 2,0 GJ por tonelada de aço bruto e a sinterização requer entre 2 e 3 GJ por tonelada.

A produção de coque resulta em várias formas de desperdício. Os fornos de coque produzem emissões para a atmosfera na forma de matéria particulada, compostos orgânicos voláteis, metano, óxidos de enxofre e outros poluentes. As águas residuais são geradas a partir do resfriamento do gás do forno de coque e do tratamento de subprodutos (por exemplo, amônia, alcatrão). A produção de coque gera pó de carvão durante o processo de têmpera. Este composto em pó é usado para a fabricação de sínter ou é vendido como subproduto. Além disso, o coque produz resíduos sólidos contendo componentes perigosos, tais como benzeno.[9]

O ferro é produzido quando o coque é combinado com oxigênio, fluxo e minério de ferro em um alto-forno. Em caldeiras, o ar comprimido é misturado com oxigênio e aquecido a 1.100 °C. O oxigênio é então injetado na parte inferior do alto-forno. Por serem responsáveis por 10% a 20% da necessidade total de energia em uma usina siderúrgica integrada, caldeiras eficientes podem resultar em economia.[10]

O minério de ferro é normalmente introduzido no alto-forno na forma de sínter e *pellets*. A sinterização é o processo mais eficiente para a alimentação direta de altos-fornos, e mais de 50% do minério de ferro é convertido em sínter. A sinterização envolve o aquecimento do minério fino, fazendo-o se aglomerar em grandes grânulos.[11] O calor consumido para a reação de sinterização equivale a cerca de 33% da entrada total de calor em uma usina de aço. Como quase metade dessa energia é liberada na atmosfera, a recuperação de calor é uma estratégia-chave para melhorar a eficiência. Apesar de a sinterização ser mais eficiente que a produção de *pellets*, ela resulta em uma maior quantidade de níveis de pó por tonelada de aço produzida.

O ferro é produzido no alto-forno a partir de coque, oxigênio, minério de ferro e fluxo. Calcário na forma de fluxo é adicionado para remover enxofre e outras impurezas.[12] Impurezas no forno produzem escória de alto-forno, que se depositam no topo do mesmo.[13]

O ferro que é produzido em altos-fornos é então introduzido na fornalha de oxigênio. O processo de aciaria a oxigênio converte a sucata e o ferro fundido do alto-forno em aço. Oxigênio de alta pureza é inserido no processo, reduzindo os teores de carbono, silício, manganês e fósforo do ferro. Finalmente, o fluxo é adicionado para reduzir os níveis de enxofre e fósforo.[14] Essas impurezas são retiradas pela escória que flutua sobre a superfície do metal quente. A produção de aço em fornos de oxigênio básicos requer cerca de 1 a 13 GJ por tonelada de aço bruto, incluindo a fornalha, o alto-forno e o forno de oxigênio.

Forno a arco elétrico

O *forno a arco elétrico* (*electric arc furnace* – EAF) produz materiais cujo principal requisito é a força. Por exemplo, vigas estruturais, placas de aço e barras de reforço são feitas nos fornos a arco elétrico.[15] O processamento de aço a partir do minério ocorre dessa maneira, por meio da produção de ferro reduzido direto nas operações de forno a arco elétrico. Na produção de ferro reduzido direto, o oxigênio é removido de *pellets* de óxido de ferro fixos para produzir ferro reduzido direto (*direct reduced iron* – DRI).[16] O forno de arco elétrico emprega esse ferro reduzido direto em sucata para produzir aço. A sucata é o elemento mais importante, pois cerca de 80% das matérias-primas é desta natureza.[17] Consequentemente, é difícil controlar a pureza e a qualidade do aço produzido. Usinas que focam na produção de aço em EAF normalmente se concentram em segmentos de mercado nos quais a qualidade do aço não é tão crítica.[18] Durante as operações de fusão e de refino, alguns dos materiais indesejáveis dentro do banho são oxidados e transformam-se em escória de arco elétrico.[19] A produção de ferro reduzido direto utilizando gás natural precisa de cerca de 12 GJ por tonelada de aço bruto. Fornos de arco elétrico utilizam de 1 a 1,5 GJ de eletricidade por tonelada de aço bruto.

Metalurgia e acabamento

A utilização de uma fornalha de oxigênio básico ou de arco elétrico produz aço bruto, mas o refinamento não termina ali. A produção de aço líquido a partir dos fornos é aperfeiçoada por meio de uma série de processos conhecidos como **metalurgia**. Os objetivos desse processo são a remoção de oxigênio, hidrogênio, enxofre e outras impurezas. Após a remoção dessas impurezas, o aço é fundido em lingotes ou formas semiacabadas (por exemplo, chapas). A fundição contínua em formas semiacabadas usa menos tempo, trabalho, energia e capital do que a fundição em lingotes.[20] Acabamentos adicionais, tais como a galvanização, também são incorporados no aço durante essa fase final.

Sustentabilidade

A indústria siderúrgica está tentando reforçar a sustentabilidade ambiental por meio de iniciativas associadas à *mudança climática*, *proteção ambiental* e *gestão de recursos naturais*.[21] Um aspecto dos esforços de mudanças climáticas se concentra na redução da quantidade de dióxido de carbono para cada tonelada de aço produzido. Parte desse esforço inclui investimentos em tecnologias que aumentam a ecoeficiência da produção. A Agência Internacional de Energia indica que mais de 3% do consumo total de energia do setor (2,9 EJ) e mais de 3% das emissões de CO_2 podem ser obtidos por meio de uma maior eficiência dos processos de produção e melhor aproveitamento dos subprodutos desses processos.[22] Melhorias nos processos de produção incluem aplicação de resfriamento do coque a seco na fabricação de coque, melhorias em altos-fornos e em fornos a arco elétrico, e melhorias no acabamento do aço.[23] As reduções associadas às mudanças nesses processos são atingidas quando as empresas atualizam seus processos com as melhores tecnologias disponíveis.

A indústria siderúrgica se preocupa com a proteção ambiental no controle da produção e da gestão do ciclo de vida dos estoques. Como o monitoramento das operações é essencial para esta indústria, a maioria dos produtores de aço opera instalações que são certificadas pela ISO 14001. A **ISO 14000** é uma família de normas de gestão estabelecidas pela Organização Internacional de Normalização (International Organization for Standardization). A norma ISO 14001 permite às empresas avaliar o impacto ambiental das suas atividades, melhorar o desempenho e implementar uma abordagem sistemática para atingir os objetivos ambientais.[24] Mais de 85% de todos os funcionários e empreiteiros da indústria do aço trabalham em instalações registradas pela ISO.[25]

A terceira faceta da sustentabilidade ambiental na indústria de aço está relacionada com a gestão dos recursos naturais. A *eficiência dos materiais* se refere à quantidade de material que não é enviado para a eliminação permanente em um aterro sanitário ou incinerado. Essa eficiência é percebida pela conhecida perspectiva de redução, reutilização e reciclagem. *Reduções* de material são obtidas por meio de tecnologias de produção de aço sem o uso de coque e, portanto, não dependentes dele. Comercializar a escória dos altos-fornos e dos fornos a arco elétrico para as indústrias de construção de estradas e de cimento reduz os custos de energia e emissões de carbono globais no setor industrial.

A *reutilização* de materiais é exemplificada por uma indústria que possui 97% de eficiência de material. A meta de 100% de eficiência é alcançada ao se trabalhar em conjunto com outras indústrias. Esforços para utilizar os subprodutos da produção de aço com mais eficácia incluem a recuperação de coquerias e fornos de oxigênio básico a gás, uso de gás de altos-fornos e uso da escória/aço na fabricação de cimento. Notavelmente, a escória comercializada para a indústria de cimento tem o potencial de reduzir o CO_2 relacionado com o cimento em 50%.

A indústria siderúrgica também é muito ativa na *reciclagem*. Praticamente todo o aço é reciclável e, como um dos poucos metais magnéticos, pode facilmente ser separado do lixo e de outros metais. O aço é o material mais reciclado no mundo. Em 2006, por exemplo, a indústria reciclou 459 megatons métricos (mmt), equivalente a 37% do aço bruto produzido no ano.[26] Essa reciclagem reduziu as emissões de carbono em 827 mmt e economizou o equivalente a 868 mmt de minério de ferro.[27]

C Emissões de carbono na indústria de minerais não metálicos

Minerais não metálicos são responsáveis por 9% do consumo de energia industrial, mas representam 27% das emissões de carbono.[28] O maior contribuinte para o uso de energia no setor de minerais não metálicos é a produção de concreto, e um processo fundamental para essa produção é a produção de **cimento**. Após a água, o concreto é o segundo produto mais consumido no mundo.[29] No ano 2000, as vendas mundiais de concreto excederam 97 bilhões de dólares.[30] A produção de cimento representa cerca de 80% da energia utilizada para os metais não metálicos e é uma importante fonte de emissão de CO_2. Melhorias substanciais têm sido feitas no uso de energia neste setor nos últimos 15 anos, mas ainda existe potencial para maiores reduções associadas à adoção das melhores tecnologias disponíveis.

O concreto é uma indústria global que opera em 150 países, com mais de 850 mil funcionários. Com 46% da produção mundial em 2005, a China é o maior produtor de cimento. Os dez maiores produtores (China, Índia, Estados Unidos, Japão, Coreia, Espanha, Rússia, Tailândia, Brasil e Itália) são responsáveis por mais de 71% da produção mundial. Os custos de transporte de cimento são extensos, e o concreto raramente é transportado por mais de 300 quilômetros. Os Estados Unidos exportam concreto para o México e o Canadá, e a maioria das importações do país vem da China, Tailândia, Canadá e Grécia.[31]

A produção de concreto é um processo relativamente simples, com quatro estágios.[32] A primeira etapa é a aquisição de matérias-primas. Esses materiais incluem calcário, areia e argila, que normalmente vêm de pedreiras localizadas perto da fábrica de cimento. Esses componentes fornecem os quatro principais ingredientes do cimento: cal, sílica, alumina e ferro.[33] Na segunda etapa, esses materiais são analisados, misturados e moídos para posterior processamento. Na terceira etapa, os materiais são aquecidos em uma estufa muito grande, com mais de 200 metros de comprimento e diâmetro de 3 a 7,5 metros. A estufa atinge temperaturas de 1.450 °C, que transformam o material em uma substância denominada **clínquer**, do tamanho de bolas de gude. Quando o calcário é aquecido, sofre uma reação na qual o dióxido de carbono é liberado e o óxido de cálcio é formado. É importante ressaltar que cerca da metade das emissões de carbono para o concreto são associadas a este processo, e essas emissões não são afetadas pela mudança de combustível ou outros esforços para aumentar sua eficiência. Na quarta etapa, o gesso é adicionado e a mistura é moída até a obtenção de um pó fino denominado **cimento Portland**. Embora existam outras formas de cimento, o Portland é o mais comum e representa mais de 98% das vendas de cimento nos Estados Unidos.[34] O cimento Portland é comercializado em oito compostos diferentes que variam de acordo com os requisitos físicos e químicos, tais como durabilidade e resistência.[35]

A produção de cimento pode ocorrer através de processos úmidos ou secos. O processo úmido facilita o controle da atividade química, mas tem maiores exigências de energia, devido à necessidade de evaporar a água antes de fazer o dióxido de cálcio. Como o processo seco não exige evaporação, os custos energéticos associados à produção de cimento nesse processo são mais baixos. Consequentemente, os processos secos estão substituindo os processos úmidos em todo o mundo.

Sustentabilidade

Devido à quantidade de emissões de carbono associadas à indústria, o concreto tem sido apontado como uma indústria responsável pelo aquecimento global.[36] A maioria das emissões de carbono na produção de concreto, no entanto, está associada à produção de óxido de cálcio (um produto essencial para cimento), e a maioria dos esforços de sustentabilidade não pode resolver esta fonte principal de emissões nessa indústria. No entanto, várias estratégias têm sido empregadas para reduzir o impacto dessa indústria sobre as alterações climáticas.

Esforços substanciais têm sido dedicados para *reduzir* a quantidade de energia empregada no processo de fabricação. O tamanho do forno utilizado para a produção de cimento influencia os custos de energia. Na China, o maior produtor mundial, com quase 50% da produção, pequenos fornos estão sendo substituídos por fornos maiores e mais eficientes. Produtores de concreto também estão trabalhando com combustíveis alternativos a fim de reduzir custos de produção, eliminar resíduos, reduzir as emissões de carbono e reduzir o uso de combustíveis fósseis. Estes combustíveis podem incluir pneus, madeira, plásticos, produtos químicos, carcaças de animais, lodo de esgoto e resíduos de construção. O uso de combustíveis alternativos varia de país a país. Em um extremo, a Alemanha depende de combustíveis alternativos para cerca de 37% de sua produção de clínquer, e a Coreia do Sul, no outro extremo, incorpora menos de 5% de combustíveis alternativos.

O processo de moagem dos materiais representa a maior demanda de eletricidade na indústria do cimento. A moagem associada ao processamento de matérias-primas e a moagem de cimento são responsáveis por quase 100 quilowatts-hora por tonelada de cimento produzido. As melhores práticas da indústria indicam, no entanto, que existe um potencial para reduzir o uso da eletricidade em mais 20%. Apesar desse potencial, mais de 90% da energia associada à moagem é convertida em calor e não é usada na produção de cimento. Claramente, há oportunidades para desenvolver novos processos que facilitam a produção de cimento em níveis de eficiência superiores a 10%.

A indústria do concreto depende da *reutilização* para reduzir as emissões de carbono. Em muitos processos de produção, o cimento Portland é substituído ou complementado com subprodutos industriais chamados de materiais de cimento suplementares (MCS).[37] A escória adquirida da indústria de aço pode ser usada como um substituto para o calcário. A escória de aciaria exige pouco combustível adicional para ser convertida em clínquer de cimento. Como resultado, as emissões de carbono são reduzidas devido à diminuição das necessidades de energia. Cinzas volantes, um subproduto da queima de carvão, e sílica ativa, um subproduto da fabricação de silício, também são reutilizados como escória na produção de cimento. A recuperação de subprodutos industriais evita o uso de materiais virgens na fabricação de cimento e reduz a quantidade de material depositado em aterros. Além disso, as reduções de gases do efeito estufa podem ser alcançadas usando MCS para substituir uma parte do cimento Portland. A fabricação de cimento Portland requer o uso de uma quantidade significativa de energia, e a substituição por MCS reduz essa carga. Além disso, a reutilização de MCS pode melhorar a facilidade de trabalho da mistura de concreto, diminuir sua permeabilidade, melhorar a durabilidade e realçar a força.

O concreto é também um dos materiais mais *reciclados* no planeta.[38] Reciclagem de pavimento de concreto envolve quebrar, remover e triturar o concreto de um pavimento existente. O concreto triturado é então usado como um agregado do cimento Portland novo ou em outros processos do concreto.[39] Nos últimos anos, tem havido avanços nas tecnologias de trituramento de concreto e métodos para remover o aço do concreto. Esse concreto reciclado atende à maioria das especificações e atualmente está sendo usado com concreto e outros produtos asfálticos, tendo um melhor desempenho quando comparado com o concreto virgem. O material é mais leve que outros concretos, o que reduz o custo de manuseio de materiais e transporte. Além disso, a reciclagem reduz a quantidade de concreto descartado em aterros sanitários.

A análise da sustentabilidade precisa aumentar a consideração da lógica reduzir-reutilizar-reciclar com relação aos benefícios a longo prazo do uso do concreto como material de construção.[40] A matéria-prima predominante para o cimento no concreto é o calcário, o mineral mais abundante na Terra. Pelo fato de os materiais para o concreto estarem prontamente disponíveis, o concreto pode ser feito a partir de recursos locais e processado perto de um canteiro de obras. O transporte local minimiza a utilização de combustível para o manuseio e transporte. O concreto também produz estruturas duráveis e de longa duração, cuja vida se estende pelo dobro ou o triplo de tempo que outros materiais de construção comuns. Finalmente, casas construídas com concreto (paredes, fundações e pisos) são eficientes porque tiram vantagem da capacidade inerente do concreto de absorver e reter o calor. Por conseguinte, os proprietários podem reduzir significativamente suas contas de aquecimento e ar-condicionado, e instalar equipamentos de climatização de menor capacidade.

D Emissões de carbono relativas à produção química

A indústria química produz plásticos, sintéticos, resinas, detergentes, fertilizantes e muitos outros produtos que utilizamos diariamente. Essa indústria responde por 30% do consumo de energia industrial, e este uso está crescendo a 2,2% anualmente.[41] A indústria química também representa 16% das emissões de carbono no setor industrial.

Três tipos de produtos intermediários produzem matérias-primas (petróleo, gás natural, carvão e outros minerais) e bens de consumo. Esses produtos intermediários incluem **olefinas**, **aromáticos** e **outros intermediários**. Olefinas incluem eteno, propeno e xileno. Esses químicos são usados para fabricar uma variedade de produtos, tais como garrafas e sacos de lixo. Os aromáticos incluem benzeno, tolueno e xileno, usados para fazer produtos como calçados e pneus de carro. Os outros intermediários incluem o gás sintético, usado na produção de amônia e metanol. A matéria-prima principal das olefinas e aromáticos é o petróleo bruto, enquanto o principal insumo para a produção de gás sintético é o gás natural. Dentro dessa indústria, 75% da matéria-prima é o petróleo bruto.

Nove processos químicos representam mais de 65% do uso global de energia na indústria. Esses processos estão associados a produtos petroquímicos, produtos químicos inorgânicos e fertilizantes.

Produtos petroquímicos

Steam-cracking. *Steam-cracking* é um processo no qual os hidrocarbonetos saturados são quebrados em hidrocarbonetos menores. O *steam-cracking* ocorre nos fornos onde matérias-primas são quebradas na presença de vapor.[42] Esse processo também resulta na remoção de subprodutos, tais como hidrocarbonetos, água e gás ácido. O *steam-cracking* é responsável por mais de 39% do consumo de energia final na indústria química. É o principal método para a produção de olefinas (eteno, propeno e butadieno). Esse procedimento resultou na redução de 50% no consumo de energia desde 1970, mas a implementação de tecnologias melhoradas para a remoção de subprodutos gera uma eficiência energética ainda maior.

Extração de aromáticos. A extração de aromáticos inclui a produção de benzeno, tolueno e xileno, usados para fabricar uma série de produtos, de medicamentos a DVDs. Pelo fato de a maior parte da energia utilizada no processo ser matéria-prima, há um potencial limitado de redução do consumo de energia.

Metanol. O **metanol** é uma substância química resultante de processos biológicos conduzidos pela vegetação, por micro-organismos e outras espécies de seres vivos. É produzido sinteticamente por meio de vapor catalítico, que normalmente usa gás natural como matéria-prima. O metanol pode ser produzido a partir de gás natural, carvão, resíduos urbanos, gás de aterro, resíduos de madeira e algas marinhas. É usado para fazer uma variedade de produtos, como plásticos, tintas, materiais de construção e fluidos para lavagem de para-brisas.[43] Em 2006, 40% do uso de metanol foi para formaldeídos e outros 19% foi utilizado como aditivo de combustível. Dezessete países representam mais de 90% da produção de metanol. A China é o maior produtor e o único que usa o carvão como matéria-prima. O custo das emissões de carbono associadas com usinas de gás natural é menor que as emissões em instalações à base de carvão.[44]

Processamento de olefinas e aromáticos. Olefinas são usadas para a fabricação de plásticos e borracha sintética. O processo de reator Unipol comercializado pela Union Carbide em 1977 foi desenvolvido para a fabricação de polietileno, enquanto o processo para a fabricação de polipropileno foi anunciado em 1983.[45] O polipropileno é o plástico mais utilizado no mundo, e o Unipol é o processo mais amplamente utilizado para produzir este plástico.[46] O processo Innovene, desenvolvido pela BP, também é amplamente utilizado.[47] Os direitos de comercialização do Innovene são de propriedade da Ineos.

Produtos químicos inorgânicos

Cloro e hidróxido de sódio. O cloro é obtido quando o sal é eletroquimicamente decomposto em cloro e hidróxido de sódio. O cloro é então processado em policloreto de vinila (PVC), usado em encanamentos, enquanto o cloreto de sódio é usado pelas indústrias de papel e têxtil, entre outras. Com mais de 25%, os Estados Unidos são o líder mundial na produção. O cloro e hidróxido de sódio são produzidos através de três processos que variam em sua concentração de hidróxido de sódio. Esses métodos incluem os processos de mercúrio, diafragma e membranas. O maior potencial de economia de energia encontra-se na conversão de usinas de processamento de mercúrio e diafragma para utilizarem a tecnologia de membrana.

Negro de carbono. O **negro de carbono** é uma forma de carbono utilizada principalmente como reforço em produtos de borracha vulcanizada. A indústria de pneus usa cerca de 85% da produção desse composto inorgânico. Na última década, esforços têm sido feitos para substituir uma porção de negro de carbono por sílica. Pneus de sílica têm maior durabilidade, oferecem maior eficiência de combustível e proporcionam uma melhor tração. No entanto, os custos de material de sílica são duas vezes maiores que os de negro de carbono.

Carbonato de sódio. O **carbonato de sódio** é usado principalmente na fabricação de vidro, mas também é utilizado em amaciantes, detergentes, fabricação de tijolos e processos fotográficos. Nos Estados Unidos, o maior produtor mundial (31% do mercado), o carbonato de sódio é extraído de depósitos naturais e na recuperação de soda de lagos. Em contraste, o carbonato de sódio é produzido através de processos sintéticos em todos os outros países. Esse processo sintético é mais caro e utiliza maior quantidade de energia que a soda natural.

Gases industriais. Os gases industriais são comumente encontrados no ar e em outros gases. O nitrogênio, o gás mais vendido no mundo, é usado na indústria de alimentos, bebidas e em vários processos de fabricação. O oxigênio, o segundo gás mais vendido, é usado na fabricação e em cuidados de saúde. O dióxido de carbono é utilizado na indústria de alimentos, mas também nas indústrias de refrigeração e de saúde. O acetileno, o quarto gás mais vendido, é usado na soldagem.

Fertilizantes

A amônia, um elemento essencial em fertilizantes, é produzida pela combinação de hidrogênio e oxigênio. O nitrogênio é obtido do ar, enquanto o hidrogênio é obtido a partir de combustíveis fósseis. Por todo o mundo, o gás natural é usado para produzir hidrogênio. O gás natural representa 77% da produção de amônia. A gaseificação de carvão é um processo diferente para a obtenção de hidrogênio e representa 14% do mercado mundial. O carvão é utilizado principalmente para a produção de amoníaco na China. Os restantes 9% do mercado se baseiam na oxidação parcial de petróleo para produzir hidrogênio. Essa forma de produção é utilizada na China e na Índia, primeiro e segundo maiores produtores mundiais de amoníaco, respectivamente.

Sustentabilidade

Grandes avanços tecnológicos têm sido realizados, permitindo à indústria química *reduzir* o consumo de energia. O consumo específico de energia associado ao craqueamento sob vapor, por exemplo, foi reduzido em 50% desde 1970.[48] Essas melhorias ocorrem através da introdução de tecnologias avançadas, como sistemas de recuperação de calor processo a processo. Da mesma forma, a aplicação de tecnologias de boas práticas na produção de olefinas e aromáticos tem potencial para melhorar a eficiência energética em mais de 30%. As tecnologias de boas práticas incluem o uso de reatores e melhoria em processos de polimerização.

Entre os três processos usados na fabricação de cloro, o de membrana requer menos energia. As necessidades totais de energia incluem a eletricidade utilizada na decomposição do sal e no consumo de vapor. O processo de membrana é pelo menos 16% mais eficiente que os outros dois processos.[49] A conversão das fábricas de produtos químicos para esse procedimento resulta na redução da quantidade de energia consumida pelo setor industrial.

Apesar de muitos produtos químicos não serem adequados para a reutilização, há grandes esforços para reciclar subprodutos através da fabricação de produtos químicos. No craqueamento a vapor, quantidades substanciais de subprodutos são recicladas, e a forma de coproduto varia de acordo com a matéria-prima. Por exemplo, para cada tonelada de etano que sofre o processo de craqueamento a vapor, 803 kg de etileno são produzidos. O etileno é transformado em uma grande variedade de produtos que vão desde embalagens a anticongelantes e detergentes. Os subprodutos incluem propileno e butadieno, utilizados na produção de plásticos, bem como hidrogênio e metano usados para abastecer fornos de craqueamento a vapor.[50]

E Emissões de carbono associadas às indústrias de papel e celulose

Com 5,7% do consumo total de energia da indústria, a indústria de papel e celulose é o quarto maior usuário de energia no setor. Os Estados Unidos são o maior produtor, com 24% da produção mundial. Os dez maiores produtores (Estados Unidos, China, Japão, Canadá, Alemanha, Finlândia, Suécia, Coreia, França e Itália) são responsáveis por quase 75% da produção. Desde 1990, a produção chinesa de papel e papelão mais que triplicou.

Cerca de metade da produção da indústria está na forma de embalagem, acondicionamento e papelão, e um terço da produção é destinada à impressão e papel para escrita. Desde 1960, a taxa de crescimento anual para papel de impressão e escrita excedeu os aumentos na demanda em outros setores da indústria, e o uso do computador e da fotocopiadora está associado a este aumento. O resto da produção é de papéis para jornal, sanitários e domésticos.[51] Como a popularidade da internet e das mídias eletrônicas tem aumentado, a demanda por jornais e revistas diminuiu. A demanda por diversas formas de produção está relacionada com a adesão da Organização para a Cooperação e Desenvolvimento Econômico (OCDE). No âmbito da OCDE, há uma maior demanda de papel para impressão e para escrita. Em contraste, o uso de papel e papelão em embalagens aumenta a demanda fora da OCDE.

Existem várias características que influenciam a capacidade de fazer generalizações sobre a produção de papel. Em primeiro lugar, o acesso à madeira virgem e a materiais reciclados difere entre os vários produtores. Além disso, as exigências de energia, tecnologias e tamanhos de plantas variam consideravelmente entre mercados.[52] A indústria de papel e celulose também se diferencia de outras indústrias por ser um grande produtor e usuário de biomassa. Nessa indústria, mais de um terço da energia consumida é a biomassa. Grande parte desta biomassa é o licor negro, produzido na fabricação de celulose. Essa biomassa e outras formas de energia são utilizadas principalmente para geração de calor no processo de produção. Dois terços da energia consumida é usada para produzir calor, enquanto outro terço é usado para produzir eletricidade. O uso da biomassa resulta em níveis relativamente baixos de emissões de carbono no setor e sugere que existem oportunidades modestas para aumentar a eficiência energética. Estimativas da Agência Internacional de Energia, no entanto, indicam oportunidades significativas para aumentar a eficiência energética.

Para compreender o potencial da economia, é importante entender o fluxo de recursos no processo de produção. As matérias-primas, tais como troncos, são cortadas em polpa de madeira, e esta polpa é processada para separar as fibras de madeira a partir da **lignina**, que une as fibras em madeira sólida.[53] O processamento da polpa ocorre por meio de tratamento mecânico ou químico de polpação. A polpação mecânica é utilizada para papel de qualidade inferior e oferece alta produtividade. A polpação química é um processo termoquímico em que uma combinação de solventes e calor é aplicada para separar a lignina das fibras de madeira.[54] Os dois processos mais comuns são a polpação de sulfito e sulfato. A polpação de sulfato utiliza o processo Kraft, no qual o sulfato de sódio é usado para produzir uma polpa de alta força física e massa, mas formação de folha relativamente pobre. A polpação de sulfito utiliza ácido sulfuroso e um alcaloide para produzir polpas de menor força física e massa que oferece uma melhor formação de folha. Tais polpas são usadas na impressão, em jornais, papéis de títulos e lenços de papel.

Cerca de 18% do consumo de energia está associado à polpação, e a maior parte deste consumo (15%) é devida ao tratamento mecânico. A polpação química produz grandes quantidades de licor negro, usado para gerar eletricidade. Assim, esse processo produz cerca de um terço da energia utilizada na indústria.

Após o processo de polpação e recuperação de energia, a celulose é branqueada e seca para ser preparada para a fabricação de papel. A fabricação de papel inclui a mistura de polpas e aditivos, formação da folha e acabamento. O processo de fabricação de papel representa 47% do consumo total de energia na indústria.

Sustentabilidade

Houve grandes avanços em direção à sustentabilidade no setor, mas ainda há outras medidas que reduzem a quantidade de consumo de energia e emissões de carbono. Essas medidas adicionais incluem tecnologias avançadas de secagem da polpa, tecnologias para recuperação de licor negro e sistemas de recuperação melhorada de calor. A Agência Internacional de Energia indica que a aplicação das melhores tecnologias disponíveis tem o potencial de reduzir o consumo final de energia em até 14%.

A reutilização de materiais no processo de produção já produziu dividendos para a indústria de papel. A reutilização de licor negro como combustível reduz a dependência de combustíveis fósseis. Além disso, o uso dessa tecnologia tem o potencial de permitir que as plantas de celulose química sirvam como provedores para a rede elétrica.

A Figura 14.7 descreve a cadeia de valor para a reciclagem de produtos de papel. Como documentos de arquivo, materiais de construção e outros produtos não podem ser reciclados, teoricamente, o máximo para a reciclagem de papel é de 81%. Com um reaproveitamento de 60%, o Japão é o maior reciclador, seguido pela União Europeia, com 52%.[55] A taxa média global de reciclagem é de 45%, o que sugere uma grande oportunidade para reciclar. A Confederação Europeia das Indústrias de Papel é um colóquio de membros da UE, e a Noruega e Suíça definiram uma meta de 66% até 2010.[56]

FIGURA 14.7

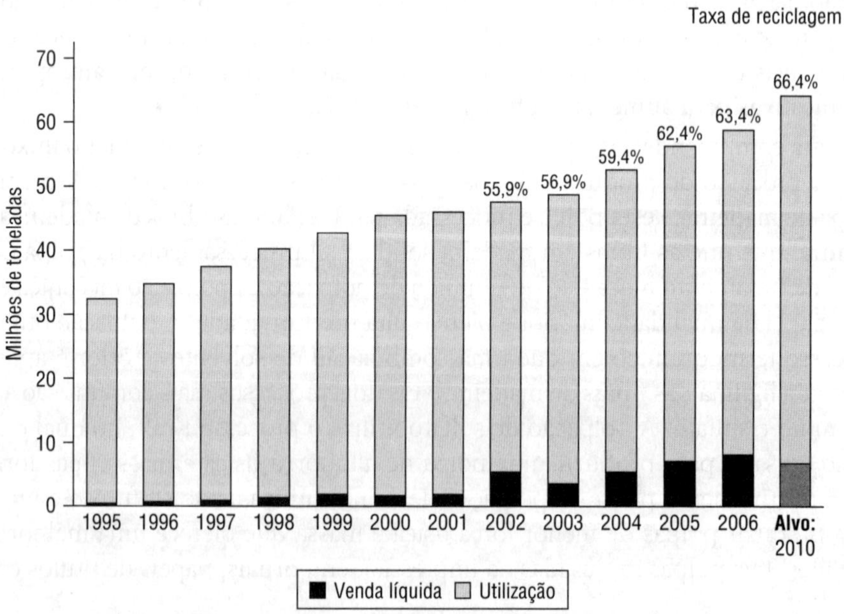

Cadeia de valor para reciclagem de papel.

Fonte: Confederation of European Paper Industries. 2007 Sustainability Report, p.32.

O esforço para promover a reciclagem na indústria de papel ressalta um dos desafios do marketing verde. Há situações em que devemos escolher entre metas ambientais um pouco incompatíveis. Por exemplo, a recuperação de papel reciclado representa hoje 45% dos insumos na produção global. Observe que, embora a reciclagem resulte na utilização de menos recursos naturais, o esforço para reunir e processar os materiais reciclados produz emissões de carbono. Em contraste, fábricas de produtos químicos de polpação que usam madeira virgem podem ser neutras em carbono. O esforço para produzir menos emissões de carbono deve ser avaliado simultaneamente com o desejo de gerir recursos naturais tais como a madeira.

F Padrões industriais que buscam reduzir as emissões de carbono

A análise anterior dos utilizadores industriais de energia e de produtores de dióxido de carbono ilustra os desafios associados com a tentativa de agir de forma ecologicamente responsável. Os critérios para atingir a sustentabilidade variam de acordo com a indústria, mas, devido às diferenças de meio ambiente e tecnologias, muitas vezes é difícil comparar níveis de sustentabilidade dentro ou por meio das indústrias. Esforços para identificar padrões de comparação permitem que empresas analisem a sustentabilidade em relação aos produtos em um setor e entre setores. Uma organização que facilita esta atividade é a **International Organization for Standardization (ISO)**.

A ISO é uma rede com sede em Genebra, na Suíça, que agrega os institutos nacionais de normatização de 157 países. A organização foi formada em 1948 para promover padrões internacionais.[57] A ISO tem mais de 17 mil normas internacionais focadas em uma ampla gama de indústrias que incluem agricultura, construção, engenharia mecânica, produção, distribuição, transporte, dispositivos médicos, tecnologias de informação e comunicação. Por exemplo, a ISO estabeleceu um formato padrão para cartões de caixas eletrônicos que permite que eles sejam utilizados no mundo todo.[58] A ISO também desenvolveu padrões de boas práticas de gestão e de serviços.[59] A grande maioria das normas é específica para uma indústria, mas a ISO desenvolveu duas famílias de estratégias genéricas aplicáveis a qualquer indústria.[60] Em contraste com a maioria das outras normas ISO, essas duas famílias de normas focam no processo em vez de em medidas industriais específicas. A ISO 9000 é um conjunto genérico de requisitos para implementação de um sistema de gestão da qualidade. Estas normas codificam os esforços para melhorar a qualidade de forma contínua e, ao mesmo tempo, controlar os requisitos de qualidade, requisitos regulamentares e de satisfação do cliente.[61]

A ISO 14000 é o segundo sistema genérico gerencial que apoia a ação organizacional para minimizar os efeitos nocivos sobre o meio ambiente e atingir a melhoria contínua de desempenho ambiental.[62] A implantação da ISO 14000 oferece muitos benefícios para uma organização.[63] Primeiro, a organização percebe uma redução de custos devida ao foco sobre o consumo de recursos e gestão de resíduos. O uso de energia e materiais é reduzido e os custos globais para distribuição dos produtos também são analisados.[64] Um segundo benefício está associado à gestão de risco. As organizações que estabelecem normas ISO 14000 têm menos responsabilidades legais e financeiras, pois esses sistemas ajudam a identificar os requisitos da legislação atual, futura e suas necessidades. A adesão às normas ISO 14000 diminui o risco de descumprimento.

Uma terceira faceta da certificação ISO é a oportunidade de marketing que ela oferece para a organização. Como praticamente todos os setores hoje enfrentam problemas de sustentabilidade, obter a certificação oferece a oportunidade de promover aspectos ambientais de ofertas de produtos. Oportunidades ambientais são acumuladas no processo de produção, bem como nas funções de distribuição e logística. O desenvolvimento de um sistema de gestão ambiental que incorpora a certificação ISO 14000 aumenta as possibilidades de identificar as necessidades do cliente e estabelecer sistemas ecologicamente embasados em projetos desenvolvidos junto a clientes e fornecedores.[65] Assim, a imagem corporativa de sensibilidade ambiental é reforçada através da certificação ISO.

Outro benefício da certificação ISO é a influência que ela tem sobre as partes interessadas dentro e fora da organização. Clientes internos, tais como funcionários, podem nutrir sensibilidade para as questões ambientais que apoiam a sua lealdade à organização. A certificação assegura também a parceiros externos como clientes, agências reguladoras e comunidades que a organização está gerindo a sua relação com o meio ambiente. Apoia as reivindicações da organização sobre suas próprias políticas ambientais, e fornece um quadro para demonstrar a conformidade com políticas ambientais.[66]

Dentro da família ISO 14000, a ISO 14001:2004 fornece os requisitos genéricos para um sistema de gestão ambiental (SGA). O SGA é uma forma sistemática de gestão dos assuntos ambientais de uma organização, que aborda as influências imediatas e de longo prazo de seus produtos e processos no meio ambiente.[67] Fornece ordem para as organizações, de modo que elas respondam às preocupações ambientais por meio da alocação de recursos, atribuição de responsabilidades e avaliação contínua das práticas.

A ISO 14001:2004 facilita o estabelecimento de uma política ambiental adequada. Além disso, incorpora uma fase de planejamento que abrange a identificação dos aspectos ambientais das atividades da organização, a identificação e o acesso aos requisitos legais, a criação e a documentação de objetivos e metas coerentes com a política e o estabelecimento de um programa para alcançar esses objetivos.[68] Traça também uma estratégia para a implementação do SGA, incluindo documentação e comunicação de funções e responsabilidades para atividades ecologicamente relacionadas. A ISO 14001:2004 também prevê procedimentos para o monitoramento das principais características das operações e atividades, e define uma estratégia para as revisões periódicas do SGA. A ISO 14001:2004 garante aos administradores e empregados que estão controlando os processos organizacionais e atividades relacionadas ao meio ambiente. Esta norma indica o compromisso das empresas na manutenção de um sistema de gestão ambiental. Este sistema será estabelecido através de esforços de autoconformidade ou através de registros terceirizados.[69]

Em contraste com a ISO 14001:2004, que define os requisitos para um SGA, a ISO 14004:2004 fornece orientações gerais de SGA. A ISO 14004:2004 fornece orientações sobre a criação, implementação e manutenção de um SGA. A ISO 14004:2004 fornece uma visão global do compromisso e da política do SGA, e prevê ainda a criação de um plano para o seu cumprimento. Essa norma também descreve o processo para colocar o plano em ação, disponibilizando recursos humanos, financeiros e físicos. A ISO 14004:2004 também apresenta os procedimentos para acompanhamento e melhoria do SGA.[70]

A ISO 14000 também incorpora uma série de outras diretivas associadas à gestão ambiental.[71] Os sistemas de auditoria (ISO 14010 – 14012) fornecem orientações e procedimentos para auditoria e descrevem as qualificações para auditores. Os *aspectos ambientais das normas de produto* são um conjunto relacionado de orientações para a inclusão de aspectos ambientais nas normas do produto. A conformidade com essa norma aumenta a probabilidade de que designers de produto estejam familiarizados com as consequências ambientais de seus projetos. Da mesma forma, a ISO 14062 permite às empresas identificar os prováveis efeitos futuros de seus produtos sobre o meio ambiente e tomar decisões efetivas durante as fases de concepção e desenvolvimento para melhorar seu desempenho ambiental. A ISO 14064 aborda diretamente os gases do efeito estufa (GEE). A implementação da ISO 14064 favorece a transparência na quantificação de GEE e permite às organizações identificar e gerenciar responsabilidades, ativos e riscos relacionados. Também facilita a comercialização de créditos de GEE e apoia o desenvolvimento de sistemas para reduzir emissões.[72]

Outro conjunto de normas da família 14000 é o que permite à empresa afirmar que seus produtos são projetados tendo em consideração o meio ambiente.[73] A ISO 14020-24 visa assegurar a coerência na rotulagem de métodos e procedimentos, estabelecendo critérios que definem a autodeclaração, relatórios ambientais e rotulagem. A adesão a esses padrões dá credibilidade às alegações sobre os métodos de produção e distribuição empregados pela empresa.

A influência geral da ISO 14000 é a garantia de que uma empresa está tentando responder às preocupações ecológicas em suas operações. Os consumidores estão cada vez mais focados em saber se uma empresa é ambientalmente responsável, e a aplicação dessas normas permite que as empresas demonstrem seus compromissos com o meio ambiente.

RESUMO

A Principais contribuições industriais de emissões de carbono

O objetivo deste capítulo foi descrever as principais influências da indústria sobre o meio ambiente. Oferecemos evidências de que as indústrias de ferro e aço, produtos químicos e petroquímicos, metais não metálicos e de papel e celulose são as maiores consumidoras de energia e maiores produtoras de dioxido de carbono do mundo.

B Emissões de carbono associadas à produção de aço

As indústrias do aço e de minerais não metálicos são os maiores produtores de emissões de carbono no setor econômico. A produção de ferro e aço é complexa e varia de um país para outro, mas dois métodos são responsáveis por quase toda a produção de aço. O forno de oxigênio básico é normalmente utilizado para a produção de alta tonelagem de aços carbono, e fornos a arco elétrico destinam-se a produzir aços especiais de pequena tonelagem.

C Emissões de carbono na indústria de minerais não metálicos

O maior contribuinte para o uso de energia no setor de minerais não metálicos é a produção de concreto, e um processo fundamental para isso é a produção de cimento. A produção de concreto é um processo relativamente simples de quatro estágios. O primeiro estágio é a aquisição de matérias-primas. No segundo estágio, esses materiais são analisados, misturados e moídos para posterior processamento. No terceiro estágio, os materiais são aquecidos em um forno muito grande. Na quarta etapa, gesso é adicionado, e a mistura é moída até se obter um pó fino denominado cimento Portland.

D. Emissões de carbono relativas à produção química

A indústria química também representa 16% das emissões de carbono no setor industrial. Três tipos de produtos intermediários (olefinas, aromáticos e outros) são produzidos por matérias-primas que incluem petróleo bruto, gás natural, carvão e outros minerais. Nove processos químicos associados com produtos petroquímicos, produtos químicos inorgânicos e fertilizantes representam mais de 65% do uso global de energia na indústria.

E. Emissões de carbono associadas às indústrias de papel e celulose

A indústria de papel e celulose é a quarta maior usuária de energia no setor industrial. Cerca de metade da produção da indústria está na forma de embalagens, acondicionamento e papelão, e um terço da produção é para impressão e papel para escrita. Desde 1960, a taxa de crescimento anual para papel de impressão e escrita excedeu os aumentos na demanda em outros setores da indústria, e o uso do computador e da fotocopiadora está associado a esse aumento. A demanda por diversas formas de produção está relacionada com a adesão à OCDE.

F. Padrões industriais que buscam reduzir as emissões de carbono

A ISO 14000 é um sistema de gestão que apoia ações organizacionais voltadas a minimizar os efeitos nocivos sobre o ambiente e a melhoria contínua do desempenho ambiental. A implementação da ISO 14000 permite que as organizações reduzam custos devidos um foco no consumo de recursos e gestão de resíduos. A adesão às normas ISO 14000 diminui o risco de não cumprimento da legislação e a certificação oferece oportunidades de marketing para empresas que buscam esses padrões. ”

PERGUNTAS

1. Que valor um estudante de marketing dá à compreensão do uso da energia e da sustentabilidade no setor industrial?
2. Quais são as três indústrias que respondem pela maior parte da utilização de energia no setor industrial, e como contribuem para o consumo de energia?
3. Quais são as duas principais formas de produção de aço?
4. Que esforços estão sendo feitos para melhorar a sustentabilidade da indústria do aço? Até que ponto têm sido bem-sucedidos na melhoria da sustentabilidade?
5. Qual é a diferença entre concreto e cimento?
6. Em que medida os produtores de concreto tentaram alcançar a sustentabilidade em seus processos de produção?
7. Cite os três produtos que são, ao mesmo tempo, matérias-primas e produtos de consumo. Em quais produtos eles se transformam?
8. Como a indústria de papel tentou alcançar a sustentabilidade? Qual é a responsabilidade do consumidor em seus esforços?
9. Compare a influência da ISO 9000 e da ISO 14000 em relação à habilidade de cada norma em ajudar as organizações a alcançar a sustentabilidade.
10. Como a certificação ISO 14000 permite que uma organização comercialize seus produtos de forma mais eficaz?

NOTAS FINAIS

[1] American Institute of Steel Construction. Steel-Day 2009. Disponível em: <http://www.aisc.org/WorkArea/showcontent.aspx ?id=21730>. Acesso em: 15 maio 2010.

[2] American Institute of Steel Construction. Steel-Day events draw more than 7,000 attendees. Disponível em: <http://www.aisc.org/newsdetail.aspx?id=22246>. Acesso em: 15 maio 2010.

[3] International Energy Agency. *Tracking industrial energy efficiency and CO_2 emissions*. Paris: OECD/IEA, 2008. p. 324.

[4] World Steel Association. *2008 Sustainability Report*. Bruxelas: World Steel Association, 2008. p. 1-35. Disponível em: <http://www.worldsteel.org/pictures/publicationfiles/Sustainability%20Report%202008_English.pdf>. Acesso em: 15 maio 2010.

[5] Veja nota 3.

[6] The World Bank Group. *Pollution and prevention abatement handbook 1998*: toward cleaner production. Washington, D.C.: World Bank Group, 1998. p. 14-72. Disponível em: <http://www.ifc.org/ifcext/sustainability.nsf/AttachmentsByTitle/p_ppah/$FILE/PPAH.pdf>. Acesso em: 15 maio 2010.

[7] Steel Recycling Institute. 2006 the inherent recycled content of today's steel. Disponível em: <http://www.recycle-steel.org/PDFs/Inherent 2006.pdf>. Acesso em: 15 maio 2010.

[8] Veja nota 6.

[9] Veja nota 6.

[10] Veja nota 3.

[11] Veja nota 3.

[12] American Iron and Steel Institute. How a blast furnace works. Disponível em: <http://www.steel.org/AM/Template.cfm?Section=Articles3&CONTENTID=25317&TEMPLATE=/CM/ContentDisplay.cfm>. Acesso em: 15 maio 2010.

[13] Energy Solution Center. Blast furnace: process description, metals processing advisor. Disponível em: <http://www.energysolutionscenter.org/heattreat/MetalsAdvisor/iron_and_steel/process_descriptions/raw_metals_preparation/ironmaking/blast_furnace/ironmaking_blastfurnace_processdescription.htm>. Acesso em: 15 maio 2010.

[14] Veja nota 7.

[15] Veja nota 7.

[16] Energy Solution Center. Direct reduction: process description, metals processing advisor. Disponível em: <http://www.energysolutionscenter.org/heattreat/MetalsAdvisor/iron_and_steel/process_descriptions/raw_metals_preparation/ironmaking/direct_reduction/>. Acesso em: 15 maio 2010.

[17] Veja nota 4.

[18] Energy Solution Center. Electric arc furnace: process description metals processing advisor. Disponível em: <http://www.energysolutionscenter.org/HeatTreat/MetalsAdvisor/iron_and_steel/process_descriptions/raw_metals_preparation/steelmaking/electric_arc_furnace/electric_arc_furnace_process_description.htm>. Acesso em: 15 maio 2010.

[19] Jones, Jeremy A. T. Electric arc furnace steel-making, american iron and steel institute. Disponível em: <http://www.steel.org/AM/Template.cfm?Section=Home&template=/CM/HTMLDisplay.cfm&ContentID=21169>. Acesso em: 15 maio 2010.

[20] Energy Solution Center. Continuous casting: process description, metals processing advisor. Disponível em: <http://www.energysolutionscenter.org/heattreat/MetalsAdvisor/iron_and_steel/process_descriptions/raw_metals_preparation/steelmaking/primary_finishing/continuous%20casting/continuous_casting_process_description.htm>. Acesso em: 15 maio 2010.

[21] Veja nota 4.

[22] Veja nota 3.

[23] Veja nota 6.

[24] International Organization for Standardization. ISO 14000 essentials. Disponível em: <http://www.iso.org/iso/iso_14000_essentials.htm>. Acesso em: 15 maio 2010.

[25] Veja nota 4.

[26] Veja nota 4.

[28] Veja nota 3.

[29] World Business Council for Sustainable Development. *The cement sustainability initiative*. Conches-Geneva: World Business Council for Sustainable Development, 2007. Disponível em: <http://www.wbcsd.org/DocRoot/nlYHAK4E-CDi7EEcarBSH/csi-brochure.pdf>. Acesso em: 15 maio 2010.

[30] World Business Council for Sustainable Development. *The cement sustainability initiative*. Conches-Geneva: World Business Council for Sustainable Development, 2002. Disponível em: <http://www. wbcsdcement.org/pdf/agenda.pdf>. Acesso em: 15 maio 2010.

[31] Portland Cement Association. Overview of the cement industry. Disponível em: <http://www.cement.org/basics/cementindustry.asp>. Acesso em: 15 maio 2010.

[32] Portland Cement Association. Four steps to produce cement. Disponível em: <http://www.cement.org/smreport08/sec_page1_3_A.htm>. Acesso em: 15 maio 2010.

[33] Veja nota 3.

[34] Buckley Rumford Fireplaces. A history of cement. Disponível em: <http:// www.rumford.com/articlemortar.html>. Acesso em: 15 maio 2010.

[35] U.S. Department of Transportation Federal Highway Administration. Portland cement. Disponível em: <http://www.fhwa.dot.gov/infra structure/materialsgrp/cement.html>. Acesso em: 15 maio 2010.

[36] Rosenthal, Elisabeth. Cement industry is at center of climate change debate. *New York Times*, 27 out. 2007, p. 1.

[37] ConcreteNetwork.com. Recycling concrete. Disponível em: <http://www. concretenetwork.com/concrete/demolition/recycling_concrete.htm>. Acesso em: 15 maio 2010.

[38] American Concrete Pavement Association. Natural advantage. Disponível em: <http://www.pavements4life.com/QDs/Environment_2Recycle.asp>. Acesso em: 15 maio 2010.

[39] Veja nota 37.

[40] Environmental Council of Concrete Organizations. Homepage. Disponível em: <http://www.ecco.org/>. Acesso em: 15 maio 2010.

[41] Veja nota 3.

[42] Avidan, Amos A.; Edwards, Michael; Owen, Hartley. Innovative improvements highlight FCCs past and future. *Oil & Gas Journal* 88, n. 2, 1990, p. 33-58.

[43] Methanol Institute. Disponível em: <http://www.methanol.org/pdfFrame.cfm? pdf=faqs.pdf>. Acesso em: 15 maio 2010.

[44] Veja nota 3.

[45] Union Carbide Corporation. History. Disponível em: <http://www.union carbide.com/history/index.htm>. Acesso em: 15 maio 2010.

[46] Veja nota 3.

[47] INEOS. Business overview. Disponível em: <http://www.ineos.com/abo_cha.html>. Acesso em: 15 maio 2010.

[48] Veja nota 3.

[49] Veja nota 3.

[50] Veja nota 3.

[51] Veja nota 3.

[52] RISI. World pulp annual historical data – excerpt. Disponível em: <http:// www.risiinfo.com/Marketing/ahd/Excerpts/world_pulp.pdf>. Acesso em: 15 maio 2010.

[53] University of Helsinki. Environmental biotechnology and biotechnology of renewable natural ReFontes: the lignin group. Disponível em: <http://www.biocenter.helsinki.fi/groups/HATAKKA/english/background.html>. Acesso em: 15 maio 2010.

[54] Oy Keskuslaboratorio – Centrallaboratorium Ab KCL Science and Consulting. Chemical pulping. Disponível em: <http://www.kcl.fi/page. php?page_id=90>. Acesso em: 15 maio 2010.

[55] Veja nota 3.

[56] Confederation of European Paper Industries. Sustainability report 2007. Disponível em: <http://www.twosides.info/Content/rsPDF_8.pdf>. Acesso em: 15 maio 2010.

[57] Hormozi, Amir M. ISO 14000: the next focus in standardization. SAM *Advanced Management Journal*, verão, 1997, p. 32-41.

[58] Nash, Jennifer; Ehrenfeld, John. Code green. *Environment* 38, n. 1, 1996, p. 16-30.

[59] International Organization for Standardization. Discover ISO. Disponível em: <http://www.iso.org/iso/about/discover-iso_the-scope-of-isos-work.htm>. Acesso em: 15 maio 2010.

[60] International Organization for Standardization. What's different about ISO 9001 and ISO 14001. Disponível em: <http://www.iso.org/iso/about/discover-iso_whats-different-about-iso-9001-and-iso-14001.htm>. Acesso em: 15 maio 2010.

[61] International Organization for Standardization. ISO 9000 and ISO 14000. Disponível em: <http://www.iso.org/iso/iso_catalogue/management_standards/iso_9000_iso_14000.htm>. Acesso em: 15 maio 2010.

[62] Veja nota 24.

[63] Baxter, Martin. Taking the first steps in environmental management. *ISO Management Systems*, jul./ago., 2004, p. 13-8.

[64] International Organization for Standardization. Business benefits of ISO 14000. Disponível em: <http://www.iso.org/iso/iso_catalogue/management_standards/iso_9000_iso_14000/business_benefits_of_iso_14001.htm>. Acesso em: 15 maio 2010.

[65] Veja nota 57.

[66] Veja nota 24.

[67] N.C. Division of Pollution Prevention and Environmental Assistance. EMS & ISO 14000 FAQ. Disponível em: <http://www.p2pays.org/iso/emsisofaq.asp#faq1>. Acesso em: 15 maio 2010.

[68] Veja nota 24.

[69] Veja nota 57.

[70] Reiley, Robert Anthony. The new paradigm: ISO 14000 and its place in regulatory reform. *Journal of Corporation Law* 22, 1997, p. 535-569.

[71] Veja nota 57.

[72] International Organization for Standardization. New ISO 14064 standards provide tools for assessing and supporting greenhouse gas reduction and emissions trading. Disponível em: <http://www.iso.org/iso/pressrelease.htm?refid=Ref994>. Acesso em: 15 maio 2010.

[73] Veja nota 57.

PARTE 5

Marketing Verde e Relatórios de Sustentabilidade

Capítulo 15

Relatando Valor aos *Stakeholders*

capítulo 15

Relatando Valor aos *Stakeholders*

OBJETIVOS DO CAPÍTULO

PALAVRAS-CHAVE

A Introdução

Apple, Inc.

Em 24 de novembro de 2008, o grupo ativista ambientalista Greenpeace lançou a 10ª reimpressão do seu *Guide to greener electronics.*[1] Este guia pede que produtores de eletrônicos eliminem as substâncias perigosas, reciclem produtos obsoletos e reduzam o impacto de seus produtos e operações no clima. Também classifica os vários produtores de computadores e eletrônicos com base em suas influências ambientais ao longo dos ciclos de vida de seus produtos. O guia nomeadamente classifica a Apple abaixo da maioria dos seus concorrentes devido ao seu uso dos retardadores de chama bromados (BFR). Estes produtos químicos são revestidos em placas de circuito impressos para evitar incêndios dentro de computadores. A empresa também usa um revestimento de policloreto de vinila (PVC) nos cabos.[2] Os BFRs estão envolvidos em empecilhos para o desenvolvimento neurológico e funcionamento do sistema hormonal, enquanto a incineração de PVC produz substâncias químicas tóxicas em baixas concentrações.[3]

Nos últimos 20 anos, a avaliação continuada do impacto ambiental dos produtos da empresa permitiu que a Apple pudesse mostrar os seus esforços de sustentabilidade e quantificar o progresso em termos de preocupações ambientais.[4] A recente avaliação negativa do Greenpeace chamou a atenção do público para a necessidade da Apple de restabelecer o seu compromisso com o meio ambiente. Desde a publicação desse guia de eletrônicos ecológicos, a Apple desenvolveu uma série de iniciativas para melhorar seu desempenho ambiental. É importante ressaltar que a empresa não usa mais PVC ou BFR em seus computadores pessoais ou em seus iPhones e iPods.[5] Essas melhorias têm sido elogiadas pelo Greenpeace e levaram a ONG a pedir que seus concorrentes, tais como HP, Dell, Lenovo, Acer e Toshiba seguissem seu exemplo.[6] Logo após a publicação do guia do Greenpeace, a Apple lançou uma campanha publicitária na televisão que proclamou sua linha MacBook como a família de notebooks mais verde do mundo. Os anúncios enfatizaram o baixo consumo do MacBook, a capacidade de reciclar sua carcaça, e a não utilização de materiais perigosos.[7] Esses anúncios não são considerados *greenwashing* pois são apoiados por ações ambientais dentro da empresa e por um compromisso cada vez maior com o meio ambiente divulgado inicialmente pela Apple em 1990.

Os esforços da Apple para aumentar a sustentabilidade são disponibilizados ao público através de uma série de análises da cadeia de fornecimento para a empresa e cada um de seus produtos. O site ambiental da empresa descreve a influência de cada etapa do ciclo de vida do produto (ver Figura 15.1). A fabricação de produtos é responsável por 38% das emissões, e transporte (5%), instalações (3%) e reciclagem (1%) também são contabilizados nos custos das emissões. Curiosamente, o uso de produtos é responsável por 53% de todas as emissões associadas aos produtos Apple. Cada relatório de produto fornece análises das alterações climáticas, eficiência energética, eficiência dos materiais e substâncias de uso restrito. Além disso, a Apple fornece relatórios de sustentabilidade que demonstram seus esforços de reciclagem, gerenciamento de instalações e fornecedores. Estes relatórios são desenvolvidos para refletir a Global Reporting Initiative (GRI) – Sustainability Reporting Guidelines (Diretrizes para Relatórios de Sustentabilidade).[8] A GRI é uma organização sem fins lucrativos criada em 1997 que desenvolveu uma das estruturas de relatório de sustentabilidade mais utilizadas no mundo. A GRI fornece orientações sobre o desenvolvimento e a utilização dos relatórios de sustentabilidade e mantém um banco de dados de relatórios desenvolvidos em todo o mundo. Por exemplo, o relatório de 2008 da Apple é um dos mais de mil relatórios de sustentabilidade coletados pelo GRI naquele ano.

FIGURA 15.1

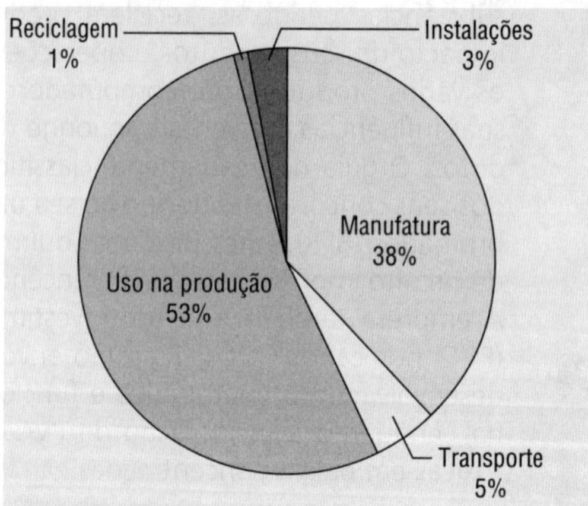

Impacto do ciclo de vida de produtos da Apple.

Fonte: Adaptado de Apple. The environment. Disponível em: <http://www.apple.com/environment/>. Acesso em: 16 out. 2009.

O exemplo da Apple ilustra como empresas estão seguindo sistemas de circuito fechado, em que planejam, implementam e relatam seus esforços de sustentabilidade. A lógica do berço ao berço é empregada em esforços para minimizar o uso de energia ao longo da vida de um produto. As empresas que relatam esta atividade estão mais inclinadas a terem resultados sustentáveis em relação à sua concorrência. Neste capítulo, olharemos atentamente para as práticas de comunicação de sustentabilidade das empresas. Começaremos examinando os efeitos e benefícios dos relatórios de sustentabilidade. Seguiremos descrevendo os componentes de relatórios de sustentabilidade, e posteriormente analisaremos os relatórios de desempenho financeiro, ambiental e social.

B Objetivos dos relatórios de sustentabilidade

A magnitude e a urgência dos riscos de sustentabilidade enfrentados pelas organizações exigem que as empresas forneçam informações completas sobre seu desempenho financeiro, ambiental e social. Estas informações permitem que os *stakeholders* (partes interessadas) de todos os tipos tomem decisões sobre seus relacionamentos e compromissos com a empresa. Se a empresa oferece a divulgação completa de suas ações relacionadas com a sustentabilidade, os interessados podem tomar melhores decisões.

A capacidade dos *stakeholders* de fazer avaliações sobre a empresa depende de sua visualização das operações. **Transparência** se refere ao grau em que uma entidade proporciona a divulgação completa de todas as atividades relacionadas aos desempenhos econômicos, ambientais e sociais.[9] Empresas que fornecem informações completas sobre toda interação relevante com os *stakeholders* no desenvolvimento do tripé da sustentabilidade oferecem indícios da transparência de suas operações. A fim de avaliar o nível de transparência, é pertinente determinar os temas e indicadores de sustentabilidade que a empresa utiliza. Embora as empresas não sejam obrigadas a informar todas as facetas do desempenho do tripé de sustentabilidade, elas estão oferecendo cada vez mais indicadores de desempenho financeiro e social, além de resultados ambientais. É também essencial que a empresa garanta a qualidade das informações prestadas no relatório.

A divulgação transparente permite que os relatórios de sustentabilidade sejam utilizados para três finalidades:[10]

Demonstração. As empresas demonstram seu compromisso com a sustentabilidade, ilustrando como influenciam e são influenciadas pelo desenvolvimento sustentável.[11] Por exemplo, o relatório de sustentabilidade de 2009 da BestBuy reconhece a grande importância da reciclagem de eletrônicos, e ilustra as medidas adotadas pela empresa no Canadá e nos Estados Unidos para aumentar as taxas de reciclagem.[12]

Benchmarking. Está relacionado à comparação do desempenho de uma empresa em relação às leis, códigos, normas e iniciativas voluntárias. Por exemplo, o relatório de sustentabilidade de 2008 da Bayer Corporation indica que aproximadamente um terço dos locais de produção foram certificados em conformidade com os padrões ISO 14001 ou do instituto europeu de gestão de regulamentação ambiental Emas (Eco-Management and Audit Scheme).[13]

Comparação. A comparação permite que uma empresa demonstre as alterações no desempenho ao longo do tempo. Estas comparações mostram melhorias nos esforços de sustentabilidade de uma empresa e ilustram seu desempenho longitudinal em relação à concorrência. O relatório de sustentabilidade da Ford de 2008 indica, por exemplo, o desempenho dos modelos automotivos atuais em relação aos produtos vendidos anteriormente.[14] As empresas que se veem como líderes da indústria e estão envolvidas em melhores práticas podem confirmar essas percepções através de comparação. Por exemplo, a declaração da Apple de que não mais utiliza PVC ou BFR em seus produtos faz sua empresa se destacar em relação à concorrência.[15]

Como os relatórios de sustentabilidade oferecem subsídios para aos *stakeholders*, é relevante considerar o que deve e o que não deve ser incorporado a esses documentos. A Global Reporting Initiative – GRI utiliza quatro critérios para orientar a elaboração de relatórios de sustentabilidade:[16]

Materialidade. Como as empresas enfrentam a grande gama de temas que pode ser objeto desses relatórios, é importante estabelecer que *material* é relevante. A empresa deve determinar quais aspectos do contexto econômico, ambiental e social influenciam substancialmente as avaliações feitas pelos *stakeholders*. As empresas usam fatores externos e internos para determinar se a informação é material. Estes fatores incluem a missão e a estratégia competitiva da empresa, bem como as preocupações expressas pelos *stakeholders*.

Inclusão dos stakeholders. A introspecção oferecida pelo relatório depende da interação com todas as entidades que são afetadas significativamente pela ação da empresa.[17] Estes grupos incluem funcionários, fornecedores, clientes, ONGs, governos e outros grupos com interesse particular nos esforços de sustentabilidade das empresas. A inclusão dos *stakeholders* exige que a empresa identifique todos esses grupos e apresente um relatório sobre como responderam às expectativas e aos interesses envolvidos. Por exemplo, o relatório de sustentabilidade de 2008 da Sun Microsystems enfatiza a necessidade de ganhar entradas de clientes, colaboradores, parceiros, ONGs, especialistas em RSE e investidores.[18]

Contexto de sustentabilidade. O critério de contexto de sustentabilidade garante que a organização explique como está atendendo às demandas de obtenção de sustentabilidade.[19] A ação da empresa não deve ser vista de maneira isolada, mas no contexto em que esta opera. Consequentemente, a empresa não deve apenas apresentar um resumo dos seus esforços de sustentabilidade, mas também deve indicar como estes esforços contribuem para a melhoria das condições ambientais, econômicas e sociais a nível local, regional e global.[20]

Integralidade. Devido à amplitude dos problemas associados com o desempenho do tripé da sustentabilidade, a empresa enfrenta uma tarefa assustadora para determinar que quantidade de informações apresentar. A *integralidade* refere-se à prestação de informações suficientes sobre o desempenho econômico, ambiental e social para permitir que os *stakeholders* tomem decisões bem embasadas.[21] A integralidade engloba as dimensões de *tempo, escopo* e *limite*. A fim de acompanhar o progresso, é essencial especificar o período de tempo associado com o relatório. O escopo do relatório deve ser amplo o suficiente para cobrir influências mais significativas sobre o desempenho do tripé da sustentabilidade. O limite do relatório diz respeito à variedade de grupos representados pelo estudo. As empresas precisam considerar suas amplas cadeias de suprimentos nesse contexto e examinar as influências dos fornecedores e funcionários acima da cadeia e dos clientes abaixo dela. Por exemplo, a Apple reconhece que 53% do impacto de energia de seus produtos está associado ao uso do produto pelos clientes. O limite do relatório é uma análise difícil, pois diversas empresas do mesmo setor podem fazer avaliações diferentes dos limites de seu consumo. Apesar de as diretrizes para relatórios de sustentabilidade sugerirem que as empresas devem informar sobre qualquer entidade na qual têm controle ou influência,[22] empresas diferentes podem interpretar o seu nível de influência através de lógicas de decisão contrastantes.

C Benefícios dos relatórios de sustentabilidade

O relatório de sustentabilidade é um fenômeno relativamente novo, cada vez mais empregado pelas empresas em muitos setores da economia. É difícil afirmar a origem deste tipo de relatório. Alguns relatórios anuais, por exemplo, têm abordado há décadas a interação das empresas com o meio ambiente. Os primeiros relatórios ambientais separados foram desenvolvidos em 1989, e o número deste tipo de relatório aumentou substancialmente desde então.[23] Este gênero de relatório leva uma variedade de nomes que ostentam conotações *sociais, ambientais* e de *sustentabilidade*. Relatórios de sustentabilidade que abordam o papel da empresa com relação ao tripé da sustentabilidade dos resultados financeiros, sociais e ambientais fornecem a introspecção no espectro mais amplo da sustentabilidade e sua importância para a empresa. No entanto, existem muitas formas de comunicação que focam em aspectos ambientais e sociais da sustentabilidade sem levar em conta outras faces do desempenho do tripé da sustentabilidade.

Há mais de dez anos, as Nações Unidas começaram a analisar as motivações para o desenvolvimento da sustentabilidade.[24] Esta pesquisa indicou uma série de razões pelas quais algumas empresas não desenvolvem relatórios de sustentabilidade. Algumas empresas são céticas em relação à vantagem derivada desse tipo de informação, enquanto outras acreditam que existem mais maneiras de comunicar uma mensagem sobre o meio ambiente para os consumidores. A motivação para desenvolver um relatório de sustentabilidade também varia conforme o mercado. Embora a maioria das empresas participantes na indústria química ou de informática publique esses relatórios, as empresas que operam nos setores de varejo e bancário desenvolvem bem menos estudos sobre a sustentabilidade.[25]

Algumas empresas continuam a abster-se de relatórios de sustentabilidade em desenvolvimento, mas o número desses estudos está aumentando na maioria dos setores da economia.[26] Os benefícios que se obtêm a partir do relatórios de sustentabilidade incluem:[27]

Aumento da disciplina sobre desempenho ambiental. O Protocolo de Kyoto e outras atividades internacionais destinadas a controlar as emissões de gases do efeito estufa levaram muitas empresas a reconhecer que o racionamento e o comércio de carbono afetam a estratégia de negócios e o desempenho financeiro das organizações. As empresas que relatam seus esforços em controlar as emissões de carbono são simultaneamente confrontadas com esforços para controlar a interação da empresa com o meio ambiente. Sistemas de gestão estratégica de custos, por exemplo, fornecem a capacidade de avaliar os custos das emissões de carbono de produtos e serviços em todo o seu ciclo de vida. Empresas que desenvolvem essas informações fornecem uma visão interna na gestão de recursos humanos, marketing, operações de cadeia de suprimentos e desempenho financeiro.[28] A empresa que elabora relatórios de sustentabilidade desenvolve uma maior consciência dos problemas ambientais em toda a organização, e esta consciência deve produzir uma menor pegada de carbono.

Transmitir uma mensagem ambiental a todos os stakeholders. Um dos principais benefícios dos relatórios de sustentabilidade reside na capacidade de promover o diálogo com os *stakeholders*. Como estabelecido no Capítulo 2, os *stakeholders* incluem consumidores, fornecedores, colaboradores, concorrência, sistema jurídico, instituições financeiras, governo, mídia, acionistas/proprietários, comunidade científica, organizações não governamentais e o público em geral. As empresas reconhecem que podem aumentar a credibilidade em cada um desses grupos por meio da transparência. Por exemplo, a Apple Computer Company tornou públicas suas políticas de sustentabilidade em 2007. Na ocasião, o CEO Steve Jobs acrescentou que a Apple normalmente não anuncia seus planos para o futuro, mas as políticas atuais haviam deixado importantes *stakeholders* (clientes, acionistas, colaboradores) no escuro.[29] Ao assumir uma postura proativa em relação aos relatórios de sustentabilidade, a Apple e outras empresas podem ter uma forte influência sobre a maneira como são percebidas nos mercados em que competem. Assim, o relatório de sustentabilidade proporciona um contexto que permite à empresa modelar mudanças nos valores, crenças e suposições fundamentais de seus colaboradores sobre a organização.[30]

Acompanhar o progresso em relação à metas. Quando relatórios de sustentabilidade são concluídos anualmente ou de forma regular, permitem que a organização trace um mapa de seu progresso em relação aos objetivos ao longo do tempo. Por exemplo, a Electrolux tem desenvolvido relatórios de sustentabilidade desde 1998. Em seu relatório de 2008, a empresa identifica seus objetivos ao longo dos últimos anos e também identifica o grau em que atingiu esses objetivos. O relatório não somente identifica o progresso passado, mas também lista as metas específicas para o futuro.[31] O mapeamento do desempenho ao longo do tempo indica o progresso a todos os interessados e enfatiza ainda mais a gravidade dos interesses da empresa em sustentabilidade.

Reduzir os riscos ambientais. A sustentabilidade apresenta uma série de riscos que diferem de outras formas de perigo. As empresas devem abordar os riscos associados às alterações climáticas, boicotes, serviços de ecossistemas, justiça social e substâncias nocivas; e estes riscos podem constituir passivos específicos para conselheiros e diretores da empresa.[32]

As empresas que analisam os riscos encontrados na busca, processamento, consumo e descarte de produtos podem reduzir suas responsabilidades com fatores ambientais.

Identificar economias e eficiências. As organizações que começam a monitorar o uso da energia posteriormente começarão a reconhecer a magnitude dos gastos de energia e a distribuição entre as necessidades alternativas. As empresas que anualmente fornecem relatórios de sustentabilidade quantificam seu consumo de energia e começam a encontrar formas de reduzir esses gastos. Por exemplo, ao monitorar o uso de energia ao longo de vários anos, a IBM foi capaz de reduzir o consumo de toda a empresa em mais de 3,5%, em 2008.[33]

Identificar novas oportunidades de negócios. A fim de desenvolver um relatório de sustentabilidade, uma empresa tem necessariamente de rever todas as suas operações comerciais. Nesta revisão, as empresas eventualmente encontram recursos dentro da própria organização que não foram comercializados. Por exemplo, a Shell Oil bombeia dióxido de carbono de refinarias holandesas para estufas. Antes de a Shell avaliar a sustentabilidade da refinaria, este dióxido de carbono era lançado na atmosfera.[34]

D Resumo dos relatórios de sustentabilidade

Muitas empresas adotam estilos e formatos contrastantes para apresentar seus esforços em atingir algum nível de sustentabilidade. Apesar destes estilos alternativos, vários elementos fundamentais devem ser endereçados se a empresa quiser oferecer uma discussão significativa sobre seus esforços de sustentabilidade e desempenho. A empresa inicialmente estabelece sua estratégia com relação à sustentabilidade e, em seguida, fornece indicadores econômicos, ambientais e sociais específicos de seus esforços. Embora a empresa possa utilizar uma variedade de estilos para apresentar essas informações, muitas delas ilustram como suas análises de sustentabilidade coincidem com as diretrizes do GRI, Sustainability Reporting Guidelines.[35] Por exemplo, a General Electric indexa seu relatório de sustentabilidade de 2008 com os critérios ponto a ponto traçados pela GRI. A Figura 15.2 fornece uma visão geral dos elementos de um relatório de sustentabilidade.

Estratégia e análise. O componente inicial de um relatório de sustentabilidade apresenta um resumo da estratégia corporativa e abordagem da gestão para a sustentabilidade. A discussão da estratégia corporativa deve focar na relação entre a empresa e os *stakeholders* no que diz respeito às condições econômicas, ambientais e sociais. É importante ressaltar que a visão estratégica deve incluir uma carta da pessoa encarregada de tomar decisões sobre a relevância da sustentabilidade para a organização e sua estratégia.[36] Além disso, esta discussão inicial deve fornecer uma análise das influências fundamentais da empresa, bem como o tratamento dos seus riscos e oportunidades nos mercados em que atua. Por exemplo, o relatório de sustentabilidade de 2008 da General Electric conta com uma carta do presidente Jeff Immelt sobre o compromisso da empresa com a sustentabilidade. O relatório também fornece uma revisão dos compromissos e progressos obtidos pela empresa sobre o relatório do ano anterior e os progressos feitos para alcançar esses objetivos em 2008, além das expectativas para 2009.[37]

I. Resumo da estratégia de sustentabilidade corporativa
   - Estratégia e análise
   - Perfil organizacional
   - Parâmetros do relatório
   - Governança, compromissos e comprometimento

II. Indicadores de desempenho
   - Indicadores econômicos
   - Indicadores ambientais
   - Indicadores sociais

III. Validação de terceiros

FIGURA 15.2

Elementos de um relatório de sustentabilidade.

Perfil organizacional. O perfil organizacional identifica o nome da empresa, a natureza de sua propriedade e sua sede. Além disso, a empresa apresenta os países e mercados atendidos, bem como seus principais produtos, marcas e serviços. A empresa também indica o seu nível de envolvimento na produção e a quantidade de terceirização empregada durante a produção.

Parâmetros do relatório. Os parâmetros do relatório referem-se ao período representado pelo estudo e a frequência de comunicação da empresa. A empresa também identifica o escopo, o limite do estudo neste ponto e reconhece limitações conhecidas em relação a estes parâmetros. A empresa também fornece uma revisão de suas técnicas de medição, e descreve as políticas e práticas associadas ao ganho de verificação externa sobre o relatório.

Governança, compromissos e comprometimento. O sistema de governança proporciona uma visão geral de como a empresa pretende atingir seus objetivos. Governança inclui a estrutura da organização e as comissões responsáveis pela estratégia e supervisão organizacional da empresa. Ela também destaca sua missão e valores com relação ao desempenho econômico, ambiental e social. A estrutura de incentivos dos diretores superiores também é descrita, e a empresa indica os procedimentos para que colaboradores e outros interessados forneçam recomendações.

Neste estágio, a empresa também apresenta seus compromissos externos. Uma parte essencial do compromisso de uma empresa está na sua participação no desenvolvimento de padrões da indústria. Empresas fornecem listas de grupos industriais e afiliados. Além disso, elas relatam princípios do tripé de sustentabilidade desenvolvidos externamente que recebem apoio. Por exemplo, nos Estados Unidos, a Climate Action Partnership é uma coalizão apartidária de 26 corporações, juntamente com o Fundo de Defesa Ambiental (Environmental Defense Fund), o Centro Pew, o Conselho de Defesa dos Recursos Naturais (Natural Resources Defense Council), o World Resources Institute e o The Nature Conservancy.[38] O relatório de sustentabilidade de 2008 da GE reconhece o apoio da empresa nesse grupo e seus esforços para desenvolver uma legislação criando um sistema de *cap-and-trade* (instrumento de política ambiental que produz resultados com um limite obrigatório para emissões) nacional.[39]

O último componente da visão estratégica é o envolvimento dos *stakeholders*. Como todas as informações contidas no relatório derivam desses grupos, é essencial identificar seus níveis de envolvimento. A empresa fornece seus motivos para a seleção e identificação dos *stakeholders* e descreve a frequência de comprometimento com cada tipo de *stakeholder*. A empresa também fornece uma revisão dos temas abordados nas reuniões com os interessados.[40]

Validação de terceiros. Após completar o resumo de sua estratégia de sustentabilidade corporativa, a empresa comunica seus desempenhos econômicos, ambientais e sociais, conforme descrito nas seções seguintes. Após estes indicadores de desempenho terem sido fornecidos, as empresas cada vez mais fornecem evidências seguradas através de uma empresa terceirizada.[41] Embora tenham se estabelecido procedimentos para determinar a ação sustentável, a garantia é significativamente melhorada através da avaliação por uma entidade externa à organização. Ao relatar as avaliações de terceiros, as empresas indicam que a avaliação é realizada por uma entidade externa que usa indivíduos não limitados por sua relação com a empresa. O relatório terceirizado deve ser realizado por pessoas competentes no assunto e em práticas relacionadas. Além disso, o relatório deverá ser desenvolvido com uma abordagem sistemática e documentada, e deve resultar no desenvolvimento de uma opinião publicamente disponível sobre o desempenho de sustentabilidade da empresa.[42]

E Relatando valor econômico

O valor econômico oferecido por uma organização não substitui a contabilidade e os relatórios financeiros. Pelo contrário, esta parte do relatório de sustentabilidade é destinada a ilustrar o fluxo de capitais entre os *stakeholders* e ilustrar a influência econômica da empresa em toda a sociedade.[43] Relatórios econômicos incluem revisões de *desempenho financeiro*, a *presença no mercado local* e *influências econômicas indiretas* da empresa.

Desempenho financeiro. O **desempenho financeiro** se refere à apresentação do valor de uma organização em termos financeiros e de contabilidade. A **declaração de valor agregado** identifica o valor econômico direto gerado e distribuído para fornecedores de capital e governo. Esta seção do relatório resume as receitas, remuneração de funcionários, custos operacionais, doações e outros investimentos na comunidade, lucros acumulados e pagamentos. Por exemplo, a Henkel é uma das líderes mundiais em fornecimento de produtos de lavanderia e *home care* (por exemplo, Purex), cosméticos e higiene pessoal (por exemplo, a linha de cuidados profissionais Schwarkopf), e adesivos (cola Loctite). A Tabela 15.1 mostra o valor agregado para a empresa em termos financeiros.

TABELA 15.1. Declaração de valor agregado da Henkel – 2008.

	€ Milhões	Valor relativo, %
Origem dos fundos		
Vendas totais	14.131	90,6
Outros rendimentos	1.458	9,4
Distribuição dos fundos		
Custo dos materiais	6.508	42,3
Depreciação e amortização	540	3,5
Outras despesas	3.973	25,5
Valor agregado	4.472	28,7
Colaboradores	2.436	54,4
Governo central e local	437	9,8
Juros	366	8,2
Acionistas	227	5,1
Acionistas minoritários	12	0,3
Reinvestidos na empresa	994	22,2

Fonte: Sustainability/CSR at Henkel. Henkel AG & Co. KGaA. Disponível em: <http://www.henkel.de/SID-0AC83309-45A7D75E/nachhaltigkeit.htm>. Acesso em: 14 out. 2009.

Uma segunda consideração financeira é a divulgação das implicações econômicas das alterações climáticas para a empresa. Conforme aumenta o nível de regulamentação associado às alterações climáticas, as empresas enfrentam cada vez mais um risco regulatório devido ao aumento dos custos. Esses regulamentos também oferecem oportunidades por meio de novos mercados e tecnologias. Empresas comunicam essas considerações para mostrar seus esforços de planejamento e controle de riscos. Por exemplo, a Timberland divulga seus esforços para atingir a neutralidade de carbono até 2010. Esta estratégia implica a redução em sua demanda por energia, contratos de energia renováveis e investimentos em energias renováveis por meio da compra de compensação de carbono.[44]

A empresa fornece dois elementos de informação que são pertinentes aos colaboradores, investidores e a outras partes interessadas. Empresas divulgam as obrigações financeiras associadas aos planos de benefícios.[45] Além disso, indicam se recebem algum tipo de apoio financeiro do governo.[46]

Presença no mercado local. O segundo conjunto de indicadores econômicos aborda o papel da empresa nos mercados locais nos quais tem uma presença significativa. A empresa relata a taxa relativa de salários ao ilustrar a relação entre a empresa e os salários mínimos locais.[47] Também informa as políticas e práticas associadas à contratação de pessoal na comunidade local. Da mesma forma, as empresas relatam os procedimentos associados à obtenção de fornecedores locais. Por exemplo, o relatório de sustentabilidade de 2008 da Unilever descreve os esforços da empresa nas áreas de desenvolvimento de liderança e de diversidade corporativa. Além disso, descreve o código de parceiros de negócios que especifica requisitos para a terceirização em termos de ética nos negócios, saúde e segurança, normas de trabalho e meio ambiente.[48]

Influências econômicas indiretas. As influências econômicas indiretas são os esforços das empresas em melhorar o bem-estar público. A organização relata os desenvolvimentos em infraestrutura e serviços. Por exemplo, a Unilever relata que investiu mais de 136 milhões de dólares nas comunidades em 2008, permitindo-lhes que apoiassem em torno de 16.500 organizações locais.[49] Além dos investimentos em infraestrutura, as empresas também informam outras atividades econômicas derivadas de seus esforços de sustentabilidade. O relatório da Unilever de 2008, por exemplo, informa os esforços contínuos da empresa em lidar com a agitação política no Quênia.[50]

F Relatando valor ambiental

A comunicação do desempenho ambiental endereça a extensão da associação da ação da empresa com o *uso de material*, *energia*, *água*, *biodiversidade*, *subprodutos*, *resíduos*, *produtos*, *serviços* e *transporte*.[51] Considere primeiro o uso de material da empresa.

Materiais. O uso de material aborda diretamente o custo global das operações, e o acompanhamento deste fator permite à empresa monitorar a eficiência dos materiais e os custos associados com seu fluxo. Empresas relatam o uso de matéria-prima, material processado, produtos semimanufaturados e materiais de embalagem. Também informam sobre a medida em que utilizam materiais reciclados como insumos. Por exemplo, o relatório de sustentabilidade de 2008/2009 da Ford Motor Company indica que materiais reciclados representam mais de 20% do conteúdo dos carros vendidos na América do Norte.[52] O relatório também indica que a Ford emprega uma estratégia de projeto de ciclo de vida.

Energia. O monitoramento do uso de energia é fundamental para atingir a eficiência de combustível. As empresas monitoram o consumo direto e indireto de energia. A **energia direta** se refere ao consumo de energia sem conversão, enquanto a **energia indireta** se refere à utilização da energia que foi transformada por meio de algum processo. Por exemplo, uma usina elétrica tem uma utilização direta de carvão para sua produção – a eletricidade. O uso desta eletricidade por uma fábrica de automóveis é uma forma de consumo de energia indireta. Na categoria de energia direta, empresas fornecem relatórios sobre o uso de formas não renováveis de energia, incluindo carvão, gás natural, gasolina e outros. A energia direta também inclui fontes de energia renováveis, tais como biocombustíveis, etanol e hidrogênio. Da mesma forma, dados sobre o consumo de energia indireta fazem distinção entre as compras de energia não renovável, aquecimento, refrigeração, vapor, e de energia nuclear de fontes renováveis tais como energia solar, energia eólica e geotérmica.

O relatório sobre a utilização da energia ao longo do tempo permite que as empresas ilustrem os resultados de seus esforços para reduzir a quantidade de energia consumida. Por exemplo, o relatório de sustentabilidade de 2008 da Merck monitora as aquisições de carvão, óleo combustível e eletricidade ao longo de cinco anos.[53] As empresas oferecem evidências do grau em que as atividades de conservação aumentam a eficiência energética, levando à redução no consumo de energia direta e indireta. Também indica os níveis de fornecimento de produtos que dependem de tecnologias energeticamente eficientes ou que utilizam fontes renováveis de energia. Por exemplo, o relatório de sustentabilidade 2008/2009 da Ford descreve os esforços da empresa em reduzir o consumo de energia direta e indireta. O relatório também destaca o desenvolvimento de produtos da Ford que se esforçam para alcançar a eficiência através de combustíveis alternativos, eletrificação e novas tecnologias de *drive train*.[54]

Água. Como o acesso à água doce e limpa está em declínio, as empresas que comunicam seu uso de água fornecem introspecção sobre os riscos financeiros e sociais enfrentados pela organização.[55] As empresas relatam a quantidade de água retirada de fontes superficiais (*rios*, *lagos*, *oceanos* e *zonas úmidas*), águas subterrâneas, águas pluviais, fontes municipais e águas residuais. Identificam ainda as fontes de água significativamente influenciadas pela retirada da água. Também indicam o volume total de água reutilizada ou reciclada. O relatório de sustentabilidade da Abbott Laboratories de 2008, por exemplo, descreve os esforços da empresa em reduzir o consumo de água em 40% com relação aos padrões de 2004.

Biodiversidade. Devido aos riscos iminentes para a flora e a fauna, é essencial que as avaliações ambientais façam um balanço dos esforços da empresa associados ao aumento de um habitat. As empresas comunicam suas estratégias, operações e influências sobre a vida selvagem em áreas de alta biodiversidade e áreas protegidas. O relatório indica ainda o número de espécies ameaçadas de extinção afetadas pelas operações e os habitats protegidos ou restaurados pela empresa. Por exemplo, a Shell Oil indica a forma como utiliza suas parcerias com a Wetlands International e com a International Union for the Conservation of Nature para a conservação dos ecossistemas da tundra no Ártico. Esta parceria também permite que ela proteja pantanais ao longo da rota de voo de pássaros migratórios.[56]

Subprodutos e resíduos. Os subprodutos e resíduos são as saídas de gases, líquidos e sólidos descartados na cadeia de suprimentos. Subprodutos gasosos incluem as emissões de **gases do efeito estufa**, além de **substâncias destruidoras de ozônio**. Empresas relatam o processo usado para determinar o nível destas saídas, além de suas iniciativas para diminuir as emissões. Por exemplo, o relatório de desempenho energético da Vodaphone indica sua emissão total direta e indireta de gases do efeito estufa.[57] O relatório líquido de subprodutos indica as descargas totais de água e discute derramamentos de petróleo, produtos químicos e outros materiais. A Shell, por exemplo, relata que transportou mais de 40 milhões de toneladas de carga em 2008 sem um único derrame. Informa, no entanto, que um navio de casco simples sendo alugado por curto prazo derramou cerca de 300 toneladas de óleo diesel no rio Elbe, na Alemanha. O relatório de sustentabilidade da Shell indica que está sendo implantado o uso de navios de casco duplo para reduzir a probabilidade de derramamentos.[58]

As empresas também relatam o total de resíduos e os métodos de descarte destes resíduos. Este material inclui resíduos líquidos, sólidos, perigosos e não perigosos. A Abbot Laboratories, por exemplo, indica que em 2008 obteve uma redução de 21% na quantidade relativa de resíduos perigosos de 2007.[59] As empresas indicam o grau em que usam compostagem, reutilização, reciclagem, recuperação, injeção de poço profundo, armazenamento no local, incineração ou aterros sanitários para descartar subprodutos.

Produtos e serviços. Os esforços de conservação associados aos produtos abordam as entradas em desenvolvimento e produção. As empresas fornecem resumos dos materiais, água, emissões e outros fatores associados aos seus produtos. O relatório anual de sustentabilidade da Apple, por exemplo, fornece uma contabilização do custo do ciclo de vida associado a cada um de seus produtos.[60] A comunicação também considera o grau em que a empresa se compromete com os esforços de recuperar produtos. Uma vez que muitos produtos (por exemplo, computadores) têm sido historicamente fabricados com materiais perigosos, tais como retardadores de chama bromados, é pertinente desenvolver programas para recuperar esses produtos e descartá-los corretamente. O programa de sustentabilidade da Lexmark, por exemplo, informa os esforços da empresa em recuperar os cartuchos de jato de tinta, cartuchos de toner, impressoras e outros produtos.[61]

Conformidade. Esta faceta da comunicação se refere ao nível em que uma empresa cumpre ou não as normas ambientais. Empresas em conformidade geralmente enfrentam menos riscos financeiros e estão mais bem posicionadas para obter licenças ou expandir operações.[62] Em alguns relatórios de sustentabilidade, as empresas apresentam uma revisão de sua política ambiental e fornecem evidências de sua conformidade com os padrões industriais aceitáveis. Por exemplo, o relatório de sustentabilidade de 2008 da Merck destaca seu compromisso com a segurança e desempenho ambiental, e indica a sua conformidade com a legislação ambiental vigente de combate a derramamentos. As empresas também explicam as condições sob as quais não cumpriram com as normas vigentes, relatando multas e sanções não monetárias associadas com normas ambientais. O relatório da Merck de 2008, por exemplo, indica que a empresa enfrentou 178 inspeções ambientais naquele ano e pagou mais de 1 milhão de dólares em multas por violações.[63]

Transporte. Uma vez que as cadeias de distribuição e fornecimento de produtos são as principais fontes de valor para muitas empresas, é importante que as empresas informem a influência do transporte. As empresas identificam suas estratégias para reduzir os custos de transporte. É importante ressaltar que elas divulgam dados sobre a energia utilizada no transporte, as emissões associadas, os resíduos, ruídos e derramamentos associados ao transporte. O relatório de gestão ambiental da United Parcel Service (UPS), por exemplo, fornece um resumo estatístico sobre o consumo de energia para o transporte rodoviário, ferroviário e aéreo. O relatório indica que a mudança de transporte rodoviário para ferroviário e de transporte aéreo para terrestre impediu emissões absolutas de 3 milhões de toneladas de dióxido de carbono.

G Relatando valor social

O relato sobre o valor social fornece o terceiro componente dos relatórios de sustentabilidade. Esta seção inclui informações sobre os direitos humanos, práticas trabalhistas, responsabilidade de produto e sociedade.

Direitos humanos. No setor dos direitos humanos, a empresa indica como mantém e respeita os direitos básicos dos seres humanos.[64] A empresa indica o grau em que acordos de investimento e parceiros comerciais têm sido revisados para as considerações dos direitos humanos. Por exemplo, o relatório de sustentabilidade de 2008 da Ford Motor Company discute a colaboração em questões de direitos humanos com seus parceiros na cadeia de suprimento.[65] Empresas comunicam o nível que elas têm investido em treinamento de colaboradores sobre questões dos direitos humanos e divulgam o número de casos de discriminação.

A seção de direitos humanos também descreve algumas políticas que dizem respeito às condições de trabalho. Empresas comunicam as operações que têm potencial significativo para reduzir a **liberdade de associação** e **negociação coletiva**. Também informam sobre as operações com potencial para se engajar no trabalho infantil ou trabalho forçado. Por exemplo, o relatório de sustentabilidade de 2009 da Starbucks descreve o esforço da empresa para alcançar uma meta de 100% de cafés plantados com responsabilidade e ética.[66] As normas de condições de trabalho são impossíveis de serem violadas no cultivo de café sob estes critérios.

Práticas trabalhistas. A análise das práticas trabalhistas se concentram no conceito de trabalho decente.[67] A empresa divulga o escopo e a diversidade de sua força de trabalho e enfatiza os aspectos de gênero e distribuição etária. A empresa também fornece um relato de seus benefícios a colaboradores e revela o grau em que usa os acordos de negociação coletiva. Além disso, divulga relatórios demográficos e financeiros de dados de colaboradores para fornecer evidências da diversidade e da igualdade de oportunidades. Por exemplo, o relatório de sustentabilidade de 2008 da Shell demonstra seu progresso em direção à meta de aumentar a proporção de mulheres em hierarquia superior para um mínimo de 20%.[68]

O bem-estar e a proteção física dos colaboradores são englobados pela **saúde ocupacional e normas de segurança** e pela formação contínua fornecida pela empresa. Estes indicadores de segurança e saúde ocupacional monitoram o desempenho estatístico e permitem que as empresas comuniquem seus programas de saúde e de segurança aos funcionários. As empresas comunicam a quantidade de treinamento e aconselhamento dedicados a informar os membros da comunidade sobre doenças graves. Por exemplo, a Coca-Cola divulga os programas de prevenção e tratamento da empresa para reduzir a propagação de HIV/Aids.[69]

Responsabilidade de produto. A comunicação sobre a responsabilidade do produto aborda os efeitos dos produtos e serviços nos clientes e usuários. Espera-se que as organizações exerçam a diligência, a fim de assegurar que seus produtos estejam aptos para o uso pretendido e que não representem qualquer perigo involuntário à saúde e à segurança. Empresas relatam os impactos de seus produtos na saúde e na segurança, e apresentam relatórios sobre os incidentes de não cumprimento. Por exemplo, a IBM relata a avaliação da saúde e segurança do produto no desenvolvimento do conceito, P&D, certificação de produtos, produção, distribuição, comercialização, uso e descarte.[70] As empresas também indicam o tipo de rotulagem dos produtos.

A divulgação da responsabilidade de produtos também inclui uma análise das comunicações de marketing e a segurança das informações do cliente. As empresas devem delinear programas para a adesão às normas e leis em matéria de publicidade, promoção, patrocínios e outras comunicações de marketing.[71] Por exemplo, o relatório de sustentabilidade de 2008 da Ford indica a adesão da empresa à Federal Trade Commission Act e suas alterações.[72] Empresas declarantes devem também revelar o número de casos de descumprimento de normas e relatar quaisquer multas incorridas em razão deste descumprimento. A privacidade do cliente também é uma preocupação abordada no relatório de responsabilidade do produto. A organização indica o número de reclamações comprovadas relativas à violação de privacidade e perdas de dados do consumidor.

Sociedade. Enquanto direitos humanos, trabalho e considerações sobre produtos focam em um grupo específico de *stakeholders*, os indicadores de desempenho da sociedade refletem a interação com a comunidade em geral.[73] A empresa fornece uma visão geral de seus programas concebidos para gerir e avaliar a influência de suas operações na comunidade. Por exemplo, a Shell Oil declara seus esforços para reduzir a influência das operações nas comunidades locais. A Shell tem uma parceria com a Living Earth Foundation para promover o diálogo entre a empresa e comunidades no Alasca preocupadas com o fornecimento, refino e distribuição de óleo e gás. A empresa declarante também oferece uma discussão sobre sua participação no desenvolvimento de políticas públicas, *lobbies* e oferece um relato de suas contribuições a políticos, partidos políticos e instituições afins em todos os mercados em que atua.

A empresa também informa sobre o cumprimento de leis e regulamentos, e declara julgamentos associados à corrupção ou comportamento anticoncorrencial. A Shell, por exemplo, apresenta um código de conduta que descreve especificamente as políticas relacionadas com a corrupção e o suborno, conflitos de interesse, presentes e hospitalidade, abuso de informação privilegiada e ações políticas.[74] A empresa também identifica o número de unidades de negócios analisados pelo risco de corrupção, e descreve o grau em que os funcionários foram treinados nas práticas das empresas contra a corrupção.

RESUMO

A Introdução

O objetivo deste capítulo foi delinear a lógica, o mérito e os processos associados ao relato de sustentabilidade. As empresas que relatam esta atividade estão mais inclinadas a terem resultados sustentáveis em relação à sua concorrência. Examinamos os efeitos e benefícios do relatório de sustentabilidade, e destacamos seus componentes. Também analisamos os relatórios de desempenho financeiro, ambiental e social.

B Objetivos dos relatórios de sustentabilidade

Relatórios de sustentabilidade têm três objetivos principais para a empresa. Primeiro, esses relatórios permitem que as empresas demonstrem o seu compromisso com a sustentabilidade. Em segundo lugar, o relatório de sustentabilidade permite às empresas comparar seu desempenho com leis, códigos, normas e iniciativas voluntárias. Em terceiro lugar, esses relatórios permitem que as empresas ilustrem seu desempenho longitudinal em relação à concorrência.

C Benefícios dos relatórios de sustentabilidade

Empresas podem obter vários benefícios com relatórios de sustentabilidade. Elas podem se tornar mais disciplinadas sobre seu desempenho ambiental, e podem transmitir mensagens ambientais para todos os *stakeholders*. Também podem monitorar o progresso em relação às metas e reduzir seu risco total. Além disso, essa divulgação permite às empresas identificar economias e ganhos de eficiência, e isso permite-lhes identificar novas oportunidades de negócio.

D Resumo dos relatórios de sustentabilidade

Os relatórios de sustentabilidade fornecem uma visão geral da estratégia de sustentabilidade da empresa por meio da revisão de estratégia corporativa e governança e ao fazer o perfil da abordagem da organização nos mercados em que atua. A empresa também fornece avaliações detalhadas de seu desempenho econômico, ambiental e social. A verificação desses relatórios por terceiros fornece a garantia de seu nível de qualidade.

E Relatando valor econômico

O desempenho econômico inclui a análise do desempenho financeiro, presença e influências indiretas no mercado. O desempenho financeiro aborda o fluxo de capitais entre a empresa e seus parceiros, e a presença no mercado diz respeito ao desempenho da empresa no mercado local em relação aos empregadores alternativos. As influências indiretas referem-se às contribuições na forma de serviços e infraestrutura.

F Relatando valor ambiental

O desempenho ambiental se relaciona com o nível em que a ação da empresa está associada com o uso de material, energia, água, biodiversidade, subprodutos, resíduos, produtos, serviços e transporte. O uso de material aborda diretamente o custo global das operações, e o acompanhamento deste fator permite à empresa monitorar a eficiência dos materiais e os custos. O monitoramento do uso da energia aborda o consumo de energia direto e indireto. As empresas também relatam a quantidade de água retirada de várias fontes, e identificam aquelas significativamente influenciadas por esta retirada. A comunicação da biodiversidade está relacionada com a influência da empresa sobre a flora e a fauna, enquanto relatórios de subproduto indicam os procedimentos da empresa para o tratamento de resíduos e outras produções não relacionadas a produtos. O relatório de produto resume o material, água, emissões e outros fatores associados aos produtos, e o relatório de transportes identifica estratégias utilizadas para controlar os custos relacionados ao transporte.

G Relatando valor social

Informações sobre os valores sociais incluem discussões sobre direitos humanos, práticas trabalhistas, responsabilidade de produto e sociedade. A empresa informa suas políticas básicas de direitos humanos e relata o uso da negociação coletiva. Relatórios trabalhistas divulgam o escopo e a diversidade da força de trabalho, bem como os padrões de saúde ocupacional e segurança da empresa. A comunicação sobre a responsabilidade do produto aborda os efeitos dos produtos e serviços aos clientes, e os relatórios sociais abordam a interação das empresas com a comunidade em geral.

PERGUNTAS

1. Se os relatórios de sustentabilidade não são exigidos por lei, por que as empresas se preocupam em desenvolvê-los?
2. Como os relatórios de sustentabilidade estão relacionados com o desempenho do tripé da sustentabilidade?
3. Como as empresas demonstram transparência e como este esforço ajuda os *stakeholders*?
4. Quais *stakeholders* são relevantes em relatórios de sustentabilidade? Por que o número de *stakeholders* pode variar para diferentes tipos de organizações?
5. Qual é o papel dos *stakeholders* no desenvolvimento de relatórios de sustentabilidade?
6. Por que é essencial que as empresas descrevam suas estratégias corporativas de governança em relatórios de sustentabilidade?
7. Como a verificação por terceiros influencia as avaliações de relatórios de sustentabilidade pelos *stakeholders*?
8. Em que nível a parte econômica do relatório de sustentabilidade é redundante com o relatório anual da empresa? Por que as empresas incluem consequências econômicas indiretas na seção econômica de relatórios de sustentabilidade?
9. Quais são os elementos da seção ambiental do relatório de sustentabilidade? Como a divulgação de cada faceta do meio ambiente contribui para o desempenho ecológico?
10. Quem se beneficia com os relatórios sobre o desempenho social? Como se dá este benefício?

NOTAS FINAIS

[1] Greenpeace.org. Guide to greener electronics, mar. 2009. Disponível em: <http://www.greenpeace.org/raw/content/usa/press-center/reports4/guide-to-greener-electronics-11.pdf>. Acesso em: 15 maio 2010.

[2] Hesseldahl, Arik. Apple is greener than Greenpeace says. *BusinessWeek Online*, 12 dez. 2008, p. 1.

[3] Greenpeace.org. Toxic tech: the dangerous chemicals in electronic products. Disponível em: <http://www.greenpeace.org/international/PageFiles/24478/toxic-tech-chemicals-in-elec.pdf>. Acesso em: 15 maio 2010.

[4] Apple.com. The environment. Disponível em: <http://www.apple.com/environment/>. Acesso em: 15 maio 2010.

[5] Burrows, Peter; Hesseldahl, Arik. Finally, a big green Apple? *BusinessWeek*, 05 out. 2009, p. 68-9.

[6] Moren, Dan. Greenpeace shows a little Apple love. *Macworld*, 26, 2009, p. 28.

[7] Veja nota 2.

[8] Veja nota 4.

[9] Accountability, completeness, credibility and the audit expectations cap. *Journal of Corporate Citizenship*, 14 (verão, 2004), p. 97-115.

[10] Global Reporting Initiative. Sustainability Report Guidelines. Amsterdam: Global Reporting Initiative, 2000-2006, p.45. Disponível em: <http://www.globalreporting.org/NR/rdonlyres/ED9E-9B36AB54-4DE1-BFF2-5F735235CA44/0/G3_Guidelines ENU.pdf>. Acesso em: 15 maio 2010.

[11] Veja nota 10.

[12] Best Buy Co., Inc. Corporate Responsibility 2009, p. 1-51. Disponível em: <http://www.bby.com/cmn/files/BBY_CSR_2009.pdf.> Acesso em: 15 maio 2010.

[13] Bayer.com. Bayer Sustainable Development Report 2008, p.1-120. Disponível em: <http://www.sustainability2008.bayer.com/en/SustainableDevelopment-Report-2008.pdfx>. Acesso em: 15 maio 2010.

[14] Ford.com. 2008/9 Blueprint for Sustainability Our Future Works, p.18. Disponível em: <http://www.ford.com/doc/sr08-blueprint-summary.pdf>. Acesso em: 15 maio 2010.

[15] Veja nota 5.

[16] Veja nota 10.

[17] Hess, David. The three pillars of corporate social reporting as new governance regulation: disclosure, dialogue, and development. *Business Ethics Quarterly* 18, n. 4, 2008, p. 447-82.

[18] Sun.com. Sun's Corporate Social Responsibility Report, p. 1-103. Disponível em: <http://www.sun.com/aboutsun/csr/report2008/sun_2008_csr_plain_text.pdf>. Acesso em: 6 nov. 2009.

[19] Veja nota 17.

[20] Veja nota 10.

[21] Veja nota 17.

[22] Veja nota 10.

[23] Kolk, Ans. A decade of sustainability reporting: developments and significance. *International Journal of Environment and Sustainable Development* 3, n. 1, 2004, p. 51-64.

[24] Veja nota 23.

[25] Kolk, Ans. Trends in sustainability reporting by the Fortune Global 250. *Business Strategy and the Environment* 12, n. 5, 2003, p. 279-91.

[26] Kolk, Ans. Sustainability, accountability and corporate governance: exploring multinationals reporting. *Business Strategy and the Environment* 17, n. 1, 2008, p. 1-15.

[27] Kolk, Ans. Green reporting. *Harvard Business Review*, 78, n. 1, 2000, p. 15-16.

[28] Ratnatunga, Janek T. D.; Balachandran, Kashi R. Carbon business accounting: the impact of global warming on the cost and management accounting profession. *Journal of Accounting, Auditing and Finance* 24, n. 2, 2009, p. 333-55.

[29] Truini, Joe. Jobs finally unveils greening of Apple plan. *Waste News*, 13, 2007, p. 22.

[30] Linnenluecke, Martina K.; Griffiths, Andrew. Corporate sustainability and organizational culture. *Journal of World Business*, 2009 (no prelo).

[31] Electrolux.com. GRI summary report 2008, p.1-23. Disponível em: <http://www.electrolux.com/Files/Sustainability/PDFs/2009_PDF/Elux_ENG_Sustainability08_20090810_Low.pdf>. Acesso em: 15 maio 2010.

[32] Anderson, Dan R. Sustainability risk management. *CPCU eJournal*, maio 2006, p. 1-17.

[33] IBM.com. Section three environment: minimizing IBM's impact on the planet, p. 1-18. Disponível em: <http://www.ibm.com/ibm/responsibility/ibm_crr_downloads/pdf/section3_environment_ibm_crr.pdf>. Acesso em: 15 maio 2010.

[34] Deliser, H. Gas for the greenhouse. *Nature* 442, 2006, p. 499.

[35] Veja nota 10.

[36] Veja nota 10.

[37] GE.com. GE citizenship: GRI. Disponível em: <http://www.ge.com/citizenship/reporting/gri.jsp>. Acesso em: 15 maio 2010.

[38] GE.com. GE citizenship. Disponível em: <http://www.ge.com/citizenship/priorities_engagement/energy_and_climate_change.jsp>. Acesso em: 15 maio 2010.

[39] Veja nota 10.

[40] Veja nota 26.

[41] Veja nota 10.

[42] Veja nota 10.

[43] Timberland. Timberlands Climate Strategy 2009 Report, p. 1-23. Disponível em: <http://www.earthkeeper.com/Resource_/PageResource/Timberlands-Climate-Strategy_2009-Report.pdf>. Acesso em: 15 maio 2010.

[44] Hansen, Fay. A home for HR metrics. *Workforce Management*, 86, 2007, p. 10-1.

[45] Veja nota 10.

[46] Veja nota 44.

[47] Unilever.com. Sustainability people and partners. Disponível em: <http://www.unilever.com/sustainability/people/>. Acesso em: 15 maio 2010.

[48] Veja nota 47.

[49] Veja nota 47.

[50] Global Reporting Initiative. *Environmental performance indicators*. Amsterdam: Global Reporting Initiative, 2000-2006.

[51] Veja nota 14.

[52] Merck and Company Inc. Advancing the dialogue toward a healthier future, p. 1-71. Disponível em: <http://merck-ut.merck.com/corporate-responsibility/docs/cr2008.pdf>. Acesso em: 15 maio 2010.

[53] Veja nota 14.

[54] Veja nota 50.

[55] Shell.com. Working with biodiversity experts. Disponível em: <http://www.shell.com/home/content/environment_society/environment/biodiversity/biodiversity_experts/>. Acesso em: 15 maio 2010.

[56] Vodafone.com. Vodafone Group CR Report 2007/08: Index of conformance with the GRI G3 Guidelines, p. 1-19. Disponível em: <http://www.vodafone.com/etc/medialib/attachments/cr_downloads.Par.49655.File.dat/Vodafone%20200708%20CR%20Report%20GRI%20Index3.pdf>. Acesso em: 11 nov. 2009.

[57] Royal Dutch Shell PLC. Responsible energy: sustainability report. Disponível em: <http://sustainabilityreport.shell.com/2008/servicepages/downloads/files/entire_shell_ssr_08.pdf>. Acesso em: 15 maio 2010.

[58] Abbott Laboratories. Business & citizenship. Disponível em: <http://www.abbott.com/global/url/content/en_US/40.10:10/general_content/General_Content_00036.htm>. Acesso em: 15 maio 2010.

[59] Veja nota 4.

[60] Lexmark International, Inc. Collection and recycling program. Disponível em: <http://www1.lexmark.com/content/en_us/about_us/collecting-recycling_program/collectingrecycling_program_overview.shtml>. Acesso em: 19 mar. 2010.

[61] Veja nota 50.

[62] Veja nota 52.

[63] Global Reporting Initiative. *Human rights performance indicators*. Amsterdam: Global Reporting Initiative, 2000-2006.

[64] Veja nota 14.

[65] Starbucks.com. Ethical sourcing. Disponível em: <http://www.starbucks.com/sharedplanet/ethicalSourcing.aspx>. Acesso em: 15 maio 2010.

[66] Global Reporting Initiative. *Labor practices and decent work performance indicators*. Amsterdam: Global Reporting Initiative, 2000-2006.

[67] Shell.com. Diversity and inclusion. Disponível em: <http://www.shell.com/home/content/responsible_energy/performance/social/kpi_ diversity_inclusion/>. Acesso em: 11 nov. 2009.

[68] The Coca-Cola Company. Sustainability: HIV/AIDS. Disponível em: <http://www.thecocacolacompany.com/citizenship/hiv_aids.html>. Acesso em: 15 maio 2010.

[69] IBM.com. Global Reporting Initiative (GRI) Report. Disponível em: <http://www.ibm.com/ibm/responsibility/gri.shtml>. Acesso em: 15 maio 2010.

[70] Veja nota 67.

[71] Ford.com. Sustainability Report 2008/9: Governance. Disponível em: <http://www.ford.com/doc/sr08section-governance.pdf>. Acesso em: 15 maio 2010.

[72] Global Reporting Initiative. *Society performance indicators*. Amsterdam: Global Reporting Initiative, 2000-2006.

[73] Royal Dutch Shell PLC. Business integrity. Disponível em: <http://www.shell.com/home/content/responsible_energy/society/using_influence_responsibly/business_integrity/business_integrity.html>. Acesso em: 15 maio 2010.

[74] Veja nota 73.

índice remissivo

C

D

F

G

L

M

Q

R

S